Handbuch Data Science mit Python

Handbuch Data Science mit Python

Grundlegende Tools für die Arbeit mit Daten

Jake VanderPlas

Deutsche Übersetzung von
Knut Lorenzen und Jørgen W. Lang

Jake VanderPlas

Lektorat: Alexandra Follenius
Übersetzung: Knut Lorenzen, Jørgen W. Lang
Copy-Editing: Sibylle Feldmann, *www.richtiger-text.de*
Satz: III-satz, *www.drei-satz.de*
Herstellung: Stefanie Weidner
Umschlaggestaltung: Karen Montgomery, Michael Oréal, *www.oreal.de*
Druck und Bindung: mediaprint solutions GmbH, 33100 Paderborn

Bibliografische Information der Deutschen Nationalbibliothek
Die Deutsche Nationalbibliothek verzeichnet diese Publikation in der Deutschen Nationalbibliografie; detaillierte bibliografische Daten sind im Internet über *http://dnb.d-nb.de* abrufbar.

ISBN:
Print 978-3-96009-225-4
PDF 978-3-96010-812-2
ePub 978-3-96010-813-9
mobi 978-3-96010-814-6

1. Auflage 2024

Wieblinger Weg 17
69123 Heidelberg

Hinweis:
Dieses Buch wurde mit mineralölfreien Farben auf PEFC-zertifiziertem Papier aus nachhaltiger Waldwirtschaft gedruckt. Der Umwelt zuliebe verzichten wir zusätzlich auf die Einschweißfolie. Hergestellt in Deutschland.

Schreiben Sie uns:
Falls Sie Anregungen, Wünsche und Kommentare haben, lassen Sie es uns wissen: *kommentar@oreilly.de*.

5 4 3 2 1 0

Inhalt

Einleitung **13**

Teil I: Mehr als normales Python: Jupyter

1 Der Einstieg in IPython und Jupyter **21**
Die IPython-Shell starten 21
Das Jupyter Notebook starten 22
Hilfe und Dokumentation in IPython 22
Tastaturkürzel in der IPython-Shell 27

2 Erweiterte interaktive Features **31**
Magische Befehle in IPython 31
Verlauf der Ein- und Ausgabe 33
IPython und Shell-Befehle 36

3 Debugging und Profiling **41**
Fehler und Debugging 41
Profiling und Timing von Code 45
Weitere IPython-Ressourcen 50

Teil II: Einführung in NumPy

4 Die Datentypen in Python **55**
Python-Integer sind mehr als nur ganzzahlige Werte 56
Python-Listen sind mehr als nur einfache Listen 57
Arrays feststehenden Typs in Python 59
Arrays anhand von Listen erzeugen 59
Neue Arrays erzeugen 60
NumPys Standarddatentypen 61

5 Grundlagen von NumPy-Arrays **63**
Attribute von NumPy-Arrays 63
Indizierung von Arrays: Zugriff auf einzelne Elemente 64
Slicing: Teilmengen eines Arrays auswählen 65
Arrays umformen 68
Arrays verketten und aufteilen 69

6 Berechnungen mit NumPy-Arrays: universelle Funktionen ... **71**
Langsame Schleifen ... 71
Kurz vorgestellt: UFuncs ... 72
NumPys UFuncs im Detail ... 73
UFunc-Features für Fortgeschrittene ... 77
UFuncs: mehr erfahren ... 79

7 Aggregationen: Minimum, Maximum und alles dazwischen ... **81**
Summieren der Werte eines Arrays ... 81
Minimum und Maximum ... 82
Beispiel: Durchschnittliche Größe der US-Präsidenten ... 84

8 Berechnungen mit Arrays: Broadcasting ... **87**
Kurz vorgestellt: Broadcasting ... 87
Für das Broadcasting geltende Regeln ... 89
Broadcasting in der Praxis ... 91

9 Vergleiche, Maskierungen und boolesche Logik ... **95**
Beispiel: Regentage zählen ... 95
Vergleichsoperatoren als UFuncs ... 96
Boolesche Arrays verwenden ... 98
Boolesche Arrays als Maskierungen ... 100
Verwendung der Schlüsselwörter »and« bzw. »or« und der Operatoren & bzw. | ... 101

10 Fancy Indexing ... **103**
Fancy Indexing im Detail ... 103
Kombinierte Indizierung ... 105
Beispiel: Auswahl zufälliger Punkte ... 105
Werte per Fancy Indexing modifizieren ... 107
Beispiel: Daten gruppieren ... 108

11 Arrays sortieren ... **111**
Schnelle Sortierung in NumPy: np.sort und np.argsort ... 112
Nach Zeilen und Spalten sortieren ... 112
Teilsortierungen: Partitionierung ... 113
Beispiel: k nächste Nachbarn ... 113

12 Strukturierte Daten: NumPys strukturierte Arrays ... **117**
Strukturierte Arrays erzeugen ... 118
Erweiterte zusammengesetzte Typen ... 119
Record-Arrays: strukturierte Arrays mit Pfiff ... 120
Weiter mit Pandas ... 120

Teil III: Datenbearbeitung mit Pandas

13 Kurz vorgestellt: Pandas-Objekte **125**
Das Pandas-Series-Objekt 125
Das Pandas-DataFrame-Objekt 128
Das Pandas-Index-Objekt 131

14 Daten indizieren und auswählen **133**
Series-Daten auswählen 133
DataFrame-Daten auswählen 136

15 Mit Pandas-Daten arbeiten **141**
UFuncs: Indexerhaltung 141
UFuncs: Indexanpassung 142
UFuncs: Operationen mit DataFrame und Series 144

16 Handhabung fehlender Daten **147**
Kompromisse beim Umgang mit fehlenden Daten 147
Fehlende Daten in Pandas 148
Pandas nullfähige Datentypen 151
Mit Nullwerten arbeiten 152

17 Hierarchische Indizierung **157**
Mehrfach indizierte Series 157
Methoden zum Erzeugen eines MultiIndex 161
Indizierung und Slicing eines MultiIndex 163
Multi-Indizes umordnen 166

18 Datenmengen kombinieren: concat und append **171**
Verkettung von NumPy-Arrays 172
Einfache Verkettungen mit pd.concat 172

19 Datenmengen kombinieren: merge und join **177**
Relationale Algebra 177
Join-Kategorien 178
Angabe der zu verknüpfenden Spalten 180
Mengenarithmetik bei Joins 183
Konflikte bei Spaltennamen: das Schlüsselwort suffixes 184
Beispiel: Daten von US-Bundesstaaten 185

20 Aggregation und Gruppierung **191**
Planetendaten 191
Einfache Aggregationen in Pandas 192
GroupBy: Aufteilen, Anwenden und Kombinieren 194

21 Pivot-Tabellen **203**
Gründe für Pivot-Tabellen 203
Pivot-Tabellen von Hand erstellen 204
Die Syntax von Pivot-Tabellen 204
Beispiel: Geburtenraten 207

22 Vektorisierte String-Operationen **213**
Kurz vorgestellt: String-Operationen in Pandas 213
Liste der Pandas-String-Methoden 214
Beispiel: Rezeptdatenbank 218

23 Zeitreihen verwenden **223**
Kalenderdaten und Zeiten in Python 223
Zeitreihen in Pandas: Indizierung durch Zeitangaben 227
Datenstrukturen für Zeitreihen in Pandas 227
Gleichförmige Sequenzen: pd.date_range 228
Häufigkeiten und Abstände 229
Resampling, zeitliches Verschieben und geglättete Statistik 231
Beispiel: Visualisierung von Fahrradzählungen in Seattle 236

24 Leistungsstarkes Pandas: eval und query **243**
Der Zweck von query und eval: zusammengesetzte Ausdrücke 243
Effiziente Operationen mit pandas.eval 244
DataFrame.eval für spaltenweise Operationen 246
Die DataFrame.query-Methode 248
Performance: Wann eval und query verwendet werden sollten 248
Weitere Ressourcen 249

Teil IV: Visualisierung mit Matplotlib

25 Allgemeine Tipps zu Matplotlib **253**
Matplotlib importieren 253
Stil einstellen 253
show oder kein show? – Anzeige von Diagrammen 253

26 Einfache Liniendiagramme **261**
Anpassen des Diagramms: Linienfarben und -stile 264
Anpassen des Diagramms: Begrenzungen 266
Diagramme beschriften 268
Stolpersteine in Matplotlib 270

27 **Einfache Streudiagramme** ... 271
Streudiagramme mit plt.plot erstellen ... 271
Streudiagramme mit plt.scatter erstellen ... 273
plot kontra scatter: eine Anmerkung zur Effizienz ... 276
Visualisierung von Messunsicherheiten ... 276

28 **Dichtediagramme und Konturdiagramme** ... 281
Visualisierung einer dreidimensionalen Funktion ... 281
Histogramme, Binnings und Dichte ... 285
Zweidimensionale Histogramme und Binnings ... 287

29 **Anpassen der Legende** ... 291
Legendenelemente festlegen ... 293
Legenden mit Punktgrößen ... 295
Mehrere Legenden ... 296

30 **Anpassen von Farbskalen** ... 299
Farbskala anpassen ... 300
Beispiel: Handgeschriebene Ziffern ... 304

31 **Untergeordnete Diagramme** ... 307
plt.axes: untergeordnete Diagramme von Hand erstellen ... 307
plt.subplot: untergeordnete Diagramme in einem Raster anordnen ... 309
plt.subplots: das gesamte Raster gleichzeitig ändern ... 310
plt.GridSpec: kompliziertere Anordnungen ... 312

32 **Text und Beschriftungen** ... 315
Beispiel: Auswirkungen von Feiertagen auf die Geburtenzahlen in den USA ... 315
Transformationen und Textposition ... 317
Pfeile und Beschriftungen ... 319

33 **Achsenmarkierungen anpassen** ... 323
Vorrangige und nachrangige Achsenmarkierungen ... 323
Markierungen oder Beschriftungen verbergen ... 325
Anzahl der Achsenmarkierungen verringern oder erhöhen ... 326
Formatierung der Achsenmarkierungen ... 328
Zusammenfassung der Formatter- und Locator-Klassen ... 330

34 **Matplotlib anpassen: Konfigurationen und Stylesheets** ... 333
Diagramme von Hand anpassen ... 333
Voreinstellungen ändern: rcParams ... 335

35 Dreidimensionale Diagramme in Matplotlib **341**
Dreidimensionale Punkte und Linien 342
Dreidimensionale Konturdiagramme 343
Drahtgitter- und Oberflächendiagramme 344
Triangulation von Oberflächen 346
Beispiel: Visualisierung eines Möbiusbands 348

36 Visualisierung mit Seaborn **351**
Seaborn-Diagramme 352
Kategoriale Diagramme 356
Beispiel: Ergebnisse eines Marathonlaufs 359
Weiterführende Ressourcen 365
Weitere Grafikbibliotheken für Python 366

Teil V: Machine Learning

37 Was ist Machine Learning? **369**
Kategorien des Machine Learning 369
Qualitative Beispiele für Machine-Learning-Anwendungen 370
Zusammenfassung 379

38 Kurz vorgestellt: Scikit-Learn **381**
Datenrepräsentierung in Scikit-Learn 381
Die Estimator-API 384
Anwendung: Handgeschriebene Ziffern untersuchen 392
Zusammenfassung 397

39 Hyperparameter und Modellvalidierung **399**
Überlegungen zum Thema Modellvalidierung 399
Auswahl des besten Modells 403
Lernkurven 410
Validierung in der Praxis: Rastersuche 414
Zusammenfassung 415

40 Feature Engineering **417**
Kategoriale Features 417
Texte als Features 418
Bilder als Features 420
Abgeleitete Features 420
Vervollständigung fehlender Daten 422
Feature-Pipelines 423

41 Ausführlich: Naive Bayes-Klassifikation **425**
Bayes-Klassifikation 425
Gaußsche naive Bayes-Klassifikation 426
Multinomiale naive Bayes-Klassifikation 429
Einsatzgebiete für naive Bayes-Klassifikation 432

42 Ausführlich: Lineare Regression **435**
Einfache lineare Regression 435
Regression der Basisfunktion 437
Regularisierung 441
Beispiel: Vorhersage des Fahrradverkehrs 445

43 Ausführlich: Support Vector Machines **451**
Gründe für Support Vector Machines 451
Support Vector Machines: Maximierung des Randbereichs 453
Beispiel: Gesichtserkennung 461
Zusammenfassung 465

44 Ausführlich: Entscheidungsbäume und Random Forests **467**
Gründe für Random Forests: Entscheidungsbäume 467
Estimator-Ensembles: Random Forests 471
Random-Forest-Regression 473
Beispiel: Random Forest zur Klassifikation handgeschriebener Ziffern 475
Zusammenfassung 477

45 Ausführlich: Hauptkomponentenanalyse **479**
Hauptkomponentenanalyse: ein Überblick 479
Hauptkomponentenanalyse als Rauschfilter 487
Beispiel: Eigengesichter 489
Zusammenfassung 492

46 Ausführlich: Manifold Learning **493**
Manifold Learning: »HELLO« 494
Multidimensionale Skalierung 495
Nichtlineare Mannigfaltigkeiten: lokal lineare Einbettung 500
Überlegungen zum Thema Manifold-Methoden 502
Beispiel: Isomap und Gesichter 503
Beispiel: Visualisierung der Strukturen in Zifferndaten 507

47 Ausführlich: k-Means-Clustering **511**
Kurz vorgestellt: der k-Means-Algorithmus 511
Expectation-Maximization 513
Beispiele 518

48 Ausführlich: Gaußsche Mixture-Modelle **525**
Gründe für GMM: Schwächen von k-Means 525
EM-Verallgemeinerung: gaußsche Mixture-Modelle 528
Wahl des Kovarianztyps 532
GMM als Dichteschätzung 532
Beispiel: GMM zum Erzeugen neuer Daten verwenden 536

49 Ausführlich: Kerndichteschätzung **539**
Gründe für Kerndichteschätzung: Histogramme 539
Kerndichteschätzung in der Praxis 543
Auswahl der Bandbreite durch Kreuzvalidierung 544
Beispiel: Nicht ganz so naive Bayes-Klassifikation 545

50 Anwendung: Eine Gesichtserkennungspipeline **551**
HOG-Features 552
HOG in Aktion: eine einfache Gesichtserkennung 553
Vorbehalte und Verbesserungen 557
Weitere Machine-Learning-Ressourcen 559

Index **561**

Einleitung

Was ist Data Science?

In diesem Buch geht es darum, Data Science mithilfe von Python zu betreiben, daher stellt sich unmittelbar die Frage: Was ist *Data Science* überhaupt? Das genau zu definieren, erweist sich als überraschend schwierig, insbesondere in Anbetracht der Tatsache, wie geläufig dieser Begriff inzwischen geworden ist. Von lautstarken Kritikern wird er mitunter als eine überflüssige Bezeichnung abgetan (denn letzten Endes kommt keine Wissenschaft ohne Daten aus) oder für ein leeres Schlagwort gehalten, das lediglich dazu dient, Lebensläufe aufzupolieren, um die Aufmerksamkeit übereifriger Personalverantwortlicher zu erlangen.

Meiner Ansicht nach übersehen diese Kritiker dabei einen wichtigen Punkt. Trotz des mit dem Begriff einhergehenden Hypes ist Data Science wohl die beste Beschreibung für fachübergreifende Fähigkeiten, die in vielen Anwendungsbereichen in Wirtschaft und Wissenschaft immer wichtiger werden. Entscheidend ist hier die *Interdisziplinarität*: Ich halte Drew Conways Venn-Diagramm, das er im September 2010 erstmals in seinem Blog veröffentlichte, für die beste Definition von Data Science (siehe Abbildung 1).

Zwar sind einige der Bezeichnungen für die Schnittmengen etwas überspitzt formuliert, aber dennoch erfasst dieses Diagramm das Wesentliche dessen, was gemeint ist, wenn man von »Data Science« spricht: Es handelt sich um ein grundlegend interdisziplinäres Thema. Data Science umfasst drei verschiedene und sich überschneidende Bereiche: die *Statistik*, um (immer größer werdende) Datenmengen modellieren und zusammenfassen zu können, die *Informatik*, um Algorithmen für die effiziente Speicherung, Verarbeitung und Visualisierung dieser Daten entwerfen zu können, und das erforderliche *Fachwissen* (das wir uns als das »klassisch« Erlernte eines Fachgebiets vorstellen können), um sowohl die angemessenen Fragen zu stellen als auch die Antworten im richtigen Kontext zu bewerten.

In diesem Sinne möchte ich Sie ermutigen, Data Science nicht als ein neu zu erlernendes Fachwissensgebiet zu begreifen, sondern als neue Fähigkeiten, die Sie im Rahmen Ihres vorhandenen Fachwissens anwenden können. Ob Sie über Wahlergebnisse berichten, Aktienrenditen vorhersagen, Mausklicks auf Onlinewerbung optimieren, Mikroorganismen auf Mikroskopbildern identifizieren, nach neuen Arten astronomischer Objekte suchen oder mit irgendwelchen anderen Daten arbeiten: Ziel dieses Buchs ist es, Ihnen die Fähigkeit zu vermitteln, neuartige Fragen über das von Ihnen gewählte Fachgebiet zu stellen und diese zu beantworten.

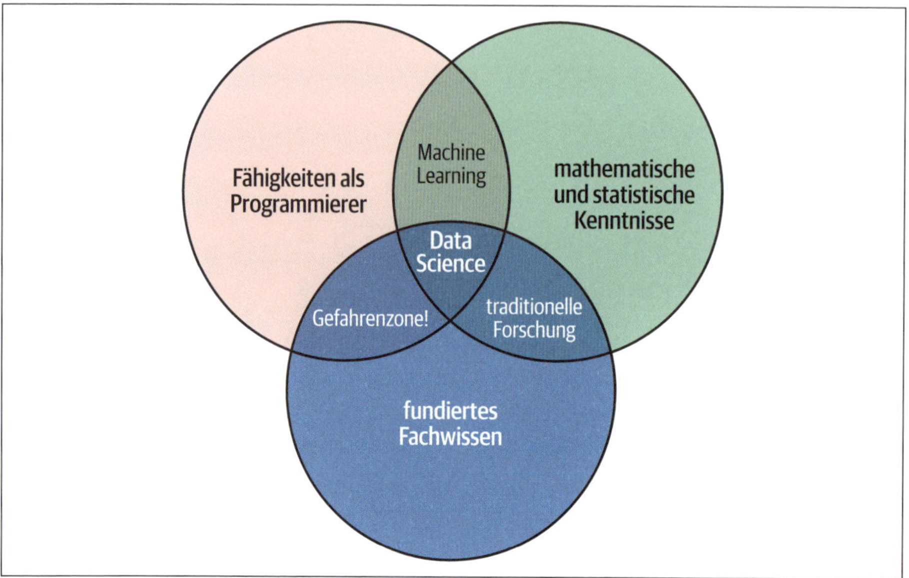

Abbildung 1: Das Venn-Diagramm zur Data Science von Drew Conway (Quelle: Drew Conway (https://oreil.ly/PkOOw), Abdruck mit freundlicher Genehmigung)

An wen richtet sich dieses Buch?

Sowohl in meinen Vorlesungen an der Universität Washington als auch auf verschiedenen technisch orientierten Konferenzen und Treffen wird mir am häufigsten diese Frage gestellt: »Wie kann man Python am besten erlernen?« Bei den Fragenden handelt es sich im Allgemeinen um technisch interessierte Studenten, Entwicklerinnen oder Forscher, die oftmals schon über umfangreiche Erfahrung mit dem Schreiben von Code und der Verwendung von rechnergestützten und numerischen Tools verfügen. Die meisten dieser Personen möchten Python erlernen, um die Programmiersprache als Tool für datenintensive und rechnergestützte wissenschaftliche Aufgaben zu nutzen. Für diese Zielgruppe ist eine Vielzahl von Lernvideos, Blogbeiträgen und Tutorials online verfügbar. Allerdings frustriert mich bereits seit geraumer Zeit, dass es auf obige Frage keine wirklich eindeutige und gute Antwort gibt – und das war der Anlass für dieses Buch.

Das Buch ist nicht als Einführung in Python oder die Programmierung im Allgemeinen gedacht. Ich setze voraus, dass die Leserinnen und Leser mit der Programmiersprache Python vertraut ist. Dazu gehören das Definieren von Funktionen, die Zuweisung von Variablen, das Aufrufen der Methoden von Objekten, die Steuerung des Programmablaufs und weitere grundlegende Aufgaben. Das Buch soll vielmehr

Python-Usern dabei helfen, die zum Betreiben von Data Science verfügbaren Pakete zu nutzen – Bibliotheken wie die im folgenden Abschnitt genannten und ähnliche Tools –, um Daten effektiv zu speichern, zu handhaben und Einblick in diese Daten zu gewinnen.

Warum Python?

Python hat sich in den vergangenen Jahrzehnten zu einem erstklassigen Tool für wissenschaftliche Berechnungen entwickelt, insbesondere auch für die Analyse und Visualisierung großer Datensätze. Die ersten Anhänger der Programmiersprache Python dürfte das ein wenig überraschen: Beim eigentlichen Design der Sprache wurde weder der Datenanalyse noch wissenschaftlichen Berechnungen besondere Beachtung geschenkt. Dass sich Python für die Data Science als so nützlich erweist, ist vor allem dem großen und aktiven Ökosystem der Programmpakete von Drittherstellern zu verdanken: Da gibt es *NumPy* für die Handhabung gleichartiger Array-basierter Daten, *Pandas* für die Verarbeitung verschiedenartiger und gelabelter Daten, *SciPy* für gängige wissenschaftliche Berechnungen, *Matplotlib* für druckreife Visualisierungen, *IPython* für die interaktive Ausführung und zum Teilen von Code, *Scikit-Learn* für Machine Learning sowie viele weitere Tools, die auf den folgenden Seiten vorgestellt werden.

Falls Sie auf der Suche nach einer Einführung in die Programmiersprache Python sind, empfehle ich das dieses Buch ergänzende Projekt *A Whirlwind Tour of Python* (*https://oreil.ly/jFtWj*). Bei diesem kurzen Bericht handelt es sich um eine Tour durch die wesentlichen Features der Sprache Python, die sich an Data Scientists richtet, die bereits mit anderen Programmiersprachen vertraut sind.

Inhaltsübersicht

Alle nummerierten Teile in diesem Buch konzentrieren sich auf ein bestimmtes Paket oder Tool, das für die mit Python betriebene Data Science von grundlegender Bedeutung ist. Sie sind in eigenständige Kapitel unterteilt, die jeweils ein bestimmtes Konzept behandeln.

- Teil I, »Mehr als normales Python: Jupyter«, stellt IPython und Jupyter vor. Diese Pakete bieten eine Umgebung für Berechnungen, die von vielen Data Scientists genutzt wird, die Python einsetzen.
- Teil II, »Einführung in NumPy«, konzentriert sich auf die NumPy-Bibliothek, die das `ndarray` bereitstellt, das ein effizientes Speichern und die Handhabung dicht gepackter Daten-Arrays in Python ermöglicht.
- Teil III, »Datenbearbeitung mit Pandas«, stellt die Pandas-Bibliothek vor. Sie verfügt über das `DataFrame`-Objekt, das ein effizientes Speichern und die Handhabung gelabelter bzw. spaltenorientierter Daten in Python gestattet.

- Teil IV, »Visualisierung mit Matplotlib«, konzentriert sich auf Matplotlib, eine Bibliothek, die flexible und vielfältige Visualisierungen von Daten in Python ermöglicht.
- Teil V, »Machine Learning«, zeigt die Bibliothek Scikit-Learn. Sie stellt eine effiziente Implementierung der wichtigsten und gebräuchlichsten Machine-Learning-Algorithmen zur Verfügung.

Natürlich umfasst die PyData-Welt viel mehr als diese sechs Pakete – und sie wächst mit jedem Tag weiter. Ich werde mich im Folgenden daher bemühen, Hinweise auf andere interessante Projekte, Bestrebungen und Pakete zu geben, die die Grenzen des mit Python Machbaren erweitern. Dessen ungeachtet sind die Pakete, auf die ich mich hier konzentriere, derzeit für viele der mit Python möglichen Aufgaben der Data Science von grundlegender Bedeutung, und ich erwarte, dass sie wichtig bleiben, auch wenn das sie umgebende Ökosystem weiterhin wächst.

Installation der Software

Die Installation von Python und den für wissenschaftliche Berechnungen erforderlichen Bibliotheken ist unkompliziert. In diesem Abschnitt finden Sie einige Überlegungen, denen Sie bei der Einrichtung Ihres Computers Beachtung schenken sollten.

Es gibt zwar verschiedene Möglichkeiten, Python zu installieren, allerdings empfehle ich zum Betreiben von Data Science die Anaconda-Distribution, die unter Windows, Linux und macOS auf ähnliche Weise funktioniert. Es gibt zwei Varianten der Anaconda-Distribution:

- Miniconda (*https://oreil.ly/dH7wJ*) besteht aus dem eigentlichen Python-Interpreter und einem Kommandozeilenprogramm namens *conda*, das als plattformübergreifender Paketmanager für Python-Pakete fungiert. Das Programm arbeitet in ähnlicher Weise wie die Tools *apt* oder *yum*, die Linux-Usern bekannt sein dürften.
- Anaconda (*https://oreil.ly/ndxjm*) enthält sowohl Python als auch *conda* und darüber hinaus eine Reihe vorinstallierter Pakete, die für wissenschaftliche Berechnungen konzipiert sind. Aufgrund der Größe dieser Pakete müssen Sie davon ausgehen, dass die Installation mehrere Gigabyte Speicherplatz auf der Festplatte belegt.

Alle in Anaconda enthaltenen Pakete können auch nachträglich der Miniconda-Installation hinzugefügt werden. Daher empfehle ich, mit Miniconda anzufangen.

Laden Sie zunächst das Miniconda-Paket herunter und installieren Sie es. Vergewissern Sie sich, dass Sie eine Version auswählen, die Python 3 enthält. Installieren Sie dann die in diesem Buch verwendeten Pakete:

```
[~]$ conda install numpy pandas scikit-learn matplotlib seaborn jupyter
```

Wir werden im gesamten Buch noch weitere, spezialisiertere Tools einsetzen, die zum wissenschaftlich orientierten Ökosystem in Python gehören. Für gewöhnlich ist zur Installation lediglich eine Eingabe wie **`conda install`** ***`packagename`*** nötig. Sollten Ihnen einmal Pakete begegnen, die über den Standard-*conda*-Kanal nicht erhältlich sind, sollten Sie auf jeden Fall auf *conda-forge* (*https://oreil.ly/CCvwQ*) nachsehen, einem vielfältigen, von der Community gepflegten Repository mit *conda*-Paketen. Weitere Informationen über *conda*, beispielsweise über das Erstellen und Verwenden von *conda*-Umgebungen (die ich nur *nachdrücklich* empfehlen kann), finden Sie in der Onlinedokumentation (*https://oreil.ly/MkqPw*).

In diesem Buch verwendete Konventionen

In diesem Buch gelten die folgenden typografischen Konventionen:

Kursiv
: Kennzeichnet neue Begriffe, URLs, Dateinamen und Dateierweiterungen.

`Nicht proportionale Schrift`
: Wird für Programmlistings und im Fließtext verwendet, um Programmbestandteile wie Variablen- oder Funktionsbezeichnungen, Datenbanken, Datentypen, Umgebungsvariablen, Anweisungen und Schlüsselwörter zu kennzeichnen.

`Fette nicht proportionale Schrift`
: Kommandos oder sonstiger Text, der vom User buchstabengetreu eingegeben werden soll.

`Kursive nicht proportionale Schrift`
: Text, der durch eigene Werte oder durch kontextabhängige Werte zu ersetzen ist.

Dieses Element steht für einen allgemeinen Hinweis.

Verwendung der Codebeispiele

Unter *http://github.com/jakevdp/PythonDataScienceHandbook* steht ergänzendes Material (Codebeispiele, Abbildungen usw.) zum Herunterladen zur Verfügung.

Dieses Buch soll Ihnen helfen, Ihre Arbeit zu erledigen. Den im Buch aufgeführten Code können Sie generell in Ihren eigenen Programmen und der Dokumentation verwenden. Sie brauchen uns nicht um Erlaubnis zu fragen, solange Sie nicht erhebliche Teile des Codes nutzen. Wenn Sie beispielsweise ein Programm schreiben, das einige der im Buch aufgeführten Codeschnipsel verwendet, benötigen Sie dafür keine Erlaubnis. Der Verkauf oder Vertrieb von Beispielen aus O'Reilly-Büchern bedarf hingegen einer Genehmigung. Das Beantworten von Fragen durch Verwendung von Zitaten oder Beispielcode aus diesem Buch muss nicht extra genehmigt werden. Die Verwendung erheblicher Teile des Beispielcodes in der Dokumentation Ihres eigenen Produkts erfordert jedoch eine Genehmigung.

Wir freuen uns über Quellennennungen, machen sie jedoch nicht zur Bedingung. Üblich ist die Nennung von Titel, Autor(en), Verlag, Erscheinungsjahr und ISBN, also beispielsweise: »*Handbuch Data Science mit Python, 2. Auflage* von Jake VanderPlas, O'Reilly 2024, ISBN 978-3-96009-225-4«.

Wenn Sie glauben, dass sich die Verwendung der Codebeispiele außerhalb der Fair-Use-Prinzipien oder der oben erwähnten Erlaubnis liegt, kontaktieren Sie uns bitte per E-Mail an *kommentar@oreilly.de*.

TEIL I

Mehr als normales Python: Jupyter

Für Python stehen viele verschiedene Entwicklungsumgebungen zur Verfügung, und häufig werde ich gefragt, welche ich für meine eigenen Arbeiten verwende. Einige Menschen überrascht die Antwort: Meine bevorzugte Entwicklungsumgebung ist IPython (*http://ipython.org*) in Kombination mit einem Texteditor (entweder Emacs oder VSCode – das hängt von meiner Stimmung ab). Jupyter begann als die IPython-Shell, die 2001 von Fernando Perez in Form eines erweiterten Python-Interpreters ins Leben gerufen wurde und sich seither zu einem Projekt entwickelt hat, »Tools für den gesamten Lebenszyklus in der forschenden Informatik« – so Perez' eigene Worte – bereitzustellen. Wenn man Python als Motor einer Aufgabe von Data Science betrachtet, können Sie sich Jupyter als die interaktive Steuerkonsole dazu vorstellen

Jupyter ist nicht nur eine nützliche interaktive Schnittstelle zu Python, sondern stellt darüber hinaus eine Reihe praktischer syntaktischer Erweiterungen der Sprache bereit. Die nützlichsten dieser Erweiterungen werden wir hier erörtern. Die bekannteste, vom Jupyter-Projekt bereitgestellte Schnittstelle ist wohl das Jupyter Notebook, eine browserbasierte Umgebung, die für die Entwicklung, die Zusammenarbeit, das Teilen und sogar die Veröffentlichung von Ergebnissen der Data Science gute Dienste leistet. Um ein Beispiel für die Nützlichkeit dieses Notebook-Formats zu geben: Betrachten Sie einfach nur die Seite, die Sie gerade lesen. Das vollständige Manuskript dieses Buchs wurde in Form einer Reihe von Jupyter Notebooks verfasst.

In diesem Teil des Buchs werden wir zunächst einige der Features von Jupyter betrachten, die sich in der Praxis der Data Science als nützlich erweisen. Der Schwerpunkt liegt hierbei auf der bereitgestellten Syntax, die mehr zu bieten hat als die Standardfeatures von Python. Anschließend werden wir uns etwas eingehender mit einigen der sehr nützlichen *magischen Befehle* befassen, die gängige Aufgaben bei der Erstellung und Verwendung des Data-Science-Codes beschleunigen können. Zum Abschluss erörtern wir dann einige der Features des Notebooks, die dem Verständnis der Daten und dem Teilen der Ergebnisse dienen können.

KAPITEL 1

Der Einstieg in IPython und Jupyter

Beim Schreiben von Code für Data Science verfolge ich normalerweise drei Arbeitsweisen: Ich benutze die IPython-Shell, um kurze Folgen von Befehlen auszuprobieren, das Jupyter Notebook für längere interaktive Analysen und um Inhalte mit anderen zu teilen sowie interaktive Entwicklungsumgebungen (IDEs) wie Emacs oder VSCode, um wiederverwendbare Python-Pakete zu erstellen. Dieses Kapitel konzentriert sich auf die ersten beiden Methoden: die IPython-Shell und das Jupyter Notebook. Der Einsatz einer IDE für die Softwareentwicklung ist ein wichtiges drittes Werkzeug im Repertoire der Data Scientists, auf das wir hier aber nicht direkt eingehen.

Die IPython-Shell starten

Wie die meisten Teile dieses Buchs sollte auch dieser nicht passiv gelesen werden. Ich empfehle Ihnen, während der Lektüre mit den vorgestellten Tools und der angegebenen Syntax herumzuexperimentieren. Die durch das Nachvollziehen der Beispiele erworbenen Fingerfertigkeiten werden sich als sehr viel nützlicher erweisen, als wenn Sie nur darüber lesen. Geben Sie auf der Kommandozeile **ipython** ein, um den Python-Interpreter zu starten. Sollten Sie eine Distribution wie Anaconda oder EPD (*Enthought Python Distribution*) installiert haben, können Sie möglicherweise alternativ einen systemspezifischen Programmstarter verwenden.

Nach dem Start des Interpreters sollte Ihnen eine Eingabeaufforderung wie die folgende angezeigt werden:

```
Python 3.9.2 (v3.9.2:1a79785e3e, Feb 19 2021, 09:06:10)
Type 'copyright', 'credits' or 'license' for more information
IPython 7.21.0 -- An enhanced Interactive Python. Type '?' for help.

In [1]:
```

Nun können Sie fortfahren.

Das Jupyter Notebook starten

Das Jupyter Notebook ist eine browserbasierte grafische Schnittstelle für die IPython-Shell und besitzt eine große Vielfalt dynamischer Anzeigemöglichkeiten. Neben der Ausführung von Python-/IPython-Anweisungen gestattet das Notebook dem User das Einfügen von formatiertem Text, statischen und dynamischen Visualisierungen, mathematischen Formeln, JavaScript-Widgets und vielem mehr. Darüber hinaus können die Dokumente in einem Format gespeichert werden, das anderen Usern ermöglicht, sie auf ihren eigenen Systemen zu öffnen und den Code auszuführen.

Das Jupyter Notebook wird zwar in einem Fenster Ihres Webbrowsers angezeigt und bearbeitet, allerdings ist eine Verbindung zu einem laufenden Python-Prozess erforderlich, um Code auszuführen. Geben Sie in Ihrer System-Shell folgenden Befehl ein, um diesen Prozess (der als »Kernel« bezeichnet wird) zu starten:

```
$ jupyter lab
```

Dieser Befehl startet einen lokalen Webserver, auf den Ihr Browser zugreifen kann. Er gibt sofort einige Meldungen aus, die zeigen, was vor sich geht. Dieses Log sieht in etwa folgendermaßen aus:

```
$ jupyter lab
[ServerApp] Serving notebooks from local directory: /Users/jakevdp/ \
PythonDataScienceHandbook
[ServerApp] Jupyter Server 1.4.1 is running at:
[ServerApp] http://localhost:8888/lab?token=dd852649
[ServerApp] Use Control-C to stop this server and shut down all kernels
(twice to skip confirmation).
```

Nach der Eingabe des Befehls sollte sich automatisch Ihr Standardbrowser öffnen und die genannte lokale URL anzeigen. Die genaue Adresse ist von Ihrem System abhängig. Öffnet sich Ihr Browser nicht automatisch, können Sie von Hand ein Browserfenster öffnen und die Adresse (in diesem Beispiel *http://localhost:8888/lab/*) eingeben.

Hilfe und Dokumentation in IPython

Auch wenn Sie die anderen Abschnitte dieses Kapitels überspringen, sollten Sie doch wenigstens diesen lesen: Ich habe festgestellt, dass die hier erläuterten IPython-Tools den größten Einfluss auf meinen alltäglichen Arbeitsablauf haben.

Wenn ein technologisch interessierter Mensch darum gebeten wird, einem Freund, einem Familienmitglied oder einer Kollegin bei einem Computerproblem zu helfen, geht es meistens gar nicht darum, die Lösung zu kennen, sondern zu wissen, wie man schnell eine noch unbekannte Lösung findet. Mit Data Science verhält es sich ähnlich: Durchsuchbare Webressourcen wie Onlinedokumentationen, Mailinglisten und auf Stackoverflowbusiness.com gefundene Antworten enthalten jede Menge Informationen, auch (oder gerade?) wenn es sich um ein Thema handelt, nach dem

Sie selbst schon einmal gesucht haben. Für einen leistungsfähigen Praktiker der Data Science geht es weniger darum, das in jeder erdenklichen Situation einzusetzende Tool oder den geeigneten Befehl auswendig zu lernen, sondern vielmehr darum, zu wissen, wie man die benötigten Informationen schnell und einfach findet – sei es nun mithilfe einer Suchmaschine oder auf anderem Weg.

Zwischen dem User und der erforderlichen Dokumentation sowie den Suchvorgängen, die ein effektives Arbeiten ermöglichen, klafft eine Lücke. Diese zu schließen, ist eine der nützlichsten Funktionen von IPython/Jupyter. Zwar spielen Suchvorgänge im Web bei der Beantwortung komplizierter Fragen nach wie vor eine Rolle, allerdings stellt IPython bereits eine bemerkenswerte Menge an Informationen bereit. Hier einige Beispiele für Fragen, bei deren Beantwortung IPython nach einigen wenigen Tastendrücken hilfreich sein kann:

- Wie rufe ich eine bestimmte Funktion auf? Welche Argumente und Optionen besitzt sie?
- Wie sieht der Quellcode eines bestimmten Python-Objekts aus?
- Was ist in einem importierten Paket enthalten?
- Welche Attribute oder Methoden besitzt ein Objekt?

Wir erörtern nun die Tools von IPython und Jupyter für den schnellen Zugriff auf diese Informationen, nämlich das Zeichen ? zum Durchsuchen der Dokumentation, die beiden Zeichen ?? zum Erkunden des Quellcodes und die Tabulatortaste (Tab-Taste), die eine automatische Vervollständigung ermöglicht.

Mit ? auf die Dokumentation zugreifen

Die Programmiersprache Python und das für die Data Science geeignete Ökosystem schenken den Nutzerinnen und Nutzern große Beachtung. Dazu gehört insbesondere der Zugang zur Dokumentation. Alle Python-Objekte enthalten einen Verweis auf einen String, den sogenannten *Docstring*, der wiederum in den meisten Fällen eine kompakte Übersicht über das Objekt und dessen Verwendung enthält. Python verfügt über eine integrierte `help`-Funktion, die auf diese Informationen zugreift und sie ausgibt. Um beispielsweise die Dokumentation der integrierten Funktion `len` anzuzeigen, können Sie Folgendes eingeben:

```
In [1]: help(len)
Help on built-in function len in module builtins:

len(obj, /)
    Return the number of items in a container.
```

Je nachdem, welchen Interpreter Sie verwenden, wird der Text auf der Konsole oder in einem eigenen Fenster ausgegeben.

Die Suche nach der Hilfe für ein Objekt ist äußerst nützlich und sehr häufig notwendig. Daher verwendet IPython das Zeichen ? als Abkürzung für den Zugriff auf die Dokumentation und weitere wichtige Informationen:

```
In [2]: len?
Signature: len(obj, /)
Docstring: Return the number of items in a container.
Type:      builtin_function_or_method
```

Diese Schreibweise funktioniert praktisch mit allem, auch mit Objektmethoden:

```
In [3]: L = [1, 2, 3]
In [4]: L.insert?
Signature: L.insert(index, object, /)
Docstring: Insert object before index.
Type:      builtin_function_or_method
```

Und sogar mit Objekten selbst – dann wird die Dokumentation des Objekttyps angezeigt:

```
In [5]: L?
Type:        list
String form: [1, 2, 3]
Length:      3
Docstring:
Built-in mutable sequence.

If no argument is given, the constructor creates a new empty list.
The argument must be an iterable if specified.
```

Wichtig zu wissen ist, dass das ebenfalls mit Funktionen und anderen von Ihnen selbst erzeugten Objekten funktioniert:

```
In [6]: def square(a):
   ....:     """Return the square of a."""
   ....:     return a ** 2
   ....:
```

Beachten Sie hier, dass wir zum Erstellen des Docstrings unserer Funktion einfach eine literale Zeichenkette in die erste Zeile eingegeben haben. Da Docstrings für gewöhnlich mehrzeilig sind, haben wir gemäß Konvention Pythons Schreibweise für mehrzeilige Strings mit dreifachem Anführungszeichen verwendet.

Nun verwenden wir das Zeichen ?, um diesen Docstring anzuzeigen:

```
In [7]: square?
Signature: square(a)
Docstring: Return the square of a.
File:      <ipython-input-6>
Type:      function
```

Dieser schnelle Zugriff auf die Dokumentation via Docstring ist einer der Gründe dafür, dass Sie sich angewöhnen sollten, den von Ihnen geschriebenen Code immer zu dokumentieren!

Mit ?? auf den Quellcode zugreifen

Da die Programmiersprache Python sehr leicht verständlich ist, können Sie für gewöhnlich tiefere Einblicke gewinnen, wenn Sie sich den Quellcode eines Objekts ansehen, das Sie interessiert. Mit einem doppelten Fragezeichen (??) stellen IPython und Jupyter eine Abkürzung für den Zugriff auf den Quellcode zur Verfügung:

```
In [8]: square??
Signature: square(a)
Source:
def square(a):
    """Return the square of a."""
    return a ** 2
File:      <ipython-input-6>
Type:      function
```

Bei so einfachen Funktionen wie dieser können Sie mit dem doppelten Fragezeichen einen schnellen Blick darauf werfen, was unter der Haube vor sich geht.

Wenn Sie damit weiter herumexperimentieren, werden Sie feststellen, dass ein angehängtes ?? manchmal gar keinen Quellcode anzeigt. Das liegt im Allgemeinen daran, dass das fragliche Objekt nicht in Python implementiert ist, sondern in C oder einer anderen kompilierten Erweiterungssprache. In diesem Fall liefert ?? dieselbe Ausgabe wie ?. Das kommt insbesondere bei vielen in Python fest integrierten Objekten und Typen vor, wie beispielsweise bei der vorhin erwähnten Funktion len:

```
In [9]: len??
Signature: len(obj, /)
Docstring: Return the number of items in a container.
Type:      builtin_function_or_method
```

Der Einsatz von ? und/oder ?? bietet eine schnelle und leistungsfähige Möglichkeit für das Auffinden von Informationen darüber, was in einer Python-Funktion oder einem Python-Modul eigentlich geschieht.

Module mit der Tab-Vervollständigung erkunden

Eine weitere nützliche Schnittstelle ist die Verwendung der Tabulatortaste zur automatischen Vervollständigung und zum Erkunden des Inhalts von Objekten, Modulen und Namensräumen. In den folgenden Beispielen wird durch <TAB> angezeigt, dass die Tabulatortaste gedrückt werden muss.

Tab-Vervollständigung des Inhalts von Objekten

Jedes Python-Objekt besitzt verschiedene Attribute und Methoden, die ihm zugeordnet sind. Neben dem bereits erläuterten help verfügt Python über eine integrierte dir-Funktion, die eine Liste dieser Attribute und Methoden ausgibt. Allerdings ist es in der Praxis viel einfacher, die Tab-Vervollständigung zu verwenden. Um eine Liste aller verfügbaren Attribute anzuzeigen, geben Sie einfach den Namen des Objekts ein, gefolgt von einem Punkt (.) und einem Druck auf die Tab-Taste:

```
In [10]: L.<TAB>
            append() count    insert   reverse
            clear    extend   pop      sort
            copy     index    remove
```

Um die Anzahl der Treffer in der Liste zu verringern, geben Sie einfach den ersten oder mehrere Buchstaben des Namens ein. Nach dem Drücken der Tab-Taste werden dann nur noch die übereinstimmenden Attribute und Methoden angezeigt:

```
In [10]: L.c<TAB>
             clear() count()
             copy()

In [10]: L.co<TAB>
              copy()  count()
```

Wenn der Treffer eindeutig ist, wird die Zeile durch ein weiteres Drücken der Tabulatortaste vervollständigt. Die folgende Eingabe wird beispielsweise sofort zu `L.count` vervollständigt:

```
In [10]: L.cou<TAB>
```

Python erzwingt zwar keine strenge Unterscheidung zwischen öffentlichen/externen und privaten/internen Attributen, allerdings gibt es die Konvention, Letztere durch einen vorangestellten Unterstrich zu kennzeichnen. Der Einfachheit halber werden die privaten und besonderen Methoden in der Liste standardmäßig weggelassen. Es ist jedoch möglich, sie durch ausdrückliche Eingabe des Unterstrichs anzuzeigen:

```
In [10]: L._<TAB>
           __add__               __delattr__     __eq__
           __class__             __delitem__     __format__()
           __class_getitem__() __dir__()       __ge__             >
           __contains__          __doc__         __getattribute__
```

Wir zeigen hier nur kurz die ersten paar Zeilen der Ausgabe. Bei den meisten handelt es sich um Pythons spezielle Methoden, deren Namen mit einem doppelten Unterstrich beginnen (engl. *double underscore*, daher oft auch »dunder«-Methoden genannt).

Tab-Vervollständigung beim Importieren

Die Tab-Vervollständigung kann außerdem beim Importieren von Objekten aus Paketen helfen. Hier benutzen wir sie, um alle möglichen Importe aus dem Paket `itertools` zu finden, die mit der Zeichenkette `co` beginnen:

```
In [10]: from itertools import co<TAB>
         combinations()                  compress()
         combinations_with_replacement() count()
```

Auf ähnliche Weise können Sie die Tab-Vervollständigung einsetzen, um zu sehen, welche Importe auf Ihrem System verfügbar sind (das kann sich ändern, je nachdem, welche Skripte oder Module von Drittherstellern für Ihre Python-Sitzung sichtbar sind):

```
In [10]: import <TAB>
            abc                anyio
            activate_this      appdirs
            aifc               appnope        >
            antigravity        argon2
```

```
In [10]: import h<TAB>
         hashlib html
         heapq   http
         hmac
```

Mehr als die Tab-Vervollständigung: Suche mit Wildcards

Die Tab-Vervollständigung ist nützlich, wenn Ihnen die ersten paar Buchstaben des Namens eines Objekts oder Attributs bekannt sind, das Sie suchen, hilft aber nicht weiter, wenn Sie nach übereinstimmenden Zeichen in der Mitte oder am Ende einer Bezeichnung suchen. Für diesen Anwendungsfall halten IPython und Jupyter mit dem Zeichen * eine Suche mithilfe von Wildcards bereit.

Wir können das Zeichen beispielsweise verwenden, um alle Objekte im Namensraum anzuzeigen, deren Namen auf `Warning` enden:

```
In [10]: *Warning?
BytesWarning                  RuntimeWarning
DeprecationWarning            SyntaxWarning
FutureWarning                 UnicodeWarning
ImportWarning                 UserWarning
PendingDeprecationWarning     Warning
ResourceWarning
```

Beachten Sie, dass das Zeichen * mit allen Strings übereinstimmt – auch mit einer leeren Zeichenkette.

Nehmen wir nun an, wir suchten nach einer String-Methode, die an irgendeiner Stelle in ihrem Namen das Wort `find` enthält. Auf diese Weise können wir sie finden:

```
In [11]: str.*find*?
str.find
str.rfind
```

Ich finde diese Art der flexiblen Suche mit Wildcards äußerst nützlich, um einen bestimmten Befehl zu finden, wenn ich ein neues Paket erkunde oder mich mit einem bereits bekannten erneut vertraut mache.

Tastaturkürzel in der IPython-Shell

Auch wenn Sie nur wenig Zeit mit einem Computer verbringen, werden Sie vermutlich bereits festgestellt haben, dass sich das eine oder andere Tastaturkürzel für Ihren Arbeitsablauf als nützlich erweist. Am bekanntesten sind vielleicht Strg-C und Strg-V (bzw. Cmd-C und Cmd-V) zum Kopieren und Einfügen in vielen ganz verschiedenen Programmen und Systemen. Erfahrene User gehen oft sogar noch einen Schritt weiter: Gängige Texteditoren wie Emacs, Vim und andere stellen einen immensen Umfang an verschiedenen Funktionen durch komplizierte Kombinationen von Tastendrücken zur Verfügung.

Ganz so weit geht die IPython-Shell nicht, dennoch bietet sie einige Tastaturkürzel zum schnellen Navigieren beim Eingeben von Befehlen. Einige der Tastaturkürzel funktionieren eventuell auch in browserbasierten Notebooks, allerdings geht es in diesem Abschnitt vornehmlich um die Tastaturkürzel in der IPython-Shell.

Sobald Sie sich daran gewöhnt haben, sind sie äußerst nützlich, um schnell bestimmte Befehle auszuführen, ohne die Hände von der Tastatur nehmen zu müssen. Sollten Sie Emacs-User sein oder Erfahrung mit Linux-Shells haben, wird Ihnen das Folgende bekannt vorkommen. Ich gruppiere die Befehle nach bestimmten Kategorien: Tastaturkürzel zum *Navigieren*, Tastaturkürzel bei der *Texteingabe*, Tastaturkürzel für den *Befehlsverlauf* und *sonstige* Tastaturkürzel.

Tastaturkürzel zum Navigieren

Dass die nach links und rechts weisenden Pfeiltasten dazu dienen, den Cursor in der Zeile rückwärts bzw. vorwärts zu bewegen, ist ziemlich offensichtlich, es gibt jedoch weitere Möglichkeiten, die es nicht erforderlich machen, Ihre Hände aus der gewohnten Schreibposition zu bewegen.

Tastaturkürzel	Beschreibung
Strg-A	Bewegt den Cursor an den Zeilenanfang.
Strg-E	Bewegt den Cursor an das Zeilenende.
Strg-B (oder Pfeiltaste nach links)	Bewegt den Cursor ein Zeichen rückwärts.
Strg-F (oder Pfeiltaste nach rechts)	Bewegt den Cursor ein Zeichen vorwärts.

Tastaturkürzel bei der Texteingabe

Jeder Nutzerin und jedem Nutzer ist die Verwendung der Rückschritttaste zum Löschen des zuvor eingegebenen Zeichens bekannt, allerdings sind oftmals einige Fingerverrenkungen erforderlich, um sie zu erreichen, und außerdem löscht sie beim Drücken jeweils nur ein einzelnes Zeichen. In IPython gibt es einige Tastaturkürzel zum Löschen bestimmter Teile der eingegebenen Textzeile. Sofort nützlich sind die Befehle zum Löschen der ganzen Textzeile. Sie sind Ihnen in Fleisch und Blut übergegangen, wenn Sie feststellen, dass Sie die Tastenkombinationen Strg-B und Strg-D verwenden, anstatt die Rückschritttaste zu benutzen, um das zuvor eingegebene Zeichen zu löschen!

Tastaturkürzel	Beschreibung
Rückschritttaste	Zeichen links vom Cursor löschen.
Strg-D	Zeichen rechts vom Cursor löschen.
Strg-K	Text von der Cursorposition bis zum Zeilenende ausschneiden.
Strg-U	Text vom Zeilenanfang bis zur Cursorposition ausschneiden.
Strg-Y	Zuvor ausgeschnittenen Text einfügen.
Strg-T	Die beiden zuletzt eingegebenen Zeichen vertauschen.

Tastaturkürzel für den Befehlsverlauf

Unter den hier aufgeführten von IPython bereitgestellten Tastaturkürzeln dürften diejenigen zur Navigation im Befehlsverlauf die größten Auswirkungen haben. Der Befehlsverlauf umfasst nicht nur die aktuelle IPython-Sitzung, Ihr gesamter Befehlsverlauf ist in einer SQLite-Datenbank im selben Verzeichnis gespeichert, in dem sich auch Ihr IPython-Profil befindet.

Die einfachste Zugriffsmöglichkeit auf Ihren Befehlsverlauf ist das Betätigen der Pfeiltasten nach oben und unten, mit denen Sie ihn schrittweise durchblättern können, es stehen aber noch andere Möglichkeiten zur Verfügung.

Tastaturkürzel	Beschreibung
Strg-P (oder Pfeiltaste nach oben)	Vorhergehenden Befehl im Verlauf auswählen.
Strg-N (oder Pfeiltaste nach unten)	Nachfolgenden Befehl im Verlauf auswählen.
Strg-R	Rückwärtssuche im Befehlsverlauf.

Die Rückwärtssuche kann besonders praktisch sein. Wie Sie wissen, haben wir im vorherigen Abschnitt eine Funktion namens square definiert. Durchsuchen Sie nun in einer neuen IPython-Shell den Befehlsverlauf nach dieser Definition. Wenn Sie im IPython-Terminal die Tastenkombination Strg-R drücken, wird Ihnen die folgende Eingabeaufforderung angezeigt:

```
In [1]:
(reverse-i-search)`':
```

Beginnen Sie nun damit, Zeichen einzugeben, zeigt IPython den zuletzt eingegebenen Befehl an (sofern vorhanden), der mit den eingegebenen Zeichen übereinstimmt:

```
In [1]:
(reverse-i-search)`squ': square??
```

Sie können jederzeit weitere Zeichen eingeben, um die Suche zu verfeinern, oder drücken Sie erneut Strg-R, um nach einem weiter zurückliegenden Befehl zu suchen, der zur Suchanfrage passt. Wenn Sie die Eingaben im letzten Abschnitt nachvollzogen haben, wird nach zweimaligem Betätigen von Strg-R Folgendes angezeigt:

```
In [1]:
(reverse-i-search)`squ': def square(a):
    """Return the square of a"""
    return a ** 2
```

Sobald Sie den gesuchten Befehl gefunden haben, beenden Sie die Suche mit der Enter-Taste. Jetzt können Sie den gefundenen Befehl ausführen und die Sitzung fortsetzen:

```
In [1]: def square(a):
    """Return the square of a"""
    return a ** 2

In [2]: square(2)
Out[2]: 4
```

Sie können auch die Tastenkombinationen Strg-P/Strg-N oder die Pfeiltasten nach oben und unten verwenden, um den Befehlsverlauf zu durchsuchen, allerdings werden dann bei der Suche lediglich die Zeichen am Anfang der Eingabezeile berücksichtigt. Wenn Sie also **def** eingeben und dann Strg-P drücken, wird der zuletzt eingegebene Befehl im Verlauf angezeigt (falls vorhanden), der mit den Zeichen `def` beginnt.

Sonstige Tastaturkürzel

Darüber hinaus gibt es einige weitere nützliche Tastaturkürzel, die sich keiner der bisherigen Kategorien zuordnen lassen.

Tastaturkürzel	Beschreibung
Strg-L	Terminalanzeige löschen.
Strg-C	Aktuellen Python-Befehl abbrechen.
Strg-D	Python-Sitzung beenden.

Insbesondere der Befehl Strg-C kann sich als nützlich erweisen, wenn Sie versehentlich einen sehr zeitaufwendigen Job gestartet haben.

Einige der hier vorgestellten Befehle mögen auf den ersten Blick vielleicht uninteressant erscheinen, Sie werden sie aber mit etwas Übung wie im Schlaf verwenden. Haben Sie sich diese Fingerfertigkeiten einmal angeeignet, werden Sie sich sogar wünschen, dass diese Befehle auch an anderer Stelle zur Verfügung stünden.

KAPITEL 2

Erweiterte interaktive Features

Ein großer Teil der Leistungsfähigkeit von IPython und Jupyter wird durch ihre zusätzlichen interaktiven Werkzeuge erreicht. In diesem Kapitel werden einige dieser Werkzeuge behandelt, darunter die sogenannten »magischen« Befehle. Dies sind Werkzeuge zur Untersuchung des Ein- und Ausgabeverlaufs und zur Interaktion mit der Shell.

Magische Befehle in IPython

Das vorherige Kapitel zeigt, wie IPython es Ihnen ermöglicht, Python effektiv und interaktiv zu verwenden und zu erkunden. Nun kommen wir zu einigen Erweiterungen, die IPython der normalen Python-Syntax hinzufügt. Diese werden in IPython als *magische Befehle* oder *Funktionen* bezeichnet, und ihnen wird ein %-Zeichen vorangestellt. Die magischen Befehle sind dazu gedacht, verschiedene gängige Aufgaben, die bei einer Standarddatenanalyse immer wieder vorkommen, kurz und bündig zu erledigen. Von den magischen Befehlen/Funktionen (den sogenannten Magics) gibt es zwei Varianten: *Line-Magics*, denen ein einzelnes % vorangestellt wird und die jeweils eine einzelne Zeile verarbeiten, sowie *Cell-Magics*, die durch ein vorangestelltes %% gekennzeichnet sind und mehrzeilige Eingaben verarbeiten. Wir werden einige kurze Beispiele betrachten und befassen uns dann später mit einer eingehenderen Erläuterung verschiedener nützlicher magischer Befehle.

Externen Code ausführen mit %run

Wenn Sie damit anfangen, umfangreicheren Code zu entwickeln, werden Sie vermutlich feststellen, dass Sie sowohl IPython für interaktive Erkundungen als auch einen Texteditor zum Speichern von Code einsetzen, den Sie wiederverwenden möchten. Oft ist es praktisch, den Code nicht in einem neuen Fenster, sondern innerhalb der laufenden IPython-Sitzung auszuführen. Zu diesem Zweck gibt es den magischen Befehl `%run`.

Nehmen wir beispielsweise an, Sie hätten eine Datei namens *myscript.py* angelegt, die folgenden Inhalt hat:

```
# file: myscript.py

def square(x):
    """square a number"""
    return x ** 2

for N in range(1, 4):
    print(f"{N} squared is {square(N)}")
```

Sie können dies wie folgt in Ihrer IPython-Sitzung ausführen:

```
In [1]: %run myscript.py
1 squared is 1
2 squared is 4
3 squared is 9
```

Beachten Sie hier außerdem, dass nach der Ausführung dieses Skripts die darin definierten Funktionen in Ihrer IPython-Sitzung verfügbar sind:

```
In [2]: square(5)
Out[2]: 25
```

Es stehen verschiedene Möglichkeiten zur Verfügung, genauer einzustellen, wie Ihr Code ausgeführt wird. Sie können sich durch die Eingabe von `%run?` wie gewohnt die Dokumentation im IPython-Interpreter anzeigen lassen.

Messung der Ausführungszeit von Code mit %timeit

Ein weiteres Beispiel einer nützlichen magischen Funktion ist `%timeit`, die automatisch die Ausführungszeit einer einzeiligen Python-Anweisung ermittelt, die dem Befehl übergeben wird. Wir könnten beispielsweise die Performance einer Listenabstraktion wie folgt ermitteln:

```
In [3]: %timeit L = [n ** 2 for n in range(1000)]
430 µs ± 3.21 µs per loop (mean ± std. dev. of 7 runs, 1000 loops each)
```

Die `%timeit`-Funktion hat den Vorteil, dass sie bei kurzen Befehlen automatisch mehrere Durchläufe ausführt, um aussagekräftigere Ergebnisse zu erhalten. Bei mehrzeiligen Anweisungen macht das Hinzufügen eines zweiten `%`-Zeichens den Befehl zu einem Cell-Magic, das mehrzeilige Eingaben verarbeiten kann. Dies ist beispielsweise der entsprechende Code mit einer `for`-Schleife:

```
In [4]: %%timeit
   ...: L = []
   ...: for n in range(1000):
   ...:     L.append(n ** 2)
   ...:
484 µs ± 5.67 µs per loop (mean ± std. dev. of 7 runs, 1000 loops each)
```

Wir können sofort feststellen, dass die Listenabstraktion in diesem Fall rund 10% schneller ist als die entsprechende `for`-Schleife. Wir werden uns mit `%timeit` und anderen Ansätzen für das Timing und Profiling von Code im Abschnitt »Profiling und Timing von Code« auf Seite 45 noch eingehender befassen.

Hilfe für die magischen Funktionen anzeigen mit ?, %magic und %lsmagic

Wie normale Python-Funktion besitzen auch IPythons magische Funktionen Docstrings, und auf diese nützliche Dokumentation kann man wie gewohnt zugreifen. Um also beispielsweise die Dokumentation des magischen Befehls `%timeit` zu lesen, geben Sie einfach Folgendes ein:

```
In [5]: %timeit?
```

Auf die Dokumentation anderer Funktionen wird auf ähnliche Weise zugegriffen. Zur Anzeige einer allgemeinen Beschreibung der verfügbaren magischen Funktionen inklusive einiger Beispiele geben Sie nachstehenden Befehl ein:

```
In [6]: %magic
```

Und so zeigen Sie schnell und einfach eine Liste aller zur Verfügung stehenden magischen Funktionen an:

```
In [7]: %lsmagic
```

Abschließend möchte ich noch erwähnen, dass es ganz einfach möglich ist, eigene magische Funktionen zu definieren. Wir werden darauf an dieser Stelle nicht weiter eingehen, aber wenn Sie daran interessiert sind, werfen Sie einen Blick auf die Hinweise im Abschnitt »Weitere IPython-Ressourcen« auf Seite 50.

Verlauf der Ein- und Ausgabe

Sie wissen bereits, dass die IPython-Shell es ermöglicht, mit den Pfeiltasten nach oben und unten (oder mit den entsprechenden Tastaturkürzeln Strg-P/Strg-N auf frühere Befehle zuzugreifen. Sowohl in der Shell als auch in Notebooks bietet IPython darüber hinaus verschiedene Möglichkeiten, die Ausgabe vorhergehender Befehle oder reine Textversionen der Befehle selbst abzurufen. Das sehen wir uns nun genauer an.

IPythons In- und Out-Objekte

Die von IPython verwendeten Ausgaben der Form `In [1]:`/`Out[1]:` dürften Ihnen inzwischen hinlänglich vertraut sein. Dabei handelt es sich jedoch keinesfalls nur um hübsche Verzierungen, vielmehr geben sie einen Hinweis darauf, wie Sie auf vorhergehende Ein- und Ausgaben Ihrer aktuellen Sitzung zugreifen können. Nehmen wir an, Sie starten eine Sitzung, die folgendermaßen aussieht:

```
In [1]: import math

In [2]: math.sin(2)
Out[2]: 0.9092974268256817

In [3]: math.cos(2)
Out[3]: -0.4161468365471424
```

Wir haben das integrierte math-Paket importiert und dann den Sinus und den Kosinus von 2 berechnet. Diese Ein- und Ausgaben werden in der Shell mit In/Out-Labels angezeigt. Das ist jedoch noch nicht alles – tatsächlich erzeugt IPython verschiedene Python-Variablen namens In und Out, die automatisch aktualisiert werden und so den Verlauf widerspiegeln:

```
In [4]: In
Out[4]: ['', 'import math', 'math.sin(2)', 'math.cos(2)', 'In']

In [5]: Out
Out[5]:
{2: 0.9092974268256817,
 3: -0.4161468365471424,
 4: ['', 'import math', 'math.sin(2)', 'math.cos(2)', 'In', 'Out']}
```

Das In-Objekt ist eine Liste, die über die Reihenfolge der Befehle Buch führt (das erste Element der Liste ist ein Platzhalter, sodass In[1] auf den ersten Befehl verweist):

```
In [6]: print(In[1])
import math
```

Das Out-Objekt hingegen ist keine Liste, sondern ein Dictionary, in dem die Eingabenummern den jeweiligen Ausgaben (falls vorhanden) zugeordnet sind:

```
In [7]: print(Out[2])
.9092974268256817
```

Beachten Sie hier, dass nicht alle Operationen eine Ausgabe erzeugen. Beispielsweise haben die import- und print-Anweisungen keine Auswirkung auf die Ausgabe. Letzteres überrascht vielleicht etwas, ergibt jedoch Sinn, wenn man bedenkt, dass print eine Funktion ist, die None zurückliefert. Kurz und bündig: Alle Befehle, die None zurückgeben, werden nicht zum Out-Dictionary hinzugefügt.

Das kann sich als nützlich erweisen, wenn Sie die letzten Ergebnisse verwenden möchten. Berechnen Sie beispielsweise die Summe von sin(2) ** 2 und cos(2) ** 2 unter Zuhilfenahme der zuvor errechneten Ergebnisse:

```
In [8]: Out[2] ** 2 + Out[3] ** 2
Out[8]: 1.0
```

Das Ergebnis lautet 1.0, wie es gemäß der wohlbekannten trigonometrischen Gleichung auch zu erwarten ist. In diesem Fall wäre es eigentlich gar nicht notwendig, die vorhergehenden Ergebnisse zu verwenden, allerdings kann es ungemein praktisch sein, wenn Sie eine sehr zeitaufwendige Berechnung ausführen und vergessen, das Ergebnis einer Variablen zuzuweisen!

Der Unterstrich als Abkürzung und vorhergehende Ausgaben

Die normale Python-Shell besitzt nur eine einfache Abkürzung für den Zugriff auf vorherige Ausgaben. Die Variable _ enthält das Ergebnis der jeweils letzten Ausgabe. In IPython funktioniert das ebenfalls:

```
In [9]: print(_)
.0
```

Allerdings geht IPython noch einen Schritt weiter – Sie können außerdem einen doppelten Unterstrich verwenden, um auf die vorletzte Ausgabe zuzugreifen, oder einen dreifachen, um auf die drittletzte Ausgabe zuzugreifen (wobei alle Befehle ohne Ausgabe übersprungen werden):

```
In [10]: print(__)
-0.4161468365471424

In [11]: print(___)
.9092974268256817
```

Hier ist in IPython jedoch Schluss: Mehr als drei Unterstriche sind etwas schwierig abzuzählen, und es ist einfacher, die Nummer der Ausgabe zu verwenden.

Eine weitere Abkürzung soll an dieser Stelle noch Erwähnung finden: `_X` (ein einfacher Unterstrich, gefolgt von der Ausgabenummer) ist die Abkürzung für `Out[X]`:

```
In [12]: Out[2]
Out[12]: 0.9092974268256817

In [13]: _2
Out[13]: 0.9092974268256817
```

Ausgaben unterdrücken

Manchmal ist es erwünscht, die Ausgaben einer Anweisung zu unterdrücken (am häufigsten kommt das vielleicht bei den Befehlen zum Erstellen von Diagrammen vor, mit denen wir uns in Teil IV befassen werden). Oder der auszuführende Befehl liefert ein Ergebnis, das Sie lieber nicht im Verlauf der Ausgabe speichern möchten, möglicherweise damit der dadurch belegte Speicherplatz wieder freigegeben wird, wenn es keine weiteren Referenzen mehr darauf gibt. Die einfachste Methode zum Unterdrücken der Ausgabe ist das Anhängen eines Semikolons an das Zeilenende:

```
In [14]: math.sin(2) + math.cos(2);
```

Beachten Sie hier, dass das Ergebnis zwar berechnet, aber weder auf dem Bildschirm angezeigt noch im `Out`-Dictionary gespeichert wird:

```
In [15]: 14 in Out
Out[15]: False
```

Weitere ähnliche magische Befehle

Mit dem magischen Befehl `%history` kann man auf mehrere vorhergehende Eingaben gleichzeitig zugreifen. So können Sie die ersten vier Eingaben anzeigen:

```
In [16]: %history -n 1-3
   1: import math
   2: math.sin(2)
   3: math.cos(2)
```

Sie können wie gewohnt `%history?` eingeben, um weitere Informationen und eine Beschreibung der möglichen Optionen anzuzeigen. (Zusätzliche Details zur Funktionsweise von `?` finden Sie in Kapitel 1.) Weitere nützliche magische Befehle sind `%rerun` (erneute Ausführung eines Teils des Befehlsverlaufs) und `%save` (zum Speichern eines Teils des Befehlsverlaufs in einer Datei).

IPython und Shell-Befehle

Wenn man einen normalen Python-Interpreter interaktiv verwendet, muss man sich damit herumärgern, dass man gezwungen ist, zwischen mehreren Fenstern hin und her zu schalten, um auf Python-Tools und Kommandozeilenprogramme des Systems zuzugreifen. IPython schließt diese Lücke und stellt eine Syntax zum Ausführen von Shell-Befehlen direkt im IPython-Terminal bereit. Möglich macht das ein Ausrufezeichen: Jeglicher nach einem `!` stehender Text in einer Zeile wird nicht vom Python-Kernel, sondern von der Kommandozeile des Systems ausgeführt.

Im Folgenden wird vorausgesetzt, dass Sie ein unixoides System wie Linux oder macOS verwenden. Einige der Beispiele würden unter Windows fehlschlagen, das standardmäßig eine andere Art von Shell verwendet. Wenn Sie allerdings das *Windows Subsystem for Linux* (*https://oreil.ly/H5MEE*) verwenden, sollten die Beispiele korrekt ausgeführt werden. Sind Ihnen Shell-Befehle nicht geläufig, empfiehlt sich die Lektüre des Unix Shell-Tutorials (*https://oreil.ly/RrD2Y*), das von der ausgezeichneten Software Carpentry Foundation zusammengestellt wurde.

Kurz vorgestellt: die Shell

Eine vollständige Einführung in die Arbeit mit Shell, Terminal oder Kommandozeile geht weit über den Rahmen dieses Kapitels hinaus. An dieser Stelle folgt lediglich eine Kurzeinführung für diejenigen, die über gar keine Kenntnisse auf diesem Gebiet verfügen. Die Shell bietet eine Möglichkeit, per Texteingabe mit dem Computer zu interagieren. Seit Mitte der 1980er-Jahre, als Apple und Microsoft die ersten Versionen der heute allgegenwärtigen grafischen Betriebssysteme vorstellten, interagieren die meisten User mit ihrem Betriebssystem durch die vertraute Auswahl von Menüpunkten und durch Verschieben von Objekten mit der Maus. Nun gab es jedoch schon viel früher, lange bevor die grafischen Benutzeroberflächen entwickelt wurden, Betriebssysteme, die vornehmlich durch Texteingaben gesteuert wurden: Der User gibt auf der Kommandozeile einen Befehl ein, und der Computer führt aus, was der User ihm befohlen hat. Diese ersten Kommandozeilensysteme waren die Vorgänger der Shells und Terminals, die viele Data Scientists auch heute noch verwenden.

Wenn man mit der Shell nicht vertraut ist, mag man fragen, warum man sich diese Mühe machen sollte, wenn man doch mit ein paar Mausklicks auf Symbole und Menüs schon so viel erreichen kann. Ein Shell-User könnte mit einer Gegenfrage antworten: Warum irgendwelchen Symbolen nachjagen und Menüpunkte anklicken, wenn man seine Ziele durch Texteingaben viel einfacher erreichen kann? Zunächst hört sich das nach einer dieser typischen Pattsituationen zweier Lager mit unterschiedlichen Präferenzen an. Wenn jedoch mehr als nur grundlegende Arbeiten zu erledigen sind, wird schnell deutlich, dass die Shell bei anspruchsvolleren Aufgaben viel mehr Steuerungsmöglichkeiten bietet, wenngleich die Lernkurve zugegebenermaßen einschüchtern kann.

Nachstehend finden Sie als Beispiel eine Linux/macOS-Shell-Sitzung, in der ein User Dateien und Verzeichnisse auf dem System erkundet, anlegt und modifiziert (`osx:~ $` ist die Eingabeaufforderung, und alles hinter dem `$` ist der eingegebene Befehl; die Texte, denen ein # vorausgeht, sind lediglich Beschreibungen und müssen nicht eingetippt werden):

```
osx:~ $ echo "hello world"            # echo entspricht Pythons print-Funktion
hello world

osx:~ $ pwd                           # pwd = print working directory
/home/jake                            # (Arbeitsverzeichnis ausgeben)

osx:~ $ ls                            # ls = list;
                                      # Inhalt des Verzeichnisses ausgeben

notebooks  projects

osx:~ $ cd projects/                  # cd = change directory
                                      # (Verzeichnis wechseln)

osx:projects $ pwd
/home/jake/projects

osx:projects $ ls
datasci_book   mpld3   myproject.txt

osx:projects $ mkdir myproject        # mkdir = make new directory
                                      # (Verzeichnis anlegen)

osx:projects $ cd myproject/

osx:myproject $ mv ../myproject.txt ./  # mv = move file. (Datei verschieben)
                                      # Hier bewegen wir die Datei myproject.txt
                                      # in einer höheren Verzeichnisebene (../)
                                      # in das aktuelle Arbeitsverzeichnis (./)

osx:myproject $ ls
myproject.txt
```

Wie Sie sehen, handelt es sich hier lediglich um eine kompakte Art und Weise, gängige Operationen (Navigieren in einer Verzeichnisstruktur, Anlegen eines Verzeichnisses, Datei verschieben usw.) durch die Eingabe von Befehlen auszuführen, statt Symbole und Menüs anzuklicken. Beachten Sie, dass sich die gebräuchlichsten Dateioperationen mit einigen wenigen Befehlen (`pwd`, `ls`, `cd`, `mkdir` und `cp`) erledigen lassen. Die wahre Leistungsfähigkeit der Shell zeigt sich vor allem aber dann, wenn man anspruchsvollere als diese grundlegenden Aufgaben erledigen möchte.

Shell-Befehle in IPython

Sie können sämtliche Standardbefehle der Kommandozeile direkt in IPython verwenden, indem Sie ihnen ein `!`-Zeichen voranstellen. So können die Befehle `ls`, `pwd` und `echo` beispielsweise folgendermaßen ausgeführt werden:

```
In [1]: !ls
myproject.txt

In [2]: !pwd
/home/jake/projects/myproject

In [3]: !echo "printing from the shell"
printing from the shell
```

Werte mit der Shell austauschen

Shell-Befehle können nicht nur von IPython aus aufgerufen werden, sie können auch mit dem IPython-Namensraum interagieren. So können Sie beispielsweise die Ausgabe eines beliebigen Shell-Befehls mit dem Zuweisungsoperator = in einer Python-Liste speichern:

```
In [4]: contents = !ls

In [5]: print(contents)
['myproject.txt']

In [6]: directory = !pwd

In [7]: print(directory)
['/Users/jakevdp/notebooks/tmp/myproject']
```

Diese Ergebnisse werden nicht als Liste zurückgegeben, sondern als ein in IPython definierter spezieller Rückgabetyp für Shells:

```
In [8]: type(directory)
IPython.utils.text.SList
```

Dieser Typ sieht zwar wie eine Python-Liste aus und verhält sich auch sehr ähnlich, verfügt aber über zusätzliche Funktionalität, wie z. B. über die `grep`- und `fields`-Methoden sowie die Eigenschaften `s`, `n` und `p`, die es Ihnen erlauben, die Ergebnisse auf komfortable Art und Weise zu durchsuchen, zu filtern und anzuzeigen. Weitere Informationen dazu finden Sie in IPythons integrierter Hilfefunktion.

Die Kommunikation in der anderen Richtung, also die Übergabe von Python an die Shell, wird durch die Verwendung der Syntax {*varname*} ermöglicht:

```
In [9]: message = "hello from Python"

In [10]: !echo {message}
hello from Python
```

Der Variablenname wird von den geschweiften Klammern eingeschlossen und wird im Shell-Befehl durch den Inhalt der Variablen ersetzt.

Magische Befehle für die Shell

Wenn Sie ein Weilchen mit IPythons Shell-Befehlen herumexperimentiert haben, ist Ihnen vielleicht aufgefallen, dass es nicht möglich ist, mit `!cd` im Dateisystem zu navigieren:

```
In [11]: !pwd
/home/jake/projects/myproject

In [12]: !cd ..

In [13]: !pwd
/home/jake/projects/myproject
```

Das liegt daran, dass die Shell-Befehle in einem Notebook in einer temporären Subshell ausgeführt werden, die den Zustand von Befehl zu Befehl nicht beibehält. Wenn Sie das Arbeitsverzeichnis dauerhaft ändern möchten, steht Ihnen dafür der magische Befehl `%cd` zur Verfügung:

```
In [14]: %cd ..
/home/jake/projects
```

Tatsächlich können Sie den Befehl standardmäßig sogar ohne das %-Zeichen aufrufen:

```
In [15]: cd myproject
/home/jake/projects/myproject
```

Man spricht hier von einer *automagischen* Funktion, deren Verhalten mit der magischen Funktion `%automagic` geändert werden kann.

Neben `%cd` gibt es für die Shell noch die magischen Funktionen `%cat`, `%cp`, `%env`, `%ls`, `%man`, `%mkdir`, `%more`, `%mv`, `%pwd`, `%rm` und `%rmdir`, die alle auch ohne das %-Zeichen verwendbar sind, sofern `automagic` eingeschaltet ist. Auf diese Weise können Sie die Kommandozeile in IPython fast wie eine normale Shell verwenden:

```
In [16]: mkdir tmp

In [17]: ls
myproject.txt  tmp/

In [18]: cp myproject.txt tmp/

In [19]: ls tmp
myproject.txt

In [20]: rm -r tmp
```

Dieser Zugriff auf die Shell im selben Terminalfenster, in dem Ihre Python-Sitzung läuft, bedeutet für Sie beim Schreiben von Python-Code, dass Sie sehr viel weniger vom Interpreter zur Shell und wieder zurück wechseln müssen.

KAPITEL 3

Debugging und Profiling

Zusätzlich zu den fortgeschrittenen interaktiven Werkzeugen, die im vorherigen Kapitel besprochen wurden, bietet Jupyter eine Reihe von Möglichkeiten, den ausgeführten Code zu untersuchen und zu verstehen, beispielsweise durch das Auffinden von Fehlern in der Logik oder einer unerwartet langsamen Ausführung. Dieses Kapitel stellt einige dieser Werkzeuge vor.

Fehler und Debugging

Bei der Entwicklung von Code und der Datenanalyse spielen auch Versuch und Irrtum immer eine gewisse Rolle. IPython bringt einige Tools mit, um diesen Vorgang zu optimieren. In diesem Abschnitt werden wir uns kurz mit einigen Optionen zur Konfiguration der Fehlerberichterstattung (Exceptions) in IPython befassen. Anschließend erkunden wir die Tools für das Debuggen von Fehlern im Code.

Exceptions handhaben: %xmode

Wenn ein Python-Skript fehlschlägt, wird in den meisten Fällen eine Exception ausgelöst. Trifft der Interpreter auf eine solche Exception, finden sich Informationen über die Fehlerursache im sogenannten *Traceback*, auf das Sie von Python aus zugreifen können. Mit der magischen Funktion `%xmode` erhalten Sie von IPython die Möglichkeit, den Umfang der Informationen festzulegen, die ausgegeben werden, wenn eine Exception ausgelöst wird. Betrachten Sie den folgenden Code:

```
In [1]: def func1(a, b):
            return a / b

        def func2(x):
            a = x
            b = x - 1
            return func1(a, b)

In [2]: func2(1)
ZeroDivisionError                         Traceback (most recent call last)
<ipython-input-2-b2e110f6fc8f> in <module>()
----> 1 func2(1)
```

```
<ipython-input-1-d849e34d61fb> in func2(x)
      5     a = x
      6     b = x - 1
----> 7     return func1(a, b)

<ipython-input-1-d849e34d61fb> in func1(a, b)
      1 def func1(a, b):
----> 2     return a / b
      3
      4 def func2(x):
      5     a = x

ZeroDivisionError: division by zero
```

Der Aufruf von func2 verursacht einen Fehler, und im Traceback können wir genau sehen, was passiert ist. Standardmäßig enthält das Traceback einige Zeilen, die den Kontext der einzelnen Schritte zeigen, die zu dem Fehler geführt haben. Mit der magischen Funktion %xmode (kurz für *exception mode*) können wir ändern, welche Informationen ausgegeben werden.

%xmode benötigt ein einzelnes Argument, den Modus, für den es drei mögliche Werte gibt: Plain, Context und Verbose. Voreingestellt ist der Modus Context, der zu der obigen Ausgabe führt. Der Modus Plain sorgt für eine kompaktere Ausgabe und liefert weniger Informationen:

```
In [3]: %xmode Plain
Out[3]: Exception reporting mode: Plain

In [4]: func2(1)
Traceback (most recent call last):

  File "<ipython-input-4-b2e110f6fc8f>", line 1, in <module>
    func2(1)

  File "<ipython-input-1-d849e34d61fb>", line 7, in func2
    return func1(a, b)

  File "<ipython-input-1-d849e34d61fb>", line 2, in func1
    return a / b

ZeroDivisionError: division by zero
```

Im Modus Verbose werden einige zusätzliche Informationen ausgegeben, unter anderem die Argumente aller aufgerufenen Funktionen:

```
In [5]: %xmode Verbose
Out[5]: Exception reporting mode: Verbose

In [6]: func2(1)
ZeroDivisionError                         Traceback (most recent call last)
<ipython-input-6-b2e110f6fc8f> in <module>()
----> 1 func2(1)
        global func2 = <function func2 at 0x103729320>

<ipython-input-1-d849e34d61fb> in func2(x=1)
      5     a = x
```

```
      6     b = x - 1
----> 7     return func1(a, b)
        global func1 = <function func1 at 0x1037294d0>
        a = 1
        b = 0

<ipython-input-1-d849e34d61fb> in func1(a=1, b=0)
      1 def func1(a, b):
----> 2     return a / b
        a = 1
        b = 0
      3
      4 def func2(x):
      5     a = x

ZeroDivisionError: division by zero
```

Diese zusätzlichen Informationen können Ihnen dabei helfen, einzugrenzen, warum eine Exception ausgelöst wird. Warum also nicht immer den Verbose-Modus nutzen? Wenn der Code komplizierter ist, kann diese Art des Tracebacks extrem umfangreich werden. Je nach Kontext lässt es sich manchmal besser mit der Knappheit des Plain- oder des Context-Modus arbeiten.

Debugging: Wenn das Lesen von Tracebacks nicht ausreicht

Das Standardtool für interaktives Debuggen ist pdb, der Python-Debugger. Mit diesem Debugger kann der User den Code Zeile für Zeile durchlaufen, um zu prüfen, was einen schwer zu findenden Fehler verursachen könnte. Die erweiterte IPython-Version heißt ipdb, das ist der IPython-Debugger.

Es gibt viele verschiedene Möglichkeiten, diese beiden Debugger zu starten und einzusetzen, die wir an dieser Stelle jedoch nicht vollständig abhandeln werden. Nutzen Sie die Onlinedokumentationen dieser beiden Hilfsprogramme, wenn Sie mehr erfahren möchten.

In IPython ist der magische Befehl %debug wohl die komfortabelste Debugging-Schnittstelle. Wenn Sie ihn aufrufen, nachdem eine Exception ausgelöst wurde, wird automatisch eine interaktive Kommandozeile geöffnet, und zwar an der Stelle, an der die Exception aufgetreten ist. Mit der ipdb-Kommandozeile können Sie den aktuellen Zustand des Stacks untersuchen, die Werte der verfügbaren Variablen anzeigen und sogar Python-Befehle ausführen!

Sehen wir uns also die letzte Exception einmal etwas genauer an. Wir führen einige grundlegende Aufgaben aus, nämlich die Ausgabe der Werte von a und b, und beenden die Debugging-Sitzung anschließend durch Eingabe von quit.

```
In [7]: %debug <ipython-input-1-d849e34d61fb>(2)func1()
      1 def func1(a, b):
----> 2     return a / b
      3

ipdb> print(a)
1
```

```
ipdb> print(b)
0
ipdb> quit
```

Der interaktive Debugger kann jedoch viel mehr als das – wir können sogar im Stack hinauf- und herabsteigen und die Werte der dort verfügbaren Variablen untersuchen:

```
In [8]: %debug <ipython-input-1-d849e34d61fb>(2)func1()
      1 def func1(a, b):
----> 2     return a / b
      3

ipdb> up <ipython-input-1-d849e34d61fb>(7)func2()
      5     a = x
      6     b = x - 1
----> 7     return func1(a, b)

ipdb> print(x)
1
ipdb> up <ipython-input-6-b2e110f6fc8f>(1)<module>()
----> 1 func2(1)

ipdb> down <ipython-input-1-d849e34d61fb>(7)func2()
      5     a = x
      6     b = x - 1
----> 7     return func1(a, b)

ipdb> quit
```

Auf diese Weise können Sie nicht nur schnell herausfinden, was den Fehler verursacht hat, sondern auch, welche Funktionsaufrufe zu dem Fehler führten.

Wenn der Debugger automatisch starten soll, sobald eine Exception ausgelöst wird, nutzen Sie die magische Funktion %pdb, um dieses Verhalten zu aktivieren:

```
In [9]: %xmode Plain
        %pdb on
        func2(1)
Exception reporting mode: Plain
Automatic pdb calling has been turned ON
ZeroDivisionError: division by zero <ipython-input-1-d849e34d61fb>(2)func1()
      1 def func1(a, b):
----> 2     return a / b
      3

ipdb> print(b)
0
ipdb> quit
```

Und wenn Sie ein Skript von Anfang an im interaktiven Modus ausführen möchten, starten Sie es mit dem Befehl %run -d, Sie können dann mit dem Befehl next die Codezeilen schrittweise interaktiv durchlaufen.

Es sind deutlich mehr Befehle für den interaktiven Debugger verfügbar, als ich hier gezeigt habe. Tabelle 3-1 enthält eine kurze Beschreibung einiger der gebräuchlicheren Befehle.

Tabelle 3-1: Eine (unvollständige) Liste der Debugging-Befehle

Befehl	Beschreibung
`l(ist)`	Anzeige der aktuellen Position in der Datei.
`h(elp)`	Liste der Befehle oder Hilfe für einen bestimmten Befehl anzeigen.
`q(uit)`	Debugger und Programm beenden.
`c(ontinue)`	Den Debugger beenden und das Programm weiter ausführen.
`n(ext)`	Mit dem nächsten Schritt des Programms fortfahren.
`<enter>`	Den vorherigen Befehl wiederholen.
`p(rint)`	Variablen ausgeben.
`s(tep)`	In eine Subroutine springen.
`r(eturn)`	Aus einer Subroutine zurückkehren.

Verwenden Sie den `help`-Befehl im Debugger, um weitere Informationen aufzurufen, oder werfen Sie einen Blick in die Onlinedokumentation (*https://oreil.ly/TVSAT*) zu `ipdb`.

Profiling und Timing von Code

Bei der Entwicklung des Codes und der Erstellung von Datenverarbeitungspipelines muss man sich häufig zwischen verschiedenen Implementierungen entscheiden. In der Frühphase der Entwicklung eines Algorithmus kann es jedoch kontraproduktiv sein, sich darüber schon Gedanken zu machen. Oder wie Donald Knuth bekanntermaßen geistreich anmerkte: »Wir sollten es in vielleicht 97% aller Fälle bleiben lassen, uns mit winzigen Verbesserungen zu befassen: Verfrühte Optimierung ist die Wurzel allen Übels.«

Sobald der Code jedoch funktioniert, kann es durchaus sinnvoll sein, die Effizienz zu überprüfen. Manchmal erweist es sich als nützlich, die Ausführungszeit eines bestimmten Befehls oder einer Befehlsfolge zu messen. In anderen Fällen ist es hilfreich, mehrzeilige Codeabschnitte zu untersuchen und herauszufinden, an welcher Stelle es in einer komplizierten Abfolge von Operationen zu einem Engpass kommt. IPython bietet eine Vielzahl von Funktionen für diese Art des Timings und Profilings von Code. Im Folgenden betrachten wir die nachstehenden magischen Befehle in IPython:

`%time`
: Die Ausführungszeit einer einzelnen Anweisung messen.

`%timeit`
: Die Ausführungszeit einer einzelnen Anweisung mehrfach messen, um aussagekräftigere Ergebnisse zu erhalten.

`%prun`
: Code mit dem Profiler ausführen.

%lprun
: Code mit dem Profiler zeilenweise ausführen.

%memit
: Den Speicherbedarf einer einzelnen Anweisung messen.

%mprun
: Code mit dem Memory-Profiler zeilenweise ausführen.

Die letzten vier dieser Befehle sind nicht Bestandteil von IPython – Sie müssen die Erweiterungen `line_profiler` und `memory_profiler` installieren, die wir in den nächsten Abschnitten eingehender betrachten.

Timing von Codeschnipseln: %timeit und %time

Im Abschnitt »Magische Befehle in IPython« auf Seite 31 haben Sie das Line-Magic `%timeit` und das Cell-Magic `%%timeit` bereits kennengelernt. Mit beiden kann die für die wiederholte Ausführung einer Anweisung erforderliche Zeit gemessen werden:

```
In [1]: %timeit sum(range(100))
1.53 µs ± 47.8 ns per loop (mean ± std. dev. of 7 runs, 1000000 loops each)
```

Da diese Operation außerordentlich schnell ist, wiederholt `%timeit` sie automatisch sehr oft. Bei langsameren Befehlen passt sich `%timeit` an und führt weniger Wiederholungen durch:

```
In [2]: %%timeit
        total = 0
        for i in range(1000):
            for j in range(1000):
                total += i * (-1) ** j
536 ms ± 15.9 ms per loop (mean ± std. dev. of 7 runs, 1 loop each)
```

In manchen Fällen ist eine wiederholte Ausführung nicht die beste Möglichkeit. Soll beispielsweise eine Liste sortiert werden, führt eine wiederholte Ausführung womöglich in die Irre. Das Sortieren einer vorsortierten Liste erfolgt erheblich schneller als die Sortierung einer unsortierten Liste. Durch die wiederholte Ausführung wird das Ergebnis daher verzerrt:

```
In [3]: import random
        L = [random.random() for i in range(100000)]
        %timeit L.sort()
Out[3]: 1.71 ms ± 334 µs per loop (mean ± std. dev. of 7 runs, 1000 loops each)
```

In diesem Fall dürfte die magische Funktion `%time` die bessere Wahl sein. Sie ist ebenfalls gut geeignet für länger laufende Befehle, bei denen es unwahrscheinlich ist, dass systembedingte Verzögerungen das Ergebnis beeinflussen. Messen wir doch einmal die Ausführungszeit der Sortierung einer unsortierten und einer vorsortierten Liste:

```
In [4]: import random
        L = [random.random() for i in range(100000)]
        print("sorting an unsorted list:")
        %time L.sort()
```

```
Out[4]: sorting an unsorted list:
        CPU times: user 31.3 ms, sys: 686 µs, total: 32 ms
        Wall time: 33.3 ms

In [5]: print("sorting an already sorted list:")
        %time L.sort()
Out[5]: sorting an already sorted list:
        CPU times: user 5.19 ms, sys: 268 µs, total: 5.46 ms
        Wall time: 14.1 ms
```

Beachten Sie hier, wie viel schneller das Sortieren der vorsortierten Liste erfolgt, aber auch, wie viel länger das Timing mit `%time` im Vergleich zu `%timeit` dauert! Das liegt daran, dass `%timeit` hinter den Kulissen einige clevere Dinge anstellt, die verhindern, dass Systemaufrufe dem Timing in die Quere kommen. Beispielsweise wird unterbunden, dass nicht mehr benötigte Objekte entsorgt werden (Speicherbereinigung bzw. *Garbage Collection*), ein Vorgang, der das Timing beeinträchtigen könnte. Aus diesem Grund sind die mit `%timeit` ermittelten Resultate für gewöhnlich merklich schneller als die mit `%time` gemessenen.

Die Verwendung eines doppelten %-Zeichens (Cell-Magic-Syntax) ermöglicht es, mit `%time` und `%timeit` die Ausführungsdauer mehrzeiliger Skripte zu messen:

```
In [6]: %%time
        total = 0
        for i in range(1000):
            for j in range(1000):
                total += i * (-1) ** j
CPU times: user 655 ms, sys: 5.68 ms, total: 661 ms
Wall time: 710 ms
```

Weitere Informationen über `%time` und `%timeit` sowie die dafür verfügbaren Optionen finden Sie in der IPython-Hilfe (geben Sie auf der IPython-Kommandozeile `%time?` ein).

Profiling kompletter Skripte: %prun

Ein Programm besteht aus vielen einzelnen Anweisungen, und manchmal ist das Timing dieser Anweisungen in einem bestimmten Kontext wichtiger als das Timing der Anweisungen an sich. Python verfügt über einen integrierten Codeprofiler (mehr dazu können Sie in der Python-Dokumentation nachlesen), allerdings bietet IPython in Form der magischen Funktion `%prun` eine sehr viel komfortablere Möglichkeit, diesen Profiler zu verwenden.

Als Beispiel definieren wir eine einfache Funktion, die einige Berechnungen ausführt:

```
In [7]: def sum_of_lists(N):
            total = 0
            for i in range(5):
                L = [j ^ (j >> i) for j in range(N)]
                total += sum(L)
            return total
```

Nun können wir %prun aufrufen und einen Funktionsaufruf übergeben, um die Profiling-Ergebnisse anzuzeigen:

```
In [8]: %prun sum_of_lists(1000000)
14 function calls in 0.932 seconds
Ordered by: internal time
ncalls  tottime  percall  cumtime  percall filename:lineno(function)
     5    0.808    0.162    0.808   0.162 <ipython-input-7-
f105717832a2>:4(<listcomp>)
     5    0.066    0.013    0.066   0.013 {built-in method builtins.sum}
     1    0.044    0.044    0.918   0.918 <ipython-input-7-f105717832a2>:1
     > (sum_of_lists)
     1    0.014    0.014    0.932   0.932 <string>:1(<module>)
     1    0.000    0.000    0.932   0.932 {built-in method builtins.exec}
     1    0.000    0.000    0.000   0.000 {method 'disable' of '_lsprof.Profiler'
     > objects}
```

Das Ergebnis ist eine Tabelle, die in der Reihenfolge der Gesamtdauer der Funktionsaufrufe zeigt, wo die meiste Zeit während der Ausführung verbracht wird. In diesem Fall benötigen die Listenabstraktionen innerhalb der sum_of_lists-Funktion den größten Teil der Zeit. An dieser Stelle können wir uns darüber Gedanken machen, welche Änderungen wir vornehmen könnten, um die Performance des Algorithmus zu verbessern.

Weitere Informationen über %prun und die dafür verfügbaren Optionen finden Sie in der IPython-Hilfe (geben Sie auf der Kommandozeile %prun? ein).

Zeilenweises Profiling mit %lprun

Das Pruning ganzer Funktionen mit %prun ist zwar brauchbar, aber manchmal ist es praktischer, ein zeilenweises Profiling vorzunehmen. Diese Funktionalität bringen Python und IPython nicht mit, aber es gibt ein Paket namens line_profiler, das über diese Fähigkeit verfügt. Verwenden Sie Pythons Pakettool pip, um das line_profiler-Paket zu installieren:

```
$ pip install line_profiler
```

Als Nächstes können Sie mit IPython die line_profiler-Erweiterung laden, die Bestandteil dieses Pakets ist:

```
In [9]: %load_ext line_profiler
```

Nun kann der Befehl %lprun ein zeilenweises Profiling aller Funktionen ausführen. Zu diesem Zweck müssen wir ausdrücklich festlegen, an welchen Funktionen wir interessiert sind:

```
In [10]: %lprun -f sum_of_lists sum_of_lists(5000)
Timer unit: 1e-06 s

Total time: 0.014803 s
File: <ipython-input-7-f105717832a2>
Function: sum_of_lists at line 1
```

```
Line #      Hits         Time  Per Hit   % Time  Line Contents
==============================================================
     1                                           def sum_of_lists(N):
     2         1          6.0      6.0      0.0      total = 0
     3         6         13.0      2.2      0.1      for i in range(5):
     4         5      14242.0   2848.4     96.2          L = [j ^ (j >> i) for j
     5         5        541.0    108.2      3.7          total += sum(L)
     6         1          1.0      1.0      0.0      return total
```

Die am Anfang stehenden Informationen sind der Schlüssel für die Interpretation der Ergebnisse. Die Zeiten sind in Mikrosekunden angegeben, und es ist erkennbar, wo das Programm die meiste Zeit verbringt. Nun sind wir gegebenenfalls in der Lage, diese Informationen zu verwenden, um bestimmte Teile des Skripts zu modifizieren und es für den erwünschten Anwendungsfall leistungsfähiger zu machen.

Weitere Informationen über `%lprun` und die dafür verfügbaren Optionen finden Sie in der IPython-Hilfe (geben Sie auf der IPython-Kommandozeile `%lprun?` ein).

Profiling des Speicherbedarfs: %memit und %mprun

Ein nächster Aspekt des Profilings betrifft den Speicherbedarf einer Operation. Er lässt sich mit einer weiteren IPython-Erweiterung ermitteln, dem `memory_profiler`. Wie beim `line_profiler` muss die Erweiterung zunächst mit `pip` installiert werden:

```
$ pip install memory_profiler
```

Anschließend können wir sie mit IPython laden:

```
In [11]: %load_ext memory_profiler
```

Die `memory_profiler`-Erweiterung bietet zwei nützliche magische Funktionen: `%memit` (das Pendant zu `%timeit` für die Messung des Speicherbedarfs) und `%mprun` (das Pendant zu `%lprun`). Die magische Funktion `%memit` lässt sich ziemlich einfach einsetzen:

```
In [12]: %memit sum_of_lists(1000000)
peak memory: 141.70 MiB, increment: 75.65 MiB
```

Diese Funktion verwendet also rund 140 MB Arbeitsspeicher.

Um den Speicherbedarf zeilenweise anzuzeigen, können wir das Magic `%mprun` einsetzen. Leider funktioniert es nur mit in separaten Modulen definierten Funktionen und nicht im Notebook selbst, daher verwenden wir zunächst einmal das `%%file`-Magic, um ein einfaches Modul namens `mprun_demo.py` zu erstellen, das die `sum_of_lists`-Funktion zum Inhalt hat und eine kleine Erweiterung enthält, die das Ergebnis des Speicher-Profilings besser veranschaulicht:

```
In [13]: %%file mprun_demo.py
         def sum_of_lists(N):
             total = 0
             for i in range(5):
                 L = [j ^ (j >> i) for j in range(N)]
                 total += sum(L)
                 del L # Referenz auf L löschen
             return total
Overwriting mprun_demo.py
```

Nun können wir die neue Version dieser Funktion importieren und das zeilenweise Profiling des Speicherbedarfs starten:

```
In [14]: from mprun_demo import sum_of_lists
         %mprun -f sum_of_lists sum_of_lists(1000000)

Filename: /Users/jakevdp/github/jakevdp/PythonDataScienceHandbook/notebooks_v2/
> m prun_demo.py

Line #    Mem usage    Increment  Occurrences   Line Contents
============================================================
     1     66.7 MiB     66.7 MiB           1   def sum_of_lists(N):
     2     66.7 MiB      0.0 MiB           1       total = 0
     3     75.1 MiB      8.4 MiB           6       for i in range(5):
     4    105.9 MiB     30.8 MiB     5000015           L = [j ^ (j >> i) for j
     5    109.8 MiB      3.8 MiB           5           total += sum(L)
     6     75.1 MiB    -34.6 MiB           5           del L #
 remove reference to L
     7     66.9 MiB     -8.2 MiB           1       return total
```

Der Spalte `Increment` (Zunahme) können wir entnehmen, in welchem Maße die verschiedenen Zeilen den gesamten Speicherbedarf beeinflussen. Wie Sie sehen, ändert sich der Speicherbedarf beim Erstellen bzw. Löschen der Liste `L` um etwa 30 MB. Diese werden zusätzlich zu dem vom Python-Interpreter selbst belegten Speicherplatz benötigt.

Weitere Informationen über `%memit` und `%mprun` sowie über die dafür verfügbaren Optionen finden Sie in der IPython-Hilfe (geben Sie auf der Kommandozeile `%memit?` ein).

Weitere IPython-Ressourcen

In diesen Kapiteln haben wir nur an der Oberfläche gekratzt, was den Einsatz von IPython zur Erledigung von Aufgaben der Data Science betrifft. In der Literatur und im Internet stehen sehr viel mehr Informationen zur Verfügung. Nachstehend sind einige Ressourcen aufgeführt, die Sie vielleicht nützlich finden.

Webressourcen

Die IPython-Website (http://ipython.org)
: Die IPython-Website verlinkt zur Dokumentation, zu Beispielen, Tutorials und einer Vielzahl weiterer Ressourcen.

Die nbviewer-Website (http://nbviewer.jupyter.org)
: Diese Website zeigt statische Versionen von im Internet verfügbaren IPython-Notebooks an. Auf der Startseite finden Sie einige Beispiel-Notebooks, in denen Sie stöbern können, um zu erfahren, wofür andere User IPython verwenden!

Eine Auswahl interessanter Jupyter Notebooks (https://github.com/jupyter/jupyter/wiki)
: Die von nbviewer bereitgestellte kontinuierlich wachsende Liste interessanter Notebooks zeigt den Umfang und die Breite der numerischen Analysen, die mit IPython machbar sind. Sie finden hier alles – von kurzen Beispielen und Tutorials bis hin zu vollständig ausgearbeiteten Lehrgängen und im Notebook-Format vorliegenden Büchern.

Video-Tutorials
: Bei einer Suche im Internet werden Sie viele Video-Tutorials zum Thema IPython finden. Empfehlenswert sind insbesondere die Tutorials der PyCon-, SciPy- und PyData-Konferenzen von Fernando Perez und Brian Granger, die maßgeblich an der Entwicklung und Pflege von IPython und Jupyter beteiligt sind.

Bücher

Datenanalyse mit Python (O'Reilly)
: Wes McKinneys Buch enthält ein Kapitel, das die Verwendung von Python durch Data Scientists zum Thema hat. Ein großer Teil des vorgestellten Materials überschneidet sich zwar mit dem hier Erörterten, aber eine andere Perspektive einzunehmen, ist eigentlich immer hilfreich.

Learning IPython for Interactive Computing and Data Visualization (Packt)
: Dieses kurze Buch von Cyrille Rossant bietet eine gute Einführung in die Verwendung von IPython zur Datenanalyse.

IPython Interactive Computing and Visualization Cookbook (Packt)
: Dieses Buch, ebenfalls von Cyrille Rossant, ist eine umfangreichere und tiefer gehende Abhandlung der Verwendung von IPython in der Data Science. Trotz des Buchtitels geht es nicht nur um Python – das Buch befasst sich mit einem breiten Spektrum an Themen der Data Science.

Zu guter Letzt können Sie natürlich auch auf eigene Faust Hilfe finden: Das in Kapitel 1 beschriebene ?-basierte Hilfesystem in IPython kann äußerst praktisch sein, sofern Sie es gründlich und regelmäßig nutzen. Wenn Sie die Beispiele in diesem Buch (oder aus anderer Quelle) durcharbeiten, können Sie es einsetzen, um sich mit all den Tools vertraut zu machen, die IPython zu bieten hat.

TEIL II

Einführung in NumPy

Zusammen mit Teil III gibt dieser Teil des Buchs einen Überblick über die Verfahren zum effektiven Laden, Speichern und Bearbeiten von im Arbeitsspeicher befindlichen Daten in Python. Dabei handelt es sich um ein sehr umfangreiches Thema: Die Datensätze können einer Vielzahl von Quellen entstammen und in einer Vielfalt von Formaten vorliegen – dazu zählen Dokumente verschiedenen Typs, Sammlungen von Bildern oder Tondateien in den unterschiedlichsten Formaten, Sammlungen numerischer Messwerte sowie nahezu alles Mögliche andere. Trotz dieser scheinbaren Ungleichartigkeit können wir uns dennoch viele Daten letzten Endes als Arrays von Zahlen vorstellen.

So stellen sich Bilder – und insbesondere digitale Bilder – einfach als zweidimensionale Arrays von Zahlen dar, die für die Helligkeit eines Pixels an der jeweiligen Position stehen. Tondateien kann man sich als eindimensionale Arrays denken, deren Zahlenwerte die Tonintensität zu bestimmten Zeitpunkten repräsentieren. Text kann auf verschiedene Weise in numerische Werte konvertiert werden – so können etwa Binärzahlen die Häufigkeiten bestimmter Wörter oder Wortpaare angeben. Die Art der Daten spielt überhaupt keine Rolle: Um sie analysieren zu können, besteht der erste Schritt stets darin, sie in Arrays von Zahlen umzuwandeln. Wir werden in Kapitel 40 darauf zurückkommen und einige konkrete Beispiele betrachten.

Weil die Art der Daten keine Rolle spielt, ist es für vernünftige Data Science absolut unerlässlich, numerische Arrays effizient speichern und bearbeiten zu können. Wir nehmen nun die spezialisierten Tools unter die Lupe, die Python für die Handhabung solcher numerischen Arrays bietet: das NumPy-Paket und (in Teil III) das Paket Pandas.

In diesem Kapitel wird NumPy ausführlich erläutert. NumPy (kurz für *Numerical Python*) stellt eine effiziente Schnittstelle zum Speichern und Bearbeiten dicht gepackter Daten bereit. In mancherlei Hinsicht ähneln NumPy-Arrays dem in Python integrierten Datentyp `list`, allerdings werden größere Arrays sehr viel effizienter gespeichert, und es gibt zusätzliche Funktionen zur Datenbearbeitung. NumPy-Arrays bilden den Kern des nahezu gesamten Ökosystems der Data-Science-Tools in Python. Die dem Erlernen des effektiven Einsatzes von NumPy gewidmete Zeit ist somit gut investiert – welche Aspekte der Data Science Sie letzten Endes interessieren, spielt dabei keine Rolle.

Wenn Sie dem Rat in der Einleitung gefolgt sind und eine Anaconda-Distribution installiert haben, ist auch NumPy bereits installiert, und Sie können sofort loslegen. Möchten Sie die Sache lieber selbst in die Hand nehmen, können Sie die Website NumPy.org (*http://www.numpy.org*) aufsuchen und der dort zu findenden Installationsanleitung folgen. Nachdem das erledigt ist, können Sie NumPy importieren. Anschließend sollten Sie die Versionsnummer überprüfen:

```
In [1]: import numpy
        numpy.__version__
Out[1]: '1.21.2'
```

Für die hier erläuterten Teile des Pakets empfiehlt sich die NumPy-Version 1.8 oder neuer. Gemäß einer in der SciPy/PyData-Welt verbreiteten Konvention importieren die meisten User NumPy als ein Alias namens `np`:

```
In [2]: import numpy as np
```

In diesem Kapitel (und im verbleibenden Teil des Buchs) werden wir NumPy auf diese Weise importieren und verwenden.

Die integrierte Dokumentation

Denken Sie bei der Lektüre dieses Teils des Buchs daran, dass IPython Ihnen die Möglichkeit bietet, den Inhalt eines Pakets schnell und einfach zu erkunden (mithilfe der Tab-Vervollständigung), und dass Sie jederzeit auf die Dokumentation der verschiedenen Funktionen zugreifen können (unter Verwendung des Fragezeichens). Sie können das in Kapitel 1 nachlesen.

Um beispielsweise den gesamten Inhalt des NumPy-Namensraums anzuzeigen, geben Sie Folgendes ein:

```
In [3]: np.<TAB>
```

Und zur Anzeige der in NumPy integrierten Dokumentation geben Sie

```
In [4]: np?
```

ein. Die vollständige Dokumentation sowie Tutorials und weitere Ressourcen sind auf der Numpy-Website (*http://www.numpy.org*) zu finden.

KAPITEL 4

Die Datentypen in Python

Effektive Data Science und datengetriebene Berechnungen machen es erforderlich, zu verstehen, wie die Daten gespeichert und bearbeitet werden. Dieses Kapitel beschreibt und vergleicht die Art und Weise, wie Daten-Arrays in Python selbst und in NumPy gehandhabt werden. Diesen Unterschied zu kennen, ist grundlegende Voraussetzung für das Verständnis weiter Teile des verbleibenden Buchs.

Python-User werden oftmals durch die Benutzerfreundlichkeit der Sprache angelockt, und dazu gehört auch die dynamische Typisierung. Während in statisch typisierten Programmiersprachen wie C oder Java alle Variablen ausdrücklich deklariert werden müssen, verzichten dynamisch typisierte Sprachen wie Python auf diese Angabe. In C könnte man eine bestimmte Operation beispielsweise wie folgt programmieren:

```
/* C-Code */
int result = 0;
for(int i=0; i<100; i++){
    result += i;
}
```

In Python würde man das entsprechende Pendant folgendermaßen schreiben:

```
# Python-Code
result = 0
for i in range(100):
    result += i
```

Beachten Sie den entscheidenden Unterschied: In C muss der Datentyp aller Variablen ausdrücklich angegeben werden, in Python hingegen wird der Datentyp dynamisch ermittelt. Das bedeutet beispielsweise, dass wir jeder Variablen beliebige Daten zuweisen können:

```
# Python-Code
x = 4
x = "four"
```

Hier haben wir den Inhalt von x von einem Integer zu einem String geändert. In C würde das (je nach Konfiguration des Compilers) zu einem Fehler beim Kompilieren oder zu unbeabsichtigten Resultaten führen:

```
/* C-Code */
int x = 4;
x = "four";  // funktioniert nicht
```

Unter anderem ist es diese Art der Flexibilität, die Python und andere dynamisch typisierten Programmiersprachen so komfortabel und benutzerfreundlich macht. Haben Sie verstanden, *wie* etwas funktioniert, sind Sie bereits ein bedeutendes Stück weiter, wenn Sie erlernen, wie man mit Python Daten effizient und effektiv analysiert. Diese Flexibilität bei der Typisierung ist jedoch auch ein Hinweis darauf, dass Variablen in Python mehr sind als nur einfache Werte – sie enthalten zudem Informationen über den *Typ* des Werts. Wir werden diesem Thema in den folgenden Abschnitten noch genauer auf den Grund gehen.

Python-Integer sind mehr als nur ganzzahlige Werte

Die Standardimplementierung von Python ist in C programmiert. Das bedeutet, dass sich hinter jedem Python-Objekt einfach nur eine gut getarnte C-Struktur (`struct`) verbirgt, die nicht nur den eigentlichen Wert, sondern auch noch weitere Informationen enthält. Wenn wir beispielsweise eine Integer-Variable in Python definieren, wie etwa `x = 10000`, ist `x` nicht einfach nur eine reine Ganzzahl. Tatsächlich handelt es sich um einen Zeiger auf eine zusammengesetzte C-Struktur, die mehrere Werte enthält. Wenn man den Quellcode von Python 3.10 untersucht, stellt man fest, dass die Definition des Datentyps `integer` (`long`) wie folgt aussieht (nach Expansion der C-Makros):

```
struct _longobject {
    long ob_refcnt;
    PyTypeObject *ob_type;
    size_t ob_size;
    long ob_digit[1];
};
```

Eine Integer-Variable besitzt in Python 3.10 also vier Bestandteile:

- `ob_refcnt` ist ein Referenzzähler, den Python hinter den Kulissen für die Reservierung und Freigabe von Speicherplatz verwendet.
- `ob_type` – hier erfolgt die Verschlüsselung des Variablentyps.
- `ob_size` gibt die Größe der nachfolgenden Daten an.
- `ob_digit` enthält den eigentlichen Wert der Integer-Variablen, den die Python-Variable repräsentiert.

Es gibt also beim Speichern einer Integer-Variablen im Vergleich zu kompilierten Sprachen wie C in Python einen gewissen Verwaltungsaufwand, wie in Abbildung 4-1 gezeigt.

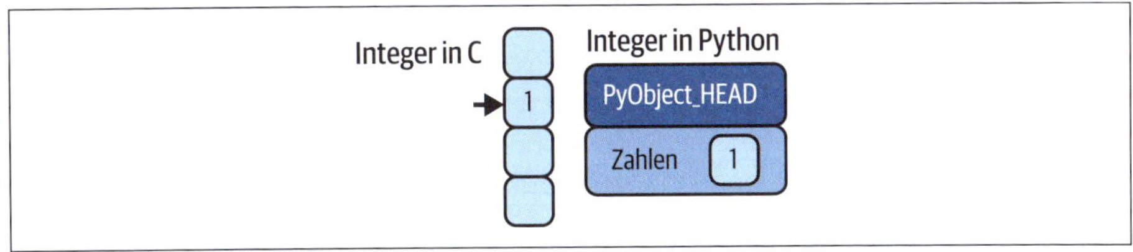

Abbildung 4-1: Der Unterschied zwischen Integer-Variablen in C und Python

`PyObject_HEAD` ist der Teil der Struktur, der den Referenzzähler, den Typencode und die übrigen genannten Informationen speichert.

Beachten Sie den Unterschied: In C ist eine Integer-Variable im Wesentlichen eine Kennzeichnung für eine Position im Arbeitsspeicher, deren Bytes eine Ganzzahl codieren. In Python ist eine Integer-Variable ein Zeiger auf eine Position im Arbeitsspeicher, die alle Informationen über das Python-Objekt enthält, inklusive der Bytes, die den Wert der Ganzzahl codieren. Diese zusätzlichen Informationen in der Struktur einer Integer-Variablen sind es, die es ermöglichen, in Python so ungehindert und dynamisch zu programmieren. Alle diese Informationen sind allerdings nicht umsonst zu haben, was besonders bei Strukturen deutlich wird, in denen mehrere dieser Objekte miteinander kombiniert werden.

Python-Listen sind mehr als nur einfache Listen

Betrachten wir nun, was geschieht, wenn wir eine Python-Datenstruktur verwenden, die viele Python-Objekte enthält. Als Container für mehrere veränderliche Elemente verwendet man in Python standardmäßig eine Liste. Eine Liste mit Integer-Variablen kann wie folgt erstellt werden:

```
In [1]: L = list(range(10))
        L
Out[1]: [0, 1, 2, 3, 4, 5, 6, 7, 8, 9]

In [2]: type(L[0])
Out[2]: int
```

Auf ähnliche Weise wird eine Liste von Strings erzeugt:

```
In [3]: L2 = [str(c) for c in L]
        L2
Out[3]: ['0', '1', '2', '3', '4', '5', '6', '7', '8', '9']

In [4]: type(L2[0])
Out[4]: str
```

Dank Pythons dynamischer Typisierung kann man sogar Listen mit ungleichartigen Elementen erstellen:

```
In [5]: L3 = [True, "2", 3.0, 4]
        [type(item) for item in L3]
Out[5]: [bool, str, float, int]
```

Diese Flexibilität hat allerdings ihren Preis: Um sie zu ermöglichen, muss jedes Element in der Liste seinen Typ, seinen Referenzzähler und weitere Informationen selbst speichern – das heißt, jedes Element ist ein vollständiges Python-Objekt. In dem Spezialfall, dass alle Variablen vom selben Typ sind, ist ein Großteil dieser Informationen redundant: Es kann erheblich effizienter sein, die Daten in einem Array feststehenden Typs zu speichern. Der Unterschied zwischen einer Liste mit dynamischen Typen und einem Array feststehenden Typs in NumPy ist in Abbildung 4-2 dargestellt.

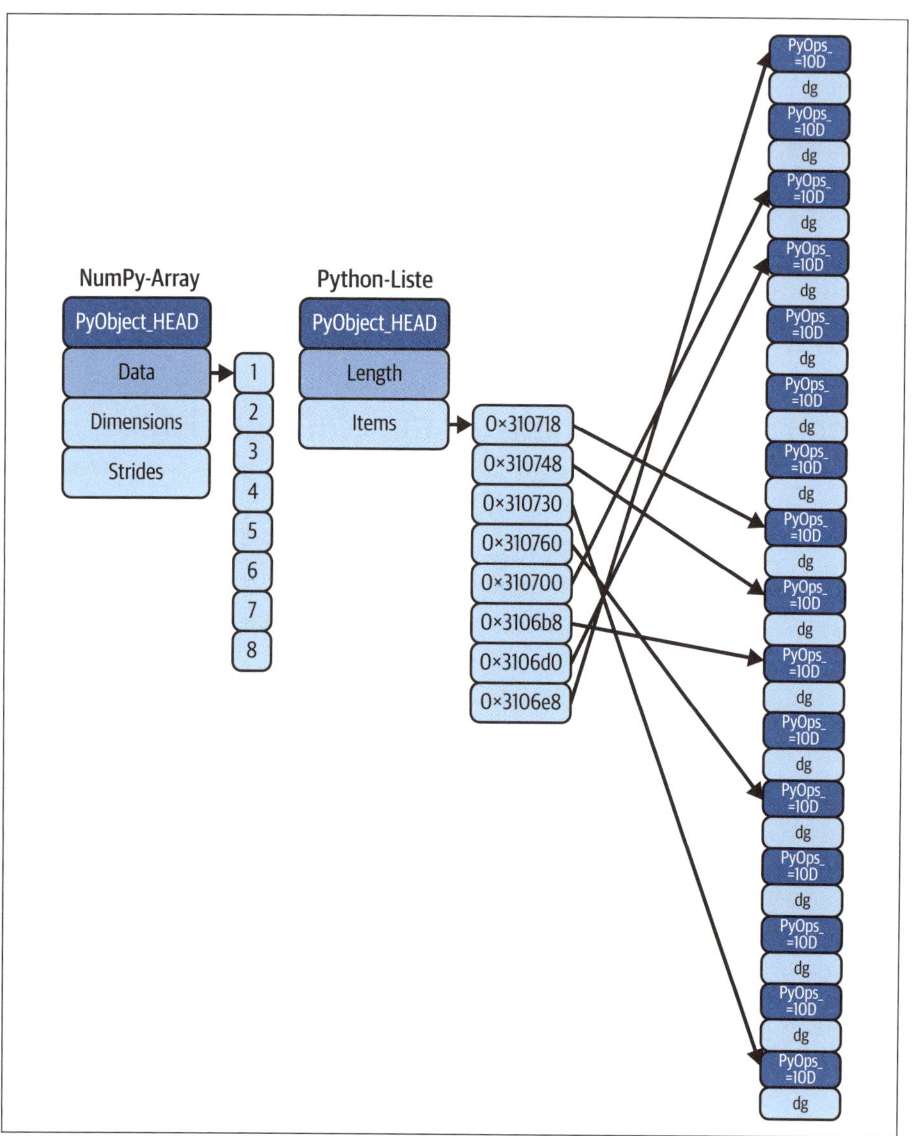

Abbildung 4-2: Der Unterschied zwischen NumPy-Arrays und Python-Listen

Auf der Implementierungsebene enthält das C-Array einen einzigen Zeiger auf einen zusammenhängenden Datenblock. Die Python-Liste hingegen enthält einen Zeiger auf einen Datenblock, der wiederum Zeiger enthält, die jeweils auf ein vollständiges Python-Objekt wie die vorhin erwähnten Python-Integer verweisen. Die Liste besitzt wieder den Vorteil der Flexibilität: Da jedes Listenelement eine vollständige Struktur ist, die sowohl Daten als auch Typinformationen enthält, kann die Liste Elemente beliebigen Typs aufnehmen. Den NumPy-Arrays feststehenden Typs mangelt es an dieser Flexibilität, sie sind jedoch beim Speichern und Bearbeiten von Daten sehr viel effizienter.

Arrays feststehenden Typs in Python

Python bietet mehrere unterschiedliche Möglichkeiten, Daten feststehenden Typs auf effiziente Weise zu speichern. Das integrierte array-Modul (verfügbar ab Python 3.3) kann verwendet werden, um dicht gepackte Arrays mit gleichartigen Elementen anzulegen:

```
In [6]: import array
        L = list(range(10))
        A = array.array('i', L)
        A
Out[6]: array('i', [0, 1, 2, 3, 4, 5, 6, 7, 8, 9])
```

`'i'` bezeichnet hier einen Typencode, der angibt, dass es sich beim Inhalt des Arrays um Integer handelt.

Sehr viel nützlicher ist allerdings NumPys `ndarray`-Objekt. Während Pythons `array`-Objekt die effiziente Speicherung Array-basierter Daten gestattet, fügt NumPy die Möglichkeit der effizienten *Bearbeitung* von Daten hinzu. Wir werden diese Operationen in nachfolgenden Kapiteln eingehender betrachten. Fürs Erste werde ich Ihnen verschiedene Möglichkeiten zeigen, NumPy-Arrays zu erzeugen.

Arrays anhand von Listen erzeugen

Zunächst wird NumPy mit dem üblichen Alias `np` importiert:

```
In [7]: import numpy as np
```

Jetzt können wir `np.array` nutzen, um Arrays anhand von Python-Listen zu erzeugen.

```
In [8]: # Integer-Array erzeugen.
        np.array([1, 4, 2, 5, 3])
Out[8]: array([1, 4, 2, 5, 3])
```

Wie Sie wissen, sind NumPy-Arrays im Gegensatz zu Python-Listen auf Daten desselben Typs beschränkt. Sollten die Typen nicht übereinstimmen, versucht NumPy, sie anhand seiner Typkonvertierungsregeln umzuwandeln. In diesem Fall werden Integer in Fließkommazahlen konvertiert:

```
In [9]: np.array([3.14, 4, 2, 3])
Out[9]: array([3.14, 4.  , 2.  , 3.  ])
```

Wenn wir den Datentyp des resultierenden Arrays explizit vorgeben möchten, können wir das Schlüsselwort dtype verwenden:

```
In [10]: np.array([1, 2, 3, 4], dtype=np.float32)
Out[10]: array([1., 2., 3., 4.], dtype=float32)
```

Im Gegensatz zu Python-Listen, die grundsätzlich eindimensional sind, dürfen NumPy-Arrays außerdem mehrdimensional sein. Hier ist eine Möglichkeit, ein mehrdimensionales Array unter Verwendung einer Liste von Listen zu initialisieren:

```
In [11]: # Verschachtelte Listen ergeben
         # mehrdimensionale Arrays.
         np.array([range(i, i + 3) for i in [2, 4, 6]])
Out[11]: array([[2, 3, 4],
                [4, 5, 6],
                [6, 7, 8]])
```

Die inneren Listen werden zu den Zeilen des resultierenden zweidimensionalen Arrays.

Neue Arrays erzeugen

Insbesondere bei größeren Arrays ist es effizienter, diese mit den in NumPy integrierten Routinen neu anzulegen, hier einige Beispiele:

```
In [12]: # Mit Nullen gefülltes Integer-Array
         # der Länge 10 erzeugen.
         np.zeros(10, dtype=int)
Out[12]: array([0, 0, 0, 0, 0, 0, 0, 0, 0, 0])

In [13]: # Mit Einsen gefülltes 3x5-Fließkomma-Array erzeugen.
         np.ones((3, 5), dtype=float)
Out[13]: array([[1., 1., 1., 1., 1.],
                [1., 1., 1., 1., 1.],
                [1., 1., 1., 1., 1.]])

In [14]: # Mit dem Wert 3.14 gefülltes 3x5-Array erzeugen.
         np.full((3, 5), 3.14)
Out[14]: array([[3.14, 3.14, 3.14, 3.14, 3.14],
                [3.14, 3.14, 3.14, 3.14, 3.14],
                [3.14, 3.14, 3.14, 3.14, 3.14]])

In [15]: # Mit einer linearen Zahlenfolge gefülltes Array erzeugen.
         # Anfang ist 0, Ende ist 20, Schrittweite ist 2
         # (entspricht der integrierten range-Funktion).
         np.arange(0, 20, 2)
Out[15]: array([ 0,  2,  4,  6,  8, 10, 12, 14, 16, 18])

In [16]: # Array mit fünf Werten zwischen 0 und 1 mit
         # konstanter Differenz erzeugen.
         np.linspace(0, 1, 5)
Out[16]: array([0.  , 0.25, 0.5 , 0.75, 1.  ])

In [17]: # 3x3-Array gleichmäßig verteilter
         # Pseudo-Zufallszahlen zwischen 0 und 1 erzeugen.
         np.random.random((3, 3))
```

```
Out[17]: array([[0.09610171, 0.88193001, 0.70548015],
                 [0.35885395, 0.91670468, 0.8721031 ],
                 [0.73237865, 0.09708562, 0.52506779]])

In [18]: # 3x3-Array normalverteilter Pseudo-Zufallszahlen mit
         # Mittelwert 0 und Standardabweichung 1 erzeugen.
         np.random.normal(0, 1, (3, 3))
Out[18]: array([[-0.46652655, -0.59158776, -1.05392451],
                 [-1.72634268,  0.03194069, -0.51048869],
                 [ 1.41240208,  1.77734462, -0.43820037]])

In [19]: # 3x3-Array zufällige Integer aus dem
         # Intervall [0, 10) erzeugen.
         np.random.randint(0, 10, (3, 3))
Out[19]: array([[4, 3, 8],
                 [6, 5, 0],
                 [1, 1, 4]])

In [20]: # 3x3-Einheitsmatrix erzeugen.
         np.eye(3)
Out[20]: array([[1., 0., 0.],
                 [0., 1., 0.],
                 [0., 0., 1.]])

In [21]: # Nicht initialisiertes Array mit drei Integer-Werten
         # erzeugen; die Werte entsprechen denen, die sich
         # bereits an der für die Variablen reservierten
         # Speicherposition befinden.
         np.empty(3)
Out[21]: array([1., 1., 1.])
```

NumPys Standarddatentypen

NumPy-Arrays enthalten Werte eines einzigen Typs, daher sind detaillierte Kenntnisse der Datentypen und ihrer Beschränkungen wichtig. Da NumPy in C programmiert ist, dürften die Datentypen Usern von C, Fortran und ähnlichen verwandten Sprachen vertraut sein.

In Tabelle 4-1 sind NumPys Standarddatentypen aufgeführt. Beachten Sie, dass Sie diese Datentypen beim Erzeugen eines Arrays als String angeben können:

```
np.zeros(10, dtype='int16')
```

Oder Sie verwenden das zugehörige NumPy-Objekt:

```
np.zeros(10, dtype=np.int16)
```

Weitere fortgeschrittene Typspezifikationen sind möglich, etwa durch die Festlegung der Byte-Reihenfolge als Big oder Little Endian. Mehr Informationen finden Sie in der NumPy-Dokumentation (*http://numpy.org*). Darüber hinaus unterstützt NumPy auch zusammengesetzte Datentypen, die wir in Kapitel 12 erörtern.

Tabelle 4-1: NumPys Standarddatentypen

Datentyp	Beschreibung
`bool_`	Boolean (True oder False), gespeichert als Byte
`int_`	Standarddatentyp für Integer-Variablen (entsprechend `long` in C; normalerweise entweder `int64` oder `int32`)
`intc`	identisch mit `int` in C (normalerweise `int32` oder `int64`)
`intp`	zur Indizierung verwendete Integer-Variable (identisch mit `ssize_t` in C, normalerweise `int32` oder `int64`)
`int8`	Byte (–128 bis 127)
`int16`	Integer (–32768 bis 32767)
`int32`	Integer (–2147483648 bis 2147483647)
`int64`	Integer (–9223372036854775808 bis 9223372036854775807)
`uint8`	vorzeichenlose Integer-Zahl (0 bis 255)
`uint16`	vorzeichenlose Integer-Zahl (0 bis 65535)
`uint32`	vorzeichenlose Integer-Zahl (0 bis 4294967295)
`uint64`	vorzeichenlose Integer-Zahl (0 bis 18446744073709551615)
`float_`	Abkürzung für `float64`
`float16`	Fließkommazahl mit halber Genauigkeit: Vorzeichenbit, Exponent 5 Bit, Mantisse 10 Bit
`float32`	Fließkommazahl mit einfacher Genauigkeit: Vorzeichenbit, Exponent 8 Bit, Mantisse 23 Bit
`float64`	Fließkommazahl mit doppelter Genauigkeit: Vorzeichenbit, Exponent 11 Bit, Mantisse 52 Bit
`complex_`	Abkürzung für `complex128`
`complex64`	komplexe Zahl, repräsentiert durch zwei 32-Bit-Fließkommazahlen
`complex128`	komplexe Zahl, repräsentiert durch zwei 64-Bit-Fließkommazahlen

KAPITEL 5

Grundlagen von NumPy-Arrays

Die Bearbeitung von NumPy-Arrays ist schon fast zu einem Synonym für die Datenverarbeitung mit Python geworden – selbst neuere Tools wie Pandas (siehe Teil III) bauen auf NumPy-Arrays auf. In diesem Kapitel werden einige Beispiele vorgestellt, die NumPy-Arrays verwenden, um auf Daten und Teilmengen eines Arrays zuzugreifen und die Arrays aufzuteilen, umzuformen und zu verketten. Die hier vorgestellten Operationen mögen etwas trocken und spitzfindig erscheinen, sie bilden jedoch die Bausteine vieler anderer Beispiele im weiteren Verlauf dieses Buchs. Sie sollten sie daher gründlich verinnerlichen.

Wir betrachten verschiedene Kategorien der grundlegenden Bearbeitung von Arrays:

Attribute von NumPy-Arrays
: Ermittlung der Größe, der Shape (Form bzw. Länge der Dimensionen), des Speicherbedarfs und der Datentypen von Arrays.

Indizierung von Arrays
: Werte einzelner Elemente des Arrays abrufen und zuweisen.

Slicing: Teilmengen eines Arrays auswählen
: Kleinere Teilmengen eines größeren Arrays abrufen und zuweisen.

Arrays umformen
: Die Shape vorhandener Arrays ändern.

Arrays vereinigen und aufteilen
: Mehrere Arrays zu einem einzigen vereinigen und ein einziges Array in mehrere aufteilen.

Attribute von NumPy-Arrays

Betrachten wir zunächst einmal einige nützliche Attribute von Arrays. Wir definieren drei Arrays mit Zufallszahlen: ein eindimensionales, ein zweidimensionales und ein dreidimensionales. Dabei verwenden wir NumPys Zufallszahlengenerator, dem wir mit einem `seed`-Befehl einen bestimmten Anfangswert übergeben, damit sichergestellt ist, dass bei jeder Ausführung des Codes die gleichen Zufallszahlen erzeugt werden:

```
In [1]: import numpy as np
        rng = np.random.default_rng(seed=1701) # seed wegen der Reproduzierbarkeit

        x1 = rng.integers(10, size=6)          # eindimensionales Array
        x2 = rng.integers(10, size=(3, 4))     # zweidimensionales Array
        x3 = rng.integers(10, size=(3, 4, 5)) # dreidimensionales Array
```

Alle Arrays besitzen die Attribute, darunter `ndim` (Anzahl der Dimensionen), `shape` (Größe der jeweiligen Dimensionen), `size` (Gesamtgröße des Arrays) und `dtype` (der Typ jedes Elements):

```
In [2]: print("x3 ndim: ", x3.ndim)
        print("x3 shape:", x3.shape)
        print("x3 size: ", x3.size)
        print("dtype:   ", x3.dtype)
Out[2]: x3 ndim:  3
        x3 shape: (3, 4, 5)
        x3 size:  60
        dtype:    int64
```

Weitere Informationen zu Datentypen finden Sie in Kapitel 4.

Indizierung von Arrays: Zugriff auf einzelne Elemente

Wenn Sie mit der Indizierung von normalen Python-Listen vertraut sind, wird Ihnen die Indizierung in NumPy bekannt vorkommen. Sie können auf das *i-te* Element (die Zählung beginnt bei null) eines eindimensionalen Arrays zugreifen, indem Sie den erwünschten Index wie bei Python Listen in eckigen Klammern angeben:

```
In [3]: x1
Out[3]: array([9, 4, 0, 3, 8, 6])

In [4]: x1[0]
Out[4]: 9

In [5]: x1[4]
Out[5]: 8
```

Wenn Sie negative Indizes verwenden, beginnt die Zählung am Ende des Arrays:

```
In [6]: x1[-1]
Out[6]: 6

In [7]: x1[-2]
Out[7]: 8
```

Auf die Elemente eines mehrdimensionalen Arrays greifen Sie zu, indem Sie ein Tupel durch Kommata getrennter Indizes (*`Zeile, Spalte`*) verwenden:

```
In [8]: x2
Out[8]: array([[3, 1, 3, 7],
               [4, 0, 2, 3],
               [0, 0, 6, 9]])
```

```
In [9]: x2[0, 0]
Out[9]: 3

In [10]: x2[2, 0]
Out[10]: 0

In [11]: x2[2, -1]
Out[11]: 9
```

Mithilfe der obigen Indexschreibweise können Sie auch Werte ändern:

```
In [12]: x2[0, 0] = 12
         x2
Out[12]: array([[12,  1,  3,  7],
                [ 4,  0,  2,  3],
                [ 0,  0,  6,  9]])
```

Denken Sie daran, dass NumPy-Arrays im Gegensatz zu Python-Listen einen feststehenden Datentyp besitzen. Das bedeutet beispielsweise, dass das Einfügen einer Fließkommazahl in ein Integer-Array dazu führt, dass die Nachkommastellen der Zahl abgeschnitten werden, ohne dass eine Fehlermeldung erscheint. Lassen Sie sich von diesem Verhalten nicht auf dem falschen Fuß erwischen!

```
In [13]: x1[0] = 3.14159  # Wird abgeschnitten!
         x1
Out[13]: array([3, 4, 0, 3, 8, 6])
```

Slicing: Teilmengen eines Arrays auswählen

So wie man eckige Klammern zum Zugriff auf einzelne Elemente des Arrays nutzen kann, so dienen sie auch dazu, mit der durch einen Doppelpunkt (:) gekennzeichneten sogenannten Slice-Notation auf Teilmengen eines Arrays zuzugreifen. Die Slicing-Syntax in NumPy entspricht derjenigen normaler Python-Listen. Verwenden Sie Folgendes, um auf eine Teilmenge eines Arrays namens x zuzugreifen:

```
x[start:stopp:schrittweite]
```

Ist einer der Werte nicht angeben, werden die Standardwerte start=0, stopp=< Anzahl der Dimensionen> und schrittweite=1 verwendet. Wir sehen uns nun den Zugriff auf Teilmengen eines eindimensionalen und eines mehrdimensionalen Arrays an.

Eindimensionale Teilmengen eines Arrays

Hier erhalten Sie einige Beispiele für den Zugriff auf Elemente einer Teilmenge eines eindimensionalen Arrays:

```
In [14]: x1
Out[14]: array([3, 4, 0, 3, 8, 6])

In [15]: x1[:3]  # die ersten drei Elemente
Out[15]: array([3, 4, 0])
```

```
In [16]: x1[3:]  # Elemente nach dem Index 3
Out[16]: array([3, 8, 6])

In [17]: x1[1:4]  # Teilmenge aus der Mitte
Out[17]: array([4, 0, 3])

In [18]: x1[::2]  # jedes zweite Element
Out[18]: array([3, 0, 8])

In [19]: x1[1::2]  # jedes zweite Element, beginnend bei Index 1
Out[19]: array([4, 3, 6])
```

Für Verwirrung kann es sorgen, wenn der Wert `schrittweite` negativ ist. In diesem Fall werden die Werte von `start` und `stopp` vertauscht. Auf diese Weise bietet sich eine bequeme Möglichkeit, die Reihenfolge der Elemente eines Arrays umzukehren:

```
In [20]: x1[::-1]  # alle Elemente in umgekehrter Reihenfolge
Out[20]: array([6, 8, 3, 0, 4, 3])

In [21]: x1[4::-2]  # jedes zweite Element ab Index 4 in
                    # umgekehrter Reihenfolge
Out[21]: array([8, 0, 3])
```

Mehrdimensionale Teilmengen eines Arrays

Mehrdimensionales Slicing funktioniert auf die gleiche Weise, wobei mehrere Teilmengen durch Kommata voneinander getrennt werden, zum Beispiel:

```
In [22]: x2
Out[22]: array([[12,  1,  3,  7],
                [ 4,  0,  2,  3],
                [ 0,  0,  6,  9]])

In [23]: x2[:2, :3]  # die ersten zwei Zeilen und drei Spalten
Out[23]: array([[12,  1,  3],
                [ 4,  0,  2]])

In [24]: x2[:3, ::2]  # drei Zeilen, jede zweite Spalte
Out[24]: array([[12,  3],
                [ 4,  2],
                [ 0,  6]])

In [25]: x2[::-1, ::-1]  # alle Zeilen, Spalten in
                         # umgekehrter Reihenfolge
Out[25]: array([[ 9,  6,  0,  0],
                [ 3,  2,  0,  4],
                [ 7,  3,  1, 12]])
```

Häufig möchte man auf einzelne Zeilen oder Spalten eines Arrays zugreifen. Das ist möglich, indem man Indizierung und Slicing kombiniert, wobei ein Doppelpunkt (:) für einen leeren Slice steht:

```
In [26]: x2[:, 0]  # erste Spalte von x2
Out[26]: array([12,  4,  0])

In [27]: x2[0, :]  # erste Zeile von x2
Out[27]: array([12,  1,  3,  7])
```

Beim Zugriff auf Zeilen dürfen leere Slices weggelassen werden, um eine kompaktere Schreibweise zu erzielen:

```
In [28]: x2[0]  # entspricht x2[0, :]
Out[28]: array([12,  1,  3,  7])
```

Teilmengen sind Views, keine Kopien

Im Gegensatz zu Pythons eigenen List-Slices werden die Array-Slices von NumPy *nicht als Kopien, sondern als Views* der Array-Daten zurückgegeben. Betrachten Sie hierzu das zweidimensionale Array von vorhin:

```
In [29]: print(x2)
Out[29]: [[12  1  3  7]
          [ 4  0  2  3]
          [ 0  0  6  9]]
```

Wir entnehmen jetzt eine Teilmenge (ein 2 × 2-Subarray):

```
In [30]: x2_sub = x2[:2, :2]
         print(x2_sub)
Out[30]: [[12  1]
          [ 4  0]]
```

Wenn wir dieses Subarray modifizieren, wird dadurch auch das ursprüngliche Array geändert! Sehen Sie selbst:

```
In [31]: x2_sub[0, 0] = 99
         print(x2_sub)
Out[31]: [[99  1]
          [ 4  0]]

In [32]: print(x2)
Out[32]: [[99  1  3  7]
          [ 4  0  2  3]
          [ 0  0  6  9]]
```

Einige Nutzerinnen und Nutzer mag das überraschen, tatsächlich ist dieses Verhalten aber sogar ziemlich praktisch, denn wenn wir mit großen Datensätzen arbeiten, können wir auf Teile der Daten zugreifen und sie bearbeiten, ohne den gesamten Datenbestand kopieren zu müssen.

Kopien von Arrays erzeugen

Trotz der Eigenschaften von Array-Views ist es manchmal sinnvoll, die Daten eines Arrays oder Subarrays explizit zu kopieren. Am einfachsten funktioniert das mit der copy-Methode:

```
In [33]: x2_sub_copy = x2[:2, :2].copy()
         print(x2_sub_copy)
Out[33]: [[99  1]
          [ 4  0]]
```

Wenn wir dieses Subarray anschließend modifizieren, wird das ursprüngliche Array nicht angetastet:

```
In [34]: x2_sub_copy[0, 0] = 42
         print(x2_sub_copy)
Out[34]: [[42  1]
          [ 4  0]]

In [35]: print(x2)
Out[35]: [[99  1  3  7]
          [ 4  0  2  3]
          [ 0  0  6  9]]
```

Arrays umformen

Die Umformung von Arrays ist eine weitere nützliche Operation. Am flexibelsten lässt sich das mit der reshape-Methode erledigen. Wenn Sie beispielsweise die Zahlen von 1 bis 9 in einem 3 × 3-Array (grid) ablegen möchten, nutzen Sie Folgendes:

```
In [36]: grid = np.arange(1, 10).reshape(3, 3)
         print(grid)
Out[36]: [[1 2 3]
          [4 5 6]
          [7 8 9]]
```

Damit das funktioniert, muss die Größe des ursprünglichen Arrays mit der Größe des umgeformten Arrays übereinstimmen. Die reshape-Methode gibt dabei in den meisten Fällen einen View des ursprünglichen Arrays anstelle einer Kopie zurück.

Oftmals möchte man ein eindimensionales Array in eine zwei- oder dreidimensionale Zeilen- oder Spaltenmatrix konvertieren:

```
In [37]: x = np.array([1, 2, 3])
         x.reshape((1, 3))  # Zeilenvektor via reshape
Out[37]: array([[1, 2, 3]])

In [38]: x.reshape((3, 1))  # Spaltenvektor via reshape
Out[38]: array([[1],
                [2],
                [3]])
```

Eine bequeme Abkürzung hierfür ist Verwendung von np.newaxis in der Slicing-Syntax:

```
In [39]: x[np.newaxis, :]  # Zeilenvektor via newaxis
Out[39]: array([[1, 2, 3]])

In [40]: x[:, np.newaxis]  # Spaltenvektor via newaxis
Out[40]: array([[1],
                [2],
                [3]])
```

Im verbleibenden Teil des Buchs werden wir dieses Muster noch des Öfteren verwenden.

Arrays verketten und aufteilen

Alle bisher erörterten Routinen sind auf einzelne Arrays anwendbar. NumPy stellt die Werkzeuge zur Verfügung, mehrere Arrays zu einem einzigen zu vereinigen oder umgekehrt ein einzelnes Array in mehrere aufzuteilen. Diese Operationen sehen wir uns nun genauer an.

Arrays verketten

Die Verkettung oder Vereinigung zweier Arrays in NumPy wird vornehmlich mithilfe der Routinen `np.concatenate`, `np.vstack` und `np.hstack` vorgenommen. `np.concatenate` nimmt ein Tupel oder eine Liste von Arrays als erstes Argument entgegen, wie hier dargestellt:

```
In [41]: x = np.array([1, 2, 3])
         y = np.array([3, 2, 1])
         np.concatenate([x, y])
Out[41]: array([1, 2, 3, 3, 2, 1])
```

Sie können auch mehr als zwei Arrays gleichzeitig verketten:

```
In [42]: z = np.array([99, 99, 99])
         print(np.concatenate([x, y, z]))
Out[42]: [ 1  2  3  3  2  1 99 99 99]
```

`np.concatenate` ist auf zweidimensionale Arrays ebenfalls anwendbar:

```
In [43]: grid = np.array([[1, 2, 3],
                          [4, 5, 6]])

In [44]: # Verkettung entlang der ersten Achse
         np.concatenate([grid, grid])
Out[44]: array([[1, 2, 3],
                [4, 5, 6],
                [1, 2, 3],
                [4, 5, 6]])

In [45]: # Verkettung entlang der zweiten Achse
         # (Indizierung beginnt mit 0)
         np.concatenate([grid, grid], axis=1)
Out[45]: array([[1, 2, 3, 1, 2, 3],
                [4, 5, 6, 4, 5, 6]])
```

Bei Arrays mit unterschiedlichen Dimensionen ist der Einsatz der Funktionen `np.vstack` (vertikaler Stack) und `np.hstack` (horizontaler Stack) oft besser verständlich:

```
In [46]: # Arrays vertikal stapeln
         np.vstack([x, grid])
Out[46]: array([[1, 2, 3],
                [1, 2, 3],
                [4, 5, 6]])

In [47]: # Arrays horizontal zusammenstellen
         y = np.array([[99],
                       [99]])
```

```
        np.hstack([grid, y])
Out[47]: array([[ 1,  2,  3, 99],
               [ 4,  5,  6, 99]])
```

Auf ähnliche Weise können Arrays mit mehr Dimensionen anhand von `np.dstack` entlang der dritten Achse aufgereiht werden.

Arrays aufteilen

Die Umkehrfunktion des Verkettens ist das Aufteilen, das in Form der Funktionen `np.split`, `np.hsplit` und `np.vsplit` implementiert ist. Dabei wird jeweils eine Liste mit Indizes zur Beschreibung der Aufteilungspunkte übergeben:

```
In [48]: x = [1, 2, 3, 99, 99, 3, 2, 1]
         x1, x2, x3 = np.split(x, [3, 5])
         print(x1, x2, x3)
Out[48]: [1 2 3] [99 99] [3 2 1]
```

Beachten Sie hier, dass N Aufteilungspunkte $N + 1$ Subarrays ergeben. Die verwandten Funktionen `np.hsplit` und `np.vsplit` funktionieren ganz ähnlich:

```
In [49]: grid = np.arange(16).reshape((4, 4))
         grid
Out[49]: array([[ 0,  1,  2,  3],
                [ 4,  5,  6,  7],
                [ 8,  9, 10, 11],
                [12, 13, 14, 15]])

In [50]: upper, lower = np.vsplit(grid, [2])
         print(upper)
         print(lower)
Out[50]: [[0 1 2 3]
          [4 5 6 7]]
         [[ 8  9 10 11]
          [12 13 14 15]]

In [51]: left, right = np.hsplit(grid, [2])
         print(left)
         print(right)
Out[51]: [[ 0  1]
          [ 4  5]
          [ 8  9]
          [12 13]]
         [[ 2  3]
          [ 6  7]
          [10 11]
          [14 15]]
```

Auf ähnliche Weise können Arrays mit mehr Dimensionen anhand von `np.dsplit` entlang der dritten Achse aufgeteilt werden.

KAPITEL 6

Berechnungen mit NumPy-Arrays: universelle Funktionen

Bislang haben wir uns mit den praktischen Grundlagen von NumPy befasst. In den folgenden Kapiteln werden wir der Frage auf den Grund gehen, warum NumPy in Pythons Data-Science-Welt von so herausragender Bedeutung ist. Fakt ist, dass es eine einfache und flexible Schnittstelle für optimierte Berechnungen mit Daten-Arrays bereitstellt.

Berechnungen mit NumPy-Arrays können äußerst schnell, aber auch sehr langsam sein. Für eine hohe Geschwindigkeit ist die Verwendung von vektorisierten Operationen entscheidend, die im Allgemeinen durch NumPys *universelle Funktionen* (engl. *Universal Functions* oder auch *UFuncs*) implementiert sind. Dieses Kapitel erläutert die Notwendigkeit von NumPys UFuncs, die sehr viel effizientere wiederholte Berechnungen mit Array-Elementen ermöglichen. Anschließend werden einige der gebräuchlichsten und praktischsten arithmetischen UFuncs vorgestellt, die im NumPy-Paket verfügbar sind.

Langsame Schleifen

Pythons Standardimplementierung (die auch als *CPython* bezeichnet wird) führt einige Operationen sehr langsam aus. Das liegt zum Teil daran, dass es sich bei Python um eine dynamische, interpretierte Programmiersprache handelt: Datentypen sind flexibel (dynamische Typisierung), wodurch Befehlsfolgen – anders als in Sprachen wie C oder Fortran – nicht zu hocheffizienter Maschinensprache kompiliert werden können. In jüngerer Zeit gab es verschiedene Anläufe, dieser Schwäche Herr zu werden: Das PyPy-Projekt (*http://pypy.org*), eine Python-Implementierung mit Just-in-Time-Compiler, und das Cython-Projekt (*http://cython.org*), das Python-Code in kompilierbaren C-Code konvertiert, sowie das Numba-Projekt (*http://numba.pydata.org*), das Python-Codeschnipsel in schnellen LLVM-Bytecode umwandelt, sind bekannte Beispiele. Diese Ansätze haben ihre Stärken und Schwächen, man kann aber mit Sicherheit sagen, dass noch keiner dieser drei Ansätze der Standard-CPython-Engine den Einfluss und die Verbreitung streitig gemacht hat.

Dass Python relativ langsam ist, macht sich insbesondere dann bemerkbar, wenn viele kleine Operationen wiederholt ausgeführt werden – beispielsweise Schleifen, die auf alle Elemente eines Arrays zugreifen müssen, um diese zu verarbeiten. Nehmen wir beispielsweise an, wir möchten den Kehrwert aller in einem Array gespeicherten Werte berechnen. Ein schnörkelloser Ansatz könnte dann folgendermaßen aussehen:

```
In [1]: import numpy as np
        rng = np.random.default_rng(seed=1701)

        def compute_reciprocals(values):
            output = np.empty(len(values))
            for i in range(len(values)):
                output[i] = 1.0 / values[i]
            return output

        values = rng.integers(1, 10, size=5)
        compute_reciprocals(values)
Out[1]: array([0.11111111, 0.25      , 1.        , 0.33333333, 0.125     ])
```

Diese Implementierung erscheint einem C- oder Java-Programmierer vermutlich ganz natürlich. Wenn wir jedoch die Ausführungszeit dieses Codes mit einer umfangreichen Eingabe messen, müssen wir – vielleicht etwas überrascht – feststellen, dass dieser Vorgang sehr langsam ist! Wir messen die Zeit mit IPythons `%timeit`-Magic (siehe Abschnitt »Profiling und Timing von Code« auf Seite 45):

```
In [2]: big_array = rng.integers(1, 100, size=1000000)
        %timeit compute_reciprocals(big_array)
Out[2]: 2.61 s ± 192 ms per loop (mean ± std. dev. of 7 runs, 1 loop each)
```

Die Ausführung dieser Millionen von Operationen und das Speichern des Resultats dauern mehrere Sekunden! In Anbetracht der Tatsache, dass selbst Mobiltelefone schon Rechenleistungen aufbringen, die sich in Gigaflops (eine Milliarde numerische Rechenoperationen pro Sekunde) bemessen, erscheint dieses Ergebnis absurd langsam. Es stellt sich heraus, dass nicht die Rechenoperationen selbst den Engpass verursachen, sondern die Typüberprüfung und die Funktionsaufrufe, die Python bei jedem Durchlauf der Schleife erledigen muss. Bei jeder Berechnung eines Kehrwerts überprüft Python zunächst den Objekttyp und muss dann die richtige Funktion ermitteln, die für diesen Typ anzuwenden ist. Bei kompiliertem Code wäre diese Typinformation vor der Ausführung des Codes bekannt, und das Ergebnis könnte sehr viel effizienter berechnet werden.

Kurz vorgestellt: UFuncs

NumPy stellt für viele Operationen komfortable Schnittstellen bereit, um auf genau diese Art statisch typisierter kompilierter Routinen zuzugreifen. Man spricht hier von einer *vektorisierten* Operation. Um einfache Operationen wie die hier gezeigte elementweise Division zu vektorisieren, reicht es aus, Pythons arithmetische Operatoren direkt auf das Array-Objekt anzuwenden. Dieser vektorisierte Ansatz sorgt dafür, dass die Schleife in die kompilierte Schicht verschoben wird, die NumPy zugrunde liegt, was zu einer deutlich schnelleren Ausführung führt.

Vergleichen Sie die beiden folgenden Ergebnisse:

```
In [3]: print(compute_reciprocals(values))
        print(1.0 / values)
Out[3]: [0.11111111 0.25       1.         0.33333333 0.125      ]
        [0.11111111 0.25       1.         0.33333333 0.125      ]
```

Wenn wir das mit der big_array-Ausführungszeit vergleichen, stellen wir fest, dass die Verarbeitung um Größenordnungen schneller abgeschlossen ist als die Python-Schleife:

```
In [4]: %timeit (1.0 / big_array)
Out[4]: 2.54 ms ± 383 µs per loop (mean ± std. dev. of 7 runs, 100 loops each)
```

In NumPy sind vektorisierte Operationen durch UFuncs implementiert, deren Hauptaufgabe es ist, wiederholt Berechnungen mit Werten in NumPy-Arrays schnell auszuführen. UFuncs sind außerordentlich flexibel: Die letzte Operation betraf einen Skalar und ein Array, wir können jedoch auch zwei Arrays verwenden:

```
In [5]: np.arange(5) / np.arange(1, 6)
Out[5]: array([0.        , 0.5       , 0.66666667, 0.75      , 0.8       ])
```

UFunc-Operationen sind nicht auf eindimensionale Arrays beschränkt. Sie können auch auf mehrdimensionale Arrays angewendet werden:

```
In [6]: x = np.arange(9).reshape((3, 3))
        2 ** x
Out[6]: array([[  1,   2,   4],
               [  8,  16,  32],
               [ 64, 128, 256]])
```

Berechnungen, die die Vektorisierung durch UFuncs einsetzen, sind fast immer effizienter als ihre durch Python-Schleifen implementierten Pendants, insbesondere bei größeren Arrays. Wenn Ihnen eine solche Schleife in einem NumPy-Skript begegnet, sollten Sie überlegen, ob sie durch einen vektorisierten Ausdruck ersetzt werden kann.

NumPys UFuncs im Detail

Es gibt zwei Varianten von UFuncs: *unäre*, die eine einzelne Eingabe verarbeiten, und *binäre*, die zwei Eingaben verarbeiten. Wir werden Beispiele für beide Funktionstypen betrachten.

Array-Arithmetik

Es erscheint ganz natürlich, NumPys UFuncs einzusetzen, weil sie von Pythons systemeigenen arithmetischen Operatoren Gebrauch machen. Sie können die normalen Operatoren für Addition, Subtraktion, Multiplikation und Division verwenden:

```
In [7]: x = np.arange(4)
        print("x      =", x)
        print("x + 5  =", x + 5)
        print("x - 5  =", x - 5)
```

```
        print("x * 2  =", x * 2)
        print("x / 2  =", x / 2)
        print("x // 2 =", x // 2)  # Ganzzahldivision
Out[7]: x      = [0 1 2 3]
        x + 5  = [5 6 7 8]
        x - 5  = [-5 -4 -3 -2]
        x * 2  = [0 2 4 6]
        x / 2  = [0.  0.5 1.  1.5]
        x // 2 = [0 0 1 1]
```

Darüber hinaus gibt es unäre UFuncs für die Negation, einen **-Operator zum Potenzieren sowie einen %-Operator für die Berechnung des Modulos (also Teilungsrests):

```
In [8]: print("-x     = ", -x)
        print("x ** 2 = ", x ** 2)
        print("x % 2  = ", x % 2)
Out[8]: -x     =  [ 0 -1 -2 -3]
        x ** 2 =  [0 1 4 9]
        x % 2  =  [0 1 0 1]
```

Außerdem können Sie diese Operatoren nach Belieben miteinander verknüpfen. Dabei wird die übliche Rangfolge der Operatoren beachtet:

```
In [9]: -(0.5*x + 1) ** 2
Out[9]: array([-1.  , -2.25, -4.  , -6.25])
```

All diese arithmetischen Operatoren sind eigentlich nur komfortable »Verpackungen«, sogenannte Wrapper, für bestimmte in NumPy integrierte Funktionen. Beispielsweise ist der +-Operator ein Wrapper für die add-Funktion:

```
In [10]: np.add(x, 2)
Out[10]: array([2, 3, 4, 5])
```

In Tabelle 6-1 sind die in NumPy implementierten arithmetischen Operatoren zusammengefasst.

Tabelle 6-1: In NumPy implementierte arithmetische Operatoren

Operator	UFunc-Pendant	Beschreibung
+	np.add	Addition (z. B. 1 + 1 = 2)
-	np.subtract	Subtraktion (z. B. 3 - 2 = 1)
-	np.negative	unäre Negation (z. B. -2)
*	np.multiply	Multiplikation (z. B. 2 * 3 = 6)
/	np.divide	Division (z. B. 3 / 2 = 1.5)
//	np.floor_divide	Ganzzahldivision (z. B. 3 // 2 = 1)
**	np.power	Potenzierung (z. B. 2 ** 3 = 8)
%	np.mod	Modulo (Teilungsrest) (z. B. 9% 4 = 1)

Darüber hinaus gibt es boolesche und bitweise arbeitende Operatoren, die wir in Kapitel 9 erkunden werden.

Absolutwert

NumPy kennt nicht nur Pythons integrierte arithmetische Operatoren, sondern auch die integrierte Absolutwertfunktion:

```
In [11]: x = np.array([-2, -1, 0, 1, 2])
         abs(x)
Out[11]: array([2, 1, 0, 1, 2])
```

Die entsprechende NumPy-UFunc heißt `np.absolute`, für die ebenso das Alias `np.abs` verwendet werden kann:

```
In [12]: np.absolute(x)
Out[12]: array([2, 1, 0, 1, 2])

In [13]: np.abs(x)
Out[13]: array([2, 1, 0, 1, 2])
```

Diese UFunc kann auch komplexe Zahlen verarbeiten. In diesem Fall liefert sie den Betrag einer komplexen Zahl (die Länge des Vektors in der komplexen Zahlenebene).

```
In [14]: x = np.array([3 - 4j, 4 - 3j, 2 + 0j, 0 + 1j])
         np.abs(x)
Out[14]: array([5., 5., 2., 1.])
```

Trigonometrische Funktionen

NumPy stellt eine Vielzahl praktischer UFuncs zur Verfügung. Zu den für Data Scientists nützlichsten gehören die trigonometrischen Funktionen. Wir definieren zunächst ein Array mit Winkeln:

```
In [15]: theta = np.linspace(0, np.pi, 3)
```

Nun können wir ein paar trigonometrische Funktionen dieser Werte berechnen:

```
In [16]: print("theta      = ", theta)
         print("sin(theta) = ", np.sin(theta))
         print("cos(theta) = ", np.cos(theta))
         print("tan(theta) = ", np.tan(theta))
Out[16]: theta      =  [0.         1.57079633 3.14159265]
         sin(theta) =  [0.0000000e+00 1.0000000e+00 1.2246468e-16]
         cos(theta) =  [ 1.000000e+00  6.123234e-17 -1.000000e+00]
         tan(theta) =  [ 0.00000000e+00  1.63312394e+16 -1.22464680e-16]
```

Die Werte werden mit der begrenzten Präzision des Computers berechnet, daher sind einige der Werte, die eigentlich null sein sollten, nicht immer exakt null. Die trigonometrischen Umkehrfunktionen sind ebenfalls verfügbar:

```
In [17]: x = [-1, 0, 1]
         print("x         = ", x)
         print("arcsin(x) = ", np.arcsin(x))
         print("arccos(x) = ", np.arccos(x))
         print("arctan(x) = ", np.arctan(x))
Out[17]: x         =  [-1, 0, 1]
         arcsin(x) =  [-1.57079633  0.          1.57079633]
         arccos(x) =  [3.14159265 1.57079633 0.        ]
         arctan(x) =  [-0.78539816  0.          0.78539816]
```

Potenzen und Logarithmen

Potenzen und Exponentialfunktion sind weitere gängige Operationen, die als NumPy-UFuncs zur Verfügung stehen:

```
In [18]: x = [1, 2, 3]
         print("x   =", x)
         print("e^x =", np.exp(x))
         print("2^x =", np.exp2(x))
         print("3^x =", np.power(3., x))
Out[18]: x   = [1, 2, 3]
         e^x = [ 2.71828183  7.3890561  20.08553692]
         2^x = [2. 4. 8.]
         3^x = [ 3.  9. 27.]
```

Die Umkehrfunktionen der Exponentialfunktionen – Logarithmen – sind ebenfalls verfügbar. `np.log` liefert den natürlichen Logarithmus. Sollten Sie es vorziehen, Logarithmen zur Basis 2 oder 10 zu verwenden, stehen diese ebenfalls bereit:

```
In [19]: x = [1, 2, 4, 10]
         print("x        =", x)
         print("ln(x)    =", np.log(x))
         print("log2(x)  =", np.log2(x))
         print("log10(x) =", np.log10(x))
Out[19]: x        = [1, 2, 4, 10]
         ln(x)    = [0.         0.69314718 1.38629436 2.30258509]
         log2(x)  = [0.         1.         2.         3.32192809]
         log10(x) = [0.         0.30103    0.60205999 1.        ]
```

Es gibt außerdem spezielle Versionen, die auch bei sehr kleinen Eingaben noch genaue Ergebnisse liefern:

```
In [20]: x = [0, 0.001, 0.01, 0.1]
         print("exp(x) - 1 =", np.expm1(x))
         print("log(1 + x) =", np.log1p(x))
Out[20]: exp(x) - 1 = [0.         0.0010005  0.01005017 0.10517092]
         log(1 + x) = [0.         0.0009995  0.00995033 0.09531018]
```

Diese Funktionen liefern für sehr kleine Werte von `x` präzisere Ergebnisse als die Funktionen `np.log` und `np.exp`.

Spezialisierte UFuncs

Es gibt eine Vielzahl weiterer UFuncs in NumPy, dazu gehören hyperbolische trigonometrische Funktionen, bitweise Arithmetik, Vergleichsoperatoren, Konvertierungsfunktionen von Bogenmaß in Grad, Rundung, Teilungsrest und vieles mehr. Das Stöbern in der NumPy-Dokumentation fördert eine Menge interessanter Funktionalität zutage.

Das Submodul `scipy.special` ist eine weitere hervorragende Quelle für spezialisierte oder weniger bekannte UFuncs. Wenn Sie irgendeine ungewöhnliche mathematische Funktion auf Ihre Daten anwenden möchten, stehen die Chancen nicht schlecht, dass sie in `scipy.special` implementiert ist. Es gibt viel zu viele Funktionen, um sie alle aufzuführen, aber der nachstehende Codeabschnitt zeigt einige, die in der Statistik auftauchen könnten:

```
In [21]: from scipy import special

In [22]: # Gamma-Funktion (verallgemeinerte Fakultäts-
         # funktion) und verwandte Funktionen
         x = [1, 5, 10]
         print("gamma(x)     =", special.gamma(x))
         print("ln|gamma(x)| =", special.gammaln(x))
         print("beta(x, 2)   =", special.beta(x, 2))
Out[22]: gamma(x)     = [1.0000e+00 2.4000e+01 3.6288e+05]
         ln|gamma(x)| = [ 0.          3.17805383 12.80182748]
         beta(x, 2)   = [0.5        0.03333333 0.00909091]

In [23]: # Fehlerfunktion (gaußsches Fehlerintegral)
         # komplementäre und inverse Fehlerfunktion
         x = np.array([0, 0.3, 0.7, 1.0])
         print("erf(x)  =", special.erf(x))
         print("erfc(x) =", special.erfc(x))
         print("erfinv(x) =", special.erfinv(x))
Out[23]: erf(x)  = [0.         0.32862676 0.67780119 0.84270079]
         erfc(x) = [1.         0.67137324 0.32219881 0.15729921]
         erfinv(x) = [0.         0.27246271 0.73286908        inf]
```

Sowohl in NumPy als auch in `scipy.special` steht eine immense Menge weiterer UFuncs zur Verfügung. Die Dokumentation beider Pakete ist online verfügbar, daher wird eine Internetsuche nach relevanten Informationen mit Begriffen wie »gamma function python« sicher erfolgreich sein.

UFunc-Features für Fortgeschrittene

Viele NumPy-User verwenden UFuncs, ohne sich jemals mit allen verfügbaren Features befasst zu haben. Ich werde nun einige der spezialisierten Funktionalitäten von UFuncs etwas genauer betrachten.

Ausgabe festlegen

Bei umfangreichen Berechnungen ist es manchmal nützlich, das Array angeben zu können, in dem das Ergebnis der Berechnung gespeichert werden soll. Zu diesem Zweck können Sie bei allen UFuncs das `out`-Argument der jeweiligen Funktion verwenden:

```
In [24]: x = np.arange(5)
         y = np.empty(5)
         np.multiply(x, 10, out=y)
         print(y)
Out[24]: [ 0. 10. 20. 30. 40.]
```

Sie können dafür sogar Array-Views verwenden. Wir könnten beispielsweise die Ergebnisse einer Berechnung in jedem zweiten Element eines angegebenen Arrays speichern:

```
In [25]: y = np.zeros(10)
         np.power(2, x, out=y[::2])
         print(y)
Out[25]: [ 1.  0.  2.  0.  4.  0.  8.  0. 16.  0.]
```

Hätten wir stattdessen y[::2] = 2 ** x geschrieben, wäre ein temporäres Array erzeugt worden, um die Ergebnisse der Berechnungen von 2 ** x aufzunehmen, gefolgt von einer zweiten Operation, die diese Werte in das y-Array kopiert. Bei einer so einfachen Berechnung ergibt sich dabei kaum ein Unterschied, aber bei sehr großen Arrays kann die Menge des durch die Verwendung von out eingesparten Arbeitsspeichers durchaus von Bedeutung sein.

Aggregationen

Bei binären UFuncs können Aggregationen direkt anhand des Objekts berechnet werden. Wenn wir zum Beispiel ein Array durch eine bestimmte Operation verkleinern (*reduzieren*) möchten, können wir dazu die reduce-Methode einer UFunc verwenden. Dabei wird die Operation wiederholt auf die Elemente eines Arrays angewendet, bis nur noch ein einziges Ergebnis verbleibt.

Beispielsweise liefert der Aufruf von reduce der UFunc add die Summe aller Elemente des Arrays zurück:

```
In [26]: x = np.arange(1, 6)
         np.add.reduce(x)
Out[26]: 15
```

Auf ähnliche Weise gibt der Aufruf von reduce der UFunc multiply das Produkt aller Elemente des Arrays zurück:

```
In [27]: np.multiply.reduce(x)
Out[27]: 120
```

Sollen dabei alle Zwischenergebnisse der Berechnung gespeichert werden, können wir stattdessen accumulate verwenden:

```
In [28]: np.add.accumulate(x)
Out[28]: array([ 1,  3,  6, 10, 15])

In [29]: np.multiply.accumulate(x)
Out[29]: array([  1,   2,   6,  24, 120])
```

Beachten Sie, dass es für diese besonderen Fälle eigene NumPy-Funktionen gibt, um solche Ergebnisse zu erzielen (np.sum, np.prod, np.cumsum, np.cumprod), die wir in Kapitel 7 näher betrachten werden.

Dyadische Produkte

Jede UFunc kann mit der outer-Methode die Ausgabe aller Paare zweier verschiedener Eingaben berechnen (dyadisches Produkt, wird auch als äußeres Produkt bezeichnet). Auf diese Weise ist es mit nur einer Zeile Code möglich, beispielsweise eine Multiplikationstabelle zu erzeugen:

```
In [30]: x = np.arange(1, 6)
         np.multiply.outer(x, x)
Out[30]: array([[ 1,  2,  3,  4,  5],
                [ 2,  4,  6,  8, 10],
                [ 3,  6,  9, 12, 15],
                [ 4,  8, 12, 16, 20],
                [ 5, 10, 15, 20, 25]])
```

Die Methoden `ufunc.at` und `ufunc.reduceat`, die wir in Kapitel 10 eingehender betrachten, sind hier ebenfalls sehr hilfreich.

Wir werden außerdem sehen, wie UFuncs Arrays verschiedener Größe und unterschiedlicher Shapes verknüpfen können – eine Reihe von Operationen, die als *Broadcasting* bezeichnet werden. Dieses Thema ist so wichtig, dass ihm ein eigenes Kapitel gewidmet ist (siehe Kapitel 8).

UFuncs: mehr erfahren

Weitere Informationen über UFuncs (inklusive einer vollständigen Liste der verfügbaren Funktionen) finden Sie in der Dokumentation auf den NumPy (*http://www.numpy.org*)- und SciPy (*http://www.scipy.org*)-Websites.

Außerdem können Sie jederzeit in IPython auf Informationen zugreifen, indem Sie die Pakete importieren und, wie in Kapitel 1 beschrieben, die Tab-Vervollständigung bzw. die Hilfsfunktion mit dem Fragezeichen verwenden.

KAPITEL 7

Aggregationen: Minimum, Maximum und alles dazwischen

Der erste Schritt bei der Erforschung großer Datenmengen besteht oft darin, verschiedene zusammenfassende Statistiken zu berechnen. Die gebräuchlichsten statistischen Kennzahlen dürften wohl Mittelwert und Standardabweichung sein, die es ermöglichen, die »typischen« Werte einer Datenmenge zu beschreiben. Andere Aggregationen sind jedoch ebenfalls nützlich (Summe, Produkt, Medianwert, Minimum, Maximum, Quantil usw.)

NumPy verfügt über schnelle integrierte Aggregatfunktionen, die auf Arrays anwendbar sind. Einige davon werden wir nun vorstellen und erörtern.

Summieren der Werte eines Arrays

Betrachten wir als simples Beispiel die Berechnung der Summe aller Werte eines Arrays. Python selbst verwendet zu diesem Zweck die integrierte sum-Funktion:

```
In [1]: import numpy as np
        rng = np.random.default_rng()

In [2]: L = rng.random(100)
        sum(L)
Out[2]: 52.76825337322368
```

Die Syntax ist derjenigen von NumPys sum-Funktion sehr ähnlich, und das Ergebnis ist im einfachsten Fall das gleiche:

```
In [3]: np.sum(L)
Out[3]: 52.76825337322366
```

Da hier allerdings kompilierter Code ausgeführt wird, ist die NumPy-Version der Berechnung sehr viel schneller:

```
In [4]: big_array = rng.random(1000000)
        %timeit sum(big_array)
        %timeit np.sum(big_array)
Out[4]: 89.9 ms ± 233 µs per loop (mean ± std. dev. of 7 runs, 10 loops each)
        521 µs ± 8.37 µs per loop (mean ± std. dev. of 7 runs, 1000 loops each)
```

Seien Sie dennoch auf der Hut: Die sum-Funktion und die np.sum-Funktion sind nicht identisch, und das kann unter Umständen für Verwirrung sorgen! So haben insbesondere die optionalen Argumente unterschiedliche Bedeutung (`sum(x, 1)` initialisiert die Summe am Startpunkt `1`, während `np.sum(x, 1)` entlang der Koordinatenachse `1` summiert), und `np.sum` kann mit mehrdimensionalen Arrays umgehen, wie Sie im nächsten Abschnitt sehen werden.

Minimum und Maximum

Auf ähnliche Weise verfügt Python über integrierte `min`- und `max`-Funktionen, um den kleinsten bzw. größten Wert eines gegebenen Arrays zu finden:

```
In [5]: min(big_array), max(big_array)
Out[5]: (2.0114398036064074e-07, 0.9999997912802653)
```

NumPys entsprechende Funktionen besitzen die gleiche Syntax und sind ebenfalls sehr viel schneller:

```
In [6]: np.min(big_array), np.max(big_array)
Out[6]: (2.0114398036064074e-07, 0.9999997912802653)

In [7]: %timeit min(big_array)
        %timeit np.min(big_array)
Out[7]: 72 ms ± 177 µs per loop (mean ± std. dev. of 7 runs, 10 loops each)
        564 µs ± 3.11 µs per loop (mean ± std. dev. of 7 runs, 1000 loops each)
```

Für `min`, `max`, `sum` und einige andere NumPy-Aggregationen gibt es eine kürzere Syntax, bei der die Funktion des Array-Objekts selbst aufgerufen wird:

```
In [8]: print(big_array.min(), big_array.max(), big_array.sum())
Out[8]: 2.0114398036064074e-07 0.9999997912802653 499854.0273321711
```

Vergewissern Sie sich möglichst immer, dass Sie die NumPy-Version dieser Aggregatfunktionen verwenden, wenn Sie NumPy-Arrays bearbeiten!

Mehrdimensionale Aggregationen

Häufig ist die Aggregation einer Zeile oder einer Spalte erwünscht. Nehmen wir an, Sie hätten Daten in einem zweidimensionalen Array gespeichert:

```
In [9]: M = rng.integers(0, 10, (3, 4))
        print(M)
Out[9]: [[0 3 1 2]
         [1 9 7 0]
         [4 8 3 7]]
```

NumPy-Aggregationen werden auf alle Elemente eines multidimensionalen Arrays angewandt:

```
In [10]: M.sum()
Out[10]: 45
```

Die Aggregatfunktionen nehmen ein zusätzliches Argument entgegen, das die *Koordinatenachse* angibt, für die der Wert berechnet wird. So können wir beispielsweise das Minimum einer Spalte finden, indem wir `axis=0` übergeben:

```
In [11]: M.min(axis=0)
Out[11]: array([0, 3, 1, 0])
```

Die Funktion liefert entsprechend den vier Spalten mit Zahlen vier Werte zurück.

Auf die gleiche Weise können wir das Maximum einer Zeile finden:

```
In [12]: M.max(axis=1)
Out[12]: array([3, 9, 8])
```

Die Art und Weise, wie hier die Koordinatenachse anzugeben ist, mag User verwirren, die andere Programmiersprachen gewohnt sind. Mit dem Schlüsselwort `axis` wird die zu bearbeitende Dimension des Arrays angegeben, nicht die Dimension, die von der Funktion zurückgeliefert wird. Die Angabe `axis=0` bedeutet also, dass die Koordinatenachse 0 zusammengefasst wird: Im Fall eines zweidimensionalen Arrays werden somit die Werte in den Spalten aggregiert.

Weitere Aggregatfunktionen

NumPy stellt eine Reihe weiterer Aggregatfunktionen zur Verfügung, die eine ähnliche API besitzen. Darüber hinaus besitzen die meisten Aggregatfunktionen ein NaN-fähiges Pendant, um trotz fehlender Werte ein Ergebnis berechnen zu können. Solche fehlenden Werte werden durch den von der IEEE definierten Fließkommawert `NaN` (Not a Number = keine Zahl) gekennzeichnet (siehe Kapitel 16).

In Tabelle 7-1 sind die in NumPy verfügbaren Aggregatfunktionen zusammengefasst:

Tabelle 7-1: In NumPy verfügbare Aggregatfunktionen

Funktionsname	NaN-fähige Version	Beschreibung
`np.sum`	`np.nansum`	Summe der Elemente berechnen.
`np.prod`	`np.nanprod`	Produkt der Elemente berechnen.
`np.mean`	`np.nanmean`	Mittelwert der Elemente berechnen.
`np.std`	`np.nanstd`	Standardabweichung berechnen.
`np.var`	`np.nanvar`	Varianz berechnen.
`np.min`	`np.nanmin`	Minimum finden.
`np.max`	`np.nanmax`	Maximum finden.
`np.argmin`	`np.nanargmin`	Index des Minimalwerts finden.
`np.argmax`	`np.nanargmax`	Index des Maximalwerts finden.
`np.median`	`np.nanmedian`	Median der Elemente berechnen.
`np.percentile`	`np.nanpercentile`	Rangbasierte Statistik der Elemente berechnen.
`np.any`	N/A	Testen, ob irgendein Element wahr ist.
`np.all`	N/A	Testen, ob alle Elemente wahr sind.

Sie werden den Aggregatfunktionen im verbleibenden Teil des Buchs immer wieder begegnen.

Beispiel: Durchschnittliche Größe der US-Präsidenten

Die in NumPy verfügbaren Aggregatfunktionen können als zusammenfassende Statistik für mehrere Werte dienen. Als einfaches Beispiel betrachten wir die Körpergrößen aller US-Präsidenten. Die Daten sind in der Datei *president_height.csv* gespeichert – hierbei handelt es sich um eine einfache, durch Kommata getrennte Liste von Labels und Werten:

```
In [13]: !head -4 data/president_heights.csv
Out[13]: order,name,height(cm)
         1,George Washington,189
         2,John Adams,170
         3,Thomas Jefferson,189
```

Wir verwenden das Paket Pandas, das wir in Teil III ausführlicher erkunden werden, um die Datei zu lesen und die enthaltenen Informationen zu extrahieren (die Körpergröße ist in Zentimetern angegeben).

```
In [14]: import pandas as pd
         data = pd.read_csv('data/president_heights.csv')
         heights = np.array(data['height(cm)'])
         print(heights)
Out[14]: [189 170 189 163 183 171 185 168 173 183 173 173 175 178 183 193 178 173
          174 183 183 168 170 178 182 180 183 178 182 188 175 179 183 193 182 183
          177 185 188 188 182 185 191 182]
```

Nun können wir auf das Daten-Array zugreifen und einige zusammenfassende statistische Werte berechnen:

```
In [15]: print("Mean height:       ", heights.mean())
         print("Standard deviation:", heights.std())
         print("Minimum height:    ", heights.min())
         print("Maximum height:    ", heights.max())
Out[15]: Mean height:       180.04545454545453
         Standard deviation: 6.983599441335736
         Minimum height:    163
         Maximum height:    193
```

Beachten Sie, dass die Aggregation in allen Fällen das gesamte Array zu einem einzelnen Wert zusammengefasst hat, der uns Informationen über die Verteilung der Werte liefert. Wir können bei Bedarf auch Quantile berechnen:

```
In [16]: print("25th percentile:   ", np.percentile(heights, 25))
         print("Median:            ", np.median(heights))
         print("75th percentile:   ", np.percentile(heights, 75))
Out[16]: 25th percentile:   174.75
         Median:            182.0
         75th percentile:   183.5
```

Der Medianwert der Körpergröße der US-Präsidenten liegt also bei 182 Zentimetern.

Natürlich ist es in manchen Fällen eher angebracht, eine visuelle Darstellung der Daten zu betrachten, die wir durch Verwendung von Matplotlib erstellen können.

(Matplotlib werden wir in Teil IV noch ausgiebig erörtern.) Der nachstehende Code erzeugt beispielsweise das Diagramm in Abbildung 7-1:

```
In [17]: %matplotlib inline
         import matplotlib.pyplot as plt
         plt.style.use('seaborn-whitegrid')

In [18]: plt.hist(heights)
         plt.title('Height Distribution of US Presidents')
         plt.xlabel('height (cm)')
         plt.ylabel('number');
```

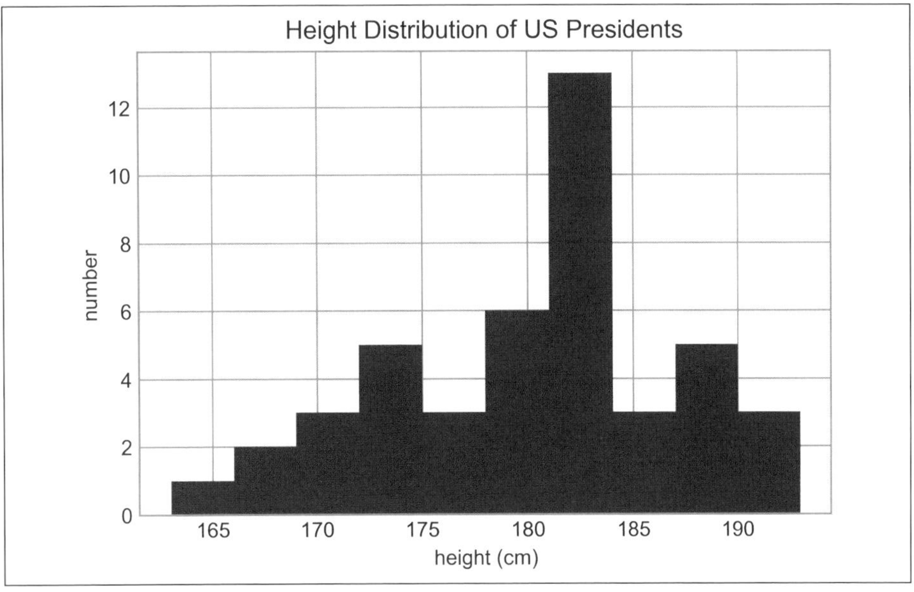

Abbildung 7-1: Histogramm zur Darstellung der Körpergrößen von US-Präsidenten

KAPITEL 8

Berechnungen mit Arrays: Broadcasting

In Kapitel 6 haben Sie erfahren, wie sich NumPys UFuncs zum *Vektorisieren* von Operationen verwenden lassen, und dabei langsame Python-Schleifen entfernt. In diesem Kapitel geht es um *Broadcasting*: verschiedene Regeln, anhand derer Sie mit NumPy binäre Operationen (Addition, Subtraktion, Multiplikation usw.) auf Arrays unterschiedlicher Größe anwenden können.

Kurz vorgestellt: Broadcasting

Wie Sie wissen, werden binäre Operationen bei Arrays gleicher Größe elementweise durchgeführt:

```
In [1]: import numpy as np

In [2]: a = np.array([0, 1, 2])
        b = np.array([5, 5, 5])
        a + b
Out[2]: array([5, 6, 7])
```

Broadcasting ermöglicht die Anwendung solcher binären Operationen auf Arrays unterschiedlicher Größe – wir können beispielsweise genauso gut einen Skalar (das Sie sich als nulldimensionales Array vorstellen können) zu einem Array addieren:

```
In [3]: a + 5
Out[3]: array([5, 6, 7])
```

Stellen Sie sich das als eine Operation vor, die den Wert 5 sozusagen zu dem Array `[5, 5, 5]` »ausdehnt« oder vervielfacht und die beiden Arrays anschließend addiert.

Auf ähnliche Weise lässt sich dieses Vorgehen auf Arrays höherer Dimension erweitern. Sehen Sie sich das Ergebnis an, wenn wir ein eindimensionales Array zu einem zweidimensionalen hinzuaddieren:

```
In [4]: M = np.ones((3, 3))
        M
Out[4]: array([[1., 1., 1.],
               [1., 1., 1.],
               [1., 1., 1.]])
```

```
In [5]: M + a
Out[5]: array([[1., 2., 3.],
               [1., 2., 3.],
               [1., 2., 3.]])
```

Hier findet ein Broadcasting von a statt: Das eindimensionale Array a wird auf eine zweite Dimension »ausgedehnt«, damit es zu dem Array M hinzuaddiert werden kann.

Diese Beispiele sind relativ leicht verständlich, aber in komplizierteren Fällen kann ein Broadcasting beider Arrays vorkommen. Betrachten Sie folgendes Beispiel:

```
In [6]: a = np.arange(3)
        b = np.arange(3)[:, np.newaxis]

        print(a)
        print(b)
Out[6]: [0 1 2]
        [[0]
         [1]
         [2]]

In [7]: a + b
Out[7]: array([[0, 1, 2],
               [1, 2, 3],
               [2, 3, 4]])
```

Wie zuvor findet ein Broadcasting eines Werts statt, damit seine Shape mit der des anderen übereinstimmt, allerdings werden hier sowohl a als auch b ausgedehnt, damit beide die gleiche Shape besitzen, und das Ergebnis ist ein zweidimensionales Array! Die in diesen Beispielen auftretenden Vorgänge stellt Abbildung 8-1 dar.

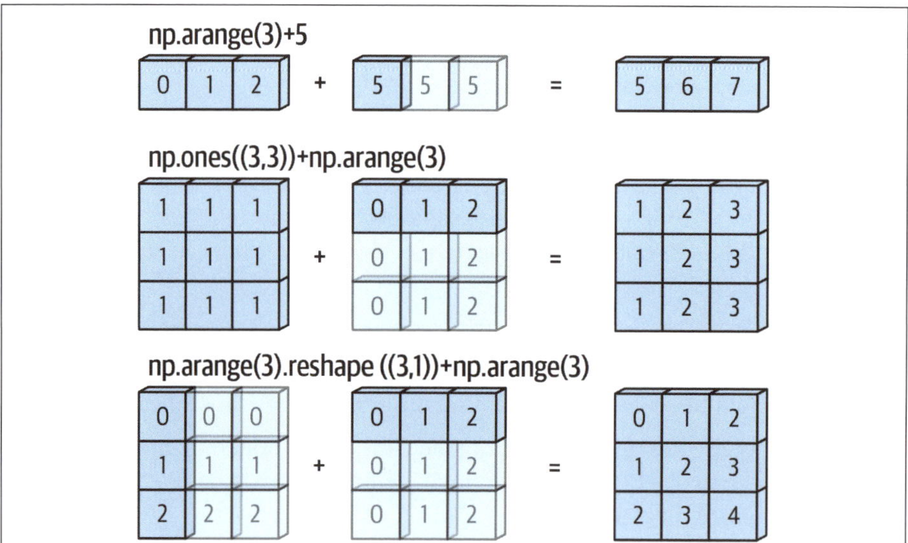

Abbildung 8-1: Visualisierung des NumPy-Broadcastings (übernommen aus einer Quelle, die in der astroML-Dokumentation (http://astroml.org) veröffentlicht wurde und hier mit freundlicher Genehmigung verwendet wird)[1]

1 Den Code zum Erzeugen dieser Abbildung finden Sie im Onlineanhang (*https://oreil.ly/gtOaU*) zu diesem Buch.

Die halb transparenten Kästchen repräsentieren die durch das Broadcasting erzeugten Werte. Die Art, wie wir uns das Broadcasting vorstellen, wirft möglicherweise Fragen zum Speicherverbrauch auf, aber keine Sorge: NumPys Broadcasting kopiert die ausgedehnten Werte im Speicher nicht. Es kann jedoch konzeptuell hilfreich sein, sich vorzustellen, dass dem so wäre.

Für das Broadcasting geltende Regeln

Das Broadcasting in NumPy folgt einem strengen Regelsatz, um das Zusammenspiel der beiden Arrays zu bestimmen:

Regel 1
: Wenn sich die Anzahl der Dimensionen der beiden Arrays unterscheidet, wird die Shape des Arrays mit der niedrigeren Dimension auf der vorderen (linken) Seite mit Einsen *aufgefüllt*.

Regel 2
: Wenn die Shapes beider Arrays in irgendeiner Dimension nicht übereinstimmen, wird das Array, dessen Shape in dieser Dimension gleich 1 ist, ausgedehnt, um zu der anderen Shape zu passen.

Regel 3
: Wenn in irgendeiner Dimension die Größen der beiden Arrays nicht übereinstimmen und keine davon gleich 1 ist, kommt es zu einer Fehlermeldung.

Zur Verdeutlichung dieser Regeln betrachten wir einige Beispiele ausführlicher.

Broadcasting: Beispiel 1

Hier wollen wir ein zweidimensionales Array zu einem eindimensionalen addieren:

```
In [8]: M = np.ones((2, 3))
        a = np.arange(3)
```

Wir wenden nun eine Operation auf die beiden Arrays an. Die Shapes der Arrays sind:

- `M.shape` ist `(2, 3)`
- `a.shape` ist `(3,)`

Array a besitzt weniger Dimensionen als Array `M`, daher füllen wir es gemäß Regel 1 auf der linken Seite mit Einsen auf:

- `M.shape` bleibt `(2, 3)`
- `a.shape` wird zu `(1, 3)`

Die erste Dimension stimmt nicht überein, daher dehnen wir sie gemäß Regel 2 aus, sodass sie übereinstimmt:

- `M.shape` bleibt `(2, 3)`
- `a.shape` wird zu `(2, 3)`

Nun stimmen die Shapes überein, und es ist erkennbar, dass die Shape schließlich (2, 3) sein muss:

```
In [9]: M + a
Out[9]: array([[1., 2., 3.],
               [1., 2., 3.]])
```

Broadcasting: Beispiel 2

Sehen wir uns ein Beispiel an, bei dem für beide Arrays ein Broadcasting erforderlich ist:

```
In [10]: a = np.arange(3).reshape((3, 1))
         b = np.arange(3)
```

Am Anfang bestimmen wir wieder die Shapes der Arrays:

- a.shape ist (3, 1)
- b.shape ist (3,)

Gemäß Regel 1 müssen wir die Shape von b mit Einsen auffüllen:

- a.shape bleibt (3, 1)
- b.shape wird zu (1, 3)

Und Regel 2 besagt, dass wir beide Einsen ausdehnen müssen, damit die jeweilige Größe mit der entsprechenden Größe des anderen Arrays übereinstimmt:

- a.shape wird zu (3, 3)
- b.shape wird zu (3, 3)

Da jetzt alles übereinstimmt, sind die Shapes kompatibel, wie hier zu sehen ist:

```
In [11]: a + b
Out[11]: array([[0, 1, 2],
                [1, 2, 3],
                [2, 3, 4]])
```

Broadcasting: Beispiel 3

Nun kommen wir zu einem Beispiel mit zwei Arrays, die nicht miteinander kompatibel sind:

```
In [12]: M = np.ones((3, 2))
         a = np.arange(3)
```

Hier unterscheidet sich die Situation nur wenig von Beispiel 1, lediglich Matrix M ist transponiert. Wie wirkt sich das auf die Berechnung aus? Die Shapes der Array sind:

- M.shape ist (3, 2)
- a.shape ist (3,)

Und wieder sagt uns Regel 1, dass wir die Shape von b mit Einsen auffüllen müssen:

- M.shape bleibt (3, 2)
- a.shape wird zu (1, 3)

Gemäß Regel 2 wird die erste Dimension von a ausgedehnt, damit sie mit der von M übereinstimmt:

- M.shape bleibt (3, 2)
- a.shape wird zu (3, 3)

Nun kommt Regel 3 ins Spiel: Die Shapes stimmen nicht überein, also sind diese beiden Arrays inkompatibel, was sich auch zeigt, wenn wir versuchen, diese Operation auszuführen:

```
In [13]: M + a
ValueError: operands could not be broadcast together with shapes (3,2) (3,)
```

Hier kann leicht Verwirrung entstehen: Man könnte auf den Gedanken kommen, a und M miteinander kompatibel zu machen, indem man a nicht auf der linken, sondern auf der rechten Seite mit Einsen auffüllt. Das widerspricht jedoch den Broadcasting-Regeln! In manchen Fällen könnte sich diese Art von Flexibilität als nützlich erweisen, sie würde jedoch möglicherweise dazu führen, dass manche Dinge nicht mehr eindeutig sind. Wenn Sie auf der rechten Seite Einsen auffüllen möchten, können Sie das durch explizites Umformen des Arrays erreichen (wir verwenden zu diesem Zweck das in Kapitel 5 vorgestellte Schlüsselwort np.newaxis):

```
In [14]: a[:, np.newaxis].shape
Out[14]: (3, 1)

In [15]: M + a[:, np.newaxis]
Out[15]: array([[1., 1.],
                [2., 2.],
                [3., 3.]])
```

Wir haben uns hier auf den +-Operator konzentriert, es ist jedoch zu beachten, dass die Broadcasting-Regeln für *alle* binären UFuncs gelten. Als Beispiel sei die Funktion logaddexp(a, b) genannt, die den Wert log(exp(a) + exp(b)) genauer berechnet als der naive Ansatz:

```
In [16]: np.logaddexp(M, a[:, np.newaxis])
Out[16]: array([[1.31326169, 1.31326169],
                [1.69314718, 1.69314718],
                [2.31326169, 2.31326169]])
```

Weitere Informationen zu den vielen verfügbaren UFuncs finden Sie in Kapitel 6.

Broadcasting in der Praxis

Broadcasting-Operationen sind das Kernstück vieler Beispiele im gesamten Buch. Hier betrachten wir einige einfache Beispiele, bei denen sie sich als äußerst nützlich erweisen.

Zentrieren eines Arrays

In Kapitel 6 haben Sie erfahren, dass UFuncs einem NumPy-User erlauben, auf die explizite Programmierung langsamer Python-Schleifen zu verzichten. Broadcasting erweitert hier die Möglichkeiten. Ein häufig in der Data Science vorkommendes Beispiel ist die Subtraktion des zeilenbasierten Mittelwerts eines Daten-Arrays. Nehmen wir an, Sie verwendeten ein Array, das zehn Beobachtungsdatensätze enthält, die aus jeweils drei Werten bestehen. Gemäß der üblichen Konvention (siehe Kapitel 38) speichern wir diese Daten in einem 10 × 3-Array:

```
In [17]: rng = np.random.default_rng(seed=1701)
         X = rng.random((10, 3))
```

Sie können den Mittelwert berechnen, indem Sie die Aggregatfunktion `mean` auf die erste Dimension anwenden:

```
In [18]: Xmean = X.mean(0)
         Xmean
Out[18]: array([0.38503638, 0.36991443, 0.63896043])
```

Und nun können Sie das Array `X` zentrieren, indem Sie den Mittelwert subtrahieren (hierbei handelt es sich um eine Broadcasting-Operation):

```
In [19]: X_centered = X - Xmean
```

Um sicherzustellen, dass wir diese Aufgabe korrekt erledigt haben, überprüfen wir, ob der Mittelwert des zentrierten Arrays in der Nähe von null liegt:

```
In [20]: X_centered.mean(0)
Out[20]: array([ 4.99600361e-17, -4.44089210e-17,  0.00000000e+00])
```

Im Rahmen der Rechengenauigkeit des Computers ist der Mittelwert jetzt also null.

Diagramm einer zweidimensionalen Funktion

Broadcasting kann bei der Darstellung von auf zweidimensionalen Funktionen beruhenden Bildern oft nützlich sein. Bei der Definition der Funktion $z = f(x, y)$ kann Broadcasting verwendet werden, um die Funktionswerte für das gesamte Array zu berechnen:

```
In [21]: # x und y durchlaufen 50 Schritte von 0 bis 5
         x = np.linspace(0, 5, 50)
         y = np.linspace(0, 5, 50)[:, np.newaxis]
         z = np.sin(x) ** 10 + np.cos(10 + y * x) * np.cos(x)
```

Zum Erstellen eines Diagramms dieses zweidimensionalen Arrays (siehe Abbildung 8-2) verwenden wir Matplotlib (diese Tools werden wir in Kapitel 28 ausführlich erörtern):

```
In [22]: %matplotlib inline
         import matplotlib.pyplot as plt

In [23]: plt.imshow(z, origin='lower', extent=[0, 5, 0, 5])
         plt.colorbar();
```

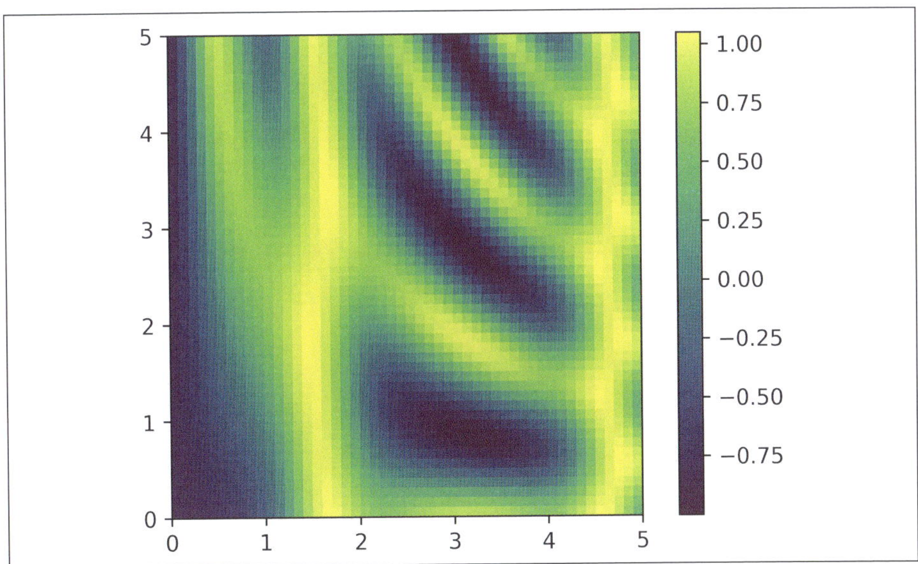

Abbildung 8-2: Visualisierung eines zweidimensionalen Arrays

Das Resultat ist eine überzeugende Visualisierung dieser zweidimensionalen Funktion.

KAPITEL 9

Vergleiche, Maskierungen und boolesche Logik

In diesem Kapitel kommt die Verwendung boolescher Maskierungen zum Untersuchen und Bearbeiten von Werten in NumPy-Arrays zur Sprache. Maskierungen sind von Interesse, wenn man die in einem Array enthaltenen Werte anhand eines bestimmten Kriteriums entnehmen, modifizieren, zählen oder auf andere Weise bearbeiten möchten. Sie könnten beispielsweise alle Werte zählen wollen, die einen bestimmten Grenzwert überschreiten, oder möchten die Ausreißer entfernen, die einen gewissen Schwellenwert überschreiten. In NumPy sind boolesche Maskierungen häufig die effizienteste Methode, Aufgaben dieser Art zu erledigen.

Beispiel: Regentage zählen

Nehmen wir an, Sie verfügten über eine Reihe von Datensätzen mit den Niederschlagsmengen aller Tage eines Jahres an einem bestimmten Ort. In diesem Beispiel laden wir mit Pandas (siehe Teil III) die tägliche Niederschlagsstatistik der Stadt Seattle für das Jahr 2015:

```
In [1]: import numpy as np
        from vega_datasets import data

        # DataFrame-Operationen zum Einlesen der
        # Niederschlagsdaten in ein NumPy-Array verwenden
        rainfall_mm = np.array(
            data.seattle_weather().set_index('date')['precipitation']['2015'])
        len(rainfall_mm)
Out[1]: 365
```

Das Array enthält 365 Werte, die die tägliche Niederschlagsmenge in Millimetern vom 1. Januar bis zum 31. Dezember 2015 angeben.

Sehen wir uns als erste schnelle Visualisierung das Histogramm der Regentage (siehe Abbildung 9-1) an, das mit Matplotlib erzeugt wurde (wir werden dieses Tool in Teil IV noch ausführlicher erforschen):

```
In [2]: %matplotlib inline
        import matplotlib.pyplot as plt
        plt.style.use('seaborn-whitegrid')

In [3]: plt.hist(rainfall_mm, 40);
```

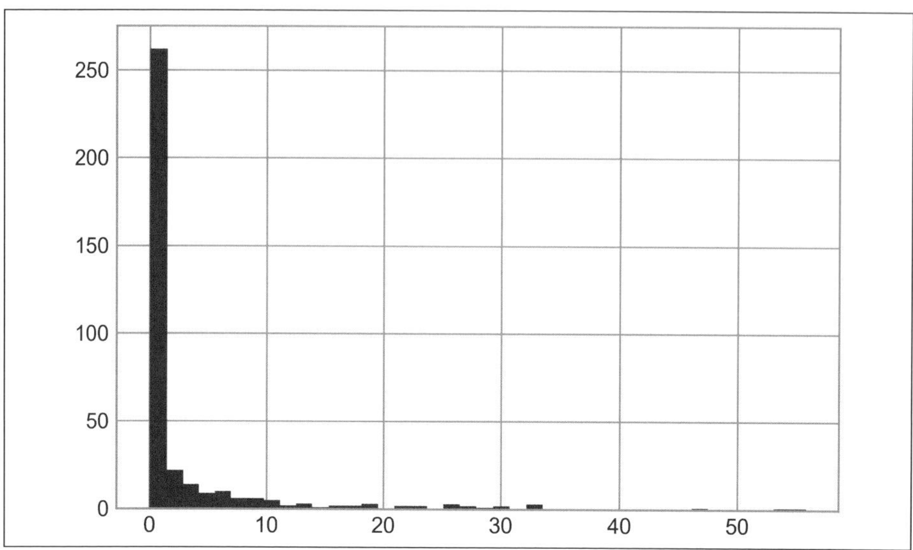

Abbildung 9-1: Histogramm der Niederschlagsmenge in Seattle im Jahr 2015

Dieses Histogramm vermittelt eine allgemeine Vorstellung von den Daten: Entgegen der landläufigen Meinung gab es an den weitaus meisten Tagen des Jahres 2015 in Seattle keinen Niederschlag. Allerdings sind einige Informationen, an denen wir interessiert sind, daraus kaum ersichtlich. Viele Fragen bleiben offen: Wie viele Regentage gab es in diesem Jahr? Wie hoch ist die durchschnittliche Niederschlagsmenge an diesen Regentagen? An wie vielen Tagen überstieg die Niederschlagsmenge zehn Millimeter?

Man könnte nun den Ansatz verfolgen, diese Fragen eigenhändig zu beantworten: Man durchläuft die Daten und erhöht jedes Mal einen Zähler, wenn Werte in einem Bereich auftreten, der von Interesse ist. Allerdings ist ein solcher Ansatz aus Gründen, die in diesem Kapitel immer wieder zur Sprache kommen werden, äußerst ineffizient – und zwar hinsichtlich der erforderlichen Zeit sowohl zum Schreiben des Codes als auch zur Ausführung des Codes. In Kapitel 6 haben Sie erfahren, dass anstelle von Schleifen NumPys UFuncs verwendet werden können, um schnelle elementweise arithmetische Operationen auf Arrays anzuwenden. Auf dieselbe Art und Weise können wir andere UFuncs dazu nutzen, elementweise Vergleiche mit Arrays anzustellen. Die Ergebnisse können wir dann verarbeiten, um unsere Fragen zu beantworten. Fürs Erste kümmern wir uns nicht um die Daten, sondern erörtern einige allgemeine NumPy-Tools, um *Maskierungen* zur schnellen Beantwortung von Fragen dieser Art zu verwenden.

Vergleichsoperatoren als UFuncs

In Kapitel 6 wurden UFuncs vorgestellt. Dabei haben wir uns insbesondere auf arithmetische Operatoren konzentriert. Die Anwendung von +, -, *, / und anderen Operatoren auf Arrays bewirkt eine elementweise Ausführung. NumPy implementiert außerdem Vergleichsoperatoren wie < (kleiner als) und > (größer als) als elementweise wirkende UFuncs. Das Ergebnis solcher Operationen ist stets ein Array des Datentyps Boolean. Alle üblichen sechs Vergleichsoperatoren sind verfügbar:

```
In [4]: x = np.array([1, 2, 3, 4, 5])

In [5]: x < 3  # kleiner als
Out[5]: array([ True,  True, False, False, False])

In [6]: x > 3  # größer als
Out[6]: array([False, False, False,  True,  True])

In [7]: x <= 3  # kleiner oder gleich
Out[7]: array([ True,  True,  True, False, False])

In [8]: x >= 3  # größer oder gleich
Out[8]: array([False, False,  True,  True,  True])

In [9]: x != 3  # ungleich
Out[9]: array([ True,  True, False,  True,  True])

In [10]: x == 3  # gleich
Out[10]: array([False, False,  True, False, False])
```

Darüber hinaus ist es möglich, bei einem elementweisen Vergleich zweier Arrays zusammengesetzte Ausdrücke zu verwenden:

```
In [11]: (2 * x) == (x ** 2)
Out[11]: array([False,  True, False, False, False])
```

Wie im Fall der arithmetischen Operatoren sind die Vergleichsoperatoren in NumPy als UFuncs implementiert. Wenn Sie also beispielsweise `x < 3` schreiben, verwendet NumPy intern den Ausdruck `np.less(x, 3)`. Eine Zusammenfassung der Vergleichsoperatoren und der entsprechenden UFuncs in NumPy sehen Sie hier:

Operator	**Entsprechende UFunc**
`==`	`np.equal`
`<`	`np.less`
`>`	`np.greater`
`!=`	`np.not_equal`
`<=`	`np.less_equal`
`>=`	`np.greater_equal`

Wie die arithmetischen UFuncs sind die Vergleichsoperatoren auf alle Arrays anwendbar – Größe und Shape des Arrays spielen keine Rolle. Hier ein zweidimensionales Beispiel:

```
In [12]: rng = np.random.default_rng(seed=1701)
         x = rng.integers(10, size=(3, 4))
         x
Out[12]: array([[9, 4, 0, 3],
                [8, 6, 3, 1],
                [3, 7, 4, 0]])
```

```
In [13]: x < 6
Out[13]: array([[False,  True,  True,  True],
                [False, False,  True,  True],
                [ True, False,  True,  True]])
```

Das Resultat ist in jedem Fall ein boolesches Array, und NumPy stellt eine Reihe unkomplizierter Funktionen zur Verwendung dieser booleschen Ergebnisse bereit.

Boolesche Arrays verwenden

Mit einem booleschen Array lässt sich eine Vielzahl nützlicher Operationen durchführen. Wir verwenden hier das vorhin erstellte zweidimensionale Array x:

```
In [14]: print(x)
Out[14]: [[9 4 0 3]
          [8 6 3 1]
          [3 7 4 0]]
```

Einträge zählen

Zum Zählen der Einträge eines booleschen Arrays mit dem Wert True kann die Funktion np.count_nonzero verwendet werden:

```
In [15]: # Wie viele Werte sind kleiner als 6?
         np.count_nonzero(x < 6)
Out[15]: 8
```

In diesem Array sind also acht Einträge kleiner als 6. Eine andere Möglichkeit, an diese Information zu gelangen, ist die Verwendung von np.sum. In diesem Fall wird False als 0 und True als 1 interpretiert:

```
In [16]: np.sum(x < 6)
Out[16]: 8
```

np.sum hat wie die anderen Aggregatfunktionen in NumPy den Vorteil, dass die Summierung auch bezüglich einer Zeile oder Spalte vorgenommen werden kann:

```
In [17]: # Wie viele Werte kleiner als 6 pro Zeile?
         np.sum(x < 6, axis=1)
Out[17]: array([3, 2, 3])
```

Dieser Code zählt die Anzahl der Werte in jeder Zeile der Matrix, die kleiner als 6 sind.

Wenn wir daran interessiert sind, ob irgendeiner oder alle Werte True sind, können wir (wie Sie wohl schon vermutet haben) die Funktionen np.any und np.all einsetzen:

```
In [18]: # Gibt es Werte größer als 8?
         np.any(x > 8)
Out[18]: True

In [19]: # Gibt es Werte kleiner als 0?
         np.any(x < 0)
Out[19]: False
```

```
In [20]: # Sind alle Werte kleiner als 10?
         np.all(x < 10)
Out[20]: True

In [21]: # Sind alle Werte gleich 6?
         np.all(x == 6)
Out[21]: False
```

np.all und np.any sind auch auf eine bestimmte Achse anwendbar, zum Beispiel:

```
In [22]: # Sind alle Werte einer Zeile kleiner als 8?
         np.all(x < 8, axis=1)
Out[22]: array([False, False,  True])
```

Hier sind alle Elemente der ersten und der dritten Zeile kleiner als 8, während das für die zweite Zeile nicht zutrifft.

Abschließend noch eine Warnung: Wie in Kapitel 7 erwähnt, verfügt Python selbst über integrierte sum-, any- und all-Funktionen. Diese Funktionen besitzen jedoch eine andere Syntax als die NumPy-Versionen und funktionieren nicht (oder liefern unerwartete Ergebnisse), wenn sie auf mehrdimensionale Arrays angewendet werden. Vergewissern Sie sich also besser, dass Sie für diese Beispiele np.sum, np.any und np.all verwenden!

Boolesche Operatoren

Wir haben bereits erörtert, wie man beispielsweise alle Tage mit einer Niederschlagsmenge von weniger als 20 oder mehr als 10 Millimetern zählen kann. Und was ist, wenn wir wissen möchten, an wie vielen Tagen es mehr als 10 und weniger als 20 Millimeter geregnet hat? Das können Sie mithilfe von Pythons *bitweisen Logikoperatoren* &, |, ^ und ~ feststellen. Ebenso wie die normalen arithmetischen Operatoren sind die bitweisen Logikoperatoren von NumPy als UFuncs überladen, die somit elementweise auf (in der Regel boolesche) Arrays angewendet werden können.

Zusammengesetzte Fragen dieser Art lassen sich wie folgt beantworten:

```
In [23]: np.sum((rainfall_mm > 10) & (rainfall_mm < 20))
Out[23]: 16
```

Und schon wissen wir, dass die Regenmenge an 16 Tagen zwischen 10 und 20 Millimetern betrug.

Die Klammern sind hier wichtig. Aufgrund der Regeln für die Priorität von Operatoren würde dieser Ausdruck ohne Klammern folgendermaßen ausgewertet werden, was zu einer Fehlermeldung führt:

```
rainfall_mm > (10 & rainfall_mm) < 20
```

Untersuchen wir nun einen komplizierteren Ausdruck. Durch die Anwendung der Demorganschen Gesetze können wir die gleichen Ergebnisse auf andere Weise berechnen:

```
In [24]: np.sum(~( (rainfall_mm <= 10) | (rainfall_mm >= 20) ))
Out[24]: 16
```

Durch das Kombinieren von Vergleichsoperatoren mit booleschen Operatoren und deren Anwendung auf Arrays wird ein breites Spektrum effizienter logischer Operationen abgedeckt. In der folgenden Tabelle sind die bitweisen booleschen Operatoren und die entsprechenden UFuncs zusammengefasst:

Operator	Entsprechende UFunc
&	np.bitwise_and
^	np.bitwise_xor
|	np.bitwise_or
~	np.bitwise_not

Mithilfe dieser Tools können wir viele Fragen zu den Wetterdaten beantworten. Hier sind einige Beispiele für Ergebnisse, die man erhält, wenn man boolesche Operationen und Aggregationen kombiniert:

```
In [25]: print("Number days without rain:  ", np.sum(rainfall_mm == 0))
         print("Number days with rain:     ", np.sum(rainfall_mm != 0))
         print("Days with more than 10 mm: ", np.sum(rainfall_mm > 10))
         print("Rainy days with < 5 mm:    ", np.sum((rainfall_mm > 0) &
                                                     (rainfall_mm < 5)))
Out[25]: Number days without rain:  221
         Number days with rain:     144
         Days with more than 10 mm: 34
         Rainy days with < 5 mm:    83
```

Boolesche Arrays als Maskierungen

Im letzten Abschnitt haben wir Aggregationen betrachtet, die direkt anhand boolescher Arrays berechnet wurden. Der Einsatz von booleschen Arrays als Maskierungen ist eine leistungsfähigere Methode zur Auswahl von bestimmten Teilmengen der eigentlichen Daten. Wir verwenden wieder das wohlbekannte Array x.

```
In [26]: x
Out[26]: array([[9, 4, 0, 3],
                [8, 6, 3, 1],
                [3, 7, 4, 0]])
```

Nehmen wir an, wir möchten ein Array erzeugen, das alle Werte aus dem Array x enthält, die kleiner sind als z.B. 5. Wie bereits gesehen, ist es leicht, für diese Bedingung ein boolesches Array zu erhalten:

```
In [27]: x < 5
Out[27]: array([[False,  True,  True,  True],
                [False, False,  True,  True],
                [ True, False,  True,  True]])
```

Um nun diese Werte des Arrays x *auszuwählen*, verwenden wir einfach das boolesche Array als Index; man spricht in diesem Fall von einer *Maskierung*:

```
In [28]: x[x < 5]
Out[28]: array([4, 0, 3, 3, 1, 3, 4, 0])
```

Das Ergebnis ist ein eindimensionales Array, das die Werte enthält, die dieser Bedingung genügen – oder anders ausgedrückt: alle Werte, an deren Position das Maskierungsarray den Wert True besitzt.

Mit diesen Werten können wir nun nach Belieben verfahren. Wir könnten beispielsweise einige Statistiken anhand der Wetterdaten von Seattle erstellen:

```
In [29]: # Erzeugen einer Maskierung aller Regentage
         rainy = (rainfall_mm > 0)

         # Erzeugung einer Maskierung für alle Sommertage
         # (21. Juni ist der 172ste Tag)
         days = np.arange(365)
         summer = (days > 172) & (days < 262)

         print("Median precip on rainy days in 2015 (mm):   ",
               np.median(rainfall_mm[rainy]))
         print("Median precip on summer days in 2015 (mm):  ",
               np.median(rainfall_mm[summer]))
         print("Maximum precip on summer days in 2015 (mm): ",
               np.max(rainfall_mm[summer]))
         print("Median precip on non-summer rainy days (mm):",
               np.median(rainfall_mm[rainy & ~summer]))
Out[29]: Median precip on rainy days in 2015 (mm):    3.8
         Median precip on summer days in 2015 (mm):   0.0
         Maximum precip on summer days in 2015 (mm):  32.5
         Median precip on non-summer rainy days (mm): 4.1
```

Durch das Kombinieren von booleschen Operationen, Maskierungen und Aggregationen können wir anhand unserer Datenmenge schnell und einfach Antworten auf diese Art von Fragen finden.

Verwendung der Schlüsselwörter »and« bzw. »or« und der Operatoren & bzw. |

Der Unterschied zwischen den Schlüsselwörtern and und or einerseits und den Operatoren & und | andererseits sorgt oft für Verwirrung. Unter welchen Umständen sollte man das eine oder das andere vorziehen?

Der Unterschied besteht darin, dass and und or den Wahrheitsgehalt (True oder False) des *gesamten* Objekts bewerten, & und | hingegen prüfen die Bits *innerhalb* der Objekte.

Wenn Sie and oder or verwenden, fordern Sie Python auf, das Objekt als ein einziges boolesches Gebilde zu betrachten. In Python werden alle Integer, die nicht null sind, zu True ausgewertet. Daraus folgt:

```
In [30]: bool(42), bool(0)
Out[30]: (True, False)

In [31]: bool(42 and 0)
Out[31]: False

In [32]: bool(42 or 0)
Out[32]: True
```

Wenn Sie & oder | auf Integer-Variablen anwenden, bewertet der Ausdruck die bitweise Darstellung des Elements und wendet das and und das or auf die einzelnen Bits an, aus denen die Zahl besteht:

```
In [33]: bin(42)
Out[33]: '0b101010'

In [34]: bin(59)
Out[34]: '0b111011'

In [35]: bin(42 & 59)
Out[35]: '0b101010'

In [36]: bin(42 | 59)
Out[36]: '0b111011'
```

Beachten Sie, dass die jeweiligen Bits der binären Repräsentation miteinander verglichen werden, um das Ergebnis zu erhalten.

Ein Array mit booleschen Werten in NumPy kann man sich als eine Aneinanderreihung von Bits vorstellen, für die `1 = True` sowie `0 = False` gilt und bei dem & und | auf ähnliche Weise wie zuvor funktionieren:

```
In [37]: A = np.array([1, 0, 1, 0, 1, 0], dtype=bool)
         B = np.array([1, 1, 1, 0, 1, 1], dtype=bool)
         A | B
Out[37]: array([ True,  True,  True, False,  True,  True])
```

Wenn Sie versuchen, or auf diese Arrays anwenden, wird dagegen versucht, den Wahrheitsgehalt des gesamten Array-Objekts zu bewerten, und dabei handelt es sich nicht um einen wohldefinierten Wert:

```
In [38]: A or B
ValueError: The truth value of an array with more than one element is
          > ambiguous.
          a.any() or a.all()
```

Ebenso sollten Sie statt or und and besser | oder & verwenden, wenn Sie einen booleschen Ausdruck auf ein Array anwenden:

```
In [39]: x = np.arange(10)
         (x > 4) & (x < 8)
Out[39]: array([False, False, False, False, False,  True,  True,  True, False,
                False])
```

Der Versuch, den Wahrheitsgehalt des gesamten Arrays zu bewerten, führt zu dem schon bekannten `ValueError`:

```
In [40]: (x > 4) and (x < 8)
ValueError: The truth value of an array with more than one element is
          > ambiguous.
          a.any() or a.all()
```

Sie sollten sich daher Folgendes merken: and und or bewirken eine *einzige* boolesche Bewertung des *gesamten* Objekts, & und | hingegen nehmen *mehrere* boolesche Bewertungen des *Inhalts* (der einzelnen Bits oder Bytes) eines Objekts vor. Bei booleschen NumPy-Arrays ist Letzteres fast immer die erwünschte Operation.

KAPITEL 10

Fancy Indexing

In den vorhergehenden Kapiteln haben Sie erfahren, wie man mit einfachen Indizes (z. B. `arr[0]`), Slices (z. B. `arr[:5]`) oder booleschen Maskierungen (z. B. `arr[arr > 0]`) Teile eines Arrays modifizieren oder darauf zugreifen kann. In diesem Kapitel betrachten wir eine weitere Art der Array-Indizierung, die als *Fancy Indexing* oder *vektorisiertes Indexing* bezeichnet wird. Fancy Indexing funktioniert wie die bekannte Indizierung, allerdings werden anstelle einzelner Skalare Arrays von Indizes übergeben. Auf diese Weise kann man sehr schnell auf komplizierte Teilmengen der Werte eines Arrays zugreifen und diese modifizieren.

Fancy Indexing im Detail

Fancy Indexing ist konzeptuell ganz einfach: Es bedeutet, ein Array von Indizes zu übergeben, um auf mehrere Array-Elemente gleichzeitig zuzugreifen. Betrachten Sie beispielsweise folgendes Array:

```
In [1]: import numpy as np
        rng = np.random.default_rng(seed=1701)

        x = rng.integers(100, size=10)
        print(x)
Out[1]: [90 40  9 30 80 67 39 15 33 79]
```

Nehmen wir an, dass wir auf drei verschiedene Elemente zugreifen möchten. Das könnte etwa so aussehen:

```
In [2]: [x[3], x[7], x[2]]
Out[2]: [30, 15, 9]
```

Alternativ könnten wir auch eine Liste oder ein Array von Indizes übergeben, um das gleiche Ergebnis zu erzielen:

```
In [3]: ind = [3, 7, 4]
        x[ind]
Out[3]: array([30, 15, 80])
```

Werden Arrays von Indizes verwendet, spiegelt die Shape des Ergebnisses die Shape des *Index-Arrays* wider – und nicht die Shape des Arrays, *auf das per Indizierung zugegriffen wird*:

```
In [4]: ind = np.array([[3, 7],
                        [4, 5]])
        x[ind]
Out[4]: array([[30, 15],
               [80, 67]])
```

Fancy Indexing ist auch auf mehrere Dimensionen anwendbar. Betrachten Sie das folgende Array:

```
In [5]: X = np.arange(12).reshape((3, 4))
        X
Out[5]: array([[ 0,  1,  2,  3],
               [ 4,  5,  6,  7],
               [ 8,  9, 10, 11]])
```

Der erste Index bezieht sich – wie bei der gewöhnlichen Indizierung – auf die Zeile und der zweite auf die Spalte:

```
In [6]: row = np.array([0, 1, 2])
        col = np.array([2, 1, 3])
        X[row, col]
Out[6]: array([ 2,  5, 11])
```

Der erste Wert des Ergebnisses ist `X[0, 2]`, der zweite `X[1, 1]` und der dritte `X[2, 3]`. Die Paarung der Indizes beim Fancy Indexing folgt den Broadcasting-Regeln, die bereits in Kapitel 8 erwähnt wurden. Wenn wir also beispielsweise einen Spaltenvektor und einen Zeilenvektor durch diese Indizes kombinieren, ist das Ergebnis zweidimensional:

```
In [7]: X[row[:, np.newaxis], col]
Out[7]: array([[ 2,  1,  3],
               [ 6,  5,  7],
               [10,  9, 11]])
```

Die Werte der Zeilen werden mit den zugehörigen Werten der Spalten verknüpft – genau so, wie wir es vom Broadcasting arithmetischer Operatoren kennen. Ein Beispiel:

```
In [8]: row[:, np.newaxis] * col
Out[8]: array([[0, 0, 0],
               [2, 1, 3],
               [4, 2, 6]])
```

Beim Fancy Indexing ist stets zu beachten, dass die Rückgabewerte *die Shape der Indizes des für das Broadcasting verwendeten Arrays* widerspiegeln – nicht die Shape des Arrays, auf das durch die Indizierung zugegriffen wird.

Kombinierte Indizierung

Fancy Indexing kann mit den anderen bekannten Indizierungsverfahren kombiniert werden, um noch leistungsfähigere Operationen durchführen zu können. Sehen Sie hierzu das Array X:

```
In [9]: print(X)
Out[9]: [[ 0  1  2  3]
         [ 4  5  6  7]
         [ 8  9 10 11]]
```

Wir können Fancy Indexing und einfache Indizes miteinander verbinden:

```
In [10]: X[2, [2, 0, 1]]
Out[10]: array([10,  8,  9])
```

Auch können wir Fancy Indexing und Slicing kombinieren:

```
In [11]: X[1:, [2, 0, 1]]
Out[11]: array([[ 6,  4,  5],
                [10,  8,  9]])
```

Und eine Kombination aus Fancy Indexing und Maskierung ist ebenfalls möglich:

```
In [12]: mask = np.array([True, False, True, False])
         X[row[:, np.newaxis], mask]
Out[12]: array([[ 0,  2],
                [ 4,  6],
                [ 8, 10]])
```

Die Gesamtheit all dieser Indizierungsoptionen stellt einen äußerst flexiblen Satz von Operationen bereit, um effizient auf Array-Werte zuzugreifen und diese zu modifizieren.

Beispiel: Auswahl zufälliger Punkte

Fancy Indexing wird häufig dazu verwendet, Teilmengen der Zeilen einer Matrix auszuwählen. Betrachten Sie beispielsweise eine $N \times D$-Matrix, die N Punkte in D Dimensionen repräsentiert, wie die folgende Punktwolke, die einer zweidimensionalen Normalverteilung entstammt:

```
In [13]: mean = [0, 0]
         cov = [[1, 2],
                [2, 5]]
         X = rng.multivariate_normal(mean, cov, 100)
         X.shape
Out[13]: (100, 2)
```

Mithilfe der Tools zum Erstellen von Diagrammen, die wir in Teil IV erörtern werden, können wir diese Punkte als Streudiagramm visualisieren (siehe Abbildung 10-1):

```
In [14]: %matplotlib inline
         import matplotlib.pyplot as plt
         plt.style.use('seaborn-whitegrid')
         plt.scatter(X[:, 0], X[:, 1]);
```

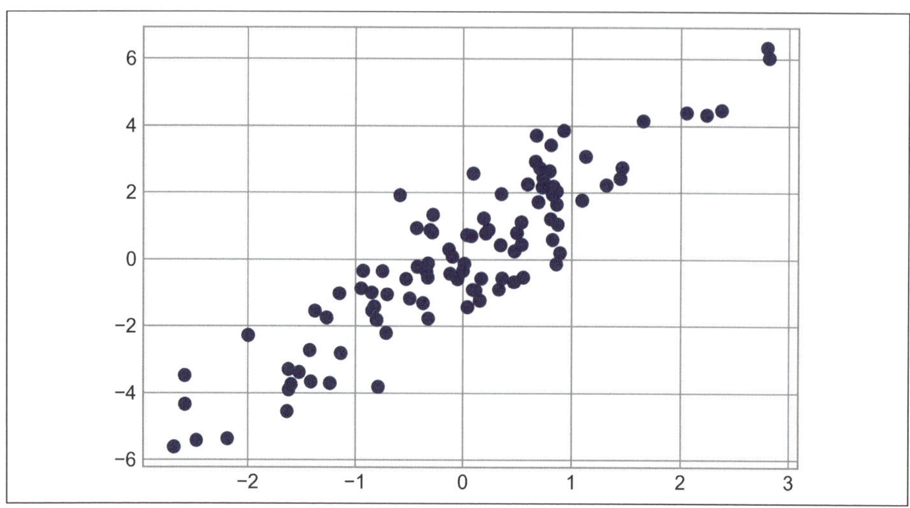

Abbildung 10-1: Normalverteilte Punkte

Wir werden nun per Fancy Indexing 20 zufällige Punkte auswählen, indem wir zunächst 20 zufällige Indizes herauspicken (ohne Dopplungen) und diese wiederum verwenden, um einen Teil des ursprünglichen Arrays auszuwählen:

```
In [15]: indices = np.random.choice(X.shape[0], 20, replace=False)
         indices
Out[15]: array([82, 84, 10, 55, 14, 33,  4, 16, 34, 92, 99, 64,  8, 76, 68, 18, 59,
                80, 87, 90])

In [16]: selection = X[indices]  # hier Fancy Indexing
         selection.shape
Out[16]: (20, 2)
```

Um kenntlich zu machen, welche Punkte ausgewählt wurden, zeichnen wir nun große Kreise um die Positionen dieser Punkte (siehe Abbildung 10-2).

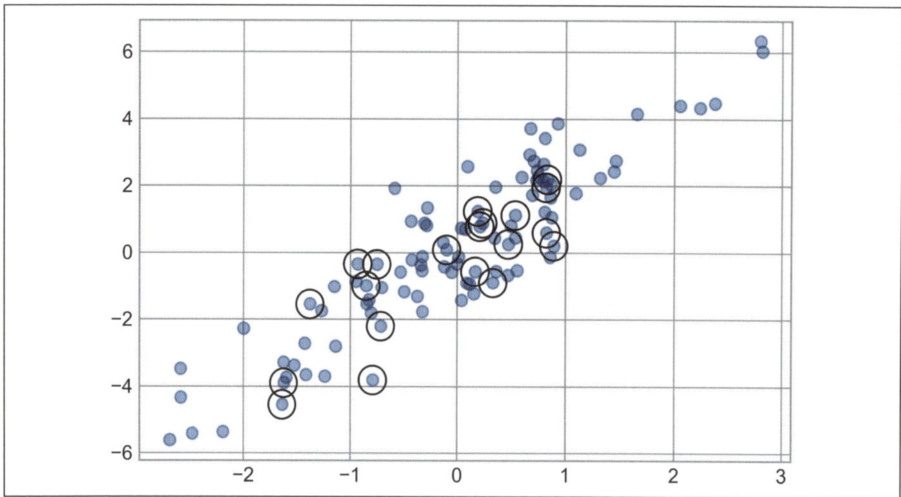

Abbildung 10-2: Zufällig ausgewählte Punkte

```
In [17]: plt.scatter(X[:, 0], X[:, 1], alpha=0.3)
         plt.scatter(selection[:, 0], selection[:, 1],
                     facecolor='none', edgecolor='black', s=200);
```

Eine Strategie dieser Art wird oft dafür eingesetzt, Datenmengen schnell aufzuteilen, um die Untermengen als Trainings- bzw. Testdaten für die Validierung statistischer Modelle zu verwenden (siehe Kapitel 39) oder um sie als Stichproben für das Beantworten statistischer Fragestellungen einzusetzen.

Werte per Fancy Indexing modifizieren

Fancy Indexing kann nicht nur für den Zugriff auf Teile eines Arrays eingesetzt werden, sondern auch, um Teile eines Arrays zu modifizieren. Nehmen wir beispielsweise an, wir verwendeten ein Array von Indizes, und den dazugehörigen Elementen eines weiteren Arrays soll ein bestimmter Wert zugewiesen werden:

```
In [18]: x = np.arange(10)
         i = np.array([2, 1, 8, 4])
         x[i] = 99
         print(x)
Out[18]: [ 0 99 99  3 99  5  6  7 99  9]
```

Wir können nun einen Zuweisungsoperator einsetzen, zum Beispiel:

```
In [19]: x[i] -= 10
         print(x)
Out[19]: [ 0 89 89  3 89  5  6  7 89  9]
```

Beachten Sie jedoch, dass mehrfach vorkommende Indizes bei derartigen Operationen zu unerwarteten Ergebnissen führen können. Betrachten Sie den folgenden Fall:

```
In [20]: x = np.zeros(10)
         x[[0, 0]] = [4, 6]
         print(x)
Out[20]: [6. 0. 0. 0. 0. 0. 0. 0. 0. 0.]
```

Wo ist die 4 abgeblieben? Bei dieser Operation wird zunächst die Zuweisung `x[0] = 4` durchgeführt, gefolgt von `x[0] = 6`. Das Ergebnis ist natürlich, dass `x[0]` den Wert 6 enthält.

Schön und gut, aber sehen Sie sich diese Operation an:

```
In [21]: i = [2, 3, 3, 4, 4, 4]
         x[i] += 1
         x
Out[21]: array([6., 0., 1., 1., 1., 0., 0., 0., 0., 0.])
```

Sie haben womöglich erwartet, dass `x[3]` den Wert 2 und `x[4]` den Wert 3 enthält, denn so oft kommen diese Indizes jeweils vor. Aber warum ist das dann nicht der Fall? Das liegt daran, dass `x[i] += 1` eine Abkürzung für `x[i] = x[i] + 1` ist. `x[i] + 1` wird ausgewertet, und das Ergebnis wird anschließend den Indizes in `x` zugewiesen. Wenn man das berücksichtigt, wird klar, dass nicht die Erhöhung mehrmals erfolgt, sondern die Zuweisung, was zu diesem nicht gerade intuitiven Ergebnis führt.

Aber wie können Sie das andere Verhalten erzielen, bei dem tatsächlich die Erhöhung wiederholt wird? Zu diesem Zweck setzen Sie die at-Methode der UFuncs ein und machen Folgendes:

```
In [22]: x = np.zeros(10)
         np.add.at(x, i, 1)
         print(x)
Out[22]: [0. 0. 1. 2. 3. 0. 0. 0. 0. 0.]
```

Die at-Methode wendet den genannten Operator an Ort und Stelle auf die angegebenen Indizes (in diesem Fall i) an. Eine weitere Möglichkeit, der ein ähnlicher Gedankengang zugrunde liegt, ist die reduceat-Methode der UFuncs. Lesen Sie darüber mehr in der NumPy-Dokumentation (*https://oreil.ly/7ys9D*).

Beispiel: Daten gruppieren

Sie können diese Überlegungen nutzen, um Daten effizient manuell zu gruppieren. Angenommen, 100 Werte seien vorhanden und wir möchten wissen, wie diese Werte in einem Array mit mehreren Wertebereichen verteilt sind. Dazu können wir ufunc.at wie folgt verwenden:

```
In [23]: rng = np.random.default_rng(seed=1701)
         x = rng.normal(size=100)

         # Histogramm manuell berechnen.
         bins = np.linspace(-5, 5, 20)
         counts = np.zeros_like(bins)

         # Passenden Wertebereich für x finden.
         i = np.searchsorted(bins, x)

         # Zähler der Wertebereiche um 1 erhöhen.
         np.add.at(counts, i, 1)
```

Die Zähler (counts) enthalten nun die Anzahl der Werte in den verschiedenen Wertebereichen – sie stellen also ein Histogramm dar (siehe Abbildung 10-3).

```
In [24]: # Ergebnis darstellen.
         plt.plot(bins, counts, drawstyle='steps');
```

Natürlich wäre es nicht sonderlich bequem, wenn man diese Prozedur jedes Mal durchlaufen müsste, wenn man ein Histogramm darstellen möchte. Daher gibt es in Matplotlib die plt.hist-Routine, mit der sich die Aufgabe in einer Zeile erledigen lässt:

```
plt.hist(x, bins, histtype='step');
```

Diese Funktion erzeugt ein Diagramm, das nahezu identisch mit dem gerade gezeigten ist. Zur Berechnung der Wertebereiche (bins) verwendet Matplotlib die Funktion np.histogram, die eine Berechnung durchführt, die der unsrigen ganz ähnlich ist. Vergleichen wir die beiden Funktionen doch einmal:

```
In [25]: print(f"NumPy histogram ({len(x)} points):")
         %timeit counts, edges = np.histogram(x, bins)
```

```
        print(f"Custom histogram ({len(x)} points):")
        %timeit np.add.at(counts, np.searchsorted(bins, x), 1)
Out[25]: NumPy histogram (100 points):
        33.8 µs ± 311 ns per loop (mean ± std. dev. of 7 runs, 10000 loops each)
        Custom histogram (100 points):
        17.6 µs ± 113 ns per loop (mean ± std. dev. of 7 runs, 100000 loops each)
```

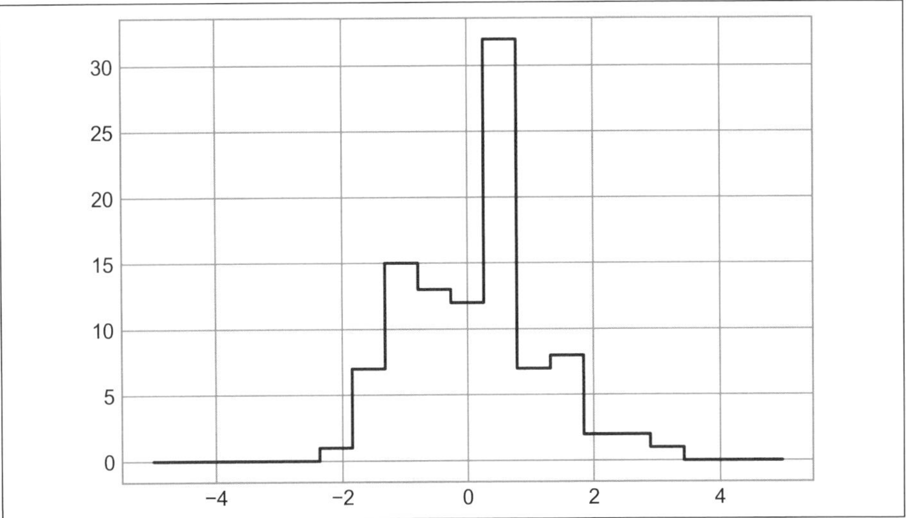

Abbildung 10-3: Manuell berechnetes Histogramm

Unser einzeiliger Algorithmus ist doppelt so schnell wie der optimierte Algorithmus in NumPy! Wie kann das sein? Wenn Sie sich den `np.histogram`-Quellcode genauer ansehen (geben Sie zu diesem Zweck in IPython `np.histogram??` ein), werden Sie feststellen, dass er um einiges verwickelter ist als das simple Suchen und Zählen, das wir verwenden. Der Grund dafür ist, dass NumPys Algorithmus viel flexibler ist und insbesondere für eine bessere Performance sorgt, wenn die Datenmengen richtig groß werden:

```
In [26]: x = rng.normal(size=1000000)
         print(f"NumPy histogram ({len(x)} points):")
         %timeit counts, edges = np.histogram(x, bins)

         print(f"Custom histogram ({len(x)} points):")
         %timeit np.add.at(counts, np.searchsorted(bins, x), 1)
Out[26]: NumPy histogram (1000000 points):
         84.4 ms ± 2.82 ms per loop (mean ± std. dev. of 7 runs, 10 loops each)
         Custom histogram (1000000 points):
         128 ms ± 2.04 ms per loop (mean ± std. dev. of 7 runs, 10 loops each)
```

Dieser Vergleich zeigt, dass die Effizienz eines Algorithmus in den seltensten Fällen leicht zu beurteilen ist. Ein bei großen Datenmengen effizienter Algorithmus ist bei kleineren Datenmengen (und umgekehrt) nicht immer die beste Wahl (siehe Kapitel 11). Den Algorithmus selbst zu programmieren, hat jedoch den Vorteil, dass durch das Verständnis der grundlegenden Methoden quasi alles möglich ist: Sie sind nicht länger auf die Verwendung bordeigener Routinen beschränkt, sondern können eigene

Ansätze für die Erforschung der Daten entwickeln. Die Kenntnis allgemeiner Komfortroutinen wie `np.histogram` und das Wissen, wann ihr Einsatz angemessen ist, bilden den Schlüssel zur effizienten Verwendung von Python für datenintensive Anwendungen. Darüber hinaus muss man aber auch wissen, wie man sich maschinennahe Funktionen zunutze macht, wenn ein spezielleres Verhalten erforderlich ist.

KAPITEL 11

Arrays sortieren

Bislang haben wir uns hauptsächlich mit den Tools für den Zugriff und das Bearbeiten von Array-Daten mit NumPy befasst. In diesem Kapitel geht es um Algorithmen, die mit dem Sortieren von NumPy-Arrays in Zusammenhang stehen. In einführenden Informatikkursen sind diese Algorithmen bevorzugtes Thema. Sollten Sie jemals einen besucht haben, dürften Ihnen *Insertion-Sort*, *Selection-Sort*, *Merge-Sort*, *Quick-Sort*, *Bubble-Sort* und viele andere bereits in Ihren Träumen begegnet sein (oder, je nach Temperament, auch schon Albträume verursacht haben). Alle diese Algorithmen sollen dieselbe Aufgabe erledigen, nämlich das Sortieren der Werte in einer Liste oder einem Array.

Python besitzt eine Reihe von eingebauten Funktionen und Methoden, um Listen und andere iterable Objekte zu sortieren. Die `sorted`-Funktion nimmt eine Liste entgegen und gibt eine sortierte Kopie zurück:

```
In [1]: L = [3, 1, 4, 1, 5, 9, 2, 6]
        sorted(L)  # Gibt eine sortierte Kopie zurück.
Out[1]: [1, 1, 2, 3, 4, 5, 6, 9]
```

Die Listenmethode sort dagegen sortiert an Ort und Stelle:

```
In [2]: L.sort()  # Sortiert die übergebene Liste selbst
                  # und gibt None zurück.
        print(L)
Out[2]: [1, 1, 2, 3, 4, 5, 6, 9]
```

Pythons Sortiermethoden sind recht flexibel und können mit beliebigen iterablen Objekten umgehen. Hier sortieren wir beispielsweise einen String:

```
In [3]: sorted('python')
Out[3]: ['h', 'n', 'o', 'p', 't', 'y']
```

Diese eingebauten Sortiermethoden sind zwar bequem, allerdings bedeutet die dynamische Natur der Werte in Python, dass sie – wie gesagt – weniger leistungsfähig sind als Routinen, die speziell für einheitliche Arrays von Zahlen entwickelt wurden. Und da kommen die Sortierroutinen von NumPy ins Spiel.

Schnelle Sortierung in NumPy: np.sort und np.argsort

Die Funktion `np.sort` ist analog zu Pythons eingebauter `sorted`-Funktion und gibt auf effiziente Weise eine sortierte Kopie eines Arrays zurück:

```
In [4]: import numpy as np

        x = np.array([2, 1, 4, 3, 5])
        np.sort(x)
Out[4]: array([1, 2, 3, 4, 5])
```

Auf ähnliche Weise wie die `sort`-Methode von Python-Listen können Sie ein Array an Ort und Stelle sortieren, indem Sie die Array-Methode `sort` verwenden:

```
In [5]: x.sort()
        print(x)
Out[5]: [1 2 3 4 5]
```

Damit verwandt ist die Funktion `argsort`, die stattdessen die *Indizes* der sortierten Elemente zurückgibt:

```
In [6]: x = np.array([2, 1, 4, 3, 5])
        i = np.argsort(x)
        print(i)
Out[6]: [1 0 3 2 4]
```

Das erste Element dieses Resultats enthält den Index des kleinsten Elements, das zweite den Index des zweitkleinsten Elements usw. Diese Indizes können anschließend (per Fancy Indexing) verwendet werden, um bei Bedarf das sortierte Array zu erzeugen:

```
In [7]: x[i]
Out[7]: array([1, 2, 3, 4, 5])
```

Ein Beispiel für den Einsatz von `argsort` finden Sie später in diesem Kapitel.

Nach Zeilen und Spalten sortieren

Ein nützliches Merkmal von NumPys Sortieralgorithmen liegt in der Fähigkeit, anhand des `axis`-Arguments entlang bestimmter Zeilen oder Spalten eines mehrdimensionalen Arrays zu sortieren, zum Beispiel:

```
In [8]: rng = np.random.default_rng(seed=42)
        X = rng.integers(0, 10, (4, 6))
        print(X)
Out[8]: [[0 7 6 4 4 8]
         [0 6 2 0 5 9]
         [7 7 7 7 5 1]
         [8 4 5 3 1 9]]

In [9]: # Alle Spalten von X sortieren.
        np.sort(X, axis=0)
Out[9]: array([[0, 4, 2, 0, 1, 1],
               [0, 6, 5, 3, 4, 8],
```

```
                [7, 7, 6, 4, 5, 9],
                [8, 7, 7, 7, 5, 9]])

In [10]: # Alle Zeilen von X sortieren.
         np.sort(X, axis=1)
Out[10]: array([[0, 4, 4, 6, 7, 8],
                [0, 0, 2, 5, 6, 9],
                [1, 5, 7, 7, 7, 7],
                [1, 3, 4, 5, 8, 9]])
```

Denken Sie jedoch daran, dass hierbei alle Zeilen und Spalten als unabhängige Arrays behandelt werden und irgendwelche Beziehungen zwischen den Werten der Zeilen und Spalten verloren gehen!

Teilsortierungen: Partitionierung

Manchmal ist man gar nicht an der Sortierung des gesamten Arrays interessiert, sondern möchte lediglich z.B. die *k* kleinsten Werte des Arrays finden. NumPy ermöglicht das mit der `np.partition`-Funktion. Sie nimmt ein Array und eine Zahl *k* entgegen. Das Ergebnis ist ein neues partitioniertes Array, das in der linken Hälfte die *k* kleinsten Werte des Arrays und in der rechten Hälfte die übrigen Werte enthält:

```
In [11]: x = np.array([7, 2, 3, 1, 6, 5, 4])
         np.partition(x, 3)
Out[11]: array([2, 1, 3, 4, 6, 5, 7])
```

Beachten Sie, dass die ersten drei Elemente des resultierenden Arrays die drei kleinsten Werte des Arrays sind, während die verbleibenden Elemente des Arrays die übrigen Werte enthalten. Innerhalb der beiden Partitionen befinden sich die Elemente in beliebiger Reihenfolge.

Ähnlich wie das Sortieren kann die Partitionierung anhand einer beliebigen Koordinatenachse eines mehrdimensionalen Arrays vorgenommen werden:

```
In [12]: np.partition(X, 2, axis=1)
Out[12]: array([[0, 4, 4, 7, 6, 8],
                [0, 0, 2, 6, 5, 9],
                [1, 5, 7, 7, 7, 7],
                [1, 3, 4, 5, 8, 9]])
```

Das Ergebnis ist ein Array, in dessen Zeilen die ersten drei Elemente die kleinsten Werte der jeweiligen Zeile enthalten und die übrigen Werte auf die verbleibenden Elemente verteilt sind.

Das Pendant zur Funktion `np.argsort`, die bekanntlich die Indizes der Sortierung zurückgibt, heißt `np.argpartition` und liefert die Indizes der Partitionierung. Im nächsten Abschnitt werden wir beide Funktionen in Aktion sehen.

Beispiel: k nächste Nachbarn

Sehen wir uns kurz an, wie man die `argsort`-Funktion auf mehrere Koordinatenachsen anwenden kann, um die nächsten Nachbarn der Punkte einer Menge zu finden. Wir erzeugen zunächst eine Menge von zehn zufälligen Punkten in einer zweidimensionalen Ebene. Gemäß der üblichen Konvention verwenden wir dafür ein 10 × 2-Array:

```
In [13]: X = rng.random((10, 2))
```

Um eine Vorstellung von dieser Punktwolke zu bekommen, geben wir sie als Streudiagramm aus (siehe Abbildung 11-1).

```
In [14]: %matplotlib inline
         import matplotlib.pyplot as plt
         plt.style.use('seaborn-whitegrid')
         plt.scatter(X[:, 0], X[:, 1], s=100);
```

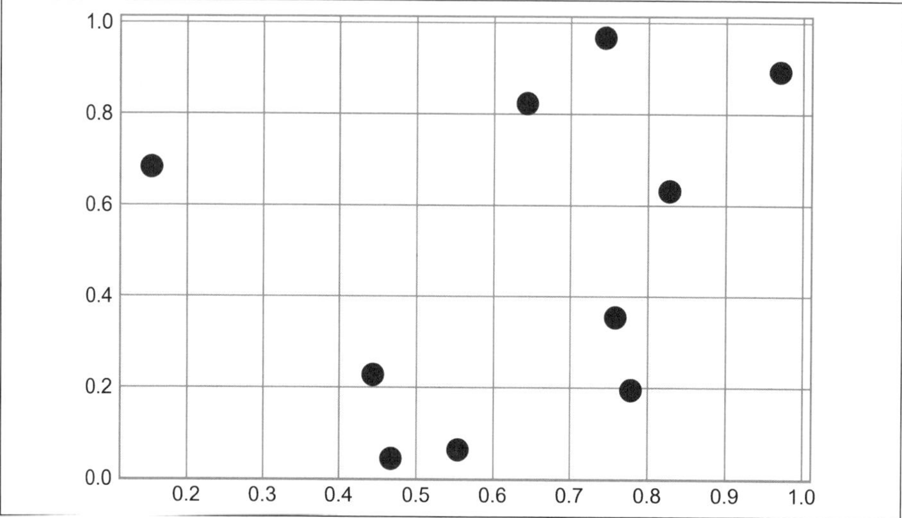

Abbildung 11-1: Visualisierung der Punktwolke des k-nächste-Nachbarn-Beispiels

Nun berechnen wir den Abstand zwischen allen Punktpaaren. Wie Sie wissen, ist der quadrierte Abstand zwischen zwei Punkten gleich der Summe der quadrierten Koordinatendifferenzen in den verschiedenen Dimensionen. Dank NumPys effizienten Routinen für Broadcasting (siehe Kapitel 8) und Aggregationen (siehe Kapitel 7) können wir die Matrix der quadrierten Abstände mit einer einzigen Zeile Code berechnen:

```
In [15]: dist_sq = np.sum((X[:, np.newaxis] - X[np.newaxis, :]) ** 2, axis=-1)
```

Diese Operation erledigt eine ganze Menge und kann ein wenig verwirrend erscheinen, wenn man mit NumPys Broadcasting-Regeln noch nicht vertraut ist. Sollte Ihnen Code wie dieser begegnen, kann es hilfreich sein, die einzelnen Schritte aufzuschlüsseln:

```
In [16]: # Koordinatendifferenz aller Punktpaare berechnen.
         differences = X[:, np.newaxis] - X[np.newaxis, :]
         differences.shape
Out[16]: (10, 10, 2)
```

```
In [17]: # Koordinatendifferenzen quadrieren.
         sq_differences = differences ** 2
         sq_differences.shape
Out[17]: (10, 10, 2)
```

```
In [18]: # Koordinatendifferenzen summieren, um den
         # quadrierten Abstand zu erhalten.
         dist_sq = sq_differences.sum(-1)
         dist_sq.shape
Out[18]: (10, 10)
```

Um zu überprüfen, ob hier alles korrekt funktioniert, sollten wir erkennen können, dass die Elemente auf der Diagonale dieser Matrix (d.h. die Abstände der Punkte von sich selbst) alle null sind:

```
In [19]: dist_sq.diagonal()
Out[19]: array([0., 0., 0., 0., 0., 0., 0., 0., 0., 0.])
```

Nun können wir np.argsort und die konvertierten paarweisen Quadratabstände verwenden, um die Zeilen zu sortieren. Die Spalten links außen enthalten dann die Indizes der nächsten Nachbarn:

```
In [20]: nearest = np.argsort(dist_sq, axis=1)
         print(nearest)
Out[20]: [[0 9 3 5 4 8 1 6 2 7]
          [1 7 2 6 4 8 3 0 9 5]
          [2 7 1 6 4 3 8 0 9 5]
          [3 0 4 5 9 6 1 2 8 7]
          [4 6 3 1 2 7 0 5 9 8]
          [5 9 3 0 4 6 8 1 2 7]
          [6 4 2 1 7 3 0 5 9 8]
          [7 2 1 6 4 3 8 0 9 5]
          [8 0 1 9 3 4 7 2 6 5]
          [9 0 5 3 4 8 6 1 2 7]]
```

Beachten Sie, dass die erste Spalte die Zahlen von 0 bis 9 in sortierter Reihenfolge enthält. Das ist der Tatsache geschuldet, dass jeder Punkt – wie zu erwarten – sein eigener nächster Nachbar ist.

Durch die Sortierung haben wir hier tatsächlich mehr Arbeit erledigt, als in diesem Fall nötig gewesen wäre. Wenn wir einfach nur an den k nächsten Nachbarn interessiert sind, brauchen wir lediglich alle Zeilen zu partitionieren, sodass sich die $k + 1$ kleinsten Quadratabstände an den ersten Positionen des Arrays befinden, während die größeren Abstände die verbleibenden Positionen im Array einnehmen. Dazu können wir die np.argpartition-Funktion verwenden:

```
In [21]: K = 2
         nearest_partition = np.argpartition(dist_sq, K + 1, axis=1)
```

Zur Visualisierung dieses Netzes von Nachbarn plotten wir die Punkte nebst Verbindungslinien zu den beiden jeweils nächsten Nachbarn (siehe Abbildung 11-2).

```
In [22]: plt.scatter(X[:, 0], X[:, 1], s=100)
         # Verbindungslinien von jedem Punkt zu den beiden
         # jeweils nächsten Nachbarn zeichnen.
         K = 2
```

```
for i in range(X.shape[0]):
    for j in nearest_partition[i, :K+1]:
        # Linie von X[i] zu X[j] zeichnen.
        # Zur Ausführung zip verwenden:
        plt.plot(*zip(X[j], X[i]), color='black')
```

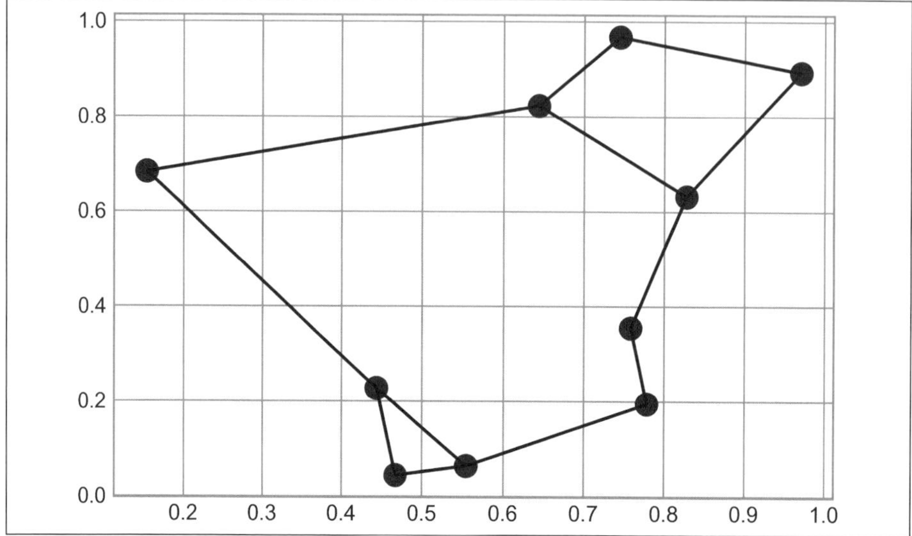

Abbildung 11-2: Visualisierung der Nachbarn der Punkte

Alle Punkte sind durch Linien mit ihren beiden nächsten Nachbarn verbunden. Auf den ersten Blick erscheint es merkwürdig, dass von einigen Punkten mehr als zwei Linien ausgehen. Aber wenn Punkt A einer der beiden nächsten Nachbarn von Punkt B ist, bedeutet das nicht notwendigerweise, dass Punkt B einer der beiden nächsten Nachbarn von Punkt A ist.

Das bei diesem Ansatz verwendete Broadcasting und die zeilenweise Sortierung mögen vielleicht weniger geradlinig erscheinen als die Programmierung einer Schleife, allerdings zeigt sich, dass es sich hier um eine äußerst effiziente Methode handelt, diese Daten in Python zu verarbeiten. Es mag verlockend sein, Operationen dieser Art mit einer Schleife auszuführen, die die Daten durchläuft und die Menge der Nachbarn einzeln sortiert, allerdings würde das nahezu mit Sicherheit zu einem Algorithmus führen, der langsamer ist als die hier genutzte vektorisierte Version. Das Schöne bei diesem Ansatz: Er ist so geschrieben, dass die Größe der Eingabedatenmenge praktisch keine Rolle spielt: Wir könnten auch die Nachbarn von 100 oder 1.000.000 Punkten mit beliebig vielen Dimensionen berechnen – der Code bliebe derselbe.

Abschließend ein Hinweis: Für sehr umfangreiche Suchen nach nächsten Nachbarn gibt es baumbasierte Algorithmen und/oder Näherungsalgorithmen, die wie $\mathcal{O}[N \log N]$ oder besser skalieren statt nur mit $\mathcal{O}[N^2]$ wie der Brute-Force-Algorithmus. Ein Beispiel hierfür ist der in Scikit-Learn implementierte (*https://oreil.ly/lUFb8*) K-D-Baum.

KAPITEL 12

Strukturierte Daten: NumPys strukturierte Arrays

Zwar lassen sich die Daten meistens gut durch Arrays gleichartiger Werte repräsentieren, das ist jedoch nicht immer der Fall. In diesem Kapitel geht es um NumPys *strukturierte Arrays* und *Record-Arrays*, die das effiziente Speichern von zusammengesetzten, ungleichartigen Daten ermöglichen. Die hier vorgestellten Verfahren sind zwar für einfache Operationen durchaus nützlich, in Szenarien wie diesen greift man jedoch häufig auf Pandas `DataFrame`s zurück, mit denen wir uns in Teil III befassen werden.

```
In [1]: import numpy as np
```

Nehmen wir an, dass wir verschiedene Kategorien von Daten über eine gewisse Anzahl von Personen besitzen (wie etwa Name, Alter und Gewicht) und diese Werte speichern möchten, um sie in einem Python-Programm zu verwenden. Es wäre möglich, die Daten in drei verschiedenen Arrays zu speichern:

```
In [2]: name = ['Alice', 'Bob', 'Cathy', 'Doug']
        age = [25, 45, 37, 19]
        weight = [55.0, 85.5, 68.0, 61.5]
```

Allerdings ist diese Methode ein wenig plump. Es gibt keinen Hinweis darauf, dass eine Beziehung zwischen den drei Arrays vorhanden ist. NumPys strukturierte Arrays machen es möglich, diese Aufgabe auf natürlichere Weise durchzuführen, indem eine einzelne Struktur für die Speicherung der Daten verwendet wird.

Bislang haben wir einfache Arrays durch Ausdrücke wie diesen erstellt:

```
In [3]: x = np.zeros(4, dtype=int)
```

Auf ähnliche Weise lässt sich ein strukturiertes Array erzeugen, indem wir einen zusammengesetzten Datentyp angeben:

```
In [4]: # Verwendung eines zusammengesetzten Datentyps
        # für strukturierte Arrays
        data = np.zeros(4, dtype={'names':('name', 'age', 'weight'),
                                  'formats':('U10', 'i4', 'f8')})
        print(data.dtype)
Out[4]: [('name', '<U10'), ('age', '<i4'), ('weight', '<f8')]
```

'U10' bedeutet hier »Unicode-String mit maximaler Länge 10«, 'i4' bedeutet »4-Byte-Integer« (also 32 Bit), und 'f8' schließlich heißt »8-Byte-Fließkommazahl« (also 64 Bit). Die anderen möglichen Werte für diesen Typencode erörtern wir im nächsten Abschnitt.

Wir haben ein leeres Container-Array erzeugt, das wir nun mit unseren Wertelisten füllen:

```
In [5]: data['name'] = name
        data['age'] = age
        data['weight'] = weight
        print(data)
Out[5]: [('Alice', 25, 55. ) ('Bob', 45, 85.5) ('Cathy', 37, 68. )
         ('Doug', 19, 61.5)]
```

Wie erhofft, sind die Daten jetzt in einem strukturierten Array zusammengefasst.

Das Praktische an strukturierten Arrays ist, dass man entweder per Index oder über den Namen auf Werte zugreifen kann:

```
In [6]: # Alle Namen abrufen.
        data['name']
Out[6]: array(['Alice', 'Bob', 'Cathy', 'Doug'], dtype='<U10')

In [7]: # Erste Zeile der Daten abrufen.
        data[0]
Out[7]: ('Alice', 25, 55.)

In [8]: # Name der letzten Zeile abrufen.
        data[-1]['name']
Out[8]: 'Doug'
```

Mit einer booleschen Maskierung ist es sogar möglich, ausgeklügeltere Operationen wie etwa das Filtern nach Alter durchzuführen:

```
In [9]: # Personen, die unter 30 sind
        data[data['age'] < 30]['name']
Out[9]: array(['Alice', 'Doug'], dtype='<U10')
```

Wenn Sie irgendwelche Operationen nutzen möchten, die komplizierter sind als diese, sollten Sie das Pandas-Paket in Erwägung ziehen, das in Teil IV behandelt wird. Pandas bietet ein DataFrame-Objekt, bei dem es sich um eine auf NumPy-Arrays beruhende Datenstruktur handelt, die über eine Vielzahl von Funktionen zur Datenbearbeitung ähnlich den hier gezeigten verfügt – und noch einiges mehr mitbringt.

Strukturierte Arrays erzeugen

Strukturierte Array-Datentypen können auf unterschiedliche Weise erzeugt werden. Vorhin haben wir die Methode mit Dictionaries genutzt:

```
In [10]: np.dtype({'names':('name', 'age', 'weight'),
                   'formats':('U10', 'i4', 'f8')})
Out[10]: dtype([('name', '<U10'), ('age', '<i4'), ('weight', '<f8')])
```

Zur Verdeutlichung können numerische Datentypen stattdessen durch Python-Typen oder NumPy-dtypes angegeben werden:

```
In [11]: np.dtype({'names':('name', 'age', 'weight'),
                   'formats':((np.str_, 10), int, np.float32)})
Out[11]: dtype([('name', '<U10'), ('age', '<i8'), ('weight', '<f4')])
```

Ein zusammengesetzter Typ kann außerdem auch als Liste von Tupeln angegeben werden:

```
In [12]: np.dtype([('name', 'S10'), ('age', 'i4'), ('weight', 'f8')])
Out[12]: dtype([('name', 'S10'), ('age', '<i4'), ('weight', '<f8')])
```

Wenn Ihnen die kryptischen Namen der Typen egal sind, können Sie diese durch einen einzigen String angeben, in dem die Bezeichnungen durch Kommata getrennt werden:

```
In [13]: np.dtype('S10,i4,f8')
Out[13]: dtype([('f0', 'S10'), ('f1', '<i4'), ('f2', '<f8')])
```

Die Abkürzungen der Formatcodes mögen auf den ersten Blick ein wenig wirr erscheinen, sie beruhen jedoch auf einem einfachen Muster. Das erste (optionale) Zeichen gibt die Byte-Reihenfolge an. Dabei steht ein < für »Little Endian« und ein > für »Big Endian«. Das nächste Zeichen bezeichnet die Art der Daten: Zeichen, Bytes, Integer, Fließkommazahlen usw. (siehe Tabelle 12-1). Das oder die letzten Zeichen schließlich geben die Größe des Objekts in Byte an.

Tabelle 12-1: NumPy-Datentypen

Zeichen	Beschreibung	Beispiel
`'b'`	Byte	`np.dtype('b')`
`'i'`	Integer mit Vorzeichen	`np.dtype('i4') == np.int32`
`'u'`	Integer ohne Vorzeichen	`np.dtype('u1') == np.uint8`
`'f'`	Fließkommazahl	`np.dtype('f8') == np.int64`
`'c'`	komplexe Fließkommazahl	`np.dtype('c16') == np.complex128`
`'S'`, `'a'`	String	`np.dtype('S5')`
`'U'`	Unicode-String	`np.dtype('U') == np.str_`
`'V'`	Rohdaten (void)	`np.dtype('V') == np.void`

Erweiterte zusammengesetzte Typen

Es ist sogar möglich, noch kompliziertere zusammengesetzte Datentypen zu definieren. Sie können beispielsweise einen Typ erzeugen, bei dem alle Elemente ein Array oder eine Matrix mit Werten enthalten. Hier erzeugen wir einen Datentyp mit einer `mat`-Komponente, die aus einer 3 × 3-Fließkommazahlenmatrix besteht:

```
In [14]: tp = np.dtype([('id', 'i8'), ('mat', 'f8', (3, 3))])
         X = np.zeros(1, dtype=tp)
         print(X[0])
```

```
        print(X['mat'][0])
Out[14]: (0, [[0., 0., 0.], [0., 0., 0.], [0., 0., 0.]])
         [[0. 0. 0.]
          [0. 0. 0.]
          [0. 0. 0.]]
```

Jetzt enthält jedes Element des Arrays `X` eine `id` und eine 3 × 3 -Matrix. Aber warum sollte man das verwenden, anstatt einfach ein mehrdimensionales Array oder vielleicht ein Python-Dictionary zu erzeugen? Ein Grund ist, dass der NumPy-`dtype` direkt auf eine Strukturdefinition (`struct`) in C abgebildet wird, sodass der Datenpuffer, der den Inhalt des Arrays enthält, einem entsprechend programmierten C-Programm unmittelbar zugänglich ist. Sollten Sie zufällig eine Python-Schnittstelle für eine ältere C- oder Fortran-Bibliothek programmieren, die strukturierte Daten verarbeitet, können strukturierte Arrays eine mächtige Schnittstelle bieten.

Record-Arrays: strukturierte Arrays mit Pfiff

NumPy stellt außerdem *Record-Arrays* (Instanzen der Klasse `np.recarray`) zur Verfügung, die mit den soeben beschriebenen strukturierten Arrays nahezu identisch sind, jedoch ein zusätzliches Feature besitzen: Anstatt Schlüsselwörter eines Dictionary zu verwenden, kann man auf die Datenfelder wie auf Attribute zugreifen. Vorhin haben wir auf das Alter wie folgt zugegriffen:

```
In [15]: data['age']
Out[15]: array([25, 45, 37, 19], dtype=int32)
```

Betrachten wir die Daten stattdessen als Record-Array, können wir mit etwas weniger Tastatureingaben darauf zugreifen:

```
In [16]: data_rec = data.view(np.recarray)
         data_rec.age
Out[16]: array([25, 45, 37, 19], dtype=int32)
```

Record-Arrays haben den Nachteil, dass für den Zugriff auf die Datenfelder ein höherer Verwaltungsaufwand erforderlich ist, selbst bei Verwendung derselben Syntax:

```
In [17]: %timeit data['age']
         %timeit data_rec['age']
         %timeit data_rec.age
Out[17]: 121 ns ± 1.4 ns per loop (mean ± std. dev. of 7 runs, 1000000 loops each)
         2.41 µs ± 15.7 ns per loop (mean ± std. dev. of 7 runs, 100000 loops each)
         3.98 µs ± 20.5 ns per loop (mean ± std. dev. of 7 runs, 100000 loops each)
```

Ob die komfortablere Schreibweise den zusätzlichen Verwaltungsaufwand wert ist, hängt von Ihrer eigenen Anwendung ab.

Weiter mit Pandas

Dieses Kapitel über strukturierte Arrays und Record-Arrays steht ganz bewusst am Ende dieses Teils, weil es eine sehr passende Überleitung zum nächsten Paket darstellt, das wir uns ansehen wollen: Pandas. Strukturierte Arrays können in bestimmten Situationen recht praktisch sein, etwa wenn man NumPy-Arrays verwendet, um in C, Fortran oder einer anderen Programmiersprache auf binäre Datenformate zuzugreifen. Im alltäglichen Gebrauch strukturierter Daten ist Pandas bei Weitem die bessere Wahl. Alles Weitere zu diesem Thema finden Sie in den folgenden Kapiteln.

TEIL III

Datenbearbeitung mit Pandas

In Teil II haben wir uns detailliert mit NumPy und dem ndarray-Objekt befasst, das eine effiziente Speicherung und Bearbeitung von dicht gepackten Arrays (*Dense Typed Arrays*) in Python ermöglicht. Auf dieses Wissen greifen wir hier zurück, wenn wir die Datenstrukturen der Pandas-Bibliothek ausführlich betrachten. Pandas ist ein neueres Paket, das auf NumPy aufbaut und eine effiziente DataFrame-Implementierung bietet. DataFrames sind im Wesentlichen mehrdimensionale Arrays mit Labels für Zeilen und Spalten, die oft ungleichartige Typen und/oder fehlende Daten enthalten. Pandas bietet nicht nur eine komfortable Schnittstelle für das Speichern gelabelter Daten, es implementiert darüber hinaus eine Vielzahl leistungsfähiger Operationen, die Nutzerinnen und Nutzern von Datenbanken und Tabellenkalkulationsprogrammen vertraut sein dürften.

Wir haben bereits feststellen können, dass NumPys ndarray-Datenstruktur über die wesentlichen Features für die Art aufgeräumter, gut organisierter Daten verfügt, die bei numerischen Berechnungen typischerweise vorhanden sind. Diese Aufgabe wird zwar sehr gut erfüllt, allerdings stößt man schnell an Grenzen, wenn mehr Flexibilität erforderlich ist (z.B. Daten mit Labeln versehen, Handhabung fehlender Daten usw.) und wenn man Operationen nutzen möchte, die für elementweises Broadcasting nicht gut geeignet sind (z.B. Gruppierungen, Zentrierungen usw.). Beides sind wichtige Bestandteile der Analyse der weniger strukturierten Daten, die überall in unserer Umgebung verfügbar sind. Pandas und insbesondere die Series- und DataFrame-Objekte beruhen auf NumPys Array-Strukturen und stellen einen effizienten Zugang zu den Datenverarbeitungsaufgaben bereit, die einen Großteil der Zeit eines Data Scientists beanspruchen.

In diesem Teil des Buchs konzentrieren wir uns auf die effektive Verwendung von Series, DataFrames und verwandten Strukturen. Wenn es angebracht ist, werden wir dazu Beispiele geben, die echten Datenmengen entnommen wurden, allerdings sind diese Beispiele nicht unbedingt unser Hauptaugenmerk.

Um Pandas auf Ihrem System zu installieren, muss NumPy bereits installiert sein, und wenn Sie die Bibliothek anhand des Quellcodes selbst kompilieren, sind die entsprechenden Tools erforderlich, um aus dem C- und dem Cython-Quellcode für Pandas lauffähige Dateien zu erstellen. Details zur Installation finden Sie in der Pandas-Dokumentation (*http://pandas.pydata.org*). Wenn Sie den Ratschlägen in der Einleitung folgen und Anaconda verwenden, ist Pandas bei Ihnen bereits installiert.

Nach der Installation von Pandas können Sie es importieren und die Versionsnummer überprüfen:

```
In [1]: import pandas
        pandas.__version__
Out[1]: '1.3.5'
```

Ebenso wie NumPy üblicherweise unter dem Alias `np` importiert wird, verwenden wir für Pandas das Alias `pd`:

```
In [2]: import pandas as pd
```

Wir werden diese Konvention beim Importieren im verbleibenden Teil des Buchs weiterhin einsetzen.

Die integrierte Dokumentation

Denken Sie bei der Lektüre dieses Teils des Buchs daran, dass IPython Ihnen die Möglichkeit bietet, den Inhalt eines Pakets schnell und einfach zu erkunden (mithilfe der Tab-Vervollständigung), und dass Sie jederzeit auf die Dokumentation der verschiedenen Funktionen zugreifen können (unter Verwendung des Fragezeichens). Sie können das in Kapitel 1 nachlesen.

Um beispielsweise den gesamten Inhalt des Pandas-Namensraums anzuzeigen, geben Sie Folgendes ein:

```
In [3]: pd.<TAB>
```

Und zur Anzeige der in Pandas integrierten Dokumentation geben Sie

```
In [4]: pd?
```

ein. Die vollständige Dokumentation sowie Tutorials und weitere Ressourcen finden Sie auf der Pandas-Website (*http://pandas.pydata.org*).

KAPITEL 13

Kurz vorgestellt: Pandas-Objekte

Grundsätzlich kann man sich Pandas-Objekte als verbesserte Versionen von NumPys strukturierten Arrays vorstellen, deren Zeilen und Spalten nicht nur durch einfache Indizes identifiziert werden, sondern auch mit einer Bezeichnung (einem *Label*) versehen sind. Sie werden im Laufe dieses Kapitels feststellen, dass Pandas neben den grundlegenden Datenstrukturen eine Menge nützlicher Tools, Methoden und Funktionalitäten mitbringt, allerdings ist für fast alles, was Sie nachfolgend lesen, das Verständnis dieser Datenstrukturen erforderlich. Bevor wir fortfahren, werden wir uns die drei fundamentalen Pandas-Strukturen ansehen: `Series`, `DataFrame` und `Index`.

Wir starten die Sitzung mit dem üblichen Importieren von NumPy und Pandas:

```
In [1]: import numpy as np
        import pandas as pd
```

Das Pandas-Series-Objekt

Eine Pandas-`Series` ist ein eindimensionales Array indizierter Daten. Sie kann anhand einer Liste oder eines Arrays wie folgt erzeugt werden:

```
In [2]: data = pd.Series([0.25, 0.5, 0.75, 1.0])
        data
Out[2]: 0    0.25
        1    0.50
        2    0.75
        3    1.00
        dtype: float64
```

Die `Series` umfasst sowohl eine Folge von Werten als auch eine Folge von Indizes, auf die wir über die Attribute `values` und `index` zugreifen können. `values` ist ein einfaches NumPy-Array:

```
In [3]: data.values
Out[3]: array([0.25, 0.5 , 0.75, 1.  ])
```

`index` ist ein Array-ähnliches Objekt des Typs `pd.Index`, auf das wir in Kürze ausführlicher zu sprechen kommen:

```
In [4]: data.index
Out[4]: RangeIndex(start=0, stop=4, step=1)
```

Auf die Daten kann wie bei einem NumPy-Array über den zugehörigen Index in den wohlbekannten eckigen Klammern zugegriffen werden:

```
In [5]: data[1]
Out[5]: 0.5


In [6]: data[1:3]
Out[6]: 1    0.50
        2    0.75
        dtype: float64
```

Sie werden jedoch feststellen, dass die Pandas-`Series` viel allgemeiner und flexibler ist als das eindimensionale NumPy-Array, das sie nachbildet.

Series als verallgemeinertes NumPy-Array

In Anbetracht dessen, was wir bislang erörtert haben, könnte man meinen, dass ein `Series`-Objekt prinzipiell durch ein eindimensionales NumPy-Array ersetzbar ist. Der wesentliche Unterschied ist jedoch das Vorhandensein des Index: Das NumPy-Array besitzt einen *implizit definierten* ganzzahligen Index für den Zugriff auf die Werte, die Pandas-`Series` hingegen besitzt einen *explizit definierten* Index, der den jeweiligen Werten zugeordnet ist.

Diese explizite Definition des Index verleiht dem `Series`-Objekt zusätzliche Fähigkeiten. Beispielsweise muss der Index keine Ganzzahl sein, sondern kann aus Werten beliebigen Typs bestehen. Also können wir bei Bedarf beispielsweise Strings als Index verwenden:

```
In [7]: data = pd.Series([0.25, 0.5, 0.75, 1.0],
                         index=['a', 'b', 'c', 'd'])
        data
Out[7]: a    0.25
        b    0.50
        c    0.75
        d    1.00
        dtype: float64
```

Der Zugriff funktioniert wie erwartet:

```
In [8]: data['b']
Out[8]: 0.5
```

Wir können sogar nicht zusammenhängende oder nicht aufeinanderfolgende Indizes verwenden:

```
In [9]: data = pd.Series([0.25, 0.5, 0.75, 1.0],
                         index=[2, 5, 3, 7])
        data
Out[9]: 2    0.25
        5    0.50
        3    0.75
        7    1.00
        dtype: float64

In [10]: data[5]
Out[10]: 0.5
```

Series als spezialisiertes Dictionary

So gesehen kann man sich eine Pandas-`Series` auch als ein spezialisiertes Python-Dictionary vorstellen. Ein Dictionary ist eine Datenstruktur, die einer Menge beliebiger Werte beliebige Schlüssel zuordnet, und eine `Series` ist eine Datenstruktur, die typisierten Werten typisierte Schlüssel zuordnet. Diese Typisierung ist wichtig: Ebenso wie der typspezifisch kompilierte Code für ein NumPy-Array dafür sorgt, dass es für bestimmte Operationen effizienter ist als eine Python-Liste, ist die Typinformation einer Pandas-`Series` dafür verantwortlich, dass sie für bestimmte Operationen effizienter ist als ein Python-Dictionary.

Wir können diese Analogie von `Series` und Dictionary weiter verdeutlichen, indem wir ein `Series`-Objekt direkt anhand eines Python-Dictionary erzeugen, in diesem Beispiel anhand der bevölkerungsreichsten US-Staaten auf Basis des Zensus von 2020:

```
In [11]: population_dict = {'California': 39538223, 'Texas': 29145505,
                            'Florida': 21538187, 'New York': 20201249,
                            'Pennsylvania': 13002700}
         population = pd.Series(population_dict)
         population
Out[11]: California      39538223
         Texas           29145505
         Florida         21538187
         New York        20201249
         Pennsylvania    13002700
         dtype: int64
```

Der Zugriff erfolgt dann so, wie es typischerweise bei einem Dictionary der Fall ist:

```
In [12]: population['California']
Out[12]: 39538223
```

Im Gegensatz zu einem Dictionary unterstützt eine `Series` jedoch auch Array-Operationen wie etwa Slicing:

```
In [13]: population['California':'Florida']
Out[13]: California    39538223
         Texas         29145505
         Florida       21538187
         dtype: int64
```

In Kapitel 14 werden wir einige der Eigenheiten beim Indizieren und beim Slicing in Pandas erörtern.

Series-Objekte erzeugen

Sie haben bereits verschiedene Möglichkeiten kennengelernt, eine neue Pandas-`Series` zu erzeugen, die alle irgendeine Variante von

```
pd.Series(data, index=index)
```

darstellen, wobei `index` ein optionales Argument ist und `data` einer von vielen Datentypen sein kann.

So könnte data beispielsweise eine Liste oder ein NumPy-Array sein. In diesem Fall wird für index standardmäßig eine Folge von Ganzzahlen verwendet:

```
In [14]: pd.Series([2, 4, 6])
Out[14]: 0    2
         1    4
         2    6
         dtype: int64
```

Oder data ist ein Skalar, der so oft wiederholt wird, bis alle angegebenen Indexpositionen einen Wert enthalten:

```
In [15]: pd.Series(5, index=[100, 200, 300])
Out[15]: 100    5
         200    5
         300    5
         dtype: int64
```

Falls data ein Dictionary ist, werden für index standardmäßig die sortierten Schlüssel des Dictionary verwendet:

```
In [16]: pd.Series({2:'a', 1:'b', 3:'c'})
Out[16]: 2    a
         1    b
         3    c
         dtype: object
```

In jedem Fall kann index auch explizit gesetzt werden, um die Reihenfolge der Schlüssel oder die ausdrücklich angegebenen Schlüssel festzulegen:

```
In [17]: pd.Series({2:'a', 1:'b', 3:'c'}, index=[1, 2])
Out[17]: 1    b
         2    a
         dtype: object
```

Das Pandas-DataFrame-Objekt

Die nächste grundlegende Datenstruktur in Pandas ist der DataFrame. Wie das eben erläuterte Series-Objekt kann man sich auch einen DataFrame entweder als verallgemeinertes NumPy-Array oder als spezialisiertes Python-Dictionary vorstellen. Wir werden dieses Objekt nun aus beiden Perspektiven eingehender untersuchen.

DataFrame als verallgemeinertes NumPy-Array

Betrachtet man eine Series als Analogon zu einem eindimensionalen Array mit expliziten Indizes, ist ein DataFrame das Pendant zu einem zweidimensionalen Array mit expliziten Zeilenindizes und Spaltenbezeichnungen. Wenn man sich ein zweidimensionales Array als geordnete Folge zusammengehöriger eindimensionaler Spalten vorstellt, kann man einen DataFrame als eine Folge von zusammengehörigen Series-Objekten betrachten. Mit »zusammengehörig« ist hier gemeint, dass die Elemente jeweils denselben Index besitzen.

Um das zu veranschaulichen, erzeugen wir zunächst eine neue Series, in der die Bodenflächen der fünf US-Bundesstaaten aus dem vorherigen Abschnitt (in Quadratkilometern) gespeichert sind:

```
In [18]: area_dict = {'California': 423967, 'Texas': 695662, 'Florida': 170312,
                      'New York': 141297, 'Pennsylvania': 119280}
         area = pd.Series(area_dict)
         area
Out[18]: California      423967
         Texas           695662
         Florida         170312
         New York        141297
         Pennsylvania    119280
         dtype: int64
```

Nun können wir zusammen mit der Series namens population von vorhin ein Dictionary verwenden, um ein einziges zweidimensionales Objekt zu erzeugen, das diese Informationen enthält:

```
In [19]: states = pd.DataFrame({'population': population,
                                'area': area})
         states
Out[19]:               population    area
         California      39538223  423967
         Texas           29145505  695662
         Florida         21538187  170312
         New York        20201249  141297
         Pennsylvania    13002700  119280
```

Ebenso wie das Series-Objekt besitzt der DataFrame ein index-Attribut, das den Zugriff auf die Indexbezeichnungen erlaubt:

```
In [20]: states.index
Out[20]: Index(['California', 'Texas', 'Florida', 'New York', 'Pennsylvania'],
          > dtype='object')
```

Darüber hinaus besitzt der DataFrame ein columns-Attribut, bei dem es sich um ein Index-Objekt handelt, das die Spaltenbezeichnungen enthält:

```
In [21]: states.columns
Out[21]: Index(['population', 'area'], dtype='object')
```

Somit kann man einen DataFrame als Verallgemeinerung eines zweidimensionalen NumPy-Arrays betrachten, dessen Zeilen und Spalten einen benennbaren Index zum Zugriff auf die Daten besitzen.

DataFrame als spezialisiertes Dictionary

Auf ähnliche Weise kann man sich einen DataFrame als ein spezialisiertes Dictionary vorstellen. Ein Dictionary ordnet Schlüsseln Werte zu, ein DataFrame hingegen ordnet einem Spaltennamen eine Series von Spaltendaten zu. So liefert beispielsweise die Abfrage des area-Attributs ein Series-Objekt zurück, das die vorher eingegebenen Werte enthält:

```
In [22]: states['area']
Out[22]: California     423967
         Texas          695662
         Florida        170312
         New York       141297
         Pennsylvania   119280
         Name: area, dtype: int64
```

Dies kann verwirrend sein: Bei einem zweidimensionalen NumPy-Array gibt `data[0]` die erste Zeile zurück. Bei einem `DataFrame` hingegen bezeichnet `data['col0']` die erste Spalte. Aus diesem Grund ist es vielleicht vernünftiger, sich `DataFrames` als verallgemeinerte Dictionaries statt als verallgemeinerte Arrays vorzustellen, wenngleich beide Sichtweisen nützlich sein können. Weitere Indizierungsmöglichkeiten von `DataFrames` kommen in Kapitel 14 zur Sprache.

DataFrame-Objekte erzeugen

Es gibt verschiedene Möglichkeiten, einen Pandas-`DataFrame` zu erzeugen. Hierzu werden wir einige Beispiele betrachten:

Anhand eines einzelnen Series-Objekts

Ein `DataFrame` ist eine Zusammenstellung von `Series`-Objekten, und ein einspaltiger `DataFrame` kann anhand einer einzelnen `Series` erzeugt werden:

```
In [23]: pd.DataFrame(population, columns=['population'])
Out[23]:               population
           California    39538223
                Texas    29145505
              Florida    21538187
             New York    20201249
         Pennsylvania    13002700
```

Anhand einer Liste von Dictionaries

Eine Liste von Dictionaries kann in einen `DataFrame` umgewandelt werden. Wir verwenden eine einfache Listenabstraktion, um einige Daten zu erstellen:

```
In [24]: data = [{'a': i, 'b': 2 * i}
                 for i in range(3)]
         pd.DataFrame(data)
Out[24]:    a  b
         0  0  0
         1  1  2
         2  2  4
```

Sollten für einige der Schlüssel im Dictionary keine Werte vorhanden sein, ergänzt Pandas sie durch `NaN`-Werte (*Not a Number* – keine Zahl, siehe Kapitel 16):

```
In [25]: pd.DataFrame([{'a': 1, 'b': 2}, {'b': 3, 'c': 4}])
Out[25]:      a  b    c
         0  1.0  2  NaN
         1  NaN  3  4.0
```

Anhand eines Dictionary von Series-Objekten

Wie bereits bekannt, kann ein DataFrame auch anhand eines Dictionary von Series-Objekten erzeugt werden:

```
In [26]: pd.DataFrame({'population': population,
                       'area': area})
Out[26]:               population    area
         California      39538223  423967
         Texas           29145505  695662
         Florida         21538187  170312
         New York        20201249  141297
         Pennsylvania    13002700  119280
```

Anhand eines zweidimensionalen NumPy-Arrays

Wir können durch die Angabe beliebiger Spalten- und Indexnamen aus einem zweidimensionalen Daten-Array einen DataFrame machen. Werden sie weggelassen, wird jeweils ein ganzzahliger Index verwendet:

```
In [27]: pd.DataFrame(np.random.rand(3, 2),
                      columns=['foo', 'bar'],
                      index=['a', 'b', 'c'])
Out[27]:         foo       bar
         a  0.471098  0.317396
         b  0.614766  0.305971
         c  0.533596  0.512377
```

Anhand eines strukturierten NumPy-Arrays

Strukturierte Arrays sind Ihnen aus Kapitel 12 bereits bekannt. Ein Pandas-DataFrame funktioniert ganz ähnlich wie ein strukturiertes Array und kann direkt erstellt werden:

```
In [28]: A = np.zeros(3, dtype=[('A', 'i8'), ('B', 'f8')])
         A
Out[28]: array([(0, 0.), (0, 0.), (0, 0.)], dtype=[('A', '<i8'), ('B', '<f8')])
```

```
In [29]: pd.DataFrame(A)
Out[29]:    A    B
         0  0  0.0
         1  0  0.0
         2  0  0.0
```

Das Pandas-Index-Objekt

Wie Sie wissen, enthalten sowohl Series- als auch DataFrame-Objekte einen expliziten Index, über den Sie auf Daten zugreifen und diese modifizieren können. Das Index-Objekt selbst ist bereits eine interessante Datenstruktur. Man kann es sich als ein *immutables* (unveränderliches) *Array* oder als eine *geordnete Menge* (*Ordered Set*) vorstellen. (Technisch gesehen, handelt es sich um eine Multimenge bzw. ein Multiset, denn Index-Objekte dürfen die gleichen Werte mehrmals enthalten.) Daraus ergeben sich einige interessante Konsequenzen für die mit Index-Objekten ausführbaren Operationen. Als einfaches Beispiel erzeugen wir einen Index anhand einer Liste von Ganzzahlen:

```
In [30]: ind = pd.Index([2, 3, 5, 7, 11])
         ind
Out[30]: Int64Index([2, 3, 5, 7, 11], dtype='int64')
```

Index als immutables Array

Der Index verhält sich in vielerlei Hinsicht wie ein Array. Wir können beispielsweise die in Python übliche Notation zur Indizierung verwenden, um Werte oder Slices zu entnehmen:

```
In [31]: ind[1]
Out[31]: 3

In [32]: ind[::2]
Out[32]: Int64Index([2, 5, 11], dtype='int64')
```

Index-Objekte besitzen auch viele der vertrauten Attribute von NumPy-Arrays:

```
In [33]: print(ind.size, ind.shape, ind.ndim, ind.dtype)
Out[33]: 5 (5,) 1 int64
```

Einer der Unterschiede zwischen Index-Objekten und NumPy-Arrays besteht darin, dass Indizes *immutabel* sind – sie lassen sich auf herkömmliche Weise nicht ändern:

```
In [34]: ind[1] = 0
TypeError: Index does not support mutable operations
```

Diese Unveränderlichkeit macht es sicherer, Indizes mit anderen DataFrames und Arrays zu teilen, weil es nicht zu potenziellen Nebenwirkungen durch unbeabsichtigte Änderungen kommen kann.

Index als geordnetes Set

Pandas-Objekte sind dafür ausgelegt, Operationen wie beispielsweise Joins verschiedener Datenmengen zu erleichtern, die von diversen Aspekten der Mengenarithmetik abhängig sind. Das Index-Objekt unterliegt vielen der Konventionen, die von Pythons integrierter Set-Datenstruktur vorgegeben werden, sodass Vereinigungsmengen, Schnittmengen, Differenzmengen (Komplemente) und andere Kombinationen auf die gewohnte Weise berechnet werden können:

```
In [35]: indA = pd.Index([1, 3, 5, 7, 9])
         indB = pd.Index([2, 3, 5, 7, 11])

In [36]: indA.intersection(indB)
Out[36]: Int64Index([3, 5, 7], dtype='int64')

In [37]: indA.union(indB)
Out[37]: Int64Index([1, 2, 3, 5, 7, 9, 11], dtype='int64')

In [38]: indA.symmetric_difference(indB)
Out[38]: Int64Index([1, 2, 9, 11], dtype='int64')
```

KAPITEL 14
Daten indizieren und auswählen

In Teil II haben wir einen ausgiebigen Blick auf die Methoden und Tools geworfen, mit denen die Werte in NumPy-Arrays abgefragt, zugewiesen und modifiziert werden können. Dazu gehören Indizierung (z.B. arr[2, 1]), Slicing (z.B. arr[:, 1:5]), Maskierung (z.B. arr[arr > 0]), Fancy Indexing (z.B. arr[0, [1, 5]]) sowie Kombinationen aus den verschiedenen Möglichkeiten (z.B. arr[:, [1, 5]]). Wir betrachten nun vergleichbare Methoden zum Abfragen und Ändern der Werte in Pandas' Series- und DataFrame-Objekten. Wenn Sie die NumPy-Methoden verwendet haben, dürften Ihnen die entsprechenden Pandas-Methoden vertraut erscheinen, es sind jedoch einige Eigenheiten zu beachten.

Wir betrachten zunächst den einfachen Fall eines eindimensionalen Series-Objekts und fahren dann mit dem etwas komplizierteren zweidimensionalen DataFrame-Objekt fort.

Series-Daten auswählen

Im vorherigen Kapitel haben Sie erfahren, dass sich ein Series-Objekt in vielerlei Hinsicht wie ein eindimensionales NumPy-Array verhält, in anderer Hinsicht aber auch wie ein normales Python-Dictionary. Diese Überschneidungen der Verhaltensweisen im Auge zu behalten, kann Ihnen helfen, die Methoden zum Indizieren und Auswählen von Daten in diesen Arrays besser zu verstehen.

Series als Dictionary

Das Series-Objekt stellt – genauso wie ein Dictionary – eine Zuordnung von Schlüsseln zu Werten bereit:

```
In [1]: import pandas as pd
        data = pd.Series([0.25, 0.5, 0.75, 1.0],
                         index=['a', 'b', 'c', 'd'])
        data
Out[1]: a    0.25
        b    0.50
        c    0.75
```

```
        d    1.00
        dtype: float64

In [2]: data['b']
Out[2]: 0.5
```

Wir können zudem die bei Dictionaries üblichen Ausdrücke und Methoden verwenden, um Schlüssel bzw. Indizes und Werte zu erkunden:

```
In [3]: 'a' in data
Out[3]: True

In [4]: data.keys()
Out[4]: Index(['a', 'b', 'c', 'd'], dtype='object')

In [5]: list(data.items())
Out[5]: [('a', 0.25), ('b', 0.5), ('c', 0.75), ('d', 1.0)]
```

Zum Modifizieren von `Series`-Objekten kann sogar die von Dictionaries gewohnte Syntax verwendet werden. Ebenso wie Sie ein Dictionary erweitern können, indem Sie einem neuen Schlüssel einen Wert zuweisen, kann eine `Series` durch Zuweisung zu einem neuen Indexwert erweitert werden:

```
In [6]: data['e'] = 1.25
        data
Out[6]: a    0.25
        b    0.50
        c    0.75
        d    1.00
        e    1.25
        dtype: float64
```

Dass sich die Objekte so leicht ändern lassen, dient lediglich der Bequemlichkeit: Hinter den Kulissen trifft Pandas die Entscheidung, wie der Arbeitsspeicher aufgeteilt wird und ob möglicherweise Daten kopiert werden müssen. User brauchen sich über diese Fragen im Allgemeinen keine Gedanken zu machen.

Series als eindimensionales Array

Eine `Series` baut auf dieser Dictionary-ähnlichen Schnittstelle auf und stellt darüber hinaus die üblicherweise für Arrays verwendeten Methoden zur Auswahl von Elementen durch die grundlegenden Mechanismen bereit – also Slicing, Maskierung und Fancy Indexing. Hier einige Beispiele:

```
In [7]: # Slicing mit explizitem Index
        data['a':'c']
Out[7]: a    0.25
        b    0.50
        c    0.75
        dtype: float64

In [8]: # Slicing mit implizitem ganzzahligem Index
        data[0:2]
Out[8]: a    0.25
        b    0.50
        dtype: float64
```

```
In [9]: # Maskierung
        data[(data > 0.3) & (data < 0.8)]
Out[9]: b    0.50
        c    0.75
        dtype: float64

In [10]: # Fancy Indexing
         data[['a', 'e']]
Out[10]: a    0.25
         e    1.25
         dtype: float64
```

Hier dürfte das Slicing am meisten verwirren. Wenn Sie dabei einen expliziten Index angeben (z.B. `data['a':'c']`), wird der letzte Index im Slice mit *einbezogen*. Geben Sie hingegen einen impliziten Index an (z.B. `data[0:2]`), wird der letzte Index *ausgeschlossen*.

Indexer: loc und iloc

Wenn eine `Series` einen expliziten ganzzahligen Index besitzt, verwendet eine Indizierungsoperation wie `data[1]` die expliziten Indizes, eine Slicing-Operation wie `data[1:3]` hingegen nutzt den in Python üblichen impliziten Index.

```
In [11]: data = pd.Series(['a', 'b', 'c'], index=[1, 3, 5])
         data
Out[11]: 1    a
         3    b
         5    c
         dtype: object

In [12]: # expliziter Index bei der Indizierung
         data[1]
Out[12]: 'a'

In [13]: # impliziter Index beim Slicing
         data[1:3]
Out[13]: 3    b
         5    c
         dtype: object
```

Da es bei ganzzahligen Indizes potenziell zu einem ziemlichen Durcheinander kommen kann, stellt Pandas einige spezielle Indexer-Attribute zur Verfügung, die explizit bestimmte Zugriffsmethoden anbieten. Hierbei handelt es sich nicht um funktionsartige Methoden, sondern um Attribute, die spezielle Slicing-Schnittstellen für den Zugriff auf die Daten in der `Series` bereitstellen.

Da wäre zunächst einmal das `loc`-Attribut, das Indizierungen und Slicings ermöglicht, die stets den expliziten Index verwenden:

```
In [14]: data.loc[1]
Out[14]: 'a'

In [15]: data.loc[1:3]
Out[15]: 1    a
         3    b
         dtype: object
```

Das Attribut iloc ermöglicht Indizierungen und Slicings, die stets den in Python üblichen impliziten Index verwenden:

```
In [16]: data.iloc[1]
Out[16]: 'b'

In [17]: data.iloc[1:3]
Out[17]: 3    b
         5    c
         dtype: object
```

Für Python gilt das grundlegende Prinzip: »Explizit ist besser als implizit.« Aufgrund ihres expliziten Charakters sind loc und iloc sehr hilfreich, um sauberen und verständlichen Code zu schreiben. Insbesondere im Fall ganzzahliger Indizes empfiehlt sich die Verwendung dieser beiden Indexer, damit der Code leicht lesbar und gut verständlich bleibt und um subtile Bugs zu verhindern, die durch eine Vermischung der bei Indizierung und Slicing gebräuchlichen Konventionen entstehen.

DataFrame-Daten auswählen

Wie Sie wissen, verhält sich ein DataFrame in vielerlei Hinsicht wie ein zweidimensionales oder ein strukturiertes Array, in anderer Hinsicht jedoch wie ein Dictionary von Series-Objekten mit jeweils gleichem Index. Diese Analogien sollten wir beim Erkunden der Datenauswahl innerhalb dieser Strukturen im Auge behalten.

DataFrame als Dictionary

Wir betrachten zunächst die Analogie eines DataFrame als Dictionary von zusammengehörigen Series-Objekten. Wir kehren zurück zu dem Beispiel mit den Flächen und Einwohnern von US-Bundesstaaten:

```
In [18]: area = pd.Series({'California': 423967, 'Texas': 695662,
                           'Florida': 170312, 'New York': 141297,
                           'Pennsylvania': 119280})
         pop = pd.Series({'California': 39538223, 'Texas': 29145505,
                          'Florida': 21538187, 'New York': 20201249,
                          'Pennsylvania': 13002700})
         data = pd.DataFrame({'area':area, 'pop':pop})
         data
Out[18]:                 area       pop
         California    423967  39538223
         Texas         695662  29145505
         Florida       170312  21538187
         New York      141297  20201249
         Pennsylvania  119280  13002700
```

Auf die einzelnen Series, die die Spalten des DataFrame bilden, kann wie bei einem Dictionary durch Angabe des Spaltennamens zugegriffen werden:

```
In [19]: data['area']
Out[19]: California      423967
         Texas           695662
```

```
Florida         170312
New York        141297
Pennsylvania    119280
Name: area, dtype: int64
```

Stattdessen können wir mit Spaltennamen, die Strings sind, für den Zugriff auch Attribute verwenden:

```
In [20]: data.area
Out[20]: California      423967
         Texas           695662
         Florida         170312
         New York        141297
         Pennsylvania    119280
         Name: area, dtype: int64
```

Hierbei handelt es sich zwar um eine praktische Abkürzung, denken Sie aber daran, dass sie nicht in allen Fällen funktioniert! Wenn beispielsweise die Spaltennamen keine Strings sind oder es Namenskonflikte zwischen Spaltennamen und Methodennamen des `DataFrame` gibt, ist der Zugriff über Attribute nicht möglich. So besitzt der `DataFrame` z.B. eine pop-Methode, deshalb verweist `data.pop` auf diese Methode und nicht auf die Spalte pop:

```
In [21]: data.pop is data["pop"]
Out[21]: False
```

Sie sollten insbesondere der Versuchung widerstehen, Attribute zu verwenden, um Zuweisungen zu Spalten vorzunehmen (verwenden Sie also `data['pop'] = z` anstelle von `data.pop = z`).

Diese Dictionary-Syntax kann – wie beim `Series`-Objekt – auch zum Modifizieren des Objekts verwendet werden, in diesem Fall zum Hinzufügen einer neuen Spalte:

```
In [22]: data['density'] = data['pop'] / data['area']
         data
Out[22]:                 area       pop     density
         California    423967  39538223   93.257784
         Texas         695662  29145505   41.896072
         Florida       170312  21538187  126.463121
         New York      141297  20201249  142.970120
         Pennsylvania  119280  13002700  109.009893
```

Das war schon eine kleine Vorschau auf die schnörkellose Syntax der elementweisen Arithmetik für `Series`-Objekte. Mehr dazu finden Sie in Kapitel 15.

DataFrame als zweidimensionales Array

Wie bereits erwähnt, können wir einen `DataFrame` auch als aufgepepptes zweidimensionales Array betrachten. Auf das zugrunde liegende Daten-Array können Sie über das values-Attribut zugreifen:

```
In [23]: data.values
Out[23]: array([[4.23967000e+05, 3.95382230e+07, 9.32577842e+01],
                [6.95662000e+05, 2.91455050e+07, 4.18960717e+01],
                [1.70312000e+05, 2.15381870e+07, 1.26463121e+02],
```

```
       [1.41297000e+05, 2.02012490e+07, 1.42970120e+02],
       [1.19280000e+05, 1.30027000e+07, 1.09009893e+02]])
```

Dementsprechend können wir viele der vertrauten Array-Methoden auch auf den `DataFrame` selbst anwenden. Beispielsweise können wir den gesamten `DataFrame` transponieren, um Zeilen und Spalten zu vertauschen:

```
In [24]: data.T
Out[24]:         California         Texas       Florida      New York  Pennsylvania
      area     4.239670e+05  6.956620e+05  1.703120e+05  1.412970e+05  1.192800e+05
      pop      3.953822e+07  2.914550e+07  2.153819e+07  2.020125e+07  1.300270e+07
      density  9.325778e+01  4.189607e+01  1.264631e+02  1.429701e+02  1.090099e+02
```

Geht es um die Indizierung von `DataFrame`-Objekten, schließt die Indizierung von Spalten wie bei Dictionaries es natürlich aus, einen `DataFrame` wie ein NumPy-Array zu handhaben. Bei Übergabe eines einzelnen Index an ein Array wird auf eine Zeile zugegriffen:

```
In [25]: data.values[0]
Out[25]: array([4.23967000e+05, 3.95382230e+07, 9.32577842e+01])
```

Und die Übergabe eines einzelnen »Index« an einen `DataFrame` liefert eine Spalte zurück:

```
In [26]: data['area']
Out[26]: California      423967
         Texas           695662
         Florida         170312
         New York        141297
         Pennsylvania    119280
         Name: area, dtype: int64
```

Um eine Indizierung wie bei Arrays verwenden zu können, benötigen wir eine andere Konvention. Pandas nutzt hier wieder die bereits erwähnten Indexer `loc` und `iloc`. Mit dem `iloc`-Indexer können wir auf das zugrunde liegende Array zugreifen, als wäre es ein einfaches NumPy-Array (unter Verwendung des in Python üblichen impliziten Index), aber der `DataFrame`-Index und die Spaltennamen bleiben im Ergebnis erhalten:

```
In [27]: data.iloc[:3, :2]
Out[27]:               area       pop
         California  423967  39538223
         Texas       695662  29145505
         Florida     170312  21538187
```

Auf ähnliche Weise können wir den `loc`-Indexer verwenden, um die zugrunde liegenden Daten wie ein Array zu indizieren, wobei allerdings explizite Index- und Spaltenbezeichnungen zum Einsatz kommen:

```
In [28]: data.loc[:'Florida', :'pop']
Out[28]:               area       pop
         California  423967  39538223
         Texas       695662  29145505
         Florida     170312  21538187
```

Diese Indexer können zusammen mit allen üblichen NumPy-Methoden für den Zugriff auf Daten verwendet werden. Mit dem loc-Indexer können wir beispielsweise Maskierung und Fancy Indexing wie folgt kombinieren:

```
In [29]: data.loc[data.density > 120, ['pop', 'density']]
Out[29]:                pop     density
         Florida   21538187  126.463121
         New York  20201249  142.970120
```

Diese Konventionen für die Indizierung können auch dazu genutzt werden, Werte zuzuweisen oder zu ändern. Das funktioniert genau so, wie Sie es vom Umgang mit NumPy gewohnt sind:

```
In [30]: data.iloc[0, 2] = 90
         data
Out[30]:                 area       pop     density
         California    423967  39538223   90.000000
         Texas         695662  29145505   41.896072
         Florida       170312  21538187  126.463121
         New York      141297  20201249  142.970120
         Pennsylvania  119280  13002700  109.009893
```

Um sich einen sachkundigen Umgang mit der Datenbearbeitung in Pandas anzugewöhnen, empfiehlt es sich, eine Weile mit einem einfachen DataFrame und den verschiedenen Ansätzen wie Indizierung, Slicing, Maskierung und Fancy Indexing herumzuexperimentieren.

Weitere Konventionen bei der Indizierung

Es gibt Konventionen bei der Indizierung, die auf den ersten Blick zwar nicht ganz im Einklang mit den vorangehenden Erläuterungen zu stehen scheinen, sich in der Praxis aber dennoch als sehr nützlich erweisen können. Zunächst einmal bezieht sich die Indizierung auf Spalten, das Slicing hingegen auf Zeilen:

```
In [31]: data['Florida':'New York']
Out[31]:             area       pop     density
         Florida   170312  21538187  126.463121
         New York  141297  20201249  142.970120
```

Solche Slices können nicht nur den Index, sondern auch Zahlen verwenden, um auf Zeilen zu verweisen:

```
In [32]: data[1:3]
Out[32]:            area       pop     density
         Texas    695662  29145505   41.896072
         Florida  170312  21538187  126.463121
```

Auf ähnliche Weise werden direkte Maskierungen zeilenweise interpretiert, nicht spaltenweise:

```
In [33]: data[data.density > 120]
Out[33]:             area       pop     density
         Florida   170312  21538187  126.463121
         New York  141297  20201249  142.970120
```

Diese beiden Konventionen entsprechen syntaktisch denen eines NumPy-Arrays, nicht jedoch exakt den Pandas-Konventionen. Sie werden hier aufgrund ihres praktischen Nutzens mit behandelt.

KAPITEL 15

Mit Pandas-Daten arbeiten

Eine der Stärken von NumPy liegt darin, schnell elementweise Operationen durchführen zu können, und zwar sowohl grundlegende Arithmetik (Addition, Subtraktion, Multiplikation usw.) als auch kompliziertere Operationen (trigonometrische Funktionen, Exponentialfunktionen, Logarithmen usw.). Einen Großteil dieser Funktionalität erbt Pandas von NumPy. Hier sind die in Kapitel 6 vorgestellten UFuncs entscheidend.

Pandas bietet an dieser Stelle einige pfiffige Merkmale: Bei unären Operationen wie Negation und trigonometrischen Funktionen bleiben *Index und Spaltenbezeichnungen in der Ausgabe von UFuncs erhalten*. Bei binären Operationen wie Addition und Multiplikation sorgt Pandas bei der Übergabe von Objekten an UFuncs dafür, dass die *Indizes automatisch angepasst* werden. Das bedeutet, dass die Beibehaltung des Kontexts von Daten und das Kombinieren von Daten aus unterschiedlichen Quellen – beides potenziell fehleranfällige Aufgaben bei der Verwendung von NumPy-Arrays – durch Pandas nahezu narrensicher werden. Darüber hinaus werden wir feststellen, dass es wohldefinierte Operationen gibt, die auf eindimensionale `Series`- und zweidimensionale `DataFrame`-Strukturen anwendbar sind.

UFuncs: Indexerhaltung

Weil Pandas auf NumPy aufbaut, sind alle NumPy-UFuncs auf Pandas' `Series`- und `DataFrame`-Objekte anwendbar. Zur Veranschaulichung definieren wir zunächst einmal eine einfache `Series` und einen `DataFrame`:

```
In [1]: import pandas as pd
        import numpy as np

In [2]: rng = np.random.default_rng(42)
        ser = pd.Series(rng.integers(0, 10, 4))
        ser
Out[2]: 0    0
        1    7
        2    6
        3    4
        dtype: int64
```

```
In [3]: df = pd.DataFrame(rng.integers(0, 10, (3, 4)),
                          columns=['A', 'B', 'C', 'D'])
        df
Out[3]:    A  B  C  D
        0  4  8  0  6
        1  2  0  5  9
        2  7  7  7  7
```

Wenn wir nun eine NumPy-UFunc auf eines dieser beiden Objekte anwenden, ist das Ergebnis ein weiteres Pandas-Objekt, in dem die *Indizes erhalten* bleiben:

```
In [4]: np.exp(ser)
Out[4]: 0       1.000000
        1    1096.633158
        2     403.428793
        3      54.598150
        dtype: float64
```

Das gilt ebenso für komplizierte Berechnungen:

```
In [5]: np.sin(df * np.pi / 4)
Out[5]:               A             B         C         D
        0  1.224647e-16 -2.449294e-16  0.000000 -1.000000
        1  1.000000e+00  0.000000e+00 -0.707107  0.707107
        2 -7.071068e-01 -7.071068e-01 -0.707107 -0.707107
```

Sämtliche in Kapitel 6 erörterten UFuncs sind auf ähnliche Weise anwendbar.

UFuncs: Indexanpassung

Bei binären Operationen mit zwei Series- oder DataFrame-Objekten passt Pandas während der Ausführung der Operation die Indizes an. Wenn Sie mit unvollständigen Daten arbeiten, ist das äußerst komfortabel, wie einige der nachfolgenden Beispiele verdeutlichen.

Indexanpassung bei Series

Nehmen wir beispielsweise an, dass wir Daten aus zwei unterschiedlichen Quellen kombinieren wollen. Dabei nutzen wir die drei US-Bundesstaaten mit der größten Fläche (area) bzw. den meisten Einwohnern (population):

```
In [6]: area = pd.Series({'Alaska': 1723337, 'Texas': 695662,
                          'California': 423967}, name='area')
        population = pd.Series({'California': 39538223, 'Texas': 29145505,
                                'Florida': 21538187}, name='population')
```

Nun führen wir eine Division aus, um die Bevölkerungsdichte zu berechnen:

```
In [7]: population / area
Out[7]: Alaska              NaN
        California    93.257784
        Florida             NaN
        Texas         41.896072
        dtype: float64
```

Das resultierende Array enthält die *Vereinigungsmenge* der Indizes der beiden Eingabe-Arrays, die wir direkt anhand dieser Indizes ermitteln können:

```
In [8]: area.index.union(population.index)
Out[8]: Index(['Alaska', 'California', 'Florida', 'Texas'], dtype='object')
```

Fehlt einem Element einer der Einträge, wird er durch NaN (*Not a Number*, keine Zahl) gekennzeichnet. Auf diese Weise markiert Pandas fehlende Daten (siehe dazu Kapitel 16). Sämtliche in Python integrierten arithmetischen Ausdrücke implementieren diese Indexanpassung. Allen fehlenden Werten wird standardmäßig `NaN` zugewiesen:

```
In [9]: A = pd.Series([2, 4, 6], index=[0, 1, 2])
        B = pd.Series([1, 3, 5], index=[1, 2, 3])
        A + B
Out[9]: 0    NaN
        1    5.0
        2    9.0
        3    NaN
        dtype: float64
```

Ist der Einsatz von `NaN` nicht gewollt, kann der Ersatzwert geändert werden, indem statt des Operators die entsprechenden Objektmethoden verwendet werden. Der Aufruf von `A.add(B)` entspricht beispielsweise `A + B`, erlaubt aber optional die Angabe des Ersatzwerts für in `A` oder `B` fehlende Elemente:

```
In [10]: A.add(B, fill_value=0)
Out[10]: 0    2.0
         1    5.0
         2    9.0
         3    5.0
         dtype: float64
```

Indexanpassung bei DataFrames

Wenn Sie Operationen auf `DataFrame`-Objekten anwenden, findet eine Indexanpassung *sowohl* für Spalten *als auch* für Indizes statt:

```
In [11]: A = pd.DataFrame(rng.integers(0, 20, (2, 2)),
                          columns=['a', 'b'])
         A
Out[11]:     a  b
         0  10  2
         1  16  9

In [12]: B = pd.DataFrame(rng.integers(0, 10, (3, 3)),
                          columns=['b', 'a', 'c'])
         B
Out[12]:    b  a  c
         0  5  3  1
         1  9  7  6
         2  4  8  5

In [13]: A + B
Out[12]:       a    b   c
         0  13.0  7.0 NaN
```

```
   1  23.0  18.0 NaN
   2   NaN   NaN NaN
```

Beachten Sie, dass die Indizes unabhängig von ihrer Reihenfolge in den Objekten korrekt angepasst werden und dass sie im Ergebnis sortiert sind. Ebenso wie bei `Series` können wir die entsprechenden arithmetischen Methoden des Objekts aufrufen und den erwünschten Wert für `fill_value` übergeben. Hier weisen wir den Mittelwert der in `A` gespeicherten Werte zu (der vorher berechnet wird):

```
In [14]: A.add(B, fill_value=A.values.mean())
Out[14]:        a      b      c
         0  13.00   7.00  10.25
         1  23.00  18.00  15.25
         2  17.25  13.25  14.25
```

Tabelle 15-1 fasst die Python-Operatoren und die entsprechenden Objektmethoden in Pandas zusammen.

Tabelle 15-1: Python-Operatoren und entsprechende Pandas-Methoden

Python-Operator	Pandas-Methode(n)
+	add
-	sub, subtract
*	mul, multiply
/	truediv, div, divide
//	floordiv
%	mod
**	pow

UFuncs: Operationen mit DataFrame und Series

Wenn Sie Operationen mit einem `DataFrame` und einer `Series` ausführen, erfolgt die Anpassung von Index und Spalten auf ähnliche Weise wie Operationen mit einem zweidimensionalen und einem eindimensionalen NumPy-Array. Betrachten Sie die gängige Operation, bei der die Differenz zwischen einem zweidimensionalen Array und einer seiner Zeilen ermittelt wird:

```
In [15]: A = rng.integers(10, size=(3, 4))
         A
Out[15]: array([[4, 4, 2, 0],
                [5, 8, 0, 8],
                [8, 2, 6, 1]])

In [16]: A - A[0]
Out[16]: array([[ 0,  0,  0,  0],
                [ 1,  4, -2,  8],
                [ 4, -2,  4,  1]])
```

Gemäß den für NumPy geltenden Broadcasting-Regeln (siehe Kapitel 8) wird die Subtraktion einer Array-Zeile von einem zweidimensionalen Array zeilenweise durchgeführt.

Die Konvention in Pandas arbeitet standardmäßig ebenfalls zeilenweise:

```
In [17]: df = pd.DataFrame(A, columns=['Q', 'R', 'S', 'T'])
         df - df.iloc[0]
Out[17]:    Q  R  S  T
         0  0  0  0  0
         1  1  4 -2  8
         2  4 -2  4  1
```

Wenn Sie stattdessen lieber spaltenweise vorgehen möchten, können Sie die vorhin erwähnten Objektmethoden verwenden und das Schlüsselwort axis übergeben:

```
In [18]: df.subtract(df['R'], axis=0)
Out[18]:    Q  R  S  T
         0  0  0 -2 -4
         1 -3  0 -8  0
         2  6  0  4 -1
```

Beachten Sie, dass diese DataFrame/Series-Operationen – ebenso wie die zuvor erwähnten Operationen – die Indizes der Elemente automatisch anpassen:

```
In [19]: halfrow = df.iloc[0, ::2]
         halfrow
Out[19]: Q    4
         S    2
         Name: 0, dtype: int64

In [20]: df - halfrow
Out[20]:      Q   R    S   T
         0  0.0 NaN  0.0 NaN
         1  1.0 NaN -2.0 NaN
         2  4.0 NaN  4.0 NaN
```

Dieses Beibehalten und Anpassen der Indizes und Spalten bedeutet, dass Pandas stets den Kontext der Daten bewahrt und so die Art von Fehlern verhindert, die leicht auftreten können, wenn Sie mit in NumPy-Arrays gespeicherten ungleichartigen und/oder unangepassten Daten arbeiten.

KAPITEL 16

Handhabung fehlender Daten

Der Unterschied zwischen den Daten, die in vielen Tutorials zu finden sind, und den Daten der realen Welt besteht darin, dass Letztere in den seltensten Fällen geordnet und homogen sind. Gerade in interessanten Datenmengen fehlen oft einige Werte. Und um die Sache weiter zu verkomplizieren, sind die fehlenden Daten bei aus verschiedenen Quellen stammenden Daten womöglich auf unterschiedliche Weise gekennzeichnet.

In diesem Kapitel werden wir einige allgemeine Überlegungen zu fehlenden Daten anstellen, die Art und Weise erörtern, wie sie in Pandas repräsentiert werden, und uns verschiedene integrierte Tools zur Handhabung fehlender Daten in Python ansehen. Wie im gesamten Buch bezeichnen wir auch hier fehlende Daten im Allgemeinen als *null*, `NaN` oder `NA`-Werte.

Kompromisse beim Umgang mit fehlenden Daten

Es ist eine ganze Reihe verschiedener Ansätze entwickelt worden, um das Vorhandensein fehlender Daten in einer Tabelle oder einem `DataFrame` abzubilden. Im Allgemeinen kommen zwei Strategien zum Einsatz: eine Maskierung, die global auf fehlende Werte hinweist, sowie die Auswahl eines *Platzhalterwerts*, der einen fehlenden Eintrag signalisiert.

Beim ersten Ansatz könnte man für die Maskierung ein eigenes boolesches Array verwenden. Eine andere Möglichkeit wäre ein spezielles Bit in den gespeicherten Daten, das lokal auf den null-Status eines Werts hinweist.

Beim zweiten Ansatz könnte für den Platzhalterwert eine datenspezifische Konvention festgelegt werden, z. B. dass eine fehlende Ganzzahl durch den Wert –9999 oder ein ungebräuchliches Bitmuster signalisiert wird. Es könnte sich auch um eine allgemeinere Konvention handeln, etwa dass eine fehlende Fließkommazahl durch `NaN` (*Not a Number*, keine Zahl) angezeigt wird, einen speziellen Wert, der Teil der IEEE-Spezifikation für Fließkommazahlen ist.

Bei beiden Ansätzen müssen Kompromisse eingegangen werden: Die Verwendung eines separaten Maskierungsarrays erfordert das Reservieren eines booleschen Arrays, was zu einem erhöhten Aufwand an Speicher und Berechnungen führt. Ein Platzhalterwert hingegen schränkt den Bereich für gültige Werte ein und erfordert zusätzliche (meist nicht optimierte) Logik in der CPU- und GPU-Arithmetik. Und gebräuchliche spezielle Platzhalter wie `NaN` sind nicht für alle Datentypen verfügbar.

Wie in den meisten Fällen, in denen keine optimale Lösung vorhanden ist, verwenden die verschiedenen Programmiersprachen und Systeme unterschiedliche Konventionen. Die Programmiersprache R nutzt beispielsweise für alle Datentypen reservierte Bitmuster als spezielle Werte, die fehlende Daten signalisieren. Das System SciDB hingegen fügt jeder Zelle ein zusätzliches Byte hinzu, um einen `NA`-Zustand zu kennzeichnen.

Fehlende Daten in Pandas

Die Handhabung fehlender Werte ist dadurch eingeschränkt, dass Pandas auf dem NumPy-Paket aufbaut, das keine `NA`-Werte für andere Datentypen als Fließkommazahlen kennt.

Pandas hätte sich an R orientieren und für alle Datentypen Bitmuster festlegen können, die `NA`-Werte signalisieren, allerdings stellt sich heraus, dass dieser Ansatz ziemlich unhandlich ist. In R gibt es vier grundlegende Datentypen, NumPy unterstützt jedoch *erheblich* mehr: R kennt nur einen einzigen Ganzzahlentyp, NumPy hingegen unterstützt 14 einfache Ganzzahlentypen, wenn man berücksichtigt, dass die Werte von unterschiedlicher Genauigkeit sein können, ein Vorzeichen besitzen (oder auch nicht) und womöglich verschiedene Byte-Reihenfolgen (Endianness) aufweisen. Das Reservieren von speziellen Bitmustern für alle verfügbaren NumPy-Datentypen würde einen erheblichen Aufwand bedeuten (jede Menge Fallunterscheidungen bei Operationen mit verschiedenen Datentypen), und wahrscheinlich wäre sogar ein neuer Fork des NumPy-Pakets erforderlich. Ein Bit für die Verwendung als Maskierung zu opfern, würde außerdem bei kleineren Datentypen (wie z.B. 8-Bit-Ganzzahlen) eine beträchtliche Einschränkung des möglichen Wertebereichs nach sich ziehen.

Aufgrund dieser Beschränkungen und Kompromisse besitzt Pandas zwei »Modi« für die Speicherung von und die Änderungen an Nullwerten:

- Im Standardmodus wird ein platzhalterbasiertes Datenschema verwendet, bei dem je nach Datentyp die Platzhalterwerte `NaN` oder `None` zum Einsatz kommen.
- Alternativ können Sie entscheiden, die von Pandas bereitgestellten nullfähigen Datentypen (`dtypes`) zu nutzen, die wir später in diesem Kapitel besprechen werden. Hierbei wird ein zusätzliches Maskierungsarray angelegt, um die fehlenden Einträge nachverfolgen zu können. Die Einträge selbst werden dann jeweils durch den speziellen Wert `pd.NA` dargestellt.

In beiden Fällen werden die von der Pandas-API bereitgestellten Methoden zur Arbeit mit und Änderung an Daten auf vorhersagbare Weise gehandhabt und weitergegeben. Um ein intuitives Verständnis dafür zu entwickeln, warum diese Entscheidungen getroffen wurden, wollen wir uns kurz die Kompromisse ansehen, die `None`,

NaN und NA jeweils zu eigen sind. Wie üblich beginnen wir mit dem Import von NumPy und Pandas:

```
In [1]: import numpy as np
        import pandas as pd
```

None als Platzhalterwert

Für einige Datentypen benutzt Pandas None als Platzhalterwert. None ist ein Python-Objekt, was bedeutet, dass für jedes Array, das einen None-Wert enthält, dtype=object gesetzt sein muss, es also eine Sequenz von Python-Objekten sein muss.

Hier sehen Sie beispielsweise, was passiert, wenn Sie None an ein NumPy-Array übergeben:

```
In [2]: vals1 = np.array([1, None, 2, 3])
        vals1
Out[2]: array([1, None, 2, 3], dtype=object)
```

Hier bedeutet dtype=object Folgendes: NumPy hat festgestellt, dass alle Elemente des Arrays den Datentyp object gemeinsam haben, und leitet daraus ab, dass sie am besten als Python-Objekte repräsentiert werden. Der Nachteil der Verwendung von None auf diese Weise liegt darin, dass alle Operationen mit diesen Daten auf Python-Ebene ausgeführt werden und daher aufwendiger sind als die typischerweise schnellen Operationen der Arrays von systemeigenen Datentypen:

```
In [3]: %timeit np.arange(1E6, dtype=int).sum()
Out[3]: 2.73 ms ± 288 µs per loop (mean ± std. dev. of 7 runs, 100 loops each)

In [4]: %timeit np.arange(1E6, dtype=object).sum()
Out[4]: 92.1 ms ± 3.42 ms per loop (mean ± std. dev. of 7 runs, 10 loops each)
```

Die fehlende Unterstützung für arithmetischen Operationen mit None bedeutet außerdem, dass Aggregationen wie sum oder min zu einem Fehler führen:

```
In [5]: vals1.sum()
TypeError: unsupported operand type(s) for +: 'int' and 'NoneType'
```

Aus diesem Grund verwendet Pandas None nicht als Platzhalterwert in seinen numerischen Arrays.

NaN: fehlende numerische Daten

Der andere Platzhalter für fehlende Daten, NaN (ein Akronym für *Not a Number*), ist ein spezieller Fließkommawert, den alle Systeme erkennen, die Fließkommazahlen gemäß IEEE-Spezifikation verwenden:

```
In [6]: vals2 = np.array([1, np.nan, 3, 4])
        vals2
Out[6]: array([ 1., nan,  3.,  4.])
```

Beachten Sie, dass NumPy für dieses Array einen systemeigenen Fließkommatyp wählt: Im Gegensatz zu dem vorhin verwendeten Objekt-Array unterstützt dieses

Array schnelle Operationen, die durch kompilierten Code ausgeführt werden. Sie sollten nicht vergessen, dass sich NaN ein wenig wie ein Virus verhält – es infiziert alle anderen Objekte, mit denen es in Berührung kommt.

Das Ergebnis einer Berechnung mit NaN ist ebenfalls NaN, die Art der Operation spielt dabei keine Rolle:

```
In [7]: 1 + np.nan
Out[7]: nan

In [8]: 0 * np.nan
Out[8]: nan
```

Das bedeutet, dass Aggregationen dieser Werte zwar wohldefiniert sind (d.h., sie verursachen keine Fehlermeldung), sie sind jedoch nicht immer sinnvoll:

```
In [9]: vals2.sum(), vals2.min(), vals2.max()
Out[9]: (nan, nan, nan)
```

Allerdings bietet NumPy einige spezielle NaN-fähige Aggregationen, die fehlende Werte ignorieren:

```
In [10]: np.nansum(vals2), np.nanmin(vals2), np.nanmax(vals2)
Out[10]: (8.0, 1.0, 4.0)
```

Der Hauptnachteil liegt darin, dass NaN ausdrücklich ein Fließkommawert ist; es gibt kein NaN-Pendant für Ganzzahlen, Strings oder andere Datentypen.

NaN und None in Pandas

NaN und None sind in Pandas verfügbar und werden nahezu identisch behandelt. Wenn es angebracht ist, findet eine Umwandlung statt:

```
In [11]: pd.Series([1, np.nan, 2, None])
Out[11]: 0    1.0
         1    NaN
         2    2.0
         3    NaN
         dtype: float64
```

Bei Datentypen, die keinen Platzhalter für fehlende Daten besitzen, nimmt Pandas automatisch eine Typumwandlung vor, wenn NA-Werte vorhanden sind. Setzen wir beispielsweise einen Wert in einem Integer-Array auf np.nan, wird es automatisch in ein Fließkommazahlen-Array umgewandelt, damit es den NA-Wert beherbergen kann:

```
In [12]: x = pd.Series(range(2), dtype=int)
         x
Out[12]: 0    0
         1    1
         dtype: int64


In [13]: x[0] = None
         x
Out[13]: 0    NaN
```

```
1    1.0
dtype: float64
```

Beachten Sie, dass Pandas nicht nur das Integer-Array in ein Fließkommazahlen-Array konvertiert, sondern außerdem `None` in einen `NaN`-Wert umwandelt.

Verglichen mit dem einheitlicheren Ansatz für `NA`-Werte in spezialisierten Sprachen wie R, wirkt diese Art von »Zauberei« ein wenig wie ein Hack, in der Praxis funktioniert der Ansatz, in Pandas Platzhalter bzw. Konvertierungen zu verwenden, jedoch ziemlich gut und verursacht meiner Erfahrung nach nur selten Probleme.

Tabelle 16-1 fasst die in Pandas üblichen Konventionen bei Verwendung von `NA`-Werten zusammen.

Tabelle 16-1: Die Handhabung von NA-Werten verschiedener Datentypen in Pandas

Datentyp	Konvertierung beim Speichern von NA-Werten	Platzhalterwert
`floating`	keine Änderung	`np.nan`
`object`	keine Änderung	`None` oder `np.nan`
`integer`	Umwandlung in `float64`	`np.nan`
`boolean`	Umwandlung in `object`	`None` oder `np.nan`

Denken Sie auch daran, dass String-Daten in Pandas immer als `object`-Datentyp gespeichert werden.

Pandas nullfähige Datentypen

In frühen Versionen von Pandas standen nur `NaN` und `None` als Platzhalter für fehlende Werte zur Verfügung. Das dadurch verursachte Hauptproblem bestand darin, dass es beispielsweise bei impliziter Typumwandlung keine Möglichkeit gab, ein echtes Integer-Array mit fehlenden Daten darzustellen.

Um dieses Problem zu beheben, wurde Pandas später um *nullfähige Datentypen* erweitert, die sich von regulären Datentypen durch die Großschreibung ihrer Namen unterscheidet (beispielsweise `pd.Int32` versus `np.int32`). Aus Gründen der Rückwärtskompatibilität werden diese nullfähigen Datentypen nur auf ausdrückliche Anforderung verwendet.

Hier haben wir zum Beispiel eine `Series` von Integer-Werten mit fehlenden Daten, die aus einer Liste erzeugt wurde, die alle drei verfügbaren Anzeichen fehlender Daten enthält:

```
In [14]: pd.Series([1, np.nan, 2, None, pd.NA], dtype='Int32')
Out[14]: 0       1
         1    <NA>
         2       2
         3    <NA>
         4    <NA>
         dtype: Int32
```

Diese Darstellung kann für alle im weiteren Verlauf dieses Kapitels gezeigten Operationen austauschbar verwendet werden.

Mit Nullwerten arbeiten

Wie gesehen, behandelt Pandas `None` und `NaN` und `NA` als praktisch austauschbare Werte, die einen fehlenden Wert oder einen Nullwert signalisieren. Zur Umsetzung dieser Konvention gibt es eine Reihe nützlicher Methoden für das Aufspüren, Entfernen und Ersetzen von Nullwerten in Pandas-Datenstrukturen – als da sind:

`isnull`
: Erzeugt eine boolesche Maskierung, die fehlende Werte kennzeichnet.

`notnull`
: Das Gegenteil von `isnull`.

`dropna`
: Gibt eine gefilterte Version der Daten zurück.

`fillna`
: Liefert eine Kopie der Daten, in der fehlende Werte aufgefüllt oder durch vermutete Werte ersetzt sind.

Zum Abschluss dieses Kapitels folgt eine kurze Erläuterung dieser Routinen anhand von Beispielen.

Nullwerte aufspüren

Pandas-Datenstrukturen stellen zwei praktische Methoden zum Aufspüren von Nullwerten bereit: `isnull` und `notnull`. Beide Funktionen geben eine boolesche Maskierung der Daten zurück, zum Beispiel:

```
In [15]: data = pd.Series([1, np.nan, 'hello', None])

In [16]: data.isnull()
Out[16]: 0    False
         1     True
         2    False
         3     True
         dtype: bool
```

Wie in Kapitel 14 erwähnt, können boolesche Maskierungen direkt als `Series`- oder `DataFrame`-Index verwendet werden:

```
In [17]: data[data.notnull()]
Out[17]: 0        1
         2    hello
         dtype: object
```

Die Methoden `isnull` und `notnull` liefern bei `DataFrame`-Objekten vergleichbare Ergebnisse.

Entfernen von Nullwerten

Neben den zuvor verwendeten Maskierungsmethoden gibt es die praktischen Methoden `dropna` (die `NA`-Werte entfernt) und `fillna` (die `NA`-Werten gültige Werte zuweist). Bei einer `Series` sieht das folgendermaßen aus:

```
In [18]: data.dropna()
Out[18]: 0        1
         2    hello
         dtype: object
```

Für einen DataFrame sind weitere Optionen verfügbar, wie folgendes Beispiel zeigt:

```
In [19]: df = pd.DataFrame([[1,      np.nan, 2],
                            [2,      3,      5],
                            [np.nan, 4,      6]])
         df
Out[19]:      0    1  2
         0  1.0  NaN  2
         1  2.0  3.0  5
         2  NaN  4.0  6
```

Es ist nicht möglich, aus einem DataFrame einzelne Werte zu entfernen – nur ganze Zeilen oder Spalten können gelöscht werden. Je nach Anwendungsfall wird das eine oder das andere benötigt, daher bietet dropna für einen DataFrame verschiedene Optionen.

Standardmäßig entfernt dropna sämtliche Zeilen, die *irgendeinen* Nullwert enthalten:

```
In [20]: df.dropna()
Out[20]:      0    1  2
         1  2.0  3.0  5
```

Zudem können Sie NA-Werte durch Angabe einer Koordinatenachse entfernen. Die Verwendung von axis=1 oder axis='columns' sorgt dafür, dass alle Spalten entfernt werden, die einen Nullwert enthalten:

```
In [21]: df.dropna(axis='columns')
Out[21]:    2
         0  2
         1  5
         2  6
```

Allerdings werden dabei auch gültige Daten entfernt, deshalb könnte man eher daran interessiert sein, diejenigen Zeilen oder Spalten zu entfernen, die *nur* oder *größtenteils* aus NA-Werten bestehen: Das lässt sich durch die Parameter how oder thresh erreichen, die es ermöglichen, die Anzahl erlaubter Nullwerte genau festzulegen.

Voreingestellt ist how='any', sodass sämtliche Zeilen oder Spalten entfernt werden, die einen Nullwert enthalten. Darüber hinaus können Sie durch die Angabe how='all' dafür sorgen, dass nur Zeilen bzw. Spalten entfernt werden, die *ausschließlich* Nullwerte enthalten:

```
In [22]: df[3] = np.nan
         df
Out[22]:      0    1  2   3
         0  1.0  NaN  2 NaN
         1  2.0  3.0  5 NaN
         2  NaN  4.0  6 NaN

In [23]: df.dropna(axis='columns', how='all')
Out[23]:      0    1  2
         0  1.0  NaN  2
```

```
        1  2.0  3.0  5
        2  NaN  4.0  6
```

Mit dem Parameter `thresh` geben Sie einen Minimalwert für die Anzahl der von Nullwerten verschiedenen Elemente an:

```
In [24]: df.dropna(axis='rows', thresh=3)
Out[24]:       0    1  2   3
          1  2.0  3.0  5 NaN
```

Hier wurden die erste und die letzte Zeile entfernt, weil sie jeweils nur zwei Nicht-Null-Werte enthalten.

Nullwerte auffüllen

Manchmal wollen Sie `NA`-Werte nicht entfernen, sondern durch einen gültigen Wert ersetzen. Bei diesem Wert kann es sich um eine einfache Zahl wie 0 handeln oder um einen vermuteten Wert, etwa eine anhand der gültigen Werte ermittelte Interpolation. Zu diesem Zweck könnte man die `isnull`-Methode und eine Maskierung verwenden, aber weil diese Operation so häufig vorkommt, stellt Pandas die `fillna`-Methode bereit, die eine Kopie des Arrays zurückliefert, in dem die Nullwerte durch den übergebenen Wert ersetzt sind.

Betrachten Sie die folgende `Series`:

```
In [25]: data = pd.Series([1, np.nan, 2, None, 3], index=list('abcde'),
                          dtype='Int32')
         data
Out[25]: a       1
         b    <NA>
         c       2
         d    <NA>
         e       3
         dtype: Int32
```

Wir können die `NA`-Werte durch einen Wert wie z. B. 0 ersetzen:

```
In [26]: data.fillna(0)
Out[26]: a    1
         b    0
         c    2
         d    0
         e    3
         dtype: Int32
```

Mit `ffill` (forward fill = vorwärts auffüllen) wird der vorangehende Wert übernommen:

```
In [27]: # vorwärts auffüllen
         data.fillna(method='ffill')
Out[27]: a    1
         b    1
         c    2
         d    2
         e    3
         dtype: Int32
```

... und mit `bfill` (backward fill = rückwärts auffüllen) der nachfolgende:

```
In [28]: # rückwärts auffüllen
         data.fillna(method='bfill')
Out[28]: a    1
         b    2
         c    2
         d    3
         e    3
         dtype: Int32
```

Für `DataFrames` gibt es vergleichbare Optionen, außerdem können wir eine Koordinatenachse (`axis`) angeben, an der entlang aufgefüllt werden soll:

```
In [29]: df
Out[29]:      0    1  2    3
         0  1.0  NaN  2  NaN
         1  2.0  3.0  5  NaN
         2  NaN  4.0  6  NaN


In [30]: df.fillna(method='ffill', axis=1)
Out[30]:      0    1    2    3
         0  1.0  1.0  2.0  2.0
         1  2.0  3.0  5.0  5.0
         2  NaN  4.0  6.0  6.0
```

Hier ist zu beachten, dass der `NA`-Wert beim Vorwärtsauffüllen verbleibt, wenn kein vorhergehender Wert vorhanden ist.

KAPITEL 17

Hierarchische Indizierung

Bislang haben wir uns vorwiegend auf ein- und zweidimensionale in Pandas-`Series`- bzw. `DataFrame`-Objekten gespeicherte Daten konzentriert. Oftmals ist es jedoch sinnvoll, einen Schritt weiterzugehen und höherdimensionale Daten zu speichern – d. h., die Daten besitzen mehr als einen oder zwei Schlüssel als Index. Frühe Pandas-Versionen boten `Panel`- und `Panel4D`-Objekte, die man sich als 3-D- oder 4-D-Pendants des 2-D-`DataFrame` vorstellen konnte, sie waren in der Praxis jedoch etwas unhandlich. Ein deutlich häufiger vorkommendes Muster für die Arbeit mit mehrdimensionalen Daten ist Verwendung der *hierarchischen Indizierung* (auch unter der Bezeichnung *Multi-Indexing* geläufig), um mehrere *Levels* innerhalb eines einzigen Index einzubinden. Auf diese Weise können mehrdimensionale Daten in kompakter Form durch die vertrauten eindimensionalen `Series`- und zweidimensionalen `DataFrame`-Objekte repräsentiert werden. (Wenn Sie an echten *N*-dimensionalen Arrays mit flexiblen Indizes im Panda-Stil interessiert sind, sollten Sie sich das exzellente Xarray package (*https://xarray.pydata.org/*) ansehen.)

In diesem Kapitel erkunden wir die direkte Erzeugung von `MultiIndex`-Objekten, stellen Überlegungen zu Indexing, Slicing und statistischen Berechnungen mehrfach indizierter Daten an und erörtern praktische Routinen zum Konvertieren von einfachen und hierarchisch indizierten Repräsentationen der Daten.

Zunächst einmal erfolgen die üblichen Importe:

```
In [1]: import pandas as pd
        import numpy as np
```

Mehrfach indizierte Series

Als Erstes betrachten wir, wie man zweidimensionale Daten durch eine eindimensionale `Series` repräsentieren kann. Ganz konkret werden wir eine `Series` mit Datenpunkten untersuchen, die jeweils aus einem Zeichen und einem numerischen Schlüssel bestehen.

Eine mangelhafte Methode

Nehmen wir an, Sie möchten Daten über Bundesstaaten aus zwei verschiedenen Jahren erfassen. In Anbetracht der bereits erörterten Pandas-Tools könnte man auf den Gedanken kommen, einfache Python-Tupel als Schlüssel zu verwenden:

```
In [2]: index = [('California', 2010), ('California', 2020),
                 ('New York', 2010), ('New York', 2020),
                 ('Texas', 2010), ('Texas', 2020)]
        populations = [37253956, 39538223,
                       19378102, 20201249,
                       25145561, 29145505]
        pop = pd.Series(populations, index=index)
        pop
Out[2]: (California, 2010)    37253956
        (California, 2020)    39538223
        (New York, 2010)      19378102
        (New York, 2020)      20201249
        (Texas, 2010)         25145561
        (Texas, 2020)         29145505
        dtype: int64
```

Bei dieser Art Indexverfahren können Sie ohne Weiteres Indizierung oder Slicing der `Series` basierend auf diesem Tupel-Index durchführen:

```
In [3]: pop[('California', 2020):('Texas', 2010)]
Out[3]: (California, 2020)    39538223
        (New York, 2010)      19378102
        (New York, 2020)      20201249
        (Texas, 2010)         25145561
        dtype: int64
```

Ab hier ist mit der Bequemlichkeit jedoch Schluss. Wenn Sie beispielsweise alle Werte aus dem Jahr 2010 auswählen möchten, müssen Sie auf ziemlich chaotische Weise auf die Daten zugreifen (die zudem potenziell langsam ist), um an die gewünschten Inhalte zu gelangen:

```
In [4]: pop[[i for i in pop.index if i[1] == 2010]]
Out[4]: (California, 2010)    37253956
        (New York, 2010)      19378102
        (Texas, 2010)         25145561
        dtype: int64
```

Dieser Code liefert zwar das erhoffte Ergebnis, ist jedoch nicht so ordentlich (und bei großen Datenmengen nicht so effizient) wie die Slicing-Syntax, die wir in Pandas zu schätzen gelernt haben.

Eine bessere Methode: MultiIndex in Pandas

Erfreulicherweise bietet Pandas eine bessere Methode. Die auf Tupeln beruhende Indizierung ist im Wesentlichen ein rudimentärer Multi-Index, und Pandas' `MultiIndex`-Typ stellt die erwünschten Arten von Operationen zur Verfügung. Anhand der Tupel kann ein Multi-Index folgendermaßen erzeugt werden:

```
In [5]: index = pd.MultiIndex.from_tuples(index)
```

Der `MultiIndex` enthält mehrere *Levels* der Indizierung – in diesem Fall die Namen der Bundesstaaten und die Jahreszahlen – sowie mehrere *Labels* für jeden Datenpunkt, die diese Levels in verschlüsselter Form enthalten.

Wenn wir unsere `Series` mit diesem `MultiIndex` erneut indizieren, wird die hierarchische Struktur der Daten erkennbar:

```
In [6]: pop = pop.reindex(index)
        pop
Out[6]: California  2010    37253956
                    2020    39538223
        New York    2010    19378102
                    2020    20201249
        Texas       2010    25145561
                    2020    29145505
        dtype: int64
```

Die ersten beiden Spalten der `Series` enthalten die `MultiIndex`-Werte, und die dritte Spalte enthält die Daten. Beachten Sie hier, dass in der ersten Spalte einige Werte fehlen: Bei einer solchen `MultiIndex`-Darstellung bedeutet ein leerer Eintrag, dass für ihn der gleiche Wert gilt wie der in der vorhergehenden Zeile.

Um nun auf alle Daten zuzugreifen, deren zweiter Index `2020` lautet, können wir einfach die Slicing-Notation von Pandas verwenden:

```
In [7]: pop[:, 2020]
Out[7]: California    39538223
        New York      20201249
        Texas         29145505
        dtype: int64
```

Das Ergebnis ist eine einfach indizierte `Series`, die nur die Schlüssel enthält, an denen wir interessiert sind. Diese Syntax ist sehr viel komfortabler (und erheblich effizienter) als die auf Tupeln basierende selbst gebastelte Multi-Index-Lösung, die wir zuvor verwendet haben. Im Folgenden werden wir diese Art von Operationen mit hierarchisch indizierten Daten nun eingehender betrachten.

MultiIndex als zusätzliche Dimension

Vielleicht ist Ihnen aufgefallen, dass wir dieselben Daten auch in einem einfachen `DataFrame` mit Index und Spaltennamen hätten speichern können. Tatsächlich ist das bei der Entwicklung von Pandas schon berücksichtigt worden: Die `unstack`-Methode konvertiert eine mehrfach indizierte `Series` in einen auf herkömmliche Weise indizierten `DataFrame`:

```
In [8]: pop_df = pop.unstack()
        pop_df
Out[8]:                 2010      2020
        California  37253956  39538223
        New York    19378102  20201249
        Texas       25145561  29145505
```

Die stack-Methode stellt die Konvertierung in umgekehrter Richtung zur Verfügung:

```
In [9]: pop_df.stack()
Out[9]: California  2010    37253956
                    2020    39538223
        New York    2010    19378102
                    2020    20201249
        Texas       2010    25145561
                    2020    29145505
        dtype: int64
```

Nun werden Sie vielleicht fragen, warum man sich überhaupt mit der hierarchischen Indizierung befassen sollte. Dafür gibt es einen einfachen Grund: Wir können Multi-Indexing nicht nur dazu verwenden, zweidimensionale Daten in einer zweidimensionalen Series zu bearbeiten, sondern auch, um Daten von drei oder mehr Dimensionen in einer Series oder einem DataFrame zu manipulieren. Jedes zusätzliche Level in einem Multi-Index stellt eine weitere Dimension der Daten dar. Sich diese Eigenschaft zunutze zu machen, verschafft uns viel mehr Flexibilität bei der Art von Daten, die wir repräsentieren können. Wir könnten beispielsweise konkret für jeden Bundesstaat eine weitere Spalte mit demografischen Daten hinzufügen wollen (wie etwa die Zahl der Einwohner unter 18). Mit einem MultiIndex ist das genauso einfach wie das Hinzufügen einer weiteren Spalte zu einem DataFrame:

```
In [10]: pop_df = pd.DataFrame({'total': pop,
                                'under18': [9284094, 8898092,
                                            4318033, 4181528,
                                            6879014, 7432474]})
         pop_df
Out[10]:                     total  under18
         California 2010  37253956  9284094
                    2020  39538223  8898092
         New York   2010  19378102  4318033
                    2020  20201249  4181528
         Texas      2010  25145561  6879014
                    2020  29145505  7432474
```

Darüber hinaus sind alle UFuncs und die anderen in Kapitel 15 erläuterten Funktionalitäten mit hierarchischen Indizes anwendbar. Hier berechnen wir den Anteil der Einwohner unter 18 (geordnet nach Jahren) anhand der obigen Daten:

```
In [11]: f_u18 = pop_df['under18'] / pop_df['total']
         f_u18.unstack()
Out[11]:                 2010      2020
         California  0.249211  0.225050
         New York    0.222831  0.206994
         Texas       0.273568  0.255013
```

Auf diese Weise können wir auch mehrdimensionale Daten schnell und einfach erkunden und bearbeiten.

Methoden zum Erzeugen eines MultiIndex

Die schnörkelloseste Methode zum Erzeugen einer mehrfach indizierten Series bzw. eines DataFrame ist die Übergabe einer Liste, die zwei oder mehr Index-Arrays enthält, an den Konstruktor. Ein Beispiel:

```
In [12]: df = pd.DataFrame(np.random.rand(4, 2),
                           index=[['a', 'a', 'b', 'b'], [1, 2, 1, 2]],
                           columns=['data1', 'data2'])
         df
Out[12]:        data1     data2
         a 1  0.748464  0.561409
           2  0.379199  0.622461
         b 1  0.701679  0.687932
           2  0.436200  0.950664
```

Das Erzeugen des MultiIndex findet im Hintergrund statt.

Wenn Sie dem Konstruktor stattdessen ein Dictionary mit entsprechenden Tupeln als Schlüssel übergeben, erkennt Pandas dieses automatisch und verwendet standardmäßig einen MultiIndex:

```
In [13]: data = {('California', 2010): 37253956,
                 ('California', 2020): 39538223,
                 ('New York', 2010): 19378102,
                 ('New York', 2020): 20201249,
                 ('Texas', 2010): 25145561,
                 ('Texas', 2020): 29145505}
         pd.Series(data)
Out[13]: California  2010    37253956
                     2020    39538223
         New York    2010    19378102
                     2020    20201249
         Texas       2010    25145561
                     2020    29145505
         dtype: int64
```

Dessen ungeachtet ist es manchmal sinnvoll, einen MultiIndex explizit zu erzeugen. Wir sehen uns nun einige der möglichen Methoden an.

Explizite MultiIndex-Konstruktoren

Um eine höhere Flexibilität beim Erzeugen des Index zu erzielen, können Sie stattdessen auch die Konstruktormethoden verwenden, die in pd.MultiIndex verfügbar sind. Sie können (wie wir es bereits getan haben) den MultiIndex beispielsweise anhand einer einfachen Liste von Arrays erzeugen und die Indexwerte innerhalb der Levels angeben:

```
In [14]: pd.MultiIndex.from_arrays([['a', 'a', 'b', 'b'], [1, 2, 1, 2]])
Out[14]: MultiIndex([('a', 1),
                     ('a', 2),
                     ('b', 1),
                     ('b', 2)],
                    )
```

Oder Sie übergeben eine Liste mit Tupeln und geben die Indexwerte der einzelnen Datenpunkte an:

```
In [15]: pd.MultiIndex.from_tuples([('a', 1), ('a', 2), ('b', 1), ('b', 2)])
Out[15]: MultiIndex([('a', 1),
                     ('a', 2),
                     ('b', 1),
                     ('b', 2)],
                    )
```

Sie können sogar das kartesische Produkt der einzelnen Indizes verwenden:

```
In [16]: pd.MultiIndex.from_product([['a', 'b'], [1, 2]])
Out[16]: MultiIndex([('a', 1),
                     ('a', 2),
                     ('b', 1),
                     ('b', 2)],
                    )
```

Auf ähnliche Weise können Sie einen `MultiIndex` direkt erzeugen, indem Sie die interne Codierung verwenden und `levels` (eine Liste von Listen, die für jedes Level die verfügbaren Indexwerte enthalten) sowie `labels` (eine Liste von Listen, die auf diese Labels verweisen) übergeben:

```
In [17]: pd.MultiIndex(levels=[['a', 'b'], [1, 2]],
                       codes=[[0, 0, 1, 1], [0, 1, 0, 1]])
Out[17]: MultiIndex([('a', 1),
                     ('a', 2),
                     ('b', 1),
                     ('b', 2)],
                    )
```

Sie übergeben jedes dieser Objekte beim Erzeugen einer `Series` oder eines `DataFrame` als `index`-Argument, oder Sie übergeben es der `reindex`-Methode, wenn eine `Series` oder ein `DataFrame` bereits vorhanden ist.

Namen der MultiIndex-Levels

Manchmal ist es praktisch, die Levels eines `MultiIndex` zu benennen. Das kann erreicht werden, indem Sie entweder das `names`-Argument an irgendeinen der obigen `MultiIndex`-Konstruktoren übergeben oder dem `names`-Attribut nach dem Erzeugen einen Wert zuweisen:

```
In [18]: pop.index.names = ['state', 'year']
         pop
Out[18]: state       year
         California  2010    37253956
                     2020    39538223
         New York    2010    19378102
                     2020    20201249
         Texas       2010    25145561
                     2020    29145505
         dtype: int64
```

Bei umfangreicheren Datenmengen kann sich die Benennung als nützliche Methode erweisen, um die Bedeutung der verschiedenen Indexwerte im Auge zu behalten.

MultiIndex für Spalten

Die Zeilen und Spalten eines `DataFrame` sind völlig gleichwertig, und sowohl Zeilen als auch Spalten können mehrere Levels von Indizes besitzen. Betrachten Sie den folgenden Code, der (halbwegs realistische) medizinische Daten simuliert:

```
In [19]: # hierarchische Indizes und Spalten
         index = pd.MultiIndex.from_product([[2013, 2014], [1, 2]],
                                            names=['year', 'visit'])
         columns = pd.MultiIndex.from_product([['Bob', 'Guido', 'Sue'],
                                              ['HR', 'Temp']],
                                              names=['subject', 'type'])

         # Daten simulieren
         data = np.round(np.random.randn(4, 6), 1)
         data[:, ::2] *= 10
         data += 37

         # DataFrame erzeugen
         health_data = pd.DataFrame(data, index=index, columns=columns)
         health_data
Out[19]: subject      Bob       Guido       Sue
         type          HR  Temp    HR  Temp   HR  Temp
         year visit
         2013 1      30.0  38.0  56.0  38.3  45.0  35.8
              2      47.0  37.1  27.0  36.0  37.0  36.4
         2014 1      51.0  35.9  24.0  36.7  32.0  36.2
              2      49.0  36.3  48.0  39.2  31.0  35.7
```

Dies sind im Grunde genommen vierdimensionale Daten mit den Dimensionen `subject` (Person), `type` (Typ), `year` (Jahr) und `visit` (Anzahl der Besuche). Nun können wir beispielsweise anhand eines Namens einen vollständigen `DataFrame` abfragen, der nur die Daten der fraglichen Person enthält:

```
In [20]: health_data['Guido']
Out[20]: type         HR  Temp
         year visit
         2013 1      56.0  38.3
              2      27.0  36.0
         2014 1      24.0  36.7
              2      48.0  39.2
```

Indizierung und Slicing eines MultiIndex

Die Indizierung und das Slicing eines `MultiIndex` sind dafür ausgelegt, intuitiv zu sein, und es ist hilfreich, wenn Sie sich die Indizes als zusätzliche Dimensionen vorstellen. Wir sehen uns zunächst die Indizierung einer `Series` und anschließend die eines `DataFrame` an.

Mehrfach indizierte Series

Betrachten Sie noch einmal die `Series` mit den Einwohnerzahlen:

```
In [21]: pop
Out[21]: state       year
         California  2010    37253956
                     2020    39538223
         New York    2010    19378102
                     2020    20201249
         Texas       2010    25145561
                     2020    29145505
         dtype: int64
```

Durch Angabe mehrerer Ausdrücke können wir auf einzelne Elemente zugreifen:

```
In [22]: pop['California', 2010]
Out[22]: 37253956
```

Der `MultiIndex` unterstützt auch die sogenannte *partielle Indizierung*, bei der nur eines der Levels des Index verwendet wird. Das Ergebnis ist ebenfalls eine `Series`, in der die Indizes niedrigerer Levels erhalten bleiben:

```
In [23]: pop['California']
Out[23]: year
         2010    37253956
         2020    39538223
         dtype: int64
```

Sofern der `MultiIndex` sortiert ist, steht auch partielles Slicing zur Verfügung (über das wir im Abschnitt »Sortierte und unsortierte Indizes« auf Seite 166 sprechen):

```
In [24]: poploc['california':'new york']
Out[24]: statc       ycar
         california  2010    37253956
                     2020    39538223
         new york    2010    19378102
                     2020    20201249
         dtype: int64
```

Mit sortierten Indizes können wir eine partielle Indizierung niedrigerer Levels vornehmen, indem als erster Index ein leerer Slice übergeben wird:

```
In [25]: pop[:, 2010]
Out[25]: state
         california    37253956
         new york      19378102
         texas         25145561
         dtype: int64
```

Andere Methoden der Indizierung und Auswahl (siehe Kapitel 14) funktionieren ebenfalls, wie beispielsweise die Auswahl durch eine boolesche Maskierung:

```
In [26]: pop[pop > 22000000]
Out[26]: state       year
         California  2010    37253956
                     2020    39538223
         Texas       2010    25145561
```

```
                 2020     29145505
        dtype: int64
```

Auch die Auswahl durch Fancy Indexing klappt:

```
In [27]: pop[['California', 'Texas']]
Out[27]: state       year
         California  2010    37253956
                     2020    39538223
         Texas       2010    25145561
                     2020    29145505
         dtype: int64
```

Mehrfach indizierte DataFrames

Ein mehrfach indizierter DataFrame verhält sich ähnlich. Betrachten Sie noch einmal die simulierten Gesundheitsdaten von vorhin:

```
In [28]: health_data
Out[28]: subject      Bob        Guido        Sue
         type          HR  Temp    HR  Temp    HR  Temp
         year visit
         2013 1      30.0  38.0  56.0  38.3  45.0  35.8
              2      47.0  37.1  27.0  36.0  37.0  36.4
         2014 1      51.0  35.9  24.0  36.7  32.0  36.2
              2      49.0  36.3  48.0  39.2  31.0  35.7
```

Die Spalten eines DataFrame sind vorrangig, und die für mehrfach indizierte Series gültige Syntax ist auch auf die Spalten anwendbar. Wir können beispielsweise Guidos Puls (HR = Heart Rate) mit einer einfachen Operation abfragen:

```
In [29]: health_data['Guido', 'HR']
Out[29]: year  visit
         2013  1        56.0
               2        27.0
         2014  1        24.0
               2        48.0
         Name: (Guido, HR), dtype: float64
```

Wie bei einem einfachen Index können wir die in Kapitel 14 vorgestellten Indexer loc und iloc verwenden, zum Beispiel:

```
In [30]: health_data.iloc[:2, :2]
Out[30]: subject      Bob
         type          HR  Temp
         year visit
         2013 1      30.0  38.0
              2      47.0  37.1
```

Diese Indexer ermöglichen eine Array-ähnliche Ansicht der zugrunde liegenden zweidimensionalen Daten, aber jedem Index von loc oder iloc kann ein aus mehreren Indizes bestehendes Tupel übergeben werden, etwa so:

```
In [31]: health_data.loc[:, ('Bob', 'HR')]
Out[31]: year  visit
         2013  1        30.0
               2        47.0
```

```
2014 1        51.0
     2        49.0
Name: (Bob, HR), dtype: float64
```

Hier Slicing einzusetzen, ist nicht besonders komfortabel: Der Versuch, ein Slice innerhalb eines Tupels zu erzeugen, führt zu einem Syntaxfehler:

```
In [32]: health_data.loc[(:, 1), (:, 'HR')]
SyntaxError: invalid syntax (3311942670.py, line 1)
```

Sie könnten das umgehen, indem Sie den erwünschten Slice explizit mit Pythons integrierter `slice`-Funktion erzeugen, aber in diesem Kontext ist es besser, ein `IndexSlice`-Objekt zu verwenden, das Pandas für eben diesen Zweck bereitstellt, zum Beispiel:

```
In [33]: idx = pd.IndexSlice
         health_data.loc[idx[:, 1], idx[:, 'HR']]
Out[33]: subject      Bob Guido  Sue
         type          HR    HR   HR
         year visit
         2013 1      30.0  56.0 45.0
         2014 1      51.0  24.0 32.0
```

Wie Sie sehen, gibt es eine Vielzahl von Möglichkeiten, auf die Daten in mehrfach indizierten `Series` und `DataFrames` zuzugreifen, und wie bei den meisten in diesem Buch beschriebenen Tools ist es am besten, mit ihnen herumzuexperimentieren, um sich damit vertraut zu machen!

Multi-Indizes umordnen

Beim Umgang mit mehrfach indizierten Daten ist es von entscheidender Bedeutung, zu wissen, wie man die Daten effektiv umordnen kann. Es gibt verschiedene Operationen, bei denen sämtliche Informationen der Datenmenge erhalten bleiben, die jedoch die Daten selbst neu anordnen, um verschiedene Berechnungen durchzuführen. Sie haben mit den Methoden `stack` und `unstack` bereits ein kurzes Beispiel kennengelernt, aber es gibt eine Vielzahl weiterer Möglichkeiten, das Umordnen der Daten mit hierarchischen Indizes und Spalten gezielt zu steuern. Die werden wir nun erkunden.

Sortierte und unsortierte Indizes

Ein Vorbehalt wurde schon kurz erwähnt, den wir an dieser Stelle noch einmal betonen möchten. *Viele `MultiIndex`-Slicing-Operationen schlagen fehl, wenn der Index nicht sortiert ist.* Das sehen wir uns nun genauer an.

Wir erzeugen zunächst einige einfache mehrfach indizierte Daten, deren Indizes *nicht lexikografisch sortiert* sind:

```
In [34]: index = pd.MultiIndex.from_product([['a', 'c', 'b'], [1, 2]])
         data = pd.Series(np.random.rand(6), index=index)
         data.index.names = ['char', 'int']
         data
```

```
Out[34]: char  int
         a     1      0.280341
               2      0.097290
         c     1      0.206217
               2      0.431771
         b     1      0.100183
               2      0.015851
         dtype: float64
```

Der Versuch, einen partiellen Slice für diesen Index zu erzeugen, führt zu einer Fehlermeldung:

```
In [35]: try:
             data['a':'b']
         except KeyError as e:
             print("KeyError", e)
KeyError 'Key length (1) was greater than MultiIndex lexsort depth (0)'
```

Aus der Fehlermeldung geht es nicht eindeutig hervor, aber die Ursache des Fehlers besteht darin, dass der `MultiIndex` nicht sortiert ist. Aus verschiedenen Gründen ist es erforderlich, dass die Levels des `MultiIndex` lexikografisch sortiert sind, damit partielles Slicing und andere vergleichbare Operationen funktionieren. Pandas stellt eine Reihe komfortabler Routinen zur Verfügung, um solche Sortierungen vorzunehmen, wie die `DataFrame`-Methoden `sort_index` und `sort_level`. Wir setzen hier die einfachste dieser Methoden ein, nämlich `sort_index`:

```
In [36]: data = data.sort_index()
         data
Out[36]: char  int
         a     1      0.280341
               2      0.097290
         b     1      0.100183
               2      0.015851
         c     1      0.206217
               2      0.431771
         dtype: float64
```

Nachdem der Index sortiert ist, funktioniert das partielle Slicing wie erwartet:

```
In [37]: data['a':'b']
Out[37]: char  int
         a     1      0.280341
               2      0.097290
         b     1      0.100183
               2      0.015851
         dtype: float64
```

Indizes transponieren mit stack und unstack

Wie bereits kurz erwähnt, ist es möglich, die Daten eines `MultiIndex` in eine einfache zweidimensionale Form umzuwandeln, wobei optional das zu verwendende Level angegeben werden kann:

```
In [38]: pop.unstack(level=0)
Out[38]: year           2010        2020
         state
```

```
        California  37253956  39538223
        New York    19378102  20201249
        Texas       25145561  29145505

In [39]: pop.unstack(level=1)
Out[39]: state       year
         California  2010     37253956
                     2020     39538223
         New York    2010     19378102
                     2020     20201249
         Texas       2010     25145561
                     2020     29145505
         dtype: int64
```

Die Umkehrfunktion von unstack ist stack, die hier dazu dient, die ursprüngliche Series wiederherzustellen:

```
In [40]: pop.unstack().stack()
Out[40]: state       year
         California  2010     37253956
                     2020     39538223
         New York    2010     19378102
                     2020     20201249
         Texas       2010     25145561
                     2020     29145505
         dtype: int64
```

Index zuweisen und zurücksetzen

Die Indexbezeichnungen in Spalten umzuwandeln, ist eine weitere Möglichkeit, hierarchische Daten umzuordnen. Diesem Zweck dient die reset_index-Methode. Ruft man diese Methode des population-Dictionary auf, gibt sie einen DataFrame mit den Spalten state und year zurück, die die Informationen enthalten, die sich vorher im Index befanden. Der Deutlichkeit halber können wir bei der Anzeige optional den Spaltennamen angeben:

```
In [41]: pop_flat = pop.reset_index(name='population')
         pop_flat
Out[41]:         state  year  population
         0  California  2010    37253956
         1  California  2020    39538223
         2    New York  2010    19378102
         3    New York  2020    20201249
         4       Texas  2010    25145561
         5       Texas  2020    29145505
```

Oft soll anhand der Spaltenwerte ein MultiIndex erzeugt werden. Dazu kann die set_index-Methode des DataFrame verwendet werden, die einen mehrfach indizierten DataFrame zurückgibt:

```
In [42]: pop_flat.set_index(['state', 'year'])
Out[42]:                  population
         state      year
         California 2010    37253956
                    2020    39538223
         New York   2010    19378102
```

```
             2020    20201249
Texas        2010    25145561
             2020    29145505
```

In der Praxis gehört diese Vorgehensweise im Umgang mit echten Datenmengen zu den nützlicheren.

KAPITEL 18

Datenmengen kombinieren: concat und append

Einige der interessantesten Studien ergeben sich aus der Kombination von Daten aus unterschiedlichen Quellen. Bei diesen Operationen kann es sich um eine einfache Verkettung zweier unterschiedlicher Datenmengen handeln, aber auch um kompliziertere Vereinigungen, die Überschneidungen zwischen den Datenmengen korrekt handhaben. `Series` und `DataFrames` sind für Operationen dieser Art ausgelegt, und Pandas verfügt über Funktionen und Methoden, die das Handling solcher Daten schnell und einfach machen.

Wir betrachten zunächst die einfache Verkettung von `Series` und `DataFrames` mit der `pd.concat`-Funktion. Anschließend gehen wir näher auf die anspruchsvolleren in Pandas implementierten Join- und Merge-Funktionen im Arbeitsspeicher ein.

Zunächst gibt es wieder die üblichen Importe:

```
In [1]: import pandas as pd
        import numpy as np
```

Der Bequemlichkeit halber definieren wir die nachstehende Funktion, die einen `DataFrame` von bestimmter Form erzeugt, was sich in den folgenden Beispielen als nützlich erweisen wird:

```
In [2]: def make_df(cols, ind):
            """Schnell einen DataFrame erzeugen"""
            data = {c: [str(c) + str(i) for i in ind]
                    for c in cols}
            return pd.DataFrame(data, ind)

        # Beispiel für einen DataFrame
        make_df('ABC', range(3))
Out[2]:    A   B   C
        0  A0  B0  C0
        1  A1  B1  C1
        2  A2  B2  C2
```

Außerdem erstellen wir eine einfache Klasse, die es uns ermöglicht, mehrere `DataFrames` nebeneinander zu multiplizieren. Der Code verwendet die spezielle `_repr_html_`-Methode, die IPython/Jupyter für die Implementierung seiner Rich-Object-Darstellung einsetzt:

```
In [3]: class display(object):
            """HTML-Darstellung mehrerer Objekte anzeigen"""
            template = """<div style="float: left; padding: 10px;">
            <p style='font-family:"Courier New", Courier, monospace'>{0}{1}
            """
            def __init__(self, *args):
                self.args = args

            def _repr_html_(self):
                return '\n'.join(self.template.format(a, eval(a)._repr_html_())
                                 for a in self.args)

            def __repr__(self):
                return '\n\n'.join(a + '\n' + repr(eval(a))
                                   for a in self.args)
```

Der Nutzen dieses Ansatzes wird im folgenden Abschnitt noch deutlicher werden.

Verkettung von NumPy-Arrays

Die Verkettung von Series- und DataFrame-Objekten verhält sich so ähnlich wie die Verkettung von NumPy-Arrays, die – wie in Kapitel 5 beschrieben – mit der Funktion np.concatenate erledigt wird. Sie können damit die Inhalte von zwei oder mehr Arrays in einem einzigen vereinigen:

```
In [4]: x = [1, 2, 3]
        y = [4, 5, 6]
        z = [7, 8, 9]
        np.concatenate([x, y, z])
Out[4]: array([1, 2, 3, 4, 5, 6, 7, 8, 9])
```

Das erste Argument ist eine Liste oder ein Tupel von Arrays, die verkettet werden sollen. Im Fall mehrdimensionaler Arrays geben Sie zusätzlich das Schlüsselwort axis an, mit dem Sie festlegen können, in Richtung welcher Koordinatenachse die Verkettung stattfindet:

```
In [5]: x = [[1, 2],
             [3, 4]]
        np.concatenate([x, x], axis=1)
Out[5]: array([[1, 2, 1, 2],
               [3, 4, 3, 4]])
```

Einfache Verkettungen mit pd.concat

Die Funktion pd.concat besitzt eine ähnliche Syntax wie np.concatenate, bringt darüber hinaus aber viele Optionen mit, die wir direkt erörtern werden:

```
# Signatur in Pandas v1.3.5
pd.concat(objs, axis=0, join='outer', ignore_index=False, keys=None,
          levels=None, names=None, verify_integrity=False,
          sort=False, copy=True)
```

pd.concat kann für die einfache Verkettung von Series- und DataFrame-Objekten verwendet werden – genauso wie np.concatenate dem einfachen Verketten von Arrays dient:

```
In [6]: ser1 = pd.Series(['A', 'B', 'C'], index=[1, 2, 3])
        ser2 = pd.Series(['D', 'E', 'F'], index=[4, 5, 6])
        pd.concat([ser1, ser2])
Out[6]: 1    A
        2    B
        3    C
        4    D
        5    E
        6    F
        dtype: object
```

Sie können auch mehrdimensionale Objekte wie DataFrames miteinander verketten:

```
In [7]: df1 = make_df('AB', [1, 2])
        df2 = make_df('AB', [3, 4])
        display('df1', 'df2', 'pd.concat([df1, df2])')
Out[7]: df1             df2             pd.concat([df1, df2])
            A   B           A   B           A   B
        1  A1  B1       3  A3  B3       1  A1  B1
        2  A2  B2       4  A4  B4       2  A2  B2
                                        3  A3  B3
                                        4  A4  B4
```

Standardmäßig wird die Verkettung innerhalb des DataFrame zeilenweise ausgeführt (d. h. axis=0). Wie auch np.concatenate erlaubt pd.concat die Angabe der Koordinatenachse, an der entlang die Verkettung stattfindet. Betrachten Sie das folgende Beispiel:

```
In [8]: df3 = make_df('AB', [0, 1])
        df4 = make_df('CD', [0, 1])
        display('df3', 'df4', "pd.concat([df3, df4], axis='columns')")
Out[8]: df3             df4             pd.concat([df3, df4], axis='columns')
            A   B           C   D           A   B   C   D
        0  A0  B0       0  C0  D0       0  A0  B0  C0  D0
        1  A1  B1       1  C1  D1       1  A1  B1  C1  D1
```

Wir hätten stattdessen auch axis=1 angeben können, verwenden jedoch das besser verständliche axis='col'.

Doppelte Indizes

Ein wichtiger Unterschied zwischen np.concatenate und pd.concat besteht darin, dass Verkettungen in Pandas *Indizes bewahren* – selbst wenn es dadurch zu doppelten Indizes kommt! Betrachten Sie dieses kurze Beispiel:

```
In [9]: x = make_df('AB', [0, 1])
        y = make_df('AB', [2, 3])
        y.index = x.index  # Indizes abgleichen.
        display('x', 'y', 'pd.concat([x, y])')
Out[9]: x               y               pd.concat([x, y])
            A   B           A   B           A   B
```

```
0  A0  B0      0  A2  B2      0  A0  B0
1  A1  B1      1  A3  B3      1  A1  B1
                              0  A2  B2
                              1  A3  B3
```

Beachten Sie die mehrmals auftauchenden Indizes im Ergebnis. Das ist in `DataFrames` zwar erlaubt, das Resultat ist aber oft dennoch unerwünscht. `pd.concat` bietet verschiedene Möglichkeiten, damit umzugehen.

Mehrmals auftauchende Indizes als Fehler behandeln

Wenn Sie sich lediglich vergewissern möchten, dass es zwischen den Indizes des Ergebnisses von `pd.concat` keine Konflikte gibt, können Sie zusätzlich das Flag `verify_integrity` angeben. Besitzt es den Wert `True`, löst die Verkettung eine Exception aus, sofern doppelte Indizes vorhanden sind. In dem folgenden Beispiel fangen wir den Fehler ab und geben der Deutlichkeit halber die Fehlermeldung aus:

```
In [10]: try:
             pd.concat([x, y], verify_integrity=True)
         except ValueError as e:
             print("ValueError:", e)
ValueError: Indexes have overlapping values: Int64Index([0, 1], dtype='int64')
```

Index ignorieren

Unter bestimmten Umständen spielt der Index selbst gar keine Rolle, und Sie möchten ihn überhaupt nicht beachten. Diese Option kann durch Setzen des `ignore_index`-Flags auf `True` erreicht werden. Die Verkettung erzeugt dann einen neuen ganzzahligen Index für den resultierenden `DataFrame`:

```
In [11]: display('x', 'y', 'pd.concat([x, y], ignore_index=True)')
Out[11]: x              y              pd.concat([x, y], ignore_index=True)
             A   B          A   B          A   B
         0  A0  B0      0  A2  B2      0  A0  B0
         1  A1  B1      1  A3  B3      1  A1  B1
                                       2  A2  B2
                                       3  A3  B3
```

MultiIndex-Schlüssel hinzufügen

Eine weitere Alternative ist der Einsatz der Option `keys`, um Labels für die Datenquellen zu vergeben. Das Ergebnis ist dann eine hierarchisch indizierte `Series`, in der die Daten enthalten sind:

```
In [12]: display('x', 'y', "pd.concat([x, y], keys=['x', 'y'])")
Out[12]: x              y              pd.concat([x, y], keys=['x', 'y'])
             A   B          A   B            A   B
         0  A0  B0      0  A2  B2      x 0  A0  B0
         1  A1  B1      1  A3  B3        1  A1  B1
                                       y 0  A2  B2
                                         1  A3  B3
```

Wir können die in Kapitel 17 vorgestellten Tools verwenden, um die Daten in die gewünschte Repräsentierung zu transformieren.

Verkettungen durch Joins

In den gerade erörterten kurzen Beispielen haben wir hauptsächlich DataFrames mit übereinstimmenden Spaltennamen verkettet. In der Praxis können sich die Spaltenbezeichnungen von Daten aus unterschiedlichen Quellen jedoch möglicherweise voneinander unterscheiden. Für diesen Fall stellt pd.concat verschiedene Optionen bereit. Betrachten Sie die Verkettung der beiden nachstehenden DataFrames, die einige (aber nicht alle!) Spalten gemeinsam haben:

```
In [13]: df5 = make_df('ABC', [1, 2])
         df6 = make_df('BCD', [3, 4])
         display('df5', 'df6', 'pd.concat([df5, df6])')
Out[13]: df5              df6              pd.concat([df5, df6])
             A   B   C        B   C   D        A   B   C    D
         1  A1  B1  C1    3  B3  C3  D3    1   A1  B1  C1  NaN
         2  A2  B2  C2    4  B4  C4  D4    2   A2  B2  C2  NaN
                                           3  NaN  B3  C3   D3
                                           4  NaN  B4  C4   D4
```

Standardmäßig werden die Einträge, für die keine Daten vorhanden sind, mit NA-Werten aufgefüllt. Um das zu ändern, können wir den join-Parameter der concatenate-Funktion entsprechend anpassen. Voreingestellt ist, dass der Join eine Vereinigung der Eingabespalten vornimmt (join='outer'), wir können jedoch durch Angabe von join='inner' dafür sorgen, dass die Schnittmenge der Spalten verwendet wird:

```
In [14]: display('df5', 'df6',
                 "pd.concat([df5, df6], join='inner')")
Out[14]: df5              df6
             A   B   C        B   C   D
         1  A1  B1  C1    3  B3  C3  D3
         2  A2  B2  C2    4  B4  C4  D4

         pd.concat([df5, df6], join='inner')
             B   C
         1  B1  C1
         2  B2  C2
         3  B3  C3
         4  B4  C4
```

Eine weitere nützliche Methode besteht darin, vor der Verkettung die reindex-Methode einzusetzen, um eine feinere Kontrolle darüber zu erlangen, welche Spalten weggelassen werden:

```
In [15]: pd.concat([df5, df6.reindex(df5.columns, axis=1)])
Out[15]:      A   B   C
         1   A1  B1  C1
         2   A2  B2  C2
         3  NaN  B3  C3
         4  NaN  B4  C4
```

Die append-Methode

Da die direkte Verkettung von Arrays so häufig vorkommt, besitzen Series- und DataFrame-Objekte eine append-Methode, um diese Aufgabe mit weniger Tastendrücken erledigen zu können. Anstelle von pd.concat([df1, df2]) können Sie einfach df1.append(df2) schreiben:

```
In [16]: display('df1', 'df2', 'df1.append(df2)')
Out[16]: df1            df2            df1.append(df2)
             A   B           A   B          A   B
         1  A1  B1      3  A3  B3      1  A1  B1
         2  A2  B2      4  A4  B4      2  A2  B2
                                       3  A3  B3
                                       4  A4  B4
```

Denken Sie jedoch daran, dass die append-Methode von Pandas im Gegensatz zu den append- und extend-Methoden von Python-Listen das ursprüngliche Objekt nicht verändert. Sie erzeugt vielmehr ein neues Objekt, das die kombinierten Daten enthält. Darüber hinaus ist die Methode auch nicht besonders effizient, weil sie das Erzeugen eines neuen Index *und* eines neuen Datenpuffers erfordert. Sollten Sie also beabsichtigen, eine Vielzahl von append-Operationen durchzuführen, ist es im Allgemeinen besser, eine Liste mit DataFrame-Objekten zu erzeugen und diese in einem Rutsch an die concat-Funktion zu übergeben.

Im nächsten Kapitel werden wir einen leistungsfähigeren Ansatz für das Kombinieren von Daten aus unterschiedlichen Quellen betrachten, nämlich Merge- und Join-Funktionen im Stil einer Datenbank, die pd.merge implementiert. Weitere Informationen über concat, append und verwandte Funktionen finden Sie im Abschnitt »Merge, Join, Concatenate and Compare« der Pandas-Dokumentation (*https://oreil.ly/cY16c*).

KAPITEL 19

Datenmengen kombinieren: merge und join

Zu den wesentlichen Features von Pandas gehören die äußerst leistungsfähigen im Arbeitsspeicher ausgeführten Join- und Merge-Operationen, die Ihnen schon geläufig sein sollten, wenn Sie bereits mit Datenbanken gearbeitet haben. Die wichtigste Schnittstelle ist die pd.merge-Funktion, und wir werden einige Beispiele betrachten, die zeigen, wie die Sache in der Praxis funktioniert.

Der Einfachheit halber definieren wir nach den üblichen Importen wieder die aus dem vorherigen Kapitel bekannte display-Funktion:

```
In [1]: import pandas as pd
        import numpy as np

        class display(object):
            """HTML-Darstellung mehrerer Objekte anzeigen"""
            template = """<div style="float: left; padding: 10px;">
            <p style='font-family:"Courier New", Courier, monospace'>{0}{1}
            """
            def __init__(self, *args):
                self.args = args

            def _repr_html_(self):
                return '\n'.join(self.template.format(a, eval(a)._repr_html_())
                                 for a in self.args)

            def __repr__(self):
                return '\n\n'.join(a + '\n' + repr(eval(a))
                                   for a in self.args)
```

Relationale Algebra

Das durch pd.merge implementierte Verhalten stellt eine Teilmenge der sogenannten *relationalen Algebra* dar. Dabei handelt es sich um einen formalen Satz von Regeln für das Bearbeiten von relationalen Daten. Die relationale Algebra bildet die konzeptuelle Grundlage für die verfügbaren Operationen der meisten Datenbanken. Die Stärke des Ansatzes liegt darin, dass verschiedene grundsätzliche Operationen zu Bausteinen komplizierterer Operationen werden, die auf jede Datenmenge anwendbar sind. Wenn dieses Nachschlagewerk grundlegender Operationen in einer Datenbank oder einem anderen Programm vernünftig implementiert ist, kann ein breites Spektrum ziemlich komplizierter Operationen durchgeführt werden.

Pandas implementiert eine Reihe dieser Grundbausteine in der `pd.merge`-Funktion und der verwandten `join`-Methode von `Series` und `DataFrame`-Objekten. Sie werden sehen, dass Sie damit Daten aus verschiedenen Quellen effizient verknüpfen können.

Join-Kategorien

Die `pd.merge`-Funktion implementiert verschiedene Arten von Joins: *1-zu-1-*, *n-zu-1-* und *n-zu-n*-Joins. Die `pd.merge`-Schnittstelle bietet für den Zugriff auf diese drei Arten von Joins nur einen Aufruf – welche Art Join ausgeführt wird, hängt von der Form der Eingabedaten ab. Wir betrachten zunächst nur einfache Beispiele der drei Arten. Im Anschluss erörtern wir die verfügbaren Optionen dann ausführlicher.

1-zu-1-Joins

Die einfachste Art eines Merge dürfte ein 1-zu-1-Join sein, der in vielerlei Hinsicht der spaltenweisen Verkettung sehr ähnlich ist, die Sie aus Kapitel 18 kennen. Als konkretes Beispiel betrachten wir die folgenden beiden `DataFrame`-Objekte, die Informationen über einige Mitarbeiterinnen und Mitarbeiter einer Firma enthalten:

```
In [2]: df1 = pd.DataFrame({'employee': ['Bob', 'Jake', 'Lisa', 'Sue'],
                            'group': ['Accounting', 'Engineering',
                                      'Engineering', 'HR']})
        df2 = pd.DataFrame({'employee': ['Lisa', 'Bob', 'Jake', 'Sue'],
                            'hire_date': [2004, 2008, 2012, 2014]})
        display('df1', 'df2')
Out[2]: df1                           df2
          employee        group         employee  hire_date
        0      Bob   Accounting       0     Lisa       2004
        1     Jake  Engineering       1      Bob       2008
        2     Lisa  Engineering       2     Jake       2012
        3      Sue           HR       3      Sue       2014
```

Um diese Informationen in einem einzelnen `DataFrame` zu speichern, können wir die `pd.merge`-Funktion verwenden:

```
In [3]: df3 = pd.merge(df1, df2)
        df3
Out[3]:   employee        group  hire_date
        0      Bob   Accounting       2008
        1     Jake  Engineering       2012
        2     Lisa  Engineering       2004
        3      Sue           HR       2014
```

Die `pd.merge`-Funktion erkennt, dass in jedem `DataFrame` die Spalte `employee` vorhanden ist, und führt automatisch einen Join mit dieser Spalte als Schlüssel aus. Das Ergebnis ist ein neuer `DataFrame`, der die Informationen der beiden Eingaben kombiniert. Beachten Sie, dass die Reihenfolge der Einträge nicht unbedingt erhalten bleibt: In diesem Fall unterscheidet sich die Reihenfolge in der Spalte `employee` bei df1 und df2, aber die pd.merge-Funktion berücksichtigt das. Denken Sie auch daran, dass der Merge im Allgemeinen den Index verwirft, sofern es sich nicht um den Sonderfall handelt, dass der Merge anhand des Index durchgeführt wird (siehe hierzu die Schlüsselwörter left_index und right_index, auf die wir in Kürze zu sprechen kommen werden.).

n-zu-1-Joins

Bei n-zu-1-Joins enthält eine der beiden zu verknüpfenden Spalten Einträge mehrfach. Im resultierenden DataFrame bleiben diese mehrfach vorhandenen Werte erhalten. Betrachten Sie das folgende Beispiel für einen n-zu-1-Join:

```
In [4]: df4 = pd.DataFrame({'group': ['Accounting', 'Engineering', 'HR'],
                            'supervisor': ['Carly', 'Guido', 'Steve']})
        display('df3', 'df4', 'pd.merge(df3, df4)')
Out[4]: df3                                     df4
          employee        group  hire_date             group supervisor
        0      Bob   Accounting       2008      0   Accounting      Carly
        1     Jake  Engineering       2012      1  Engineering      Guido
        2     Lisa  Engineering       2004      2           HR      Steve
        3      Sue           HR       2014

        pd.merge(df3, df4)
          employee        group  hire_date supervisor
        0      Bob   Accounting       2008      Carly
        1     Jake  Engineering       2012      Guido
        2     Lisa  Engineering       2004      Guido
        3      Sue           HR       2014      Steve
```

Der resultierende DataFrame besitzt die zusätzliche Spalte supervisor, in der die Information an einer oder mehreren Stellen wiederholt wird, wenn die Eingabe es erfordert.

n-zu-n-Joins

n-zu-n-Joins können konzeptuell ein wenig verwirrend sein, sind aber dessen ungeachtet wohldefiniert. Wenn sowohl im linken als auch im rechten Array Werte in der Spalte mehrfach vorhanden sind, findet ein n-zu-n-Join statt. Das lässt sich am besten anhand eines konkreten Beispiels verdeutlichen. Wir verwenden einen DataFrame, in dem verschiedene Fähigkeiten gespeichert sind, die einer bestimmten Abteilung zugeschrieben werden.

Nach einem n-zu-n-Join kann man feststellen, über welche Fähigkeiten eine bestimmte Person verfügt:

```
In [5]: df5 = pd.DataFrame({'group': ['Accounting', 'Accounting',
                                      'Engineering', 'Engineering', 'HR', 'HR'],
                            'skills': ['math', 'spreadsheets', 'software', 'math',
                                       'spreadsheets', 'organization']})
        display('df1', 'df5', "pd.merge(df1, df5)")
Out[5]: df1                        df5
        employee        group                group        skills
```

```
0       Bob   Accounting     0   Accounting          math
1      Jake  Engineering     1   Accounting  spreadsheets
2      Lisa  Engineering     2  Engineering      software
3       Sue           HR     3  Engineering          math
                             4           HR  spreadsheets
                             5           HR  organization

pd.merge(df1, df5)
  employee        group        skills
0      Bob   Accounting          math
1      Bob   Accounting  spreadsheets
2     Jake  Engineering      software
3     Jake  Engineering          math
4     Lisa  Engineering      software
5     Lisa  Engineering          math
6      Sue           HR  spreadsheets
7      Sue           HR  organization
```

Die drei Arten von Joins können zusammen mit anderen Pandas-Tools verwendet werden und ermöglichen so vielfältige Funktionalitäten. In der Praxis sind die Datenmengen allerdings nur in den seltensten Fällen so ordentlich wie hier. Im nächsten Abschnitt werden wir einige Optionen von `pd.merge` betrachten, die es Ihnen ermöglichen, die Funktionsweise von Join-Operationen zu steuern.

Angabe der zu verknüpfenden Spalten

Das Standardverhalten von `pd.merge` haben Sie bereits kennengelernt: Die Funktion sucht in beiden Eingaben nach Spalten mit übereinstimmenden Namen und verwendet diese als Schlüssel. Allerdings stimmen die Spaltenbezeichnungen oft nicht überein, obwohl sie gleichartige Daten enthalten. `pd.merge` stellt verschiedene Optionen bereit, um damit umzugehen.

Das Schlüsselwort on

Im einfachsten Fall geben Sie mit dem Schlüsselwort `on` einfach den Namen der zu verknüpfenden Spalten an. Weisen Sie ihm den Namen einer Spalte oder eine Liste mit Spaltennamen zu:

```
In [6]: display('df1', 'df2', "pd.merge(df1, df2, on='employee')")
Out[6]: df1                          df2
          employee        group        employee  hire_date
        0      Bob   Accounting      0     Lisa       2004
        1     Jake  Engineering      1      Bob       2008
        2     Lisa  Engineering      2     Jake       2012
        3      Sue           HR      3      Sue       2014

        pd.merge(df1, df2, on='employee')
          employee        group  hire_date
        0      Bob   Accounting       2008
        1     Jake  Engineering       2012
        2     Lisa  Engineering       2004
        3      Sue           HR       2014
```

Diese Option funktioniert natürlich nur, wenn der angegebene Spaltenname sowohl im linken als auch im rechten `DataFrame` vorhanden ist.

Die Schlüsselwörter left_on und right_on

Gelegentlich möchte man zwei Datenmengen mit unterschiedlichen Spaltennamen zusammenführen, etwa wenn die Spalte `employee` in einer anderen Datenmenge die Bezeichnung `name` trägt. In diesem Fall kann man die Schlüsselwörter `left_on` und `right_on` verwenden, um die beiden Spaltennamen anzugeben:

```
In [7]: df3 = pd.DataFrame({'name': ['Bob', 'Jake', 'Lisa', 'Sue'],
                            'salary': [70000, 80000, 120000, 90000]})
        display('df1', 'df3', 'pd.merge(df1, df3, left_on="employee",
                 right_on="name")')
Out[7]: df1                           df3
          employee        group          name  salary
        0      Bob   Accounting       0   Bob   70000
        1     Jake  Engineering       1  Jake   80000
        2     Lisa  Engineering       2  Lisa  120000
        3      Sue           HR       3   Sue   90000

        pd.merge(df1, df3, left_on="employee", right_on="name")
          employee        group  name  salary
        0      Bob   Accounting   Bob   70000
        1     Jake  Engineering  Jake   80000
        2     Lisa  Engineering  Lisa  120000
        3      Sue           HR   Sue   90000
```

Das Ergebnis enthält die redundante Spalte `name`, die aber leicht entfernt werden kann, z. B. mit der `drop`-Methode von `DataFrame`:

```
In [8]: pd.merge(df1, df3, left_on="employee", right_on="name").drop('name', axis=1)
Out[8]:   employee        group  salary
        0      Bob   Accounting   70000
        1     Jake  Engineering   80000
        2     Lisa  Engineering  120000
        3      Sue           HR   90000
```

Die Schlüsselwörter left_index und right_index

Es kommt vor, dass man die Daten nicht anhand einer Spalte zusammenführen will, sondern den Index dafür verwenden möchte. Die Daten könnten etwa folgendermaßen aussehen:

```
In [9]: df1a = df1.set_index('employee')
        df2a = df2.set_index('employee')
        display('df1a', 'df2a')
Out[9]: df1a                      df2a
                        group               hire_date
        employee                  employee
        Bob        Accounting     Lisa           2004
        Jake      Engineering     Bob            2008
        Lisa      Engineering     Jake           2012
        Sue                HR     Sue            2014
```

Sie können den Index als Schlüssel verwenden, indem Sie beim Aufruf von `pd.merge` das Flag `left_index` bzw. `right_index` auf `True` setzen:

```
In [10]: display('df1a', 'df2a',
                 "pd.merge(df1a, df2a, left_index=True, right_index=True)")
Out[10]: df1a                          df2a
                           group                   hire_date
         employee                      employee
         Bob          Accounting       Lisa             2004
         Jake        Engineering       Bob              2008
         Lisa        Engineering       Jake             2012
         Sue                  HR       Sue              2014

         pd.merge(df1a, df2a, left_index=True, right_index=True)
                           group  hire_date
         employee
         Bob          Accounting       2008
         Jake        Engineering       2012
         Lisa        Engineering       2004
         Sue                  HR       2014
```

Der Bequemlichkeit halber enthält Pandas die `DataFrame.join`-Methode, die standardmäßig einen Join anhand der Indizes ohne zusätzliche Schlüsselwörter ausführt:

```
In [11]: df1a.join(df2a)
Out[11]:                   group  hire_date
         employee
         Bob          Accounting       2008
         Jake        Engineering       2012
         Lisa        Engineering       2004
         Sue                  HR       2014
```

Wenn Sie Indizes und Spalten mischen möchten, können Sie `left_index` mit `right_on` oder `left_on` mit `right_index` kombinieren, um das gewünschte Verhalten zu erzielen:

```
In [12]: display('df1a', 'df3', "pd.merge(df1a, df3, left_index=True,
                 right_on='name')")
Out[12]: df1a                          df3
                           group       name  salary
         employee                      0    Bob   70000
         Bob          Accounting       1   Jake   80000
         Jake        Engineering       2   Lisa  120000
         Lisa        Engineering       3    Sue   90000
         Sue                  HR

         pd.merge(df1a, df3, left_index=True, right_on='name')
                  group  name  salary
         0   Accounting   Bob   70000
         1  Engineering  Jake   80000
         2  Engineering  Lisa  120000
         3           HR   Sue   90000
```

Sämtliche dieser Optionen funktionieren auch mit mehrfachen Indizes und/oder mehreren Spalten – die Schnittstelle für dieses Verhalten ist sehr intuitiv. Weitere Informationen finden Sie im Abschnitt »Merge, Join, and Concatenate« der Pandas-Dokumentation (*https://oreil.ly/ffyAp*).

Mengenarithmetik bei Joins

In den vorangehenden Beispielen haben wir einen wichtigen Punkt bei der Ausführung von Joins unter den Teppich gekehrt: die Art der verwendeten Mengenarithmetik. Sie spielt eine Rolle, wenn ein Wert in einer der Spalten vorhanden ist, in der anderen jedoch nicht. Ein Beispiel:

```
In [13]: df6 = pd.DataFrame({'name': ['Peter', 'Paul', 'Mary'],
                             'food': ['fish', 'beans', 'bread']},
                            columns=['name', 'food'])
         df7 = pd.DataFrame({'name': ['Mary', 'Joseph'],
                             'drink': ['wine', 'beer']},
                            columns=['name', 'drink'])
         display('df6', 'df7', 'pd.merge(df6, df7)')
Out[13]: df6                 df7
             name   food          name drink
         0  Peter   fish     0    Mary  wine
         1   Paul  beans     1  Joseph  beer
         2   Mary  bread

         pd.merge(df6, df7)
            name   food drink
         0  Mary  bread  wine
```

Hier haben wir zwei Datenmengen zusammengeführt, die nur einen einzigen name-Eintrag gemeinsam haben: »Mary«. Das Ergebnis enthält standardmäßig die *Schnittmenge* der beiden Eingabemengen, und man bezeichnet das als inneren Join (*Inner Join*). Wir können das mit dem Schlüsselwort how explizit angeben, für das der Wert 'inner' voreingestellt ist:

```
In [14]: pd.merge(df6, df7, how='inner')
Out[14]:    name   food drink
         0  Mary  bread  wine
```

Weitere Optionen für dieses Schlüsselwort sind 'outer', 'left' und 'right'. Ein äußerer Join (*Outer Join*) liefert die *Vereinigungsmenge* der Eingabespalten zurück und füllt fehlende Werte mit NA-Werten auf:

```
In [15]: display('df6', 'df7', "pd.merge(df6, df7, how='outer')")
Out[15]: df6                 df7
             name   food          name drink
         0  Peter   fish     0    Mary  wine
         1   Paul  beans     1  Joseph  beer
         2   Mary  bread

         pd.merge(df6, df7, how='outer')
              name   food drink
         0   Peter   fish   NaN
         1    Paul  beans   NaN
         2    Mary  bread  wine
         3  Joseph    NaN  beer
```

Die Optionen `left_join` und `right_join` (*linker* bzw. *rechter Join*) liefern einen Join der linken bzw. der rechten Einträge, zum Beispiel:

```
In [16]: display('df6', 'df7', "pd.merge(df6, df7, how='left')")
Out[16]: df6                  df7
              name   food            name drink
         0   Peter   fish      0     Mary  wine
         1    Paul  beans      1   Joseph  beer
         2    Mary  bread

         pd.merge(df6, df7, how='left')
              name   food drink
         0   Peter   fish   NaN
         1    Paul  beans   NaN
         2    Mary  bread  wine
```

Die Ausgabezeilen entsprechen nun den Einträgen der linken Eingabe. `how='right'` funktioniert auf die gleiche Weise.

Alle diese Optionen können direkt auf alle der zuvor genannten Join-Typen angewandt werden.

Konflikte bei Spaltennamen: das Schlüsselwort suffixes

Es kann passieren, dass die Spaltennamen zweier `DataFrames` miteinander in Konflikt stehen. Betrachten Sie dieses Beispiel:

```
In [17]: df8 = pd.DataFrame({'name': ['Bob', 'Jake', 'Lisa', 'Sue'],
                             'rank': [1, 2, 3, 4]})
         df9 = pd.DataFrame({'name': ['Bob', 'Jake', 'Lisa', 'Sue'],
                             'rank': [3, 1, 4, 2]})
         display('df8', 'df9', 'pd.merge(df8, df9, on="name")')
Out[17]: df8                df9
            name  rank         name  rank
         0   Bob     1      0   Bob     3
         1  Jake     2      1  Jake     1
         2  Lisa     3      2  Lisa     4
         3   Sue     4      3   Sue     2

         pd.merge(df8, df9, on="name")
            name  rank_x  rank_y
         0   Bob       1       3
         1  Jake       2       1
         2  Lisa       3       4
         3   Sue       4       2
```

Weil im Ergebnis die Spaltennamen miteinander in Konflikt stehen würden, hängt die `merge`-Funktion automatisch die Suffixe _x und _y an die Spaltennamen an, damit die Ausgabe eindeutig ist. Sollten diese Vorgaben unpassend sein, können Sie mit dem Schlüsselwort `suffixes` selbst definieren, was angehängt wird:

```
In [18]: pd.merge(df8, df9, on="name", suffixes=["_L", "_R"])
Out[18]:    name  rank_L  rank_R
```

```
0    Bob        1        3
1   Jake        2        1
2   Lisa        3        4
3    Sue        4        2
```

Diese Suffixe funktionieren bei allen Arten von Joins und sogar dann, wenn die Namen mehrerer Spalten miteinander in Konflikt stehen.

In Kapitel 20 gehen wir noch etwas detaillierter auf die relationale Algebra ein. Weitere Informationen finden Sie außerdem im Abschnitt »Merge, Join, Concatenate and Compare« (*https://oreil.ly/l8zZ1*) der Pandas-Dokumentation.

Beispiel: Daten von US-Bundesstaaten

Merge- und Join-Operationen treten meistens beim Kombinieren von Daten aus unterschiedlichen Quellen in Erscheinung. Wir betrachten nun ein Beispiel, das Daten aus US-Bundesstaaten und deren Einwohner (*https://oreil.ly/aq6Xb*) verwendet:

```
In [19]: # Mit den folgenden Shell-Befehlen können die Daten
         # heruntergeladen werden:
         # repo = "https://raw.githubusercontent.com/jakevdp/data-USstates/master"
         # !cd data && curl -O {repo}/state-population.csv
         # !cd data && curl -O {repo}/state-areas.csv
         # !cd data && curl -O {repo}/state-abbrevs.csv
```

Verwenden Sie die read_csv-Funktion von Pandas, um die Daten einzulesen:

```
In [20]: pop = pd.read_csv('data/state-population.csv')
         areas = pd.read_csv('data/state-areas.csv')
         abbrevs = pd.read_csv('data/state-abbrevs.csv')

         display('pop.head()', 'areas.head()', 'abbrevs.head()')
Out[20]: pop.head()
           state/region     ages  year  population
         0           AL  under18  2012   1117489.0
         1           AL    total  2012   4817528.0
         2           AL  under18  2010   1130966.0
         3           AL    total  2010   4785570.0
         4           AL  under18  2011   1125763.0

         areas.head()
                 state  area (sq. mi)
         0     Alabama          52423
         1      Alaska         656425
         2     Arizona         114006
         3    Arkansas          53182
         4  California         163707

         abbrevs.head()
                 state abbreviation
         0     Alabama           AL
         1      Alaska           AK
         2     Arizona           AZ
         3    Arkansas           AR
         4  California           CA
```

Anhand dieser Informationen können wir relativ unkompliziert Berechnungen anstellen. Beispielsweise können Sie die Rangfolge der US-Bundesstaaten nach der Bevölkerungsdichte im Jahr 2010 ermitteln. Die erforderlichen Daten sind zweifelsohne vorhanden, aber wir müssen die Datenmengen kombinieren, um an das gewünschte Ergebnis zu gelangen.

Wir führen zunächst einen n-zu-1-Merge durch, der uns den vollständigen Namen der Bundesstaaten im `pop`-`DataFrame` liefert. Wir wollen die Daten anhand der `state/region`-Spalte (Bundesstaat) von `pop` (Bevölkerung) und der `abbreviation`-Spalte (Abkürzungen) von `abbrevs` zusammenführen. Dazu verwenden wir `how='outer'`, damit sichergestellt ist, dass keine Daten aufgrund nicht übereinstimmender Labels verloren gehen.

```
In [21]: merged = pd.merge(pop, abbrevs, how='outer',
                           left_on='state/region', right_on='abbreviation')
         merged = merged.drop('abbreviation', axis=1)
         # Doppelte Informationen entfernen.
         merged.head()
Out[21]:   state/region     ages  year  population    state
         0            AL  under18  2012   1117489.0  Alabama
         1            AL    total  2012   4817528.0  Alabama
         2            AL  under18  2010   1130966.0  Alabama
         3            AL    total  2010   4785570.0  Alabama
         4            AL  under18  2011   1125763.0  Alabama
```

Um zu überprüfen, ob es irgendwelche fehlerhaften Zuordnungen gab, können wir nach Zeilen mit Nullwerten suchen:

```
In [22]: merged.isnull().any()
Out[22]: state/region    False
         ages            False
         year            False
         population       True
         state            True
         dtype: bool
```

Einige `population`-Werte sind tatsächlich null. So finden wir heraus, welche das sind!

```
In [23]: merged[merged['population'].isnull()].head()
Out[23]:      state/region     ages  year  population state
         2448           PR  under18  1990         NaN   NaN
         2449           PR    total  1990         NaN   NaN
         2450           PR    total  1991         NaN   NaN
         2451           PR  under18  1991         NaN   NaN
         2452           PR    total  1993         NaN   NaN
```

Die Nullwerte scheinen alle zu Puerto Rico (`PR`) zu gehören und aus dem Zeitraum vor dem Jahr 2000 zu stammen. Vermutlich waren die Daten der ursprünglichen Quelle nicht zugänglich.

Wichtiger ist allerdings, dass einige der neuen `state`-Werte null sind, was bedeutet, dass es keinen zugehörigen Eintrag in der `abbrevs`-Spalte gibt! Finden wir also heraus, welcher Region diese Information fehlt:

```
In [24]: merged.loc[merged['state'].isnull(), 'state/region'].unique()
Out[24]: array(['PR', 'USA'], dtype=object)
```

Daraus können wir schnell auf das eigentliche Problem schließen: Die Einwohnerdaten enthalten Einträge für Puerto Rico (PR) und die Vereinigten Staaten als Ganzes (USA), diese Einträge sind jedoch in der abbreviation-Spalte nicht vorhanden. Das lässt sich leicht durch das Nachtragen der entsprechenden Werte beheben:

```
In [25]: merged.loc[merged['state/region'] == 'PR', 'state'] = 'Puerto Rico'
         merged.loc[merged['state/region'] == 'USA', 'state'] = 'United States'
         merged.isnull().any()
Out[25]: state/region    False
         ages            False
         year            False
         population       True
         state           False
         dtype: bool
```

Keine Nullwerte mehr in der state-Spalte: Alles in Ordnung!

Nun können wir das Ergebnis auf ähnliche Weise mit den area-Daten verknüpfen. Nach Begutachtung der Ergebnisse möchten wir einen Join anhand der beiden state-Spalten durchführen:

```
In [26]: final = pd.merge(merged, areas, on='state', how='left')
         final.head()
Out[26]:   state/region     ages  year  population    state  area (sq. mi)
         0           AL  under18  2012   1117489.0  Alabama        52423.0
         1           AL    total  2012   4817528.0  Alabama        52423.0
         2           AL  under18  2010   1130966.0  Alabama        52423.0
         3           AL    total  2010   4785570.0  Alabama        52423.0
         4           AL  under18  2011   1125763.0  Alabama        52423.0
```

Sicherheitshalber prüfen wir wieder, ob Nullwerte vorhanden sind:

```
In [27]: final.isnull().any()
Out[27]: state/region     False
         ages             False
         year             False
         population        True
         state            False
         area (sq. mi)     True
         dtype: bool
```

Tatsächlich enthält die area-Spalte Nullwerte, also zeigen wir an, welche Regionen übergangen wurden:

```
In [28]: final['state'][final['area (sq. mi)'].isnull()].unique()
Out[28]: array(['United States'], dtype=object)
```

Es wird klar, dass der area-DataFrame die Fläche der USA als Ganzes nicht enthält. Wir könnten den Wert ergänzen (z. B. indem wir die Summe aller Bundesstaaten berechnen), aber in diesem Fall entfernen wir die Nullwerte einfach, die Bevölkerungsdichte der USA ist an dieser Stelle nicht von Interesse:

```
In [29]: final.dropna(inplace=True)
         final.head()
```

```
Out[29]:   state/region     ages  year  population    state  area (sq. mi)
         0           AL  under18  2012   1117489.0  Alabama        52423.0
         1           AL    total  2012   4817528.0  Alabama        52423.0
         2           AL  under18  2010   1130966.0  Alabama        52423.0
         3           AL    total  2010   4785570.0  Alabama        52423.0
         4           AL  under18  2011   1125763.0  Alabama        52423.0
```

Nun haben wir alle erforderlichen Daten beisammen. Zum Beantworten der Frage, die uns interessiert, wählen wir zunächst den zum Jahr 2010 gehörenden Teil der Daten und die gesamte Einwohnerzahl aus. Dazu verwenden wir die query-Funktion (die das Paket NumExpr benötigt; siehe Kapitel 24):

```
In [30]: data2010 = final.query("year == 2010 & ages == 'total'")
         data2010.head()
Out[30]:     state/region   ages  year  population       state  area (sq. mi)
         3             AL  total  2010   4785570.0     Alabama        52423.0
         91            AK  total  2010    713868.0      Alaska       656425.0
         101           AZ  total  2010   6408790.0     Arizona       114006.0
         189           AR  total  2010   2922280.0    Arkansas        53182.0
         197           CA  total  2010  37333601.0  California       163707.0
```

Wir berechnen jetzt die Bevölkerungsdichte und geben sie in sortierter Reihenfolge aus. Zunächst führen wir eine Neuindizierung der Daten mit der state-Spalte durch und berechnen anschließend das Ergebnis:

```
In [31]: data2010.set_index('state', inplace=True)
         density = data2010['population'] / data2010['area (sq. mi)']


In [32]: density.sort_values(ascending=False, inplace=True)
         density.head()
Out[32]: state
         District of Columbia    8898.897059
         Puerto Rico             1058.665149
         New Jersey              1009.253268
         Rhode Island             681.339159
         Connecticut              645.600649
         dtype: float64
```

Das Ergebnis ist eine Liste der US-Bundesstaaten nebst Washington, DC und Puerto Rico in der Reihenfolge ihrer Bevölkerungsdichte im Jahr 2010 (Angaben in Einwohner pro Quadratmeile). In dieser Datenmenge ist Washington, DC (d.h. der Bundesdistrikt Columbia mit der Hauptstadt Washington) die mit Abstand am dichtesten besiedelte Region. Unter den Bundesstaaten ist New Jersey am dichtesten besiedelt.

Und hier ist das Ende der Rangliste:

```
In [33]: density.tail()
Out[33]: state
         South Dakota    10.583512
         North Dakota     9.537565
         Montana          6.736171
         Wyoming          5.768079
         Alaska           1.087509
         dtype: float64
```

Der Bundesstaat mit der bei Weitem niedrigsten Bevölkerungsdichte ist Alaska. Dort gibt es durchschnittlich nur etwa einen Bewohner pro Quadratmeile.

Diese Art der Datenzusammenführung ist eine häufig anzutreffende Aufgabe, wenn Fragen anhand realer Datenquellen beantwortet werden sollen. Ich hoffe, dieses Beispiel hat Ihnen eine Vorstellung davon vermittelt, wie Sie die hier vorgestellten Tools kombinieren können, um Informationen aus Ihren Daten zu gewinnen!

KAPITEL 20
Aggregation und Gruppierung

Effizientes Zusammenfassen ist wesentlicher Bestandteil der Analyse großer Datenbestände: Die Berechnung von Aggregationen wie sum, mean, median, min und max machen es möglich, dass eine einzige Zahl Einsicht in die Natur einer potenziell großen Datenmenge erlaubt. In diesem Kapitel werden wir die in Pandas verfügbaren Aggregationen erkunden – von den einfachen, aus NumPy bekannten Operationen bis zu ausgeklügelten Operationen, die auf dem Konzept des sogenannten groupby beruhen.

Der Einfachheit halber benutzen wir auch hier die gleiche magische display-Funktion, die wir bereits aus den vorherigen Kapiteln kennen:

```
In [1]: import numpy as np
        import pandas as pd

        class display(object):
            """HTML-Darstellung mehrerer Objekte anzeigen"""
            template = """<div style="float: left; padding: 10px;">
            <p style='font-family:"Courier New", Courier, monospace'>{0}{1}
            """
            def __init__(self, *args):
                self.args = args

            def _repr_html_(self):
                return '\n'.join(self.template.format(a, eval(a)._repr_html_())
                                 for a in self.args)

            def __repr__(self):
                return '\n\n'.join(a + '\n' + repr(eval(a))
                                   for a in self.args)
```

Planetendaten

Wir werden hier eine Planetendatenmenge verwenden, die über das Seaborn-Paket (*http://seaborn.pydata.org*) (siehe Kapitel 36) erhältlich ist. Diese Datenmenge enthält Informationen über Planeten, die Astronomen in der Nähe von Sternen außerhalb des Sonnensystems entdeckt haben – *extrasolare Planeten* oder kurz *Exoplaneten* genannt. Die Daten können durch einen einfachen Seaborn-Befehl heruntergeladen werden:

```
In [2]: import seaborn as sns
        planets = sns.load_dataset('planets')
        planets.shape
Out[2]: (1035, 6)
```

```
In [3]: planets.head()
Out[3]:            method  number  orbital_period   mass  distance  year
        0  Radial Velocity      1         269.300   7.10     77.40  2006
        1  Radial Velocity      1         874.774   2.21     56.95  2008
        2  Radial Velocity      1         763.000   2.60     19.84  2011
        3  Radial Velocity      1         326.030  19.40    110.62  2007
        4  Radial Velocity      1         516.220  10.50    119.47  2009
```

Die Datenmenge enthält Details über die mehr als 1.000 Exoplaneten, die bis zum Jahr 2014 entdeckt wurden.

Einfache Aggregationen in Pandas

In Kapitel 7 haben wir uns bereits einige der für NumPy-Arrays verfügbaren Datenaggregationen angesehen. Ebenso wie im Fall eines eindimensionalen NumPy-Arrays liefern die Aggregatfunktionen bei einer Pandas-Series einen einzelnen Wert zurück:

```
In [4]: rng = np.random.RandomState(42)
        ser = pd.Series(rng.rand(5))
        ser
Out[4]: 0    0.374540
        1    0.950714
        2    0.731994
        3    0.598658
        4    0.156019
        dtype: float64
```

```
In [5]: ser.sum()
Out[5]: 2.811925491708157
```

```
In [6]: ser.mean()
Out[6]: 0.5623850983416314
```

Bei einem DataFrame geben die Aggregatfunktionen standardmäßig die Ergebnisse für die verschiedenen Spalten zurück:

```
In [7]: df = pd.DataFrame({'A': rng.rand(5),
                           'B': rng.rand(5)})
        df
Out[7]:           A         B
        0  0.155995  0.020584
        1  0.058084  0.969910
        2  0.866176  0.832443
        3  0.601115  0.212339
        4  0.708073  0.181825
```

```
In [8]: df.mean()
Out[8]: A    0.477888
        B    0.443420
        dtype: float64
```

Durch Angabe des axis-Arguments können Sie stattdessen Aggregationen innerhalb der einzelnen Zeilen durchführen.

```
In [9]: df.mean(axis='columns')
Out[9]: 0    0.088290
        1    0.513997
        2    0.849309
        3    0.406727
        4    0.444949
        dtype: float64
```

Auf Pandas-Series- und -DataFrame-Objekte sind alle in Kapitel 7 erwähnten Aggregationen anwendbar. Darüber hinaus gibt die praktische Methode describe, die verschiedene gebräuchliche Aggregationen der Spalten berechnet und als Ergebnis zurückgibt. Das wenden wir nun auf die Planetendaten an, wobei zunächst Zeilen mit fehlenden Werten entfernt werden:

```
In [10]: planets.dropna().describe()
Out[10]:          number  orbital_period        mass    distance         year
         count  498.00000      498.000000  498.000000  498.000000   498.000000
         mean     1.73494      835.778671    2.509320   52.068213  2007.377510
         std      1.17572     1469.128259    3.636274   46.596041     4.167284
         min      1.00000        1.328300    0.003600    1.350000  1989.000000
         25%      1.00000       38.272250    0.212500   24.497500  2005.000000
         50%      1.00000      357.000000    1.245000   39.940000  2009.000000
         75%      2.00000      999.600000    2.867500   59.332500  2011.000000
         max      6.00000    17337.500000   25.000000  354.000000  2014.000000
```

Diese Methode hilft uns, die allgemeinen Eigenschaften einer Datenmenge zu verstehen. So sehen wir in der year-Spalte, dass, obwohl schon im Jahr 1989 Exoplaneten bekannt waren, die Hälfte aller Planeten in der Datenmenge erst im Jahr 2010 oder danach entdeckt wurden. Das verdanken wir in erster Linie der Kepler-Mission, einem Weltraumteleskop, das speziell dafür konzipiert wurde, Planeten zu entdecken, die den Stern, den sie umlaufen, dabei verdunkeln.

Tabelle 20-1 fasst einige weitere in Pandas integrierte Aggregationen zusammen.

Tabelle 20-1: Aggregatfunktionen von Pandas

Aggregation	**Rückgabewert(e)**
count	Gesamtzahl der Elemente
first, last	erstes bzw. letztes Element
mean, median	Mittelwert und Median
min, max	Minimum und Maximum
std, var	Standardabweichung und Varianz
mad	mittlere absolute Abweichung
prod	Produkt aller Elemente
sum	Summe aller Elemente

Sowohl Series- als auch DataFrame-Objekte verfügen über die in der Tabelle aufgeführten Methoden.

Für eine eingehendere Untersuchung der Daten sind Aggregationen allerdings oft nicht ausreichend. Der nächste Schritt ist dann eine groupby-Operation, die es ermöglicht, schnell und einfach Aggregationen von Teilmengen der Daten zu berechnen.

GroupBy: Aufteilen, Anwenden und Kombinieren

Einfache Aggregationen können Ihnen eine ungefähre Vorstellung von den Daten vermitteln, aber häufig wäre eine Aggregation in Abhängigkeit von einem Label oder Index wünschenswert, und genau das leistet die sogenannte groupby-Operation. Die Bezeichnung entstammt der Datenbanksprache SQL, aber es dürfte erhellender sein, dabei an die von dem Statistiker Hadley Wickham (bekannt unter anderem durch die Entwicklung von Paketen für die Programmiersprache R) geprägten Begriffe zu denken: *Aufteilen*, *Anwenden*, *Kombinieren*.

Aufteilen, Anwenden, Kombinieren

Abbildung 20-1 enthält ein typisches Beispiel für die Aufteilen-Anwenden-Kombinieren-Operation, bei der das Anwenden eine Summierung ist. Abbildung 20-1 zeigt Ihnen, was durch die groupby-Operation erreicht wird:

- Beim *Aufteilen* wird der Inhalt des DataFrame in seine Bestandteile zerlegt, die anschließend entsprechend dem angegebenen Schlüssel neu gruppiert werden.
- Beim *Anwenden* wird innerhalb der verschiedenen Gruppen eine Funktion ausgeführt, für gewöhnlich eine Aggregation, eine Transformation oder ein Filter.
- Beim *Kombinieren* werden die Ergebnisse der Operationen in einem Ausgabe-Array zusammengeführt.

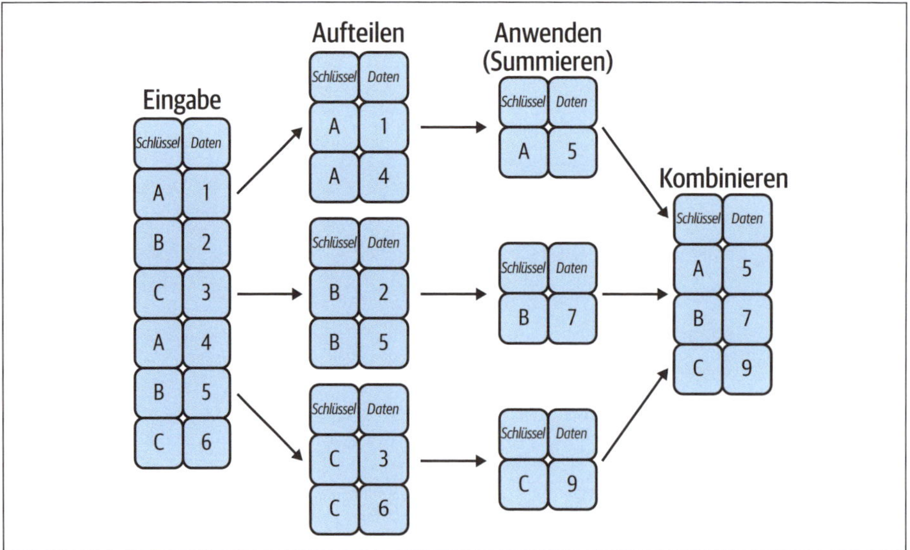

Abbildung 20-1: Visualisierung einer groupby-Operation[1]

Das könnte man natürlich auch manuell durch eine Kombination aus Maskierungen, Aggregationen und den bereits erörterten Merge-Befehlen erledigen, allerdings ist hier zu beachten, dass *die temporären Aufteilungen nicht explizit instanziiert werden müssen*. Das `groupby` kann die Aufgabe (in vielen Fällen) während eines einzigen Durchlaufs der Daten erledigen, in dem die Summe, der Mittelwert, das Minimum oder auch andere Aggregationen aktualisiert werden. `groupby` sorgt dafür, dass diese Schritte ausgeblendet werden: User brauchen sich keine Gedanken darüber zu machen, wie die Berechnungen hinter den Kulissen erledigt werden, sie können stattdessen den gesamten Vorgang *als eine einzige Operation* betrachten.

Als konkretes Beispiel sehen wir uns an, wie Pandas die in der folgenden Tabelle gezeigten Berechnungen durchführt. Zunächst erzeugen wir den `DataFrame`, der als Eingabe dient:

```
In [11]: df = pd.DataFrame({'key': ['A', 'B', 'C', 'A', 'B', 'C'],
                            'data': range(6)}, columns=['key', 'data'])
         df
Out[11]:   key  data
         0   A     0
         1   B     1
         2   C     2
         3   A     3
         4   B     4
         5   C     5
```

Mit der `DataFrame`-Methode `groupby` kann man die einfachste Aufteilen-Anwenden-Kombinieren-Operation berechnen, indem der Name der Spalte übergeben wird, die als Schlüssel dienen soll:

```
In [12]: df.groupby('key')
Out[12]: <pandas.core.groupby.generic.DataFrameGroupBy object at 0x11d241e20>
```

Beachten Sie, dass hier keine `DataFrame`-Menge zurückgegeben wird, sondern ein `DataFrameGroupBy`-Objekt. Dieses Objekt ist das Besondere: Sie können sich das als eine spezielle Ansicht des `DataFrame` vorstellen, die den Zugriff auf die Gruppierungen ermöglicht, tatsächlich aber keine Berechnungen vornimmt, bevor die Aggregation angewendet wird. Diese »verzögerte Auswertung« ermöglicht es, die gebräuchlichen Aggregationen effizient zu implementieren – und die User bemerken kaum etwas davon.

Wir können eine Aggregation auf dieses `DataFrameGroupBy`-Objekt anwenden, die dann die erforderlichen Anwenden-Kombinieren-Schritte ausführt, um das gewünschte Ergebnis zu liefern:

```
In [13]: df.groupby('key').sum()
Out[13]:      data
         key
         A       3
         B       5
         C       7
```

1 Den Code für die Erstellung dieser Abbildungen finden Sie im Onlineanhang (*https://oreil.ly/zHqzu*) zu diesem Buch.

Die sum-Methode stellt hier lediglich eine Möglichkeit dar – Sie können praktisch alle Aggregatfunktionen von Pandas oder NumPy sowie die meisten DataFrame-Operationen ausführen, wie Sie im Folgenden sehen werden.

Das GroupBy-Objekt

Das GroupBy-Objekt ist eine äußerst flexible Abstraktion, die in vielerlei Hinsicht wie eine Sammlung von DataFrames behandelt werden kann, die hinter den Kulissen die anspruchsvolleren Aufgaben erledigt. Wir betrachten sogleich einige Beispiele, die von den Planetendaten Gebrauch machen.

Die wichtigsten von GroupBy bereitgestellten Operationen dürften aggregate, filter, transform und apply sein, die wir im folgenden Abschnitt noch ausführlicher besprechen werden, aber vorher werfen wir einen Blick auf einige weitere Funktionen, die bei einer GroupBy-Operation genutzt werden können.

Spaltenindizierung

Das GroupBy-Objekt unterstützt Spaltenindizierung auf die gleiche Weise wie ein DataFrame und liefert ein modifiziertes GroupBy-Objekt zurück, zum Beispiel:

```
In [14]: planets.groupby('method')
Out[14]: <pandas.core.groupby.generic.DataFrameGroupBy object at 0x11d1bc820>
In [15]: planets.groupby('method')['orbital_period']
Out[15]: <pandas.core.groupby.generic.SeriesGroupBy object at 0x11d1bcd60>
```

Hier haben wir durch Angabe des Spaltennamens eine bestimmte Series-Gruppe der ursprünglichen DataFrame-Gruppierung ausgewählt. Ebenso wie beim GroupBy-Objekt wird keine Berechnung durchgeführt, bevor wir eine der Aggregatfunktionen des Objekts aufrufen:

```
In [16]: planets.groupby('method')['orbital_period'].median()
Out[16]: method
         Astrometry                         631.180000
         Eclipse Timing Variations         4343.500000
         Imaging                          27500.000000
         Microlensing                      3300.000000
         Orbital Brightness Modulation        0.342887
         Pulsar Timing                       66.541900
         Pulsation Timing Variations       1170.000000
         Radial Velocity                    360.200000
         Transit                              5.714932
         Transit Timing Variations           57.011000
         Name: orbital_period, dtype: float64
```

Diese Daten vermitteln einen Eindruck von der Größenordnung der Umlaufzeiten (in Tagen), die mit diesen Methoden errechnet werden.

Gruppierungen durchlaufen

Das GroupBy-Objekt unterstützt das direkte Durchlaufen einer Gruppierung und gibt die einzelnen Gruppen als Series oder DataFrame zurück:

```
In [17]: for (method, group) in planets.groupby('method'):
             print("{0:30s} shape={1}".format(method, group.shape))
Out[17]: Astrometry                     shape=(2, 6)
         Eclipse Timing Variations      shape=(9, 6)
         Imaging                        shape=(38, 6)
         Microlensing                   shape=(23, 6)
         Orbital Brightness Modulation  shape=(3, 6)
         Pulsar Timing                  shape=(5, 6)
         Pulsation Timing Variations    shape=(1, 6)
         Radial Velocity                shape=(553, 6)
         Transit                        shape=(397, 6)
         Transit Timing Variations      shape=(4, 6)
```

Das kann nützlich sein, wenn man bestimmte Aufgaben aus Debugging-Gründen von Hand erledigen möchte, allerdings ist die integrierte apply-Funktion, die in Kürze zur Sprache kommt, oftmals schneller.

Dispatch-Methoden

Wenn eine Methode in einem GroupBy-Objekt nicht explizit implementiert ist, wird der Aufruf an die zugehörigen Gruppen weitergeleitet, bei denen es sich um Series- oder DataFrame-Objekte handeln kann. So ist die Verwendung der describe-Methode beispielsweise gleichbedeutend mit einem Aufruf von describe auf dem DataFrame, der die jeweilige Gruppe repräsentiert:

```
In [18]: planets.groupby('method')['year'].describe().unstack()
Out[18]:        method
         count  Astrometry                          2.0
                Eclipse Timing Variations           9.0
                Imaging                            38.0
                Microlensing                       23.0
                Orbital Brightness Modulation       3.0
                                                   ...
         max    Pulsar Timing                    2011.0
                Pulsation Timing Variations      2007.0
                Radial Velocity                  2014.0
                Transit                          2014.0
                Transit Timing Variations        2014.0
         Length: 80, dtype: float64
```

Die Tabelle hilft dabei, die Daten besser zu verstehen. Beispielsweise wurde der weitaus größte Teil der Planeten durch Messung der Radialgeschwindigkeit (Radial Velocity) und mithilfe der Transit-Methode entdeckt, wobei Letztere im vergangenen Jahrzehnt dank neuer, verbesserter Teleskope häufiger zum Einsatz kam. Die neuesten Verfahren sind offenbar die Messung von Veränderungen der Transit-Zeit (Transit Timing Variations) und von Helligkeitsschwankungen beim Umlauf (Orbital Brightness Modulation), die vor 2011 noch nicht zum Aufspüren von Exoplaneten verwendet wurden.

Beachten Sie, dass diese Dispatch-Methoden *auf jede einzelne Gruppe* angewendet werden und die Ergebnisse anschließend innerhalb der GroupBy-Funktion kombiniert und als Ergebnis zurückgegeben werden. Auch hier sind wieder alle zulässigen DataFrame-/Series-Methoden auf das zugehörige GroupBy-Objekt anwendbar.

Aggregieren, Filtern, Transformieren, Anwenden

Wir haben uns bislang auf Aggregationen bei der Kombinieren-Operation konzentriert, es gibt jedoch eine Reihe weiterer Optionen. GroupBy-Objekte besitzen aggregate-, filter-, transform- und apply-Methoden, die eine Vielzahl nützlicher Operationen effizient implementieren, bevor sie die gruppierten Daten miteinander kombinieren.

Im nächsten Abschnitt werden wir nachstehenden DataFrame verwenden:

```
In [19]: rng = np.random.RandomState(0)
         df = pd.DataFrame({'key': ['A', 'B', 'C', 'A', 'B', 'C'],
                            'data1': range(6),
                            'data2': rng.randint(0, 10, 6)},
                            columns = ['key', 'data1', 'data2'])
         df
Out[19]:   key  data1  data2
         0   A      0      5
         1   B      1      0
         2   C      2      3
         3   A      3      3
         4   B      4      7
         5   C      5      9
```

Aggregation

Sie sind nun mit GroupBy-Aggregationen wie sum, median und dergleichen vertraut, jedoch bietet die aggregate-Methode sogar noch mehr Flexibilität. Sie nimmt einen String, eine Funktion oder eine Liste von Strings und Funktionen entgegen und berechnet alle Aggregationen in einem Rutsch, wie in folgendem Beispiel:

```
In [20]: df.groupby('key').aggregate(['min', np.median, max])
Out[20]:     data1            data2
               min median max   min median max
         key
         A       0    1.5   3     3    4.0   5
         B       1    2.5   4     0    3.5   7
         C       2    3.5   5     3    6.0   9
```

Oft wird auch ein Dictionary übergeben, das dem Spaltennamen die mit der Spalte auszuführende Operation zuordnet:

```
In [21]: df.groupby('key').aggregate({'data1': 'min',
                                      'data2': 'max'})
Out[21]:      data1  data2
         key
         A        0      5
         B        1      7
         C        2      9
```

Filtern

Eine Filteroperation ermöglicht Ihnen, Daten anhand der Eigenschaften einer Gruppe zu entfernen. Wir könnten beispielsweise alle Gruppen behalten wollen, deren Standardabweichungen einen bestimmten kritischen Wert übersteigt:

```
In [22]: def filter_func(x):
             return x['data2'].std() > 4

         display('df', "df.groupby('key').std()",
                 "df.groupby('key').filter(filter_func)")
Out[22]: df                           df.groupby('key').std()
           key  data1  data2             data1     data2
         0   A      0      5          key
         1   B      1      0          A    2.12132  1.414214
         2   C      2      3          B    2.12132  4.949747
         3   A      3      3          C    2.12132  4.242641
         4   B      4      7
         5   C      5      9

         df.groupby('key').filter(filter_func)
           key  data1  data2
         1   B      1      0
         2   C      2      3
         4   B      4      7
         5   C      5      9
```

Die `filter`-Funktion gibt einen booleschen Wert zurück, der angibt, ob die Gruppe die Filterbedingung erfüllt. Da die Standardabweichung der Gruppe A hier nicht größer als 4 ist, wird sie aus dem Ergebnis entfernt.

Transformation

Aggregationen geben eine verkürzte Version der Daten zurück, Transformationen hingegen können eine umgewandelte Version der vollständigen Daten zurückliefern. Bei solch einer Transformation besitzt die Ausgabe die gleiche Shape wie die Eingabe. Ein typisches Beispiel ist das Zentrieren der Daten durch das Subtrahieren des Mittelwerts der Gruppe:

```
In [23]: def center(x):
             return x - x.mean()
         df.groupby('key').transform(center)
Out[23]:    data1  data2
         0   -1.5    1.0
         1   -1.5   -3.5
         2   -1.5   -3.0
         3    1.5   -1.0
         4    1.5    3.5
         5    1.5    3.0
```

Die apply-Methode

Mit der `apply`-Methode können Sie beliebige Funktionen auf das Ergebnis einer Gruppierung anwenden. Die Funktion sollte einen `DataFrame` entgegennehmen und entweder ein Pandas-Objekt (z.B. `DataFrame` oder `Series`) oder aber einen Skalar zurückgeben. Die Kombinieren-Operation wird an die Art der Ausgabe angepasst, die zurückgegeben wird.

Hier ist beispielsweise eine `apply`-Funktion, die die erste Spalte anhand der Summe der zweiten Spalte normiert:

```
In [24]: def norm_by_data2(x):
             # x ist ein DataFrame, der Gruppen enthält.
             x['data1'] /= x['data2'].sum()
             return x

         df.groupby('key').apply(norm_by_data2)
Out[24]:   key     data1  data2
         0   A  0.000000      5
         1   B  0.142857      0
         2   C  0.166667      3
         3   A  0.375000      3
         4   B  0.571429      7
         5   C  0.416667      9
```

Die Kombination von apply und GroupBy-Objekten ist flexibel: Die einzige Bedingung ist, dass die Funktion einen DataFrame entgegennimmt und ein Pandas-Objekt bzw. einen Skalar zurückgibt – alles andere bleibt Ihnen überlassen!

Angabe des Schlüssels zum Aufteilen

In den bisher vorgestellten einfachen Beispielen haben wir den DataFrame immer anhand einer einzelnen Spaltenbezeichnung aufgeteilt. Das ist jedoch nur eine von vielen Möglichkeiten, Gruppierungen zu definieren, von denen wir uns nun einige ansehen.

Liste, Array, Series oder Index als Gruppierungsschlüssel

Der Schlüssel kann eine Series oder Liste sein, deren Länge mit derjenigen des DataFrame übereinstimmen muss, zum Beispiel:

```
In [25]: L = [0, 1, 0, 1, 2, 0]
         df.groupby(L).sum()
Out[25]:    data1  data2
         0      7     17
         1      4      3
         2      4      7
```

Und natürlich gibt es eine weitere, weitschweifigere Methode, eine solche Aufteilung durch df.groupby ('key') zu erzielen:

```
In [26]: df.groupby(df['key']).sum()
Out[26]:      data1  data2
         key
         A        3      8
         B        5      7
         C        7     12
```

Zuordnung von Indexwerten durch Dictionary oder Series

Eine weitere Methode verwendet ein Dictionary, das den Schlüsseln der Gruppierung Indexwerte zuordnet:

```
In [27]: df2 = df.set_index('key')
         mapping = {'A': 'vowel', 'B': 'consonant', 'C': 'consonant'}
         display('df2', 'df2.groupby(mapping).sum()')
```

```
Out[27]: df2                        df2.groupby(mapping).sum()
             data1  data2                     data1  data2
         key                        key
         A       0      5           consonant    12     19
         B       1      0           vowel         3      8
         C       2      3
         A       3      3
         B       4      7
         C       5      9
```

Eine beliebige Python-Funktion

Ähnlich wie bei der Zuordnung können Sie eine Python-Funktion übergeben, die Indexwerte entgegennimmt und die Gruppierung ausgibt:

```
In [28]: df2.groupby(str.lower).mean()
Out[28]:      data1  data2
         key
         a      1.5    4.0
         b      2.5    3.5
         c      3.5    6.0
```

Eine Liste gültiger Schlüssel

Darüber hinaus können die ausgewählten Schlüssel dazu verwendet werden, anhand eines Multi-Index eine Gruppierung vorzunehmen:

```
In [29]: df2.groupby([str.lower, mapping]).mean()
Out[29]:                 data1  data2
         key key
         a   vowel         1.5    4.0
         b   consonant     2.5    3.5
         c   consonant     3.5    6.0
```

Beispiel: Gruppierung

Als Beispiel soll das Ganze in ein paar Zeilen Python-Code zusammengefasst werden, der die entdeckten Planeten zählt und nach Entdeckungsmethode sowie Jahrzehnt der Entdeckung aufschlüsselt:

```
In [30]: decade = 10 * (planets['year'] // 10)
         decade = decade.astype(str) + 's'
         decade.name = 'decade'
         planets.groupby(['method', decade])['number'].sum().unstack().fillna(0)
Out[30]: decade                         1980s  1990s  2000s  2010s
         method
         Astrometry                       0.0    0.0    0.0    2.0
         Eclipse Timing Variations        0.0    0.0    5.0   10.0
         Imaging                          0.0    0.0   29.0   21.0
         Microlensing                     0.0    0.0   12.0   15.0
         Orbital Brightness Modulation    0.0    0.0    0.0    5.0
         Pulsar Timing                    0.0    9.0    1.0    1.0
         Pulsation Timing Variations      0.0    0.0    1.0    0.0
         Radial Velocity                  1.0   52.0  475.0  424.0
         Transit                          0.0    0.0   64.0  712.0
         Transit Timing Variations        0.0    0.0    0.0    9.0
```

Hier wird deutlich, wie leistungsfähig die Kombination aus einigen der bislang erörterten Operationen bei der Untersuchung echter Datenmengen sein kann. Wir erhalten schnell einen ungefähren Eindruck davon, wann und wie Exoplaneten in den Jahren nach der ersten Entdeckung gefunden wurden.

Ich empfehle Ihnen, sich die wenigen Zeilen Code genau anzusehen und die einzelnen Schritte nachzuvollziehen, um sich zu vergewissern, dass Sie wirklich verstanden haben, wie sie das Ergebnis beeinflussen. Das Beispiel ist zweifelsohne nicht ganz unkompliziert, aber wenn Sie es verstanden haben, werden Sie in der Lage sein, Ihre eigenen Daten auf ähnliche Weise zu erkunden.

KAPITEL 21

Pivot-Tabellen

Wir haben gesehen, wie man mit der groupby-Abstraktion Beziehungen in einer Datenmenge erkunden kann. Eine Pivot-Tabelle ermöglicht eine vergleichbare Operation, die häufig in Erscheinung tritt in Tabellenkalkulationen und anderen Programmen, die Tabellendaten auswerten. Eine Pivot-Tabelle nimmt als Eingabe einfache Spaltendaten entgegen und arrangiert die Einträge in einer zweidimensionalen Tabelle, die eine mehrdimensionale Zusammenfassung der Daten bereitstellt. Der Unterschied zwischen groupby und Pivot-Tabellen sorgt manchmal für Verwirrung – mir hilft es, sich Pivot-Tabellen im Wesentlichen als *mehrdimensionale* Versionen von groupby-Aggregationen vorzustellen. Es bleibt beim Aufteilen, Anwenden, Kombinieren, aber sowohl das Anwenden als auch das Kombinieren beziehen sich nicht auf einen eindimensionalen Index, sondern auf ein zweidimensionales Raster.

Gründe für Pivot-Tabellen

Für die Beispiele in diesem Abschnitt werden wir Daten der Passagiere der *Titanic* verwenden, die über die Seaborn-Bibliothek verfügbar sind (siehe Kapitel 36):

```
In [1]: import numpy as np
        import pandas as pd
        import seaborn as sns
        titanic = sns.load_dataset('titanic')

In [2]: titanic.head()
Out[2]:    survived  pclass     sex   age  sibsp  parch     fare embarked  class  \
        0         0       3    male  22.0      1      0   7.2500        S  Third
        1         1       1  female  38.0      1      0  71.2833        C  First
        2         1       3  female  26.0      0      0   7.9250        S  Third
        3         1       1  female  35.0      1      0  53.1000        S  First
        4         0       3    male  35.0      0      0   8.0500        S  Third

             who  adult_male deck  embark_town alive  alone
        0    man        True  NaN  Southampton    no  False
        1  woman       False    C    Cherbourg   yes  False
        2  woman       False  NaN  Southampton   yes   True
        3  woman       False    C  Southampton   yes  False
        4    man        True  NaN  Southampton    no   True
```

Wie die Ausgabe zeigt, stehen über jeden der Passagiere dieser verhängnisvollen Reise verschiedene Informationen zur Verfügung, wie etwa Geschlecht, Alter, Passagierklasse, gezahlter Fahrpreis und vieles mehr.

Pivot-Tabellen von Hand erstellen

Um mehr über diese Daten zu erfahren, könnten wir sie zunächst nach Geschlecht, Überleben oder einer Kombination daraus sortieren. Wenn Sie das letzte Kapitel gelesen haben, könnten Sie auch auf den Gedanken kommen, eine groupby-Operation vorzunehmen – um beispielsweise die Überlebensrate nach Geschlecht zu ermitteln:

```
In [3]: titanic.groupby('sex')[['survived']].mean()
Out[3]:         survived
        sex
        female  0.742038
        male    0.188908
```

Wir erhalten dadurch unmittelbar die Erkenntnis, dass rund drei von vier der an Bord befindlichen Frauen überlebten, aber nur etwa jeder fünfte Mann!

Schön und gut, aber wir möchten vielleicht einen Schritt weitergehen und die Überlebenden sowohl nach Geschlecht als auch nach Passagierklasse aufschlüsseln. Wir könnten gemäß groupby-Jargon auf folgende Weise fortfahren: Wir *gruppieren* nach Passagierklasse und Geschlecht und wählen Überlebende aus (*Aufteilen*), berechnen eine Mittelwertaggregation (*Anwenden*) und *kombinieren* die resultierenden Gruppierungen. Zum Schluss *transponieren* wir den hierarchischen Index mit unstack, um die verborgene Mehrdimensionalität erkennbar zu machen. Als Code sieht das so aus:

```
In [4]: titanic.groupby(['sex', 'class'])['survived'].aggregate('mean').unstack()
Out[4]: class      First    Second     Third
        sex
        female  0.968085  0.921053  0.500000
        male    0.368852  0.157407  0.135447
```

Auf diese Weise bekommen wir eine bessere Vorstellung davon, welchen Einfluss Geschlecht und Passagierklasse auf die Überlebenschancen hatten, allerdings sieht der Code allmählich ein wenig konfus aus. Die einzelnen Schritte dieses Ablaufs sind in Anbetracht der bislang bekannten Tools durchaus sinnvoll, der lange Code-String ist jedoch nicht gerade einfach anzuwenden und auch nicht besonders gut lesbar. Ein solches zweidimensionales groupby tritt so oft auf, dass Pandas eine eigene Routine dafür enthält, nämlich pivot_table, die mehrdimensionale Aggregationen dieser Art kompakt handhabt.

Die Syntax von Pivot-Tabellen

Das Pendant zu der letzten Operation unter Einsatz der DataFrame.pivot_table-Methode sieht folgendermaßen aus:

```
In [5]: titanic.pivot_table('survived', index='sex', columns='class', aggfunc='mean')
Out[5]: class      First    Second     Third
        sex
        female  0.968085  0.921053  0.500000
        male    0.368852  0.157407  0.135447
```

Das ist erheblich besser lesbar als der groupby-Ansatz und liefert dasselbe Ergebnis. Bei einer Transatlantikkreuzfahrt zu Beginn des 20. Jahrhunderts haben Sie vermutlich bereits erwartet, dass die Überlebenschancen von Passagieren der höheren Klassen und Menschen, die in den Daten als Frauen geführt werden, am größten waren. Frauen in der ersten Klasse überlebten fast mit Sicherheit (Hallo, Rose!), aber nur rund einer von zehn Männern in der dritten Klasse kam mit dem Leben davon (Nichts für ungut, Jack!).

Multilevel-Pivot-Tabellen

Wie beim groupby kann man für die Gruppierung in einer Pivot-Tabelle angeben, dass sie mehrere Levels verwendet. Dafür stehen verschiedenen Optionen zur Verfügung. Wir könnten uns z. B. für das Alter als dritte Dimension interessieren. Also unterteilen wir die Datensätze mit der pd.cut-Funktion in verschiedene Altersgruppen:

```
In [6]: age = pd.cut(titanic['age'], [0, 18, 80])
        titanic.pivot_table('survived', ['sex', age], 'class')
Out[6]: class               First    Second     Third
        sex    age
        female (0, 18]   0.909091  1.000000  0.511628
               (18, 80]  0.972973  0.900000  0.423729
        male   (0, 18]   0.800000  0.600000  0.215686
               (18, 80]  0.375000  0.071429  0.133663
```

Wir können diese Strategie auch bei der Verarbeitung der Spalten verfolgen. Wir fügen mit pd.qcut Informationen über den gezahlten Fahrpreis hinzu, um automatisch Quantile zu berechnen:

```
In [7]: fare = pd.qcut(titanic['fare'], 2)
        titanic.pivot_table('survived', ['sex', age], [fare, 'class'])
Out[7]: fare            (-0.001, 14.454]                     (14.454, 512.329]  \
        class                      First    Second     Third             First
        sex    age
        female (0, 18]               NaN  1.000000  0.714286          0.909091
               (18, 80]              NaN  0.880000  0.444444          0.972973
        male   (0, 18]               NaN  0.000000  0.260870          0.800000
               (18, 80]              0.0  0.098039  0.125000          0.391304

        fare
        class              Second     Third
        sex    age
        female (0, 18]   1.000000  0.318182
               (18, 80]  0.914286  0.391304
        male   (0, 18]   0.818182  0.178571
               (18, 80]  0.030303  0.192308
```

Das Ergebnis ist eine vierdimensionale Aggregation mit hierarchischen Indizes (siehe Kapitel 17), die als Raster angezeigt wird und so die Beziehung zwischen den Werten erkennbar macht.

Weitere Optionen von Pivot-Tabellen

Die vollständige Aufrufsignatur der DataFrame.pivot_table-Methode von DataFrames sieht folgendermaßen aus:

```
# Aufrufsignatur in Pandas 1.3.5
DataFrame.pivot_table(data, values=None, index=None, columns=None,
                      aggfunc='mean', fill_value=None, margins=False,
                      dropna=True, margins_name='All', observed=False,
                      sort=True)
```

Für die ersten drei Argumente haben Sie bereits Beispiele gesehen, sehen wir uns hier nun die verbleibenden an. Die beiden Optionen fill_value und dropna haben mit der Handhabung fehlender Daten zu tun und sind völlig unkompliziert; wir verzichten dafür auf Beispiele.

Das Schlüsselwort aggfunc legt fest, welche Aggregation vorgenommen wird. Voreingestellt ist der Mittelwert (mean). Wie bei groupby kann die Aggregation als String angegeben werden (zur Auswahl stehen z.B. 'sum', 'mean', 'count', 'min', 'max' usw.) oder eine Funktion sein, die eine Aggregation implementiert (np.sum(), min(), sum() usw.). Darüber hinaus kann sie als Dictionary angegeben werden, das jeder Spalte eine der Optionen zuordnet:

```
In [8]: titanic.pivot_table(index='sex', columns='class',
                            aggfunc={'survived':sum, 'fare':'mean'})
Out[8]:               fare                           survived
        class        First     Second      Third    First Second Third
        sex
        female  106.125798  21.970121  16.118810       91     70    72
        male     67.226127  19.741782  12.661633       45     17    47
```

Beachten Sie hier auch, dass wir das Schlüsselwort values weggelassen haben – wenn Sie aggfunc eine Zuordnung übergeben, wird es automatisch ermittelt.

Gelegentlich möchte man Gesamtwerte der einzelnen Gruppierungen berechnen. Dazu dient das Schlüsselwort margins:

```
In [9]: titanic.pivot_table('survived', index='sex', columns='class', margins=True)
Out[9]: class      First    Second     Third       All
        sex
        female  0.968085  0.921053  0.500000  0.742038
        male    0.368852  0.157407  0.135447  0.188908
        All     0.629630  0.472826  0.242363  0.383838
```

Wir erhalten so die von der Passagierklasse unabhängigen Überlebensraten der Geschlechter, die vom Geschlecht unabhängigen Überlebensraten der Passagierklassen sowie die Überlebensrate insgesamt, die 38% beträgt. Das Label margin kann mit dem Schlüsselwort margins_name geändert werden. Voreingestellt ist "All".

Beispiel: Geburtenraten

Als weiteres Beispiel wollen wir uns die öffentlich zugänglichen Daten über Geburtenraten in den Vereinigten Staaten (*https://oreil.ly/2NWnk*) ansehen, die von den Zentren für Krankheitskontrolle (*Centers for Disease Control*, CDC) bereitgestellt werden. (Diese Datenmenge wurde von Andrew Gelman und seiner Arbeitsgruppe ausgiebig analysiert. Sehen Sie hierzu beispielsweise den Blogpost »Signalverarbeitung anhand von gaußschen (*https://oreil.ly/5EqEp*) Prozessen«):[1]

```
In [10]: # Shell-Befehl zum Herunterladen der Daten:
         # !cd data && curl -O \
         # https://raw.githubusercontent.com/jakevdp/data-CDCbirths/master/births.csv
```

```
In [11]: births = pd.read_csv('data/births.csv')
```

Ein Blick auf die Daten zeigt, dass sie relativ einfach strukturiert sind – sie enthalten die Anzahl der nach Datum und Geschlecht gruppierten Geburten:

```
In [12]: births.head()
Out[12]:    year  month  day gender  births
         0  1969      1  1.0      F    4046
         1  1969      1  1.0      M    4440
         2  1969      1  2.0      F    4454
         3  1969      1  2.0      M    4548
         4  1969      1  3.0      F    4548
```

Durch die Verwendung einer Pivot-Tabelle können wir diese Daten schon etwas besser verstehen. Wir fügen für das Jahrzehnt eine Spalte decade hinzu und zeigen die Anzahl der Geburten von Jungen und Mädchen als Funktion des Jahrzehnts an:

```
In [13]: births['decade'] = 10 * (births['year'] // 10)
         births.pivot_table('births', index='decade', columns='gender',
                            aggfunc='sum')
Out[13]: gender         F         M
         decade
         1960     1753634   1846572
         1970    16263075  17121550
         1980    18310351  19243452
         1990    19479454  20420553
         2000    18229309  19106428
```

Hier ist zu erkennen, dass die Anzahl der Geburten von Jungen die von Mädchen in allen Jahrzehnten übertrifft. Um das weiter zu verdeutlichen, können wir die in Pandas integrierten Tools zum Erstellen von Diagrammen nutzen und die Gesamtzahl der Geburten pro Jahr visualisieren (siehe Abbildung 21-1; in Teil IV werden wir ausführlich auf das Erstellen von Diagrammen mit Matplotlib eingehen):

1 Der in diesem Abschnitt eingesetzte CDC-Datensatz verwendet das bei der Geburt zugewiesene Geschlecht, das als "Gender" bezeichnet wird, und beschränkt die Daten auf männlich und weiblich. Obwohl das Geschlecht ein von der Biologie unabhängiges Spektrum ist, werde ich bei der Erörterung dieses Datensatzes aus Gründen der Konsistenz und Klarheit dieselbe Terminologie verwenden.

```
In [14]: %matplotlib inline
         import matplotlib.pyplot as plt
         plt.style.use('seaborn-whitegrid')
         births.pivot_table(
             'births', index='year', columns='gender', aggfunc='sum').plot()
         plt.ylabel('total births per year');
```

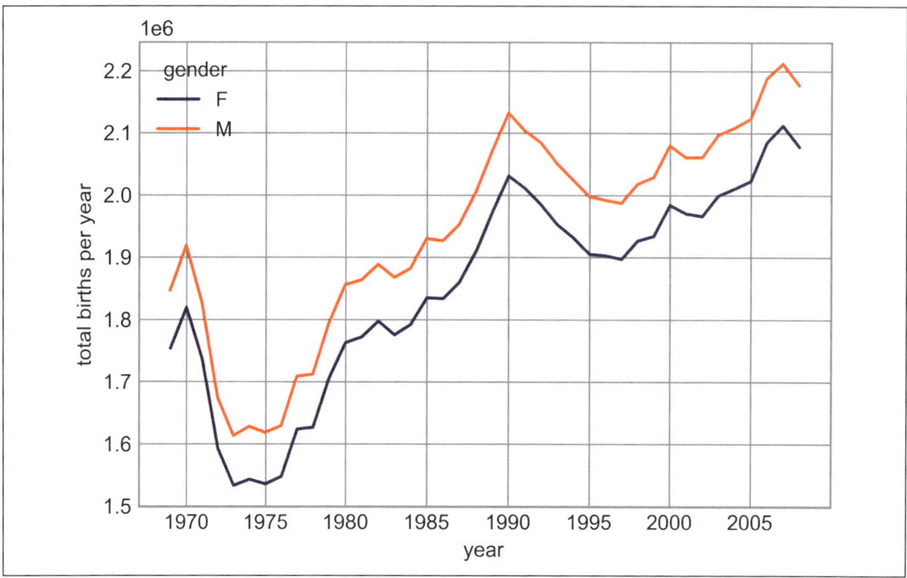

Abbildung 21-1: Zahl der Geburten in den USA pro Jahr und Geschlecht

Mit einer einfachen Pivot-Tabelle und der `plot`-Methode veranschaulichen wir problemlos die jährlichen Schwankungen der Geburtenzahlen beider Geschlechter. Dem Anschein nach übertreffen die Geburtenzahlen von Jungen die von Mädchen in den vergangenen 50 Jahren um etwa 5 %.

Mithilfe der bislang erörterten Pandas-Tools können den Daten einige weitere interessante Informationen entnommen werden, die nicht unbedingt etwas mit Pivot-Tabellen zu tun haben. Zunächst müssen wir die Daten ein wenig bereinigen und Ausreißer entfernen, die durch falsch eingegebene Daten (z.B. 31. Juni) oder fehlende Werte (wie Juni 99) verursacht werden. Die sogenannte Sigma-Clipping-Operation ist eine einfache Methode, diese Einträge in einem Rutsch zu entfernen:

```
In [15]: quartiles = np.percentile(births['births'], [25, 50, 75])
         mu = quartiles[1]
         sig = 0.74 * (quartiles[2] - quartiles[0])
```

Diese letzte Zeile liefert eine solide Abschätzung der Standardabweichung einer Stichprobe; der Wert 0,74 ergibt sich aus dem Bereich der mittleren Quartile einer Gauß-verteilung. (Mehr zum Thema Sigma-Clipping-Operation können Sie in einem Buch nachlesen, das ich zusammen mit Željko Ivezić, Andrew J. Connolly und Alexander Gray verfasst habe: *Statistics, Data Mining, and Machine Learning in Astronomy: A Practical Python Guide for the Analysis of Survey Data*, Princeton University Press).

Wir können nun die query-Methode verwenden (die in Kapitel 24 erörtert wird), um Zeilen herauszufiltern, die Geburten mit Werten enthalten, die nicht zu diesem Bereich gehören:

```
In [16]: births = births.query('(births > @mu - 5 * @sig) &
                                (births < @mu + 5 * @sig)')
```

Als Nächstes setzen wir den Datentyp der Spalte day auf integer (Ganzzahl). Vorher war es eine String-Spalte, weil einige der Einträge den Wert 'null' besaßen:

```
In [17]: # 'day'-Spalte auf integer setzen; enthielt
         # aufgrund von Nullwerten vorher Strings
         births['day'] = births['day'].astype(int)
```

Nun können wir aus day, month und year einen Index für das Datum erzeugen (siehe Kapitel 23). Auf diese Weise berechnen wir auch schnell den zu einer Zeile zugehörigen Wochentag:

```
In [18]: # datetime-Index aus year, month und day erzeugen
         births.index = pd.to_datetime(10000 * births.year +
                                       100 * births.month +
                                       births.day, format='%Y%m%d')

         births['dayofweek'] = births.index.dayofweek
```

Wir können jetzt die Geburten pro Wochentag für mehrere Jahrzehnte darstellen (siehe Abbildung 21-2).

```
In [19]: import matplotlib.pyplot as plt
         import matplotlib as mpl

         births.pivot_table('births', index='dayofweek',
                            columns='decade', aggfunc='mean').plot()
         plt.gca().set(xticks=range(7),
                       xticklabels=['Mon', 'Tues', 'Wed', 'Thurs',
                                    'Fri', 'Sat', 'Sun'])
         plt.ylabel('mean births by day');
```

Offenbar gibt es an Wochenenden etwas weniger Geburten als an Werktagen! Beachten Sie, dass die 1990er- und 2000er-Jahre hier fehlen, weil die CDC-Daten seit 1989 nur noch den Monat der Geburt enthalten, nicht aber den Wochentag.

Interessant ist auch, die Zahl der Geburten gegen die Anzahl der Tage eines Jahres aufzutragen. Zunächst gruppieren wir die Daten getrennt nach Monat und Tag:

```
In [20]: births_by_date = births.pivot_table('births',
                                             [
births.index.month, births.index.day])
         births_by_date.head()
Out[20]:        births
         1 1  4009.225
           2  4247.400
           3  4500.900
           4  4571.350
           5  4603.625
```

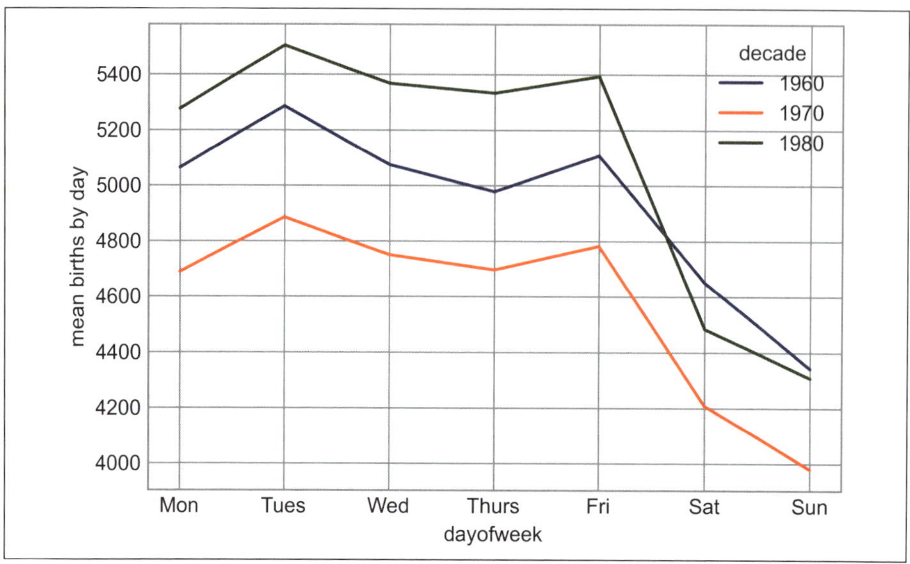

Abbildung 21-2: Durchschnittliche Zahl der Geburten pro Tag und Jahrzehnt

Das Ergebnis ist ein Multi-Index der Monate und Tage. Um das darstellbar zu machen, wandeln wir die Monate und Tage in ein Datum um, indem wir für das Jahr eine Platzhaltervariable verwenden (dabei sollte es sich um ein Schaltjahr handeln, sodass der 29. Februar korrekt gehandhabt wird).

```
In [21]: from datetime import datetime
         births_by_date.index = [datetime(2012, month, day)
                                 for (month, day) in births_by_date.index]
         births_by_date.head()
Out[21]:               births
         2012-01-01  4009.225
         2012-01-02  4247.400
         2012-01-03  4500.900
         2012-01-04  4571.350
         2012-01-05  4603.625
```

Wenn wir nur den Monat und den Tag betrachten, liegt nun eine Zeitreihe vor, die die durchschnittliche Zahl der Geburten an den Tagen eines Jahres widerspiegelt. Zur Ausgabe der Daten verwenden wir die `plot`-Funktion (siehe Abbildung 21-3). Das Resultat enthüllt einige interessante Trends:

```
In [22]: # Plot the results
         fig, ax = plt.subplots(figsize=(12, 4))
         births_by_date.plot(ax=ax);
```

In diesem Graph fällt besonders der starke Rückgang der Geburtenzahlen an Feiertagen auf (z.B. Unabhängigkeitstag, Tag der Arbeit, Erntedankfest, Weihnachten, Neujahr). Allerdings ist das sicherlich auf geplante und gewollt eingeleitete Geburten zurückzuführen und nicht auf irgendeinen psychosomatischen Effekt, der natürliche Geburten beeinflusst. Wenn Sie mehr darüber erfahren möchten, sollten Sie einen Blick auf die Analyse und die Links zu diesem Thema in Andrew Gelmans Blogpost (*https://oreil.ly/ugVHI*) werfen. In Kapitel 32 kommen wir noch einmal auf diese Abbildung zurück, um sie mithilfe von Matplotlib mit Anmerkungen zu versehen.

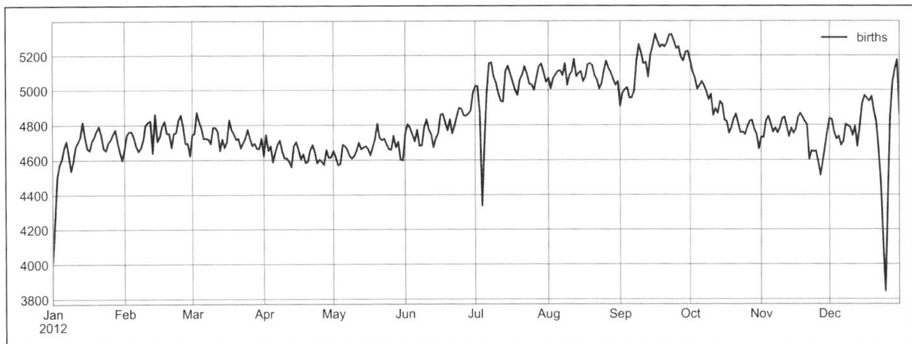

Abbildung 21-3: Durchschnittliche Zahl täglicher Geburten

Anhand dieses kurzen Beispiels wird deutlich, dass viele der bislang vorgestellten Python- und Pandas-Tools miteinander kombiniert werden können, um Einblicke in eine Vielzahl von Datenmengen zu erlangen. In den kommenden Kapiteln werden Sie noch einige anspruchsvollere Anwendungen dieser Tools kennenlernen!

KAPITEL 22

Vektorisierte String-Operationen

Zu den Stärken von Python gehört, dass es relativ einfach ist, String-Daten zu handhaben und zu bearbeiten. Pandas baut darauf auf und stellt einen umfangreichen Satz *vektorisierter String-Operationen* zur Verfügung, die zu einem wichtigen Bestandteil der Bearbeitung (sprich, der Bereinigung) echter Datenmengen geworden sind. In diesem Kapitel betrachten wir einige der String-Operationen und verwenden sie anschließend dazu, eine ziemlich chaotische Datenmenge (im Internet zusammengetragene Rezepte) teilweise zu bereinigen.

Kurz vorgestellt: String-Operationen in Pandas

In den vorhergehenden Kapiteln haben Sie erfahren, dass NumPy und Pandas verallgemeinerte arithmetische Operationen zur Verfügung stellen, sodass dieselbe Operation schnell und einfach auf mehrere Elemente eines Arrays anwendbar ist, zum Beispiel:

```
In [1]: import numpy as np
        x = np.array([2, 3, 5, 7, 11, 13])
        x * 2
Out[1]: array([ 4,  6, 10, 14, 22, 26])
```

Diese *Vektorisierung* von Operationen vereinfacht die Syntax bei ihrer Anwendung auf Array-Daten: Wir müssen uns über die Größe oder die Shape des Arrays keine Gedanken mehr machen, sondern lediglich darüber, welche Aufgabe wir eigentlich erledigen wollen. Für String-Arrays bietet NumPy jedoch keine so einfache Zugriffsmöglichkeit, und Sie müssen auf die weitschweifigere Schleifensyntax zurückgreifen:

```
In [2]: data = ['peter', 'Paul', 'MARY', 'gUIDO']
        [s.capitalize() for s in data]
Out[2]: ['Peter', 'Paul', 'Mary', 'Guido']
```

Für die Bearbeitung mancher Daten mag das ausreichen, es wird jedoch nicht mehr funktionieren, wenn Werte fehlen. Daher erfordert dieser Ansatz zusätzliche Überprüfungen:

```
In [3]: data = ['peter', 'Paul', None, 'MARY', 'gUIDO']
        [s if s is None else s.capitalize() for s in data]
Out[3]: ['Peter', 'Paul', None, 'Mary', 'Guido']
```

Diese manuelle Vorgehensweise ist nicht nur aufwendig und unbequem, sondern kann auch leicht zu Fehlern führen.

Pandas bietet Möglichkeiten, sich sowohl der Notwendigkeit vektorisierter String-Operationen als auch der korrekten Handhabung fehlender Daten anzunehmen, nämlich das str-Attribut einer Pandas-Series sowie Index-Objekte, die Strings enthalten. Wenn wir beispielsweise anhand dieser Daten eine Pandas-Series erzeugen, können wir direkt die str.capitalize-Methode aufrufen, die ohne weiteres Zutun mit den fehlenden Werten umgehen kann:

```
In [4]: import pandas as pd
        names = pd.Series(data)
        names.str.capitalize()
Out[4]: 0    Peter
        1     Paul
        2     None
        3     Mary
        4    Guido
        dtype: object
```

Liste der Pandas-String-Methoden

Sind Sie mit der String-Bearbeitung in Python bereits hinreichend vertraut, sollte der Großteil der Syntax intuitiv genug sein, damit es ausreicht, im Folgenden eine Liste der verfügbaren Methoden anzugeben, bevor wir uns ausführlicher mit einigen der Eigenheiten befassen. In den Beispielen dieses Abschnitts kommt das folgende Series-Objekt zum Einsatz:

```
In [5]: monte = pd.Series(['Graham Chapman', 'John Cleese', 'Terry Gilliam',
                           'Eric Idle', 'Terry Jones', 'Michael Palin'])
```

Python-ähnliche String-Methoden

Nahezu alle in Python integrierten String-Methoden besitzen in Pandas ein vektorisiertes Pendant. Nachstehend finden Sie eine Liste der Pandas-Pendants von Pythons str-Methoden:

len	lower	translate	islower	ljust
upper	startswith	isupper	rjust	find
endswith	isnumeric	center	rfind	isalnum
isdecimal	zfill	index	isalpha	split
strip	rindex	isdigit	rsplit	rstrip
capitalize	isspace	partition	lstrip	swapcase

Beachten Sie, dass diese Funktionen unterschiedliche Rückgabewerte liefern. Einige, wie z. B. lower, geben eine Reihe von Strings zurück:

```
In [6]: monte.str.lower()
Out[6]: 0    graham chapman
        1       john cleese
        2     terry gilliam
        3         eric idle
        4       terry jones
        5     michael palin
        dtype: object
```

Andere hingegen liefern Zahlen zurück:

```
In [7]: monte.str.len()
Out[7]: 0    14
        1    11
        2    13
        3     9
        4    11
        5    13
        dtype: int64
```

Oder boolesche Werte:

```
In [8]: monte.str.startswith('T')
Out[8]: 0    False
        1    False
        2     True
        3    False
        4     True
        5    False
        dtype: bool
```

Wieder andere geben Listen oder aus den Elementen bestehende zusammengesetzte Werte zurück:

```
In [9]: monte.str.split()
Out[9]: 0    [Graham, Chapman]
        1       [John, Cleese]
        2     [Terry, Gilliam]
        3         [Eric, Idle]
        4       [Terry, Jones]
        5     [Michael, Palin]
        dtype: object
```

Sie werden im Verlauf des Buchs noch weiteren Bearbeitungen dieser Series-von-Listen-Objekten begegnen.

Methoden, die reguläre Ausdrücke verwenden

Darüber hinaus gibt es eine Reihe von Methoden, die *reguläre Ausdrücke* (*Regular Expressions*, kurz *Regexes*) entgegennehmen können, um die Inhalte von String-Elementen zu untersuchen. Diese Methoden folgen einigen API-Konventionen des in Python integrierten re-Moduls (siehe Tabelle 22-1).

Tabelle 22-1: Zuordnung der Pandas-Methoden zu den Funktionen des in Python integrierten re-Moduls

Methode	Beschreibung
`match`	Ruft für jedes Element `re.match` auf und gibt einen booleschen Wert zurück.
`extract`	Ruft für jedes Element `re.match` auf und gibt übereinstimmende Gruppen als Strings zurück.
`findall`	Ruft für jedes Element `re.findall` auf.
`replace`	Ersetzt die Vorkommen eines Musters durch einen anderen String.
`contains`	Ruft für jedes Element `re.search` auf und gibt einen booleschen Wert zurück.
`count`	Zählt die Vorkommen eines Musters.
`split`	Entspricht `str.split`, nimmt aber reguläre Ausdrücke entgegen.
`rsplit`	Entspricht `str.rsplit`, nimmt aber reguläre Ausdrücke entgegen.

Mit diesen Methoden können Sie ein breites Spektrum an Operationen durchführen. So lassen sich etwa durch Abfrage einer zusammenhängenden Zeichenkette am Anfang eines Elements die Vornamen entnehmen:

```
In [10]: monte.str.extract('([A-Za-z]+)', expand=False)
Out[10]: 0     Graham
         1       John
         2      Terry
         3       Eric
         4      Terry
         5    Michael
         dtype: object
```

Es sind auch kompliziertere Abfragen möglich, beispielsweise das Auffinden aller Namen, die mit einem Konsonanten anfangen und enden, indem die entsprechenden Zeichen für den Anfang (^) und das Ende ($) eines Strings im regulären Ausdruck angegeben werden:

```
In [11]: monte.str.findall(r'^[^AEIOU].*[^aeiou]$')
Out[11]: 0    [Graham Chapman]
         1                  []
         2     [Terry Gilliam]
         3                  []
         4       [Terry Jones]
         5     [Michael Palin]
         dtype: object
```

Die Fähigkeit, reguläre Ausdrücke kurz und bündig auf `Series` oder `DataFrames` anwenden zu können, eröffnet vielfältige Möglichkeiten für die Analyse und das Bereinigen von Daten.

Sonstige Methoden

Und schließlich finden Sie in Tabelle 22-2 eine Reihe sonstiger Methoden, die weitere praktische Operationen ermöglichen.

Tabelle 22-2: Pandas sonstige String-Methoden

Methode	Beschreibung
`get`	Abfrage aller Elemente über den Index.
`slice`	Slice aller Elemente.
`slice_replace`	Slice in allen Elementen durch den übergebenen Wert ersetzen.
`cat`	Strings verketten.
`repeat`	Werte wiederholen.
`normalize`	String als Unicode zurückgeben.
`pad`	String von links, von rechts oder von beiden Seiten mit Leerraum (*Whitespace*) auffüllen.
`wrap`	Lange Strings in Zeilen aufteilen, deren Länge den angegebenen Wert nicht übersteigt.
`join`	Die Strings aller Elemente der `Series` verknüpfen, das Trennzeichen wird übergeben.
`get_dummies`	Entnimmt Dummy-Variablen als `DataFrame`.

Zugriff und Abfrage vektorisierter Elemente

Insbesondere die `get`- und `slice`-Operationen gestatten den Zugriff auf die vektorisierten Elemente aller Arrays. So können wir beispielsweise mit `str.slice(0, 3)` die ersten drei Zeichen der Arrays abfragen. Dieses Verhalten ist übrigens auch mit Python normaler Indexing-Syntax machbar – beispielsweise ist `df.str.slice(0, 3)` äquivalent zu `df.str[0:3]`:

```
In [12]: monte.str[0:3]
Out[12]: 0    Gra
         1    Joh
         2    Ter
         3    Eri
         4    Ter
         5    Mic
         dtype: object
```

Das Indexing per `df.str.get(i)` und `df.str[i]` funktioniert entsprechend.

Mit diesen Indexing-Methoden können Sie zudem auf die Elemente von Arrays zugreifen, die `split` zurückgibt. Um den Elementen beispielsweise die Nachnamen zu entnehmen, kann man `split` und `get` kombinieren:

```
In [13]: monte.str.split().str[-1]
Out[13]: 0    Chapman
         1     Cleese
         2    Gilliam
         3       Idle
         4      Jones
         5      Palin
         dtype: object
```

Indikatorvariablen

`get_dummies` ist eine weitere Methode, die einer zusätzlichen Erklärung bedarf. Sie erweist sich als nützlich, wenn in Ihren Daten eine Spalte vorhanden ist, die bestimmte

Indikatoren in verschlüsselter Form enthält. Stellen Sie sich eine Datenmenge vor, die Informationen in Form von Codebuchstaben enthält, wie etwa A = »In Amerika geboren«, B = »In Großbritannien geboren«, C = »Mag gerne Käse« und D = »Mag gerne Spam«:

```
In [14]: full_monte = pd.DataFrame({'name': monte,
                                    'info': ['B|C|D', 'B|D', 'A|C',
                                             'B|D', 'B|C', 'B|C|D']})
         full_monte
Out[14]:              name  info
         0  Graham Chapman  B|C|D
         1     John Cleese    B|D
         2   Terry Gilliam    A|C
         3       Eric Idle    B|D
         4     Terry Jones    B|C
         5   Michael Palin  B|C|D
```

Mit der get_dummies-Methode können Sie diese Indikatorvariablen schnell und einfach in Form eines DataFrame entnehmen:

```
In [15]: full_monte['info'].str.get_dummies('|')
Out[15]:    A  B  C  D
         0  0  1  1  1
         1  0  1  0  1
         2  1  0  1  0
         3  0  1  0  1
         4  0  1  1  0
         5  0  1  1  1
```

Verwenden Sie diese Operationen am besten als Bausteine, die Ihnen beim Bereinigen von Daten endlose Möglichkeiten für die Verarbeitung von Strings bieten.

Wir werden an dieser Stelle nicht weiter auf diese Methoden eingehen, ich kann Ihnen jedoch empfehlen, den Abschnitt »Working with Text Data« (*https://oreil.ly/oYgWA*) in der Pandas-Onlinedokumentation zu lesen oder einen Blick auf die im Abschnitt »Weitere Ressourcen« auf Seite 249 genannten Quellen zu werfen.

Beispiel: Rezeptdatenbank

Die vektorisierten String-Operationen sind am nützlichsten bei der Bereinigung von chaotischen echten Daten. Ich werde Ihnen ein Beispiel dafür vorführen, nämlich eine frei zugängliche Rezeptdatenbank, deren Inhalt aus verschiedenen Quellen im Web zusammengetragen wurde. Ziel soll es sein, den Rezeptdaten Zutatenlisten zu entnehmen, sodass man anhand der vorhandenen Zutaten schnell ein passendes Rezept findet. Die hier verwendeten Skripte können Sie von GitHub (*https://oreil.ly/3S0Rg*) herunterladen. Dort finden Sie auch einen Link zur aktuellen Version der Datenbank.

Die Datenbank hat eine Größe von etwa 30 MB. Sie können sie mit folgenden Befehlen herunterladen und entpacken:

```
In [16]: # repo = "https://raw.githubusercontent.com/jakevdp/open-recipe-data/master"
         # !cd data && curl -O {repo}/recipeitems.json.gz
         # !gunzip data/recipeitems.json.gz
```

Die Datenbank liegt im JSON-Format vor, daher werden wir versuchen, sie mit `pd.read_json` einzulesen (die Angabe von `lines=True` ist für diese Datenmenge erforderlich, da jede Zeile der Datei ein separater JSON-Eintrag ist):

```
In [17]: recipes = pd.read_json('data/recipeitems.json', lines=True)
         recipes.shape
Out[17]: (173278, 17)
```

Wie Sie sehen, enthält die Datenbank mehr als 170.000 Rezepte und 17 Spalten. Werfen wir doch einmal einen Blick auf eine der Zeilen:

```
In [18]: recipes.iloc[0]
Out[18]: _id                          {'$oid': '5160756b96cc62079cc2db15'}
         name                                Drop Biscuits and Sausage Gravy
         ingredients           Biscuits\n3 cups All-purpose Flour\n2 Tablespo...
         url                   http://thepioneerwoman.com/cooking/2013/03/dro...
         image                 http://static.thepioneerwoman.com/cooking/file...
         ts                                         {'$date': 1365276011104}
         cookTime                                                      PT30M
         source                                              thepioneerwoman
         recipeYield                                                      12
         datePublished                                            2013-03-11
         prepTime                                                      PT10M
         description           Late Saturday afternoon, after Marlboro Man ha...
         totalTime                                                       NaN
         creator                                                         NaN
         recipeCategory                                                  NaN
         dateModified                                                    NaN
         recipeInstructions                                              NaN
         Name: 0, dtype: object
```

Das ist eine ganze Menge an Informationen, aber viele davon sind reichlich chaotisch, wie es für aus dem Web zusammengetragene Daten typisch ist. Die Zutatenliste (`ingredients`) liegt im String-Format vor. Wir müssen die Informationen, an denen wir interessiert sind, sorgfältig extrahieren. Sehen wir uns also die Zutatenliste etwas genauer an:

```
In [19]: recipes.ingredients.str.len().describe()
Out[19]: count    173278.000000
         mean        244.617926
         std         146.705285
         min           0.000000
         25%         147.000000
         50%         221.000000
         75%         314.000000
         max        9067.000000
         Name: ingredients, dtype: float64
```

Die Zutatenlisten sind durchschnittlich rund 250 Zeichen lang, das Minimum liegt bei 0 und das Maximum bei fast 10.000 Zeichen!

Aus reiner Neugier überprüfen wir nun, welches Rezept die längste Zutatenliste besitzt:

```
In [20]: recipes.name[np.argmax(recipes.ingredients.str.len())]
Out[20]: 'Carrot Pineapple Spice &amp; Brownie Layer Cake with Whipped Cream &amp;
          > Cream Cheese Frosting and Marzipan Carrots'
```

Wir erkunden die Daten mit anderen Aggregationen weiter und können beispielsweise herausfinden, wie viele Rezepte es für Frühstücksgerichte gibt (unter Verwendung der Regex-Syntax, damit nicht zwischen Klein- und Großbuchstaben unterschieden wird):

```
In [21]: recipes.description.str.contains('[Bb]reakfast').sum()
Out[21]: 3524
```

Oder wie viele Rezepte Zimt (engl. *cinnamon*) als Zutat verwenden:

```
In [22]: recipes.ingredients.str.contains('[Cc]innamon').sum()
Out[22]: 10526
```

Wir können sogar ermitteln, ob diese Zutat in irgendwelchen Rezepten falsch geschrieben wurde (*cinamon* statt *cinnamon*):

```
In [23]: recipes.ingredients.str.contains('[Cc]inamon').sum()
Out[23]: 11
```

All das sind Beispiele dafür, wie man mit den String-Tools von Pandas die Daten erkunden kann. Bei Datenauswertungen dieser Art zeigt Python seine wahre Stärke.

Ein einfaches Rezeptempfehlungssystem

Gehen wir einen Schritt weiter und versuchen wir, ein einfaches Rezeptempfehlungssystem zu entwickeln: Anhand einer vorgegebenen Zutatenliste wollen wir sämtliche Rezepte finden, die alle aufgeführten Zutaten verwenden. Das ist zwar konzeptionell unkompliziert, die Aufgabe wird jedoch durch die Ungleichartigkeit der Daten erschwert: Es gibt beispielsweise keine einfache Operation, mit der man einer Zeile eine ordentliche Liste der Zutaten entnehmen kann. Wir werden deshalb ein wenig schummeln: Wir verwenden zunächst eine Liste gängiger Zutaten und überprüfen dann einfach, ob sie in der Zutatenliste eines Rezepts vorhanden sind. Der Einfachheit halber beschränken wir uns dabei vorläufig auf Kräuter und Gewürze (Salz, Pfeffer, Oregano, Salbei, Petersilie, Rosmarin, Estragon, Thymian, Paprika und Kreuzkümmel):

```
In [24]: spice_list = ['salt', 'pepper', 'oregano', 'sage', 'parsley',
                       'rosemary', 'tarragon', 'thyme', 'paprika', 'cumin']
```

Anschließend erzeugen wir einen booleschen `DataFrame`, der `True`- und `False`-Werte enthält, die Auskunft darüber geben, ob die angegebenen Zutaten in der Liste vorhanden sind:

```
In [25]: import re
         spice_df = pd.DataFrame({
             spice: recipes.ingredients.str.contains(spice, re.IGNORECASE)
             for spice in spice_list})
         spice_df.head()
```

```
Out[25]:     salt  pepper  oregano   sage  parsley  rosemary  tarragon  thyme   \
         0  False   False    False   True    False     False     False  False
         1  False   False    False  False    False     False     False  False
         2   True    True    False  False    False     False     False  False
         3  False   False    False  False    False     False     False  False
         4  False   False    False  False    False     False     False  False

            paprika   cumin
         0    False   False
         1    False   False
         2    False    True
         3    False   False
         4    False   False
```

Wenn wir nun ein Rezept finden möchten, das z. B. Petersilie, Paprika und Estragon verwendet, können wir dafür die query-Methode von DataFrames verwenden. Weitere Informationen hierzu finden Sie in Kapitel 24:

```
In [26]: selection = spice_df.query('parsley & paprika & tarragon')
         len(selection)
Out[26]: 10
```

Es gibt nur zehn Rezepte mit dieser Kombination. Wir nutzen den zurückgegebenen Index dieser Auswahl, um die Namen der Rezepte anzuzeigen:

```
In [27]: recipes.name[selection.index]
Out[27]: 2069      All cremat with a Little Gem, dandelion and wa...
         74964                         Lobster with Thermidor butter
         93768      Burton's Southern Fried Chicken with White Gravy
         113926                     Mijo's Slow Cooker Shredded Beef
         137686                     Asparagus Soup with Poached Eggs
         140530                                 Fried Oyster Po'boys
         158475                Lamb shank tagine with herb tabbouleh
         158486                 Southern fried chicken in buttermilk
         163175            Fried Chicken Sliders with Pickles + Slaw
         165243                        Bar Tartine Cauliflower Salad
         Name: name, dtype: object
```

Nun haben wir die Rezeptauswahl von 175.000 auf 10 eingeschränkt und können eine sachkundige Entscheidung darüber treffen, was es zum Abendessen gibt.

Mehr zum Thema Rezepte

Sie sind bei diesem Beispiel hoffentlich auf den »Geschmack« gekommen, was die Operationen zum Bereinigen von Daten betrifft, die Pandas' effiziente String-Methoden ermöglichen. Die Entwicklung eines soliden Rezeptempfehlungssystems würde natürlich erheblich mehr Arbeit erfordern. Ein wichtiger Bestandteil dieser Aufgabe wäre das Erstellen vollständiger Zutatenlisten anhand der Rezepte; leider ist das aufgrund der vielen unterschiedlichen Formate der Rezepte ein relativ zeitraubender Vorgang. Das wiederum unterstreicht die Tatsache, dass die Bereinigung und Auswertung echter Daten in der Data Science oft einen Großteil der Arbeit ausmacht – und Pandas stellt die Tools zur Verfügung, die Ihnen dabei helfen, diese Aufgaben effizient zu erledigen.

KAPITEL 23

Zeitreihen verwenden

Bei der ursprünglichen Entwicklung von Pandas wurde Wert darauf gelegt, für das Finanzwesen geeignete Modellbildungen zu unterstützen. Deshalb steht ein ziemlich umfangreicher Satz von Tools zum Bearbeiten von Kalenderdaten, Zeiten und zeitlich gelabelten Daten zur Verfügung. Zur Beschreibung von Kalenderdaten und Zeiten gibt es eine ganze Reihe verschiedener Varianten, die wir an dieser Stelle eingehender betrachten:

Zeitstempel (Timestamps)
: Bestimmte Zeitpunkte (z.B. 07:00 Uhr am 30. September 2021).

Zeitintervalle und Zeitperioden
: Eine Zeitspanne, die zwischen einem Anfangs- und einem Endzeitpunkt liegt – wie z.B. Juni 2021. Für gewöhnlich beschreiben Zeitperioden spezielle Zeitintervalle von konstanter Länge, die sich nicht überschneiden (z.B. die 24 Stunden, aus denen ein Tag besteht).

Zeitdeltas oder Zeitdauern
: Ein exakter Zeitabschnitt (z.B. ein 22,56 Sekunden langer Zeitabschnitt).

In diesem Kapitel werden wir diese Datentypen in Pandas näher vorstellen. Es handelt sich aber keinesfalls um eine vollständige Einführung in die für Zeitreihen verfügbaren Tools in Python oder Pandas, sondern vielmehr um einen allgemeinen Überblick darüber, wie Sie als Nutzerin oder Nutzer die Verwendung von Zeitreihen angehen sollten. Wir werden zunächst die in Python verfügbaren Werkzeuge zur Handhabung von Kalenderdaten und Zeiten kurz erörtern und uns anschließend etwas ausführlicher mit den von Pandas bereitgestellten Tools befassen. Am Ende des Kapitels finden Sie hierzu einige Beispiele.

Kalenderdaten und Zeiten in Python

In Python gibt es eine Vielzahl von Möglichkeiten, Kalenderdaten, Zeitpunkte, Zeitdeltas und Zeitintervalle zu repräsentieren. Tendenziell sind die von Pandas bereitgestellten Tools für Anwendungen in der Data Science am nützlichsten. Es ist jedoch ebenfalls hilfreich, den Zusammenhang mit anderen in Python verwendeten Tools zu kennen.

Kalenderdaten und Zeiten in Python: datetime und dateutil

Die Objekte zur Handhabung von Kalenderdaten und Zeiten gehören zum integrierten `datetime`-Modul. Zusammen mit dem `dateutil`-Modul eines Drittherstellers können Sie es zur Ausführung einer Vielzahl praktischer Funktionen mit Kalenderdaten und Zeiten verwenden. Mithilfe des Datentyps `datetime` erzeugen Sie beispielsweise von Hand ein Kalenderdatum:

```
In [1]: from datetime import datetime
        datetime(year=2021, month=7, day=4)
Out[1]: datetime.datetime(2021, 7, 4, 0, 0)
```

Sie können mit dem `datetime`-Modul Strings verschiedener Formate in ein Kalenderdatum umwandeln:

```
In [2]: from dateutil import parser
        date = parser.parse("4th of July, 2021")
        date
Out[2]: datetime.datetime(2021, 7, 4, 0, 0)
```

Sobald ein `datetime`-Objekt verfügbar ist, können Sie z.B. den Wochentag ausgeben:

```
In [3]: date.strftime('%A')
Out[3]: 'Sunday'
```

Hier haben wir einen der String-Formatcodes für die Ausgabe von Kalenderdaten verwendet (`'%A'`). Sie können darüber im Abschnitt `strftime` (*https://oreil.ly/bjdsf*) der `datetime`-Dokumentation (*https://oreil.ly/AGVR9*) mehr erfahren. Weitere nützliche Hilfsprogramme für den Umgang mit Kalenderdaten sind in der Onlinedokumentation von `dateutil` (*https://oreil.ly/Y5Rwd*) beschrieben. `pytz` ist ein weiteres Paket, das Sie kennen sollten. Es enthält Tools zur Handhabung der Zeitreihenobjekte, die am ehesten Kopfschmerzen verursachen: Zeitzonen.

`datetime` und `dateutil` sind aufgrund ihrer Flexibilität und der einfachen Syntax sehr leistungsfähig: Sie können diese Objekte und die integrierten Methoden verwenden, um praktisch alle erdenklichen Funktionen auszuführen. Für große Arrays mit Kalenderdaten oder Zeiten sind sie jedoch ungeeignet: Genau so, wie Pythons numerische Variablen im Vergleich zu NumPys typisierten numerischen Arrays schlecht abschneiden, so sind auch Listen von Pythons `datetime`-Objekten im Vergleich zu typisierten Arrays von Kalenderdaten suboptimal.

Typisierte Arrays von Kalenderdaten: NumPys datetime64

Der NumPy-Datentyp `datetime64` verschlüsselt Kalenderdaten als 64-Bit-Ganzzahlen und ermöglicht auf diese Weise, Arrays von Kalenderdaten sehr kompakt zu speichern. Zu diesem Zweck ist für `datetime64` ein spezielles Eingabeformat erforderlich:

```
In [4]: import numpy as np
        date = np.array('2021-07-04', dtype=np.datetime64)
        date
Out[4]: array('2021-07-04', dtype='datetime64[D]')
```

Sobald die Daten auf diese Weise formatiert sind, können vektorisierte Operationen darauf ausgeführt werden:

```
In [5]: date + np.arange(12)
Out[5]: array(['2021-07-04', '2021-07-05', '2021-07-06', '2021-07-07',
               '2021-07-08', '2021-07-09', '2021-07-10', '2021-07-11',
               '2021-07-12', '2021-07-13', '2021-07-14', '2021-07-15'],
              dtype='datetime64[D]')
```

Da NumPys datetime64-Arrays gleichartige Datentypen enthalten, können Operationen dieser Art sehr viel schneller ausgeführt werden als bei der direkten Verwendung von Pythons datetime-Objekten, insbesondere wenn die Arrays sehr groß sind (wir haben diese Art von Vektorisierung in Kapitel 6 vorgestellt).

Die datetime64- und die damit verwandten timedelta64-Objekte beruhen auf einer *grundlegenden Zeiteinheit*. Die Genauigkeit eines datetime64-Objekts ist auf 64 Bit begrenzt, daher ist der mögliche Wertebereich auf die 2^{64}-fache Länge der grundlegenden Zeiteinheit beschränkt. Anders ausgedrückt: datetime64 muss beim Speichern von Zeiten einen Kompromiss zwischen *zeitlicher Auflösung und maximaler Zeitspanne* eingehen.

Wenn Sie beispielsweise eine zeitliche Auflösung von einer Nanosekunde benötigen, können Sie Zeitspannen speichern, die 2^{64} Nanosekunden lang sind – das entspricht knapp 600 Jahren. NumPy ermittelt die zu nutzende Zeiteinheit anhand der Eingabe. Hier etwa wird als Zeiteinheit für datetime ein Tag verwendet:

```
In [6]: np.datetime64('2021-07-04')
Out[6]: numpy.datetime64('2021-07-04')
```

Und hier eine Minute:

```
In [7]: np.datetime64('2021-07-04 12:00')
Out[7]: numpy.datetime64('2021-07-04T12:00')
```

Sie können den Einsatz einer bestimmten Zeiteinheit durch Angabe eines Formatcodes erzwingen, wie hier z.B. eine Nanosekunde:

```
In [8]: np.datetime64('2021-07-04 12:59:59.50', 'ns')
Out[8]: numpy.datetime64('2021-07-04T12:59:59.500000000')
```

Tabelle 23-1 ist der NumPy-Dokumentation für datetime64 entnommen und enthält die verfügbaren Formatcodes sowie die relativen und absoluten Zeitspannen, die damit gespeichert werden können.

Tabelle 23-1: Formatcodes für Kalenderdaten und Zeiten

Code	Bedeutung	Zeitspanne (relativ)	Zeitspanne (absolut)
Y	Jahr	± 9.2e18 Jahre	[9.2e18 v. Chr., 9.2e18 n. Chr.]
M	Monat	± 7.6e17 Jahre	[7.6e17 v. Chr., 7.6e17 n.Chr.]
W	Woche	± 1.7e17 Jahre	[1.7e17 v.Chr., 1.7e17 n. Chr.]
D	Tag	± 2.5e16 Jahre	[2.5e16 v. Chr., 2.5e16 n. Chr.]
h	Stunde	± 1.0e15 Jahre	[1.0e15 v. Chr., 1.0e15 n. Chr.]

Tabelle 23-1: Formatcodes für Kalenderdaten und Zeiten (Fortsetzung)

Code	Bedeutung	Zeitspanne (relativ)	Zeitspanne (absolut)
m	Minute	± 1.7e13 Jahre	[1.7e13 v. Chr., 1.7e13 n. Chr.]
s	Sekunde	± 2.9e12 Jahre	[2.9e9 v. Chr., 2.9e9 n. Chr.]
ms	Millisekunde	± 2.9e9 Jahre	[2.9e6 v. Chr., 2.9e6 n. Chr.]
us	Mikrosekunde	± 2.9e6 Jahre	[290301 v. Chr., 294241 n. Chr.]
ns	Nanosekunde	± 292 Jahre	[1678 n. Chr., 2262 n. Chr.]
ps	Picosekunde	± 106 Tage	[1969 n. Chr., 1970 n. Chr.]
fs	Femtosekunde	± 2.6 Stunden	[1969 n. Chr., 1970 n. Chr.]
as	Attosekunde	± 9.2 Sekunden	[1969 n. Chr., 1970 n. Chr.]

Für die in der Praxis auftretenden Daten ist `datetime[ns]` eine brauchbare Voreinstellung, denn auf diese Weise können mehr oder weniger aktuelle Daten mit hinreichender Genauigkeit gespeichert werden.

Beachten Sie bitte auch, dass `datetime64` zwar einige Schwachpunkte des integrierten Python-Datentyps `datetime` behebt, es fehlen jedoch viele der komfortablen Methoden und Funktionen, die `datetime` und vor allem `dateutil` bieten. Weitere Informationen finden Sie in NumPys `datetime64`-Dokumentation (*https://oreil.ly/XDbck*).

Kalenderdaten und Zeiten in Pandas: das beste beider Welten

Pandas baut auf den soeben erörterten Tools auf und stellt ein `Timestamp`-Objekt zur Verfügung, das die Benutzerfreundlichkeit von `datetime` und `dateutil` mit dem effizienten Speichern und der vektorisierten Schnittstelle von `numpy.datetime64` vereint. Pandas kann anhand mehrerer solcher `Timestamp`-Objekte einen `DatetimeIndex` erzeugen, der den Zugriff auf die Daten in einer `Series` oder einem `DataFrame` ermöglicht.

Wir können beispielsweise Pandas-Tools einsetzen, um das zuvor gezeigte Beispiel zu wiederholen. Wir werten ein als String formatiertes Kalenderdatum aus und verwenden einen Formatcode zur Ausgabe des Wochentags, wie hier gezeigt:

```
In [9]: import pandas as pd
        date = pd.to_datetime("4th of July, 2021")
        date
Out[9]: Timestamp('2021-07-04 00:00:00')
In [10]: date.strftime('%A')
Out[10]: 'Sunday'
```

Darüber hinaus können wir vektorisierte Operationen à la NumPy direkt auf dieses Objekt anwenden:

```
In [11]: date + pd.to_timedelta(np.arange(12), 'D')
Out[11]: DatetimeIndex(['2021-07-04', '2021-07-05', '2021-07-06', '2021-07-07',
                        '2021-07-08', '2021-07-09', '2021-07-10', '2021-07-11',
                        '2021-07-12', '2021-07-13', '2021-07-14', '2021-07-15'],
                       dtype='datetime64[ns]', freq=None)
```

Im nächsten Abschnitt werden wir die Bearbeitung von Zeitreihen mit den von Pandas bereitgestellten Tools ausführlich betrachten.

Zeitreihen in Pandas: Indizierung durch Zeitangaben

Die Zeitreihen von Pandas zeigen ihre wahre Stärke, wenn man für die Indizierung von Daten Zeitstempel nutzt. Wir können beispielsweise eine `Series` erzeugen, die Zeitangaben als Index verwendet:

```
In [12]: index = pd.DatetimeIndex(['2020-07-04', '2020-08-04',
                                  '2021-07-04', '2021-08-04'])
         data = pd.Series([0, 1, 2, 3], index=index)
         data
Out[12]: 2020-07-04    0
         2020-08-04    1
         2021-07-04    2
         2021-08-04    3
         dtype: int64
```

Damit sind die Daten in einer `Series` gespeichert, und wir nutzen die aus den vorherigen Kapiteln bekannten Indexing-Verfahren für `Series`, indem wir Werte übergeben, die als Kalenderdaten interpretierbar sind:

```
In [13]: data['2020-07-04':'2021-07-04']
Out[13]: 2020-07-04    0
         2020-08-04    1
         2021-07-04    2
         dtype: int64
```

Es gibt spezielle Operationen, die nur mit Kalenderdaten möglich sind, wie etwa die Übergabe einer Jahreszahl, um einen Slice aller Daten des angegebenen Jahres zu erhalten:

```
In [14]: data['2021']
Out[14]: 2021-07-04    2
         2021-08-04    3
         dtype: int64
```

Wir werden später noch einige Beispiele betrachten, die zeigen, wie komfortabel Kalenderdaten als Index sind. Zunächst sehen wir uns jedoch die für Zeitreihen verfügbaren Datenstrukturen an.

Datenstrukturen für Zeitreihen in Pandas

In diesem Abschnitt werden Pandas grundlegende Datenstrukturen für die Verwendung von Zeitreihen vorgestellt.

- Für *Zeitstempel* (Timestamps) stellt Pandas den Datentyp `Timestamp` bereit. Wie bereits erwähnt, ist er im Wesentlichen ein Ersatz für Pythons `datetime`, er beruht jedoch auf dem effizienteren Datentyp `numpy.datetime64`. Die dazugehörige Indexstruktur heißt `DatetimeIndex`.

- Für *Zeitperioden* verwendet Pandas den Typ Period. Er speichert ein numpy.datetime64-Zeitintervall festgelegter Länge. Die dazugehörige Indexstruktur heißt PeriodIndex.
- Für *Zeitdeltas* oder *Zeitdauern* bietet Pandas den Datentyp Timedelta, der ein effizienterer Ersatz für Pythons datetime.timedelta ist und auf dem Datentyp numpy.timedelta64 beruht.

Timestamp und DatetimeIndex sind die elementarsten der Objekte zum Speichern von Kalenderdaten und Zeitangaben. Diese Klassenobjekte sind zwar auch direkt aufrufbar, es ist jedoch gebräuchlicher, die pd.to_datetime-Funktion zu verwenden, die eine Vielzahl von Formaten erkennt. Übergibt man pd.to_datetime ein einzelnes Datum, gibt die Funktion einen Timestamp zurück, übergibt man hingegen mehrere Kalenderdaten, erhält man standardmäßig einen DatetimeIndex, wie hier gezeigt:

```
In [15]: dates = pd.to_datetime([datetime(2021, 7, 3), '4th of July, 2021',
                                 '2021-Jul-6', '07-07-2021', '20210708'])
         dates
Out[15]: DatetimeIndex(['2021-07-03', '2021-07-04', '2021-07-06', '2021-07-07',
                        '2021-07-08'],
                       dtype='datetime64[ns]', freq=None)
```

Ein DatetimeIndex kann mit der Funktion to_period in einen PeriodIndex konvertiert werden. Dabei ist mit dem Argument freq ein Code für die Häufigkeit anzugeben; wir verwenden hier 'D' (täglich):

```
In [16]: dates.to_period('D')
Out[16]: PeriodIndex(['2021-07-03', '2021-07-04', '2021-07-06', '2021-07-07',
                      '2021-07-08'],
                     dtype='period[D]')
```

Ein TimedeltaIndex wird beispielsweise erzeugt, wenn man ein Datum von einem anderen subtrahiert:

```
In [17]: dates - dates[0]
Out[17]: TimedeltaIndex(['0 days', '1 days', '3 days', '4 days', '5 days'],
           > dtype='timedelta64[ns]', freq=None)
```

Gleichförmige Sequenzen: pd.date_range

Pandas stellt einige Funktionen zur Verfügung, um das Erstellen gleichförmiger Sequenzen zu erleichtern: pd.date_range erzeugt Zeitstempel, pd.period_range erzeugt Zeitperioden, und pd.timedelta_range erzeugt Zeitdeltas. Wie Sie wissen, erstellen Pythons range und NumPys np.arange einen Startwert, einen Endwert und eine optionalen Schrittgröße und geben eine Sequenz zurück. Auf ähnliche Weise nimmt pd.date_range ein Startdatum, ein Enddatum und optional einen Code für die Häufigkeit entgegen, um eine gleichförmige Sequenz von Daten zu erzeugen:

```
In [18]: pd.date_range('2015-07-03', '2015-07-10')
Out[18]: DatetimeIndex(['2015-07-03', '2015-07-04', '2015-07-05', '2015-07-06',
                        '2015-07-07', '2015-07-08', '2015-07-09', '2015-07-10'],
                       dtype='datetime64[ns]', freq='D')
```

Statt ein Start- und ein Enddatum festzulegen, kann die Sequenz alternativ durch Angabe eines Startdatums und der Anzahl der Zeitperioden erzeugt werden:

```
In [19]: pd.date_range('2015-07-03', periods=8)
Out[19]: DatetimeIndex(['2015-07-03', '2015-07-04', '2015-07-05', '2015-07-06',
                        '2015-07-07', '2015-07-08', '2015-07-09', '2015-07-10'],
                       dtype='datetime64[ns]', freq='D')
```

Sie können den Abstand mit dem `freq`-Argument ändern, für das `'D'` voreingestellt ist. Hier erzeugen wir Zeitstempel mit stündlichem Abstand:

```
In [20]: pd.date_range('2015-07-03', periods=8, freq='H')
Out[20]: DatetimeIndex(['2015-07-03 00:00:00', '2015-07-03 01:00:00',
                        '2015-07-03 02:00:00', '2015-07-03 03:00:00',
                        '2015-07-03 04:00:00', '2015-07-03 05:00:00',
                        '2015-07-03 06:00:00', '2015-07-03 07:00:00'],
                       dtype='datetime64[ns]', freq='H')
```

Um gleichförmige Sequenzen zu erstellen, die Zeitperioden oder Zeitdeltas enthalten, können die ähnlichen Funktionen `pd.period_range` und `pd.timedelta_range` eingesetzt werden. Als Beispiel sehen Sie einige monatliche Zeitperioden:

```
In [21]: pd.period_range('2015-07', periods=8, freq='M')
Out[21]: PeriodIndex(['2015-07', '2015-08', '2015-09',
                      '2015-10', '2015-11', '2015-12',
                      '2016-01', '2016-02'],
                     dtype='period[M]')
```

Und hier eine Sequenz von Zeitdauern mit stündlichem Abstand:

```
In [22]: pd.timedelta_range(0, periods=6, freq='H')
Out[22]: TimedeltaIndex(['0 days 00:00:00', '0 days 01:00:00', '0 days 02:00:00',
                         '0 days 03:00:00', '0 days 04:00:00', '0 days 05:00:00'],
                        dtype='timedelta64[ns]', freq='H')
```

Die Verwendung dieser Funktionen setzt die Kenntnis der Codes für Häufigkeiten voraus, die im nächsten Abschnitt zusammengefasst sind.

Häufigkeiten und Abstände

Für Pandas' Tools zur Handhabung von Zeitreihen ist das Konzept der *Häufigkeit* (*Frequency*) oder des *zeitlichen Abstands* (*Date Offset*) von entscheidender Bedeutung. Wie anhand der Codes `D` (ein Tag) und `H` (eine Stunde) gezeigt, können wir sie benutzen, um beliebige zeitliche Abstände einzustellen. Die wichtigsten dieser Codes sind in Tabelle 23-2 zusammengefasst.

Tabelle 23-2: Pandas-Codes für Häufigkeiten und Abstände

Code	Beschreibung	Code	Beschreibung
D	Kalendertag	B	Geschäftstag
W	Wöchentlich		
M	Monatsende	BM	Ende des Geschäftsmonats

Tabelle 23-2: Pandas-Codes für Häufigkeiten und Abstände (Fortsetzung)

Code	Beschreibung	Code	Beschreibung
Q	Quartalsende	BQ	Ende des Geschäftsquartals
A	Jahresende	BA	Ende des Geschäftsjahrs
H	Stunden	BH	Geschäftsstunden
T	Minuten		
S	Sekunden		
L	Millisekunden		
U	Mikrosekunden		
N	Nanosekunden		

Die monatlichen, vierteljährlichen und jährlichen Häufigkeiten beziehen sich jeweils auf das Ende der angegebenen Zeitperiode. Das Anhängen des Buchstabens `S` bewirkt, dass stattdessen der Anfang des jeweiligen Zeitraums gemeint ist (siehe Tabelle 23-3).

Tabelle 23-3: Codes für den Anfang der Zeitperioden

Code	Beschreibung	Code	Beschreibung
MS	Monatsanfang	BMS	Anfang des Geschäftsmonats
QS	Quartalsanfang	BQS	Anfang des Geschäftsquartals
AS	Jahresanfang	BAS	Anfang des Geschäftsjahrs

Außerdem können Sie den Monat ändern, der den Anfang bzw. das Ende des vierteljährlichen oder jährlichen Zeitraums markiert:

- `Q-JAN`, `BQ-FEB`, `QS-MAR`, `BQS-APR` und so weiter.
- `A-JAN`, `BA-FEB`, `AS-MAR`, `BAS-APR` und so weiter.

Auf ähnliche Weise kann der Wochentag, an dem die Tage unterteilt werden, verändert werden, indem Sie einen drei Buchstaben langen Code für den Wochentag anfügen: `W-SUN`, `W-MON`, `W-TUE`, `W-WED` und so weiter.

Darüber hinaus können die Codes mit Zahlen kombiniert werden, um andere Häufigkeiten oder Abstände anzugeben. Wenn der zeitliche Abstand beispielsweise 2 Stunden und 30 Minuten betragen soll, können Sie die Codes `H` (Stunden) und `T` (Minuten) folgendermaßen kombinieren:

```
In [23]: pd.timedelta_range(0, periods=6, freq="2H30T")
Out[23]: TimedeltaIndex(['0 days 00:00:00', '0 days 02:30:00', '0 days 05:00:00',
                         '0 days 07:30:00', '0 days 10:00:00', '0 days 12:30:00'],
                        dtype='timedelta64[ns]', freq='150T')
```

Diese Codes verweisen auf bestimmte Instanzen von Zeitreihenabständen in Pandas, die im Modul `pd.tseries.offset` zu finden sind. Wenn beispielsweise bei täglicher Häufigkeit nur Geschäftstage berücksichtigt werden sollen, kann das so aussehen:

```
In [24]: from pandas.tseries.offsets import BDay
         pd.date_range('2015-07-01', periods=6, freq=BDay())
Out[24]: DatetimeIndex(['2015-07-01', '2015-07-02', '2015-07-03', '2015-07-06',
                        '2015-07-07', '2015-07-08'],
                       dtype='datetime64[ns]', freq='B')
```

Weitere Erläuterungen zur Verwendung von Häufigkeiten und Abständen finden Sie im Abschnitt zu `DateOffset` der Pandas-Dokumentation (*https://oreil.ly/J6JHA*).

Resampling, zeitliches Verschieben und geglättete Statistik

Kalenderdaten und Zeitangaben als Indizes verwenden zu können, um Daten zu organisieren und darauf zuzugreifen, ist ein wichtiger Aspekt der Pandas-Tools zur Handhabung von Zeitreihen. Die allgemeinen Vorteile indizierter Daten (automatische Anpassung bei der Ausführung von Operationen, intuitives Abfragen und Slicing usw.) bleiben erhalten, und Pandas stellt einige zusätzliche Operationen für Zeitreihen bereit.

Ein paar davon werden wir uns jetzt ansehen, und als Beispiel dienen einige Börsenkurse. Da bei der Entwicklung von Pandas insbesondere das Finanzwesen berücksichtigt wurde, gibt es eine Reihe hochgradig spezialisierter Tools für Finanzdaten. Beispielsweise kann das Paket `pandas-datareader` (das Sie durch Eingabe von `pip install pandas-datareader` installieren können) aus verschiedenen Quellen stammende Finanzdaten importieren. Wir lesen nun den zeitlichen Verlauf der Börsenkurse der S&P-500-Unternehmen ein:

```
In [25]: from pandas_datareader import data

         sp500 = data.DataReader('^GSPC', start='2018', end='2022',
                                 data_source='yahoo')
         sp500.head()
Out[
25]:                    High          Low         Open        Close      Volume \
         Date
         2018-01-02  2695.889893  2682.360107  2683.729980  2695.810059  3367250000
         2018-01-03  2714.370117  2697.770020  2697.850098  2713.060059  3538660000
         2018-01-04  2729.290039  2719.070068  2719.310059  2723.989990  3695260000
         2018-01-05  2743.449951  2727.919922  2731.330078  2743.149902  3236620000
         2018-01-08  2748.510010  2737.600098  2742.669922  2747.709961  3242650000

                       Adj Close
         Date
         2018-01-02  2695.810059
         2018-01-03  2713.060059
         2018-01-04  2723.989990
         2018-01-05  2743.149902
         2018-01-08  2747.709961
```

Der Einfachheit halber verwenden wir nur die Schlusskurse:

```
In [26]: sp500 = sp500['Close']
```

Mit der plot-Methode können wir die Daten visualisieren, nachdem Matplotlib auf die übliche Weise initialisiert wurde (siehe Teil IV); das Ergebnis finden Sie in Abbildung 23-1.

```
In [27]: %matplotlib inline
         import matplotlib.pyplot as plt
         plt.style.use('seaborn-whitegrid')
         sp500.plot();
```

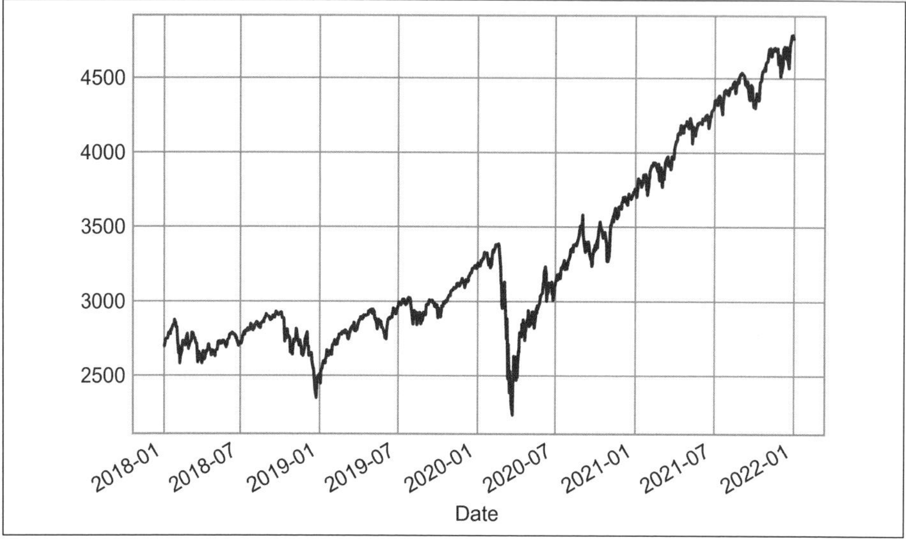

Abbildung 23-1: Zeitlicher Verlauf der S&P-500-Schlusskurse

Resampling und Anpassung der Häufigkeiten

Vielfach ist es erforderlich, die Daten der Zeitreihe mit erhöhter oder verringerter Häufigkeit neu einzulesen (*Resampling*). Das funktioniert anhand der resample-Methode oder der sehr viel einfacheren asfreq-Methode. Der zentrale Unterschied besteht darin, dass resample im Wesentlichen eine *Datenaggregation* durchführt und asfreq hingegen lediglich eine *Datenauswahl* trifft.

Vergleichen wir, welche Ergebnisse die beiden Methoden liefern, wenn wir ein Resampling der S&P-500-Schlusspreise mit verringerter Häufigkeit durchführen. Wir verwenden hier die Daten am Ende des Geschäftsjahres (siehe Abbildung 23-2):

```
In [28]: sp500.plot(alpha=0.5, style='-')
         sp500.resample('BA').mean().plot(style=':')
         sp500.asfreq('BA').plot(style='--');
         plt.legend(['input', 'resample', 'asfreq'],
                    loc='upper left');
```

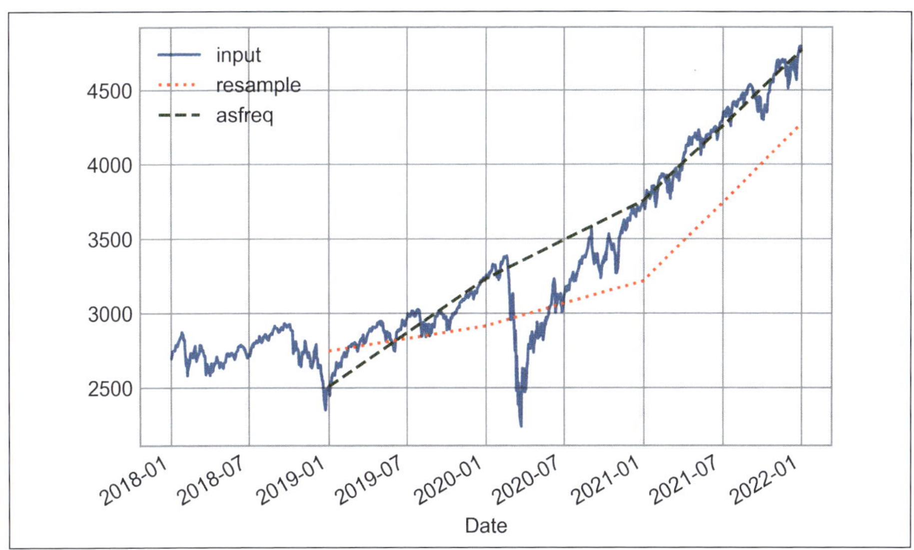

Abbildung 23-2: Resampling der S&P-500-Schlusspreise

Beachten Sie den Unterschied: `resample` zeigt jeweils den *Mittelwert des vergangenen Jahres* an, `asfreq` hingegen den *Wert am Jahresende.*

Beim Resampling mit erhöhter Häufigkeit (*Upsampling*) sind `resample` und `asfreq` im Großen und Ganzen äquivalent, allerdings verfügt `resample` über sehr viel mehr Optionen. Im vorliegenden Fall ist jedoch für beide Methoden voreingestellt, die weggelassenen Werte leer zu belassen – das heißt, sie enthalten `NA`-Werte.

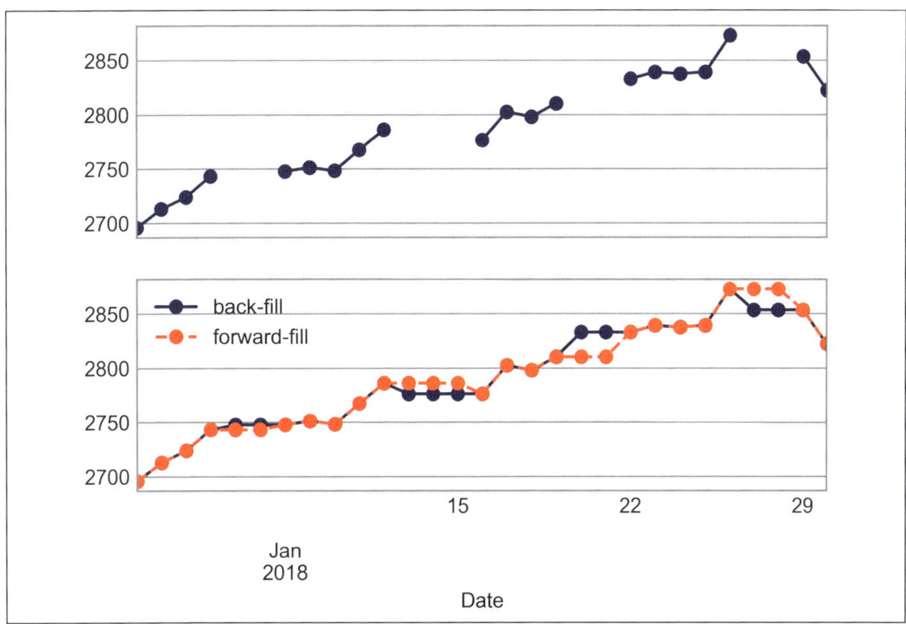

Abbildung 23-3: Vergleich der Interpolationen beim Auffüllen rückwärts bzw. vorwärts

Ebenso wie die in Kapitel 16 erwähnte `pd.fillna`-Funktion nimmt `asfreq` ein `method`-Argument entgegen, das angibt, welche Werte vermutet werden sollen. Nun führen wir ein Resampling der Daten für Geschäftstage mit täglicher Häufigkeit durch (also inklusive der Wochenenden, siehe Abbildung 23-3):

```
In [29]: fig, ax = plt.subplots(2, sharex=True)
         data = sp500.iloc[:20]

         data.asfreq('D').plot(ax=ax[0], marker='o')

         data.asfreq('D', method='bfill').plot(ax=ax[1], style='-o')
         data.asfreq('D', method='ffill').plot(ax=ax[1], style='--o')
         ax[1].legend(["back-fill", "forward-fill"]);
```

Da die S&P-500-Daten nur für Geschäftstage vorliegen, enthält das obere Diagramm Lücken, die für die `NA`-Werte stehen. Das untere Diagramm zeigt die Unterschiede zwischen zwei Strategien zum Füllen der Lücken: vorwärts füllen und rückwärts füllen.

Zeitliches Verschieben

Das zeitliche Verschieben von Daten ist eine weitere gebräuchliche Operation, die auf Zeitreihen anwendbar ist. Zu diesem Zweck stellt Pandas die `shift`-Methode zur Verfügung, mit der die Daten um eine bestimmte Anzahl von Einträgen verschoben werden können. Bei regelmäßig abgerufenen Zeitreihendaten können wir auf diese Weise Trends im Zeitverlauf untersuchen.

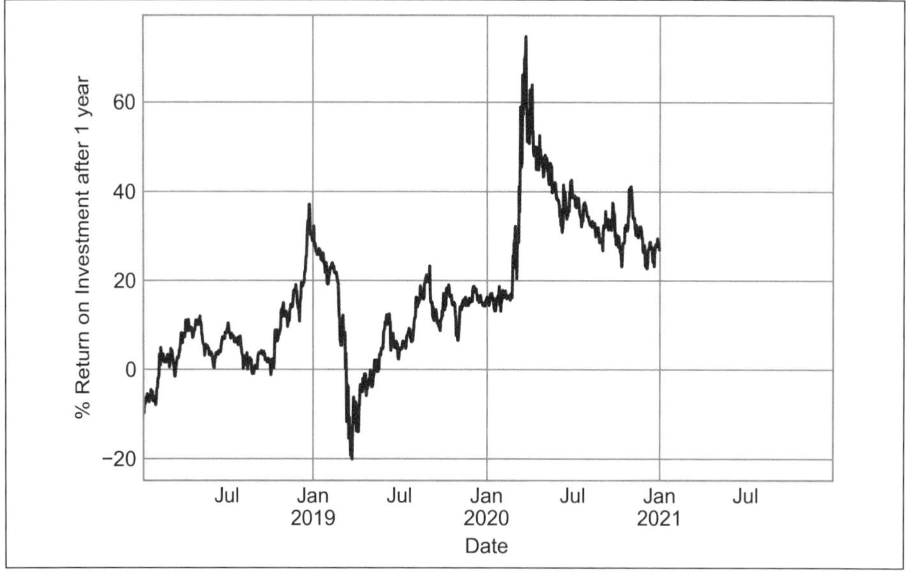

Abbildung 23-4: Kapitalrendite nach einem Jahr

Hier nehmen wir beispielsweise ein Resampling der Daten auf tägliche Werte vor und verschieben dann um 364 Tage, um die Kapitalrendite für den S&P-500-Index nach einem Jahr zu berechnen (siehe Abbildung 23-4).

```
In [30]: sp500 = sp500.asfreq('D', method='pad')

         ROI = 100 * (sp500.shift(-365) - sp500) / sp500
         ROI.plot()
         plt.ylabel('% Return on Investment after 1 year');
```

Die geringste Rendite wurde im März 2019 erzielt, wobei der durch das Coronavirus verursachte Markteinbruch genau ein Jahr später erfolgte. Wie zu erwarten, wurde die beste Einjahresrendite im März 2020 erzielt, jedenfalls für diejenigen, die genug Weitsicht oder Glück hatten, zu einem niedrigen Preis zu kaufen.

Glättung von Zeitreihen

Statistische Glättungsverfahren sind der dritte Typ von Operationen in Pandas, die speziell für Zeitreihen ausgelegt sind. Hierfür gibt es das `rolling`-Attribut der `Series`- und `DataFrame`-Objekte, das eine ähnliche Ansicht wie die `groupby`-Operation liefert (siehe Kapitel 20) und standardmäßig einige Aggregationsoperationen bereitstellt.

Hier werden beispielsweise der jährliche zentrierte Mittelwert (one-year rolling_mean) und die Standardabweichung (one-year rolling_median) der Aktienkurse berechnet (siehe Abbildung 23-5).

```
In [31]: rolling = sp500.rolling(365, center=True)

         data = pd.DataFrame({'input': sp500,
                              'one-year rolling_mean': rolling.mean(),
                              'one-year rolling_median': rolling.median()})
         ax = data.plot(style=['-', '--', ':'])
         ax.lines[0].set_alpha(0.3)
```

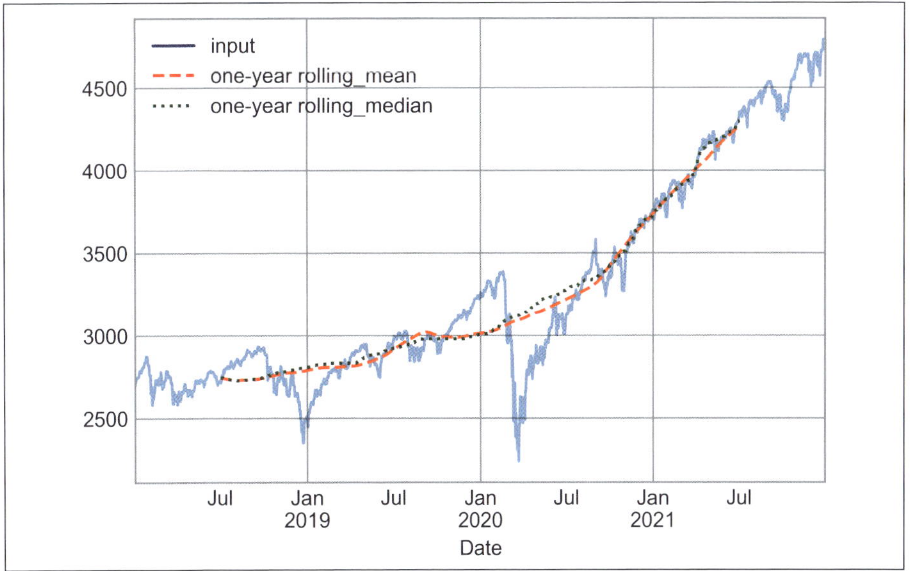

Abbildung 23-5: Geglättete Statistik des S&P-500-Index

Ebenso wie bei `groupby`-Operationen können die Methoden `aggregate` und `apply` für benutzerdefinierte Berechnungen verwendet werden.

> **Mehr erfahren**
>
> Dieses Kapitel stellt nur einen kurzen Abriss einiger der wichtigsten Features der Tools zur Handhabung von Zeitreihen in Pandas dar. Eine ausführlichere Beschreibung finden Sie im Abschnitt »Time Series/Date Functionality« (*https://oreil.ly/uC3pB*) in der Pandas-Onlinedokumentation.
>
> Das Lehrbuch *Datenanalyse mit Python* von Wes McKinney (O'Reilly) ist wirklich empfehlenswert. Es ist gerade für den Einsatz von Pandas von unschätzbarem Wert. Das Buch legt insbesondere einen Schwerpunkt auf die Tools für Zeitreihen im Kontext von Geschäfts- und Finanzanwendungen und konzentriert sich auf bestimmte Details beim Umgang mit Kalendern, Zeitzonen und verwandten Themen.
>
> Sie können wie immer die Hilfefunktion von IPython in Anspruch nehmen, um die für die hier erörterten Funktionen und Methoden verfügbaren Optionen zu erkunden und auszuprobieren. Meiner Erfahrung nach ist das oft die beste Methode, sich mit einem neuen Python-Tool vertraut zu machen.

Beispiel: Visualisierung von Fahrradzählungen in Seattle

Als ein etwas umfassenderes Beispiel für den Einsatz von Zeitreihen betrachten wir Fahrradzählungen auf der Fremont Bridge (*https://oreil.ly/6qVBt*). Die Daten wurden automatisch von einem Gerät erfasst, das Ende 2012 installiert wurde. Es verfügt über induktive Sensoren, die sich östlich und westlich der Fahrbahn befinden. Die Anzahl der pro Stunde passierenden Fahrräder sind unter *http://data.seattle.gov* verfügbar; die »Fremont Bridge Bicycle Counter«-Datenmenge finden Sie im Abschnitt »Transportation«.

Die für dieses Buch verwendeten CSV-Daten laden Sie wie folgt herunter:

```
In [32]: # url = ('https://raw.githubusercontent.com/jakevdp/'
         #        'bicycle-data/main/FremontBridge.csv')
         # !curl -O {url}
```

Nach dem Herunterladen können wir Pandas verwenden, um die CSV-Datei in einen `DataFrame` einzulesen. Als Index geben wir die Spalte `Date` an, und diese Kalenderdaten sollen automatisch konvertiert werden:

```
In [33]: data = pd.read_csv('FremontBridge.csv', index_col='Date', parse_dates=
True)
         data.head()
Out[33]:                      Fremont Bridge Total  Fremont Bridge East Sidewalk  \
         Date
         2019-11-01 00:00:00                  12.0                           7.0
         2019-11-01 01:00:00                   7.0                           0.0
         2019-11-01 02:00:00                   1.0                           0.0
         2019-11-01 03:00:00                   6.0                           6.0
         2019-11-01 04:00:00                   6.0                           5.0
```

```
                          Fremont Bridge West Sidewalk
Date
2019-11-01 00:00:00                                5.0
2019-11-01 01:00:00                                7.0
2019-11-01 02:00:00                                1.0
2019-11-01 03:00:00                                0.0
2019-11-01 04:00:00                                1.0
```

Der Bequemlichkeit halber verkürzen wir die Spaltennamen:

```
In [34]: data.columns = ['Total', 'East', 'West']
```

Jetzt zeigen wir eine zusammenfassende Statistik der Daten an:

```
In [35]: data.dropna().describe()
Out[35]:                Total            East            West
         count  147255.000000   147255.000000   147255.000000
         mean      110.341462       50.077763       60.263699
         std       140.422051       64.634038       87.252147
         min         0.000000        0.000000        0.000000
         25%        14.000000        6.000000        7.000000
         50%        60.000000       28.000000       30.000000
         75%       145.000000       68.000000       74.000000
         max      1097.000000      698.000000      850.000000
```

Visualisierung der Daten

Durch die Visualisierung gewinnen wir einen ersten Einblick in die Daten. Zunächst einmal lassen wir ein Diagramm der Rohdaten ausgeben (siehe Abbildung 23-6).

```
In [36]: data.plot()
         plt.ylabel('Hourly Bicycle Count');
```

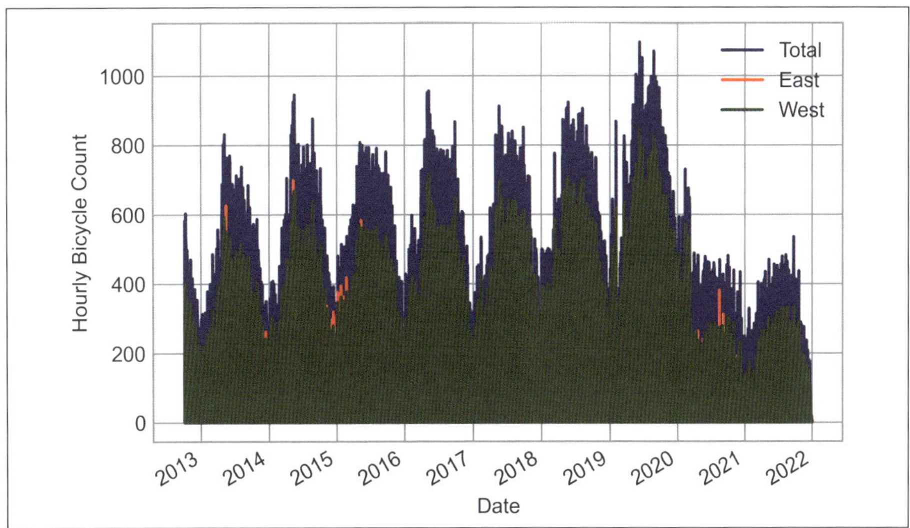

Abbildung 23-6: Zahl der Fahrräder pro Stunde auf Seattles Fremont-Brücke

Hier ist kaum etwas zu erkennen, denn die rund 150.000 Einträge pro Stunde liegen viel zu dicht beieinander. Wir nehmen daher ein Resampling mit einer gröberen Einteilung vor, und zwar einer wöchentlichen (siehe Abbildung 23-7).

```
In [37]: weekly = data.resample('W').sum()
         weekly.plot(style=['-', ':', '--'])
         plt.ylabel('Weekly bicycle count');
```

Das macht einige interessante jahreszeitlich bedingte Trends erkennbar: Wie schon zu vermuten war, fahren die Menschen im Sommer häufiger mit dem Fahrrad als im Winter, und selbst in einer bestimmten Jahreszeit schwanken die Zahlen von Woche zu Woche (wahrscheinlich in Abhängigkeit vom Wetter – siehe Kapitel 42, in dem wir näher darauf eingehen). Des Weiteren sind die Auswirkungen der COVID-19-Pandemie auf die Pendlerströme ab Frühjahr 2020 klar erkennbar.

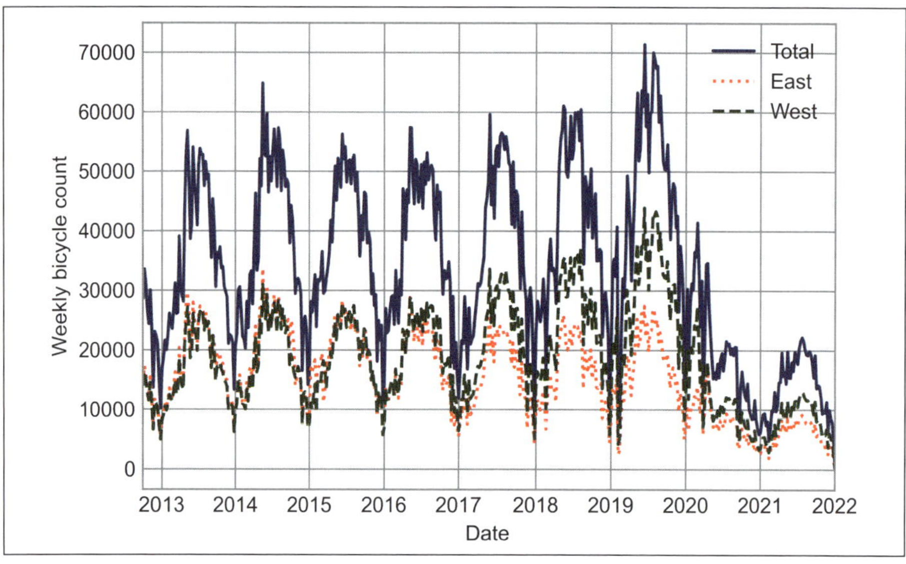

Abbildung 23-7: Zahl der Fahrräder pro Woche auf Seattles Fremont-Brücke

Der zentrierte Mittelwert ist eine weitere Möglichkeit, die Daten zusammenzufassen, die hierfür gut geeignet ist. Hier untersuchen wir mit `pd.rolling_mean` den zentrierten Mittelwert für Zeiträume von 30 Tagen. Achten Sie darauf, zum Zentrieren des Zeitfensters `center=True` anzugeben (siehe Abbildung 23-8).

```
In [38]: daily = data.resample('D').sum()
         daily.rolling(30, center=True).sum().plot(style=['-', ':', '--'])
         plt.ylabel('mean hourly count');
```

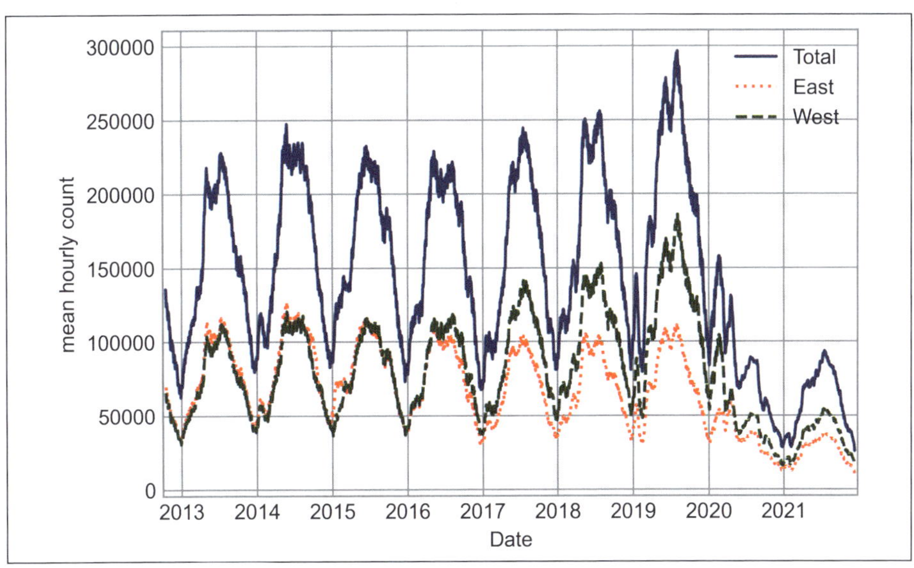

Abbildung 23-8: Zentrierter Mittelwert der Anzahl pro Woche erfasster Fahrräder

Dass die Kurven so gezackt sind, liegt daran, dass die im Zeitfenster dargestellten Werte nicht kontinuierlich sind. Mit einer Glättungsfunktion können wir eine weniger gezackte Version des zentrierten Mittelwerts erzeugen – z. B. mit einer gaußschen Glättung, wie in Abbildung 23-9 gezeigt. Der folgende Code gibt die Breite des Fensters (hier 50 Tage) sowie die Breite der Gaußglocke innerhalb dieses Fensters an (hier 10 Tage):

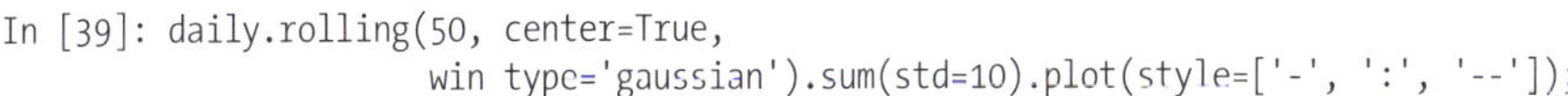

```
In [39]: daily.rolling(50, center=True,
                       win_type='gaussian').sum(std=10).plot(style=['-', ':', '--']);
```

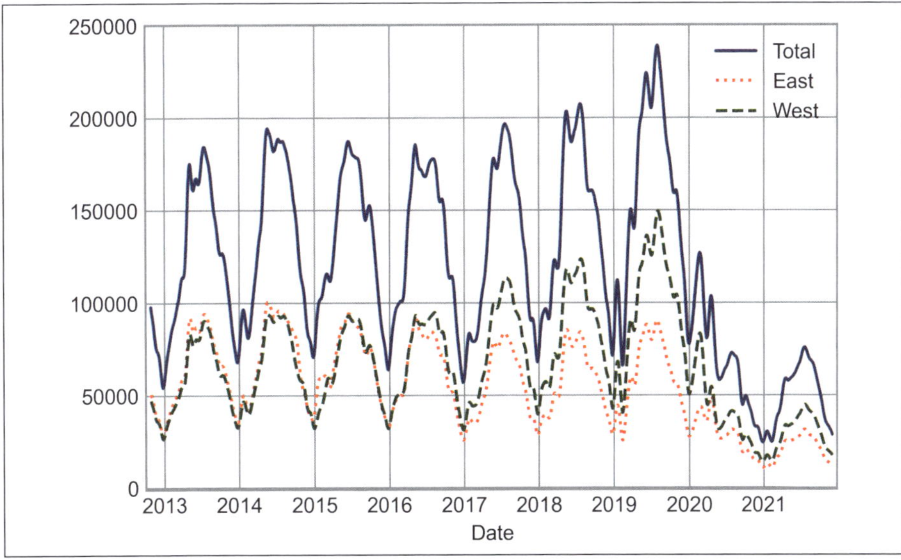

Abbildung 23-9: Fahrräder pro Woche mit gaußscher Glättung

In den Daten stöbern

Geglättete Daten sind zwar gut dazu geeignet, einen allgemeinen Trend in den Daten zu erkennen, sie verbergen jedoch auch einen Großteil der interessanten Strukturen. Wir könnten beispielsweise am durchschnittlichen Verkehr als Funktion der Tageszeit interessiert sein. Dazu können wir die in Kapitel 20 erläuterten groupby-Funktionalitäten verwenden (siehe Abbildung 23-10):

```
In [40]: by_time = data.groupby(data.index.time).mean()
         hourly_ticks = 4 * 60 * 60 * np.arange(6)
         by_time.plot(xticks=hourly_ticks, style=['-', ':', '--']);
```

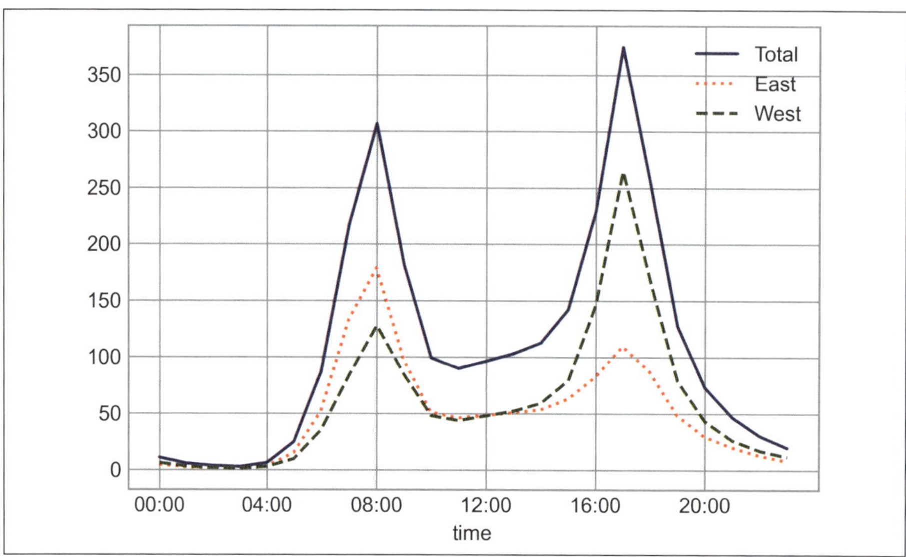

Abbildung 23-10: Durchschnittliche Zahl von Fahrrädern pro Stunde

Der pro Stunde auftretende Verkehr zeigt eine ausgeprägt bimodale (zweigipflige) Verteilung mit Spitzenwerten um etwa 8:00 Uhr morgens und um 17:00 Uhr abends. Das ist wahrscheinlich ein Hinweis darauf, dass viele Berufspendler die Brücke überqueren. Hinzu kommt eine Richtungskomponente: Den Daten nach wird der östliche Rad- und Fußweg hauptsächlich für den morgendlichen Pendelverkehr genutzt, während die westliche Seite größtenteils während des Abendverkehrs befahren wird.

Es wäre ebenfalls interessant, zu wissen, wie sich der Verkehr auf die verschiedenen Wochentage verteilt. Dazu nutzen wir wieder eine einfache groupby-Operation (siehe Abbildung 23-11).

```
In [41]: by_weekday = data.groupby(data.index.dayofweek).mean()
         by_weekday.index = ['Mon', 'Tues', 'Wed', 'Thurs', 'Fri', 'Sat', 'Sun']
         by_weekday.plot(style=['-', ':', '--']);
```

Hier zeigt sich ein deutlicher Unterschied zwischen Werktagen und Wochenenden: Von Montag bis Freitag überqueren täglich etwa doppelt so viele Radler die Brücke wie samstags und sonntags.

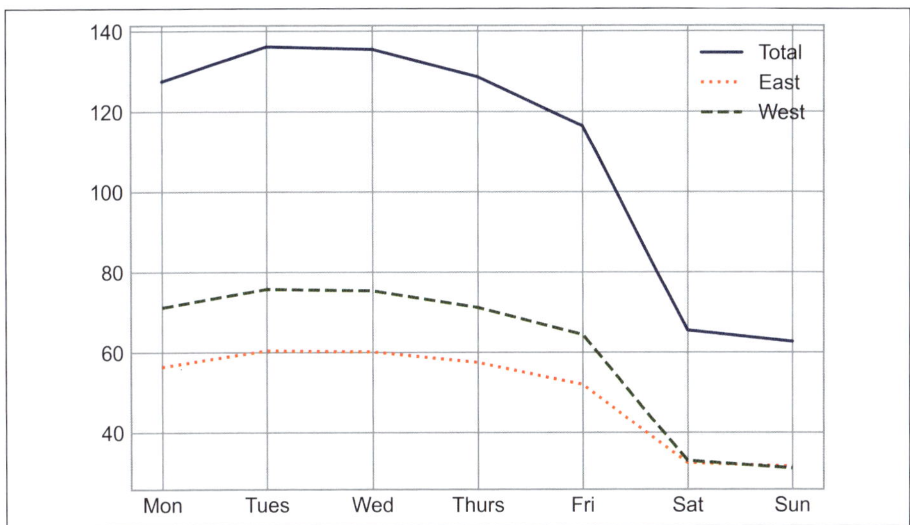

Abbildung 23-11: Durchschnittliche Zahl von Fahrrädern pro Tag

Zum Vergleich erstellen wir nun ein zusammengesetztes `groupby` und zeigen den stündlichen Verlauf an Werktagen bzw. Wochenenden an. Zunächst gruppieren wir die Daten anhand eines Flags, das Wochenenden kennzeichnet, sowie der Uhrzeit:

```
In [42]: weekend = np.where(data.index.weekday < 5, 'Weekday', 'Weekend')
         by_time = data.groupby([weekend, data.index.time]).mean()
```

Nun setzen wir einige der in Kapitel 31 beschriebenen Matplotlib-Tools ein, um zwei Diagramme nebeneinander auszugeben, wie in Abbildung 23-12 gezeigt:

```
In [43]: import matplotlib.pyplot as plt
         fig, ax = plt.subplots(1, 2, figsize=(14, 5))
         by_time.loc['Weekday'].plot(ax=ax[0], title='Weekdays',
                                     xticks=hourly_ticks, style=['-', ':', '--'])
         by_time.loc['Weekend'].plot(ax=ax[1], title='Weekends',
                                     xticks=hourly_ticks, style=['-', ':', '--']);
```

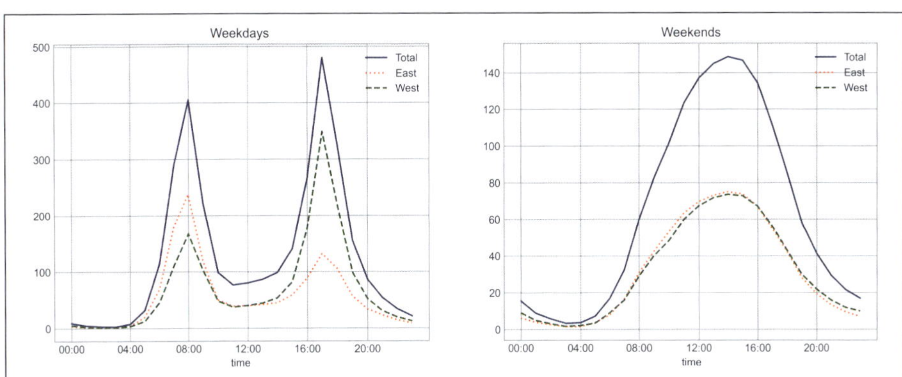

Abbildung 23-12: Durchschnittliche Zahl von Fahrrädern pro Stunde an Werktagen und Wochenenden

Das Ergebnis zeigt die bimodale Verteilung der Berufspendler, an Wochenenden hingegen zeigt sich durch das Freizeitverhalten eine unimodale Verteilung. Es wäre interessant, den Daten genauer auf den Grund zu gehen und zu untersuchen, ob Wetter, Temperatur, Jahreszeit und andere Faktoren Einfluss auf das Verhalten der Radfahrer haben. Mehr zu diesem Thema finden Sie in meinem Blogbeitrag »Is Seattle Really Seeing an Uptick in Cycling?« (*https://oreil.ly/j5oEI*), der eine Untermenge dieser Daten nutzt. Darüber hinaus werden wir in Kapitel 42 im Zusammenhang mit der Modellbildung erneut auf diese Datenmenge zu sprechen kommen.

KAPITEL 24

Leistungsstarkes Pandas: eval und query

In den vorherigen Kapiteln haben wir festgestellt, dass die Leistungsfähigkeit der PyData-Umgebung auf der Fähigkeit von NumPy und Pandas beruht, grundlegende Operationen mittels einer intuitiven Syntax in maschinennahe kompilierte Anweisungen zu verschieben. Beispiele hierfür sind vektorisierte Operationen und Broadcasting in NumPy sowie Gruppierungsoperationen in Pandas. Diese Abstraktionen sind zwar für viele gängige Anwendungsfälle effizient und effektiv, sie beruhen jedoch häufig auf dem Erzeugen zwischenzeitlich vorhandener temporärer Objekte, was zu einem übermäßigen Aufwand an Rechenzeit und Speicherbedarf führen kann.

Um hier Abhilfe zu schaffen, bringt Pandas einige Methoden mit, die es ermöglichen, direkt auf Operationen zuzugreifen, die mit der Geschwindigkeit von C arbeiten, ohne die aufwendige Allokation temporärer Arrays in Kauf nehmen zu müssen. Hierbei handelt es sich um die Funktionen `eval` und `query`, die auf das Paket NumExpr (*https://oreil.ly/acvj5*) angewiesen sind. In diesem Kapitel zeige ich Ihnen ihren Gebrauch und stelle einige Faustregeln dazu auf, unter welchen Umständen Sie erwägen sollten, sie einzusetzen.

Der Zweck von query und eval: zusammengesetzte Ausdrücke

Wie Sie wissen, unterstützen NumPy und Pandas schnelle vektorisierte Operationen, beispielsweise beim Addieren der Elemente zweier Arrays:

```
In [1]: import numpy as np
        rng = np.random.default_rng(42)
        x = rng.random(1000000)
        y = rng.random(1000000)
        %timeit x + y
Out[1]: 2.21 ms ± 142 µs per loop (mean ± std. dev. of 7 runs, 100 loops each)
```

Wie in Kapitel 6 beschrieben, sind solche Berechnungen bedeutend schneller als das Addieren in einer Schleife oder mithilfe einer Listenabstraktion:

```
In [2]: %timeit np.fromiter((xi + yi for xi, yi in zip(x, y)),
                            dtype=x.dtype, count=len(x))
Out[2]: 263 ms ± 43.4 ms per loop (mean ± std. dev. of 7 runs, 1 loop each)
```

Bei der Berechnung von zusammengesetzten Ausdrücken sind diese Abstraktionen jedoch womöglich weniger effizient. Betrachten Sie beispielsweise diesen Ausdruck:

```
In [3]: mask = (x > 0.5) & (y < 0.5)
```

Da NumPy jeden Unterausdruck einzeln auswerten muss, entspricht das in etwa Folgendem:

```
In [4]: tmp1 = (x > 0.5)
        tmp2 = (y < 0.5)
        mask = tmp1 & tmp2
```

Oder anders ausgedrückt: *Bei jedem einzelnen Schritt wird explizit Arbeitsspeicher reserviert.* Falls die Arrays x und y sehr groß sind, kann das zu einem beträchtlichen Aufwand an Rechenzeit und großem Arbeitsspeicherbedarf führen. Die NumExpr-Bibliothek ermöglicht es, solche Berechnungen mit zusammengesetzten Ausdrücken elementweise auszuführen, ohne Speicherplatz für die temporären Arrays reservieren zu müssen. Details finden Sie in der NumExpr-Dokumentation (*https://oreil.ly/acvj5*), aber fürs Erste sollte es ausreichen, festzuhalten, dass die Bibliothek einen *String* entgegennimmt, der den zu berechnenden NumPy-Ausdruck enthält:

```
In [5]: import numexpr
        mask_numexpr = numexpr.evaluate('(x > 0.5) & (y < 0.5)')
        np.all(mask == mask_numexpr)
Out[5]: True
```

Der Vorteil besteht darin, dass NumExpr den Ausdruck so auswertet, dass temporäre Arrays vermieden werden, und deshalb viel effizienter als NumPy ist, insbesondere bei vielen aufeinanderfolgenden Berechnungen an großen Arrays. Die Pandas-Tools eval und query, die wir nun erörtern, sind im Wesentlichen Pandas-spezifische Wrapper für die Funktionalität von NumExpr.

Effiziente Operationen mit pandas.eval

Die eval-Funktion in Pandas nutzt String-Ausdrücke zur effizienten Berechnung von Operationen an DataFrames. Betrachten Sie z. B. die folgenden Daten:

```
In [6]: import pandas as pd
        nrows, ncols = 100000, 100
        df1, df2, df3, df4 = (pd.DataFrame(rng.random((nrows, ncols)))
                              for i in range(4))
```

Um alle vier DataFrames im typischen Pandas-Stil zu addieren, brauchen wir einfach nur die Summe hinzuschreiben:

```
In [7]: %timeit df1 + df2 + df3 + df4
Out[7]: 73.2 ms ± 6.72 ms per loop (mean ± std. dev. of 7 runs, 10 loops each)
```

Dieses Ergebnis erhalten wir auch mit pd.eval, indem wir den Ausdruck als String übergeben:

```
In [8]: %timeit pd.eval('df1 + df2 + df3 + df4')
Out[8]: 34 ms ± 4.2 ms per loop (mean ± std. dev. of 7 runs, 10 loops each)
```

Die Berechnung der eval-Version dieses Ausdrucks ist um rund 50 % schneller (und benötigt erheblich weniger Speicherplatz), und sie liefert dasselbe Resultat:

```
In [9]: np.allclose(df1 + df2 + df3 + df4,
                    pd.eval('df1 + df2 + df3 + df4'))
Out[9]: True
```

pd.eval unterstützt ein breites Spektrum an Operationen. Um das vorzuführen, verwenden wir die folgenden ganzzahligen Daten:

```
In [10]: df1, df2, df3, df4, df5 = (pd.DataFrame(rng.integers(0, 1000, (100, 3)))
                                    for i in range(5))
```

Hier eine Zusammenfassung der Operationen, die pd.eval unterstützt:

Arithmetische Operatoren
pd.eval unterstützt alle arithmetischen Operatoren, zum Beispiel:

```
In [11]: result1 = -df1 * df2 / (df3 + df4) - df5
         result2 = pd.eval('-df1 * df2 / (df3 + df4) - df5')
         np.allclose(result1, result2)
Out[11]: True
```

Vergleichsoperatoren
pd.eval unterstützt nicht nur sämtliche Vergleichsoperatoren, sondern auch verkettete Ausdrücke:

```
In [12]: result1 = (df1 < df2) & (df2 <= df3) & (df3 != df4)
         result2 = pd.eval('df1 < df2 <= df3 != df4')
         np.allclose(result1, result2)
Out[12]: True
```

Bitweise Operatoren
Die bitweisen Operatoren & und | werden von pd.eval ebenfalls unterstützt:

```
In [13]: result1 = (df1 < 0.5) & (df2 < 0.5) | (df3 < df4)
         result2 = pd.eval('(df1 < 0.5) & (df2 < 0.5) | (df3 < df4)')
         np.allclose(result1, result2)
Out[13]: True
```

Darüber hinaus ist es möglich, in booleschen Ausdrücken and und or zu verwenden:

```
In [14]: result3 = pd.eval('(df1 < 0.5) and (df2 < 0.5) or (df3 < df4)')
         np.allclose(result1, result3)
Out[14]: True
```

Objektattribute und Indizes
Über die obj.attr- und die obj[index]-Syntax unterstützt pd.eval den Zugriff auf Objektattribute bzw. auf den Index:

```
In [15]: result1 = df2.T[0] + df3.iloc[1]
         result2 = pd.eval('df2.T[0] + df3.iloc[1]')
         np.allclose(result1, result2)
Out[15]: True
```

Sonstige Operationen
Sonstige Operationen wie Funktionsaufrufe, bedingte Anweisungen, Schleifen und weitere, komplexere Konstrukte sind derzeit in `pd.eval` *nicht* implementiert. Wenn Sie solche komplexeren Ausdrücke auswerten möchten, müssen Sie die NumExpr-Bibliothek selbst verwenden.

DataFrame.eval für spaltenweise Operationen

Pandas verfügt auf oberster Ebene über die `pd.eval`-Funktion, und `DataFrames` bieten eine `eval`-Methode, die auf ähnliche Weise arbeitet. Die `eval`-Methode hat den Vorteil, dass man auf Spalten über ihren Namen zugreifen kann. Als Beispiel verwenden wir das folgende mit Spaltenbezeichnungen versehene Array:

```
In [16]: df = pd.DataFrame(rng.random((1000, 3)), columns=['A', 'B', 'C'])
         df.head()
Out[16]:           A         B         C
         0  0.850888  0.966709  0.958690
         1  0.820126  0.385686  0.061402
         2  0.059729  0.831768  0.652259
         3  0.244774  0.140322  0.041711
         4  0.818205  0.753384  0.578851
```

Wenn wir wie im obigen Abschnitt `pd.eval` verwenden, können wir Ausdrücke, in denen die drei Spalten vorkommen, so berechnen:

```
In [17]: result1 = (df['A'] + df['B']) / (df['C'] - 1)
         result2 = pd.eval("(df.A + df.B) / (df.C - 1)")
         np.allclose(result1, result2)
Out[17]: True
```

Die `DataFrame.eval`-Methode ermöglicht eine sehr viel kompaktere Auswertung von Ausdrücken, die Spalten enthalten:

```
In [18]: result3 = df.eval('(A + B) / (C - 1)')
         np.allclose(result1, result3)
Out[18]: True
```

Beachten Sie hier, dass wir innerhalb des auszuwertenden Ausdrucks *Spaltennamen wie Variablen* behandeln – und wir erhalten das erwünschte Ergebnis.

Zuweisungen in DataFrame.eval

Neben den gerade erörterten Optionen erlaubt `DataFrame.eval` zudem Zuweisungen an eine beliebige Spalte. Wir verwenden wieder den `DataFrame` von vorhin, der die Spalten `'A'`, `'B'` und `'C'` besitzt:

```
In [19]: df.head()
Out[19]:          A         B         C
         0  0.850888  0.966709  0.958690
         1  0.820126  0.385686  0.061402
         2  0.059729  0.831768  0.652259
         3  0.244774  0.140322  0.041711
         4  0.818205  0.753384  0.578851
```

Mit `df.eval` können wir nun eine neue Spalte `'D'` anlegen und ihr einen anhand der anderen Spalten berechneten Wert zuweisen:

```
In [20]: df.eval('D = (A + B) / C', inplace=True)
         df.head()
Out[20]:          A         B         C          D
         0  0.850888  0.966709  0.958690   1.895916
         1  0.820126  0.385686  0.061402  19.638139
         2  0.059729  0.831768  0.652259   1.366782
         3  0.244774  0.140322  0.041711   9.232370
         4  0.818205  0.753384  0.578851   2.715013
```

Auf die gleiche Weise können auch schon vorhandene Spalten modifiziert werden:

```
In [21]: df.eval('D = (A - B) / C', inplace=True)
         df.head()
Out[21]:          A         B         C         D
         0  0.850888  0.966709  0.958690 -0.120812
         1  0.820126  0.385686  0.061402  7.075399
         2  0.059729  0.831768  0.652259 -1.183638
         3  0.244774  0.140322  0.041711  2.504142
         4  0.818205  0.753384  0.578851  0.111982
```

Lokale Variablen in DataFrame.eval

Die `DataFrame.eval`-Methode unterstützt eine weitere Syntax, um auf lokale Python-Variablen zuzugreifen. Betrachten Sie Folgendes:

```
In [22]: column_mean = df.mean(1)
         result1 = df['A'] + column_mean
         result2 = df.eval('A + @column_mean')
         np.allclose(result1, result2)
Out[22]: True
```

Das `@`-Zeichen kennzeichnet hier statt eines *Spaltennamens* einen *Variablennamen*. Sie können also Ausdrücke auswerten, die auf zwei »Namensräume« zugreifen: den Namensraum der Spaltenbezeichnungen und den Namensraum der Python-Objekte. Beachten Sie jedoch, dass dieses `@`-Zeichen nur von der `DataFrame.eval`-*Methode* unterstützt wird, nicht aber von der `pandas.eval`-*Funktion*, denn Letztere kann lediglich auf einen Namensraum zugreifen, nämlich auf Pythons..

Die DataFrame.query-Methode

Der DataFrame verfügt über eine weitere Methode, die auf ausgewerteten Strings beruht: die query-Methode. Betrachten Sie den folgenden Code:

```
In [23]: result1 = df[(df.A < 0.5) & (df.B < 0.5)]
         result2 = pd.eval('df[(df.A < 0.5) & (df.B < 0.5)]')
         np.allclose(result1, result2)
Out[23]: True
```

Wie im Beispiel des Abschnitts über DataFrame.eval handelt es sich hier um einen Ausdruck, der die Spalten des DataFrame enthält. Er kann mit der DataFrame.eval-Syntax allerdings nicht formuliert werden! Stattdessen können Sie für solche Filteroperationen die DataFrame.query-Methode verwenden:

```
In [24]: result2 = df.query('A < 0.5 and B < 0.5')
         np.allclose(result1, result2)
Out[24]: True
```

Verglichen mit einem Maskierungsausdruck, ist diese Art der Berechnung nicht nur effizienter, sie ist auch besser lesbar und einfacher zu verstehen. Zudem erkennt die query-Methode das @-Flag zur Kennzeichnung lokaler Variablen:

```
In [25]: Cmean = df['C'].mean()
         result1 = df[(df.A < Cmean) & (df.B < Cmean)]
         result2 = df.query('A < @Cmean and B < @Cmean')
         np.allclose(result1, result2)
Out[25]: True
```

Performance: Wann eval und query verwendet werden sollten

Wenn man in Betracht zieht, eval und query einzusetzen, sind zwei Aspekte zu beachten: *Rechenzeit* und *Speicherbedarf*. Der Speicherbedarf ist ziemlich gut vorhersehbar. Wie bereits erwähnt, verursacht jeder zusammengesetzte Ausdruck, der NumPy-Arrays oder Pandas-DataFrames enthält, die implizite Erzeugung temporärer Arrays. Beispielsweise ist der Ausdruck

```
In [26]: x = df[(df.A < 0.5) & (df.B < 0.5)]
```

in etwa mit Folgendem äquivalent:

```
In [27]: tmp1 = df.A < 0.5
         tmp2 = df.B < 0.5
         tmp3 = tmp1 & tmp2
         x = df[tmp3]
```

Wenn die temporären DataFrames einen erheblichen Teil des verfügbaren Arbeitsspeichers des Systems beanspruchen, ist es angebracht, eval oder query zu verwenden. Sie können die ungefähre Größe eines Arrays in Bytes folgendermaßen anzeigen:

```
In [28]: df.values.nbytes
Out[28]: 32000
```

Was die Leistung betrifft: `eval` kann sogar schneller sein, wenn Sie den Arbeitsspeicher Ihres Systems nicht ausreizen. Die wichtigste Rolle spielt hier, wie groß die temporären Arrays im Vergleich zum L1- oder L2-Cache der CPU (typischerweise einige MB) sind. Sollten sie deutlich größer sein, kann `eval` das potenziell langsame Kopieren von Werten von einem Cache zum anderen verhindern. Meiner Erfahrung nach ist, was die Rechenzeit betrifft, der Unterschied zwischen den herkömmlichen Methoden und den `eval`/`query`-Methoden in der Praxis unbedeutend – wenn es überhaupt einen Unterschied gibt, ist die herkömmliche Methode bei kleinen Arrays sogar schneller! `eval`/`query` hat vor allem den Vorteil des geringeren Speicherbedarfs, und in manchen Fällen ist die Syntax besser verständlich.

Die wichtigsten Eigenschaften von `eval` und `query` haben wir somit erörtert; weitere Informationen finden Sie in der Pandas-Dokumentation. Vor allem können Sie verschiedene Parser und Auswertungsverfahren festlegen, die bei der Ausführung dieser Abfragen verwendet werden. Details dazu finden Sie im Abschnitt »Enhancing Performance« (*https://oreil.ly/DHNy8*) der Dokumentation.

Weitere Ressourcen

In diesem Teil des Buchs haben wir einen Großteil der Grundlagen des effektiven Einsatzes von Pandas zur Datenanalyse behandelt, vieles wurde aber auch weggelassen. Zur Vertiefung der Kenntnisse in Pandas empfehle ich folgende Ressourcen:

Die Pandas-Onlinedokumentation (http://pandas.pydata.org)
: Hierbei handelt es sich um die erste Anlaufstelle für die vollständige Dokumentation des Pakets. Die Beispiele basieren zwar meist auf kleinen, generierten Datenmengen, die Beschreibung der Optionen ist aber vollständig und für das Verständnis der verschiedenen Funktionen im Allgemeinen sehr nützlich.

Datenanalyse mit Python, 3. Auflage, (https://oreilly.de/produkt/datenanalyse-mit-python-3), O'Reilly
: Dieses von Wes McKinney (dem ursprünglichen Entwickler von Pandas) verfasste Buch ist sehr viel ausführlicher als dieses Kapitel. Der Autor vertieft insbesondere den Umgang mit den Tools für Zeitreihen, die bei seiner Tätigkeit als Finanzberater zum Alltag gehörten. Zudem enthält das Buch viele unterhaltsame Beispiele für die Verwendung von Pandas zur Auswertung echter Datenmengen.

Effective Pandas (https://oreil.ly/cn1ls)
: Dieses kurze E-Book von Pandas-Entwickler Tom Augspurger bietet einen kompakten Überblick über die effektive und idiomatische Nutzung der Pandas-Bibliothek in ihrer ganzen Bandbreite.

Pandas bei PyVideo (https://oreil.ly/mh4wI)
: Viele Konferenzen, wie PyCon, SciPy oder PyData, stellen Tutorials von Pandas-Entwicklern und erfahrenen Usern zur Verfügung. Insbesondere die PyCon-Tutorials werden in der Regel von renommierten Moderatorinnen und Moderatoren abgehalten.

Ich kann mir nur wünschen, dass Sie dank dieser Ressourcen und nach der Lektüre dieses Kapitels gut darauf vorbereitet sind, Pandas einzusetzen, um jede erdenkliche Datenanalyse in Angriff nehmen zu können!

TEIL IV

Visualisierung mit Matplotlib

Wir werden uns nun eingehend mit dem Matplotlib-Paket befassen, dem Tool für Visualisierungen in Python. Matplotlib ist eine plattformübergreifende Bibliothek für die Visualisierung von Daten, die auf NumPy-Arrays beruht und für die Verwendung in der vielseitigeren SciPy-Umgebung ausgelegt ist. Konzipiert wurde die Bibliothek 2002 von John Hunter ursprünglich als Erweiterung für IPython, um via Gnuplot die interaktive Erzeugung von Diagrammen im MATLAB-Stil von der IPython-Kommandozeile aus zu ermöglichen. Der IPython-Entwickler Fernando Perez war damals damit beschäftigt, seine Doktorarbeit abzuschließen, und ließ John wissen, dass er mehrere Monate lang keine Zeit dafür haben würde, die Erweiterung zu prüfen. Das war für John das Stichwort, das ihn dazu veranlasste, die Sache selbst in die Hand zu nehmen – das Matplotlib-Paket erblickte das Licht der Welt, dessen erste Version 0.1 im Jahr 2003 veröffentlicht wurde. Es wurde schnell populär, weil das Space Telescope Science Institute (in dem die Verantwortlichen für das Hubble-Teleskop tätig sind) das Paket als Lösung zum Erstellen von Diagrammen übernahm. Das Institut förderte die Entwicklung von Matplotlib finanziell und trug so dazu bei, dass der Umfang des Pakets stetig zunahm.

Zu den wichtigsten Features von Matplotlib gehört die Fähigkeit, mit einer Vielzahl von Betriebssystemen und grafischen Ausgabegeräten gut zusammenzuarbeiten. Matplotlib unterstützt Dutzende Systeme und Ausgabeformate, und Sie können sich darauf verlassen, dass Matplotlib funktioniert – welches Betriebssystem Sie verwenden oder welches Ausgabeformat benötigt wird, spielt keine Rolle. Der plattformübergreifende Ansatz, bei dem allen Nutzerinnen und Nutzern alle Funktionen zur Verfügung stehen, hat sich als eine der größten Stärken von Matplotlib erwiesen. Dieser Ansatz hat nicht nur zu einer großen Usergemeinschaft geführt, die wiederum eine Vielzahl an aktiven Entwicklerinnen und Entwicklern nach sich zog, sondern auch zu den leistungsfähigen Matplotlib-Tools und der Allgegenwart in der wissenschaftlichen Python-Welt.

In den letzten Jahren wurde allerdings zunehmend deutlich, wie alt die Schnittstellen und die Stile von Matplotlib schon sind. Neben neueren Tools wie `ggplot` und `ggvis` aus der Programmiersprache R und auf D3.js- und HTML-Canvas beruhenden Visualisierungs-Toolkits wirkt Matplotlib manchmal schwerfällig und altmodisch.

Dennoch bin ich der Ansicht, dass man Matplotlibs Stärken als gut erprobtes und plattformübergreifendes Grafikwerkzeug nicht einfach ignorieren darf. Neuere Versionen machen es relativ einfach, globale Stile einzustellen (siehe Kapitel 34), und es wurden neue auf den leistungsfähigen Interna beruhende Pakete entwickelt, die vernünftigere moderne APIs für die Nutzung von Matplotlib bieten. So können beispielsweise Seaborn (siehe Kapitel 36), ggpy (*http://yhat.github.io/ggpy*), HoloViews (*http://holoviews.org*) und sogar Pandas selbst in Form von sogenannten Wrappern als »Verpackung« für die Matplotlib-API verwendet werden. Jedoch ist es auch beim Einsatz solcher Wrapper oft sinnvoll, sich mit der Matplotlib-Syntax zu befassen, um die endgültige Ausgabe eines Diagramms anzupassen. Deshalb glaube ich, dass Matplotlib weiterhin ein lebendiger Teil der Visualisierungsumgebung bleiben wird, selbst wenn neue Tools dafür sorgen könnten, dass die Community allmählich damit aufhört, die Matplotlib-API direkt zu verwenden.

KAPITEL 25

Allgemeine Tipps zu Matplotlib

Bevor wir uns ausführlich mit den Details der Erzeugung von Visualisierungen mit Matplotlib befassen, sollten Sie einige nützliche Dinge über die Arbeit mit dem Paket wissen.

Matplotlib importieren

Ebenso wie np und pd als Kurzbezeichnungen für NumPy und Pandas dienen, verwenden wir auch beim Importieren von Matplotlib die üblichen Abkürzungen:

```
In [1]: import matplotlib as mpl
        import matplotlib.pyplot as plt
```

Wie wir im gesamten Teil dieses Buchs sehen werden, wird die plt-Schnittstelle am häufigsten verwendet.

Stil einstellen

Zur Auswahl eines passenden Stils für ein Diagramm verwenden wir die plt.style-Anweisung. Hier stellen wir classic ein, damit die erzeugten Diagramme im klassischen Matplotlib-Stil erscheinen.

```
In [2]: plt.style.use('classic')
```

In diesem Kapitel werden wir den Stil stets nach Bedarf festlegen. Weitere Informationen zum Thema Stylesheets finden Sie in Kapitel 34.

show oder kein show? – Anzeige von Diagrammen

Eine Visualisierung, die man nicht sehen kann, ist nicht besonders nützlich, aber wie genau Sie ein Matplotlib-Diagramm anzeigen, ist vom Kontext abhängig. Wie sich Matplotlib am besten einsetzen lässt, hängt von der Anwendungsweise ab. Sie können Matplotlib in einem Skript, einem IPython-Terminal oder einem Jupyter Notebook verwenden.

Erstellen von Diagrammen per Skript

Wenn Sie Matplotlib in einem Skript nutzen, ist die Funktion `plt.show` von großer Bedeutung. Sie startet eine Ereignisschleife (engl. *Event Loop*), sucht nach allen aktuell aktiven Diagramm-(`Figure`-)Objekten und öffnet ein oder mehrere Fenster, in denen die Diagramme angezeigt werden.

Nehmen wir an, Sie hätten eine Datei namens *myplot.py* erstellt, die Folgendes enthält:

```
# Datei: myplot.py
import matplotlib.pyplot as plt
import numpy as np

x = np.linspace(0, 10, 100)

plt.plot(x, np.sin(x))
plt.plot(x, np.cos(x))

plt.show()
```

Wenn Sie dieses Skript auf der Kommandozeile ausführen, wird ein Fenster geöffnet, in dem das Diagramm angezeigt wird:

```
$ python myplot.py
```

Hinter den Kulissen geschieht bei der Ausführung des `plt.show`-Befehls eine ganze Menge, denn er muss auf das Grafiksystem Ihres Rechners zugreifen. Die Details dieses Vorgangs können sich von System zu System und sogar von Installation zu Installation ganz erheblich unterscheiden, aber Matplotlib versucht, die Einzelheiten zu verbergen.

Hier ist Folgendes zu beachten: Der `plt.show`-Befehl sollte in jeder Python-Sitzung nur ein einziges Mal verwendet werden, und zwar für gewöhnlich ganz am Ende des Skripts. Mehrere `show`-Befehle können bei unterschiedlichen Ausgabegeräten zu nicht vorhersagbarem Verhalten führen und sollten daher tunlichst vermieden werden.

Erstellen von Diagrammen auf der Kommandozeile in IPython

Auch in einer IPython-Shell funktioniert Matplotlib reibungslos (siehe Teil I).

IPython kann ausgezeichnet mit Matplotlib zusammenarbeiten, wenn Sie den entsprechenden Modus aktivieren. Dazu müssen Sie nach dem Start von `ipython` den magischen Befehl `%matplotlib` ausführen:

```
In [1]: %matplotlib
Using matplotlib backend: TkAgg

In [2]: import matplotlib.pyplot as plt
```

Ab jetzt wird stets ein Diagrammfenster geöffnet, wenn ein `plt`-Befehl ausgeführt wird, und mithilfe weiterer Befehle können Sie das ausgegebene Diagramm aktualisieren. Manche Änderungen (z.B. andere Einstellungen für die Eigenschaften bereits gezeichneter Linien) werden nicht automatisch aktualisiert. Verwenden Sie `plt.draw`, um eine Aktualisierung zu erzwingen. Im Matplotlib-Modus von IPython ist der Aufruf von `plt.show` nicht erforderlich.

Erstellen von Diagrammen in einem Jupyter Notebook

Ein Jupyter Notebook ist ein browserbasiertes interaktives Tool für die Datenanalyse, das Beschreibungen, Code, HTML-Elemente und vieles mehr in einem einzigen ausführbaren Dokument zusammenfasst (siehe Teil I).

Mit dem Befehl `%matplotlib` kann man in einem Jupyter Notebook ähnlich wie in einer IPython-Shell interaktiv Diagramme erzeugen. Sie haben außerdem die Möglichkeit, Grafiken direkt einzubetten, wobei zwei Optionen zur Verfügung stehen:

- `%matplotlib inline` erzeugt eine in das Notebook eingebettete *statische* Abbildung eines Diagramms.
- `%matplotlib notebook` erzeugt ein in das Notebook eingebettetes *interaktives* Diagramm.

In diesem Buch verwenden wir zum größten Teil die Standardeinstellung, bei der Diagramme als statische Abbildungen erzeugt werden (das Ergebnis des folgenden einfachen Beispiels für ein Diagramm finden Sie in Abbildung 25-1):

```
In [3]: %matplotlib inline

In [4]: import numpy as np
        x = np.linspace(0, 10, 100)

        fig = plt.figure()
        plt.plot(x, np.sin(x), '-')
        plt.plot(x, np.cos(x), '--');
```

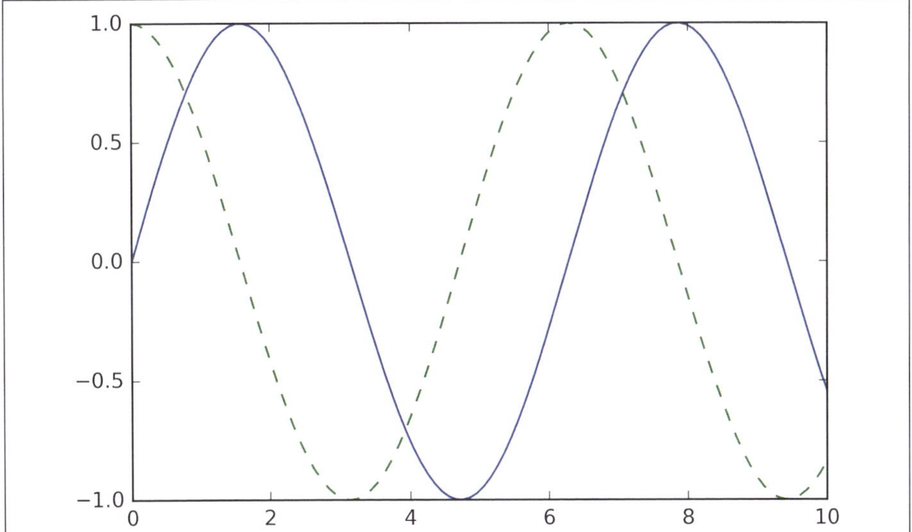

Abbildung 25-1: Ein Beispiel für ein einfaches Diagramm

Grafiken als Datei speichern

Zu den praktischen Features von Matplotlib gehört die Möglichkeit, Grafiken in einer Vielzahl von Formaten speichern zu können, zu realisieren mithilfe des `savefig`-Befehls. Zum Speichern der in der vorherigen Abbildung gezeigten Grafik als PNG-Datei geben Sie beispielsweise Folgendes ein:

```
In [5]: fig.savefig('my_figure.png')
```

Im aktuellen Arbeitsverzeichnis befindet sich jetzt eine Datei namens *my_figure.png*:

```
In [6]: !ls -lh my_figure.png
Out[6]: -rw-r--r--  1 jakevdp  staff    26K Feb  1 06:15 my_figure.png
```

Nun verwenden wir IPythons `Image`-Objekt zur Anzeige des Inhalts, um zu überprüfen, ob die Datei auch tatsächlich diese Grafik enthält (siehe Abbildung 25-2).

```
In [7]: from IPython.display import Image
        Image('my_figure.png')
```

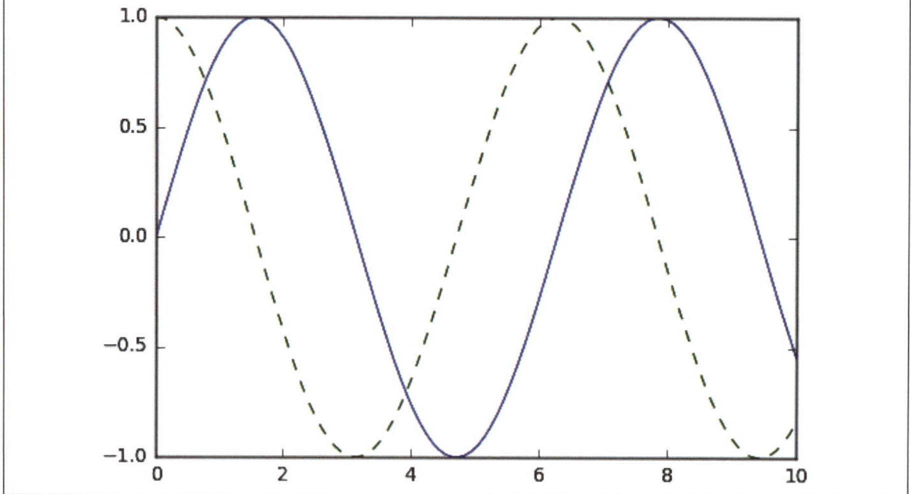

Abbildung 25-2: Ausgabe des einfachen Diagramms als PNG

Der Befehl `savefig` ermittelt das Dateiformat anhand der Erweiterung des angegebenen Dateinamens. Je nachdem, welche Ausgabemöglichkeiten eingerichtet sind, stehen viele verschiedene Dateiformate zur Verfügung. Die Liste der von Ihrem System unterstützten Dateiformate können Sie mit der folgenden Methode des `canvas`-Objekts anzeigen:

```
In [8]: fig.canvas.get_supported_filetypes()
Out[8]: {'eps': 'Encapsulated Postscript',
         'jpg': 'Joint Photographic Experts Group',
         'jpeg': 'Joint Photographic Experts Group',
         'pdf': 'Portable Document Format',
         'pgf': 'PGF code for LaTeX',
         'png': 'Portable Network Graphics',
         'ps': 'Postscript',
         'raw': 'Raw RGBA bitmap',
```

```
'rgba': 'Raw RGBA bitmap',
'svg': 'Scalable Vector Graphics',
'svgz': 'Scalable Vector Graphics',
'tif': 'Tagged Image File Format',
'tiff': 'Tagged Image File Format'}
```

Zum Speichern einer Abbildung ist es nicht notwendig, `plt.show` oder einen anderen der erwähnten Befehle aufzurufen.

Zwei Seiten derselben Medaille

Die beiden unterschiedlichen Schnittstellen sind ein Matplotlib-Feature, das möglicherweise für Verwirrung sorgt: eine komfortable zustandsorientierte Schnittstelle im MATLAB-Stil sowie eine noch leistungsfähigere objektorientierte Schnittstelle. Ich werde die wichtigsten Unterschiede hier kurz vorstellen.

Schnittstelle im MATLAB-Stil

Matplotlib war ursprünglich als Python-Alternative für MATLAB-User gedacht, und das spiegelt sich in der Syntax wider. Die Tools im MATLAB-Stil sind Teil der `pyplot`-Schnittstelle (`plt`). Der nachstehende Code dürfte MATLAB-Usern ziemlich vertraut vorkommen (siehe Abbildung 25-3).

```
In [9]: plt.figure()  # Abbildung erzeugen.
        # Erstes Diagramm erzeugen und Achse zuweisen.
        plt.subplot(2, 1, 1) # (rows, columns, panel number)
        plt.plot(x, np.sin(x))

        # Zweites Diagramm erzeugen und Achse zuweisen.
        plt.subplot(2, 1, 2)
        plt.plot(x, np.cos(x));
```

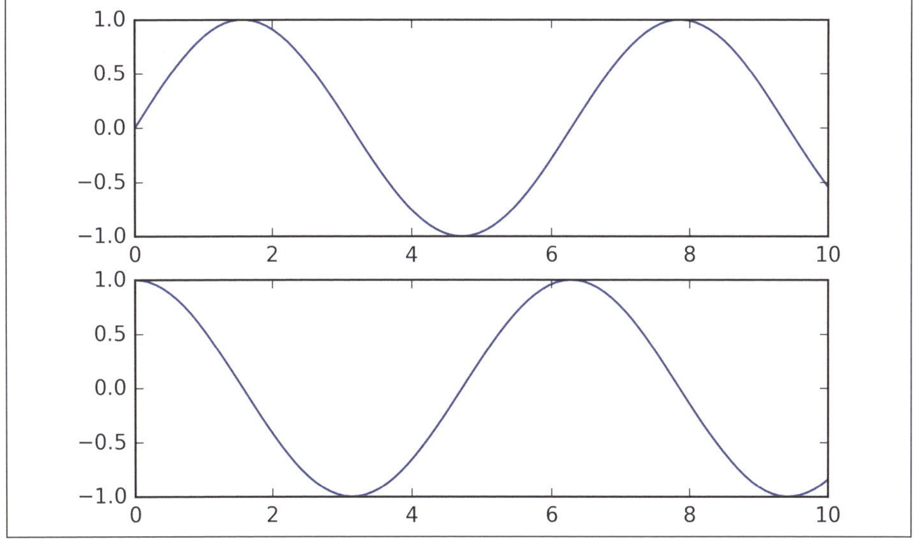

Abbildung 25-3: Mehrere mit der Schnittstelle im MATLAB-Stil erstellte Diagramme

Es ist wichtig, festzuhalten, dass diese Schnittstelle *zustandsorientiert* ist: Sie führt über die Koordinatenachsen und die aktuelle Abbildung Buch, auf die `plt`-Befehle anzuwenden sind. Mit den Routinen `plt.gcf` (*get current figure*) und `plt.gca` (*get current axes*) können Sie Referenzen darauf erhalten.

Diese zustandsorientierte Schnittstelle ist zwar für einfache Diagramme gut geeignet, man kann jedoch schnell auf Schwierigkeiten stoßen. Wie kann man beispielsweise dem ersten Diagramm etwas hinzufügen, nachdem es einmal erzeugt worden ist? Das ist zwar auch mit der Schnittstelle im MATLAB-Stil möglich, aber ziemlich schwerfällig. Erfreulicherweise gibt es jedoch eine bessere Vorgehensweise.

Objektorientierte Schnittstelle

Für die etwas komplizierteren Fälle, in denen man mehr Kontrolle über die Grafik benötigt, gibt es die objektorientierte Schnittstelle. Man ist nicht mehr von einer »aktiven« Grafik oder Achse abhängig, denn bei der objektorientierten Schnittstelle sind die Plot-Funktionen Methoden für explizite `Figure`- und `Axes`-Objekte. Um das in Abbildung 25-4 gezeigte Diagramm in diesem Stil zu erzeugen, könnten Sie Folgendes eingeben:

```
In [10]: # Raster für die Diagramme erzeugen.
         # ax ist ein Array, das zwei Axes-Objekte enthält.
         fig, ax = plt.subplots(2)

         # plot()-Methoden der Objekte aufrufen.
         ax[0].plot(x, np.sin(x))
         ax[1].plot(x, np.cos(x));
```

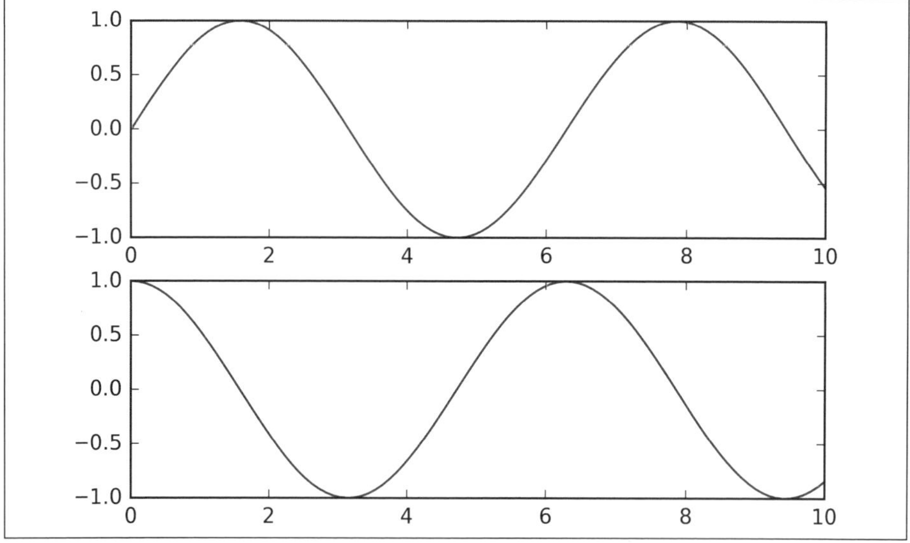

Abbildung 25-4: Mehrere mit der objektorientierten Schnittstelle erstellte Diagramme

Bei einfacheren Diagrammen ist die Wahl des Stils im Wesentlichen eine Geschmacksfrage, bei komplizierteren Diagrammen kann es jedoch notwendig sein, den objektorientierten Ansatz zu verfolgen. Wir werden in den folgenden Kapiteln sowohl den MATLAB-Stil als auch die objektorientierte Schnittstelle verwenden – je nachdem, was komfortabler ist. In vielen Fällen besteht der Unterschied lediglich darin, den Befehl `plt.plot` durch `ax.plot` zu ersetzen, es gibt jedoch ein paar Stolpersteine, die wir ebenfalls in den kommenden Kapiteln erörtern werden.

KAPITEL 26

Einfache Liniendiagramme

Das wohl simpelste Diagramm dürfte die Visualisierung einer einzelnen Funktion $y = f(x)$ sein. Wir werden nun einige einfache Diagramme dieses Typs erzeugen. Wie auch in den nächsten Kapiteln richten wir als Erstes ein Notebook ein und importieren die benötigten Pakete:

```
In [1]: %matplotlib inline
        import matplotlib.pyplot as plt
        plt.style.use('seaborn-whitegrid')
        import numpy as np
```

Bei allen Matplotlib-Diagrammen erzeugen wir zunächst ein `Figure`- und ein `Axes`-Objekt, die in ihrer einfachsten Form folgendermaßen erzeugt werden (siehe Abbildung 26-1).

```
In [2]: fig = plt.figure()
        ax = plt.axes()
```

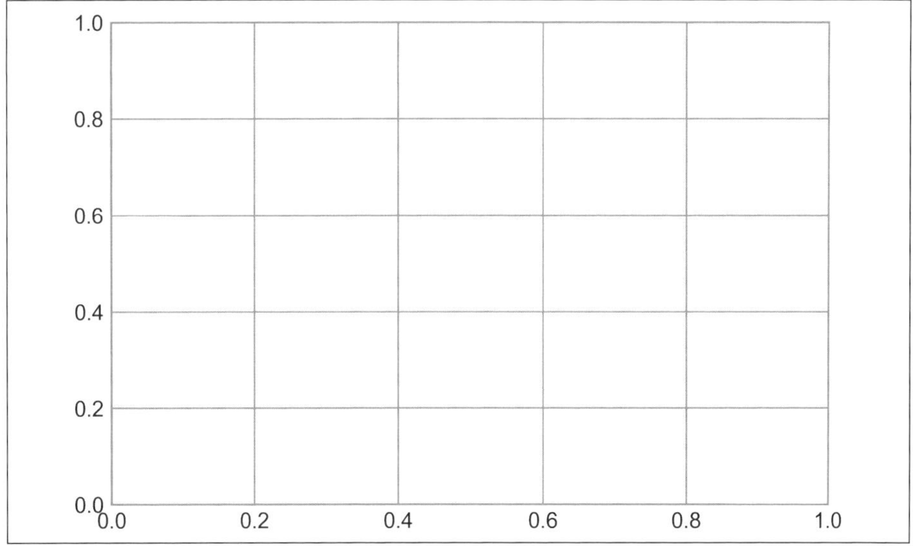

Abbildung 26-1: Leeres Raster eines Axes-Objekts

Eine *Abbildung* (engl. *Figure*, eine Instanz der Klasse `plt.Figure`) in Matplotlib kann man sich als einen Container vorstellen, der alle Objekte – Koordinatenachsen, Grafik, Text und Bezeichnungen – enthält. Unten sehen wir das `Axes`-Objekt (eine Instanz der Klasse `plt.Axes`): einen begrenzten Kasten mit Markierungen (*Ticks*), Rastern (*Grids*) und Bezeichnungen (*Labels*), der letztendlich die Elemente des Diagramms enthalten wird, die unsere Visualisierung darstellen. Wir werden in diesem Teils des Buchs häufig von den Variablennamen `fig` und `ax` Gebrauch machen, um auf die Instanz einer Figure bzw. auf eine Axes-Instanz oder eine Gruppe von Axes-Instanzen zu verweisen.

Nach dem Erzeugen eines `Axes`-Objekts können wir die `ax.plot`-Methode zur Ausgabe von Daten verwenden. Wir fangen mit einer einfachen Sinuskurve an, wie in Abbildung 26-2.

```
In [3]: fig = plt.figure()
        ax = plt.axes()

        x = np.linspace(0, 10, 1000)
        ax.plot(x, np.sin(x));
```

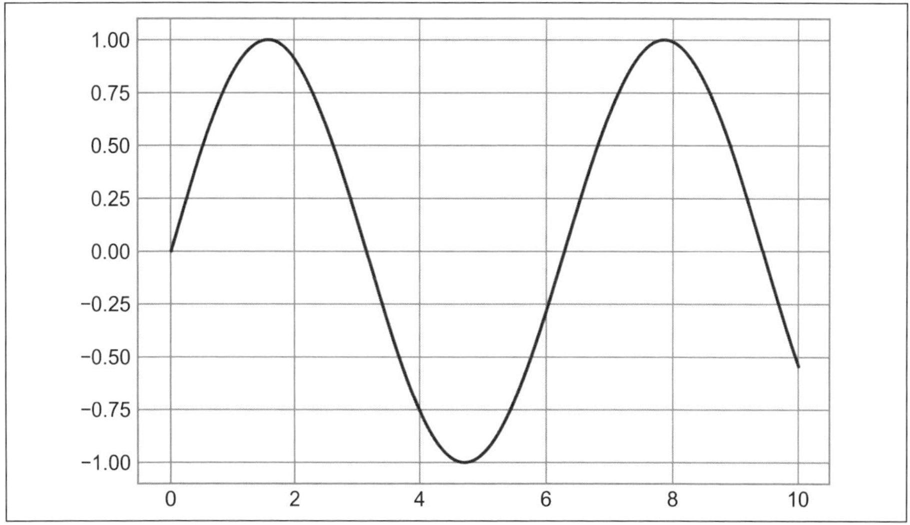

Abbildung 26-2: Eine einfache Sinuskurve

Beachten Sie, dass das Semikolon am Zeilenende hier absichtlich gesetzt wurde. Es verhindert, dass das Diagramm in Textform ausgegeben wird.

Alternativ dazu können wir die PyLab-Schnittstelle verwenden und so das Diagramm und die Achsen im Hintergrund erzeugen lassen (einen Vergleich beider Schnittstellen finden Sie in Teil IV). Wie in Abbildung 26-3 gezeigt, ist das Ergebnis gleich.

```
In [4]: plt.plot(x, np.sin(x));
```

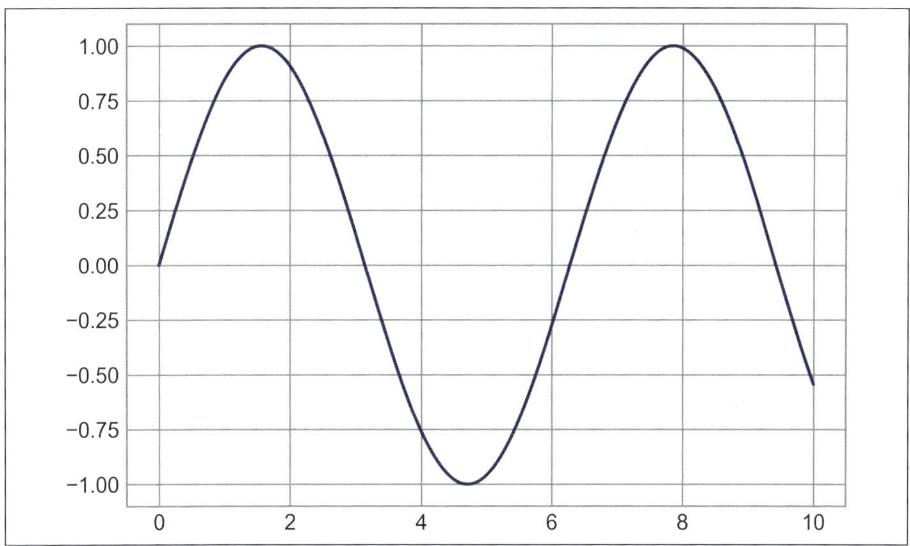

Abbildung 26-3: Eine einfache mit der objektorientierten Schnittstelle erstellte Sinuskurve

Wenn wir ein Diagramm mit mehreren Kurven zeichnen möchten, rufen wir die `plot`-Funktion lediglich mehrmals auf (siehe Abbildung 26-4):

```
In [5]: plt.plot(x, np.sin(x))
        plt.plot(x, np.cos(x));
```

Und das ist auch schon alles, was man über das Zeichnen einfacher Funktionen in Matplotlib wissen muss! Im Folgenden werden wir uns detailliert damit beschäftigen, wie das Aussehen von Achsen und Linien gesteuert werden kann.

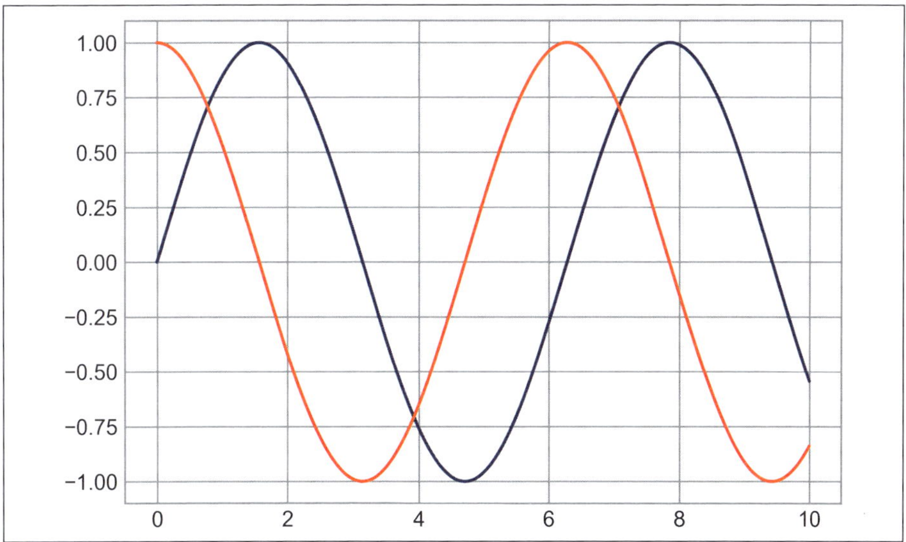

Abbildung 26-4: Zeichnen mehrerer Kurven

Anpassen des Diagramms: Linienfarben und -stile

Häufig möchte man als Erstes die Farbe und den Stil der Linien ändern. Die `plt.plot`-Funktion nimmt zusätzliche Argumente entgegen, mit denen diese Anpassungen vorgenommen werden können. Verwenden Sie zum Ändern der Farbe das Schlüsselwort `color`, dem Sie einen String zuweisen müssen, der alle erdenklichen Farben repräsentieren kann. Dabei gibt es eine Vielzahl von Möglichkeiten. Die Ausgaben der folgenden Beispiele sehen Sie in Abbildung 26-5:

```
In [6]: plt.plot(x, np.sin(x - 0), color='blue')        # Angabe der Bezeichnung
        plt.plot(x, np.sin(x - 1), color='g')           # kurzer Farbcode (rgbcmyk)
        plt.plot(x, np.sin(x - 2), color='0.75')        # Grauwert zwischen 0 und 1
        plt.plot(x, np.sin(x - 3), color='#FFDD44')     # Hex-Code (RRGGBB, Wert zwischen 00 und FF)
        plt.plot(x, np.sin(x - 4), color=(1.0,0.2,0.3)) # RGB-Tupel, Werte zwischen 0 und 1
        plt.plot(x, np.sin(x - 5), color='chartreuse'); # HTML-Farbnamen werden ebenfalls unterstützt
```

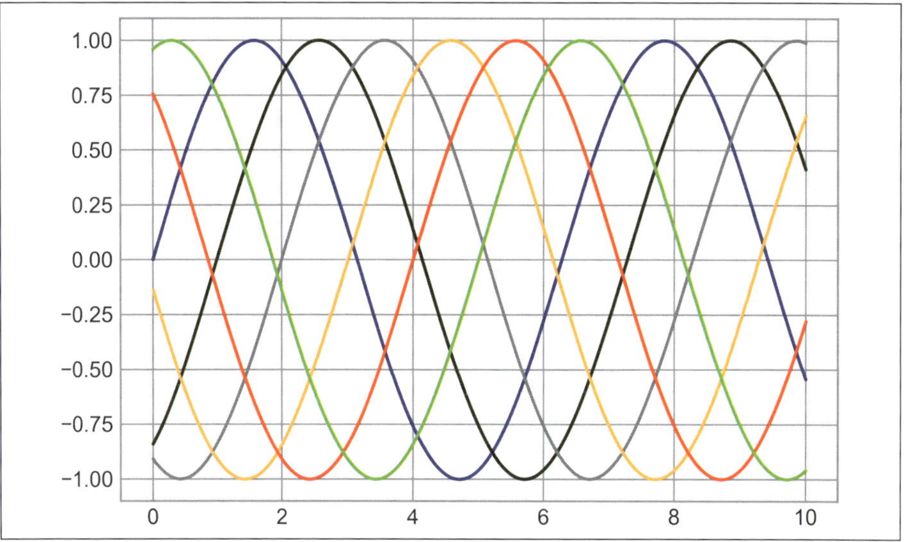

Abbildung 26-5: Einstellen verschiedener Farben

Wenn keine Farbe angegeben wird, verwendet Matplotlib für das Zeichnen mehrerer Linien automatisch einen Satz vorgegebener Standardfarben.

Auf ähnliche Weise können Sie mit dem Schlüsselwort `linestyle` den Linienstil ändern (siehe Abbildung 26-6).

```
In [7]: plt.plot(x, x + 0, linestyle='solid')
        plt.plot(x, x + 1, linestyle='dashed')
        plt.plot(x, x + 2, linestyle='dashdot')
        plt.plot(x, x + 3, linestyle='dotted');

        # Verwendung von Abkürzungen:
        plt.plot(x, x + 4, linestyle='-')  # durchgezogen
        plt.plot(x, x + 5, linestyle='--') # gestrichelt
        plt.plot(x, x + 6, linestyle='-.') # Striche/Punkte
        plt.plot(x, x + 7, linestyle=':'); # Punkte
```

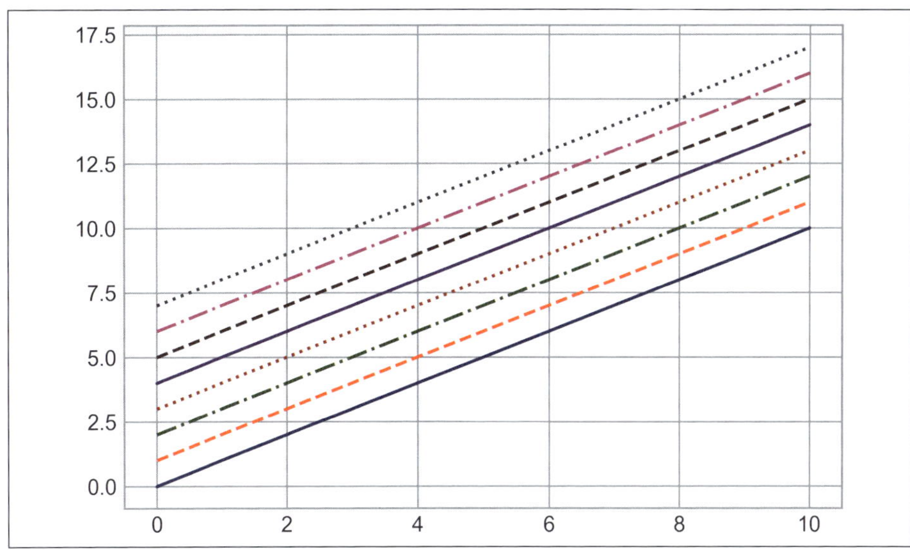

Abbildung 26-6: Beispiele verschiedener Linienstile

Auf Kosten der Lesbarkeit Ihres Codes können Sie sich ein paar Tastatureingaben sparen, indem Sie die Codes für `linestyle` und `color` als Argument ohne Schlüsselwort an die `plt.plot`-Funktion übergeben. Das Ergebnis sehen Sie in Abbildung 26-7.

```
In [8]: plt.plot(x, x + 0, '-g')  # durchgezogen grün
        plt.plot(x, x + 1, '--c') # gestrichelt türkis
        plt.plot(x, x + 2, '-.k') # Striche/Punkte schwarz
        plt.plot(x, x + 3, ':r'); # Punkte rot
```

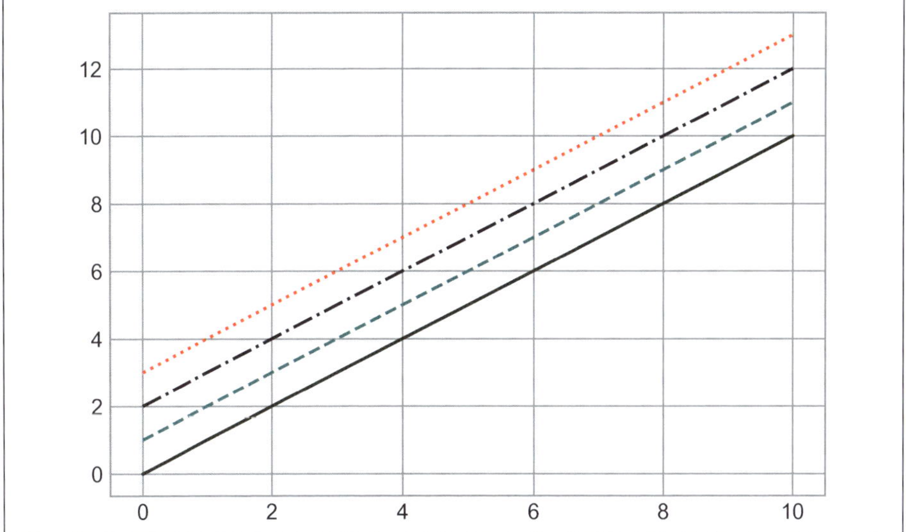

Abbildung 26-7: Farben und Stile mit Abkürzungen einstellen

Bei diesen aus einzelnen Zeichen bestehenden Farbcodes handelt es sich um die Standardabkürzungen der Farbräume RGB (Rot/Grün/Blau) und CMYK (Cyan/Magenta/Gelb/Schwarz), die zur Beschreibung digitaler Farbgrafiken verwendet werden.

Es gibt noch viele weitere Schlüsselwörter, die zur Anpassung des Erscheinungsbilds von Diagrammen verwendet werden können. Wenn Sie mehr darüber erfahren möchten, sollten Sie sich den Docstring der `plt.plot`-Funktion in IPythons Hilfesystem durchlesen (siehe Kapitel 1).

Anpassen des Diagramms: Begrenzungen

Die Aufgabe, die richtigen Begrenzungen für ein Diagramm auszuwählen, erledigt Matplotlib ziemlich gut, aber in manchen Fällen wäre es schön, sie selbst angeben zu können. Am einfachsten funktioniert das mit den Funktionen `plt.xlim` und `plt.ylim` (siehe Abbildung 26-8).

```
In [9]: plt.plot(x, np.sin(x))

        plt.xlim(-1, 11)
        plt.ylim(-1.5, 1.5);
```

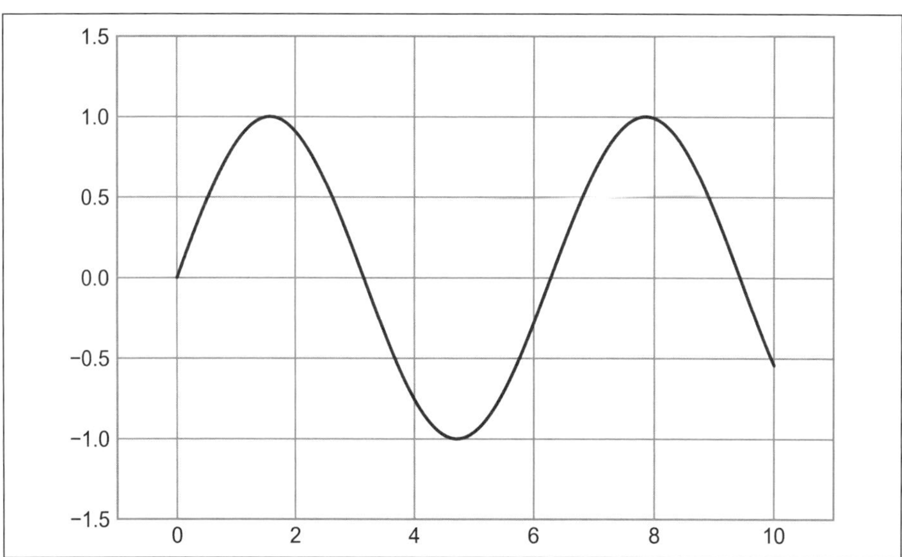

Abbildung 26-8: Begrenzung der Werte für die Koordinatenachsen

Wenn Sie aus irgendeinem Grund eine der Koordinatenachsen in umgekehrter Richtung anzeigen möchten, brauchen Sie einfach nur die Reihenfolge der Argumente zu vertauschen (siehe Abbildung 26-9).

```
In [10]: plt.plot(x, np.sin(x))

         plt.xlim(10, 0)
         plt.ylim(1.2, -1.2);
```

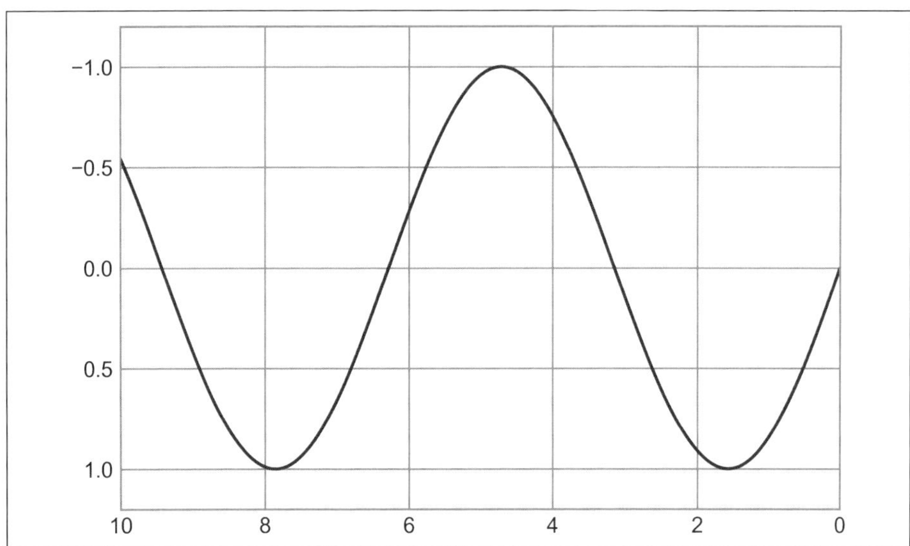

Abbildung 26-9: Ausrichtung der y-Achse ändern

`plt.axis` ist eine nützliche verwandte Funktion (*axis* mit *i*, nicht zu verwechseln mit *axes*!), die es ermöglicht, die Begrenzungen der x- und der y-Achse mit einem einzigen Funktionsaufruf einzustellen. So können Sie den Begrenzungsrahmen automatisch verkleinern, wie Abbildung 26-10. zeigt.

```
In [11]: plt.plot(x, np.sin(x))
         plt.axis('tight');
```

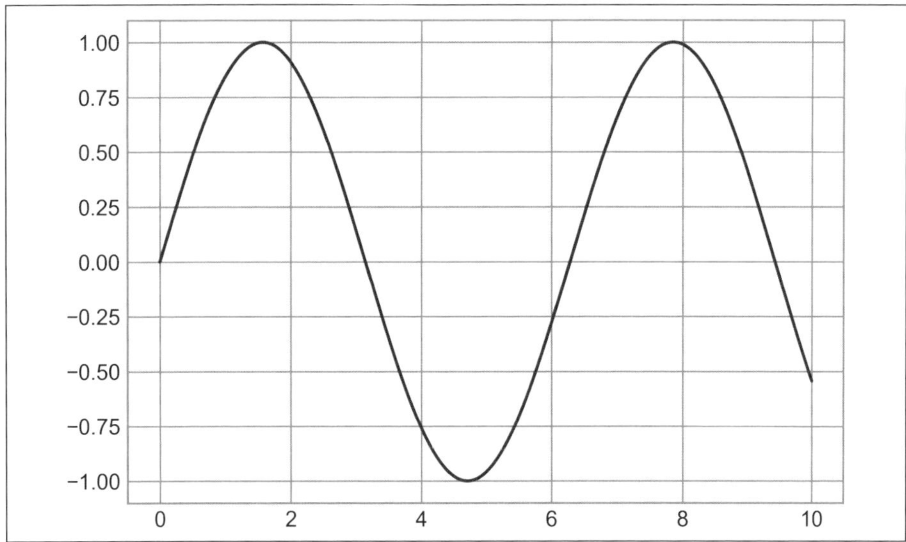

Abbildung 26-10: Eng an den Graphen angepasste Begrenzungen

Oder Sie können angeben, dass gleiche Seitenverhältnisse verwendet werden, sodass eine Einheit in x-Richtung auf dem Bildschirm genauso lang ist wie eine Einheit in y-Richtung (siehe Abbildung 26-11).

```
In [12]: plt.plot(x, np.sin(x))
         plt.axis('equal');
```

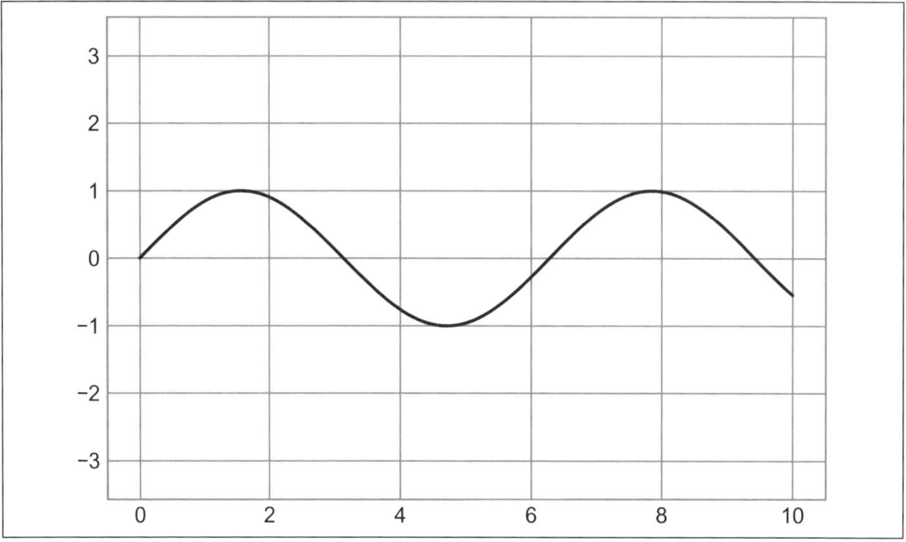

Abbildung 26-11: Beispiel für ein konstantes Seitenverhältnis mit an die Auflösung des Ausgabegeräts angepassten Einheiten

Weitere Optionen für `axis` sind `'on'`, `'off'`, `'square'`, `'image'` und noch einige mehr. Weitere Informationen hierzu finden Sie im Docstring zu `plt.axis`.

Diagramme beschriften

Zum Abschluss dieses Kapitels werfen wir einen kurzen Blick auf das Beschriften von Diagrammen: Überschriften, Achsenbezeichnungen und einfache Legenden. Überschriften und Achsenbezeichnungen sind die einfachsten Beschriftungen – es gibt schnelle und einfache Methoden, mit denen Sie diese Werte zuweisen können (siehe Abbildung 26-12).

```
In [13]: plt.plot(x, np.sin(x))
         plt.title("A Sine Curve")
         plt.xlabel("x")
         plt.ylabel("sin(x)");
```

Position, Größe und Stil dieser Beschriftungen können anhand optionaler Argumente eingestellt werden. Weitere Informationen finden Sie in den jeweiligen Docstrings.

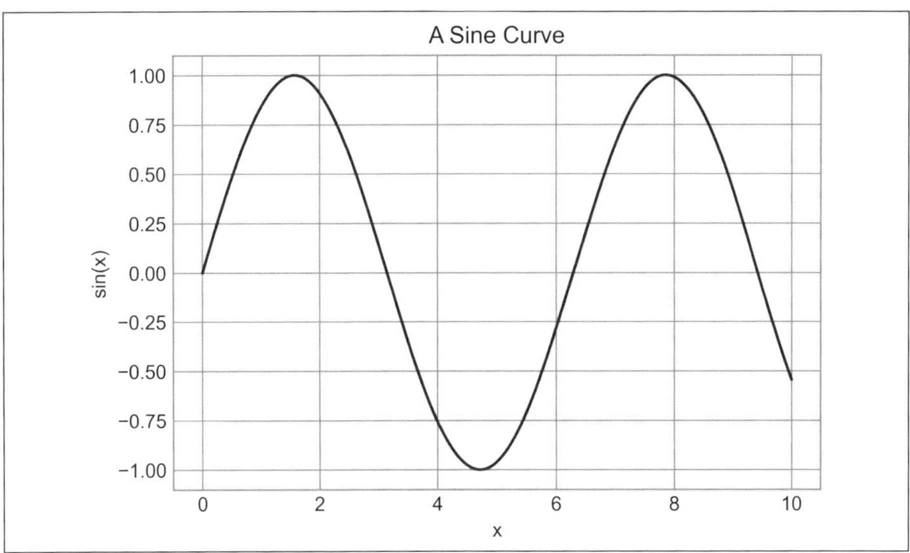

Abbildung 26-12: Beispiele für Überschrift und Achsenbezeichnungen

Wenn in einem einzigen Axes-Objekt mehrere Kurven angezeigt werden, ist es sinnvoll, eine Legende zur Kennzeichnung der verschiedenen Linienarten zu erstellen. Auch hierfür bietet Matplotlib eine integrierte Möglichkeit: die `plt.legend`-Methode. Es gibt verschiedene Möglichkeiten, sie zu verwenden, aber ich finde es am einfachsten, die Bezeichnungen zeilenweise mit dem Schlüsselwort `label` der `plot`-Funktion anzugeben (siehe Abbildung 26-13).

```
In [14]: plt.plot(x, np.sin(x), '-g', label='sin(x)')
         plt.plot(x, np.cos(x), ':b', label='cos(x)')
         plt.axis('equal')
         plt.legend();
```

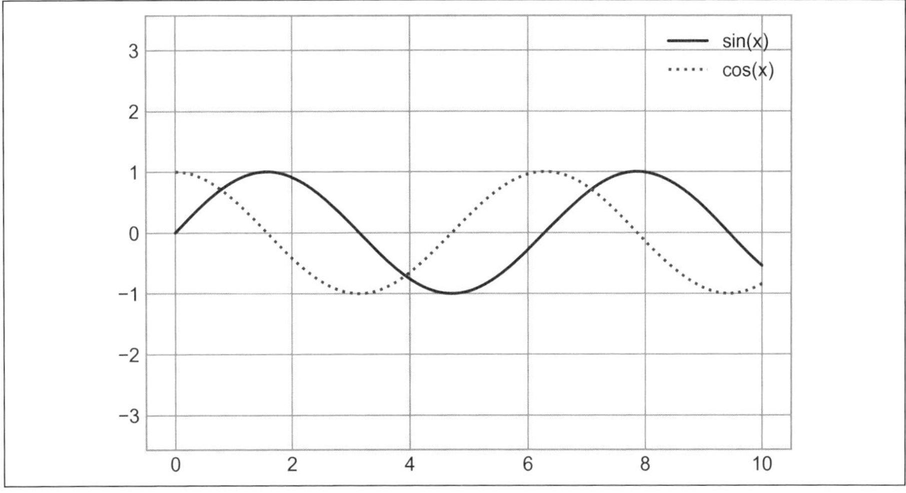

Abbildung 26-13: Beispiel für eine einfache Legende

Wie Sie sehen, berücksichtigt die `plt.legend`-Funktion automatisch den Stil und die Farbe der Linien und weist ihnen die korrekten Bezeichnungen zu. Weitere Informationen zum Festlegen und Formatieren der Legende finden Sie im `plt.legend`-Docstring. Außerdem werden wir in Kapitel 29 einige der erweiterten Optionen erörtern.

Stolpersteine in Matplotlib

Die meisten `plt`-Funktionen lassen sich unmittelbar durch `ax`-Methoden ersetzen (`plt.plot` → `ax.plot`, `plt.legend` → `ax.legend` usw.), das gilt jedoch nicht für alle Befehle. Insbesondere die Funktionen zum Zuweisen von Begrenzungen, Beschriftungen und Überschriften unterscheiden sich ein wenig. Nehmen Sie die folgenden Änderungen vor, um statt der objektorientierten Methoden Funktionen im MATLAB-Stil zu verwenden:

- `plt.xlabel` → `ax.set_xlabel`
- `plt.ylabel` → `ax.set_ylabel`
- `plt.xlim` → `ax.set_xlim`
- `plt.ylim` → `ax.set_ylim`
- `plt.title` → `ax.set_title`

Beim Einsatz der objektorientierten Schnittstelle ist es oft bequemer, nicht alle Funktionen einzeln aufzurufen, sondern stattdessen die `ax.set`-Methode zu benutzen, um alle Eigenschaften in einem Rutsch zuzuweisen (siehe Abbildung 26-14).

```
In [15]: ax = plt.axes()
         ax.plot(x, np.sin(x))
         ax.set(xlim=(0, 10), ylim=(-2, 2),
                xlabel='x', ylabel='sin(x)',
                title='A Simple Plot');
```

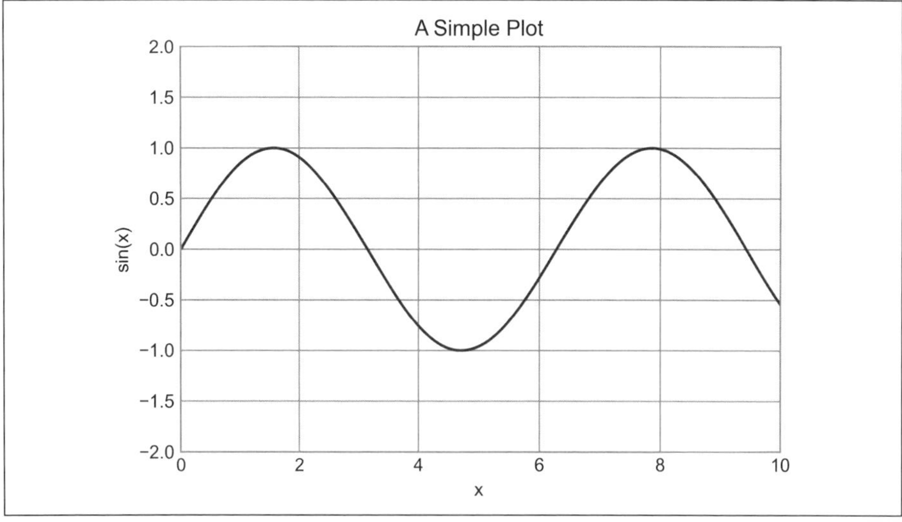

Abbildung 26-14: Ein Beispiel für den Einsatz von ax.set zum Zuweisen mehrerer Eigenschaften

KAPITEL 27

Einfache Streudiagramme

Einfache Streudiagramme sind eng verwandt mit Liniendiagrammen und ebenfalls sehr gebräuchlich. Anstelle der Punkte, die durch Linien miteinander verbunden sind, werden die Punkte selbst dargestellt – als kleiner gefüllter Kreis, als Ring oder als eine andere Form. Als Erstes richten wir wieder das Notebook ein und importieren die benötigten Pakete:

```
In [1]: %matplotlib inline
        import matplotlib.pyplot as plt
        plt.style.use('seaborn-whitegrid')
        import numpy as np
```

Streudiagramme mit plt.plot erstellen

Im letzten Kapitel haben wir die Funktionen `plt.plot` und `ax.plot` zum Erzeugen von Liniendiagrammen verwendet, sie können jedoch auch Streudiagramme erstellen (siehe Abbildung 27-1).

```
In [2]: x = np.linspace(0, 10, 30)
        y = np.sin(x)
        plt.plot(x, y, 'o', color='black');
```

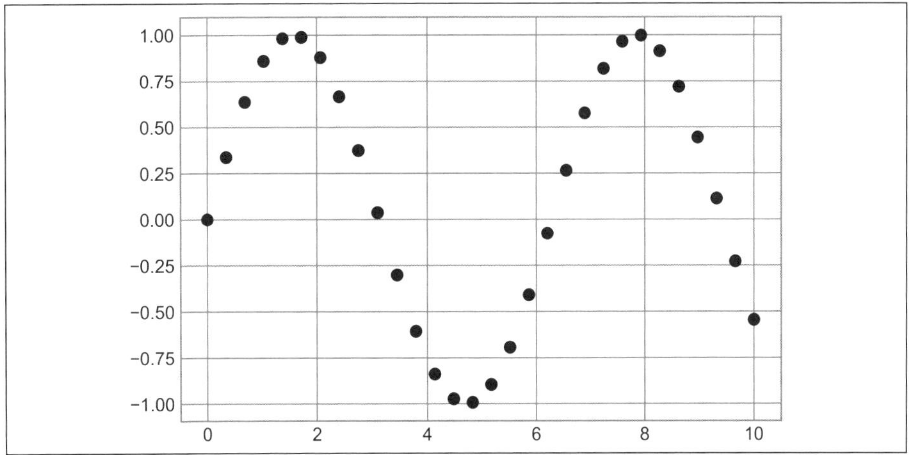

Abbildung 27-1: Ein Beispiel für ein Streudiagramm

Das dritte Argument des Funktionsaufrufs ist ein Zeichen, das die Art des im Diagramm zu verwendenden Symbols angibt. Für den Linienstil können Sie Optionen wie '-' oder '--' angeben, und auch für den Stil der sogenannten *Marker* (Markierungen) gibt es eigene Codes. Eine vollständige Liste der verfügbaren Symbole finden Sie in der plt.plot-Dokumentation oder in der Onlinedokumentation von Matplotlib. Die meisten dieser Möglichkeiten sind mehr oder weniger intuitiv. Die am häufigsten verwendeten sehen Sie hier (siehe Abbildung 27-2).

```
In [3]: rng = np.random.default_rng(0)
        for marker in ['o', '.', ',', 'x', '+', 'v', '^', '<', '>', 's', 'd']:
            plt.plot(rng.random(2), rng.random(2), marker, color='black',
                     label="marker='{0}'".format(marker))
        plt.legend(numpoints=1, fontsize=13)
        plt.xlim(0, 1.8);
```

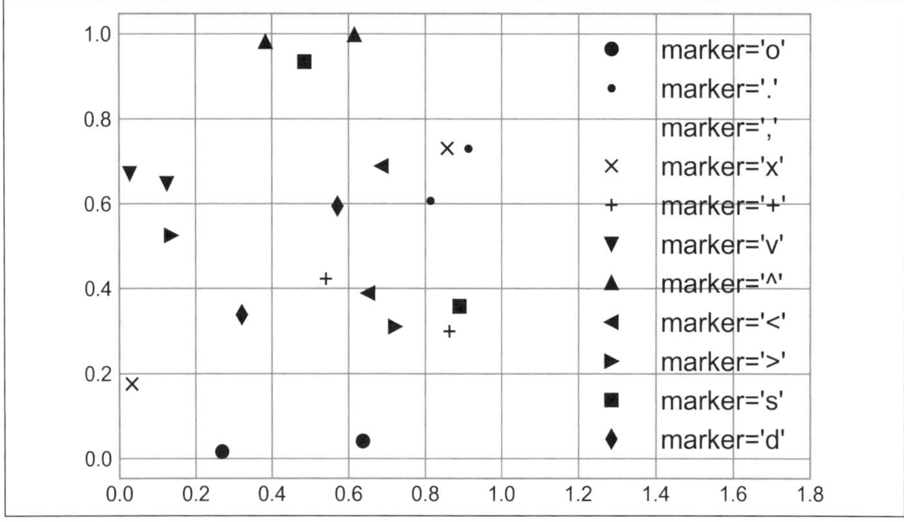

Abbildung 27-2: Verschiedene Symbole als Markierungen

Noch mehr Möglichkeiten bieten sich, wenn Sie die Codes zusammen mit Linien- und Farbcodes verwenden und Punkte ausgeben, die dann durch Liniensegmente miteinander verbunden werden (siehe Abbildung 27-3).

```
In [4]: plt.plot(x, y, '-ok');
```

Mit weiteren Schlüsselwörtern als Argumente für plt.plot können Sie ein breites Spektrum an Eigenschaften für die Linien und Markierungen festlegen, wie in Abbildung 27-4 zu sehen ist.

```
In [5]: plt.plot(x, y, '-p', color='gray',
                 markersize=15, linewidth=4,
                 markerfacecolor='white',
                 markeredgecolor='gray',
                 markeredgewidth=2)
        plt.ylim(-1.2, 1.2);
```

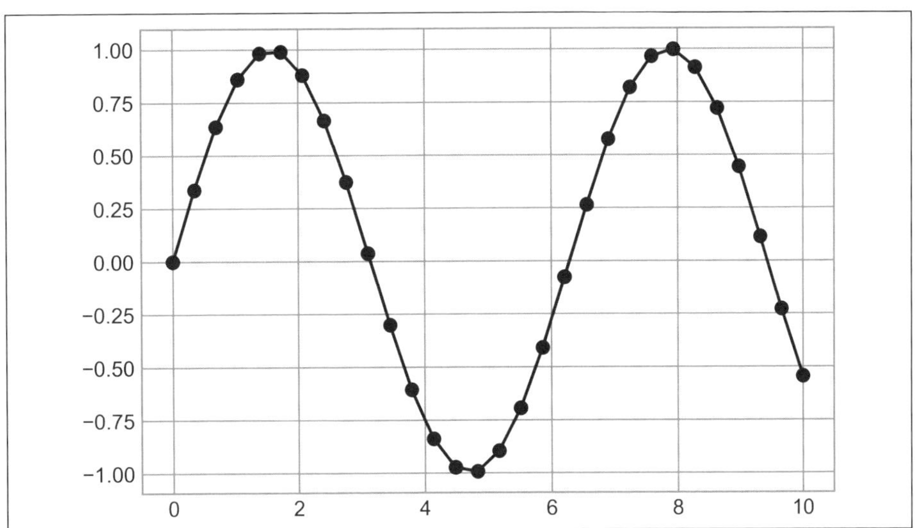

Abbildung 27-3: Kombination von Linien und Punktmarkierungen

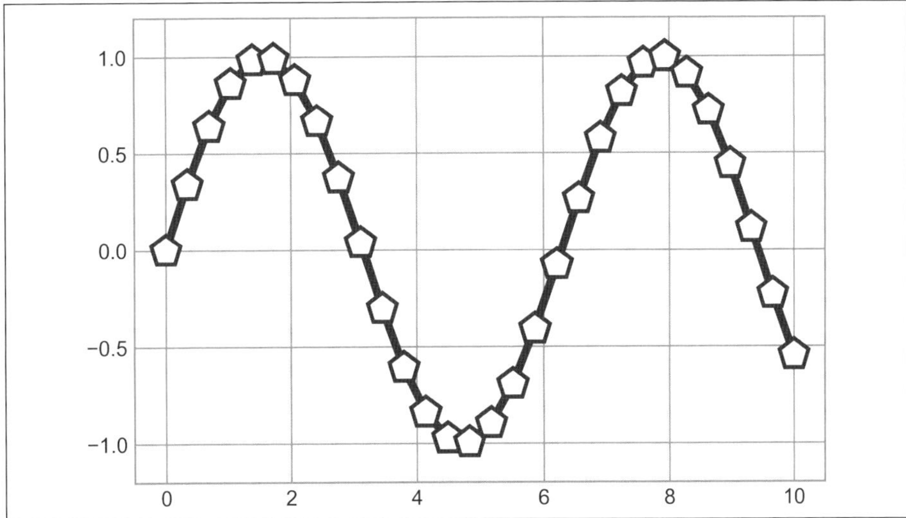

Abbildung 27-4: Einstellen von Linienbreite und Markierungen

Diese Art von Optionen machen `plt.plot` zum wichtigsten Werkzeug für zweidimensionale Diagramme in Matplotlib. Eine vollständige Beschreibung der verfügbaren Optionen finden Sie in der `plt.plot`-Dokumentation (*https://oreil.ly/ON1xj*).

Streudiagramme mit plt.scatter erstellen

Die Funktion `plt.scatter` ist eine weitere, noch leistungsfähigere Methode zum Erzeugen von Streudiagrammen, die auf sehr ähnliche Weise wie `plt.plot` angewandt wird (siehe Abbildung 27-5).

```
In [6]: plt.scatter(x, y, marker='o');
```

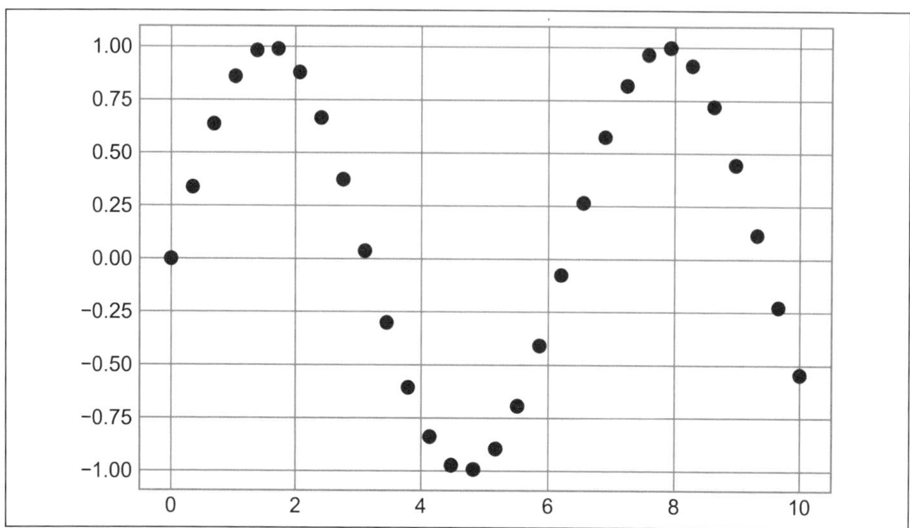

Abbildung 27-5: Ein einfaches Streudiagramm

Der größte Unterschied zwischen `plt.scatter` und `plt.plot` besteht darin, dass Ersteres Streudiagramme erstellen kann, bei denen die Eigenschaften der einzelnen Punkte (Größe, Farbe der Oberfläche, Farbe des Rands usw.) individuell einstellbar sind oder durch die Zuordnung von Daten gesteuert werden können.

Um das zu demonstrieren, erstellen wir ein Streudiagramm mit Zufallsdaten, dessen Punkte viele verschiedene Farben und Größen besitzen. Damit Überschneidungen besser erkennbar sind, verwenden wir außerdem das Schlüsselwort `alpha` zur Anpassung der Transparenz (siehe Abbildung 27-6).

```
In [7]: rng = np.random.default_rng(0)
        x = rng.normal(size=100)
        y = rng.normal(size=100)
        colors = rng.random(100)
        sizes = 1000 * rng.random(100)

        plt.scatter(x, y, c=colors, s=sizes, alpha=0.3)
        plt.colorbar();  # Farbskala anzeigen
```

Beachten Sie hier, dass für das `color`-Argument automatisch eine Farbskala erzeugt wird (angezeigt mithilfe des `colorbar`-Befehls) und dass das `size`-Argument für die Größe in Pixeln anzugeben ist. Auf diese Weise können Farbe und Größe der Punkte in der Visualisierung Informationen vermitteln, um mehrdimensionale Daten zu veranschaulichen.

Wir könnten beispielsweise die Iris-Datensammlung von Scikit-Learn verwenden. Diese Datensätze beschreiben drei verschiedene Schwertlilienarten, deren Blüten- und Kelchblätter (engl. *Sepal*) exakt vermessen wurden (siehe Abbildung 27-7).

```
In [8]: from sklearn.datasets import load_iris
        iris = load_iris()
        features = iris.data.T
```

```
plt.scatter(features[0], features[1], alpha=0.4,
            s=100*features[3], c=iris.target, cmap='viridis')
plt.xlabel(iris.feature_names[0])
plt.ylabel(iris.feature_names[1]);
```

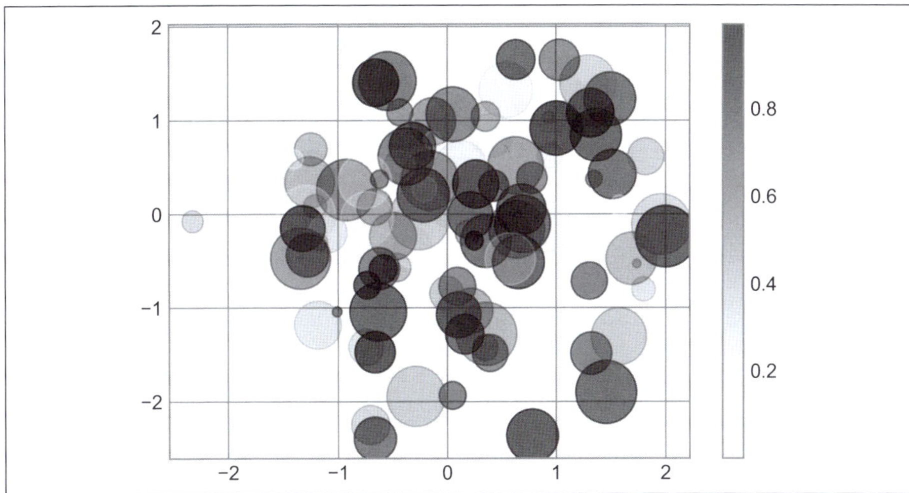

Abbildung 27-6: Ändern von Größe, Farbe und Transparenz der Punkte eines Streudiagramms

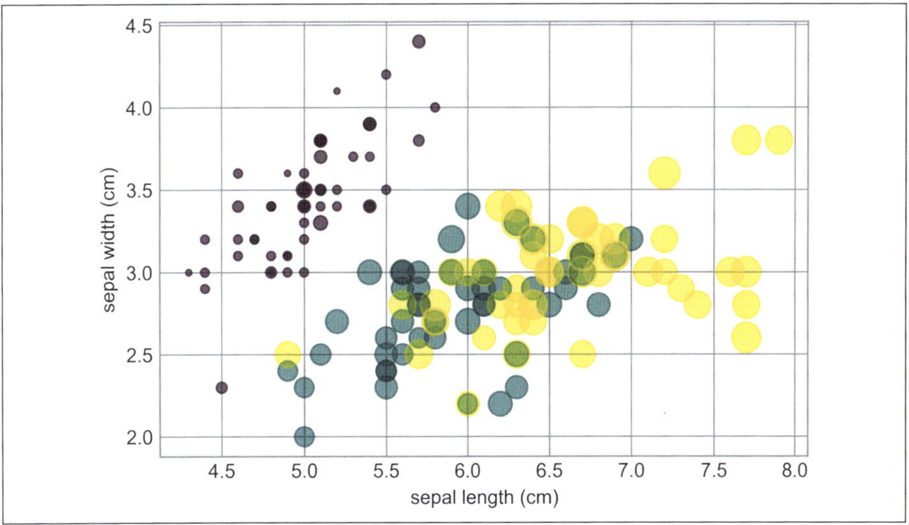

Abbildung 27-7: Eigenschaften der Datenpunkte verwenden, um die Features der Iris-Daten zu veranschaulichen

Dieses Streudiagramm ermöglicht es, vier verschiedene Dimensionen der Daten gleichzeitig zu erkunden: Die (x,y)-Position der Punkte kennzeichnet Länge und Breite des Kelchblatts, die Größe eines Punkts hängt von der Breite des Blütenblatts ab, und die Farbe gibt an, zu welcher Spezies eine Blume gehört. Mehrfarbige Streudiagramme wie dieses, das mehrere Features erkennbar macht, sind sowohl bei der Erkundung als auch bei der Präsentation von Daten nützlich.

plot kontra scatter: eine Anmerkung zur Effizienz

Von den verschiedenen verfügbaren Features einmal abgesehen, die `plt.plot` und `plt.scatter` bieten: Warum sollte man einer der beiden Funktionen den Vorzug geben? Bei kleinen Datenmengen spielt es kaum eine Rolle, aber wenn es darum geht, mehrere Tausend Datenpunkte zu verarbeiten, kann `plt.plot` erheblich schneller sein als `plt.scatter`. Das liegt daran, dass `plt.scatter` die Fähigkeit besitzt, verschiedene Größen und/oder Farben für jeden Punkt anzuzeigen, deshalb muss bei der Darstellung jeder einzelne Punkt berücksichtigt werden. Bei `plt.plot` hingegen sind die Markierungen für jeden Punkt garantiert identisch, daher muss die zur Ermittlung des Erscheinungsbilds erforderliche Arbeit für diese gesamte Datenmenge nur einmalig erledigt werden. Bei großen Datenmengen kann dieser Unterschied zu beträchtlichen Geschwindigkeitsunterschieden führen. Aus diesem Grund sollte man `plt.plot` bei großen Datenmengen `plt.scatter` vorziehen.

Visualisierung von Messunsicherheiten

Bei allen wissenschaftlichen Messungen ist die Berücksichtigung von Unsicherheiten mindestens genauso wichtig wie die eigentlichen Messwerte. Nehmen wir beispielsweise an, ich verwendete astronomische Beobachtungen, um die Hubble-Konstante abzuschätzen (ein Maß für die lokale Ausdehnungsgeschwindigkeit des Universums). Mir ist bekannt, dass der Wert in der aktuellen Literatur mit etwa 70 (km/s)/Mpc angegeben wird. Mit meiner Methode messe ich einen Wert von 74 (km/s)/Mpc. Vertragen sich diese beiden Werte? In Anbetracht dieser Informationen gibt es nur eine richtige Antwort auf diese Frage: Man kann es nicht wissen.

Nun ergänze ich diese Informationen um die möglichen Unsicherheiten: Der in der Literatur angegebene Wert ist 70 ± 2.5 (km/s)/Mpc, mein Verfahren ergab einen Wert von 74 ± 5 (km/s)/Mpc. Sind die Werte nun also untereinander verträglich? Diese Frage lässt sich quantitativ beantworten. Bei der Visualisierung von Daten und Ergebnissen kann die Angabe dieser Unsicherheiten dafür sorgen, dass ein Diagramm sehr viel vollständigere Informationen vermittelt.

Einfache Fehlerbalken

Eine Standardmethode zur Darstellung von Unsicherheiten ist die Verwendung eines Fehlerbalkens. Einfache Fehlerbalken können mit einem einzigen Matplotlib-Funktionsaufruf erzeugt werden, wie in Abbildung 27-8 gezeigt.

```
In [1]: %matplotlib inline
        import matplotlib.pyplot as plt
        plt.style.use('seaborn-whitegrid')
        import numpy as np

In [2]: x = np.linspace(0, 10, 50)
        dy = 0.8
        y = np.sin(x) + dy * np.random.randn(50)

        plt.errorbar(x, y, yerr=dy, fmt='.k');
```

Hier ist `fmt` ein Formatcode, der das Erscheinungsbild der Linien und Punkte festlegt und dieselbe Syntax besitzt wie die in `plt.plot` verwendeten Abkürzungen, die im vorherigen Kapitel und weiter oben in diesem Kapitel beschrieben wurde.

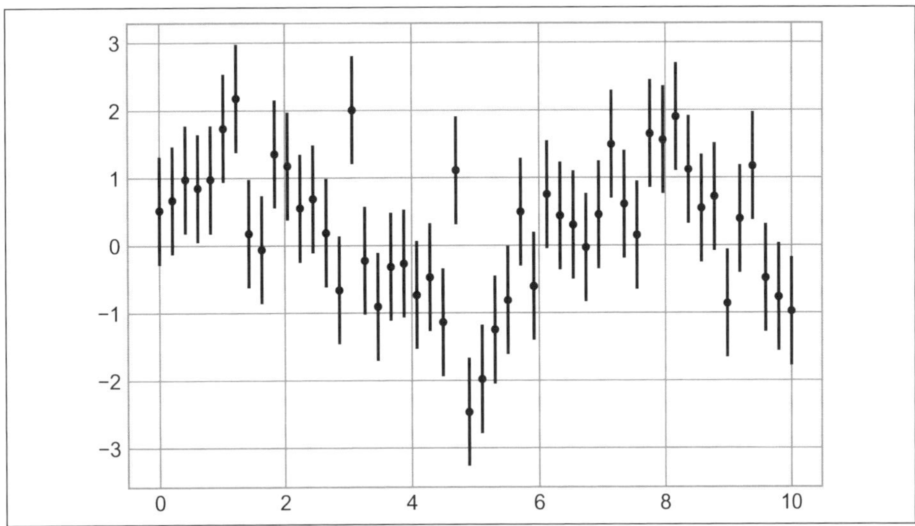

Abbildung 27-8: Ein Beispiel für Fehlerbalken

Neben diesen grundlegenden Optionen der `errorbar`-Funktion gibt es viele weitere zur Anpassung der Ausgabe. Mit den zusätzlichen Optionen können Sie das Aussehen Ihres Diagramms mit Fehlerbalken nach Ihren Wünschen gestalten. Ich finde es oft hilfreich, die Fehlerbalken heller darzustellen als die Datenpunkte selbst, insbesondere in überfüllten Diagrammen (siehe Abbildung 27-9).

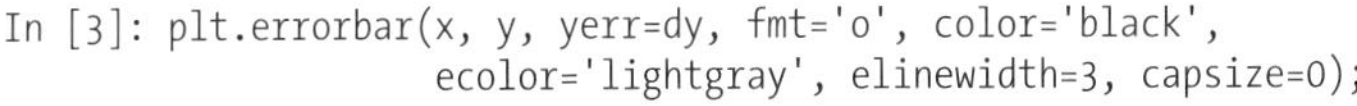

```
In [3]: plt.errorbar(x, y, yerr=dy, fmt='o', color='black',
                     ecolor='lightgray', elinewidth=3, capsize=0);
```

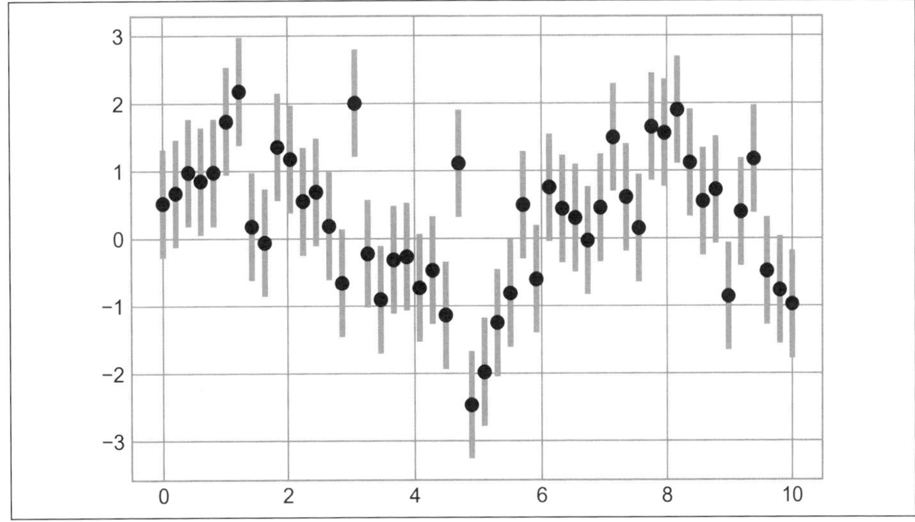

Abbildung 27-9: Anpassen der Fehlerbalken

Zusätzlich zu den genannten Optionen stehen Ihnen auch horizontale Fehlerbalken, einseitige Fehlerbalken und viele weitere Varianten zur Verfügung. Mehr Informationen zu den verfügbaren Optionen finden Sie im Docstring von `plt.errorbar`.

Stetige Fehler

Unter bestimmten Umständen kann es erwünscht sein, Fehlerbalken für stetige Größen anzuzeigen. Zwar bietet Matplotlib für diesen Anwendungsfall keine integrierten Routinen, es ist jedoch relativ einfach, vorhandene Funktionen wie `plt.plot` und `plt.fill_between` zu kombinieren, um brauchbare Ergebnisse zu erzielen.

Hier führen wir eine einfache *Gaußprozess-Regression* durch und verwenden dafür die Scikit-Learn-API (Details finden Sie in Kapitel 38). Dabei handelt es sich um eine sehr flexible Methode, eine nicht parametrische Funktion mit einem stetigen Fehlermaß an Daten anzupassen. Wir werden an dieser Stelle nicht näher auf die Gaußprozess-Regression eingehen und uns stattdessen darauf konzentrieren, wie man dieses stetige Fehlermaß visualisieren kann:

```
In [4]: from sklearn.gaussian_process import GaussianProcessRegressor

        # Modell definieren und einige Daten ausgeben
        model = lambda x: x * np.sin(x)
        xdata = np.array([1, 3, 5, 6, 8])
        ydata = model(xdata)

        # Gaußprozess-Fit berechnen
        gp = GaussianProcessRegressor()
        gp.fit(xdata[:, np.newaxis], ydata)

        xfit = np.linspace(0, 10, 1000)
        yfit, dyfit = gp.predict(xfit[:, np.newaxis], return_std=True)
```

Wir haben nun die Werte `xfit`, `yfit` und `dyfit` berechnet, die den stetigen Fit an die Daten wiedergeben. Wir könnten diese Werte wie im vorherigen Abschnitt der `plt.errorbar`-Funktion übergeben, aber es ist eigentlich nicht sehr sinnvoll, 1.000 Datenpunkte nebst 1.000 Fehlerbalken ausgeben. Stattdessen verwenden wir die `plt.fill_between`-Funktion mit einer hellen Farbe, um den stetigen Fehler zu visualisieren (siehe Abbildung 27-10).

```
In [5]: # Visualize the result
        plt.plot(xdata, ydata, 'or')
        plt.plot(xfit, yfit, '-', color='gray')
        plt.fill_between(xfit, yfit - dyfit, yfit + dyfit,
                         color='gray', alpha=0.2)
        plt.xlim(0, 10);
```

Sehen Sie sich hierzu die Aufrufsignatur von `fill_between` an: Wir übergeben den *x*-Wert und anschließend die untere bzw. die obere Grenze für den *y*-Wert. Der Bereich dazwischen wird gefüllt.

Der resultierende Graph vermittelt eine intuitive Vorstellung davon, was der Algorithmus der Gaußprozess-Regression leistet:

In der Nähe der Datenpunkte ist das Modell stark eingeschränkt, und das spiegelt sich in den kleinen Unsicherheiten des Modells an diesen Stellen wider. In den weiter von den Datenpunkten entfernten Bereichen ist das Modell weniger stark beschränkt, und die Größe der Unsicherheiten steigt.

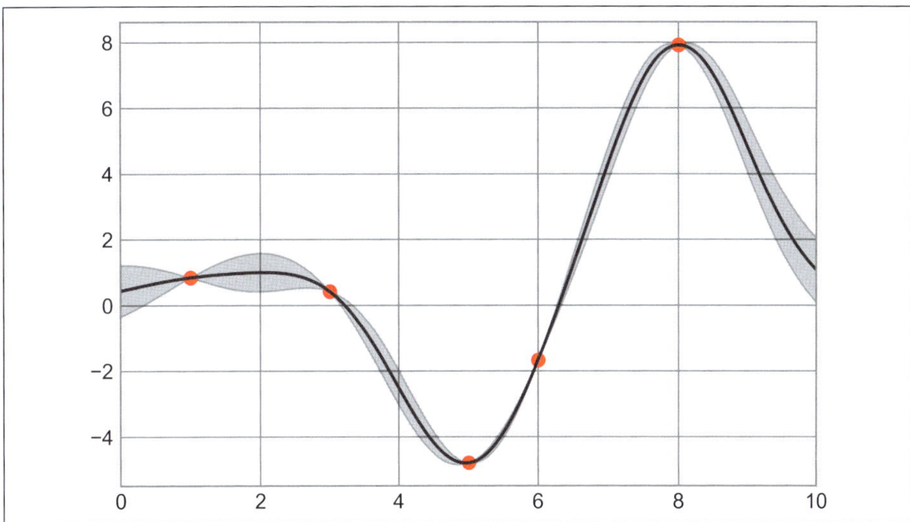

Abbildung 27-10: Stetige Fehlermaße werden durch gefüllte Bereiche repräsentiert.

Weitere Informationen über die für `plt.fill_between` (und die verwandte Funktion `plt.fill`) verfügbaren Optionen finden Sie in den jeweiligen Docstrings der Funktionen sowie in der Matplotlib-Dokumentation.

Sollte all das für Ihren Geschmack zu umständlich sein, werfen Sie einen Blick auf Kapitel 36, in dem wir das Seaborn-Paket erörtern, das eine für die Visualisierung stetiger Fehlerbalken dieser Art optimierte API bereitstellt.

KAPITEL 28
Dichtediagramme und Konturdiagramme

Manchmal möchte man dreidimensionale Daten mithilfe von Konturlinien (Isolinien) oder farbcodierten Bereichen in zwei Dimensionen darstellen. Für diese Aufgaben stellt Matplotlib drei Funktionen zur Verfügung: `plt.contour` zum Erstellen von Konturdiagrammen (die auch als Isoliniendiagramme bezeichnet werden), `plt.contourf` zum Erzeugen gefüllter Isoliniendiagramme und `plt.imshow` zur Anzeige von Bildern. In diesem Kapitel werden wir einige Beispiele für den Einsatz dieser Diagramme betrachten. Zunächst einmal richten wir ein Notebook für die Ausgabe der Diagramme ein und importieren die benötigten Funktionen:

```
In [1]: %matplotlib inline
        import matplotlib.pyplot as plt
        plt.style.use('seaborn-white')
        import numpy as np
```

Visualisierung einer dreidimensionalen Funktion

Unser erstes Beispiel zeigt ein Konturdiagramm der Funktion $z = f(x, y)$. Für f wählen wir die aus Kapitel 8 bekannte Funktion, die dort als Beispiel für das Broadcasting mit Arrays diente:

```
In [2]: def f(x, y):
            return np.sin(x) ** 10 + np.cos(10 + y * x) * np.cos(x)
```

Ein Konturdiagramm wird mit der Funktion `plt.contour` erzeugt. Sie nimmt drei Argumente entgegen: ein Raster der x-, der y- und der z-Werte, wobei die x- und y-Werte die Positionen im Diagramm angeben und die z-Werte durch die Konturlinien repräsentiert werden. Daten dieser Art lassen sich am einfachsten mit der Funktion `np.meshgrid` erzeugen, die anhand eindimensionaler Arrays zweidimensionale Raster erstellt:

```
In [3]: x = np.linspace(0, 5, 50)
        y = np.linspace(0, 5, 40)

        X, Y = np.meshgrid(x, y)
        Z = f(X, Y)
```

Nun zeigen wir diese Daten als einfaches Konturdiagramm (nur mit Linien) an (siehe Abbildung 28-1).

```
In [4]: plt.contour(X, Y, Z, colors='black');
```

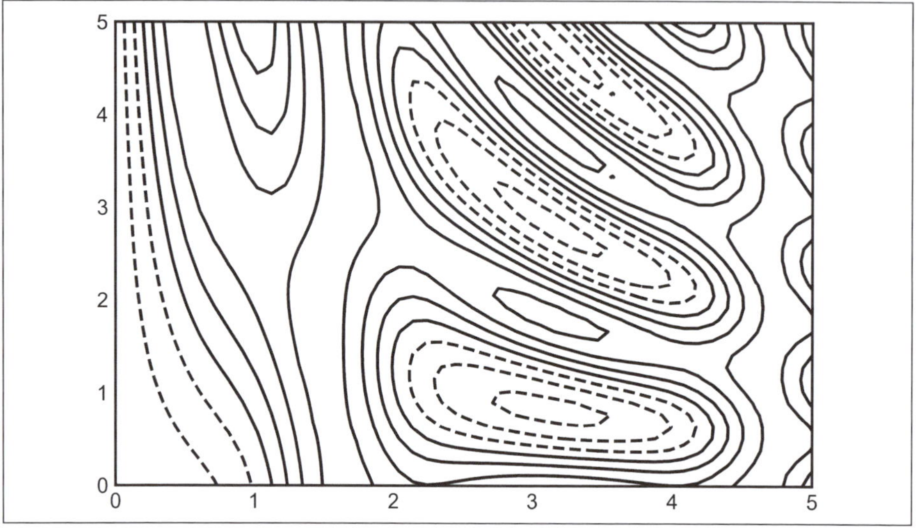

Abbildung 28-1: Visualisierung dreidimensionaler Daten durch Konturlinien

Beachten Sie, dass bei Verwendung von nur einer Farbe negative und positive Werte als gestrichelte bzw. durchgezogene Linien dargestellt werden. Alternativ können Sie mit dem Argument cmap eine Farbtabelle für die Farbcodierung der Linien angeben. Außerdem legen wir fest, dass 20 Linien für Intervalle gleicher Größe innerhalb des Wertebereichs gezeichnet werden sollen (siehe Abbildung 28-2).

```
In [5]: plt.contour(X, Y, Z, 20, cmap='RdGy');
```

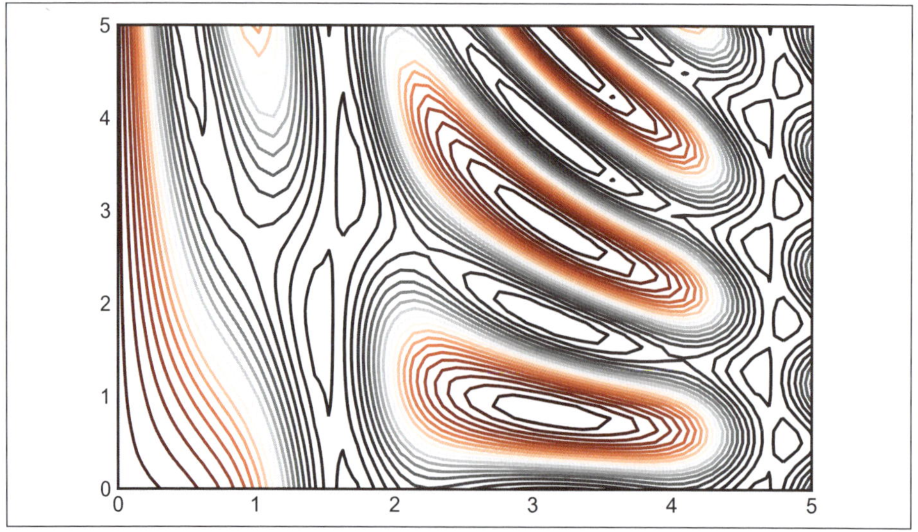

Abbildung 28-2: Visualisierung dreidimensionaler Daten durch farbige Konturlinien

Hier haben wir die Farbtabelle `RdGy` (Abkürzung für *Red-Gray*) verwendet, die für divergente Daten (d.h. Daten mit positiven und negativen Variationen um null) eine gute Wahl ist. Matplotlib verfügt über ein breites Spektrum an Farbtabellen, die Sie leicht durchstöbern können, indem Sie IPythons Tab-Vervollständigung im `plt.cm`-Modul verwenden:

```
plt.cm.<TAB>
```

Das Diagramm sieht schon besser aus, allerdings sind die Leerräume zwischen den Linien ein wenig störend. Das können wir ändern, indem wir die `plt.contourf`-Funktion nutzen, um ein gefülltes Konturdiagramm zu zeichnen. Für diese Funktion gilt im Wesentlichen die gleiche Syntax wie für `plt.contour`.

Zudem fügen wir noch den Befehl `plt.colorbar` hinzu, der zusätzlich eine Farbskala anzeigt, die mit Informationen über die im Diagramm verwendeten Farben beschriftet ist (siehe Abbildung 28-3).

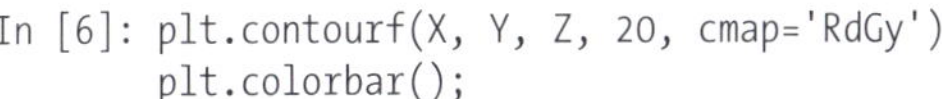

```
In [6]: plt.contourf(X, Y, Z, 20, cmap='RdGy')
        plt.colorbar();
```

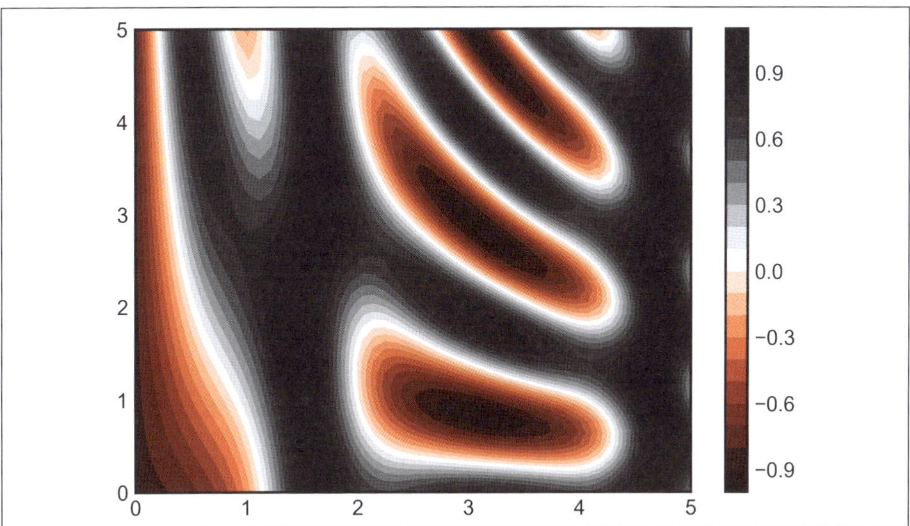

Abbildung 28-3: Visualisierung dreidimensionaler Daten durch gefüllte Konturen

Anhand der Farbskala wird deutlich, dass schwarze Bereiche »Gipfel« und rote »Täler« sind.

Bei diesem Diagramm könnte es potenziell problematisch sein, dass es ein wenig »fleckig« wirkt. Die Farben ändern sich stufenweise, nicht kontinuierlich, und das ist nicht immer erwünscht. Es lässt sich zwar beheben, indem sehr viele Konturlinien verwendet werden, das führt aber zu einem ziemlich ineffizienten Diagramm: Matplotlib muss dann für jede Konturlinie ein eigenes Polygon berechnen. Eine bessere Möglichkeit stellt die Funktion `plt.imshow` dar, die ein `interpolation`-Argument übernehmen kann, um eine weichere zweidimensionale Darstellung der Daten zu erreichen (siehe Abbildung 28-4).

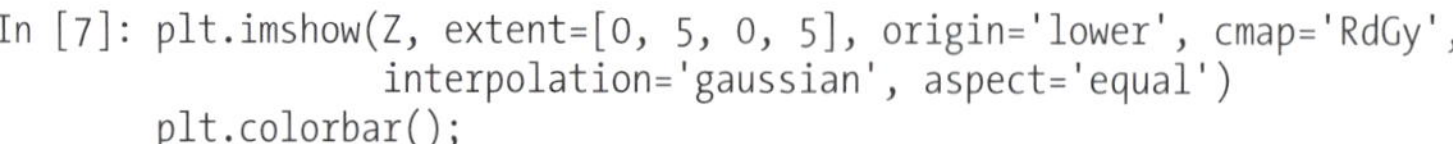

```
In [7]: plt.imshow(Z, extent=[0, 5, 0, 5], origin='lower', cmap='RdGy',
                   interpolation='gaussian', aspect='equal')
        plt.colorbar();
```

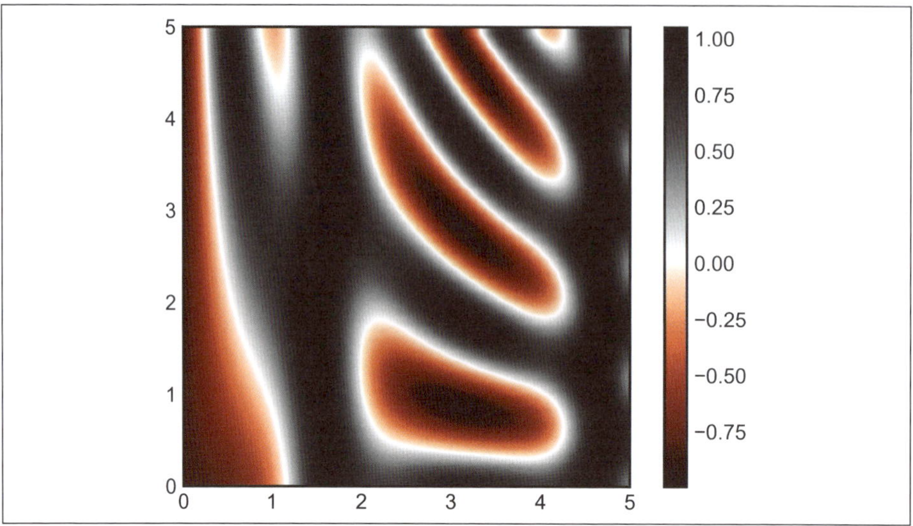

Abbildung 28-4: Darstellung dreidimensionaler Daten als Bild

Beim Einsatz von `plt.imshow` sind allerdings einige potenzielle Fallstricke zu beachten:

- `plt.imshow` nimmt keine Raster von *x*- und *y*-Werten entgegen. Sie müssen die Ausdehnung (*Extent*) des Bilds [xmin, xmax, ymin, ymax] im Diagramm manuell angeben.
- `plt.imshow` folgt standardmäßig der für Bilder üblichen Konvention, dass sich der Ursprung links oben befindet, nicht links unten, wie bei den meisten Konturdiagrammen. Das muss bei der Anzeige der Daten berücksichtigt werden.
- `plt.imshow` passt das Seitenverhältnis der Achsen automatisch an die Eingabedaten an. Änderungen können anhand des `aspect`-Arguments vorgenommen werden.

In manchen Fällen kann es sich schließlich auch als nützlich erweisen, Konturdiagramme und Bildanzeigen zu kombinieren. Hier verwenden wir beispielsweise ein halb transparentes Hintergrundbild (dessen Transparenz mit dem `alpha`-Parameter einstellbar ist) und zeichnen anschließend die (mithilfe von `plt.clabel`) beschrifteten Konturlinien (siehe Abbildung 28-5).

```
In [8]: contours = plt.contour(X, Y, Z, 3, colors='black')
        plt.clabel(contours, inline=True, fontsize=8)

        plt.imshow(Z, extent=[0, 5, 0, 5], origin='lower',
                   cmap='RdGy', alpha=0.5)
        plt.colorbar();
```

Die Kombination dieser drei Funktionen – `plt.contour`, `plt.contourf` und `plt.imshow` – bietet bei der Darstellung dreidimensionaler Daten dieser Art als zweidimensionales Diagramm fast unbegrenzte Möglichkeiten. Weitere Informationen zu den für diese Funktionen verfügbaren Optionen finden Sie im Docstring. Mehr über dreidimensionale Visualisierungen dieser Art erfahren Sie in Kapitel 35.

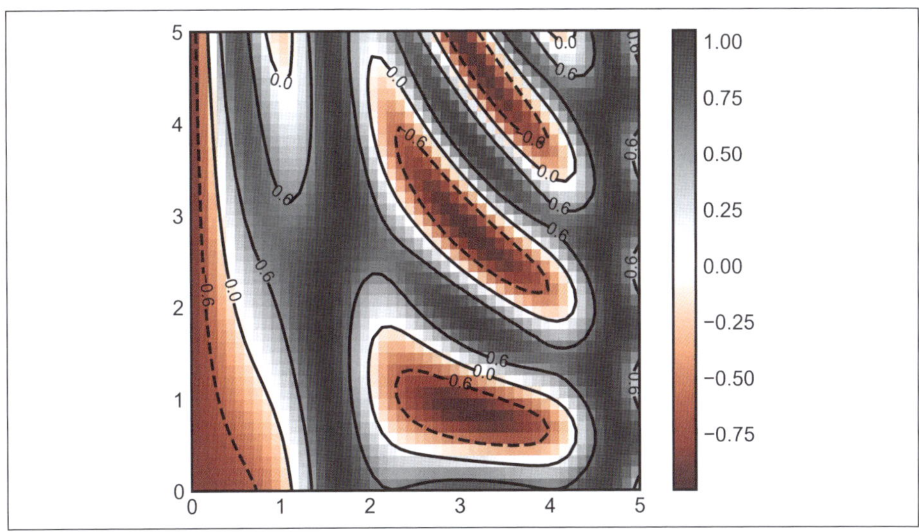

Abbildung 28-5: Beschriftete Konturlinien vor einem Hintergrundbild

Histogramme, Binnings und Dichte

Manchmal ist ein einfaches Histogramm schon der erste große Schritt zum Verständnis einer Datenmenge. In Kapitel 9 haben wir bereits einen Vorgeschmack auf die `plt.hist`-Funktion von Matplotlib bekommen. Mit nur einer Codezeile können Sie ein einfaches Histogramm erzeugen, nachdem die üblichen Importe erledigt sind (siehe Abbildung 28-6).

```
In [1]: %matplotlib inline
        import numpy as np
        import matplotlib.pyplot as plt
        plt.style.use('seaborn-white')

        rng = np.random.default_rng(1701)
        data = rng.normal(size=1000)

In [2]: plt.hist(data);
```

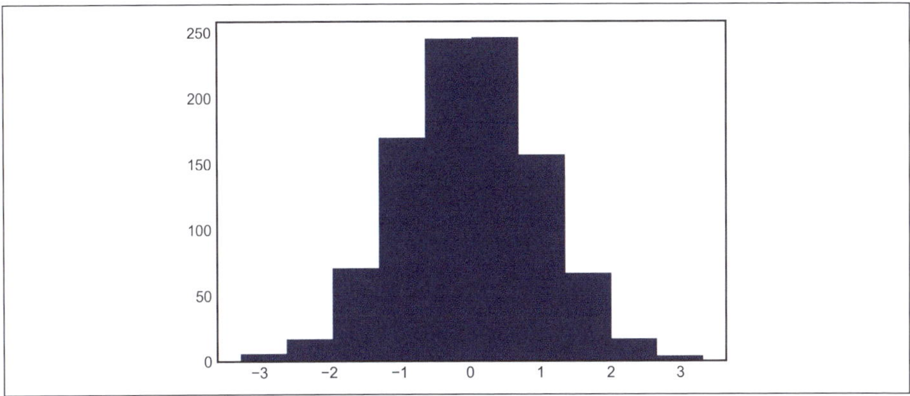

Abbildung 28-6: Ein einfaches Histogramm

Die hist-Funktion verfügt über viele Optionen zur Anpassung der Berechnung und der Darstellung. Hier sehen Sie ein Beispiel für ein benutzerdefiniertes Histogramm (siehe Abbildung 28-7).

```
In [3]: plt.hist(data, bins=30, density=True, alpha=0.5,
                 histtype='stepfilled', color='steelblue',
                 edgecolor='none');
```

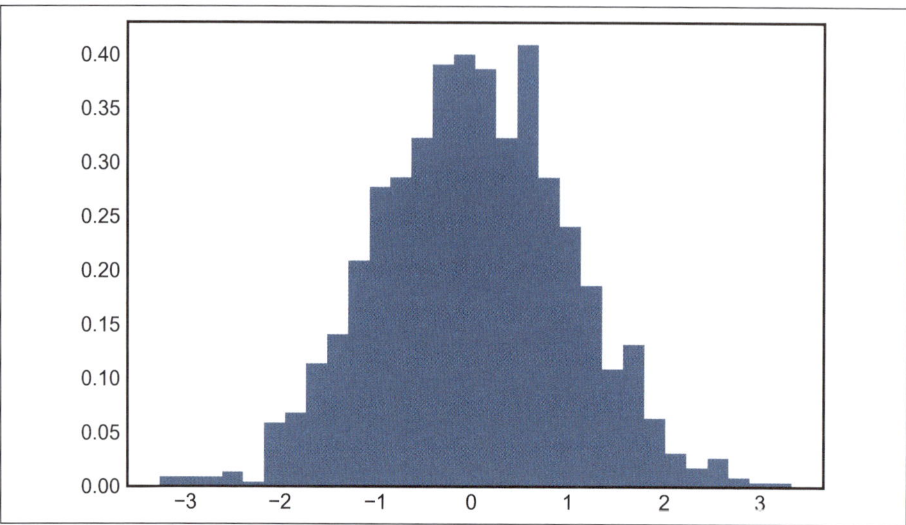

Abbildung 28-7: Ein benutzerdefiniertes Histogramm

Weitere Informationen und Optionen zur Anpassung können Sie dem plt.hist-Docstring entnehmen. Meiner Erfahrung nach ist die Kombination aus histtype='stepfilled' und etwas alpha-Transparenz beim Vergleich der Histogramme mehrerer Verteilungen äußerst nützlich (siehe Abbildung 28-8).

```
In [4]: x1 = rng.normal(0, 0.8, 1000)
        x2 = rng.normal(-2, 1, 1000)
        x3 = rng.normal(3, 2, 1000)

        kwargs = dict(histtype='stepfilled', alpha=0.3, density=True, bins=40)

        plt.hist(x1, **kwargs)
        plt.hist(x2, **kwargs)
        plt.hist(x3, **kwargs);
```

Wenn Sie ein Histogramm einfach nur berechnen, also nur die Anzahl der Punkte in einem bestimmten Wertebereich ermitteln möchten, ohne es anzuzeigen, können Sie dafür die np.histogram-Funktion verwenden:

```
In [5]: counts, bin_edges = np.histogram(data, bins=5)
        print(counts)
Out[5]: [ 23 241 491 224  21]
```

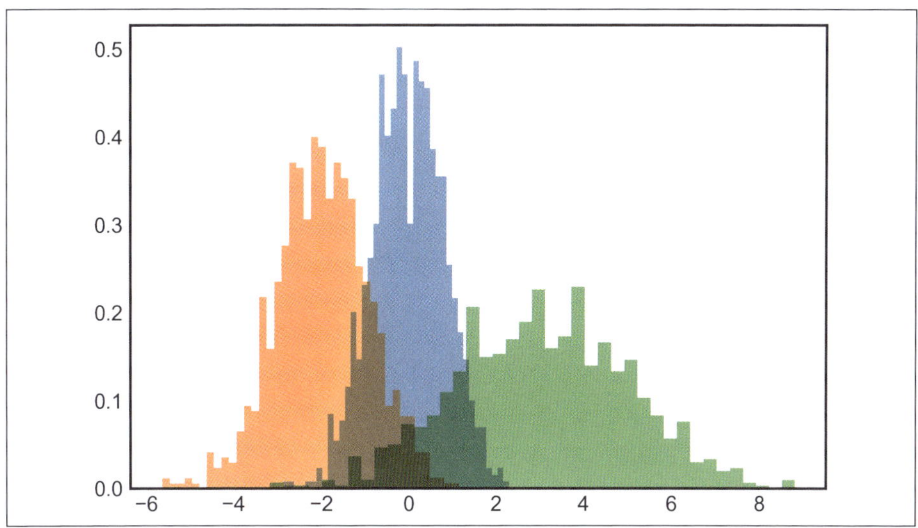

Abbildung 28-8: Mehrere sich überschneidende Histogramme

Zweidimensionale Histogramme und Binnings

Bei eindimensionalen Histogrammen werden die Zahlen bestimmten Wertebereichen zugeordnet, dementsprechend müssen die Punkte eines zweidimensionalen Histogramms einem zweidimensionalen Wertebereich zugeordnet werden. Dafür sind mehrere Möglichkeiten verfügbar. Beginnen wir mit der Definition einiger Daten, nämlich der Arrays `x` und `y`, deren Werte einer multivariaten Gaußverteilung entstammen:

```
In [6]: mean = [0, 0]
        cov = [[1, 1], [1, 2]]
        x, y = rng.multivariate_normal(mean, cov, 10000).T
```

plt.hist2d: zweidimensionale Histogramme

Mit der `plt.hist2d`-Funktion können auf unkomplizierte Weise zweidimensionale Histogramme erstellt werden (siehe Abbildung 28-9).

```
In [7]: plt.hist2d(x, y, bins=30)
        cb = plt.colorbar()
        cb.set_label('counts in bin')
```

`plt.hist2d` verfügt wie `plt.hist` über eine Vielzahl zusätzlicher Optionen zur Anpassung des Diagramms und des Binnings (der Zuordnung zu Wertebereichen). Und ebenso wie es für `plt.hist` mit `np.histogram` ein Gegenstück gibt, besitzt auch `plt.hist2d` ein Pendant namens `np.histogram2d`:

```
In [8]: counts, xedges, yedges = np.histogram2d(x, y, bins=30)
        print(counts.shape)
Out[8]: (30, 30)
```

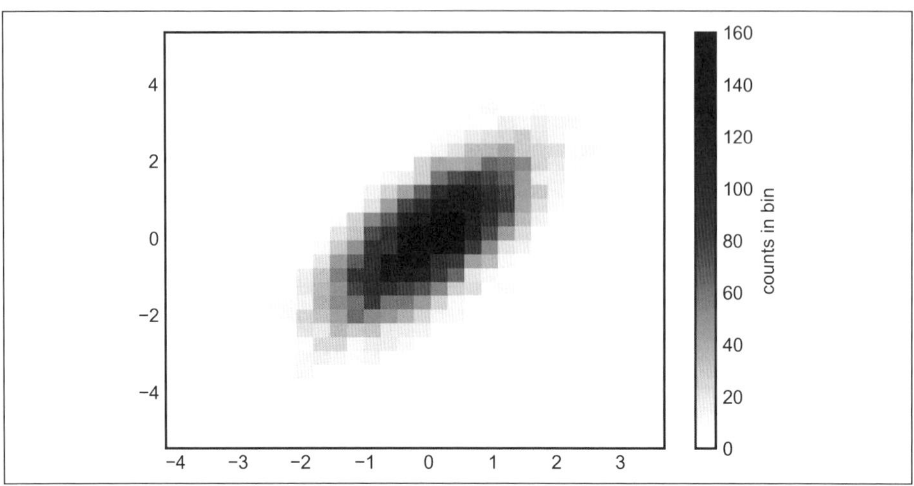

Abbildung 28-9: Ein mit plt.hist2d erstelltes zweidimensionales Histogramm

Sofern Sie an der Verallgemeinerung des Histogramm-Binnings interessiert sind, wenn es mehr als zwei Dimensionen gibt, sollten Sie einen Blick auf die Funktion `np.histogramdd` werfen.

plt.hexbin: hexagonale Binnings

Das zweidimensionale Histogramm erstellt eine Flächenaufteilung, deren Rechteck- oder Quadratseiten parallel zu den beiden Koordinatenachsen ausgerichtet sind. Als weitere Flächenaufteilung bietet sich das reguläre Sechseck an. Zu diesem Zweck stellt Matplotlib die Routine `plt.hexbin` zur Verfügung, die eine zweidimensionale Datenmenge liefert, die auf ein Raster aus Sechsecken verteilt ist (siehe Abbildung 28-10).

```
In [9]: plt.hexbin(x, y, gridsize=30)
        cb = plt.colorbar(label='count in bin')
```

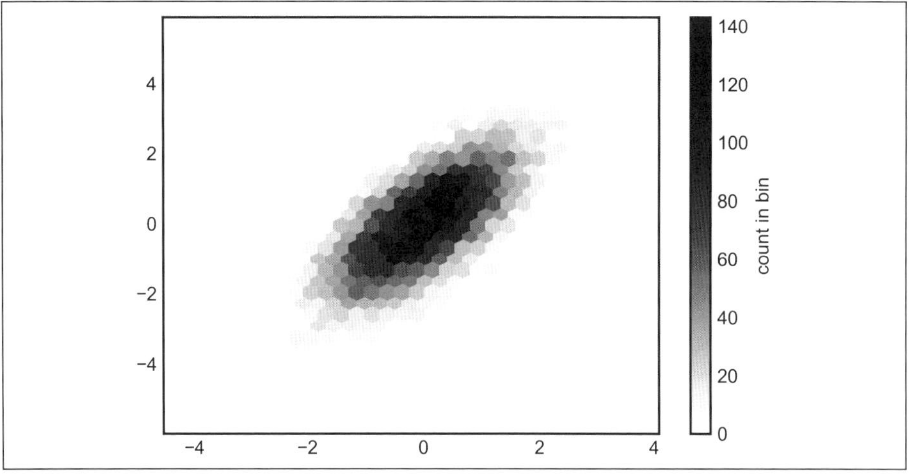

Abbildung 28-10: Ein mit plt.hexbin erstelltes zweidimensionales Histogramm

`plt.hexbin` besitzt eine Reihe weiterer Optionen, beispielsweise die Fähigkeit, für die einzelnen Punkte Gewichtungen zu verwenden und auf die Ausgaben der verschiedenen Wertebereiche NumPy-Aggregationen anzuwenden (mittlere Gewichtung, Standardabweichung der Gewichtungen usw.).

Kerndichteschätzung

Eine weitere häufig verwendete Methode zur Schätzung und Beurteilung der Wahrscheinlichkeitsverteilung in mehreren Dimensionen ist die *Kerndichteschätzung* (engl. *Kernel Density Estimation*, kurz *KDE*). Wir werden darauf in Kapitel 49 zurückkommen. Fürs Erste soll es genügen, dass man sich KDE als eine Methode vorstellen kann, die Punkte im Raum zu »verschmieren« und sie dann zusammenzuzählen, um eine »glatte« Funktion zu erhalten. Das Paket `scipy.stats` enthält eine besonders schnelle und einfache KDE-Implementierung. Hier ein kurzes Beispiel mit den obigen Daten (siehe Abbildung 28-11).

```
In [10]: from scipy.stats import gaussian_kde

         # Fit eines Arrays der Größe [Ndim, Nsamples]
         data = np.vstack([x, y])
         kde = gaussian_kde(data)

         # Auswertung mit einem normalen Raster
         xgrid = np.linspace(-3.5, 3.5, 40)
         ygrid = np.linspace(-6, 6, 40)
         Xgrid, Ygrid = np.meshgrid(xgrid, ygrid)
         Z = kde.evaluate(np.vstack([Xgrid.ravel(), Ygrid.ravel()]))

         # Ergebnis als Bild ausgeben
         plt.imshow(Z.reshape(Xgrid.shape),
                    origin='lower', aspect='auto',
                    extent=[-3.5, 3.5, -6, 6])
         cb = plt.colorbar()
         cb.set_label("density")
```

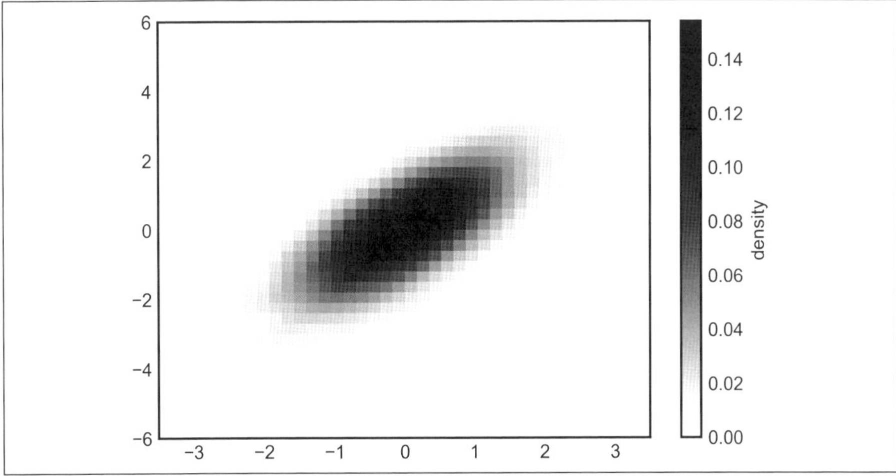

Abbildung 28-11: Darstellung der Kerndichte einer Verteilung

KDE verwendet eine Glättlänge (*Smoothing Length*), mit der sozusagen an der Stellschraube gedreht wird, wie detailliert oder grob die Darstellung ist (ein Beispiel für das allgegenwärtige Bias-Varianz-Dilemma). Die Literatur zum Thema »Auswahl einer angemessenen Glättlänge« ist unüberschaubar; die `gaussian_kde`-Funktion verwendet eine Faustregel, um zu versuchen, eine annähernd optimale Glättlänge für die Eingabedaten zu finden.

Für die ScyPy-Umgebung sind weitere KDE-Implementierungen verfügbar, die jeweils ihre eigenen Stärken und Schwächen aufweisen, beispielsweise `sklearn.neighbors.KernelDensity` und `statsmodels.nonparametric.KDEMultivariate`.

Der Einsatz von Matplotlib für auf KDE beruhende Visualisierungen ist tendenziell zu weitschweifig. Die Seaborn-Bibliothek, auf die wir in Kapitel 36 zu sprechen kommen, bietet eine sehr viel kompaktere API für das Erstellen KDE-basierter Visualisierungen.

KAPITEL 29

Anpassen der Legende

Die Legende eines Diagramms verleiht der Visualisierung durch die Benennung der verschiedenen Elemente Bedeutung. Einfache Legenden sind Ihnen bereits bekannt – jetzt werfen wir einen Blick darauf, wie man die Position und das Aussehen der Legende in Matplotlib anpassen kann.

Die einfachste Art einer Legende kann mit dem Befehl `plt.legend` erstellt werden, der automatisch eine Legende für alle beschrifteten Elemente des Diagramms erzeugt (siehe Abbildung 29-1).

```
In [1]: import matplotlib.pyplot as plt
        plt.style.use('seaborn-whitegrid')

In [2]: %matplotlib inline
        import numpy as np

In [3]: x = np.linspace(0, 10, 1000)
        fig, ax = plt.subplots()
        ax.plot(x, np.sin(x), '-b', label='Sine')
        ax.plot(x, np.cos(x), '--r', label='Cosine')
        ax.axis('equal')
        leg = ax.legend()
```

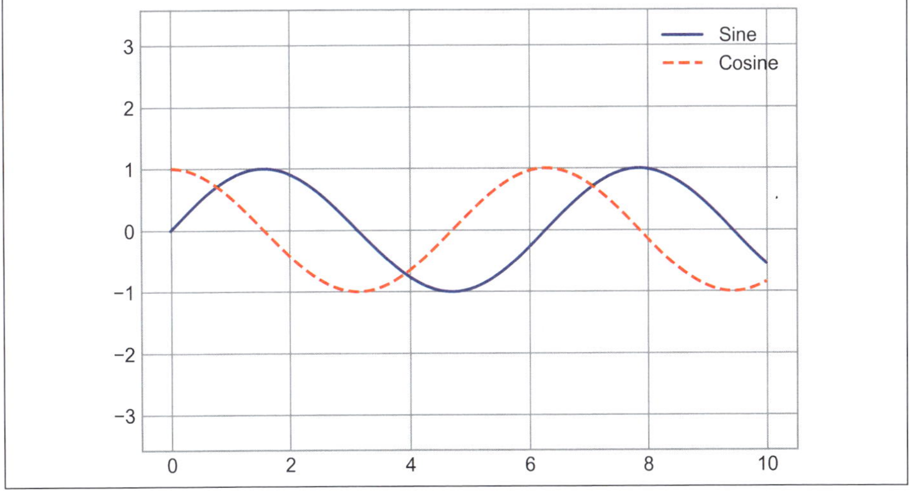

Abbildung 29-1: Eine voreingestellte Legende

Es gibt jedoch eine Vielzahl von Möglichkeiten, die Legende an die eigenen Bedürfnisse anzupassen. Beispielsweise kann man die Position angeben und den Rahmen weglassen (siehe Abbildung 29-2).

```
In [4]: ax.legend(loc='upper left', frameon=True)
        fig
```

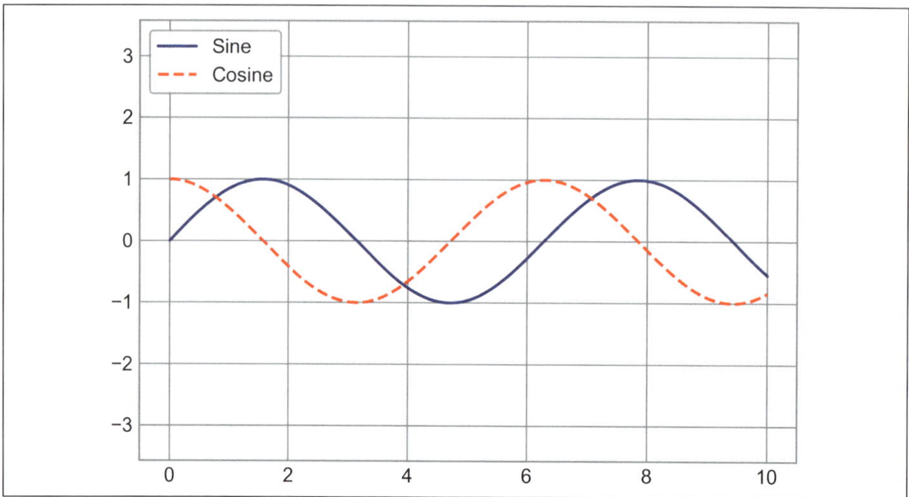

Abbildung 29-2: Eine angepasste Legende

Mit dem Befehl ncol kann die Anzahl der Spalten in der Legende festgelegt werden, wie in Abbildung 29-3 gezeigt.

```
In [5]: ax.legend(loc='lower center', ncol=2)
        fig
```

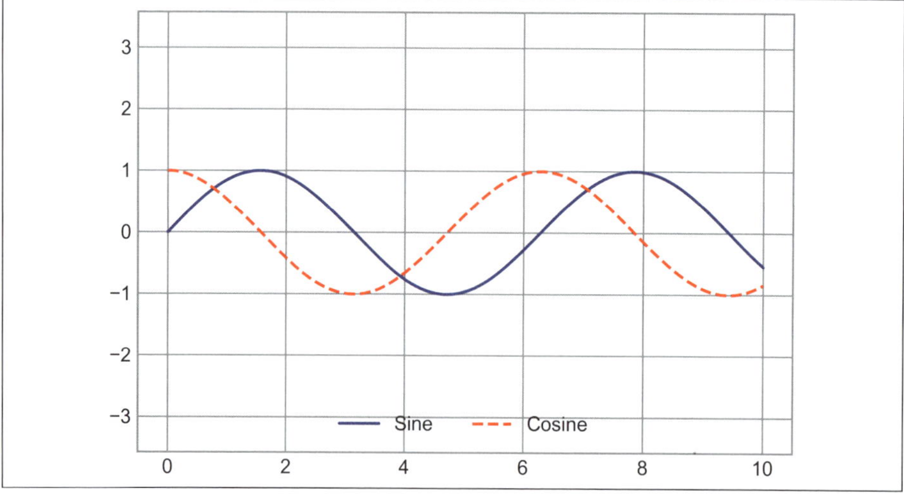

Abbildung 29-3: Eine zweispaltige Legende

Außerdem können wir Rahmen mit abgerundeten Ecken anzeigen lassen (`fancybox`), einen Schatten hinzufügen, die Transparenz (den `alpha`-Wert) ändern oder das Auffüllen des Texts mit Leerzeichen modifizieren (siehe Abbildung 29-4).

```
In [6]: ax.legend(frameon=True, fancybox=True, framealpha=1,
                  shadow=True, borderpad=1)
        fig
```

Weitere Informationen über die verfügbaren Optionen können Sie dem `plt.legend`-Docstring entnehmen.

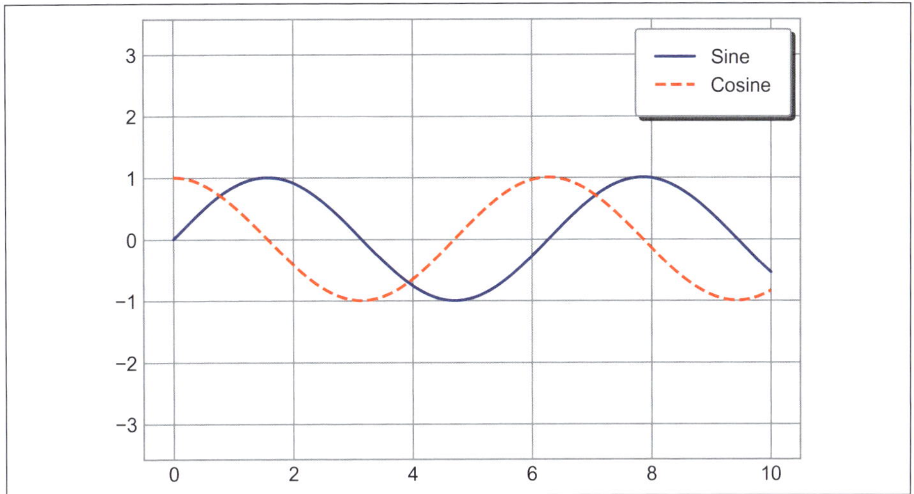

Abbildung 29-4: Eine fancybox-Legende

Legendenelemente festlegen

Wie Sie bereits wissen, umfasst die Legende alle beschrifteten Elemente des Diagramms. Sollte das nicht erwünscht sein, können wir genau festlegen, welche Elemente und Beschriftungen in der Legende auftauchen, indem wir die von den `plot`-Befehlen zurückgelieferten Objekte verwenden. Der `plt.plot`-Befehl kann mehrere Zeilen gleichzeitig erzeugen und gibt eine Liste der erstellten Instanzen zurück. Wenn wir diese an `plt.legend` übergeben, erkennt die Funktion, welche Beschriftungen wir ausgeben möchten (siehe Abbildung 29-5).

```
In [7]: y = np.sin(x[:, np.newaxis] + np.pi * np.arange(0, 2, 0.5))
        lines = plt.plot(x, y)

        # lines ist eine Liste von plt.Line2D-Instanzen.
        plt.legend(lines[:2], ['first', 'second'], frameon=True);
```

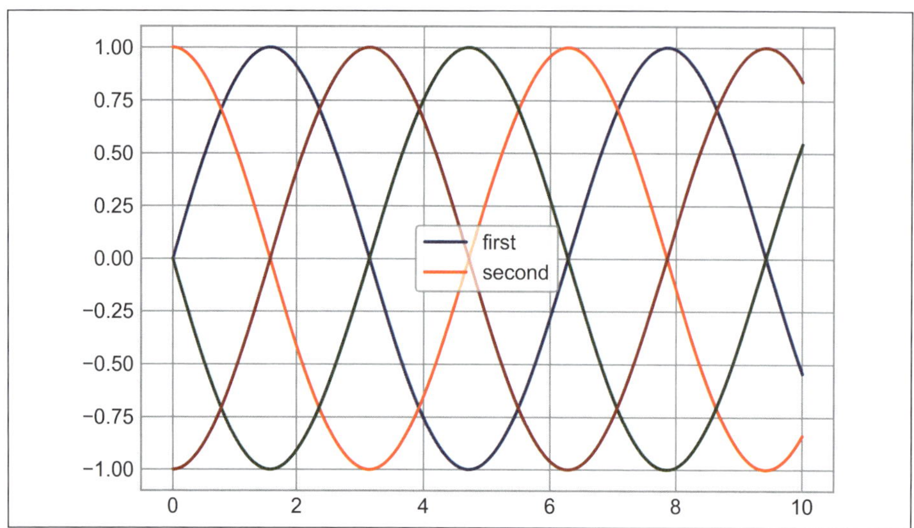

Abbildung 29-5: Anpassen der Legendenelemente

In der Praxis ist es meiner Erfahrung nach besser verständlich, wenn man den in der Legende anzuzeigenden Elementen die Bezeichnungen in der `plot`-Funktion zuweist (siehe Abbildung 29-6).

```
In [8]: plt.plot(x, y[:, 0], label='first')
        plt.plot(x, y[:, 1], label='second')
        plt.plot(x, y[:, 2:])
        plt.legend(frameon=True);
```

Beachten Sie außerdem, dass in der Legende keine Elemente angezeigt werden, denen kein `label`-Attribut zugewiesen wurde.

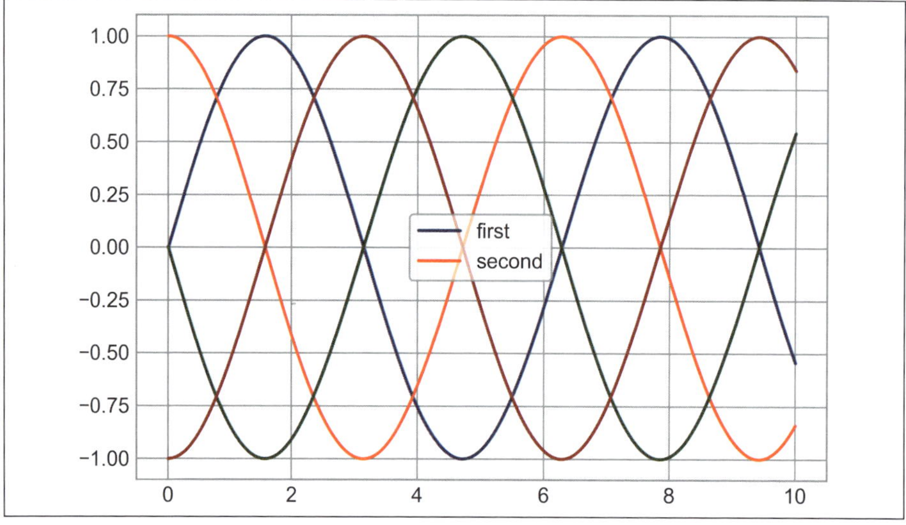

Abbildung 29-6: Alternative Methode zur Anpassung der Legende

Legenden mit Punktgrößen

Unter Umständen sind die Voreinstellungen der Legende für die erwünschte Visualisierung nicht ausreichend, beispielsweise wenn Sie die Punktgröße verwenden, um bestimmte Features der Daten darzustellen, und eine Legende erstellen möchten, die diese Tatsache widerspiegelt. In diesem Beispiel verwenden wir die Punktgröße, um die Einwohnerzahl kalifornischer Städte zu visualisieren. Die Legende soll angeben, was die Größen der Punkte bedeuten, und wir können das erreichen, indem wir einige Daten ausgeben, für die gar keine Beschriftungen vorhanden sind (siehe Abbildung 29-7).

```
In [9]: # Kommentarzeichen entfernen, um die Daten herunterzuladen.
        # url = ('https://raw.githubusercontent.com/jakevdp/
        #        PythonDataScienceHandbook/''master/notebooks/data/
        #        california_cities.csv')
        # !cd data && curl -O {url}

In [10]: import pandas as pd
         cities = pd.read_csv('data/california_cities.csv')

         # Daten einlesen.
         lat, lon = cities['latd'], cities['longd']
         population, area = cities['population_total'], cities['area_total_km2']

         # Streudiagramm der Punkte mit Größe und Farbe,
         # aber ohne Beschriftung erstellen.
         plt.scatter(lon, lat, label=None,
                     c=np.log10(population), cmap='viridis',
                     s=area, linewidth=0, alpha=0.5)
         plt.axis('equal')
         plt.xlabel('longitude')
         plt.ylabel('latitude')
         plt.colorbar(label='log$_{10}$(population)')
         plt.clim(3, 7)

         # Erzeugen der Legende; wir geben leere Listen mit den
         # erwünschten Größen und Bezeichnungen aus.
         for area in [100, 300, 500]:
             plt.scatter([], [], c='k', alpha=0.3, s=area,
                         label=str(area) + ' km$^2$')
         plt.legend(scatterpoints=1, frameon=False, labelspacing=1,
                    title='City Area')

         plt.title('California Cities: Area and Population');
```

Die Legende wird im Diagramm enthaltene Objekte stets anzeigen. Wenn wir also eine bestimmte Form darstellen möchten, müssen wir sie auch anzeigen. In diesem Fall gehören die erwünschten Objekte (die grauen Kreise) nicht zum Diagramm, daher täuschen wir sie vor, indem wir leere Listen anzeigen. Vergessen Sie nicht, dass die Legende nur Elemente anzeigt, denen eine Bezeichnung zugewiesen wurde.

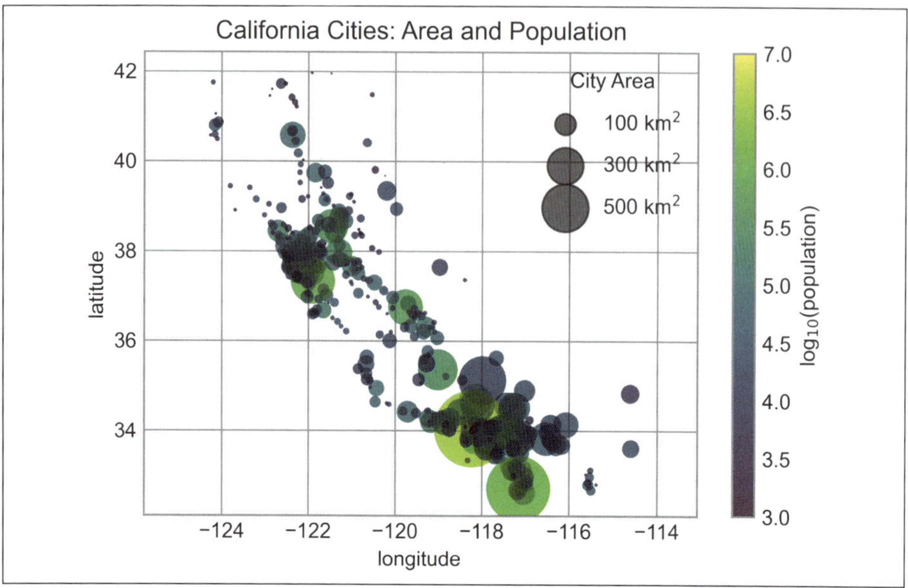

Abbildung 29-7: Geografischer Ort, Größe und Einwohnerzahl kalifornischer Städte

Durch das Anzeigen leerer Listen erzeugen wir Objekte im Diagramm, die von der Legende dargestellt werden, die nun sinnvolle Informationen liefert. Diese Strategie ist auch beim Erstellen ausgeklügelterer Visualisierungen hilfreich.

Mehrere Legenden

Beim Entwerfen eines Diagramms möchte man gelegentlich mehrere Legenden für dieselbe Koordinatenachse hinzufügen. Leider macht Matplotlib einem das nicht besonders leicht: Die Standardschnittstelle erlaubt nur eine Legende pro Diagramm. Wenn Sie versuchen, mit `plt.legend` oder `ax.legend` eine zweite Legende zu erzeugen, wird die erste einfach überschrieben. Wir können das umgehen, indem wir selbst ein komplett neues `artist`-Objekt für die Legende erstellen (`Artist` ist die von Matplotlib für visuelle Attribute verwendete Basisklasse) und dieses dann mit der untergeordneten Funktion `ax.add_artist` dem Diagramm von Hand hinzufügen (siehe Abbildung 29-8).

```
In [11]: fig, ax = plt.subplots()

         lines = []
         styles = ['-', '--', '-.', ':']
         x = np.linspace(0, 10, 1000)

         for i in range(4):
             lines += ax.plot(x, np.sin(x - i * np.pi / 2),
                              styles[i], color='black')
         ax.axis('equal')

         # Zeilen und Beschriftung der ersten Legende angeben.
         ax.legend(lines[:2], ['line A', 'line B'], loc='upper right')
```

```
# Zweite Legende anlegen und von Hand hinzufügen.
from matplotlib.legend import Legend
leg = Legend(ax, lines[2:], ['line C', 'line D'], loc='lower right')
ax.add_artist(leg);
```

Hierbei handelt es sich um einen kleinen Einblick in die untergeordneten artist-Objekte, aus denen alle Matplotlib-Diagramme bestehen. Wenn Sie sich den Quellcode von ax.legend ansehen (in einem Jupyter Notebook durch die Eingabe von ax.legend??), werden Sie feststellen, dass die Funktion lediglich aus einigen Zeilen Code besteht, der ein passendes artist-Objekt für die Legende erzeugt, das anschließend im legend_-Attribut gespeichert und beim Zeichnen des Diagramms hinzufügt wird.

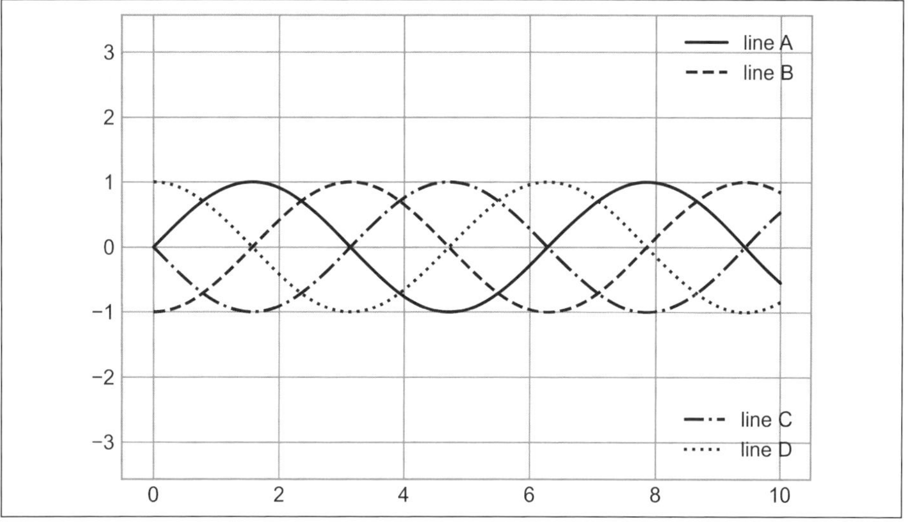

Abbildung 29-8: Ein Diagramm mit aufgeteilter Legende

KAPITEL 30
Anpassen von Farbskalen

Die Legende eines Diagramms enthält einzelne Beschriftungen für einzelne Punkte. Für die Kennzeichnung kontinuierlicher Werte, die von der Farbe der Punkte, Linien oder Regionen abhängen, ist eine beschriftete Farbskala äußerst praktisch. Matplotlib stellt eine Farbskala als separate Koordinatenachse dar, die beschreibt, welche Bedeutung die Farben in einem Diagramm besitzen. Zunächst richten wir wie gewohnt ein Notebook ein und importieren die benötigten Funktionen:

```
In [1]: import matplotlib.pyplot as plt
        plt.style.use('seaborn-white')
```

```
In [2]: %matplotlib inline
        import numpy as np
```

Wie bereits mehrfach gesehen, lässt sich die einfachste Version einer Farbskala mit der Funktion `plt.colorbar` erzeugen (siehe Abbildung 30-1).

```
In [3]: x = np.linspace(0, 10, 1000)
        I = np.sin(x) * np.cos(x[:, np.newaxis])

        plt.imshow(I)
        plt.colorbar();
```

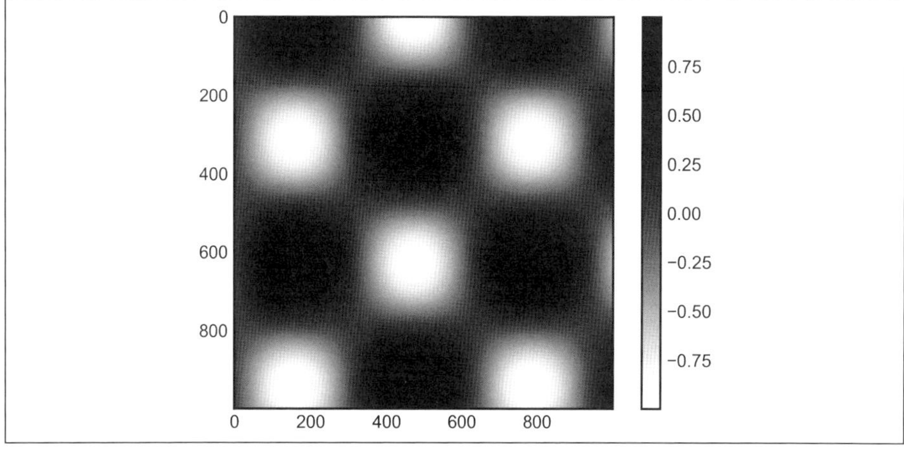

Abbildung 30-1: Eine einfache Farbskala nebst Legende

Wir werden nun einige Überlegungen über das Anpassen solcher Farbskalen und ihre effektive Verwendung in verschiedenen Situationen anstellen.

Farbskala anpassen

Die zu verwendende Farbtabelle kann angegeben werden, indem der zur Visualisierung verwendeten Funktion das cmap-Argument übergeben wird (siehe Abbildung 30-2).

```
In [4]: plt.imshow(I, cmap='Blues');
```

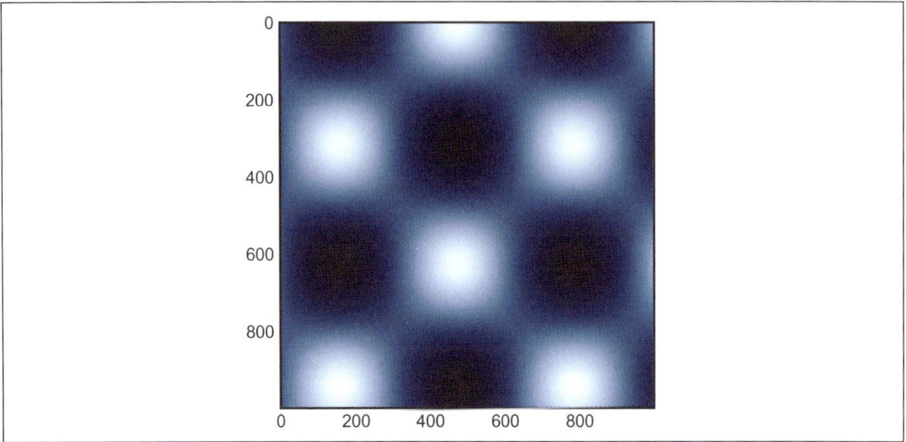

Abbildung 30-2: Eine Farbtabelle mit Grauwerten

Die Namen der verfügbaren Farbtabellen gehören zum `plt.cm`-Namensraum. Über die Tab-Vervollständigung in IPython können Sie sich eine vollständige Liste aller verfügbaren Möglichkeiten anzeigen lassen:

```
plt.cm.<TAB>
```

Eine Farbtabelle auswählen zu *können*, ist allerdings nur der erste Schritt – viel wichtiger ist es, sich für eine der vielen Möglichkeiten zu *entscheiden*! Wie sich herausstellt, ist die Auswahl sehr viel hintergründiger, als Sie vielleicht ursprünglich erwartet haben.

Farbtabelle auswählen

Eine vollständige Abhandlung der Auswahl der in einer Visualisierung verwendeten Farben würde den Rahmen dieses Buchs sprengen, aber wenn Sie an einer unterhaltsamen Lektüre zu diesem Thema interessiert sind, sollten Sie den Artikel »Ten Simple Rules for Better Figures« (*https://oreil.ly/g4GLV*) von Nicholas Rougier, Michael Droettboom und Philip Bourne lesen. Und auch die Onlinedokumentation von Matplotlib hält eine interessante Diskussion (*https://oreil.ly/Ll1ir*) zur Auswahl von Farbtabellen für Sie bereit.

Ganz allgemein sollten Ihnen drei verschiedene Kategorien von Farbtabellen bekannt sein:

Sequenzielle Farbtabellen
: Diese bestehen aus kontinuierlichen Farbsequenzen (z.B. `binary` oder `viridis`).

Divergente Farbtabellen
: Diese enthalten für gewöhnlich zwei verschiedene Farben, die positive bzw. negative Abweichungen von einem Mittelwert aufweisen (z.B. `RdBu` oder `PuOr`).

Qualitative Farbtabellen
: Diese enthalten vermischte Farben ohne besondere Sequenzen (z.B. `rainbow` oder `jet`).

Die Farbtabelle `jet`, die vor Version 2.0 die Voreinstellung in Matplotlib war, ist ein Beispiel für eine qualitative Farbtabelle. Diese Voreinstellung war allerdings eher unglücklich, denn qualitative Farbtabellen sind für die Darstellung quantitativer Daten oft eine schlechte Wahl. Probleme bereitet etwa die Tatsache, dass qualitative Farbtabellen für gewöhnlich keinen gleichmäßigen Anstieg der Helligkeit aufweisen, wenn man die Farbskala durchläuft.

Das lässt sich gut erkennen, wenn man die `jet`-Farbtabelle in eine schwarz-weiße Farbtabelle konvertiert (siehe Abbildung 30-3).

```
In [5]: from matplotlib.colors import LinearSegmentedColormap

        def grayscale_cmap(cmap):
            """Gibt eine Graustufenversion der übergebenen Farbtabelle zurück."""
            cmap = plt.cm.get_cmap(cmap)
            colors = cmap(np.arange(cmap.N))

            # RGBA in die wahrgenommene Graustufen-Leuchtdichte
            # konvertieren; siehe http://alienryderflex.com/hsp.html
            RGB_weight = [0.299, 0.587, 0.114]
            luminance = np.sqrt(np.dot(colors[:, :3] ** 2, RGB_weight))
            colors[:, :3] = luminance[:, np.newaxis]

            return LinearSegmentedColormap.from_list(
                cmap.name + "_gray", colors, cmap.N)


        def view_colormap(cmap):
            """Zeichnen einer Farbtabelle mit ihrem Äquivalent in Graustufen."""
            cmap = plt.cm.get_cmap(cmap)
            colors = cmap(np.arange(cmap.N))

            cmap = grayscale_cmap(cmap)
            grayscale = cmap(np.arange(cmap.N))

            fig, ax = plt.subplots(2, figsize=(6, 2),
                                   subplot_kw=dict(xticks=[], yticks=[]))
            ax[0].imshow([colors], extent=[0, 10, 0, 1])
            ax[1].imshow([grayscale], extent=[0, 10, 0, 1])

In [6]: view_colormap('jet')
```

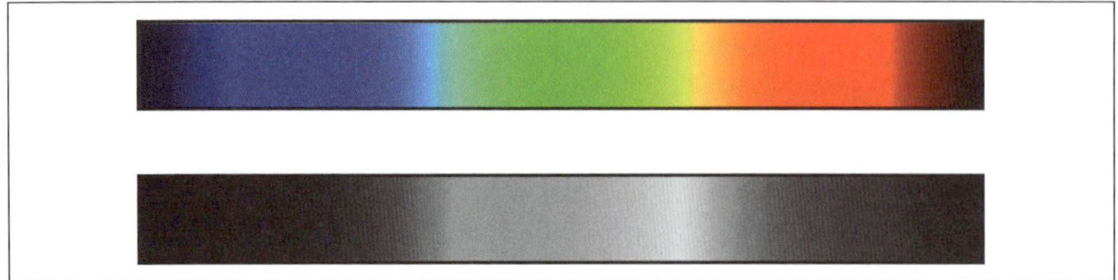

Abbildung 30-3: Die jet-Farbtabelle mit ihrer uneinheitlichen Leuchtdichte

Beachten Sie die hellen Streifen in der Graustufenversion. Selbst in Farbe sorgt die uneinheitliche Helligkeitsverteilung dafür, dass das Auge bestimmten Teilen der Farbbereiche mehr Aufmerksamkeit schenkt, wodurch womöglich unwichtige Teile der Datenmenge hervorgehoben werden. Es ist besser, eine Farbtabelle wie `viridis` zu verwenden (die Voreinstellung seit Matplotlib 2.0), die speziell dafür ausgelegt ist, im gesamten Farbbereich eine einheitliche Variation der Helligkeit aufzuweisen. Sie ist also nicht nur gut geeignet für die menschliche Farbwahrnehmung, sondern auch für den Druck in Graustufen (siehe Abbildung 30-4).

```
In [7]: view_colormap('viridis')
```

Abbildung 30-4: Die viridis-Farbtabelle mit ihrer einheitlichen Leuchtdichte

In anderen Fällen, etwa bei der Darstellung positiver oder negativer Abweichungen von einem Mittelwert, sind zweifarbige Farbskalen wie `RdBu` (kurz für *Red-Blue*) gut geeignet. Es ist jedoch wichtig, zu beachten, dass die Informationen über positive bzw. negative Abweichungen verloren gehen, wenn Graustufen verwendet werden, wie Abbildung 30-5 zeigt!

```
In [8]: view_colormap('RdBu')
```

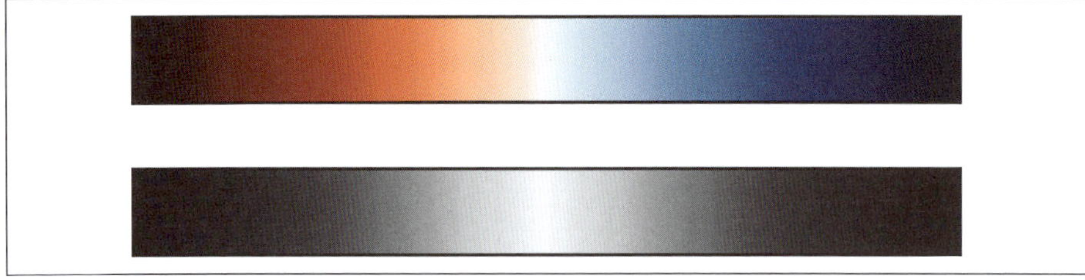

Abbildung 30-5: Die RdBu-Farbtabelle und ihre Leuchtdichte

Sie werden im weiteren Verlauf des Buchs noch Beispiele für die Verwendung dieser Farbtabellen finden.

Matplotlib stellt eine Vielzahl von Farbtabellen zur Verfügung. Mit IPython können Sie das Submodul `plt.cm` erkunden und eine Liste aller Farbtabellen anzeigen. Wenn Sie an einem geordneteren Zugang zur Handhabung von Farben mit Python interessiert sind, empfiehlt sich ein Blick auf die Tools und die Dokumentation der Seaborn-Bibliothek (siehe Kapitel 36).

Farbauswahl und Erweiterungen

Matplotlib bietet jede Menge Anpassungsmöglichkeiten für Farbskalen. Die Farbskala selbst ist einfach nur eine Instanz von `plt.Axes`, somit sind alle Tricks zur Formatierung der Koordinatenachsen und deren Markierungen anwendbar. Die Farbskala ist ziemlich flexibel: Sie können beispielsweise die Farbauswahl begrenzen und Werte außerhalb des zugängigen Bereichs durch einen dreieckigen Pfeil am oberen und unteren Ende kenntlich machen, indem Sie der Eigenschaft `extend` einen Wert zuweisen. Das ist z. B. bei der Anzeige von verrauschten Bildern praktisch (siehe Abbildung 30-6).

```
In [9]: # 1 % der Pixel sollen verrauscht sein.
        speckles = (np.random.random(I.shape) < 0.01)
        I[speckles] = np.random.normal(0, 3, np.count_nonzero(speckles))

        plt.figure(figsize=(10, 3.5))

        plt.subplot(1, 2, 1)
        plt.imshow(I, cmap='RdBu')
        plt.colorbar()

        plt.subplot(1, 2, 2)
        plt.imshow(I, cmap='RdBu')
        plt.colorbar(extend='both')
        plt.clim(-1, 1)
```

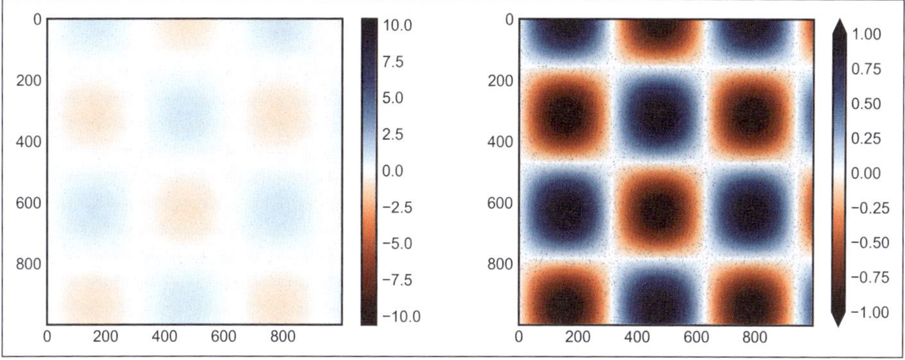

Abbildung 30-6: Farbtabellenerweiterungen[1]

1 Eine Version dieser Abbildung in voller Größe finden Sie auf GitHub (*https://oreil.ly/PDSH_GitHub*).

Beachten Sie, dass die verrauschten Pixel im linken Diagramm innerhalb der standardmäßig zulässigen Grenzen liegen und das Muster, an dem wir interessiert sind, durch den Umfang des Rauschens völlig verwischt wird. Im rechten Diagramm haben wir die Grenzen von Hand eingestellt und Erweiterungen hinzugefügt, um kenntlich zu machen, dass Werte jenseits dieser Grenzen vorhanden sind. Das Ergebnis ist eine erheblich verbesserte Visualisierung der Daten.

Farbskalen mit diskreten Werten

Farbtabellen besitzen standardmäßig kontinuierliche Werte, gelegentlich möchte man jedoch auch diskrete Werte verwenden. Am einfachsten lässt sich das durch die Funktion `plt.cm.get_cmap` erreichen, der die Bezeichnung einer passenden Farbtabelle übergeben wird, die die erwünschte Zahl von Wertebereichen besitzt (siehe Abbildung 30-7).

```
In [10]: plt.imshow(I, cmap=plt.cm.get_cmap('Blues', 6))
         plt.colorbar(extend='both')
         plt.clim(-1, 1);
```

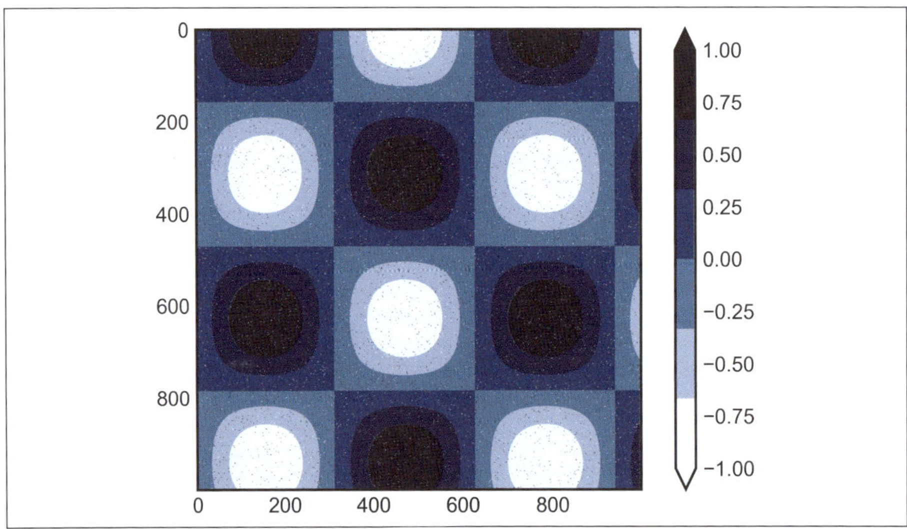

Abbildung 30-7: Eine Farbtabelle mit diskreten Werten

Eine Farbtabelle mit diskreten Werten kann genau so wie alle anderen Farbtabellen verwendet werden.

Beispiel: Handgeschriebene Ziffern

Als nützliches Beispiel betrachten wir eine interessante Visualisierung der Daten handgeschriebener Ziffern von Scikit-Learn. Die Datenmenge besteht aus knapp 2.000 Bildern mit einer Auflösung von 8 × 8 Pixeln, die verschiedene handgeschriebene Ziffern zeigen.

Beginnen wir, indem wir die Zifferndatenmenge herunterladen und einige der Beispielbilder mit `plt.imshow` anzeigen (siehe Abbildung 30-8).

```
In [11]: # Bilder der Ziffern von 0 bis 5 einlesen und
         # einige davon anzeigen.
         from sklearn.datasets import load_digits
         digits = load_digits(n_class=6)

         fig, ax = plt.subplots(8, 8, figsize=(6, 6))
         for i, axi in enumerate(ax.flat):
             axi.imshow(digits.images[i], cmap='binary')
             axi.set(xticks=[], yticks=[])
```

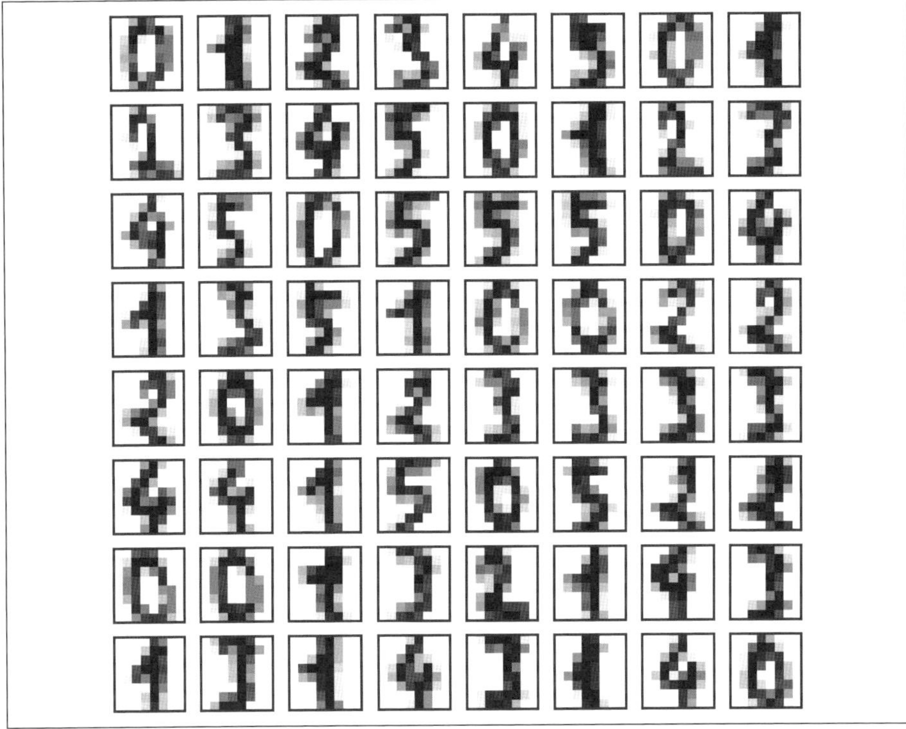

Abbildung 30-8: Eine Auswahl der handgeschriebenen Ziffern

Da die Ziffern durch den Farbton ihrer jeweils 64 Pixel definiert sind, können wir eine Ziffer als einen Punkt in einem 64-dimensionalen Raum betrachten: Jede Dimension repräsentiert die Helligkeit eines Pixels. Beziehungen in Räumen mit derart vielen Dimensionen zu visualisieren, kann allerdings äußerst schwierig sein. Ein möglicher Ansatz ist, ein Verfahren zur *Dimensionsreduktion* zu verwenden, wie z. B. das Erlernen von Mannigfaltigkeiten (engl. *Manifold Learning*), um die Anzahl der Dimensionen zu verringern und dabei die Beziehungen von Interesse zu erhalten. Dimensionsreduktion ist ein Beispiel für unüberwachtes Machine Learning, auf das wir in Kapitel 37 zu sprechen kommen.

Die Details stellen wir für Erste zurück und werfen einen Blick auf eine zweidimensionale Manifold-Learning-Projektion der vorliegenden Daten zu den Zahlen (mehr dazu in Kapitel 46):

```
In [12]: # Projektion der Ziffern auf zwei
         # Dimensionen mit Isomap.
         from sklearn.manifold import Isomap
         iso = Isomap(n_components=2, n_neighbors=15)
         projection = iso.fit_transform(digits.data)
```

Wir verwenden zur Anzeige die Farbtabelle mit diskreten Werten und aktivieren `ticks` und `clim`, um das Aussehen der resultierenden Farbskala zu verbessern (siehe Abbildung 30-9).

```
In [13]: # Ergebnis anzeigen.
         plt.scatter(projection[:, 0], projection[:, 1], lw=0.1,
                     c=digits.target, cmap=plt.cm.get_cmap('plasma', 6))
         plt.colorbar(ticks=range(6), label='digit value')
         plt.clim(-0.5, 5.5)
```

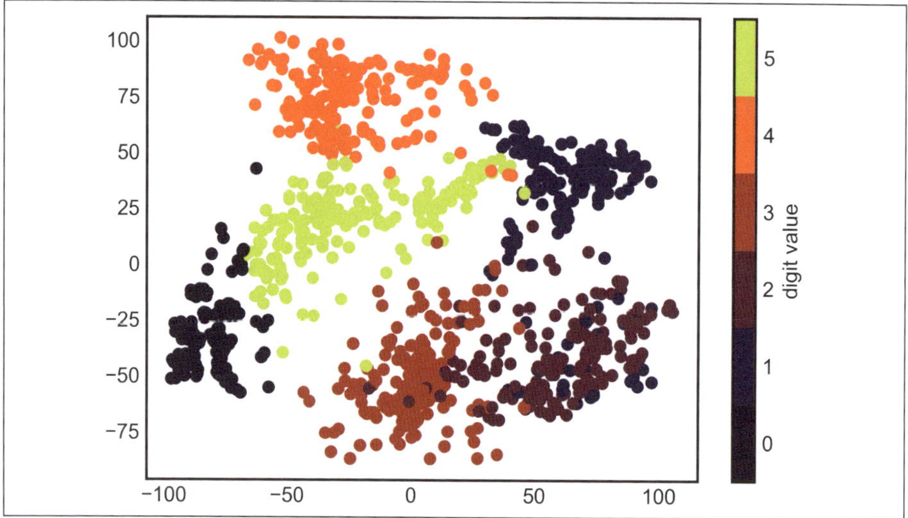

Abbildung 30-9: Verteilung der Pixel der handgeschriebenen Ziffern

Die Projektion gewährt zudem einige Einblicke in die Beziehungen innerhalb der Datenmenge: Beispielsweise überschneiden sich die Bereiche der Ziffern 2 und 3 in der Projektion teilweise, was darauf hinweist, dass einige der handgeschriebenen Zweien und Dreien schwer zu unterscheiden sind und von einem automatischen Klassifikationsalgorithmus möglicherweise leichter verwechselt werden. Andere Werte, wie z.B. 0 und 1, sind deutlich voneinander getrennt, deshalb ist eine Verwechslung weniger wahrscheinlich.

Wir werden in Teil V auf Manifold Learning und Ziffernklassifikation zurückkommen.

KAPITEL 31

Untergeordnete Diagramme

Gelegentlich möchte man verschiedene Darstellungen der Daten nebeneinander betrachten, um sie besser miteinander vergleichen zu können. Zu diesem Zweck stellt Matplotlib *untergeordnete Diagramme* (engl. *Subplots*) bereit: Gruppen kleiner Axes-Objekte, die sich gemeinsam in einer Abbildung befinden. Die untergeordneten Diagramme können eingefügt werden, in einem Raster angeordnet sein oder andere, noch kompliziertere Layouts aufweisen. In diesem Kapitel betrachten wir vier Routinen zum Erstellen von untergeordneten Diagrammen in Matplotlib. Als Erstes importieren wir die benötigten Pakete:

```
In [1]: %matplotlib inline
        import matplotlib.pyplot as plt
        plt.style.use('seaborn-white')
        import numpy as np
```

plt.axes: untergeordnete Diagramme von Hand erstellen

Die einfachste Methode zum Erstellen eines Axes-Objekts stellt die Funktion plt.axes dar, die das übliche Axes-Objekt erzeugt, das die gesamte Abbildung ausfüllt. plt.axes nimmt als optionales Argument eine Liste entgegen, die vier Zahlen im Koordinatensystem der Abbildung enthält: [*unten, links, Breite, Höhe*]. Der Wertebereich reicht von 0 (unten links) bis 1 (oben rechts).

Um beispielsweise ein Axes-Objekt in der oberen rechten Ecke eines anderen Axes-Objekts einzufügen, setzt man die *x*- und *y*-Werte auf 0.65 (das ist die Position, die sich an 65 % der Breite und 65 % der Höhe der Abbildung befindet) und die Ausmaße in x- und y-Richtung auf 0.2 (d. h., die Größe des Axes-Objekts beträgt 20 % der Breite und 20 % der Höhe der Abbildung). Abbildung 31-1 zeigt das Resultat.

```
In [2]: ax1 = plt.axes()  # normales Axes-Objekt
        ax2 = plt.axes([0.65, 0.65, 0.2, 0.2])
```

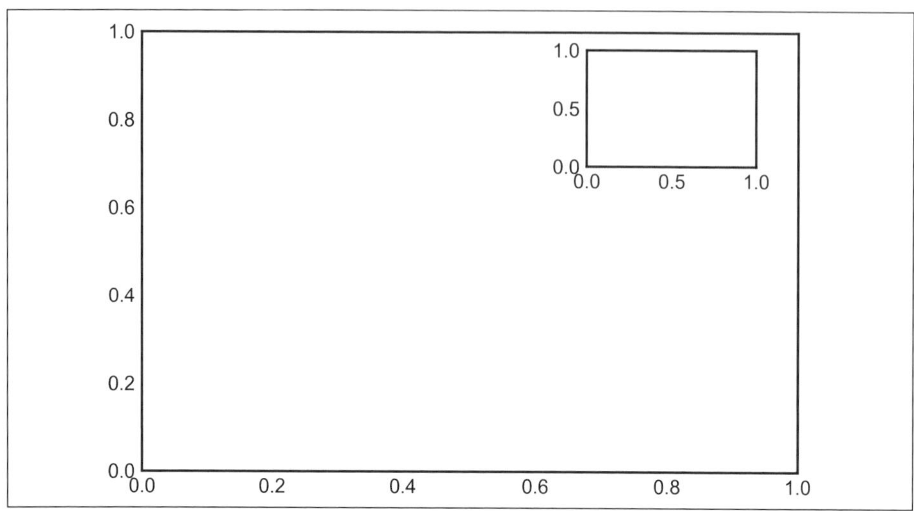

Abbildung 31-1: Beispiel für ein eingefügtes Axes-Objekt

Bei der objektorientierten Schnittstelle heißt das Pendant dieses Befehls `fig.add_axes`. Wir verwenden ihn hier zum Hinzufügen zweier vertikal ausgerichteter `Axes`-Objekte, wie in Abbildung 31-2 gezeigt.

```
In [3]: fig = plt.figure()
        ax1 = fig.add_axes([0.1, 0.5, 0.8, 0.4],
                           xticklabels=[], ylim=(-1.2, 1.2))
        ax2 = fig.add_axes([0.1, 0.1, 0.8, 0.4],
                           ylim=(-1.2, 1.2))

        x = np.linspace(0, 10)
        ax1.plot(np.sin(x))
        ax2.plot(np.cos(x));
```

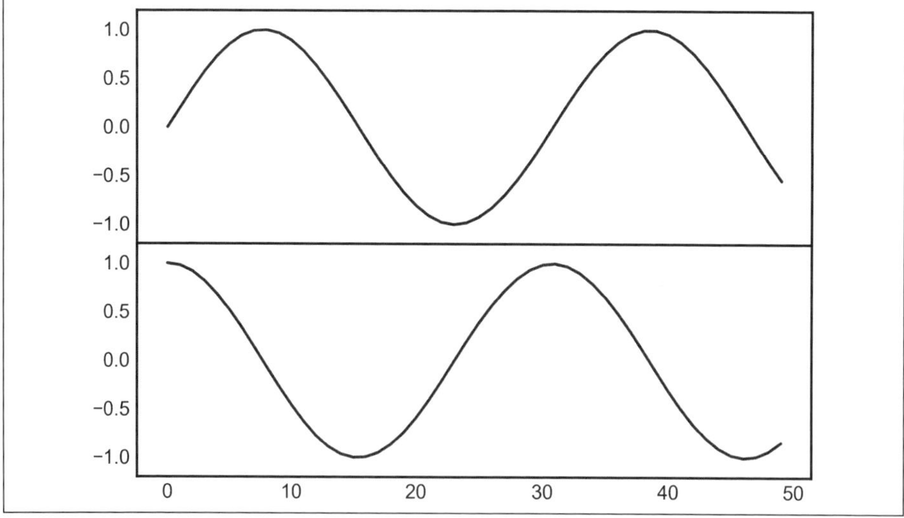

Abbildung 31-2: Übereinander angeordnete Axes-Objekte

Die beiden Axes-Objekte (das obere besitzt keine Markierungen auf der x-Achse) berühren einander nur: Der untere Teil des oberen Diagramms (an Position 0.5 in der gesamten Abbildung) entspricht dem oberen Teil des unteren Diagramms (an Position 0.1 + 0.4 in der gesamten Abbildung).

plt.subplot: untergeordnete Diagramme in einem Raster anordnen

Ausgerichtete Spalten oder Zeilen von untergeordneten Diagrammen werden so häufig benötigt, dass Matplotlib verschiedene komfortable Routinen bereitstellt, um deren Erstellung zu erleichtern. Die einfachste dieser Funktionen ist plt.subplot, die einzelne Diagramme in einem Raster anordnet. Wie Sie sehen, nimmt die Funktion drei ganzzahlige Argumente entgegen: die Anzahl der Zeilen, die Anzahl der Spalten und einen Index, der die einzelnen Diagramme im Raster kennzeichnet. Die Nummerierung verläuft von oben links nach unten rechts (siehe Abbildung 31-3).

```
In [4]: for i in range(1, 7):
            plt.subplot(2, 3, i)
            plt.text(0.5, 0.5, str((2, 3, i)),
                     fontsize=18, ha='center')
```

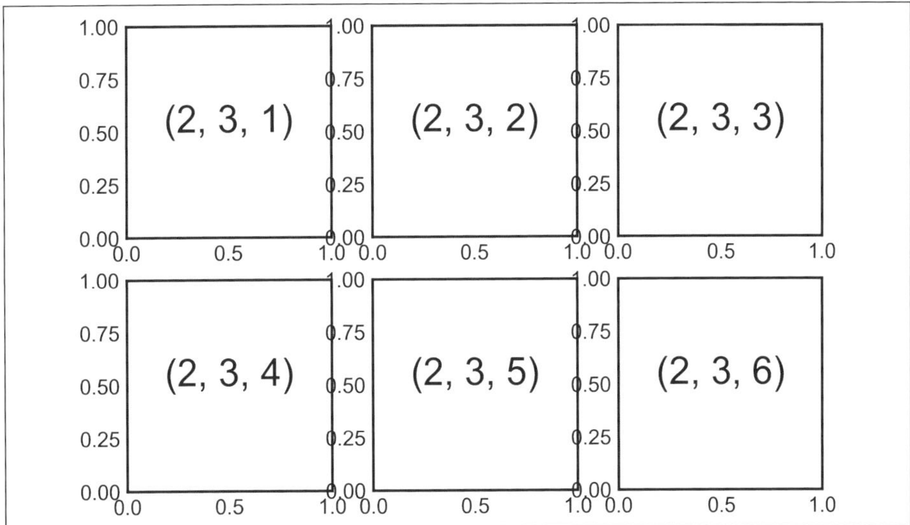

Abbildung 31-3: Ein Beispiel für plt.subplot

Mit dem Befehl plt.subplots_adjust kann der Abstand zwischen den Diagrammen geändert werden. Der folgende Code verwendet das objektorientierte Pendant dieses Befehls, fig.add_subplot. Das Ergebnis sehen Sie in Abbildung 31-4:

```
In [5]: fig = plt.figure()
        fig.subplots_adjust(hspace=0.4, wspace=0.4)
        for i in range(1, 7):
            ax = fig.add_subplot(2, 3, i)
```

```
        ax.text(0.5, 0.5, str((2, 3, i)),
                fontsize=18, ha='center')
```

Hier haben wir die Argumente `hspace` und `wspace` von `plt.subplots_adjust` verwendet, die den Abstand in vertikaler bzw. horizontaler Richtung in Einheiten der Größe des untergeordneten Diagramms festlegen. (In diesem Fall beträgt er 40 % der Höhe bzw. der Breite des untergeordneten Diagramms.)

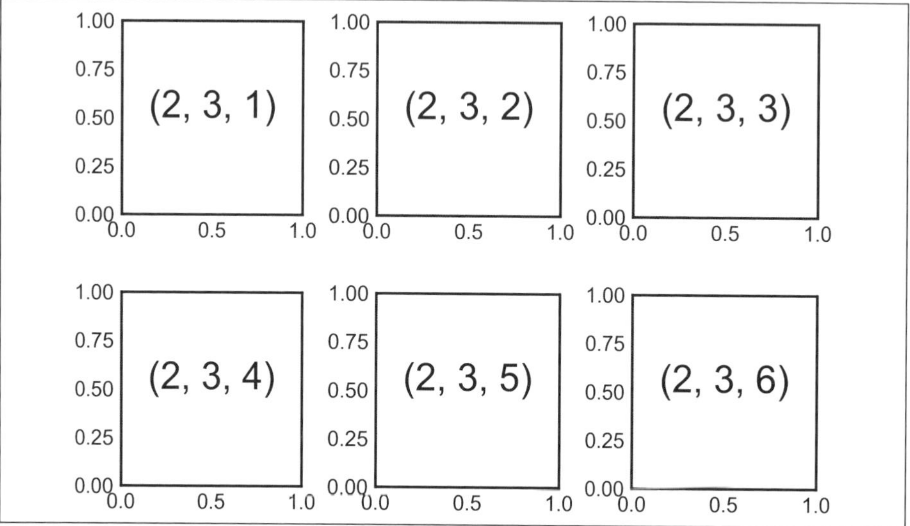

Abbildung 31-4: plt.subplot mit angepassten Abständen

plt.subplots: das gesamte Raster gleichzeitig ändern

Der soeben beschriebene Ansatz kann schnell mühsam werden, wenn man große Raster mit untergeordneten Diagrammen erzeugt, insbesondere wenn die Beschriftungen der x- und y-Achsen der Diagramme auf der Innenseite des Rasters nicht angezeigt werden sollen. Für diese Aufgabe ist `plt.subplots` besser geeignet (beachten Sie das zusätzliche `s` am Ende von `subplots`). Diese Funktion erzeugt mit nur einer Codezeile ein vollständiges Raster untergeordneter Diagramme und gibt diese in einem NumPy-Array zurück. Als Argumente werden die Anzahl der Zeilen und Spalten sowie die optionalen Schlüsselwörter `sharex` und `sharey` übergeben, die es ermöglichen, die Beziehungen zwischen den verschiedenen `Axes`-Objekten anzugeben.

Wir wollen nun ein 2 × 3-Raster untergeordneter Diagramme erstellen, in dem alle `Axes`-Objekte in derselben Zeile und alle `Axes`-Objekte in derselben Spalte eine Beschriftung gemeinsam nutzen (siehe Abbildung 31-5).

```
In [6]: fig, ax = plt.subplots(2, 3, sharex='col', sharey='row')
```

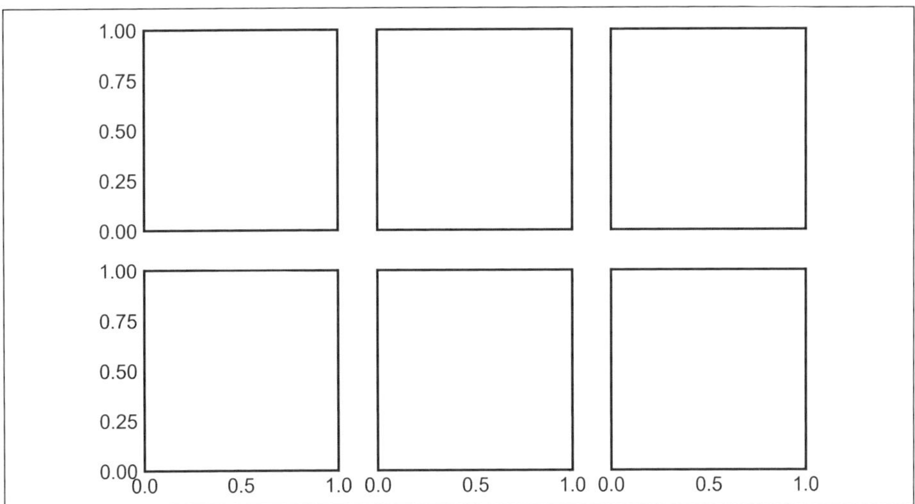

Abbildung 31-5: Gemeinsam genutzte x- und y-Achsen in plt.subplots

Durch die Angabe von `sharex` und `sharey` haben wir die Beschriftungen der Diagramme auf der Innenseite des Rasters automatisch entfernt, damit das Ganze übersichtlicher erscheint. Das resultierende Raster mit Axes-Instanzen wird als NumPy-Array zurückgegeben, sodass man mit der gewohnten Indexnotation für Arrays bequem auf die `Axes`-Objekte von Interesse zugreifen kann (siehe Abbildung 31-6).

```
In [7]: # Axes-Objekte sind in einem zweidimensionalen Array
        # gespeichert; Zugriff über den Index [Zeile, Spalte].
        for i in range(2):
            for j in range(3):
                ax[i, j].text(0.5, 0.5, str((i, j)),
                              fontsize=18, ha='center')
        fig
```

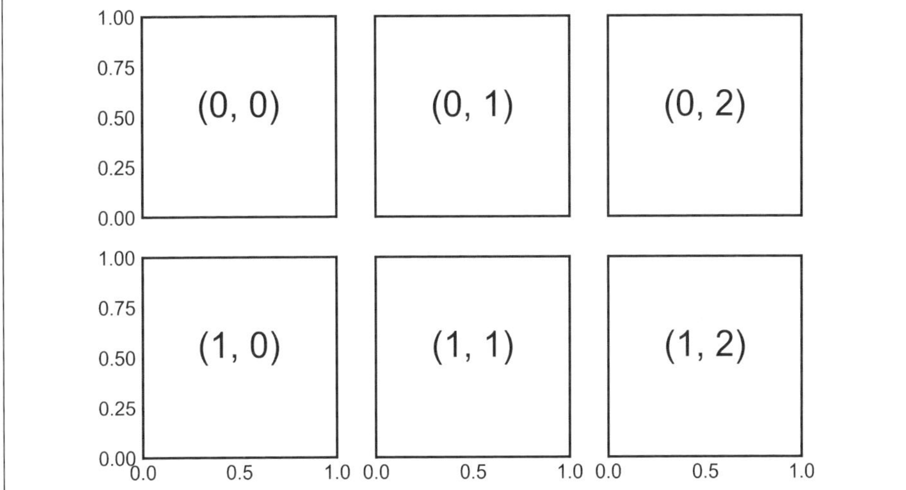

Abbildung 31-6: Indizes der untergeordneten Diagramme in einem Raster

Im Gegensatz zu `plt.subplot` verwendet `plt.subplots` die in Python übliche null-basierte Indizierung, während `plt.subplot` die in MATLAB übliche eins-basierte Indizierung nutzt.

plt.GridSpec: kompliziertere Anordnungen

Wenn Sie kompliziertere Anordnungen benötigen, in denen sich die Diagramme über mehrere Zeilen oder Spalten erstrecken, ist `plt.GridSpec` das beste Tool. Das `plt.GridSpec`-Objekt erzeugt die Diagramme nicht selbst – es stellt eher eine komfortable Schnittstelle dar, die vom Befehl `plt.subplot`-Befehl erkannt wird. Die Spezifikation eines Rasters mit zwei Zeilen und drei Spalten mit festgelegten Abständen für Breite und Höhe sieht beispielsweise folgendermaßen aus:

```
In [8]: grid = plt.GridSpec(2, 3, wspace=0.4, hspace=0.3)
```

Nun können wir Position und Ausmaße untergeordneter Diagramme mit der gewohnten Slicing-Syntax von Python angeben (siehe Abbildung 31-7).

```
In [9]: plt.subplot(grid[0, 0])
        plt.subplot(grid[0, 1:])
        plt.subplot(grid[1, :2])
        plt.subplot(grid[1, 2]);
```

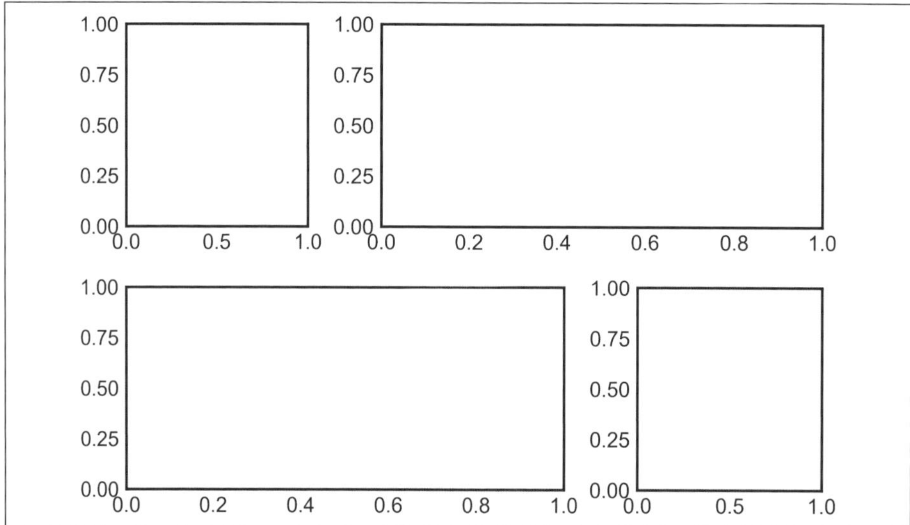

Abbildung 31-7: Unregelmäßige untergeordnete Diagramme mit plt.GridSpec

Für diese flexible Anordnung von Rastern gibt es eine Vielzahl von Anwendungsfällen. Ich verwende sie meistens, wenn ich Histogramme für mehrere Achsen wie in Abbildung 31-8 darstellen möchte:

```
In [10]: # Einige normalverteilte Daten erzeugen.
         mean = [0, 0]
         cov = [[1, 1], [1, 2]]
         rng = np.random.default_rng(1701)
```

```
x, y = rng.multivariate_normal(mean, cov, 3000).T

# Axes-Spezifikation mit GridSpec einrichten.
fig = plt.figure(figsize=(6, 6))
grid = plt.GridSpec(4, 4, hspace=0.2, wspace=0.2)
main_ax = fig.add_subplot(grid[:-1, 1:])
y_hist = fig.add_subplot(grid[:-1, 0], xticklabels=[], sharey=main_ax)
x_hist = fig.add_subplot(grid[-1, 1:], yticklabels=[], sharex=main_ax)

# Streudiagramm des Haupt-Axes-Objekts.
main_ax.plot(x, y, 'ok', markersize=3, alpha=0.2)

# Histogramme der zusätzlichen Axes-Objekte.
x_hist.hist(x, 40, histtype='stepfilled',
            orientation='vertical', color='gray')
x_hist.invert_yaxis()

y_hist.hist(y, 40, histtype='stepfilled',
            orientation='horizontal', color='gray')
y_hist.invert_xaxis()
```

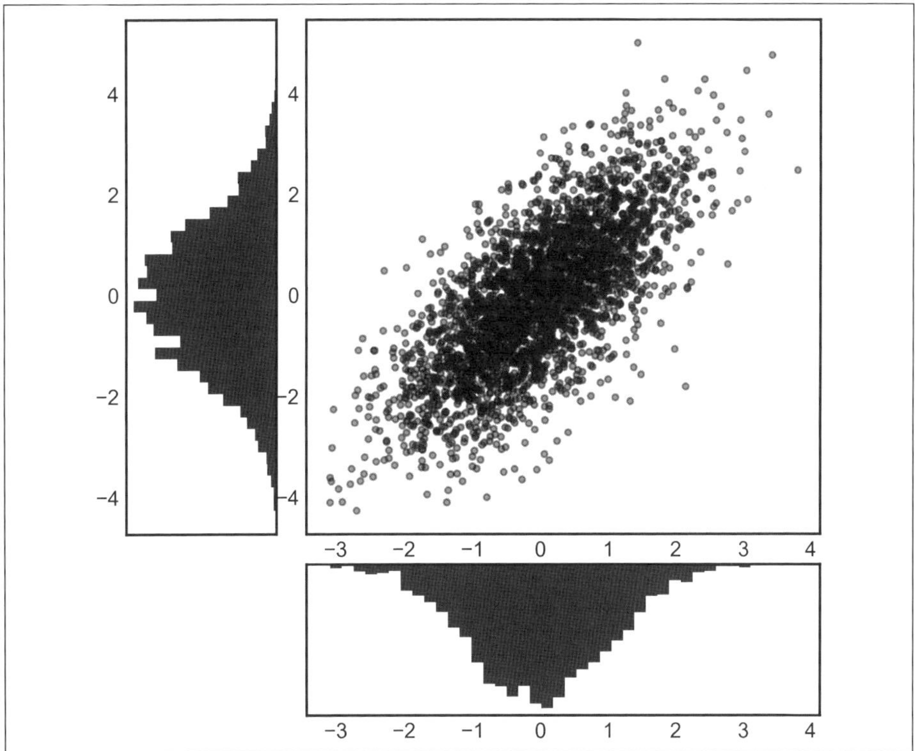

Abbildung 31-8: Visualisierung mehrdimensionaler Verteilungen mit plt.GridSpec

Die Darstellung solcher Verteilungen an den Rändern eines Graphen wird so oft benötigt, dass im Seaborn-Paket eine eigene API dafür vorhanden ist, mehr dazu finden Sie in Kapitel 36.

KAPITEL 32

Text und Beschriftungen

Zu einer vernünftigen Visualisierung gehört auch, den Leserinnen und Lesern zu vermitteln, dass die Abbildung sozusagen eine Geschichte erzählt. In manchen Fällen kann das voll und ganz auf visuellem Wege geschehen, ohne dass das Hinzufügen von Text erforderlich wäre, in anderen Fällen hingegen sind Hinweistexte und Beschriftungen unerlässlich. Die einfachsten Beschriftungen, die Sie verwenden werden, sind die Bezeichnungen von Koordinatenachsen sowie Überschriften, die Optionen gehen jedoch weit darüber hinaus. Wir betrachten nun einige Daten und stellen Überlegungen dazu an, wie man sie visualisieren und beschriften kann, um interessante Informationen zu vermitteln. Als Erstes richten wir wieder ein Notebook ein und importieren die benötigten Funktionen:

```
In [1]: %matplotlib inline
        import matplotlib.pyplot as plt
        import matplotlib as mpl
        plt.style.use('seaborn-whitegrid')
        import numpy as np
        import pandas as pd
```

Beispiel: Auswirkungen von Feiertagen auf die Geburtenzahlen in den USA

Wir greifen auf Daten zurück, die wir bereits im Abschnitt »Beispiel: Geburtenraten« auf Seite 207 verwendet haben. Dort haben wir ein Diagramm der durchschnittlichen Zahl täglicher Geburten im Laufe eines Kalenderjahres erstellt. Wir verwenden hier wieder das Verfahren zum Bereinigen der Daten und geben das Ergebnis aus (siehe Abbildung 32-1).

```
In [2]: # Kommandozeilenbefehl zum Herunterladen der Daten:
        # !cd data && curl -O \
        #   https://raw.githubusercontent.com/jakevdp/data-CDCbirths/master/
        #   births.csv
```

```
In [3]: from datetime import datetime

        births = pd.read_csv('data/births.csv')
```

```
quartiles = np.percentile(births['births'], [25, 50, 75])
mu, sig = quartiles[1], 0.74 * (quartiles[2] - quartiles[0])
births = births.query('(births > @mu - 5 * @sig) &
                       (births < @mu + 5 * @sig)')

births['day'] = births['day'].astype(int)

births.index = pd.to_datetime(10000 * births.year +
                              100 * births.month +
                              births.day, format='%Y%m%d')
births_by_date = births.pivot_table('births',
                                    [births.index.month, births.index.day])
births_by_date.index = [datetime(2012, month, day)
                        for (month, day) in births_by_date.index]
```

```
In [4]: fig, ax = plt.subplots(figsize=(12, 4))
        births_by_date.plot(ax=ax);
```

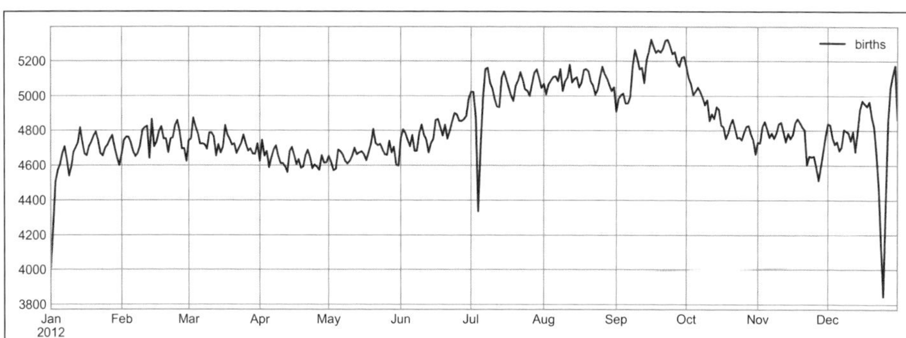

Abbildung 32-1: Durchschnittliche Zahl der Geburten pro Tag[1]

Bei der Visualisierung von Daten wie diesen erweist es sich oft als nützlich, bestimmte Features des Diagramms zu beschriften, um Aufmerksamkeit zu gewinnen. Das kann mit den Befehlen `plt.text` oder `ax.text` erledigt werden, die einen Text an einer bestimmten Position platzieren (siehe Abbildung 32-2).

```
In [5]: fig, ax = plt.subplots(figsize=(12, 4))
        births_by_date.plot(ax=ax)

        # Beschriftungen hinzufügen.
        style = dict(size=10, color='gray')

        ax.text('2012-1-1', 3950, "New Year's Day", **style)
        ax.text('2012-7-4', 4250, "Independence Day", ha='center', **style)
        ax.text('2012-9-4', 4850, "Labor Day", ha='center', **style)
        ax.text('2012-10-31', 4600, "Halloween", ha='right', **style)
        ax.text('2012-11-25', 4450, "Thanksgiving", ha='center', **style)
        ax.text('2012-12-25', 3850, "Christmas ", ha='right', **style)

        # Achsen beschriften.
        ax.set(title='USA births by day of year (1969-1988)',
               ylabel='average daily births')
```

1 Eine Version dieser Abbildung in voller Größe finden Sie auf GitHub (*https://oreil.ly/PDSH_GitHub*).

```
# Beschriften der x-Achse mit zentrierten Monatsnamen.
ax.xaxis.set_major_locator(mpl.dates.MonthLocator())
ax.xaxis.set_minor_locator(mpl.dates.MonthLocator(bymonthday=15))
ax.xaxis.set_major_formatter(plt.NullFormatter())
ax.xaxis.set_minor_formatter(mpl.dates.DateFormatter('%h'));
```

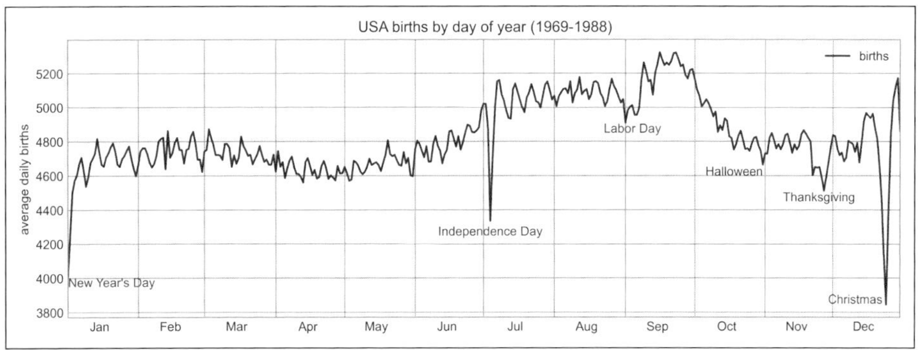

Abbildung 32-2: Das beschriftete Diagramm durchschnittlicher Geburtenraten nach Datum[2]

Die `ax.text`-Funktion nimmt *x*- und *y*-Position, einen String und optional Schlüsselwörter entgegen, die Farbe, Größe, Stil, Ausrichtung und andere Eigenschaften des Texts festlegen. Hier haben wir `ha='right'` und `ha='center'` verwendet, wobei `ha` für *horizontal alignment* (horizontale Ausrichtung) steht. Weitere Informationen und verfügbare Optionen können Sie den Docstrings von `plt.text` und `mpl.text.Text` entnehmen.

Transformationen und Textposition

Im letzten Beispiel haben wir die Beschriftungen an Positionen in den Daten ausgerichtet. Manchmal ist es jedoch vorzuziehen, den Text an einer fixen Position einer Koordinatenachse oder an einer bestimmten Stelle der Abbildung zu verankern – unabhängig von den Daten. In Matplotlib erreicht man das durch das Modifizieren der *Transformationen*.

Matplotlib verwendet eine Reihe verschiedener Koordinatensysteme: Ein Datenpunkt mit den Koordinaten `(x,y) = (1,1)` entspricht einer bestimmten Position in der Abbildung, die ihrerseits zu einem bestimmten Pixel auf dem Bildschirm gehört. Mathematisch gesehen, sind solche Transformationen relativ unkompliziert, und Matplotlib verfügt über eine Reihe gut entwickelter Tools, die intern für diese Aufgabe verwendet werden. (Sie können diese Tools im Submodul `matplotlib.transforms` genauer unter die Lupe nehmen.)

Durchschnittliche Nutzerinnen und Nutzer müssen sich nur selten über die Details von Transformationen Gedanken machen. Darüber Bescheid zu wissen, ist jedoch

2 Eine Version dieser Abbildung in voller Größe finden Sie auf GitHub (*https://oreil.ly/PDSH_GitHub*).

hilfreich, wenn es darum geht, Texte in einer Abbildung zu platzieren. Es gibt drei vordefinierte Transformationen, die hier nützlich sind:

`ax.transData`
: Transformation für Datenkoordinaten.

`ax.transAxes`
: Transformation für `Axes`-Objekte (in Einheiten der Dimension der `Axes`-Objekte).

`fig.transFigure`
: Transformation der Abbildung (in Einheiten der Dimension der Abbildung).

Hier ist ein Beispiel für den Einsatz dieser Transformationen zur Ausgabe von Text an verschiedenen Positionen (siehe Abbildung 32-3).

```
In [6]: fig, ax = plt.subplots(facecolor='lightgray')
        ax.axis([0, 10, 0, 10])

        # transform=ax.transData ist voreingestellt,
        # wird aber trotzdem angegeben.
        ax.text(1, 5, ". Data: (1, 5)", transform=ax.transData)
        ax.text(0.5, 0.1, ". Axes: (0.5, 0.1)", transform=ax.transAxes)
        ax.text(0.2, 0.2, ". Figure: (0.2, 0.2)", transform=fig.transFigure);
```

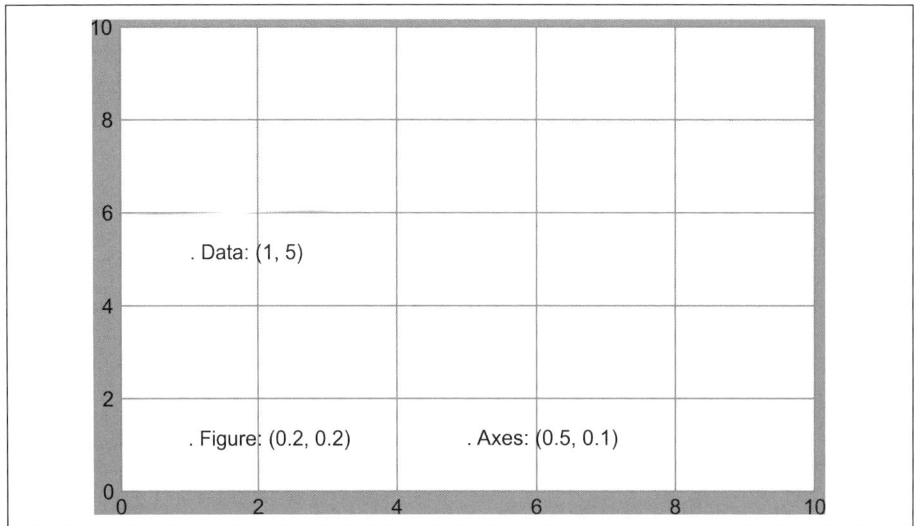

Abbildung 32-3: Vergleich der Koordinatensysteme in Matplotlib

Standardmäßig richtet Matplotlib den Text so aus, dass der Punkt (.) am Anfang jedes Strings ungefähr die Position der jeweiligen Koordinaten angibt.

Die `transData`-Koordinaten sind die üblichen Koordinaten, die zur Beschriftung der x- und y-Achse gehören. Die `transAxes`-Koordinaten geben die Position bezüglich der unteren linken Ecke des `Axes`-Objekts (der weiße Kasten) als Bruchteil der Größe des `Axes`-Objekts an. Die `transFigure`-Koordinaten sind vergleichbar, geben die Position jedoch bezüglich der unteren linken Ecke der gesamten Abbildung (hier der graue Kasten) als Bruchteil ihrer Gesamtgröße an.

Wenn wir nun die Begrenzungen des `Axes`-Objekts ändern, wirkt sich das nur auf die `transData`-Koordinaten aus, während die beiden anderen an Ort und Stelle verbleiben (siehe Abbildung 32-4).

```
In [7]: ax.set_xlim(0, 2)
        ax.set_ylim(-6, 6)
        fig
```

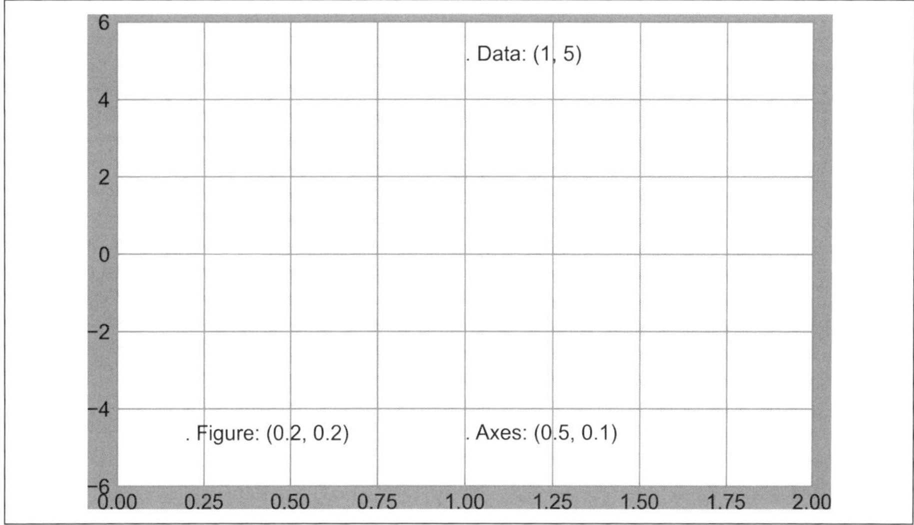

Abbildung 32-4: Vergleich der Koordinatensysteme in Matplotlib

Dieses Verhalten lässt sich noch deutlicher beobachten, wenn Sie die Begrenzungen interaktiv ändern. Führen Sie den Code in einem Notebook aus, können Sie das tun, indem Sie `%matplotlib inline` durch `%matplotlib notebook` ersetzen und die Menüs der Diagramme verwenden, um mit ihnen zu interagieren.

Pfeile und Beschriftungen

Neben den Markierungen der Koordinatenachsen und normalen Texten sind auch einfache Pfeile oftmals praktisch.

Es gibt zwar die Funktion `plt.arrow`, von ihr rate ich jedoch ab. Die damit erstellten Pfeile sind SVG-Objekte, die von den Seitenverhältnissen in den Diagrammen abhängig sind, was die richtige Verwendung erschwert. Nutzen Sie stattdessen lieber die Funktion `plt.annotate`, die einen Text und einen sehr flexibel konfigurierbaren Pfeil erzeugt.

Hier ein Beispiel für den Einsatz von `annotate` mit verschiedenen Optionen (siehe Abbildung 32-5).

```
In [8]: fig, ax = plt.subplots()

        x = np.linspace(0, 20, 1000)
        ax.plot(x, np.cos(x))
        ax.axis('equal')

        ax.annotate('local maximum', xy=(6.28, 1), xytext=(10, 4),
                    arrowprops=dict(facecolor='black', shrink=0.05))

        ax.annotate('local minimum', xy=(5 * np.pi, -1), xytext=(2, -6),
                    arrowprops=dict(arrowstyle="->",
                                    connectionstyle="angle3,angleA=0,angleB=-90"));
```

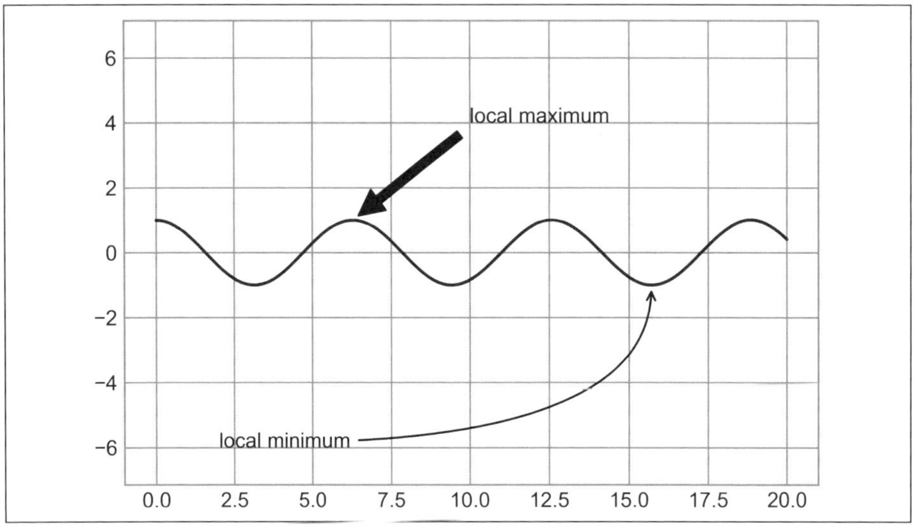

Abbildung 32-5: Beispiele für Beschriftungen

Der Stil des Pfeils wird durch das Dictionary arrowprops festgelegt, das eine Vielzahl von Optionen bietet. Diese Optionen sind in Matplotlibs Onlinedokumentation ziemlich gut dokumentiert. Anstatt sie hier zu wiederholen, ist es wahrscheinlich sinnvoller, ein paar Beispiele zu zeigen. Sehen wir uns einige der Möglichkeiten an. Hierzu verwenden wir wieder das Diagramm der Geburtenraten (siehe Abbildung 32-6).

```
In [9]: fig, ax = plt.subplots(figsize=(12, 4))
        births_by_date.plot(ax=ax)

        # Beschriftungen zum Diagramm hinzufügen.
        ax.annotate("New Year's Day", xy=('2012-1-1', 4100),  xycoords='data',
                    xytext=(50, -30), textcoords='offset points',
                    arrowprops=dict(arrowstyle="->",
                                    connectionstyle="arc3,rad=-0.2"))

        ax.annotate("Independence Day", xy=('2012-7-4', 4250),  xycoords='data',
                    bbox=dict(boxstyle="round", fc="none", ec="gray"),
                    xytext=(10, -40), textcoords='offset points', ha='center',
                    arrowprops=dict(arrowstyle="->"))
```

```
ax.annotate('Labor Day Weekend', xy=('2012-9-4', 4850), xycoords='data',
            ha='center', xytext=(0, -20), textcoords='offset points')
ax.annotate('', xy=('2012-9-1', 4850), xytext=('2012-9-7', 4850),
            xycoords='data', textcoords='data',
            arrowprops={'arrowstyle': '|-|,widthA=0.2,widthB=0.2', })

ax.annotate('Halloween', xy=('2012-10-31', 4600),  xycoords='data',
            xytext=(-80, -40), textcoords='offset points',
            arrowprops=dict(arrowstyle="fancy",
                            fc="0.6", ec="none",
                            connectionstyle="angle3,angleA=0,angleB=-90"))

ax.annotate('Thanksgiving', xy=('2012-11-25', 4500),  xycoords='data',
            xytext=(-120, -60), textcoords='offset points',
            bbox=dict(boxstyle="round4,pad=.5", fc="0.9"),
            arrowprops=dict(
                arrowstyle="->",
                connectionstyle="angle,angleA=0,angleB=80,rad=20"))


ax.annotate('Christmas', xy=('2012-12-25', 3850),  xycoords='data',
             xytext=(-30, 0), textcoords='offset points',
             size=13, ha='right', va="center",
             bbox=dict(boxstyle="round", alpha=0.1),
             arrowprops=dict(arrowstyle="wedge,tail_width=0.5", alpha=0.1));

# Achsen beschriften.
ax.set(title='USA births by day of year (1969-1988)',
       ylabel='average daily births')

# Formatierung der x-Achse mit zentrierter Beschriftung.
ax.xaxis.set_major_locator(mpl.dates.MonthLocator())
ax.xaxis.set_minor_locator(mpl.dates.MonthLocator(bymonthday=15))
ax.xaxis.set_major_formatter(plt.NullFormatter())
ax.xaxis.set_minor_formatter(mpl.dates.DateFormatter('%h'));

ax.set_ylim(3600, 5400);
```

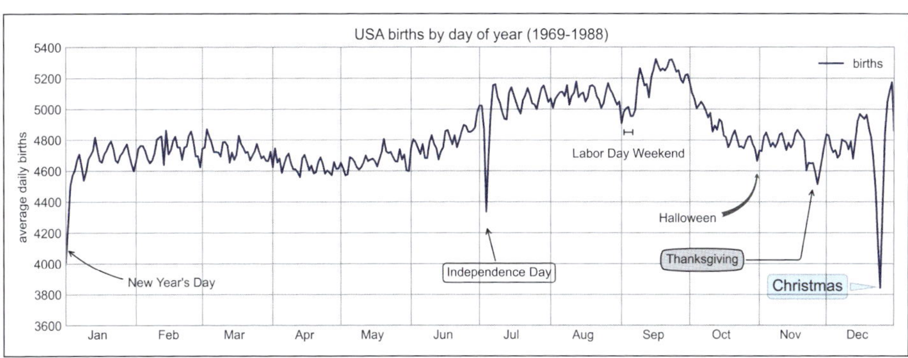

Abbildung 32-6: Beschriftung des Diagramms[3]

3 Eine Version dieser Abbildung in voller Größe finden Sie auf GitHub (*https://oreil.ly/PDSH_GitHub*).

Die Menge an Optionen macht annotate sehr vielseitig und flexibel: Sie können Pfeile aller nur erdenklichen Stile erzeugen. Leider bedeutet das aber auch, dass Features dieser Art von Hand optimiert werden müssen – ein äußerst zeitraubender Vorgang, wenn man druckreife Grafiken erstellen möchte! Abschließend möchte ich noch bemerken, dass die hier vorgestellten Stile natürlich keinesfalls das Maß aller Dinge sind, sondern lediglich zur Demonstration der verfügbaren Optionen dienen.

Mehr zu diesem Thema und Beispiele für die verfügbaren Pfeil- und Beschriftungsstile finden Sie im Annotations-Tutorial (*https://oreil.ly/abuPw*).

KAPITEL 33

Achsenmarkierungen anpassen

Die Positionierung der Achsenmarkierungen und deren Formatierung sind im Allgemeinen für viele gängige Aufgaben durchaus zufriedenstellend, aber keinesfalls für jedes Diagramm geeignet. In diesem Kapitel finden Sie einige Beispiele für die Anpassung der Achsenmarkierungen und die Formatierung der Diagrammtypen, an denen Sie interessiert sind.

Bevor wir uns den Beispielen widmen, sollten wir etwas eingehender über die Objekthierarchie von Matplotlib-Diagrammen sprechen. Matplotlib versucht, für sämtliche Bestandteile eines Diagramms ein Python-Objekt zu erzeugen. Wie Sie wissen, ist eine Abbildung (`Figure`) in Matplotlib ein begrenzter Kasten (engl. *Bounding Box*), der die Elemente eines Diagramms enthält. Alle Matplotlib-Objekte können aber auch als Container für untergeordnete Objekte dienen – jede Abbildung kann ein oder mehrere `Axes`-Objekte enthalten, die wiederum weitere Objekte enthalten können, die den Inhalt von Diagrammen repräsentieren.

Die Achsenmarkierungen bilden hier keine Ausnahme. Alle `Axes`-Objekte besitzen die Attribute `xaxis` und `yaxis`, die ihrerseits über Attribute verfügen, die alle Eigenschaften der Linien, Achsenmarkierungen und Beschriftungen speichern, aus denen die Koordinatenachsen bestehen.

Vorrangige und nachrangige Achsenmarkierungen

Die Achsen eines Diagramms können mit *vorrangigen* (*major*) und *nachrangigen* (*minor*) Markierungen versehen werden. Wie die Bezeichnungen schon vermuten lassen, werden die vorrangigen Markierungen für gewöhnlich größer und stärker hervorgehoben, die nachrangigen sind hingegen in der Regel kleiner. Standardmäßig macht Matplotlib nur selten von den nachrangigen Markierungen Gebrauch, bei logarithmischen Diagrammen finden sie jedoch Verwendung (siehe Abbildung 33-1).

```
In [1]: import matplotlib.pyplot as plt
        plt.style.use('classic')
        import numpy as np

        %matplotlib inline
```

```
In [2]: ax = plt.axes(xscale='log', yscale='log')
        ax.set(xlim=(1, 1E3), ylim=(1, 1E3))
        ax.grid(True);
```

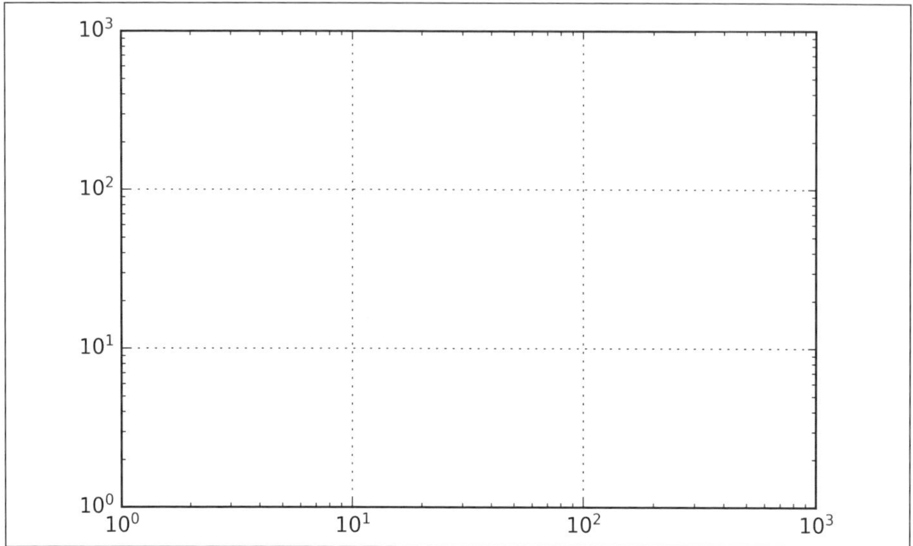

Abbildung 33-1: Logarithmisches Diagramm mit Beschriftungen

In diesem Diagramm bestehen die vorrangigen Achsenmarkierungen aus einem großen Strich und einer Beschriftung, die nachrangigen Markierungen sind dagegen deutlich kleiner und haben weder eine Beschriftung noch eigene Gitterlinien.

Diese Eigenschaften der Markierungen – Position und Beschriftung – können angepasst werden, indem den `Formatter`- und `Locator`-Objekten der Koordinatenachsen Werte zugewiesen werden. Hier sehen Sie die für die x-Achse eingestellten Werte dieser Eigenschaften des gerade gezeigten Diagramms:

```
In [3]: print(ax.xaxis.get_major_locator())
        print(ax.xaxis.get_minor_locator())
Out[3]: <matplotlib.ticker.LogLocator object at 0x1129b9370>
        <matplotlib.ticker.LogLocator object at 0x1129aaf70>

In [4]: print(ax.xaxis.get_major_formatter())
        print(ax.xaxis.get_minor_formatter())
Out[4]: <matplotlib.ticker.LogFormatterSciNotation object at 0x1129aaa00>
        <matplotlib.ticker.LogFormatterSciNotation object at 0x1129aac10>
```

Die Positionen sowohl der vorrangigen als auch der nachrangigen Beschriftungen werden durch einen `LogLocator` festgelegt (was bei einem logarithmischen Diagramm durchaus Sinn ergibt). Den nachrangigen Beschriftungen ist ein `NullFormatter` zugewiesen, und das besagt, dass keine Beschriftung angezeigt wird.

Wir betrachten nun einige Beispiele für diese Einstellungen bei verschiedenen Diagrammen.

Markierungen oder Beschriftungen verbergen

Die wohl häufigste Art der Formatierung dürfte das Verbergen der Markierungen oder Beschriftungen sein. Das funktioniert mithilfe von `plt.NullLocator` und `plt.NullFormatter`, wie hier gezeigt (siehe Abbildung 33-2).

```
In [5]: ax = plt.axes()
        rng = np.random.default_rng(1701)
        ax.plot(rng.random(50))
        ax.grid()

        ax.yaxis.set_major_locator(plt.NullLocator())
        ax.xaxis.set_major_formatter(plt.NullFormatter())
```

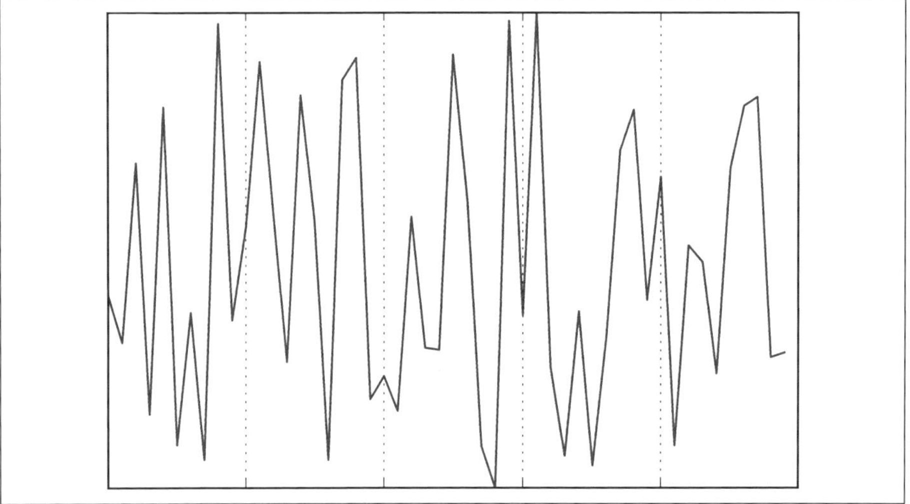

Abbildung 33-2: Ein Diagramm mit versteckten Achsenmarkierungen (x-Achse) und versteckten Beschriftungen (y-Achse)

Wir haben hier die Beschriftungen (nicht aber die Markierungen) der x-Achse sowie die Markierungen (und damit auch die Beschriftungen und Gitterlinien) der y-Achse entfernt. Auf die Markierungen zu verzichten, kann in vielen Fällen sinnvoll sein – beispielsweise wenn Sie ein Raster mit Bildern anzeigen möchten. Betrachten Sie einmal Abbildung 33-3 mit den Bildern von unterschiedlichen Gesichtern. Hierbei handelt es sich um ein typisches Beispiel einer Aufgabe, die mit überwachtem Machine Learning gelöst wird (siehe beispielsweise Kapitel 43):

```
In [6]: fig, ax = plt.subplots(5, 5, figsize=(5, 5))
        fig.subplots_adjust(hspace=0, wspace=0)

        # Einige Bilder aus Scikit-Learn laden.
        from sklearn.datasets import fetch_olivetti_faces
        faces = fetch_olivetti_faces().images

        for i in range(5):
```

```
        for j in range(5):
            ax[i, j].xaxis.set_major_locator(plt.NullLocator())
            ax[i, j].yaxis.set_major_locator(plt.NullLocator())
            ax[i, j].imshow(faces[10 * i + j], cmap='binary_r')
```

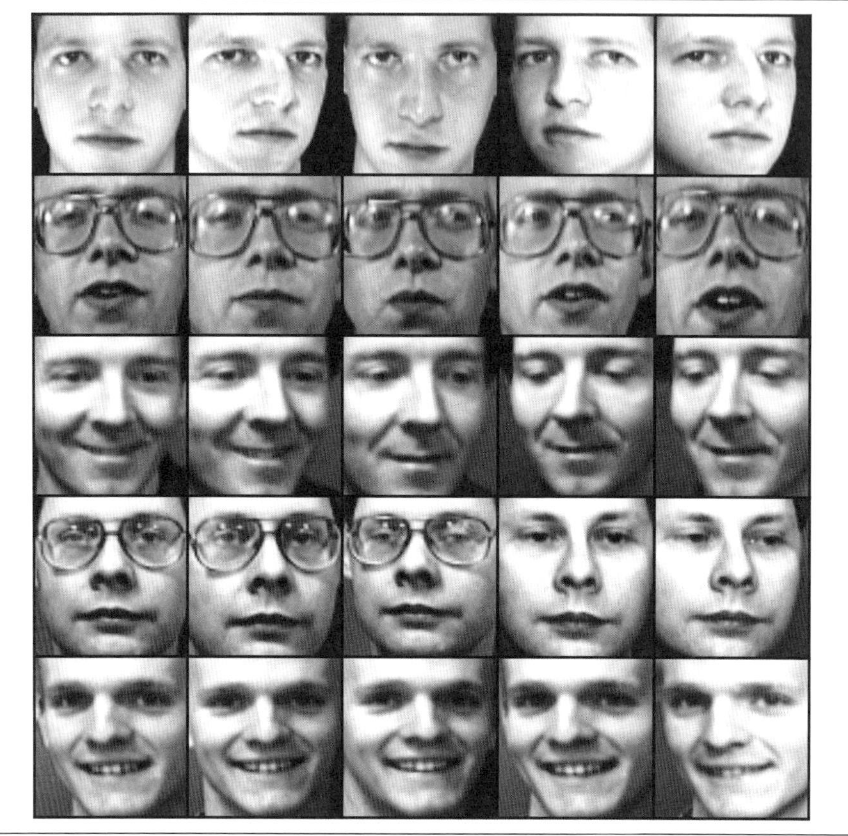

Abbildung 33-3: Darstellung von Bildern ohne Achsenmarkierungen

Jedes Bild besitzt eigene Koordinatenachsen, deren `Locator`-Eigenschaften für die Achsenmarkierungen null zugewiesen wird, weil die Werte der Achsenmarkierungen (in diesem Fall die Zahl der Pixel) für diese Visualisierung nicht von Bedeutung ist.

Anzahl der Achsenmarkierungen verringern oder erhöhen

Die Standardeinstellungen bereiten bei kleineren untergeordneten Diagrammen häufig Probleme, weil sie zu völlig überfüllten Beschriftungen führen (siehe Abbildung 33-4).

```
In [7]: fig, ax = plt.subplots(4, 4, sharex=True, sharey=True)
```

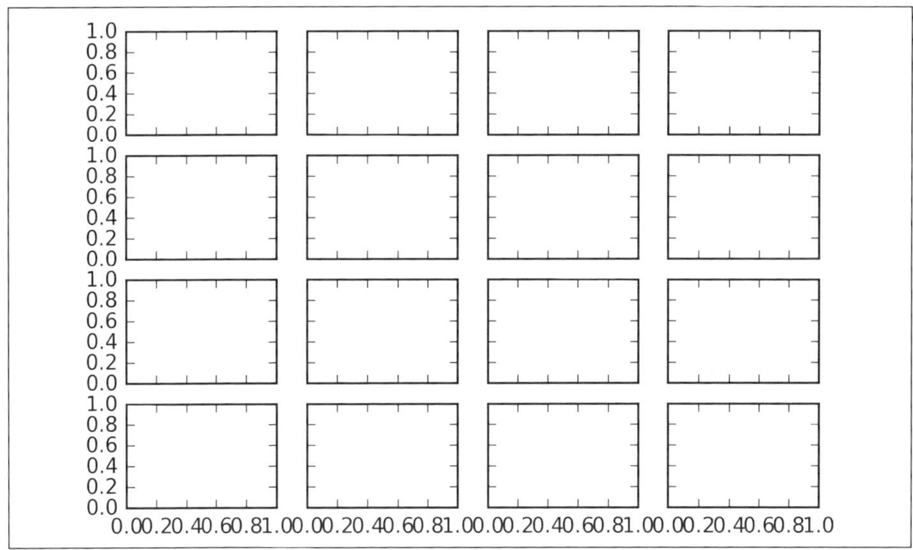

Abbildung 33-4: Ein Diagramm mit überfüllten Beschriftungen

Die Beschriftungen der x-Achse überschneiden sich schon fast und sind dadurch schwer lesbar. Eine Möglichkeit, dieses Problem zu beheben, besteht in der Verwendung von `plt.MaxLocator`, der es ermöglicht, ein Maximum für die Anzahl der Achsenmarkierungen anzugeben. Matplotlib verwendet dann interne Logik, um die Positionen der Markierungen zu ermitteln (siehe Abbildung 33-5).

```
In [8]: # Maximale Anzahl der Achsenmarkierungen festlegen.
        for axi in ax.flat:
            axi.xaxis.set_major_locator(plt.MaxNLocator(3))
            axi.yaxis.set_major_locator(plt.MaxNLocator(3))
        fig
```

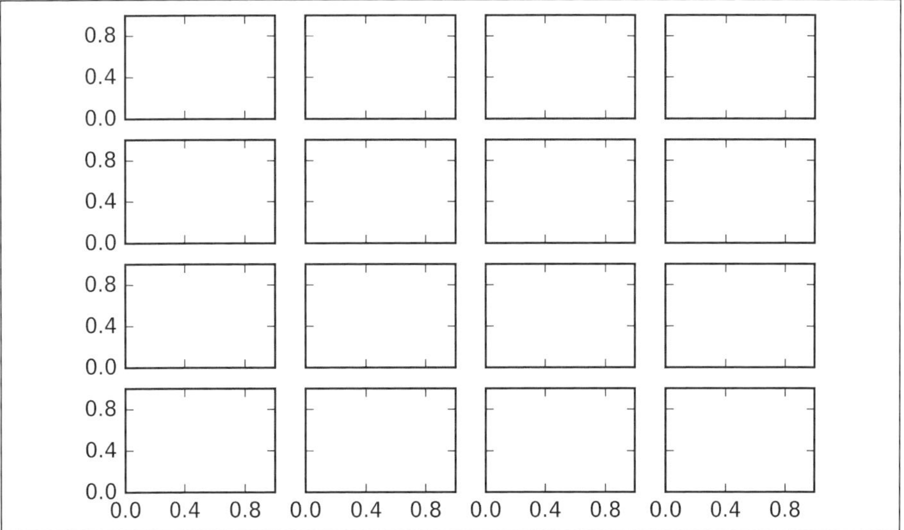

Abbildung 33-5: Anpassen der Anzahl der Achsenmarkierungen

Nun sind die Markierungen viel besser lesbar. Wenn Sie die Positionen der Markierungen noch genauer steuern möchten, steht Ihnen `plt.MultipleLocator` zur Verfügung, der im nächsten Abschnitt zur Sprache kommt.

Formatierung der Achsenmarkierungen

Die voreingestellte Formatierung der Achsenmarkierungen lässt schon mal zu wünschen übrig – sie funktioniert als allgemeine Standardeinstellung gut, reicht für Sie aber manchmal nicht aus. Betrachten Sie hierzu das Diagramm einer Sinus- und einer Kosinuskurve (siehe Abbildung 33-6).

```
In [9]: # Sinus- und Kosinuskurve darstellen.
        fig, ax = plt.subplots()
        x = np.linspace(0, 3 * np.pi, 1000)
        ax.plot(x, np.sin(x), lw=3, label='Sine')
        ax.plot(x, np.cos(x), lw=3, label='Cosine')

        # Gitterlinien, Legende, Begrenzungen einstellen.
        ax.grid(True)
        ax.legend(frameon=False)
        ax.axis('equal')
        ax.set_xlim(0, 3 * np.pi);
```

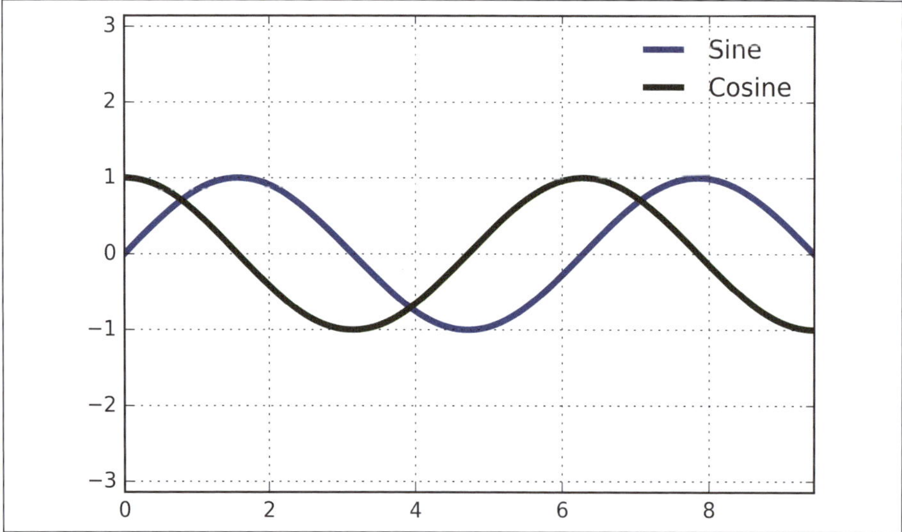

Abbildung 33-6: Standardausgabe mit ganzzahligen Achsenmarkierungen

Hier sollten einige Änderungen vorgenommen werden. Zunächst einmal wäre es bei den vorliegenden Daten sinnvoll, für die Achsenmarkierungen und die Gitterlinien Vielfache von π zu verwenden. Das können wir durch Angabe eines `MultipleLocator` erreichen, der die Markierungen bei Vielfachen des übergebenen Werts platziert. Sicherheitshalber fügen wir sowohl vorrangige als auch nachrangige Achsenmarkierungen für Vielfache von π/2 bzw. π/4 hinzu (siehe Abbildung 33-7).

```
In [10]: ax.xaxis.set_major_locator(plt.MultipleLocator(np.pi / 2))
         ax.xaxis.set_minor_locator(plt.MultipleLocator(np.pi / 4))
         fig
```

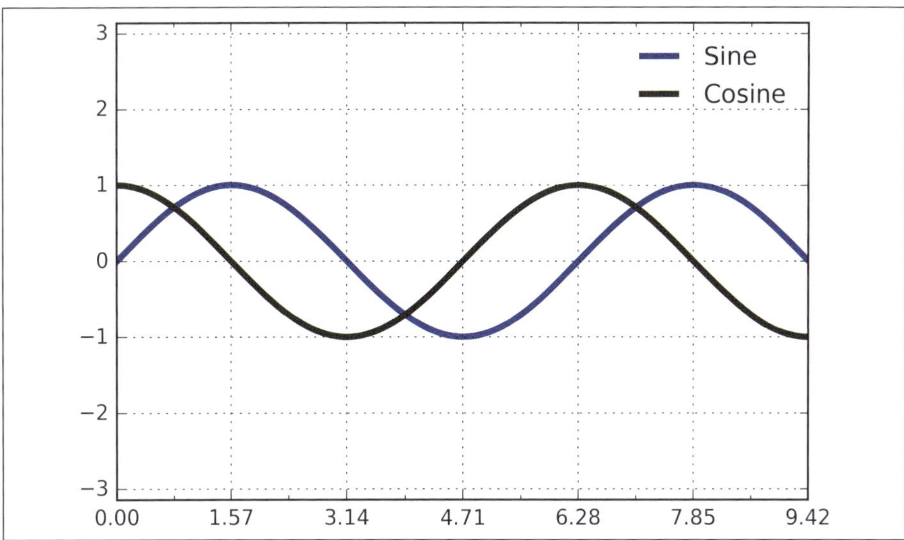

Abbildung 33-7: Achsenmarkierungen bei Vielfachen von π/2 und π/4

Die Beschriftungen sehen nun allerdings etwas merkwürdig aus: Es handelt sich zwar um Vielfache von π, aber aufgrund der Dezimaldarstellung ist das nicht auf den ersten Blick erkennbar. Um das zu beheben, müssen wir den Formatter der Achsenmarkierung ändern. Ein für unsere Zwecke geeigneter ist leider nicht vorhanden, deshalb verwenden wir die Funktion `plt.FuncFormatter`, die eine benutzerdefinierte Funktion entgegennimmt und dadurch eine genaue Anpassung der Beschriftung erlaubt (siehe Abbildung 33-8).

```
In [11]: def format_func(value, tick_number):
             # Anzahl der Vielfachen von pi/2 finden.
             N = int(np.round(2 * value / np.pi))
             if N == 0:
                 return "0"
             elif N == 1:
                 return r"$\pi/2$"
             elif N == 2:
                 return r"$\pi$"
             elif N % 2 > 0:
                 return rf"${N}\pi/2$"
             else:
                 return rf"${N // 2}\pi$"

         ax.xaxis.set_major_formatter(plt.FuncFormatter(format_func))
         fig
```

Schon viel besser! Wir haben hier mit dem in Dollarzeichen eingeschlossenen String von Matplotlibs Unterstützung von LaTeX Gebrauch gemacht. Für die Darstellung mathematischer Symbole und Formeln ist das äußerst komfortabel: Hier wird `"$\pi$"` als griechischer Buchstabe π angezeigt.

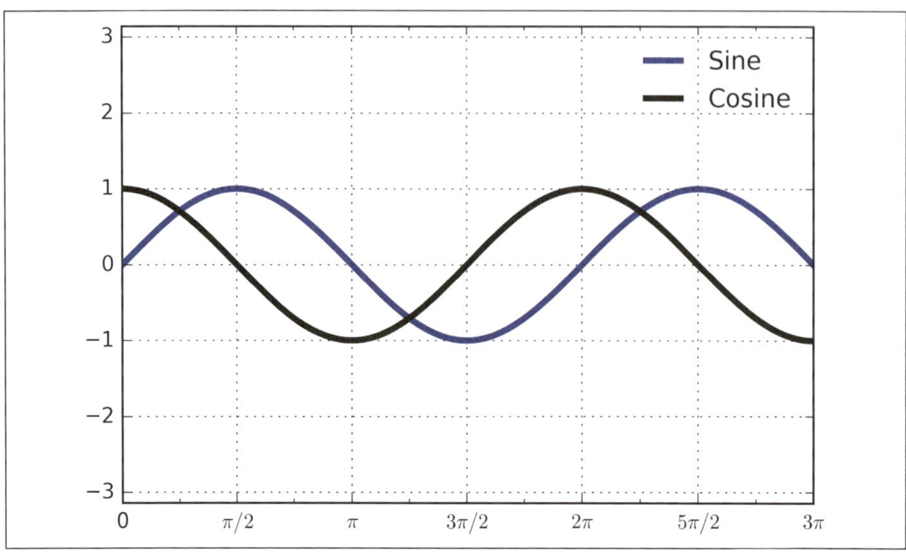

Abbildung 33-8: Benutzerdefinierte Achsenbeschriftung

Zusammenfassung der Formatter- und Locator-Klassen

Sie haben einige der verfügbaren `Locator`- und `Formatter`-Klassen kennengelernt. Den Abschluss dieses Kapitels bildet eine kurze Aufstellung der integrierten `Locator`-Optionen (Tabelle 33-1) und `Formatter`-Optionen (Tabelle 33-2). Weitere Informationen können Sie dem Docstring oder der Onlinedokumentation entnehmen. Im `plt`-Namensraum sind alle in den Tabellen aufgeführten Klassen verfügbar.

Tabelle 33-1: Matplotlib-Locator-Optionen

Locator-Klasse	Beschreibung
`NullLocator`	Keine Markierungen.
`FixedLocator`	Positionen der Markierungen sind fest vorgegeben.
`IndexLocator`	Locator für Indexdiagramme (z. B. `x = range(len(y))`).
`LinearLocator`	Gleichmäßige Abstände der Markierungen zwischen min und max.
`LogLocator`	Markierungen mit logarithmischen Abständen zwischen min und max.
`MultipleLocator`	Markierungen sind Vielfache eines vorgegebenen Werts.
`MaxNLocator`	Maximal N Markierungen an geeigneten Positionen.
`AutoLocator`	Voreinstellung; wie `MaxNLocator` mit einfachen Voreinstellungen.
`AutoMinorLocator`	Locator für nachrangige Markierungen.

Tabelle 33-2: Matplotlib-Formatter-Optionen

Formatter-Klasse	Beschreibung
`NullFormatter`	Keine Beschriftung der Markierungen.
`IndexFormatter`	Strings aus einer Liste von Bezeichnungen verwenden.
`FixedFormatter`	Strings von Hand zuweisen.
`FuncFormatter`	Benutzerdefinierte Funktion weist Beschriftung zu.
`FormatStrFormatter`	Verwendet einen Formatierungsstring für die Werte.
`ScalarFormatter`	Voreinstellung; formatiert skalare Werte.
`LogFormatter`	Standard-Formatter für logarithmische Koordinatenachsen.

Im Verlauf des Buchs werden wir weitere Beispiele für die Verwendung dieser Klassen sehen.

KAPITEL 34

Matplotlib anpassen: Konfigurationen und Stylesheets

Bei vielen der in den vorherigen Kapiteln behandelten Themen musste die Darstellung der Elemente eines Diagramms einzeln angepasst werden. Daneben bietet Matplotlib aber auch die Möglichkeit, den gesamten Stil eines Diagramms auf einmal festzulegen. In diesem Kapitel stellen wir Ihnen einige Optionen der zur Laufzeit gültigen Konfiguration (*rc*) vor und werfen einen Blick auf *Stylesheets*, die einige schicke Voreinstellungen für verschiedene Darstellungen enthalten.

Diagramme von Hand anpassen

In diesem Teil des Buchs haben Sie bereits erfahren, wie sich Diagramme an die eigenen Wünsche anpassen lassen, damit sie ein wenig hübscher aussehen als die mit den Standardeinstellungen erzeugten. Solche Anpassungen können Sie bei jedem einzelnen Diagramm vornehmen. Dies ist beispielsweise ein ziemlich langweiliges mit den Voreinstellungen erstelltes Histogramm (siehe Abbildung 34-1).

```
In [1]: import matplotlib.pyplot as plt
        plt.style.use('classic')
        import numpy as np

        %matplotlib inline

In [2]: x = np.random.randn(1000)
        plt.hist(x);
```

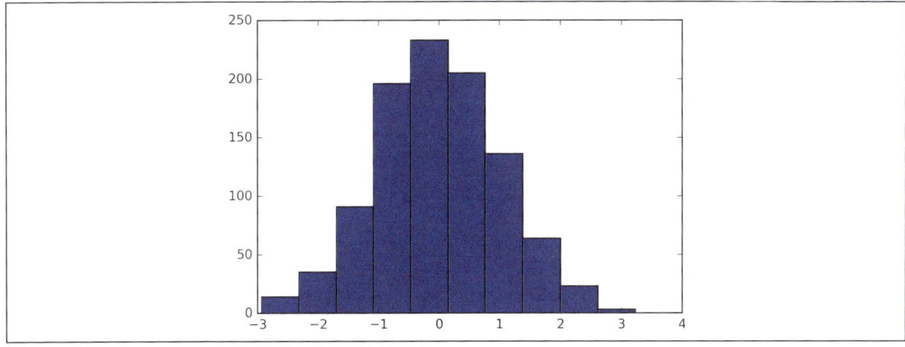

Abbildung 34-1: Ein Histogramm im Standardstil

Wir können hier von Hand Änderungen vornehmen, um daraus ein visuell ansprechenderes Diagramm zu gestalten, wie in Abbildung 34-2 zu sehen.

```
In [3]: # Grauen Hintergrund verwenden.
        fig = plt.figure(facecolor='white')
        ax = plt.axes(facecolor='#E6E6E6')
        ax.set_axisbelow(True)

        # Durchgezogene weiße Gitterlinien zeichnen.
        plt.grid(color='w', linestyle='solid')

        # Koordinatenachsen verbergen.
        for spine in ax.spines.values():
            spine.set_visible(False)

        # Markierungen oben und rechts verbergen.
        ax.xaxis.tick_bottom()
        ax.yaxis.tick_left()

        # Markierungen und Beschriftungen aufhellen.
        ax.tick_params(colors='gray', direction='out')
        for tick in ax.get_xticklabels():
            tick.set_color('gray')
        for tick in ax.get_yticklabels():
            tick.set_color('gray')

        # Farbe der Oberfläche und des Rands ändern.
        ax.hist(x, edgecolor='#E6E6E6', color='#EE6666');
```

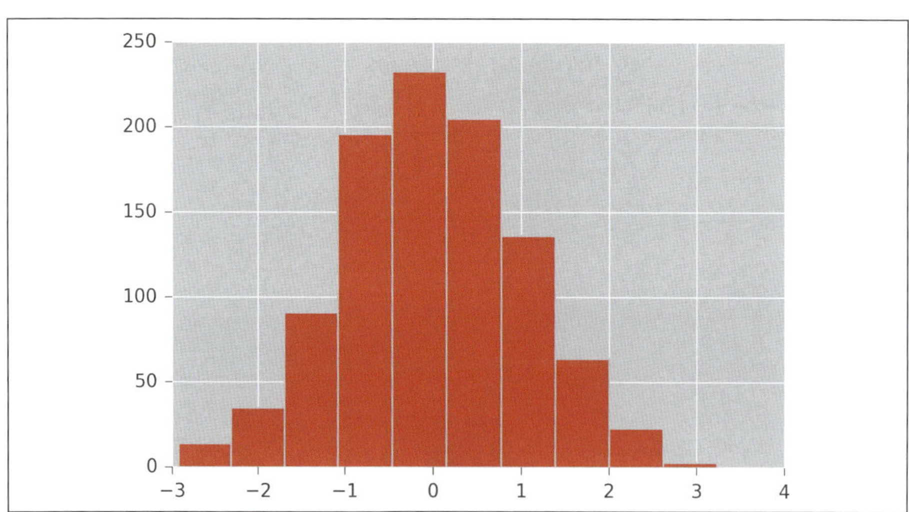

Abbildung 34-2: Ein benutzerdefiniertes Histogramm

Das sieht schon besser aus, und vielleicht erkennen Sie den Stil wieder, der dem Aussehen von mit ggplot (einem Visualisierungspaket für die Programmiersprache R) erstellten Histogrammen entlehnt ist. Das war allerdings ziemlich mühsam! Wir wollen uns sicherlich nicht bei jedem einzelnen Diagramm so viel Arbeit machen. Glücklicherweise gibt es die Möglichkeit, die Standardeinstellungen einmalig so zu ändern, dass sie für alle Diagramme gültig sind.

Voreinstellungen ändern: rcParams

Bei jedem Laden von Matplotlib wird die zur Laufzeit gültige Konfiguration (engl. *runtime configuration* oder kurz *rc*) eingelesen, die Standardstile für alle Elemente enthält, die erzeugt werden. Sie können diese Konfiguration mit der Routine `plt.rc` jederzeit ändern. Sehen wir uns also an, wie man die rc-Parameter ändern muss, damit ein Standarddiagramm wie das gerade erstellte aussieht.

Mithilfe der `plt.rc`-Funktion können wir nun ein paar der Einstellungen ändern:

```
In [4]: from matplotlib import cycler
        colors = cycler('color',
                        ['#EE6666', '#3388BB', '#9988DD',
                         '#EECC55', '#88BB44', '#FFBBBB'])
        plt.rc('figure', facecolor='white')
        plt.rc('axes', facecolor='#E6E6E6', edgecolor='none',
               axisbelow=True, grid=True, prop_cycle=colors)
        plt.rc('grid', color='w', linestyle='solid')
        plt.rc('xtick', direction='out', color='gray')
        plt.rc('ytick', direction='out', color='gray')
        plt.rc('patch', edgecolor='#E6E6E6')
        plt.rc('lines', linewidth=2)
```

Um die neuen Einstellungen in Aktion zu sehen, erzeugen wir ein Histogramm (siehe Abbildung 34-3).

```
In [5]: plt.hist(x);
```

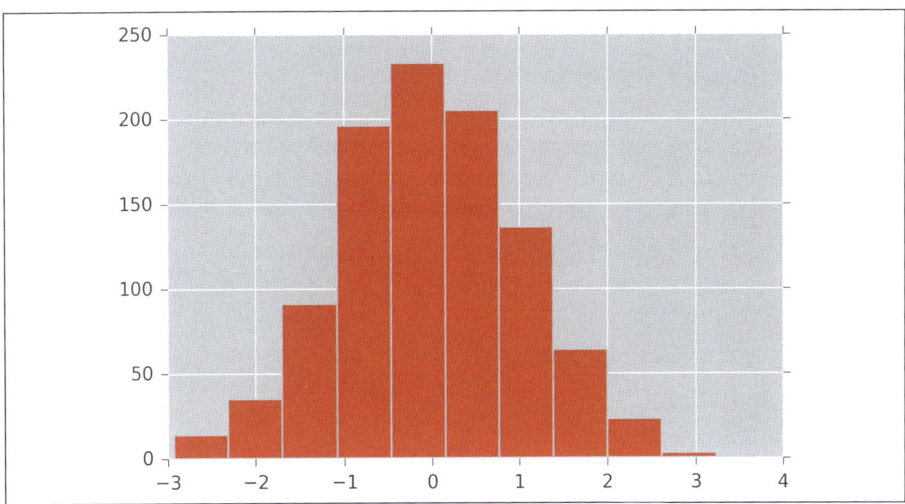

Abbildung 34-3: Ein mit geänderten rc-Parametern erstelltes benutzerdefiniertes Histogramm

Betrachten wir jetzt, wie ein einfaches Liniendiagramm mit diesen rc-Parametern aussieht (siehe Abbildung 34-4).

```
In [6]: for i in range(4):
            plt.plot(np.random.rand(10))
```

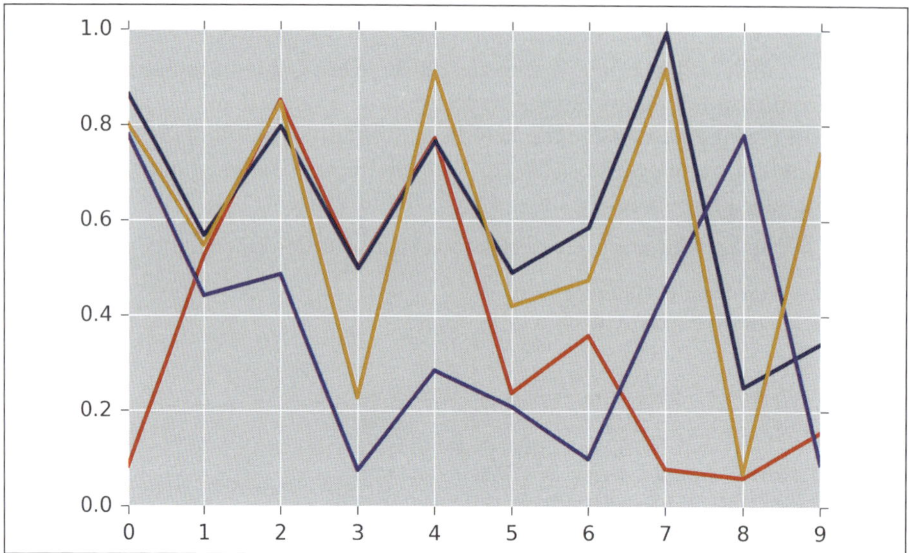

Abbildung 34-4: Ein Liniendiagramm mit benutzerdefinierten Stilen

Für Diagramme, die nicht ausgedruckt, sondern auf dem Bildschirm dargestellt werden, gefällt mir persönlich das erheblich besser als der Standardstil. Wenn Sie anderer Ansicht sind, können Sie die rc-Parameter natürlich ganz nach Ihrem Geschmack anpassen! Optional können diese Einstellungen in einer Datei namens *.matplotlibrc* dauerhaft gespeichert werden. Informationen hierzu finden Sie in der Matplotlib-Dokumentation (*https://oreil.ly/UwM2u*).

Eine neuere Methode zur Anpassung kompletter Diagrammstile bietet Matplotlib mit dem `style`-Modul, das eine Reihe von neuen Standard-Stylesheets umfasst und zudem die Möglichkeit bietet, eigene Stile zu erstellen und einzubinden. Die Stylesheets sind ähnlich aufgebaut wie die vorhin erwähnten *.matplotlibrc*-Dateien, müssen aber die Dateinamenserweiterung *.mplstyle* besitzen.

Auch wenn Sie keinen eigenen Stile erstellen, finden Sie das Gewünschte möglicherweise in den eingebauten Stylesheets. Die verfügbaren Stile können Sie mit `plt.style.available` anzeigen, hier sind aus Platzgründen nur die ersten fünf aufgeführt:

```
In [7]: plt.style.available[:5]
Out[7]: ['Solarize_Light2', '_classic_test_patch', 'bmh', 'classic',
        >'dark_background']
```

Der Wechsel zu einem anderen Stylesheet erfolgt standardmäßig durch einen Aufruf von `style.use`:

```
plt.style.use('Name-des-Stylesheets')
```

Denken Sie aber daran, dass der neue Stil bis zum Ende der aktuellen Python-Sitzung gültig bleibt! Alternativ können Sie einen Stil auch nur temporär ändern, und zwar folgendermaßen:

```
with plt.style.context('Name-des-Stylesheets'):
    make_a_plot()
```

Um das zu zeigen, definieren wir eine Funktion, die zwei einfache Diagramme erstellt:

```
In [8]: def hist_and_lines():
            np.random.seed(0)
            fig, ax = plt.subplots(1, 2, figsize=(11, 4))
            ax[0].hist(np.random.randn(1000))
            for i in range(3):
                ax[1].plot(np.random.rand(10))
            ax[1].legend(['a', 'b', 'c'], loc='lower left')
```

Wir verwenden sie gleich, um anzuzeigen, wie sich die verschiedenen integrierten Stile auf die beiden Diagramme auswirken.

Standardstil

Der Standardstil (`default`) von Matplotlib wurde mit der Veröffentlichung von Version 2.0 aktualisiert. Diesen wollen wir uns zuerst ansehen (siehe Abbildung 34-5).

```
In [9]: with plt.style.context('default'):
            hist_and_lines()
```

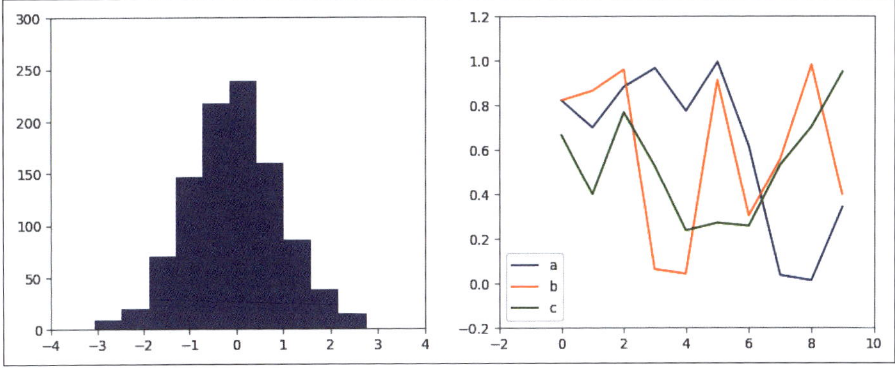

Abbildung 34-5: Der Standardstil (default) von Matplotlib

FiveThirtyEight-Stil

Der `fivethirtyeight`-Stil ahmt den Stil der Grafiken auf der populären FiveThirtyEight-Website (*https://fivethirtyeight.com/*) nach. Wie Sie in Abbildung 34-6 sehen können, werden dort kräftige Farben, breite Linien und transparente Koordinatenachsen verwendet:

```
In [10]: with plt.style.context('fivethirtyeight'):
             hist_and_lines()
```

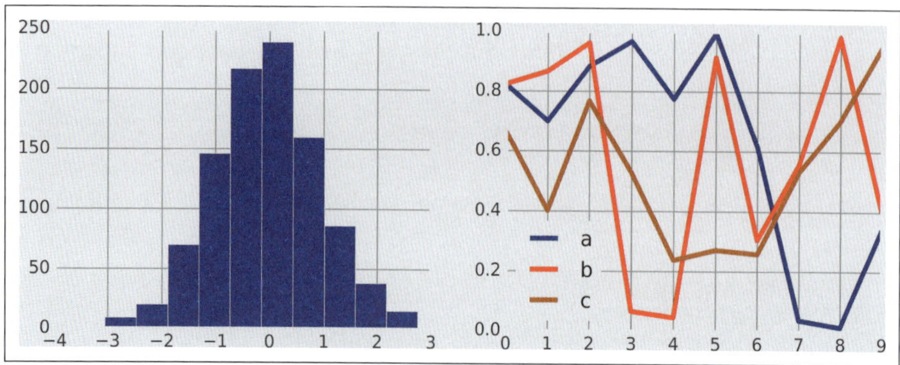

Abbildung 34-6: Der fivethirtyeight-Stil

ggplot-Stil

Das `ggplot`-Paket in der Programmiersprache R ist ein bei Data Scientists sehr beliebtes Visualisierungstool. Der `ggplot`-Stil in Matplotlib ahmt den Standardstil dieses Pakets nach (siehe Abbildung 34-7).

```
In [11]: with plt.style.context('ggplot'):
             hist_and_lines()
```

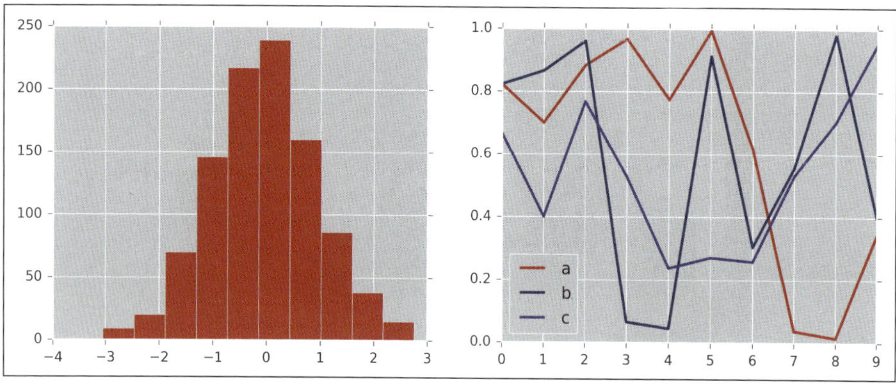

Abbildung 34-7: Der ggplot-Stil

Bayessche-Methoden-für-Hacker-Stil

Online ist ein sehr schönes kurzes Buch von Cameron Davidson-Pilon verfügbar, das den Titel *Probabilistic Programming and Bayesian Methods for Hackers* (*https://oreil.ly/9JIb7*) (stochastische Programmierung und bayessche Methoden für Hacker) trägt. Es enthält mit Matplotlib erstellte Abbildungen und verwendet eine hübsche Zusammenstellung von rc-Parametern, die für den einheitlichen und visuell ansprechenden Stil des Buchs sorgen. Diesen Stil spiegelt das `bmh`-Stylesheet wider (siehe Abbildung 34-8).

```
In [12]: with plt.style.context('bmh'):
             hist_and_lines()
```

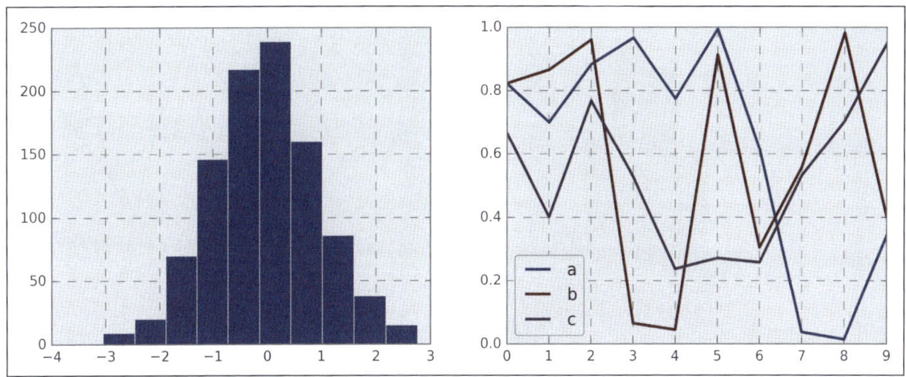

Abbildung 34-8: Der bmh-Stil

Dark-Background-Stil

Es ist meist sinnvoll, für die in einer Präsentation gezeigten Abbildungen statt eines hellen einen dunklen Hintergrund zu verwenden. Genau das ermöglicht der Stil `dark_background` (siehe Abbildung 34-9).

```
In [13]: with plt.style.context('dark_background'):
             hist_and_lines()
```

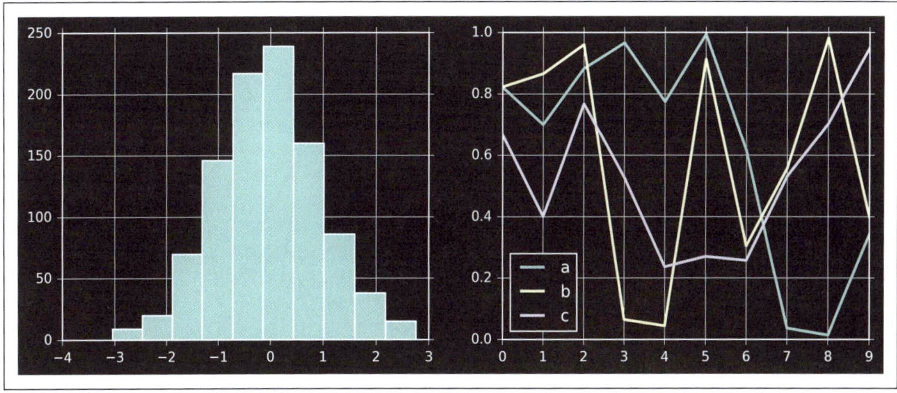

Abbildung 34-9: Der dark_background-Stil

Graustufen

Es kann vorkommen, dass man Abbildungen erstellen muss, die nicht farbig sein dürfen (z.B. für ein schwarz-weißes Druckerzeugnis). In diesem Fall kann der grayscale-Stil praktisch sein (siehe Abbildung 34-10).

```
In [14]: with plt.style.context('grayscale'):
             hist_and_lines()
```

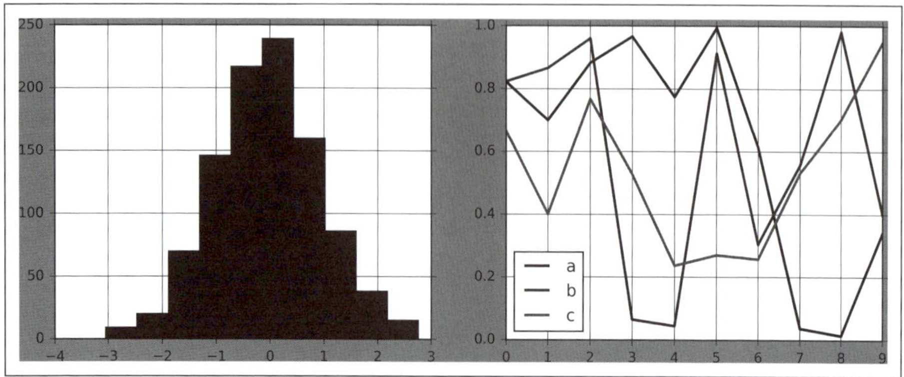

Abbildung 34-10: Der grayscale-Stil

Seaborn-Stil

Matplotlib stellt auch Stylesheets zur Verfügung, die durch die Seaborn-Bibliothek inspiriert wurden (die in Kapitel 36 ausführlich erörtert wird). Mir persönlich gefallen diese Vorgaben sehr gut, und ich verwende sie häufig als Voreinstellung, wenn ich Daten untersuche (siehe Abbildung 34-11).

```
In [15]: with plt.style.context('seaborn-whitegrid'):
             hist_and_lines()
```

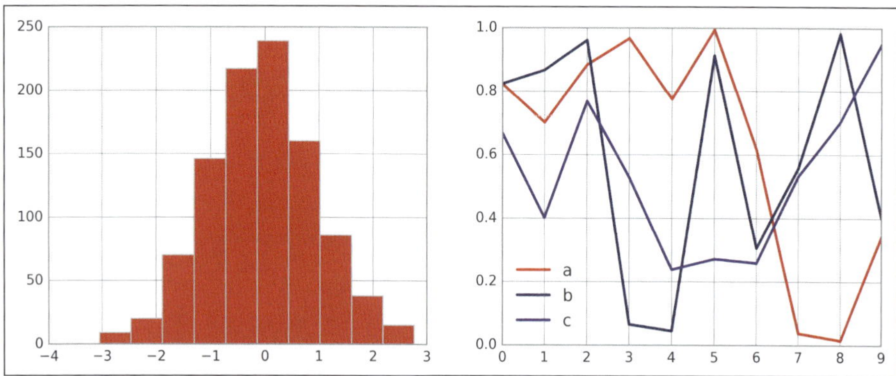

Abbildung 34-11: Der Seaborn-Stil

Nehmen Sie sich etwas Zeit, um die integrierten Optionen genauer zu erforschen, und finden Sie diejenigen, die Ihnen am meisten liegen. Ich habe für das Erstellen von Diagrammen in diesem Buch üblicherweise eine oder mehrere dieser Stilkonventionen verwendet.

KAPITEL 35

Dreidimensionale Diagramme in Matplotlib

Matplotlib wurde ursprünglich für das Erstellen zweidimensionaler Diagramme konzipiert. Zum Zeitpunkt der Veröffentlichung von Version 1.0 gab es einige Hilfsprogramme zum Erstellen dreidimensionaler Grafiken, die auf der zweidimensionalen Anzeige von Matplotlib aufbauten. Insgesamt ergibt sich somit eine Reihe komfortabler (wenn auch etwas eingeschränkter) Tools für dreidimensionale Datenvisualisierungen. Zum Erstellen dreidimensionaler Diagramme muss das `mplot3d`-Modul importiert werden, das Bestandteil der Matplotlib-Installation ist:

```
In [1]: from mpl_toolkits import mplot3d
```

Nach dem Import dieses Moduls können dreidimensionale `Axes`-Objekte erzeugt werden, indem man einer der normalen Funktionen zum Erstellen dieser Objekte das Schlüsselwort `projection='3d'` übergibt (siehe Abbildung 35-1).

```
In [2]: %matplotlib inline
        import numpy as np
        import matplotlib.pyplot as plt

In [3]: fig = plt.figure()
        ax = plt.axes(projection='3d')
```

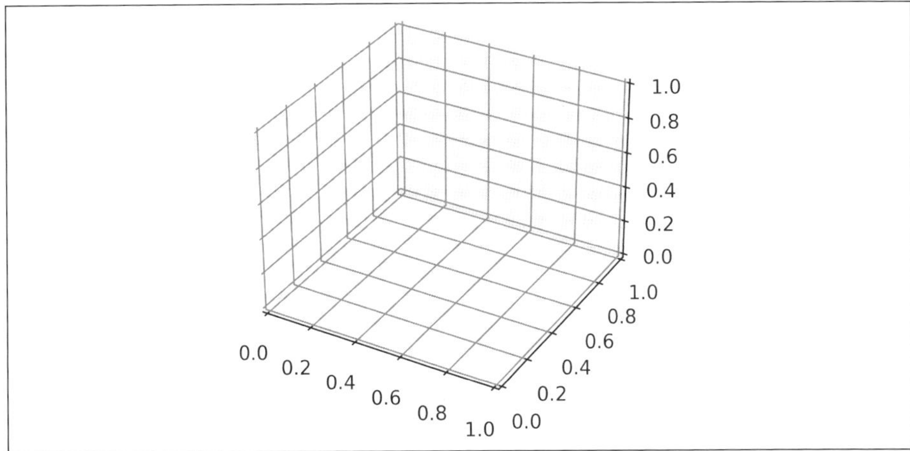

Abbildung 35-1: Ein leeres dreidimensionales Axes-Objekt

Nach dem Aktivieren dreidimensionaler Koordinatenachsen können wir eine Reihe verschiedener Arten von dreidimensionalen Diagrammen ausgeben. Das Erstellen solcher Diagramme gehört zu den Funktionalitäten, die enorm profitieren, wenn man die Grafiken im Notebook interaktiv statt statisch anzeigt. Um interaktive Grafiken erstellen zu können, brauchen Sie nur `%matplotlib inline` durch `%matplotlib notebook` zu ersetzen, bevor Sie den Code ausführen.

Dreidimensionale Punkte und Linien

Die einfachsten dreidimensionalen Diagramme sind Linien oder eine Sammlung von Streudiagrammen, die anhand einer Menge von Tripeln (x, y, z) erzeugt werden. Analog zu den bereits erörterten gängigeren zweidimensionalen Diagrammen werden die Funktionen `ax.plot3d` und `ax.scatter3d` verwendet, um sie zu erstellen. Die Aufrufsignaturen sind nahezu identisch mit denen der zweidimensionalen Pendants. Sie können also in den Kapiteln 26 und 27 nachlesen, wie Sie die Ausgabe handhaben. Hier geben wir eine Spirale nebst einigen zufällig verteilten in der Nähe der Kurve befindlichen Punkten aus (siehe Abbildung 35-2).

```
In [4]: ax = plt.axes(projection='3d')

        # Daten einer dreidimensionalen Linie
        zline = np.linspace(0, 15, 1000)
        xline = np.sin(zline)
        yline = np.cos(zline)
        ax.plot3D(xline, yline, zline, 'gray')

        # Daten der dreidimensional gestreuten Punkte
        zdata = 15 * np.random.random(100)
        xdata = np.sin(zdata) + 0.1 * np.random.randn(100)
        ydata = np.cos(zdata) + 0.1 * np.random.randn(100)
        ax.scatter3D(xdata, ydata, zdata, c=zdata, cmap='Greens');
```

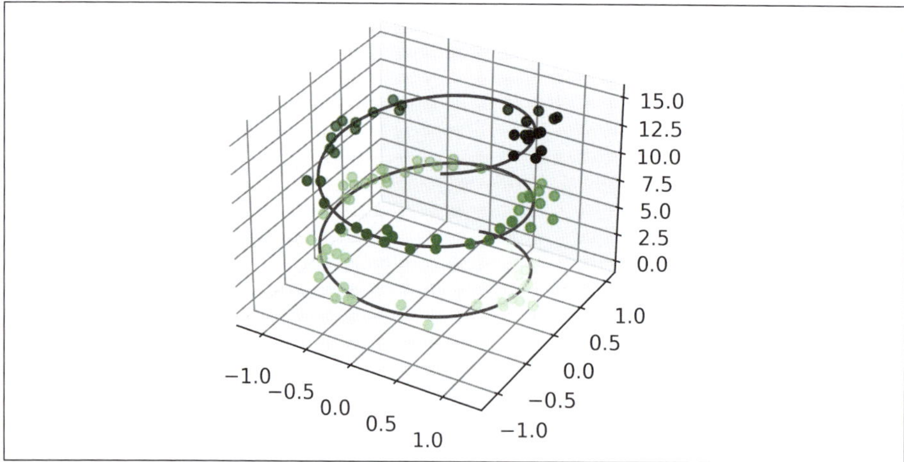

Abbildung 35-2: Punkte und Kurve in drei Dimensionen

Beachten Sie, dass die Transparenz der gestreuten Punkte so angepasst wird, dass sie einen Eindruck von der räumlichen Tiefe der Abbildung vermitteln. Der dreidimensionale Effekt ist bei einem statischen Bild oft nur schwer erkennbar, eine interaktive Ansicht gibt aber manchmal eine intuitive Vorstellung von der räumlichen Verteilung der Punkte.

Dreidimensionale Konturdiagramme

Ähnlich wie für die Konturdiagramme, die wir in Kapitel 28 erkundet haben, gibt es auch im `mplot3d`-Modul Tools zum Erstellen dreidimensionaler Diagramme, die vergleichbare Eingaben entgegennehmen. Ebenso wie bei `ax.contour`-Diagrammen müssen die Eingabedaten für `ax.contour3d` in Form normaler zweidimensionaler Raster vorliegen, deren z-Werte für jeden Punkt berechnet sind. Hier zeigen wir ein Konturdiagramm einer sinusförmigen Funktion in drei Dimensionen an (siehe Abbildung 35-3).

```
In [5]: def f(x, y):
            return np.sin(np.sqrt(x ** 2 + y ** 2))

        x = np.linspace(-6, 6, 30)
        y = np.linspace(-6, 6, 30)

        X, Y = np.meshgrid(x, y)
        Z = f(X, Y)

In [6]: fig = plt.figure()
        ax = plt.axes(projection='3d')
        ax.contour3D(X, Y, Z, 40, cmap='binary')
        ax.set_xlabel('x')
        ax.set_ylabel('y')
        ax.set_zlabel('z');
```

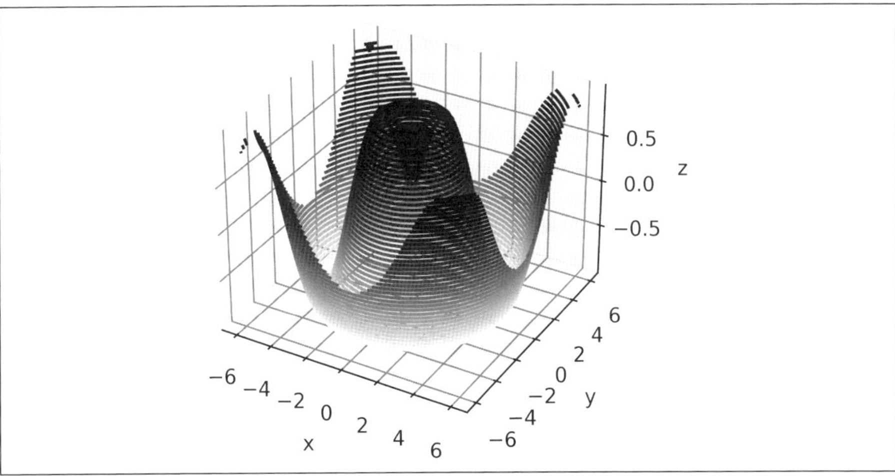

Abbildung 35-3: Ein dreidimensionales Konturdiagramm

Der voreingestellte Blickwinkel ist nicht immer optimal. Zum Ändern verwenden wir die `view_init`-Methode, um Höhenwinkel und Horizontalwinkel einzustellen. Im folgenden Beispiel (siehe Abbildung 35-4) verwenden wir einen Höhenwinkel von 60 Grad (also einen Winkel von 60 Grad zwischen Blickposition und der x-/y-Ebene) und einen Horizontalwinkel von 35 Grad (die Ansicht wird um 35 Grad entgegen dem Uhrzeigersinn um die z-Achse gedreht):

```
In [7]: ax.view_init(60, 35)
        fig
```

Auch hier sollten Sie nicht vergessen, dass Rotationen wie diese natürlich auch durch das Bewegen der Maus (mit gedrückter Maustaste) ausgeführt werden können, wenn man eine der interaktiven Benutzeroberflächen verwendet.

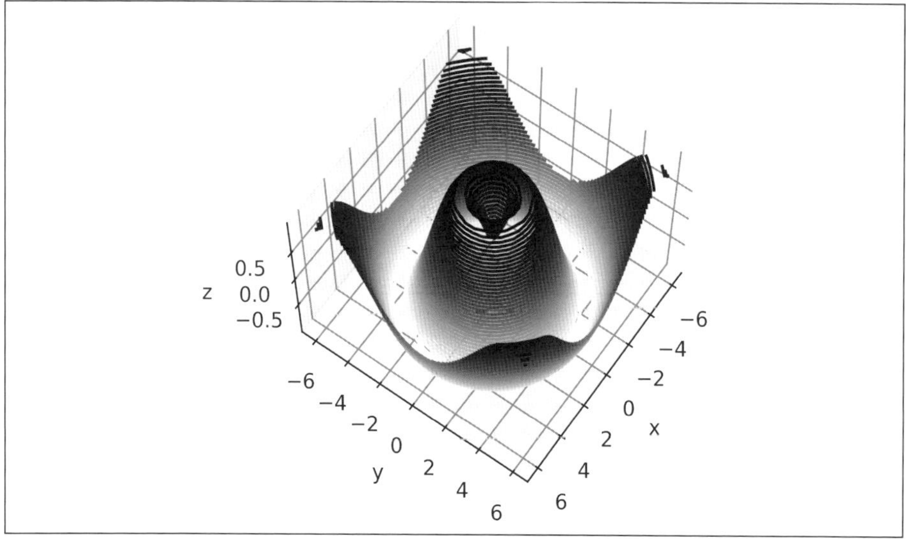

Abbildung 35-4: Anpassung des Blickwinkels auf ein dreidimensionales Diagramm

Drahtgitter- und Oberflächendiagramme

Drahtgitterdiagramme (die räumliche Abbildung eines Drahtgittermodells) und Oberflächendiagramme (die Abbildung einer Fläche im Raum) sind zwei weitere Möglichkeiten, dreidimensionale Daten darzustellen. Die übergebenen Werte werden auf die angegebene dreidimensionale Oberfläche projiziert. Die dreidimensionalen Gebilde lassen sich auf diese Weise relativ leicht visualisieren. Hier ist ein Beispiel, das ein Drahtgitter verwendet (siehe Abbildung 35-5).

```
In [8]: fig = plt.figure()
        ax = plt.axes(projection='3d')
        ax.plot_wireframe(X, Y, Z)
        ax.set_title('wireframe');
```

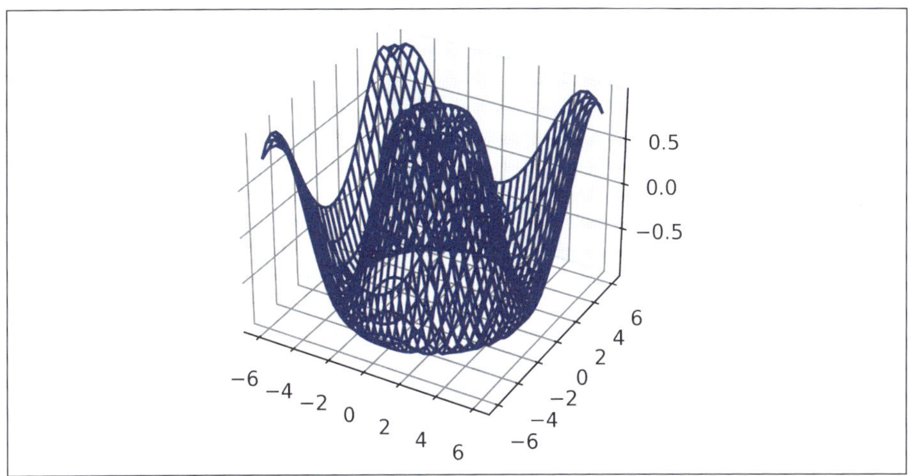

Abbildung 35-5: Ein Drahtgitterdiagramm

Das Oberflächendiagramm ist einem Drahtgitterdiagramm sehr ähnlich, allerdings werden sämtliche Oberflächenstücke des Drahtgitters als eingefärbte Polygone dargestellt. Das Hinzufügen einer Farbtabelle für die eingefärbten Polygone kann dabei helfen, die Topologie der visualisierten Oberfläche besser erkennbar zu machen, wie in Abbildung 35-6 zu sehen.

```
In [9]: ax = plt.axes(projection='3d')
        ax.plot_surface(X, Y, Z, rstride=1, cstride=1,
                        cmap='viridis', edgecolor='none')
        ax.set_title('surface');
```

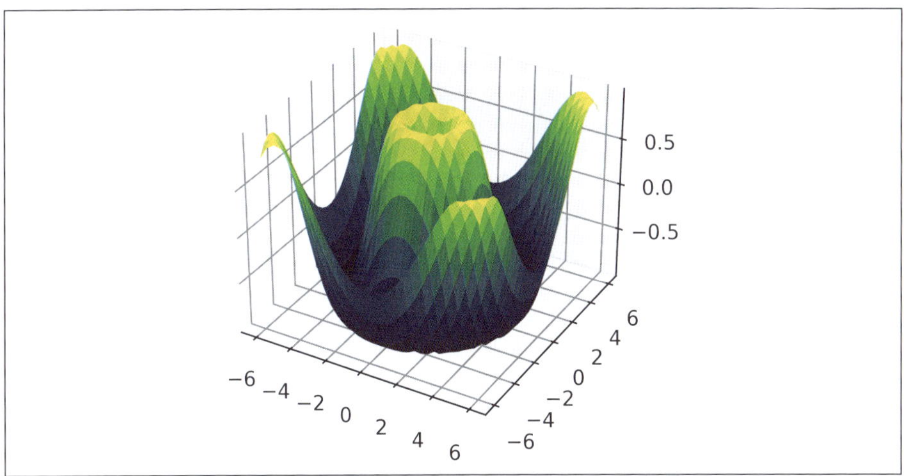

Abbildung 35-6: Ein dreidimensionales Oberflächendiagramm

Die Koordinaten der Werte für ein Oberflächendiagramm müssen zwar zweidimensional sein, aber nicht unbedingt kartesisch. Es folgt ein Beispiel in Polarkoordinaten, dessen `surface3d`-Diagramm einen Eindruck von der visualisierten Funktion verschafft (siehe Abbildung 35-7).

```
In [10]: r = np.linspace(0, 6, 20)
         theta = np.linspace(-0.9 * np.pi, 0.8 * np.pi, 40)
         r, theta = np.meshgrid(r, theta)

         X = r * np.sin(theta)
         Y = r * np.cos(theta)
         Z = f(X, Y)

         ax = plt.axes(projection='3d')
         ax.plot_surface(X, Y, Z, rstride=1, cstride=1,
                         cmap='viridis', edgecolor='none');
```

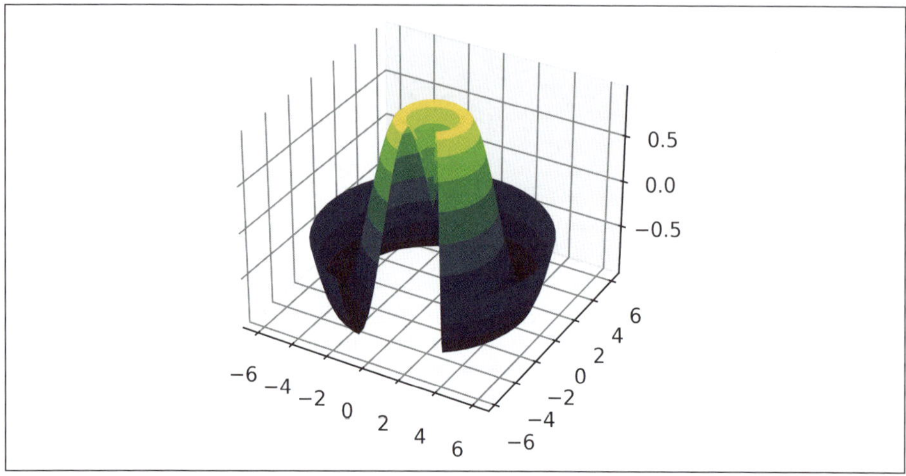

Abbildung 35-7: Oberflächendiagramm in Polarkoordinaten

Triangulation von Oberflächen

Die für die genannten Routinen erforderlichen regelmäßig aufgebauten Koordinatensysteme schränken sehr ein. Hier können auf Triangulation (Aufteilung in Dreiecke) beruhende Diagramme nützlich sein, beispielsweise wenn die Datenpunkte nicht als regelmäßiges Koordinatennetz in kartesischen Koordinaten oder Polarkoordinaten vorliegen, sondern als zufällig ausgewählte Punktmenge:

```
In [11]: theta = 2 * np.pi * np.random.random(1000)
         r = 6 * np.random.random(1000)
         x = np.ravel(r * np.sin(theta))
         y = np.ravel(r * np.cos(theta))
         z = f(x, y)
```

Um einen Eindruck von der Beschaffenheit der Oberfläche zu bekommen, können wir ein Streudiagramm der Punktmenge erstellen, wie in Abbildung 35-8 gezeigt.

```
In [12]: ax = plt.axes(projection='3d')
         ax.scatter(x, y, z, c=z, cmap='viridis', linewidth=0.5);
```

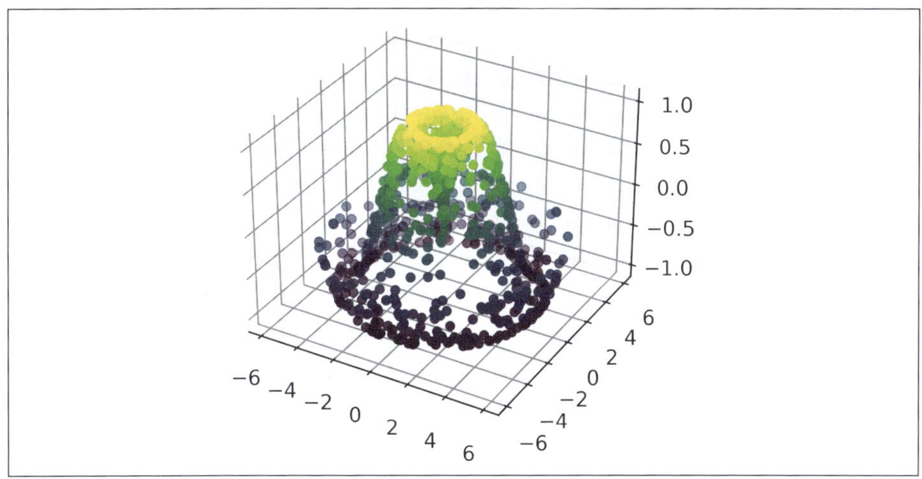

Abbildung 35-8: Dreidimensionales Streudiagramm der Punktmenge

Bei dieser Punktewolke bleibt einiges zu wünschen übrig. In diesem Fall ist die Funktion ax.plot_trisurf hilfreich. Sie erzeugt eine Menge, die aus Dreiecken besteht, die benachbarte Punkte bilden, und ermittelt so die Oberfläche. (Beachten Sie, dass x, y und z hier eindimensionale Arrays sind.) Abbildung 35-9 zeigt das Ergebnis:

```
In [13]: ax = plt.axes(projection='3d')
         ax.plot_trisurf(x, y, z,
                         cmap='viridis', edgecolor='none');
```

Zwar ist das Ergebnis sicherlich nicht so gut wie ein anhand eines regelmäßigen Koordinatennetzes erzeugtes Diagramm, aber die Flexibilität solch einer Triangulation erlaubt das Erstellen hochinteressanter dreidimensionaler Diagramme. So ist es beispielsweise möglich, ein dreidimensionales Möbiusband darzustellen, wie Sie gleich sehen werden.

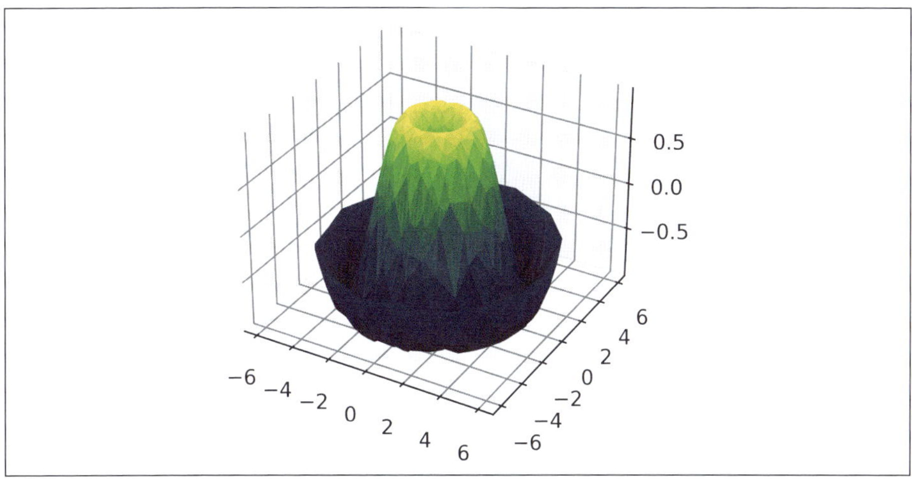

Abbildung 35-9: Ein trianguliertes Oberflächendiagramm

Beispiel: Visualisierung eines Möbiusbands

Wenn Sie einen Papierstreifen mit einer halben Drehung an beiden Enden zusammenkleben, erhalten Sie ein Möbiusband, ein Objekt mit nur einer Seite! Wir verwenden nun Matplotlibs 3-D-Tools, um solch ein Band zu visualisieren. Der Schlüssel dazu ist die Parametrisierung des Möbiusbands: Es handelt sich um eine zweidimensionale Schleife, daher benötigen wir zwei Dimensionen, die wir mit θ (Wertebereich von 0 bis 2π, entspricht einem Durchlauf der Schleife) und w (Wertebereich von –1 bis +1, entspricht der Breite des Bands) bezeichnen:

```
In [14]: theta = np.linspace(0, 2 * np.pi, 30)
         w = np.linspace(-0.25, 0.25, 8)
         w, theta = np.meshgrid(w, theta)
```

Anhand dieser Parametrisierung müssen wir die (x, y, z)-Koordinaten des Bands ermitteln.

Wenn man darüber nachdenkt, stellt man fest, dass es tatsächlich zwei Rotationen gibt: zum einen die Position des Bands bezüglich der Mitte (die wir mit θ bezeichnen), zum anderen die Verdrehung des Bands entlang seiner Achse (die wir mit φ bezeichnen). Das Möbiusband muss während eines vollständigen Durchlaufs der Schleife eine halbe Drehung vollführen – oder anders ausgedrückt $\Delta\varphi = \Delta\theta/2$:

```
In [15]: phi = 0.5 * theta
```

Nun wird etwas Trigonometrie benötigt, um die Einbettung des Objekts in den dreidimensionalen Raum herzuleiten. Wir definieren r als den Abstand eines Punkts vom Koordinatenursprung und können damit die (x, y, z)-Koordinaten angeben:

```
In [16]: # Radius in der x-y-Ebene
         r = 1 + w * np.cos(phi)

         x = np.ravel(r * np.cos(theta))
         y = np.ravel(r * np.sin(theta))
         z = np.ravel(w * np.sin(phi))
```

Bevor wir das Objekt anzeigen können, müssen wir uns vergewissern, dass die Triangulation korrekt ist. Am besten definiert man die Triangulation *innerhalb der zugrunde liegenden Parametrisierung* und lässt Matplotlib dann die Projektion dieser Triangulation in den dreidimensionalen Raum des Möbiusbands durchführen. Das gelingt folgendermaßen (siehe Abbildung 35-10):

```
In [17]: # Triangulation innerhalb der zugrunde liegenden
         # Parametrisierung durchführen.
         from matplotlib.tri import Triangulation
         tri = Triangulation(np.ravel(w), np.ravel(theta))

         ax = plt.axes(projection='3d')
         ax.plot_trisurf(x, y, z, triangles=tri.triangles,
                         cmap='Greys', linewidths=0.2);

         ax.set_xlim(-1, 1); ax.set_ylim(-1, 1); ax.set_zlim(-1, 1)
         ax.axis('off');
```

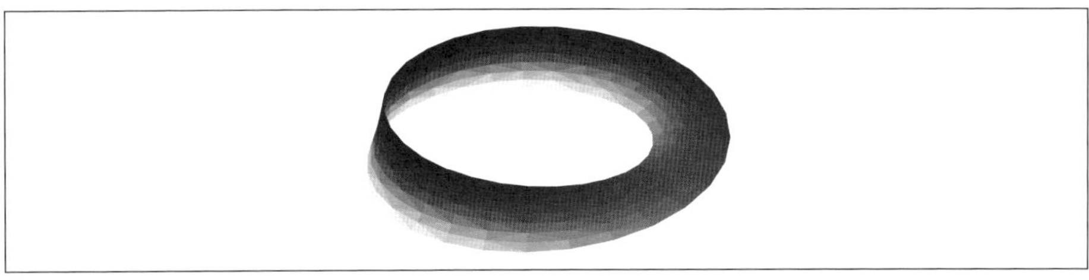

Abbildung 35-10: Visualisierung eines Möbiusbands

Die Kombination all dieser Verfahren ermöglicht es, mit Matplotlib ein breites Spektrum dreidimensionaler Objekte zu erstellen und anzuzeigen.

KAPITEL 36

Visualisierung mit Seaborn

Matplotlib bildet seit Jahrzehnten den Kern wissenschaftlicher Visualisierungen in Python, aber selbst eingefleischte Benutzerinnen und Benutzer müssen zugeben, dass die Bibliothek einiges zu wünschen übrig lässt. Hier ein paar der durchaus berechtigten Kritikpunkte:

- Ein besonders in den Anfangszeiten häufig geäußerter Kritikpunkt, der inzwischen überholt ist: Die vor Version 2.0 voreingestellten Werte für Farbe und Stil waren nicht immer die beste Wahl und machten einen veralteten Eindruck.
- Die Matplotlib-API ist relativ maschinennah. Ausgefeilte statistische Visualisierungen sind zwar machbar, aber dafür ist meist *eine Menge* Code zum Einrichten der Umgebung erforderlich.
- Matplotlib ist mehr als ein Jahrzehnt älter als Pandas und ist daher nicht dafür konzipiert, Pandas-`DataFrame`-Objekte zu verwenden. Wenn Sie Daten visualisieren möchten, die in einem `DataFrame` gespeichert sind, müssen Sie die `Series`-Objekte extrahieren und oft auch noch miteinander verketten, damit die Daten in einem geeigneten Format vorliegen. Es wäre schön, eine Bibliothek zum Erstellen von Diagrammen zu haben, die auf intelligente Art von den in `DataFrames` enthaltenen Spaltenbezeichnungen Gebrauch machen kann.

Eine Lösung dieser Probleme stellt Seaborn (*http://seaborn.pydata.org*) dar. Diese Bibliothek stellt eine API zur Verfügung, die auf Matplotlib aufbaut, vernünftige Voreinstellungen für Diagramme und Farben sowie einfache Funktionen für gebräuchliche statistische Diagramme bietet und darüber hinaus die von Pandas bereitgestellte Funktionalität einbindet.

Fairerweise muss gesagt werden, dass auch das Matplotlib-Team auf die veränderten Umstände reagiert, indem es die in Kapitel 34 vorgestellten `plt.style`-Tools bereitgestellt hat. Außerdem werden Pandas-Daten inzwischen deutlich besser in Matplotlib integriert. Seaborn wird aus den genannten Gründen aber weiterhin eine äußerst nützliche Erweiterung bleiben.

Per Konvention wird Seaborn oft als `sns` importiert:

```
In [1]: %matplotlib inline
        import matplotlib.pyplot as plt
```

```
import seaborn as sns
import numpy as np
import pandas as pd

sns.set()  # die Seaborn-Methode zum Einstellen
           # des Diagrammstils
```

Seaborn-Diagramme

Seaborn liegt die Idee zugrunde, umfassende Befehle zum Erstellen vielfältiger Diagramme bereitzustellen, die sich bei statistischen Auswertungen und sogar statistischen Fit-Modellen als nützlich erweisen.

Wir sehen uns nun einige dieser Datenmengen und die in Seaborn verfügbaren Diagramme an. Beachten Sie hier, dass das Folgende durchaus auch mit reinem Matplotlib-Code erreicht werden *könnte* (tatsächlich geschieht genau das hinter den Kulissen), aber die Seaborn-API ist viel komfortabler.

Histogramme, KDE und Dichten

Für die Visualisierung statistischer Daten sind oft nur Histogramme und Diagramme der Verteilung von Variablen erforderlich. In Matplotlib ist das relativ unkompliziert (siehe Abbildung 36-1).

```
In [2]: data = np.random.multivariate_normal([0, 0], [[5, 2], [2, 2]], size=2000)
        data = pd.DataFrame(data, columns=['x', 'y'])

        for col in 'xy':
            plt.hist(data[col], density=True, alpha=0.5)
```

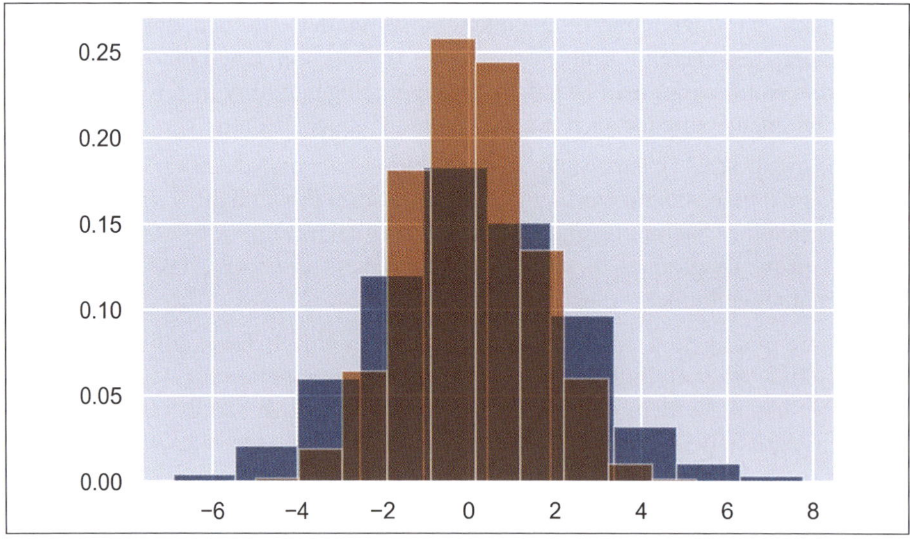

Abbildung 36-1: Histogramm zur Visualisierung von Verteilungen

Statt nur ein Histogramm als visuelle Ausgabe zu verwenden, können wir eine Kerndichteschätzung (engl. *Kernel Density Estimation*, kurz *KDE*, gezeigt in Kapitel 28) berechnen, die Seaborn mit der Funktion `sns.kdeplot` erledigt (siehe Abbildung 36-2).

```
In [3]: sns.kdeplot(data=data, shade=True);
```

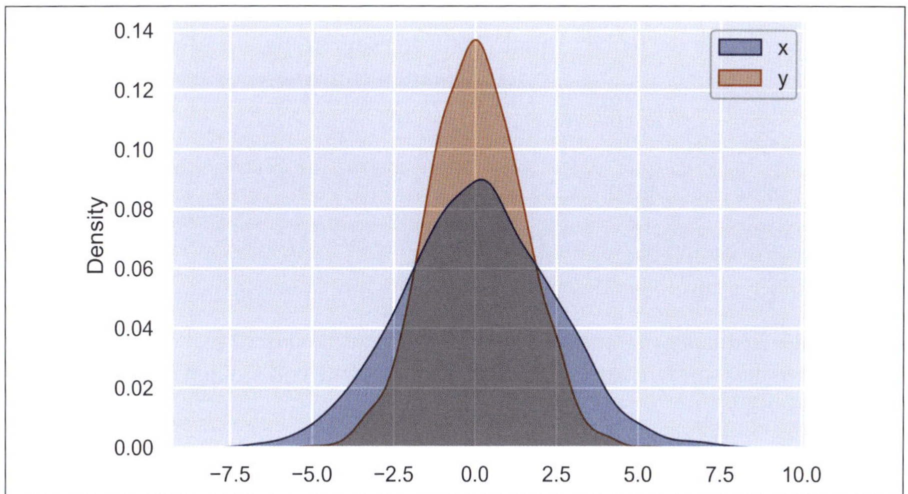

Abbildung 36-2: Kerndichteschätzungen zur Visualisierung von Verteilungen

Wenn wir `sns.kdeplot` die Spalten `x` und `y` übergeben, erhalten wir stattdessen eine zweidimensionale Visualisierung der kombinierten Daten (siehe Abbildung 36-3).

```
In [4]: sns.kdeplot(data=data, x='x', y='y');
```

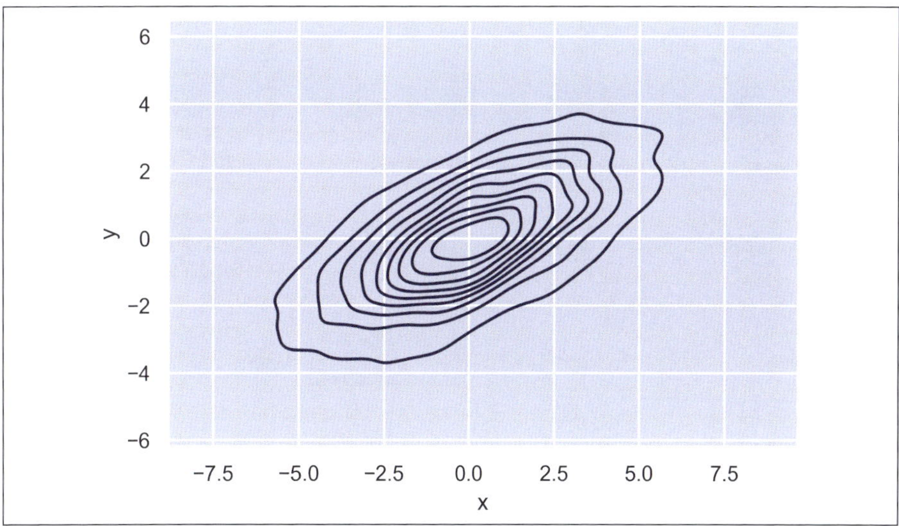

Abbildung 36-3: Zweidimensionales Kerndichtediagramm

Mehrere Verteilungen und deren Randverteilung können wir anzeigen, indem wir `sns.jointplot` verwenden, auf das wir in diesem Kapitel noch näher eingehen werden.

Paarweise Diagramme

Wenn man so zusammengesetzte Diagramme auf mehrdimensionale Datenmengen ausdehnt, erhält man eine Matrix *paarweiser Diagramme*, die bei der Untersuchung der paarweisen Korrelationen der Features einer mehrdimensionalen Datenmenge äußerst nützlich sind, um alle Wertepaarungen gegeneinander aufzutragen.

Wir verwenden hier die wohlbekannte Iris-Datensammlung, die Messwerte der Blüten- und Kelchblätter von drei Schwertlilienarten enthält:

```
In [5]: iris = sns.load_dataset("iris")
        iris.head()
Out[5]:    sepal_length  sepal_width  petal_length  petal_width species
        0           5.1          3.5           1.4          0.2  setosa
        1           4.9          3.0           1.4          0.2  setosa
        2           4.7          3.2           1.3          0.2  setosa
        3           4.6          3.1           1.5          0.2  setosa
        4           5.0          3.6           1.4          0.2  setosa
```

Die Visualisierung der mehrdimensionalen Korrelationen der Features der verschiedenen Blumenexemplare erfolgt einfach durch Aufruf von `sns.pairplot` (siehe Abbildung 36-4).

```
In [6]: sns.pairplot(iris, hue='species', height=2.5);
```

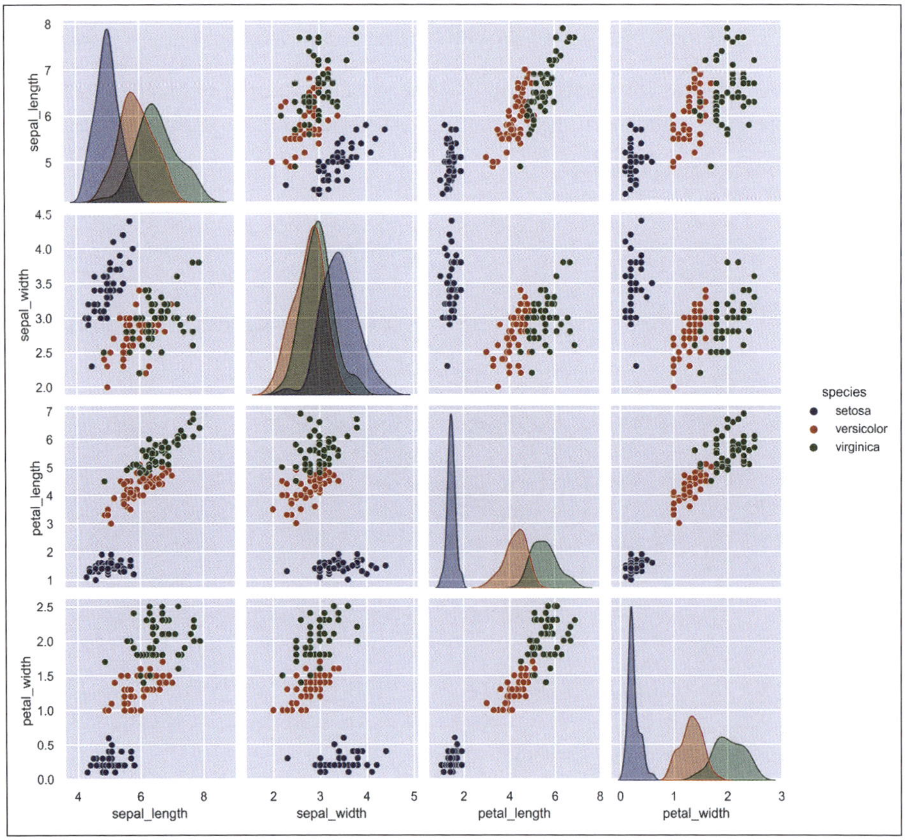

Abbildung 36-4: Die Diagrammmatrix zeigt die paarweisen Korrelationen von vier Variablen.

FacetGrid-Histogramme

Manche Daten sollten am besten als Histogramme von Untermengen dargestellt werden, wie in Abbildung 36-5 gezeigt. Das wird mit Seaborns `FacetGrid` zum Kinderspiel. Wir untersuchen hier Daten, die darüber Auskunft geben, wie viel Trinkgelder (*tips*) die Angestellten eines Restaurants erhalten, wenn bestimmte Voraussetzungen gegeben sind:[1]

```
In [7]: tips = sns.load_dataset('tips')
        tips.head()
Out[7]:    total_bill   tip     sex smoker  day    time  size
        0       16.99  1.01  Female     No  Sun  Dinner     2
        1       10.34  1.66    Male     No  Sun  Dinner     3
        2       21.01  3.50    Male     No  Sun  Dinner     3
        3       23.68  3.31    Male     No  Sun  Dinner     2
        4       24.59  3.61  Female     No  Sun  Dinner     4

In [8]: tips['tip_pct'] = 100 * tips['tip'] / tips['total_bill']

        grid = sns.FacetGrid(tips, row="sex", col="time", margin_titles=True)
        grid.map(plt.hist, "tip_pct", bins=np.linspace(0, 40, 15));
```

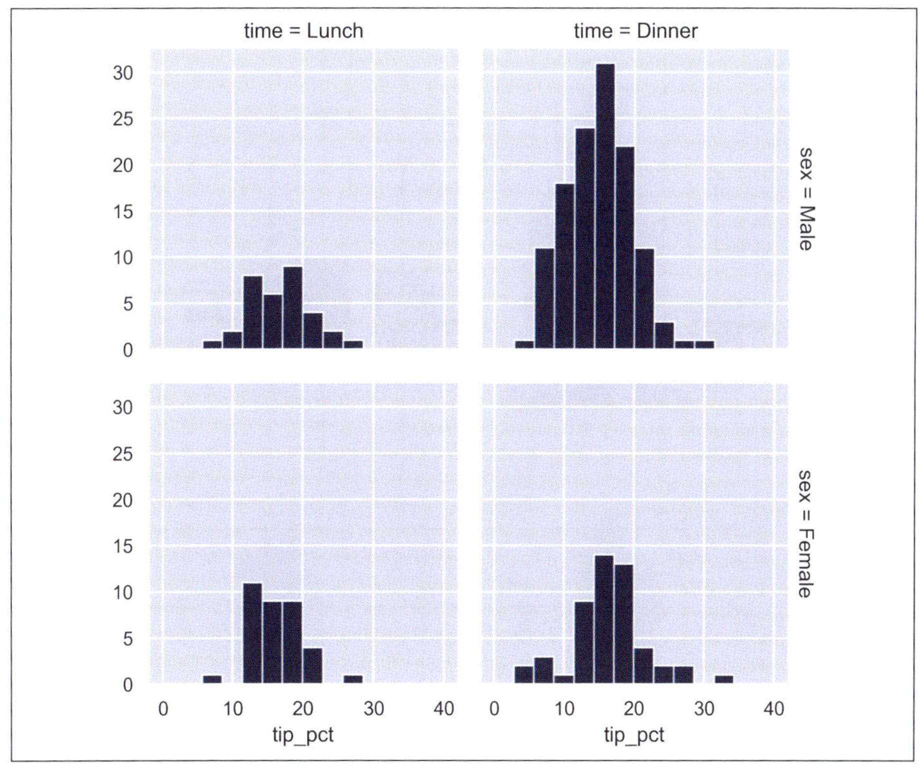

Abbildung 36-5: Beispiel für FacetGrid-Histogramme

1 Die in diesem Abschnitt verwendeten Daten unterteilen Restaurantangestellte in zwei Geschlechter: männlich und weiblich. Obwohl das biologische Geschlecht nicht binär ist, sind die folgende Diskussion und die Visualisierung durch diese Daten beschränkt.

Dieses auf Untermengen basierende Diagramm ermöglicht einige schnelle Einblicke in die Datenmenge. So sehen wir beispielsweise, dass es deutlich mehr Daten zu männlichen Angestellten während des Abendessens (Dinner) gibt als in anderen Kategorien. Ein typisches Trinkgeld liegt ungefähr bei 10 bis 20% mit Ausreißern auf beiden Seiten.

Kategoriale Diagramme

Kategoriale Diagramme sind für diese Art der Visualisierung ebenfalls geeignet. Auf diese Weise können Sie die Verteilung eines Parameters innerhalb eines durch einen anderen Parameter definierten Wertebereichs anzeigen, wie in Abbildung 36-6 gezeigt.

```
In [9]: with sns.axes_style(style='ticks'):
            g = sns.catplot(x="day", y="total_bill", hue="sex",
                            data=tips, kind="box")
            g.set_axis_labels("Day", "Total Bill");
```

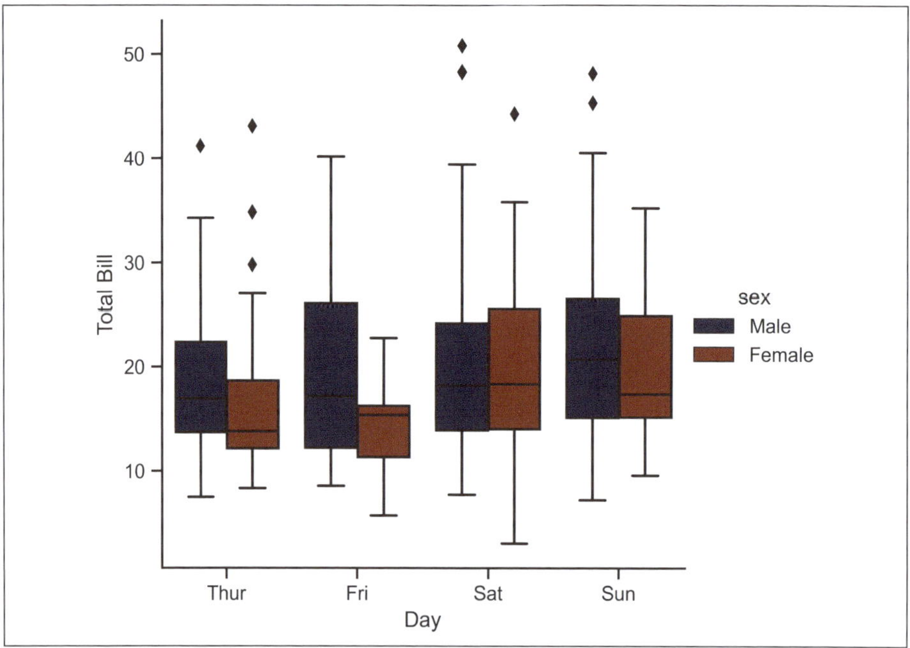

Abbildung 36-6: Ein Beispiel für ein kategoriales Diagramm, das die Verteilung verschiedener diskreter Werte vergleicht

Mehrere Verteilungen

Mit der Funktion sns.jointplot können wir die Verteilungen mehrerer Datenmengen zusammen mit deren Randverteilung darstellen (siehe Abbildung 36-7).

```
In [10]: with sns.axes_style('white'):
             sns.jointplot(x="total_bill", y="tip", data=tips, kind='hex')
```

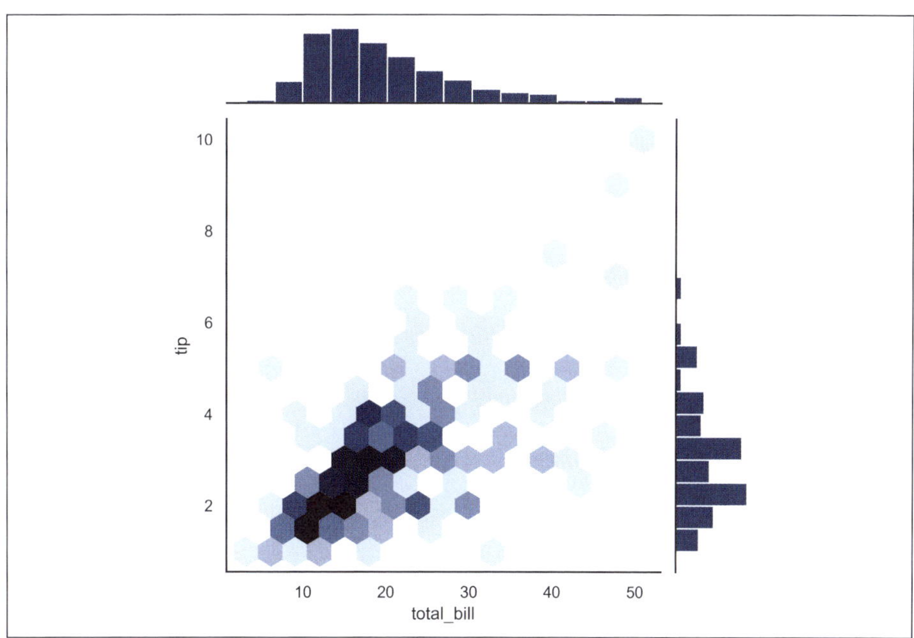

Abbildung 36-7: Ein Diagramm mehrerer Verteilungen

Man kann sogar eine automatische Kerndichteschätzung und eine Regression vornehmen (siehe Abbildung 36-8).

```
In [11]: sns.jointplot(x="total_bill", y="tip", data=tips, kind='reg');
```

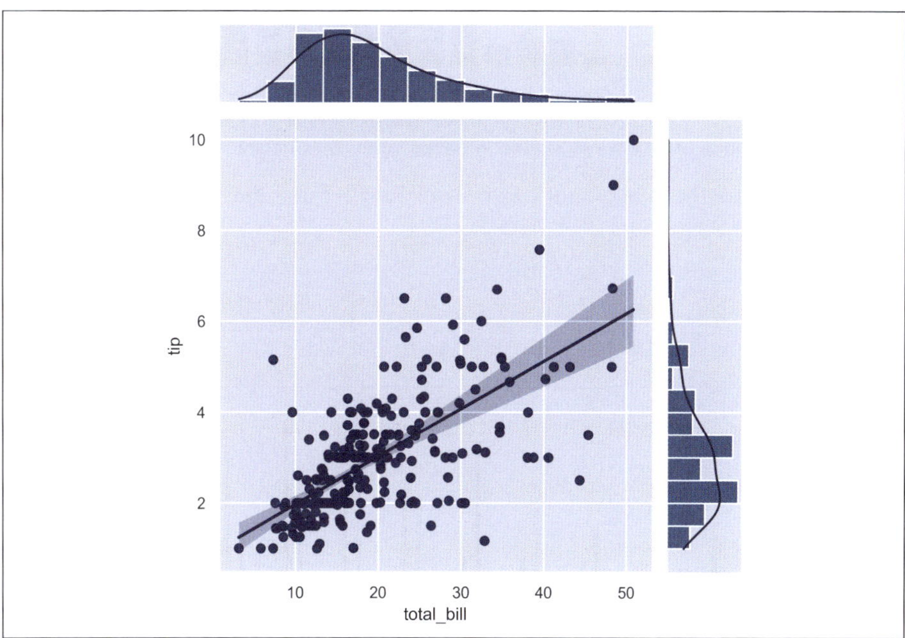

Abbildung 36-8: Diagramm mit einem Fit durch Regression

Balkendiagramme

Mit sns.factorplot können Diagramme von Zeitreihen erstellt werden. Im folgenden Beispiel verwenden wir die Planetendaten aus Kapitel 20. Das Ergebnis sehen Sie in Abbildung 36-9.

```
In [12]: planets = sns.load_dataset('planets')
         planets.head()
Out[12]:            method  number  orbital_period   mass  distance  year
         0  Radial Velocity       1         269.300   7.10     77.40  2006
         1  Radial Velocity       1         874.774   2.21     56.95  2008
         2  Radial Velocity       1         763.000   2.60     19.84  2011
         3  Radial Velocity       1         326.030  19.40    110.62  2007
         4  Radial Velocity       1         516.220  10.50    119.47  2009

In [13]: with sns.axes_style('white'):
             g = sns.catplot(x="year", data=planets, aspect=2,
                             kind="count", color='steelblue')
             g.set_xticklabels(step=5)
```

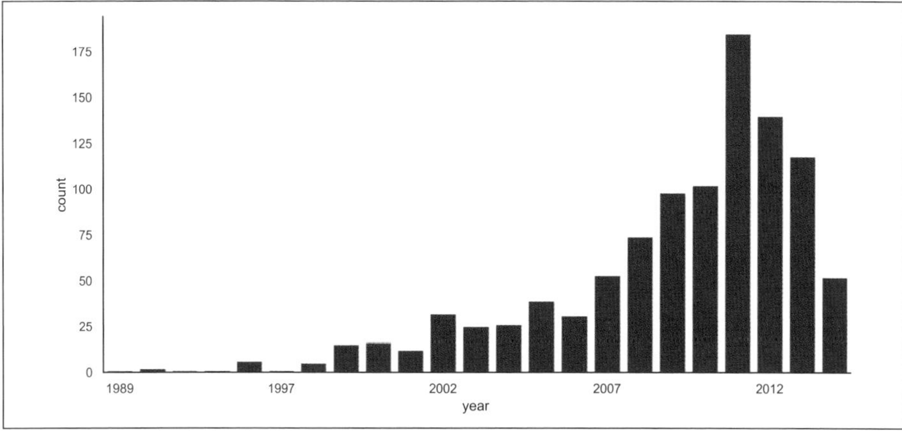

Abbildung 36-9: Ein Histogramm als Sonderfall eines kategorialen Diagramms

Interessant ist auch ein Blick auf das bei der Entdeckung der Planeten eingesetzte Verfahren (siehe Abbildung 36-10).

```
In [14]: with sns.axes_style('white'):
             g = sns.catplot(x="year", data=planets, aspect=4.0, kind='count',
                             hue='method', order=range(2001, 2015))
             g.set_ylabels('Number of Planets Discovered')
```

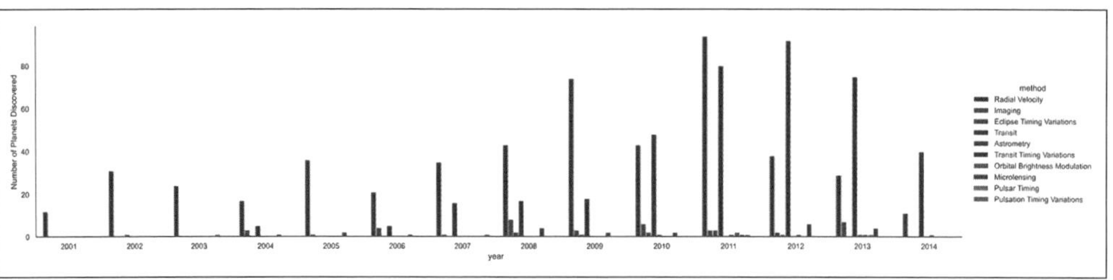

Abbildung 36-10: Anzahl der entdeckten Planeten, aufgeschlüsselt nach Jahr und verwendetem Verfahren

Weitere Informationen zur Erstellung von Diagrammen mit Seaborn finden Sie in der Seaborn-Dokumentation (*https://oreil.ly/fCHxn*) und besonders auch in der Beispielgalerie (*https://oreil.ly/08xGE*).

Beispiel: Ergebnisse eines Marathonlaufs

Wir werden nun Seaborn einsetzen, um die Ergebnisse eines Marathonlaufs zu visualisieren und zu verstehen.[2] Ich habe die Daten verschiedenen Quellen aus dem Internet entnommen, sie anonymisiert und auf GitHub zum Herunterladen bereitgestellt.[3]

Als Erstes laden wir die Daten herunter und lesen sie mit Pandas ein:

```
In [15]: # url = ('https://raw.githubusercontent.com/jakevdp/'
         #        'marathon-data/master/marathon-data.csv')
         # !cd data && curl -O {url}

In [16]: data = pd.read_csv('data/marathon-data.csv')
         data.head()
Out[16]:    age gender     split     final
         0   33      M  01:05:38  02:08:51
         1   32      M  01:06:26  02:09:28
         2   31      M  01:06:49  02:10:42
         3   38      M  01:06:16  02:13:45
         4   31      M  01:06:32  02:13:59
```

Beachten Sie, dass Pandas die Spalten, die Zeiten enthalten, als Python-Strings (Datentyp `object`) gespeichert hat. Das wird deutlich, wenn man das `dtypes`-Attribut eines `DataFrame` anzeigt:

```
In [17]: data.dtypes
Out[17]: age        int64
         gender    object
         split     object
         final     object
         dtype: object
```

Um das zu ändern, definieren wir eine Funktion zum Konvertieren der Zeiten:

```
In [18]: import datetime

         def convert_time(s):
             h, m, s = map(int, s.split(':'))
             return datetime.timedelta(hours=h, minutes=m, seconds=s)

         data = pd.read_csv('data/marathon-data.csv',
                            converters={'split':convert_time, 'final':convert_time})
         data.head()
```

2 Die in diesem Abschnitt verwendeten Marathondaten teilen die Laufenden in zwei Geschlechter ein: Männer und Frauen. Obwohl das biologische Geschlecht nicht binär ist, verwenden die folgenden Diskussionen und Visualisierungen aufgrund der vorliegenden Daten diese Unterteilung.

3 Falls Sie größeres Interesse haben, Python für das Web Scraping zu verwenden, empfehle ich Ihnen das Buch *Web Scraping with Python* (*https://oreil.ly/e3Xdg*) von Ryan Mitchell, das ebenfalls bei O'Reilly erschienen ist.

```
Out[18]:    age gender           split           final
         0   33      M 0 days 01:05:38 0 days 02:08:51
         1   32      M 0 days 01:06:26 0 days 02:09:28
         2   31      M 0 days 01:06:49 0 days 02:10:42
         3   38      M 0 days 01:06:16 0 days 02:13:45
         4   31      M 0 days 01:06:32 0 days 02:13:59

In [19]: data.dtypes
Out[19]: age                 int64
         gender             object
         split     timedelta64[ns]
         final     timedelta64[ns]
         dtype: object
```

Das wird die Arbeit mit den zeitbasierten Daten erleichtern. Für die Verwendung der Seaborn-Tools zum Erstellen von Diagrammen fügen wir Spalten hinzu, die die Zeiten in Sekunden angeben:

```
In [20]: data['split_sec'] = data['split'].view(int) / 1E9
         data['final_sec'] = data['final'].view(int) / 1E9
         data.head()
Out[20]:    age gender           split           final  split_sec  final_sec
         0   33      M 0 days 01:05:38 0 days 02:08:51     3938.0     7731.0
         1   32      M 0 days 01:06:26 0 days 02:09:28     3986.0     7768.0
         2   31      M 0 days 01:06:49 0 days 02:10:42     4009.0     7842.0
         3   38      M 0 days 01:06:16 0 days 02:13:45     3976.0     8025.0
         4   31      M 0 days 01:06:32 0 days 02:13:59     3992.0     8039.0
```

Damit Sie eine Vorstellung davon bekommen, wie die Daten aussehen, erstellen Sie mit `jointplot` ein Diagramm. Das Ergebnis sehen Sie in Abbildung 36-11.

```
In [21]: with sns.axes_style('white'):
             g = sns.jointplot(x='split_sec', y='final_sec', data=data, kind='hex')
             g.ax_joint.plot(np.linspace(4000, 16000),
                             np.linspace(8000, 32000), ':k')
```

Die gepunktete Linie zeigt die Position der Zeit eines Läufers an, der den gesamten Marathon mit absolut konstanter Geschwindigkeit absolviert. Dass sich die Verteilung oberhalb dieser Geraden befindet, weist darauf hin, dass die meisten Menschen (wie erwartet) im Verlauf des Marathons langsamer werden. Wenn jemand die Strategie verfolgt, die zweite Hälfte eines Rennens schneller zu laufen als die erste, sprechen wir von einem »negativen Zwischenzeitanteil«.

Für diesen Zwischenzeitanteil (`split_frac`) erstellen wir nun eine weitere Spalte. Der Wert ist ein Maß dafür, wie groß die Abweichung der Zwischenzeiten der Läuferinnen und Läufer von der Hälfte ihrer Endzeiten ist:

```
In [22]: data['split_frac'] = 1 - 2 * data['split_sec'] / data['final_sec']
         data.head()
Out[22]:    age gender           split           final  split_sec  final_sec  \
         0   33      M 0 days 01:05:38 0 days 02:08:51     3938.0     7731.0
         1   32      M 0 days 01:06:26 0 days 02:09:28     3986.0     7768.0
         2   31      M 0 days 01:06:49 0 days 02:10:42     4009.0     7842.0
         3   38      M 0 days 01:06:16 0 days 02:13:45     3976.0     8025.0
         4   31      M 0 days 01:06:32 0 days 02:13:59     3992.0     8039.0

            split_frac
         0   -0.018756
```

```
1   -0.026262
2   -0.022443
3    0.009097
4    0.006842
```

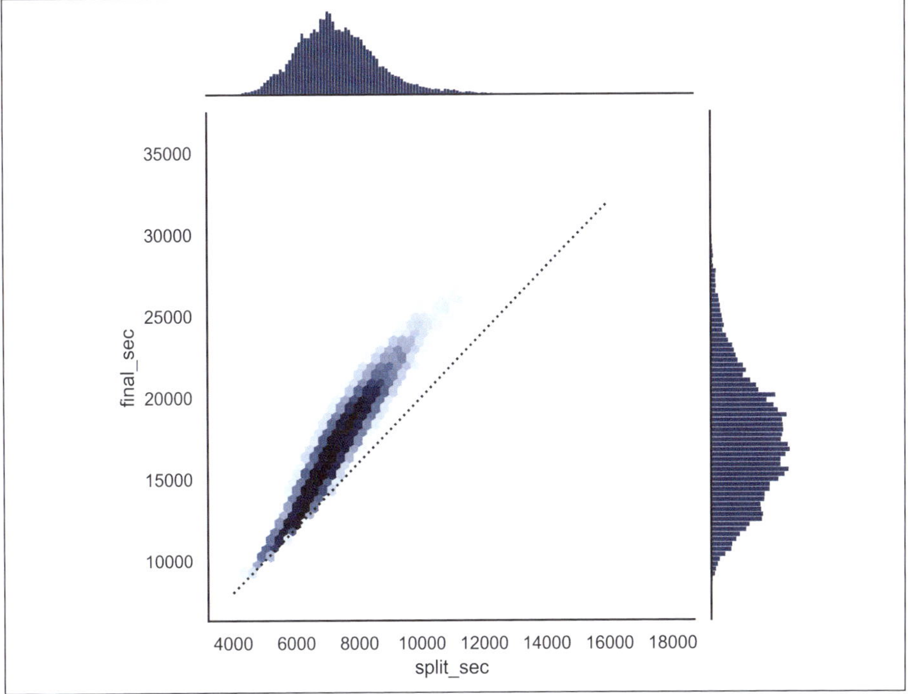

Abbildung 36-11: Der Zusammenhang zwischen den Endzeiten des Marathons und den Zwischenzeiten auf halber Strecke

Wenn dieser Wert negativ ist, ist der entsprechende Läufer im zweiten Teil des Marathons schneller gelaufen als im ersten. Diese Verteilung stellen wir als Diagramm dar (siehe Abbildung 36-12).

```
In [23]: sns.displot(data['split_frac'], kde=False)
         plt.axvline(0, color="k", linestyle="--");

In [24]: sum(data.split_frac < 0)
Out[24]: 251
```

Von den fast 40.000 Teilnehmern sind nur 251 in der zweiten Hälfte des Marathons schneller gelaufen als in der ersten.

Nun prüfen wir, ob zwischen diesem Wert und anderen Variablen eine Korrelation vorhanden ist. Dazu verwenden wir ein `PairGrid`, das Diagramme all dieser Korrelationen ausgibt (siehe Abbildung 36-13).

```
In [25]: g = sns.PairGrid(data, vars=['age', 'split_sec', 'final_sec', 'split_
frac'],
                         hue='gender', palette='RdBu_r')
         g.map(plt.scatter, alpha=0.8)
         g.add_legend();
```

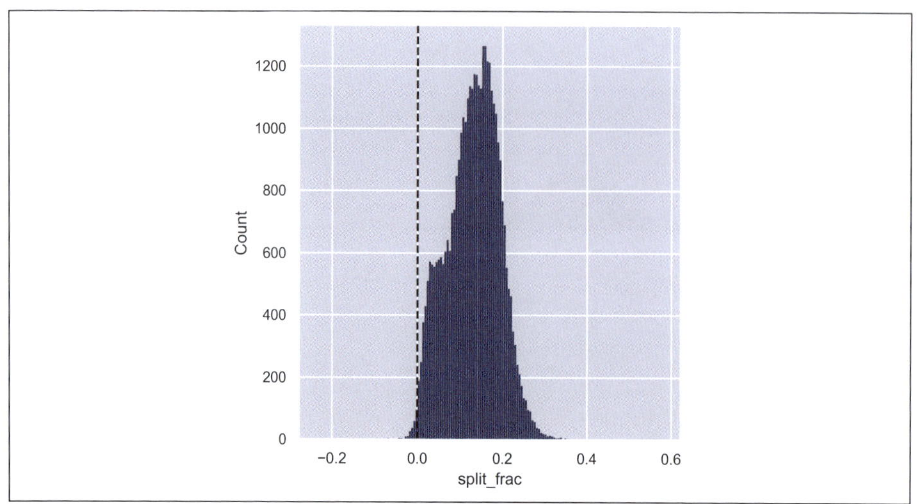

Abbildung 36-12: Die Verteilung der Zwischenzeitanteile; 0.0 bedeutet, dass die erste und die zweite Hälfte des Marathons in gleichem Tempo absolviert wurde.

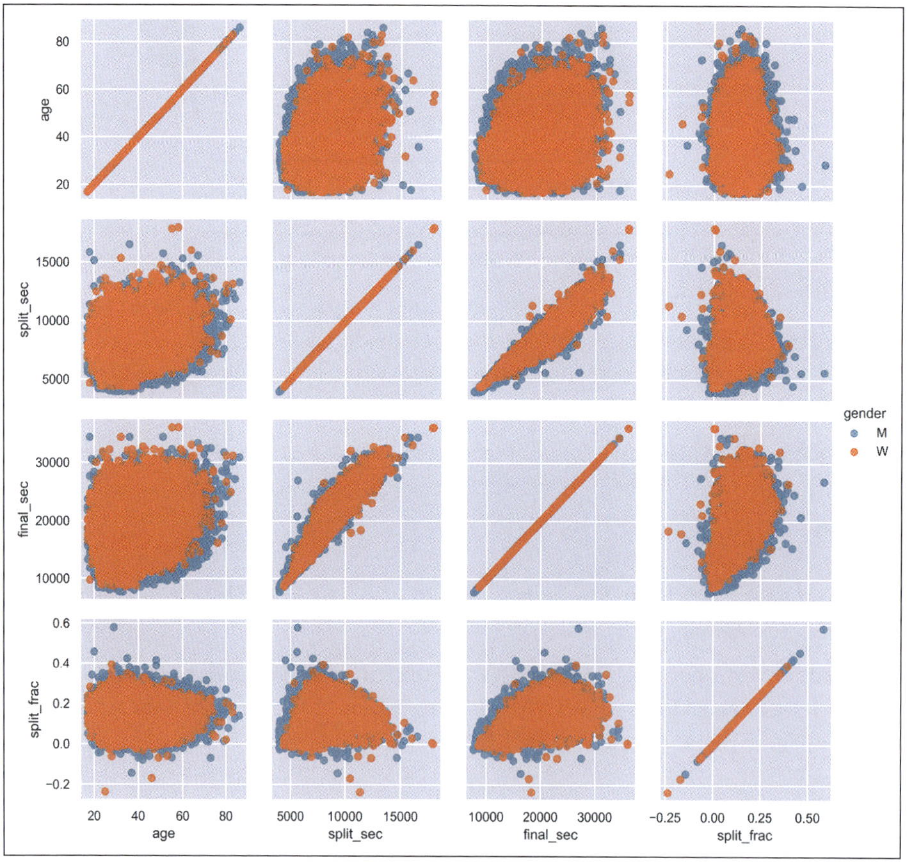

Abbildung 36-13: Korrelationen der Werte in den Marathon-Datensätzen

Der Zwischenzeitanteil scheint nicht besonders ausgeprägt mit dem Alter zu korrelieren, sehr wohl aber mit der Endzeit: Schnellere Teilnehmende laufen die zweite Hälfte tendenziell fast genauso schnell wie die erste. Zoomen wir in das Histogramm der nach Geschlechtern getrennten Zwischenzeitanteile hinein, erhalten wir das in Abbildung 36-14 gezeigte Diagramm.

```
In [26]: sns.kdeplot(data.split_frac[data.gender=='M'], label='men', shade=True)
         sns.kdeplot(data.split_frac[data.gender=='W'], label='women', shade=True)
         plt.xlabel('split_frac');
```

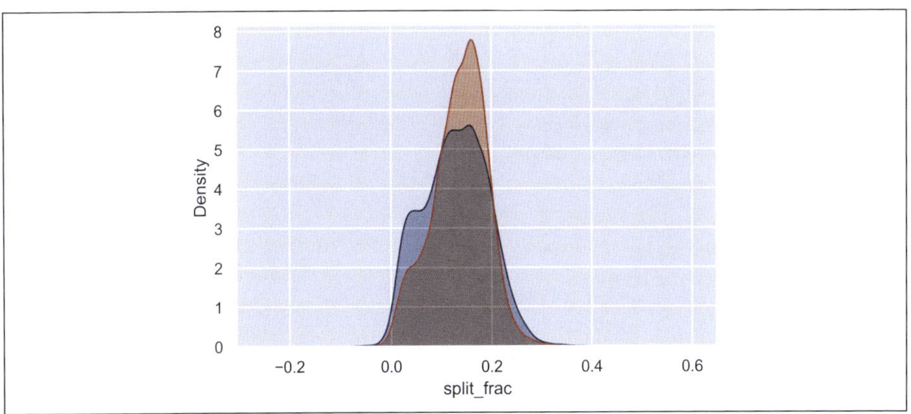

Abbildung 36-14: Die nach Geschlecht aufgeschlüsselte Verteilung

Das Interessante ist, dass es viel mehr Männer als Frauen gibt, die den zweiten Teil des Marathons in einer Zeit laufen, die der Zwischenzeit der ersten Hälfte nahekommt. Das sieht fast nach einer bimodalen Verteilung von Männern und Frauen aus. Vielleicht können wir herausbekommen, was hier vor sich geht, wenn wir die Verteilung als Funktion des Alters betrachten.

Ein *Violinendiagramm* stellt eine gute Möglichkeit dar, solche Verteilungen zu vergleichen, wie in Abbildung 36-15 zu sehen.

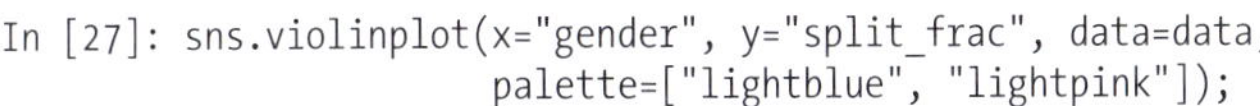

```
In [27]: sns.violinplot(x="gender", y="split_frac", data=data,
                        palette=["lightblue", "lightpink"]);
```

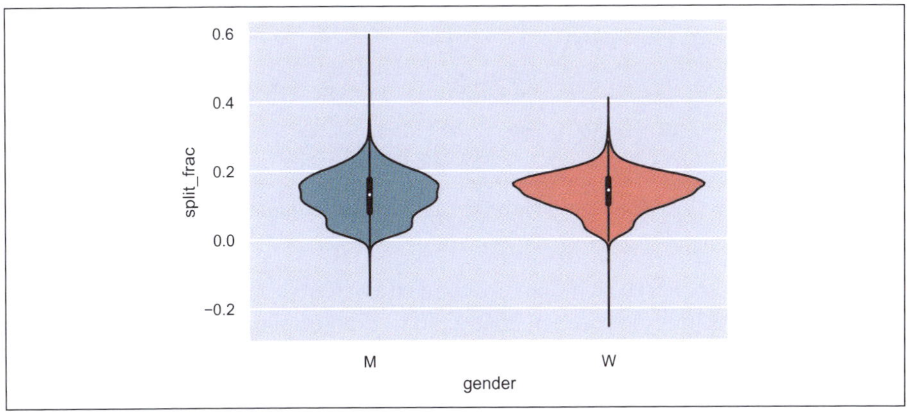

Abbildung 36-15: Violinendiagramme der Verteilungen der Zwischenzeitanteile nach Geschlecht

Um der Sache auf den Grund zu gehen, vergleichen wir nun Violinendiagramme als Funktion des Alters (siehe Abbildung 36-16). Zu diesem Zweck erstellen wir im Array eine weitere Spalte, die den Altersbereich der jeweiligen Person als Lebensjahrzehnt (age_dec) angibt.

```
In [28]: data['age_dec'] = data.age.map(lambda age: 10 * (age // 10))
         data.head()
Out[28]:    age gender           split             final  split_sec  final_sec  \
         0   33      M 0 days 01:05:38 0 days 02:08:51     3938.0     7731.0
         1   32      M 0 days 01:06:26 0 days 02:09:28     3986.0     7768.0
         2   31      M 0 days 01:06:49 0 days 02:10:42     4009.0     7842.0
         3   38      M 0 days 01:06:16 0 days 02:13:45     3976.0     8025.0
         4   31      M 0 days 01:06:32 0 days 02:13:59     3992.0     8039.0

            split_frac  age_dec
         0   -0.018756       30
         1   -0.026262       30
         2   -0.022443       30
         3    0.009097       30
         4    0.006842       30

In [29]: men = (data.gender == 'M')
         women = (data.gender == 'W')

         with sns.axes_style(style=None):
             sns.violinplot(x="age_dec", y="split_frac", hue="gender", data=data,
                            split=True, inner="quartile",
                            palette=["lightblue", "lightpink"]);
```

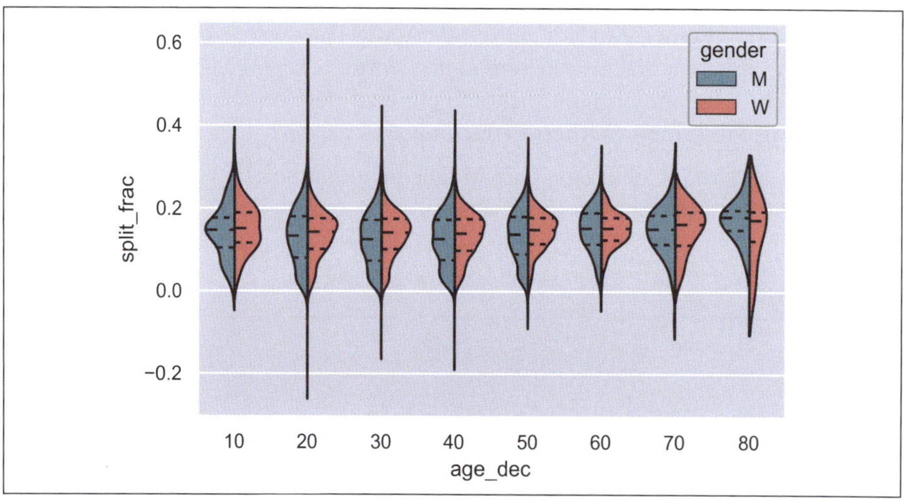

Abbildung 36-16: Die Violinendiagramme zeigen die Zwischenzeitanteile nach Geschlecht und Alter.

Es ist erkennbar, inwiefern sich die Verteilungen zwischen Männern und Frauen unterscheiden: Bei Männern zwischen 20 und 50 ist die Verteilung bei niedrigeren Zwischenzeitanteilen deutlich ausgeprägter als bei Frauen desselben Alters (bzw. fast jeden Alters).

Erstaunlich ist zudem, dass Frauen über 80 hinsichtlich der Zwischenzeitanteile scheinbar *alle anderen* Altersgruppen übertreffen. Das ist vermutlich der Tatsache geschuldet, dass wir die Verteilung anhand weniger Daten abschätzen (*Small Number Effect*), weil es in dieser Altersgruppe nur eine Handvoll Mitlaufender gibt:

```
In [30]: (data.age > 80).sum()
Out[30]: 7
```

Zurück zu den Männern mit negativen Zwischenzeitanteilen: Wer sind diese Läufer? Korreliert der Zwischenzeitanteil mit schnellen Endzeiten? Um diese Frage zu beantworten, erstellen wir ein Diagramm. Dazu verwenden wir die Funktion `lmplot`, die automatisch ein lineares Regressionsmodell der Daten erstellt (siehe Abbildung 36-17).

```
In [31]: g = sns.lmplot(x='final_sec', y='split_frac', col='gender', data=data,
                        markers=".", scatter_kws=dict(color='c'))
         g.map(plt.axhline, y=0.0, color="k", ls=":");
```

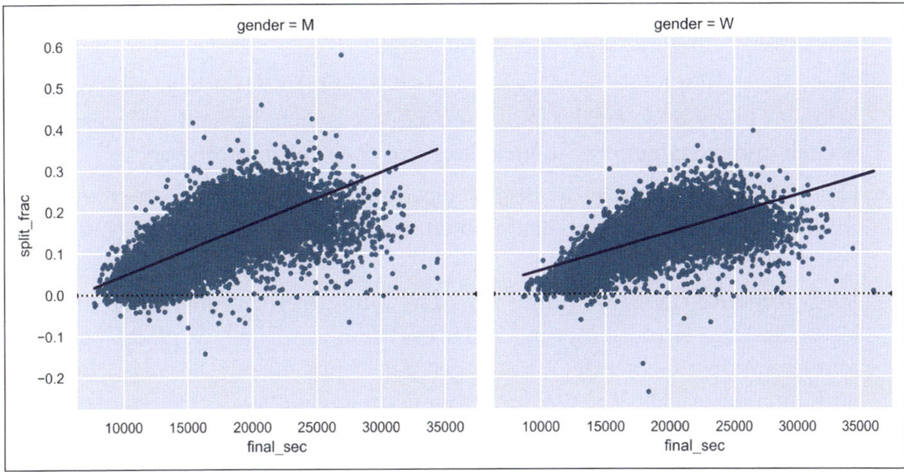

Abbildung 36-17: Die Zwischenzeitanteile als Funktion der Endzeit nach Geschlecht

Offenbar gehören die Läuferinnen und Läufer mit niedrigen Zwischenzeitanteilen zu den erfolgreicheren, die das Rennen in weniger als etwa 15.000 Sekunden (rund 4 Stunden) beenden. Bei langsameren Läufern ist es wahrscheinlicher, dass der Zwischenzeitanteil größer ist.

Weiterführende Ressourcen

Alle in Matplotlib verfügbaren Features und Diagrammtypen in nur einem einzigen Teil dieses Buchs abhandeln zu wollen, wäre ein hoffnungsloses Unterfangen. Nutzen Sie die Tab-Vervollständigung und die Hilfefunktion in IPython (siehe Kapitel 1), um die Matplotlib-API zu erkunden. Und auch die Onlinedokumentation (*http://matplotlib.org*) ist oft hilfreich. Besuchen Sie insbesondere die dort verlinkte Matplotlib-Galerie (*https://oreil.ly/WNiHP*), die Vorschaubilder von Hunderten verschiedener Diagrammtypen enthält, die auf Seiten mit Python-Code verlinken, der zum Erstellen verwendet wurde. Auf diese Weise können Sie ein breites Spektrum an verschiedenen Diagrammtypen und Visualisierungsverfahren inspizieren.

Als Nachschlagewerk für Matplotlib empfehle ich das Buch *Interactive Applications Using Matplotlib* (Packt) von Ben Root, einem der Hauptentwickler von Matplotlib.

Weitere Grafikbibliotheken für Python

Matplotlib ist zwar die bekannteste Grafikbibliothek für Python, es gibt jedoch verschiedene neuere Tools, die einen Blick wert sind. Einige davon möchte ich an dieser Stelle kurz erwähnen:

- Bokeh (*http://bokeh.pydata.org*) ist eine in JavaScript geschriebene Grafikbibliothek mit einer Python-Schnittstelle, die hochgradig interaktive Visualisierungen ermöglicht und mit sehr großen (auch gestreamten) Datenmengen zurechtkommt. Die Python-Schnittstelle gibt eine JSON-Datenstruktur aus, die von der Bokeh-JS-Engine ausgeführt werden kann.
- Plotly (*http://plot.ly*) ist das Open-Source-Produkt des namensgebenden Unternehmens Plotly und verfolgt ähnliche Ziele wie Bokeh. Es wird aktiv weiterentwickelt und bietet eine große Vielfalt interaktiver Diagrammtypen.
- HoloViews (*https://holoviews.org*) ist eine eher deklarative und vereinheitlichte API für die Erstellung von Diagrammen mit verschiedenen Backends inklusive Bokeh und Matplotlib.
- Vega (*https://vega.github.io*) und Vega-Lite (*https://vega.github.io/vega-lite*) stellen deklarative Repräsentierungen dar und sind das Ergebnis jahrelanger Forschung auf dem Gebiet der Grundlagen einer Sprache zur Datenvisualisierung und -interaktion. Die Referenzimplementierung ist in JavaScript programmiert; das Altair-Paket (*https://altair-viz.github.io*) enthält eine Python-API für die Erstellung der Diagramme.

Das Gebiet der Python-Grafikbibliotheken entwickelt sich beständig weiter. Ich erwarte, dass diese Liste bei Veröffentlichung dieses Buchs bereits veraltet ist. Da Python außerdem in sehr vielen Fachgebieten zum Einsatz kommt, werden Ihnen viele weitere Visualisierungswerkzeuge für ganz bestimmte Anwendungsfälle begegnen. Es ist schwierig, sie alle im Auge zu behalten. Eine gute Ressource, um mehr über diese große Vielfalt an Visualisierungstools zu erfahren, ist PyViz (*https://pyviz.org/*), eine von der Open-Source-Community gepflegte Website mit Anleitungen und Beispielen für eine Vielzahl verschiedener Visualisierungstools.

TEIL V

Machine Learning

Dieser abschließende Teil des Buchs ist eine Einführung in das breit gefächerte Thema des maschinellen Lernens – Machine Learning mithilfe des Python-Pakets Scikit-Learn (*http://scikit-learn.org/*). Machine Learning können Sie sich als eine Klasse von Algorithmen vorstellen, die es einem Programm ermöglichen, bestimmte Muster in einer Datenmenge zu erkennen und auf diese Weise aus den Daten zu »lernen«, um daraus Schlussfolgerungen zu ziehen. Das Kapitel ist nicht als umfassende Einführung in das Thema Machine Learning konzipiert, denn das ist ein weites Feld und erfordert einen mehr technisch orientierten Ansatz als den hier verfolgten. Auch soll es keine zu detaillierte Anleitung für das Scikit-Learn-Paket bieten (dafür können Sie die im Abschnitt »Weitere Machine-Learning-Ressourcen« auf Seite 559 aufgeführten Ressourcen nutzen). Die Ziele dieses Teils sind vielmehr:

- die grundlegende Terminologie und die fundamentalen Konzepte des Machine Learning vorzustellen,
- die Scikit-Learn-API und einige Beispiele für deren Verwendung vorzustellen und
- einige der wichtigsten Ansätze des Machine Learning genauer unter die Lupe zu nehmen und ein Gefühl dafür zu entwickeln, wie sie funktionieren und wann sie anwendbar sind.

Ein Großteil des Materials entstammt den Tutorials und Workshops zum Thema Scikit-Learn, die ich bei verschiedenen Gelegenheiten (PyCon, SciPy, PyData und auf anderen Veranstaltungen) abgehalten habe. In den Inhalt der folgenden Seiten ist das wertvolle Feedback eingeflossen, das ich von den vielen Teilnehmenden sowie den anderen Dozentinnen und Dozenten im Laufe der Jahre erhalten habe!

KAPITEL 37
Was ist Machine Learning?

Bevor wir uns mit den Einzelheiten verschiedener Methoden des Machine Learning befassen, sollten wir zunächst einmal klären, was Machine Learning eigentlich ist – und was nicht. Machine Learning wird oft als Teilgebiet der künstlichen Intelligenz bezeichnet, allerdings halte ich das für etwas irreführend. Die Erforschung des Machine Learning hat sich zweifelsohne aus Arbeiten auf diesem Gebiet entwickelt, aber die Anwendung von Methoden des Machine Learning in der Data Science sollte man sich besser als *Modellbildung zur Beschreibung von Daten* vorstellen.

In diesem Kontext kommt das »Lernen« ins Spiel, wenn wir Modelle mit *einstellbaren Parametern* verwenden, die an die beobachteten Daten angepasst werden können. Hier kann man davon sprechen, dass auf diese Weise ein Programm aus den Daten »lernt«. Sobald die Modelle an die bereits beobachteten Daten angepasst sind, kann man sie dafür verwenden, neu beobachtete Daten vorherzusagen und deren Eigenschaften zu verstehen. Die eher philosophische Frage, inwieweit diese Art des mathematischen, modellbasierten »Lernens« dem Lernen des menschlichen Gehirns ähnelt, überlasse ich Ihnen.

Die Problematik des Machine Learning zu verstehen, ist entscheidend dafür, die Tools effektiv verwenden zu können, deshalb werden wir die hier verfolgten Ansätze zunächst grob in verschiedene Kategorien einteilen.

Alle Abbildungen dieses Kapitels wurden anhand echter Machine-Learning-Berechnungen erzeugt. Den dazugehörigen Code finden Sie im Onlineanhang (*https://oreil.ly/o1Zya*) zu diesem Buch.

Kategorien des Machine Learning

Grundsätzlich kann Machine Learning in zwei Kategorien eingeteilt werden: in überwachtes und unüberwachtes Lernen.

Beim *überwachten Lernen* wird versucht, die Beziehung zwischen bestimmten Features der Daten zu einer diesen Daten zugeordneten Klassenbezeichnung (Label) zu modellieren. Sobald das Modell festgelegt ist, kann man es auf neue, unbekannte Daten anwenden, um diesen ein Label zuzuordnen. Manchmal unterscheidet man zudem zwischen Klassifikationsaufgaben und Regressionen: Bei *Klassifikationen* sind die Klassenbezeichnungen oder Labels diskrete Kategorien, bei *Regressionen* hingegen sind die Labels stetige Werte. Wir werden in den folgenden Abschnitten Beispiele für beide Arten des überwachten Lernens kennenlernen.

Beim *unüberwachten Lernen* werden die Features einer Datenmenge modelliert, ohne dass irgendwelche Klassenbezeichnungen vorgegeben werden. Zu diesen Modellen gehören Aufgaben wie *Clustering* und *Dimensionsreduktion*. Clustering-Algorithmen unterteilen die Daten in bestimmte Gruppen. Algorithmen zur Dimensionsreduktion versuchen, eine kompaktere Repräsentierung der Daten zu finden. Wir werden für diese beiden Arten des unüberwachten Lernens in den folgenden Abschnitten ebenfalls Beispiele zeigen.

Darüber hinaus gibt es sogenannte *teilüberwachte Lernmethoden*, die irgendwo zwischen überwachtem und unüberwachtem Lernen einzuordnen sind. Teilüberwachte Lernmethoden sind oft nützlich, wenn die Labels nur unvollständig vorhanden sind.

Qualitative Beispiele für Machine-Learning-Anwendungen

Um diese Ideen zu konkretisieren, betrachten wir einige sehr einfache Beispiele des Machine Learning. Die Beispiele sollen Ihnen einen intuitiven, nicht quantitativen Überblick über die Art der Aufgaben verschaffen, mit denen wir uns in diesem Kapitel befassen werden. Später werden wir die verschiedenen Modelle und ihre Anwendung eingehender betrachten. Wenn Sie an einer Vorschau der eher technischen Aspekte interessiert sind, finden Sie den Python-Quellcode zum Erzeugen der Abbildungen im Onlineanhang (*https://oreil.ly/o1Zya*).

Klassifikation: Vorhersage diskreter Labels

Als Erstes betrachten wir eine einfache Klassifikationsaufgabe, bei der eine Menge gelabelter Datenpunkte gegeben ist, die dazu verwendet werden soll, einige nicht gelabelte Punkte zu klassifizieren.

Nehmen wir an, es lägen die in Abbildung 37-1 gezeigten Daten vor. Hier handelt es sich um zweidimensionale Daten, das heißt, jeder Datenpunkt besitzt zwei *Features* (Merkmale), die durch die (x,y)-Position der Punkte in der Ebene repräsentiert werden. Darüber hinaus gibt es zwei *Klassen-Labels* für jeden Punkt, die hier durch die Farbe der Punkte repräsentiert werden. Anhand dieser Features und Labels soll ein Modell erstellt werden, mit dem wir entscheiden können, ob ein neuer Punkt das Label »blau« oder »rot« erhält.

Für eine solche Klassifikationsaufgabe kommt eine Vielzahl möglicher Modelle infrage, aber wir verwenden ein besonders einfaches. Wir gehen von der Annahme aus, dass sich die beiden Gruppen durch eine Gerade in der Ebene trennen lassen, sodass alle Punkte auf einer Seite der Geraden zur selben Gruppe gehören. Das *Mo-*

dell ist in diesem Fall die quantitative Version der Aussage »Eine Gerade trennt die Gruppen voneinander«, und die speziellen Zahlen, die den Ort und die Richtung der Geraden beschreiben, sind die *Modellparameter*. Die optimalen Werte dieser Modellparameter werden anhand der Daten gelernt (das ist das »Learning« im Begriff Machine Learning). Dieser Vorgang wird als *Trainieren des Modells* bezeichnet.

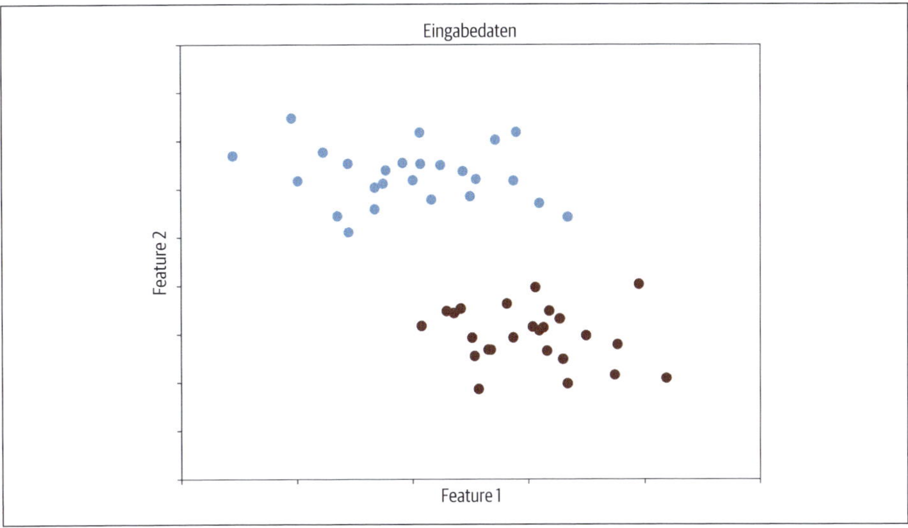

Abbildung 37-1: Eine einfache zu klassifizierende Datenmenge

In Abbildung 37-2 ist dargestellt, wie das trainierte Modell für diese Daten aussieht.

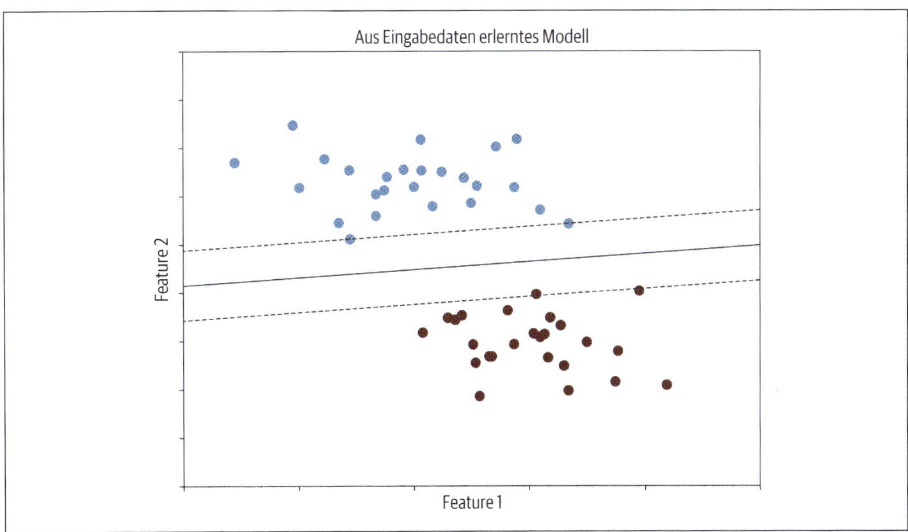

Abbildung 37-2: Ein einfaches Klassifikationsmodell

Nach dem Trainieren des Modells kann es verallgemeinert werden und ist auf neue, nicht gelabelte Daten anwendbar. Oder anders ausgedrückt: Wir können eine neue

Datenmenge nehmen, die Gerade dieses Modells einzeichnen und den neuen Punkten eine Klassenbezeichnung zuordnen (siehe Abbildung 37-3). Diese Stufe wird für gewöhnlich als *Vorhersage* (engl. *Prediction*) bezeichnet.

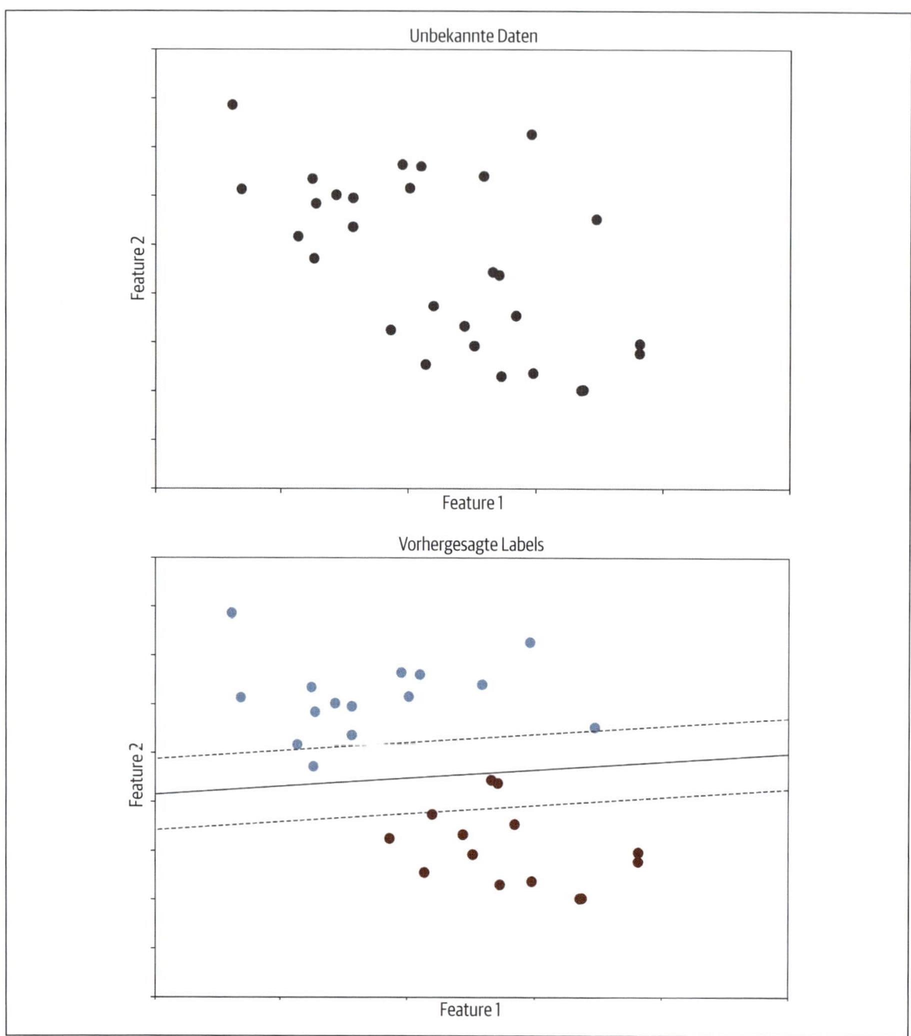

Abbildung 37-3: Anwendung des Klassifikationsmodells auf neue Daten

Das sind die Grundlagen einer Klassifikationsaufgabe durch Machine Learning, wobei der Begriff »Klassifikation« darauf hinweist, dass es diskrete Labels gibt. Auf den ersten Blick erscheint das ziemlich trivial: Es ist doch ein Kinderspiel, sich die Daten einfach anzusehen und eine Trennlinie zu zeichnen, um diese Klassifikation vorzunehmen. Das Machine Learning hat allerdings den Vorteil, dass es sich verallgemeinern lässt und auf sehr viel größere Datenmengen mit sehr viel mehr Dimensionen anwendbar ist. Hier verhält es sich ähnlich wie bei der automatischen Erkennung von Spam – in dem Fall könnten wir die folgenden Features und Labels verwenden:

- *Feature 1*, *Feature 2* usw. entsprechen den normierten Anzahlen wichtiger Wörter oder Ausdrücke (»Viagra«, »Prinz aus Nigeria« usw.).
- Das *Label* ist entweder »Spam« oder »kein Spam«.

Für die Trainingsdatenmenge könnte man die Labels anhand einer repräsentativen Stichprobe von E-Mails festlegen; für die übrigen E-Mails wird die Klassenbezeichnung anhand des Modells ermittelt. Ein entsprechend trainierter Klassifikationsalgorithmus mit genügend gut geeigneten Features (typischerweise Tausende oder Millionen von Wörtern und Ausdrücken) kann sehr effektiv sein. In Kapitel 41 werden wir einem Beispiel für eine solche Textklassifikation begegnen.

Einige wichtige Klassifikationsalgorithmen werden wir eingehender betrachten. Dazu gehören die naive Bayes-Klassifikation (siehe Kapitel 41), Support Vector Machines (siehe Kapitel 43) und die Random-Forest-Klassifikation (siehe Kapitel 44).

Regression: Vorhersage stetiger Werte

Als Gegenstück zu den diskreten Klassenbezeichnungen von Klassifikationsalgorithmen betrachten wir nun eine einfache Regression, die anstelle eines Labels stetige Werte liefert. Sehen Sie sich die Punktwolke in Abbildung 37-4 an, deren Punkte stetige Werte besitzen.

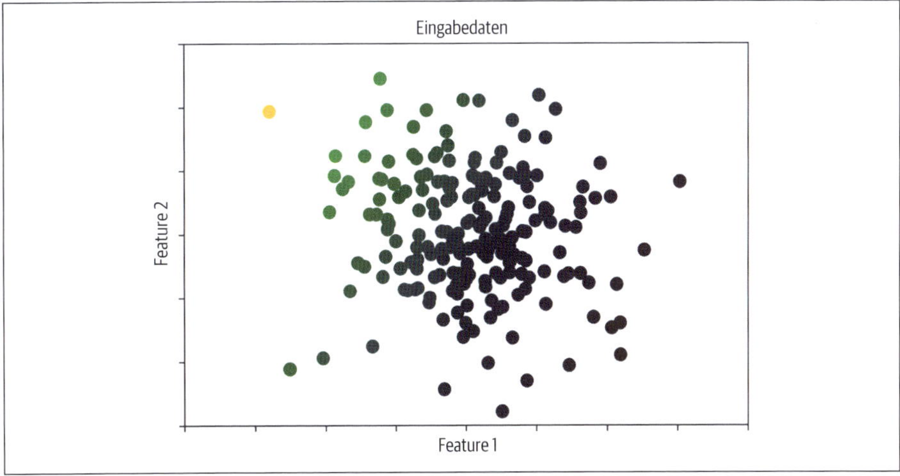

Abbildung 37-4: Eine einfache Datenmenge für eine Regression

Ebenso wie beim Klassifikationsbeispiel liegen hier zweidimensionale Daten vor. Es gibt also zwei Features, die einen Punkt beschreiben, und die Farbe des Punkts repräsentiert den stetigen Wert für diesen Punkt.

Es existiert eine Vielzahl möglicher Regressionsmodelle, die auf diese Art von Daten anwendbar sind, aber wir verwenden ein einfaches lineares Regressionsmodell für die Vorhersage. Wir betrachten das Label eines Punkts als dritte räumliche Dimension, und dieses Modell geht davon aus, dass wir eine Ebene an die Daten anpassen können. Hierbei handelt es sich um eine mehrdimensionale Verallgemeinerung der wohlbekannten Aufgabe, eine Gerade an Datenpunkte mit zwei Koordinaten anzupassen. Abbildung 37-5 zeigt eine dazu passende Visualisierung.

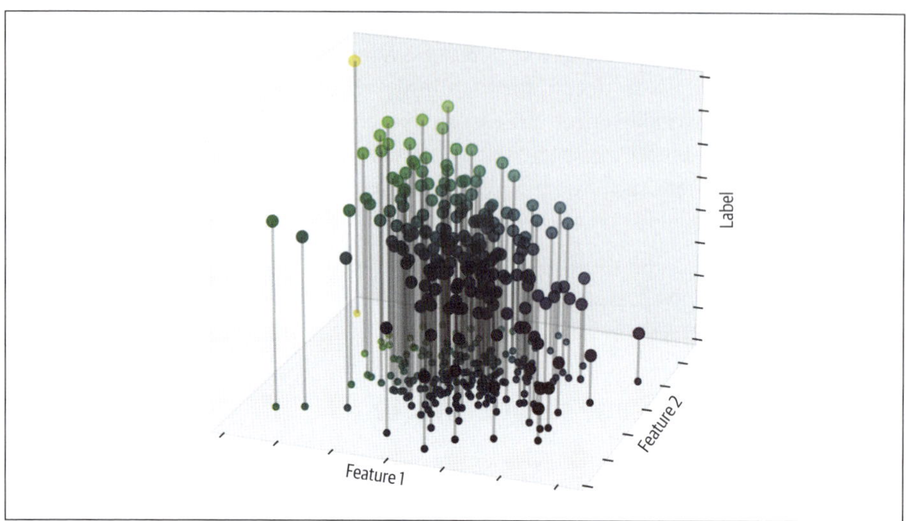

Abbildung 37-5: Dreidimensionale Ansicht der Regressionsdaten

Beachten Sie, dass die Ebene *Feature 1/Feature 2* der Ebene dem vorherigen zweidimensionalen Diagramm in Abbildung 37-4 entspricht. In diesem Fall wird das Label jedoch sowohl durch die Farbe als auch durch den Abstand von der Ebene repräsentiert. Wenn man die Abbildung betrachtet, erscheint es vernünftig, dass die Anpassung einer Ebene an die dreidimensionalen Daten es ermöglicht, das zu erwartende Label für beliebige Eingabeparameter vorherzusagen. Wenn wir eine solche Ebene erzeugen und wieder zur zweidimensionalen Projektion zurückkehren, erhalten wir das in Abbildung 37-6 dargestellte Ergebnis.

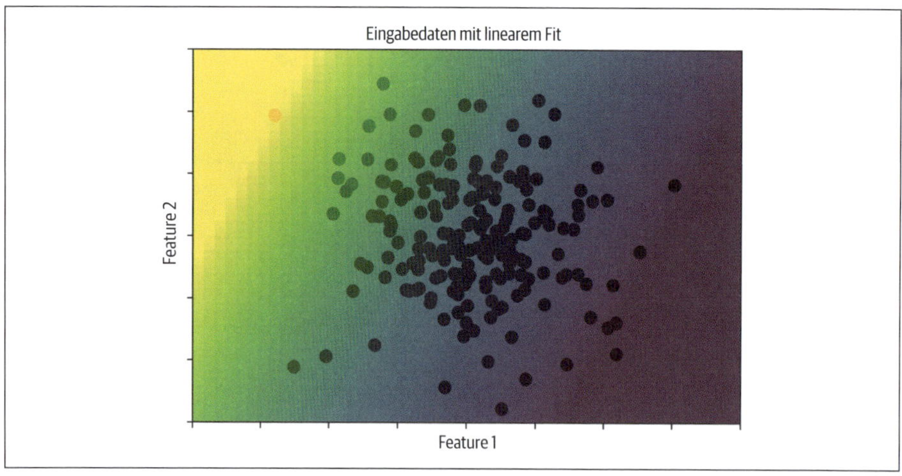

Abbildung 37-6: Eine Darstellung des Regressionsmodells

Mit diesem Verfahren können wir die Labels für neue Datenpunkte vorhersagen. Das Ergebnis finden Sie in Abbildung 37-7.

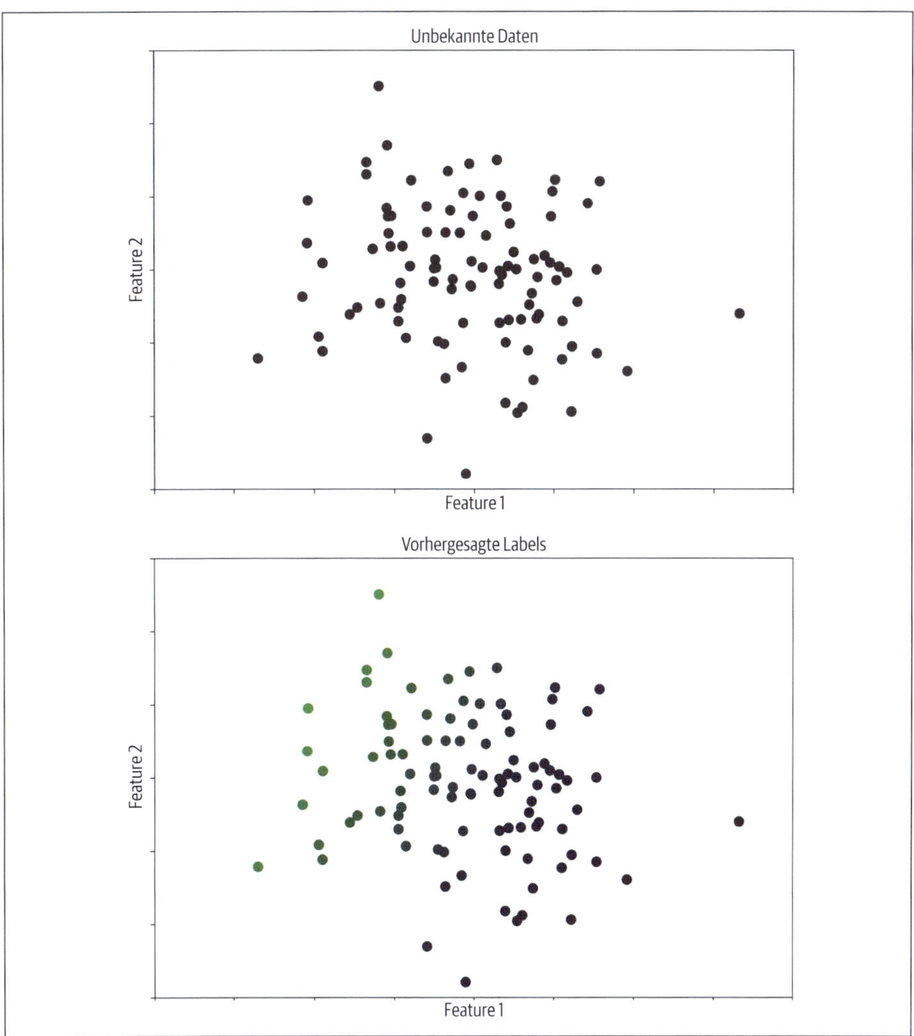

Abbildung 37-7: Anwendung des Regressionsmodells auf neue Daten

Wie beim Klassifikationsbeispiel mag diese Aufgabe bei so wenigen Dimensionen wieder ziemlich trivial erscheinen. Die wahre Stärke dieser Methoden ist jedoch, dass sie unmittelbar auf Daten mit sehr, sehr vielen Features angewendet werden können, um diese dann auszuwerten. Hier verhält es sich ähnlich wie bei der Aufgabe, die Entfernung von mit einem Teleskop beobachteten Galaxien zu berechnen – in dem Fall könnten wir die folgenden Features und Labels verwenden:

- *Feature 1*, *Feature 2* usw. entsprechen der Helligkeit der Galaxien bei verschiedenen Wellenlängen bzw. Farben, also spektralen Messungen.

- Die Klassenbezeichnung (das Label) entspricht der Entfernung oder der Rotverschiebung der Galaxie.

Die Entfernungen einer kleinen Zahl von Galaxien könnten durch eine Reihe unabhängiger (typischerweise kostspieliger) Beobachtungen bestimmt werden. Die Entfernungen der übrigen Galaxien ließen sich dann mit einem geeigneten Regressionsmodell abschätzen, ohne dass es erforderlich wäre, aufwendige Messungen der Spektren aller Galaxien durchzuführen. Diese Abschätzungen der Entfernung ohne das Messen von Spektren sind in der Astronomie als *fotometrische Rotverschiebungen* bekannt.

Einige wichtige Regressionsalgorithmen werden wir eingehender betrachten. Dazu gehören die lineare Regression (siehe Kapitel 42), Support Vector Machines (siehe Kapitel 43) und Random-Forest-Regression (siehe Kapitel 44).

Clustering: Labels für nicht gelabelte Daten ableiten

Die soeben betrachteten Klassifikationen und Regressionen sind Beispiele für überwachte Lernalgorithmen. Dabei versuchen wir, ein Modell zu entwickeln, das neuen Daten Labels zuordnen kann. Beim unüberwachten Lernen beschreiben die Modelle Daten, ohne irgendwelche vorgegebenen Labels zu verwenden.

Das *Clustering* ist ein typisches Beispiel für unüberwachtes Lernen: Daten werden automatisch mehreren diskreten Gruppen zugeordnet. Betrachten Sie beispielsweise die in Abbildung 37-8 dargestellten zweidimensionalen Daten.

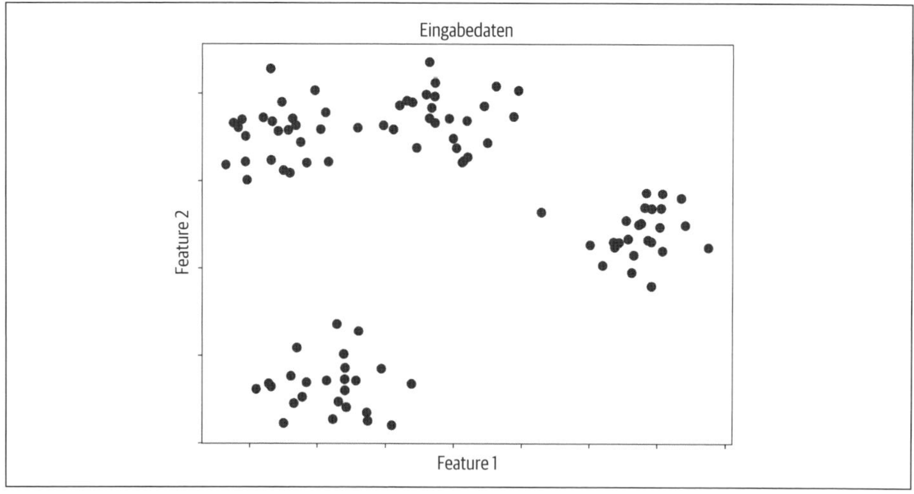

Abbildung 37-8: Beispieldaten für ein Clustering

Man sieht sofort, dass alle Punkte zu einer bestimmten Gruppe gehören. Ein Clustering-Modell verwendet die den Daten eigene Struktur, um zu ermitteln, in welcher Beziehung die Punkte zueinander stehen. Der sehr schnelle und intuitive *k*-Means-Algorithmus (siehe Kapitel 47) ermittelt die in Abbildung 37-9 dargestellten Cluster.

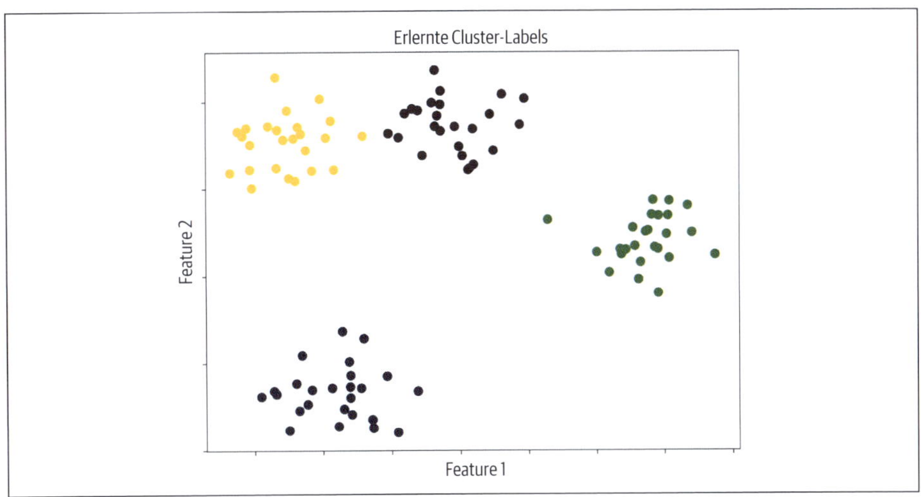

Abbildung 37-9: Mit einem k-Means-Clustering-Modell gelabelte Daten

Der *k*-Means-Algorithmus sucht nach *k* Cluster-Zentren. Dabei sind die optimalen Zentren diejenigen, bei denen die Abstände der Punkte von dem ihnen zugeordneten Zentrum minimal sind. In zwei Dimensionen scheint das wieder eine triviale Aufgabe zu sein, aber bei größeren und komplexeren Daten können solche Clustering-Algorithmen ebenfalls verwendet werden, um nützliche Informationen aus einer Datenmenge zu gewinnen.

In Kapitel 47 werden wir den *k*-Means-Algorithmus eingehender betrachten. Weitere wichtige Clustering-Algorithmen sind das sogenannte gaußsche Mixture-Modell (*Gaussian Mixture Model*, *GMM*) (siehe Kapitel 48) und das spektrale Clustering (siehe dazu die Scikit-Learn-Clustering-Dokumentation (*https://oreil.ly/9FHKO*)).

Dimensionsreduktion: die Struktur nicht gelabelter Daten ermitteln

Die Dimensionsreduktion ist ein weiteres Beispiel für einen unüberwachten Algorithmus, der Klassenbezeichnungen und andere Informationen aus der Struktur der Daten selbst ableitet. Die Dimensionsreduktion ist etwas abstrakter als die bislang betrachteten Beispiele. Allgemein gesagt, versucht der Algorithmus, eine niedrigdimensionale Repräsentierung der Daten zu erzeugen, ohne dass dabei relevante Eigenschaften der vollständigen Datenmenge verloren gehen. Die verschiedenen Algorithmen zur Dimensionsreduktion bewerten die relevanten Eigenschaften auf unterschiedliche Weise, wie Sie in Kapitel 46 nachlesen können.

Ein Beispiel hierfür finden Sie in Abbildung 37-10.

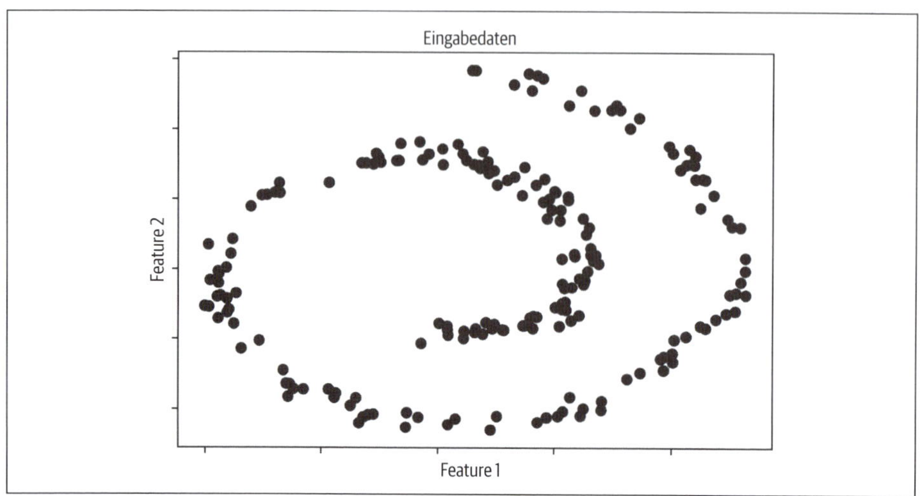

Abbildung 37-10: Beispieldaten für eine Dimensionsreduktion

Man sieht auf den ersten Blick, dass diese Daten strukturiert sind. Sie entstammen einer eindimensionalen Linie und formen in diesem zweidimensionalen Raum eine Spirale. In gewissem Sinne könnte man sagen, dass diese Daten »intrinsisch« nur eindimensional sind, obwohl die eindimensionalen Daten in einen zweidimensionalen Raum eingebettet sind. Ein geeignetes Modell zur Dimensionsreduktion würde in diesem Fall die eingebettete nichtlineare Struktur erkennen und könnte eine Repräsentierung niedrigerer Dimension erzeugen.

Abbildung 37-11 zeigt eine Visualisierung des Resultats des Isomap-Algorithmus, eines Manifold-Learning-Algorithmus, der genau dies leistet.

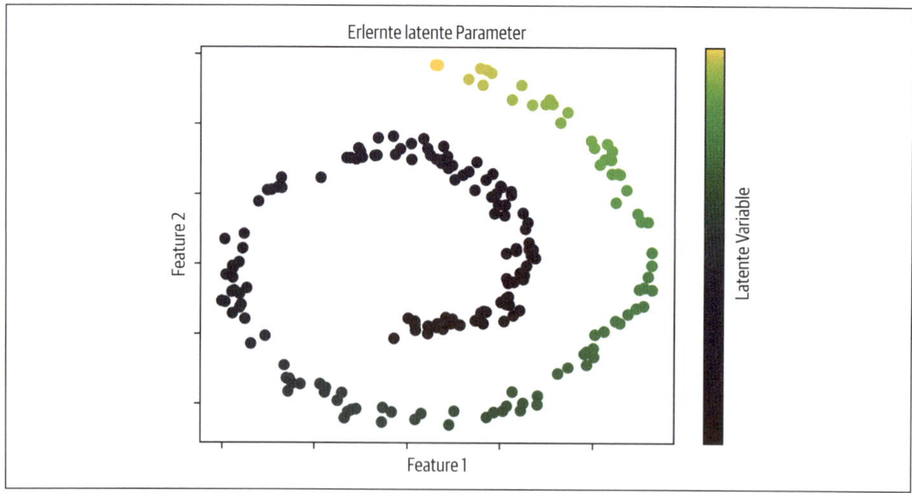

Abbildung 37-11: Daten mit durch Dimensionsreduktion erlernten Labels

Beachten Sie, dass sich die Farben (die hier die latente eindimensionale Variable repräsentieren) entlang der Spirale gleichmäßig ändern, was darauf hinweist, dass der Algorithmus die Struktur, die wir mit bloßem Auge erkannt haben, ebenfalls entdeckt hat. Wie in den vorangegangenen Beispielen wird die Leistungsfähigkeit von Dimensionsreduktionsalgorithmen erst bei vielen Dimensionen deutlich. Wir könnten beispielsweise wichtige Beziehungen innerhalb einer Datenmenge visualisieren wollen, die 100 oder 1.000 Features besitzt. 1.000-dimensionale Daten zu visualisieren, stellt eine echte Herausforderung dar. Eine Möglichkeit, die Handhabung solcher Mengen zu vereinfachen, ist der Einsatz von Verfahren zur Dimensionsreduktion, um die Daten auf zwei oder drei Dimensionen zu reduzieren.

Einige wichtige Dimensionsreduktionsalgorithmen werden wir eingehender betrachten. Dazu gehören die Hauptkomponentenanalyse (siehe Kapitel 45) und verschiedene Manifold-Learning-Algorithmen, wie etwa Isomap und die lokal lineare Einbettung (siehe Kapitel 46).

Zusammenfassung

Wir haben einige einfache Beispiele für die grundlegenden Verfahren und Ansätze gezeigt, die beim Machine Learning zum Einsatz kommen. Es muss wohl kaum erwähnt werden, dass wir dabei viele wichtige praktische Details unter den Teppich gekehrt haben, aber dieses Kapitel sollte vorrangig dazu dienen, Ihnen eine grundlegende Vorstellung davon zu vermitteln, welche Art von Aufgaben durch Machine Learning lösbar sind.

Sie haben kurz gefasst Folgendes kennengelernt:

- *Überwachtes Lernen*: Modelle, die anhand gelabelter Trainingsdaten Labels vorhersagen.
  - *Klassifikation*: Modelle, die Labels in Form von zwei oder mehr diskreten Kategorien vorhersagen.
  - *Regression*: Modelle, die stetige Werte vorhersagen.
- *Unüberwachtes Lernen*: Modelle, die Strukturen in nicht gelabelten Daten erkennen.
  - *Clustering*: Modelle, die unterschiedliche Gruppen in den Daten aufspüren.
  - *Dimensionsreduktion*: Modelle, die Strukturen niedrigerer Dimension in Daten höherer Dimension erkennen.

In den kommenden Kapiteln werden wir uns sehr viel ausführlicher mit den verschiedenen Kategorien befassen und weiteren interessanten Beispielen begegnen, bei denen sich diese Konzepte als nützlich erweisen.

KAPITEL 38
Kurz vorgestellt: Scikit-Learn

Verschiedene Python-Bibliotheken stellen solide Implementierungen eines breiten Spektrums von Machine-Learning-Algorithmen bereit. Am bekanntesten dürfte Scikit-Learn (*http://scikit-learn.org/*) sein, ein Paket, das effiziente Versionen einer Vielzahl gebräuchlicher Algorithmen mitbringt. Scikit-Learn zeichnet sich sowohl durch eine aufgeräumte, einheitliche und optimierte API als auch durch eine sehr nützliche und vollständige Dokumentation aus. Der große Vorteil dieser Einheitlichkeit besteht darin, dass Sie neue Modelle und Algorithmen ohne Weiteres verwenden können, wenn Sie die grundlegende Arbeitsweise und die Syntax von Scikit-Learn anhand eines Modells erlernt und verstanden haben.

Dieses Kapitel bietet Ihnen einen Überblick über die Scikit-Learn-API. Solide Kenntnisse dieser API-Elemente bilden die Grundlage für das Verständnis der detaillierteren Erläuterungen zu den Machine-Learning-Algorithmen und -Ansätzen in den folgenden Kapiteln.

Als Erstes behandeln wir die Datenrepräsentierung in Scikit-Learn, anschließend befassen wir uns mit der Estimator-(»Schätzer«-)API, und zum Schluss werden wir ein interessanteres Beispiel für die Verwendung dieser Tools durcharbeiten, nämlich die Untersuchung einer aus Bildern handgeschriebener Ziffern bestehenden Datenmenge.

Datenrepräsentierung in Scikit-Learn

Beim Machine Learning geht es darum, Modelle anhand von Daten zu erstellen. Aus diesem Grund betrachten wir als Erstes, wie diese Daten repräsentiert werden können. Am besten stellen Sie sich die Daten in Scikit-Learn als eine Reihe von *Tabellen* vor.

Eine einfache Tabelle besteht aus einem zweidimensionalen Raster aus Daten, in dem die Zeilen die einzelnen Elemente der Datenmenge und die Spalten die den Elementen zugeordneten Werte repräsentieren. Betrachten Sie beispielsweise die Iris-Datensammlung (*https://oreil.ly/TeWYs*), die bekanntermaßen 1936 von Ronald Fisher analysiert wurde. Wir können diese Datensammlung mit der Seaborn-Bibliothek (*http://seaborn.pydata.org/*) in Form eines Pandas-DataFrame herunterladen und einen Blick auf die ersten Einträge werfen:

```
In [1]: import seaborn as sns
        iris = sns.load_dataset('iris')
        iris.head()
Out[1]:    sepal_length  sepal_width  petal_length  petal_width species
        0           5.1          3.5           1.4          0.2  setosa
        1           4.9          3.0           1.4          0.2  setosa
        2           4.7          3.2           1.3          0.2  setosa
        3           4.6          3.1           1.5          0.2  setosa
        4           5.0          3.6           1.4          0.2  setosa
```

Jede Zeile der Daten bezieht sich auf eine einzelne Blume, und die Anzahl der Zeilen gibt die Gesamtzahl der Blumen in der Datenmenge an. Die Zeilen dieser Matrix bezeichnen wir als *Sample* (Stichproben) und die Anzahl der Zeilen als `n_samples`.

Dementsprechend bezieht sich jede Spalte der Daten auf eine quantitative Information, die das Sample beschreibt. Die Spalten der Matrix bezeichnen wir als *Features* (Merkmale, siehe auch Kapitel 37) und die Anzahl der Spalten als `n_features`.

Feature-Matrix

Das Layout der Tabelle verdeutlicht, dass man sich die Informationen als zweidimensionales numerisches Array oder als Matrix vorstellen kann, die wir als *Feature-Matrix* bezeichnen. Gemäß einer üblichen Konvention wird diese Matrix meist in einer Variablen namens `X` gespeichert. Die Feature-Matrix soll zweidimensional sein und die Shape `[n_samples, n_features]` besitzen. Sie ist meistens in einem NumPy-Array oder in einem Pandas-`DataFrame` enthalten, allerdings akzeptieren einige Scikit-Learn-Modelle auch dünnbesetzte SciPy-Matrizen.

Die Samples (also die Zeilen) beziehen sich stets auf die individuellen Objekte, die von der Datenmenge beschrieben werden. Samples könnten beispielsweise eine Blume, eine Person, ein Dokument, ein Bild, eine Tondatei, ein Video, ein astronomisches Objekt oder irgendetwas anderes sein, das man durch eine aus quantitativen Messwerten bestehende Datenmenge beschreiben kann.

Die Features (also die Spalten) beziehen sich auf die verschiedenen Beobachtungen, die das jeweilige Sample quantitativ beschreiben. Die Features sind häufig reellwertig, können in manchen Fällen aber auch boolesche oder diskrete Werte annehmen.

Ziel-Array

Neben der Feature-Matrix `X` werden wir generell auch ein *Label-* oder *Ziel-Array* verwenden, das gemäß Konvention für gewöhnlich y heißt. Das Ziel-Array ist in der Regel eindimensional, von der Länge `n_samples` und im Allgemeinen in einem NumPy-Array oder einer Pandas-`Series` enthalten. Das Ziel-Array kann sowohl stetige numerische Werte als auch diskrete Werte/Labels enthalten. Einige Scikit-Learn-Estimators kommen auch mit Zielwerten in Form eines zweidimensionalen `[n_` samples, n_targets]-Ziel-Arrays zurecht, wir werden jedoch vornehmlich das übliche eindimensionale Ziel-Array verwenden.

Eine häufige Quelle der Verwirrung ist die Frage, inwiefern sich das Ziel-Array von den anderen Feature-Spalten unterscheidet. Die charakteristische Eigenschaft des Ziel-Arrays ist, dass es für gewöhnlich die Werte enthält, *die wir anhand der Daten vorhersagen wollen*. Oder in der Sprache der Statistik: Es ist die abhängige Variable. Wir könnten beispielsweise ein Modell für die obigen Daten erstellen wollen, das die Spezies der Blume anhand der anderen Features vorhersagt. In diesem Fall ist die Spalte species das Ziel.

Mit Blick auf dieses Ziel-Array können wir Seaborn verwenden (mehr dazu in Kapitel 36), um die Daten komfortabel zu visualisieren (siehe Abbildung 38-1).

```
In [2]: %matplotlib inline
        import seaborn as sns
        sns.pairplot(iris, hue='species', height=1.5);
```

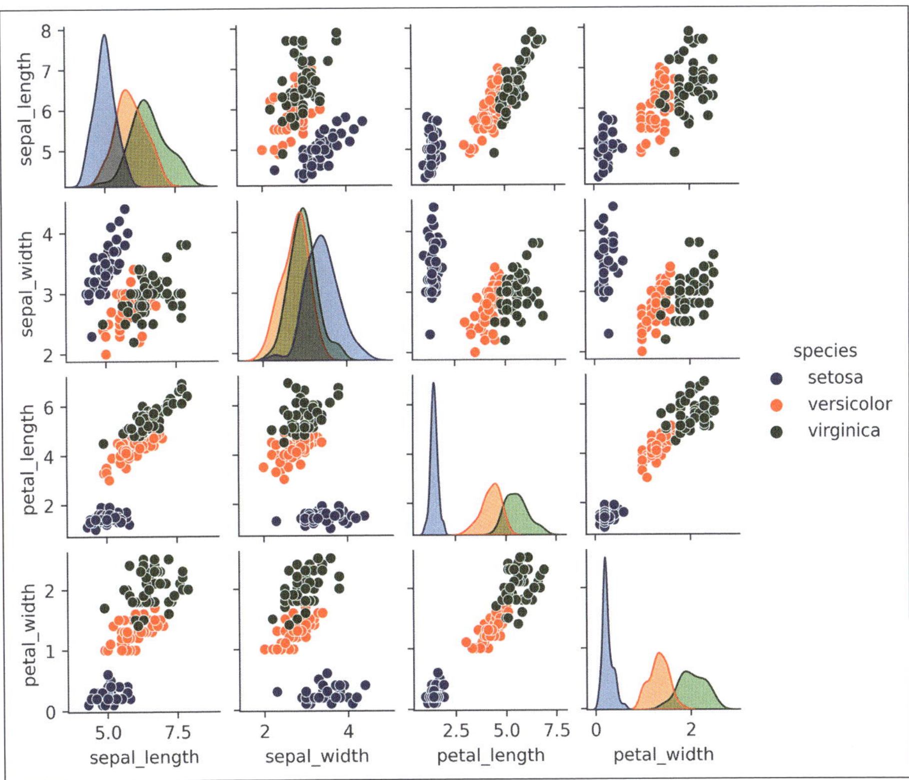

Abbildung 38-1: Eine Visualisierung der Iris-Datensammlung

Wir extrahieren nun die Feature-Matrix und das Ziel-Array aus dem DataFrame, um sie mit Scikit-Learn verwenden zu können. Dazu nutzen wir einige der in Teil III vorgestellten DataFrame-Operationen von Pandas:

```
In [3]: X_iris = iris.drop('species', axis=1)
        X_iris.shape
Out[3]: (150, 4)
```

```
In [4]: y_iris = iris['species']
        y_iris.shape
Out[4]: (150,)
```

Abbildung 38-2 fasst das Layout der Features und der Zielwerte zusammen.

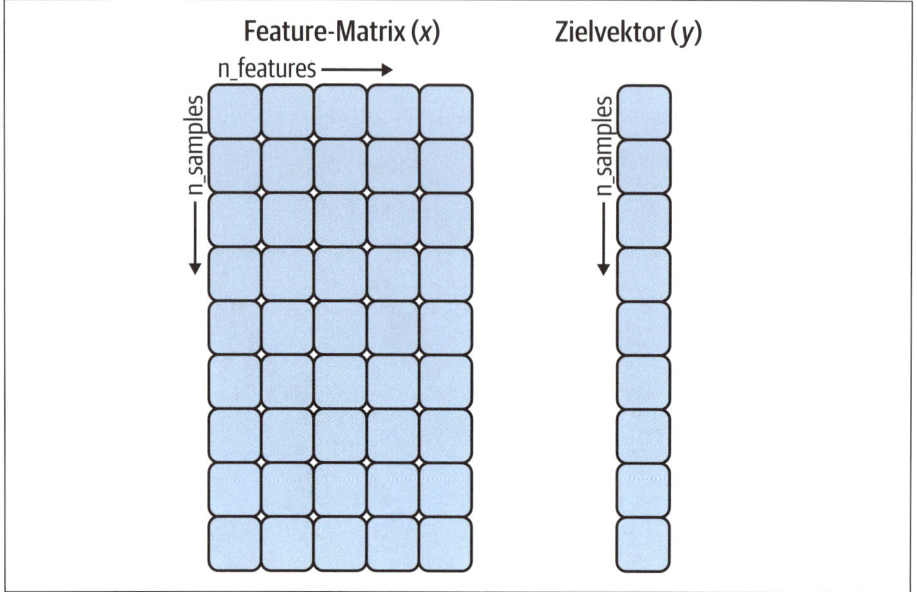

Abbildung 38-2: Scikit-Learns Layout der Daten[1]

Nachdem die Daten nun ordentlich formatiert sind, können wir uns der Estimator-API von Scikit-Learn zuwenden.

Die Estimator-API

Die Scikit-Learn-API wurde unter Berücksichtigung bestimmter Leitlinien konzipiert, die in einem entsprechenden Dokument (*http://arxiv.org/abs/1309.0238*) zusammengefasst sind:

Einheitlichkeit
: Alle Objekte teilen eine gemeinsame Schnittstelle, für die eine begrenzte Zahl einheitlich dokumentierter Methoden maßgeblich ist.

Inspektion
: Alle angegebenen Parameter sind als öffentliche Attribute zugänglich.

1 Den Code zum Erzeugen dieser Abbildung finden Sie im Onlineanhang (*https://oreil.ly/J8V6U*).

Beschränkte Objekthierarchie
: Nur Algorithmen werden als Python-Klassen repräsentiert; Datenmengen werden in Standardformaten gespeichert (NumPy-Arrays, Pandas-`DataFrame`-Objekte, dünnbesetzte, »sparse« SciPy-Matrizen), und für Parameterbezeichnungen werden normale Python-Strings verwendet.

Komposition
: Viele Aufgaben des Machine Learning lassen sich als eine Sequenz einfacherer Algorithmen formulieren, und Scikit-Learn macht davon Gebrauch, sofern das möglich ist.

Vernünftige Voreinstellungen
: Wenn Modelle benutzerdefinierte Parameter benötigen, sind dafür in der Bibliothek angemessene Standardwerte definiert.

In der Praxis sorgen diese Leitlinien dafür, dass Scikit-Learn sehr einfach zu nutzen ist, sobald man die grundlegenden Prinzipien verstanden hat. Alle Machine-Learning-Algorithmen sind in Scikit-Learn in Form der Estimator-API implementiert, die eine einheitliche Schnittstelle für ein breites Spektrum von Machine-Learning-Anwendungen bietet.

Grundlagen der API

In den meisten Fällen sind für den Einsatz der Estimator-API von Scikit-Learn die folgenden Schritte erforderlich:

1. Wählen Sie ein Modell aus, indem Sie die entsprechende Estimator-Klasse von Scikit-Learn importieren.
2. Wählen Sie die Hyperparameter, indem Sie die Klasse mit den erwünschten Werten instanziieren.
3. Platzieren Sie die Daten, wie weiter oben in diesem Kapitel erläutert, in einer Feature-Matrix und einem Zielvektor.
4. Passen Sie das Modell an die Daten an, indem Sie die `fit`-Methode der Modellinstanz aufrufen.
5. Wenden Sie das Modell auf neue Daten an:
   - Beim überwachten Lernen wird häufig die `predict`-Methode verwendet, um die Klassenbezeichnungen[2] unbekannter Daten vorherzusagen.
   - Beim unüberwachten Lernen werden meistens die Methoden `transform` und `predict` verwendet, um die Eigenschaften der Daten zu transformieren und vorherzusagen.

Nun werden wir einige einfache Beispiele für die Anwendung überwachter und unüberwachter Lernmethoden schrittweise durcharbeiten.

2 Im weiteren Verlauf dieses Buchs verwenden wir die Begriffe »Label« und »Klassenbezeichnung« gleichbedeutend.

Beispiel für überwachtes Lernen: einfache lineare Regression

Als Beispiel betrachten wir eine einfache lineare Regression – also den typischen Fall, eine Gerade an (x, y)-Daten anzupassen. Wir verwenden dazu die folgenden einfachen Daten (siehe Abbildung 38-3).

```
In [5]: import matplotlib.pyplot as plt
        import numpy as np

        rng = np.random.RandomState(42)
        x = 10 * rng.rand(50)
        y = 2 * x - 1 + rng.randn(50)
        plt.scatter(x, y);
```

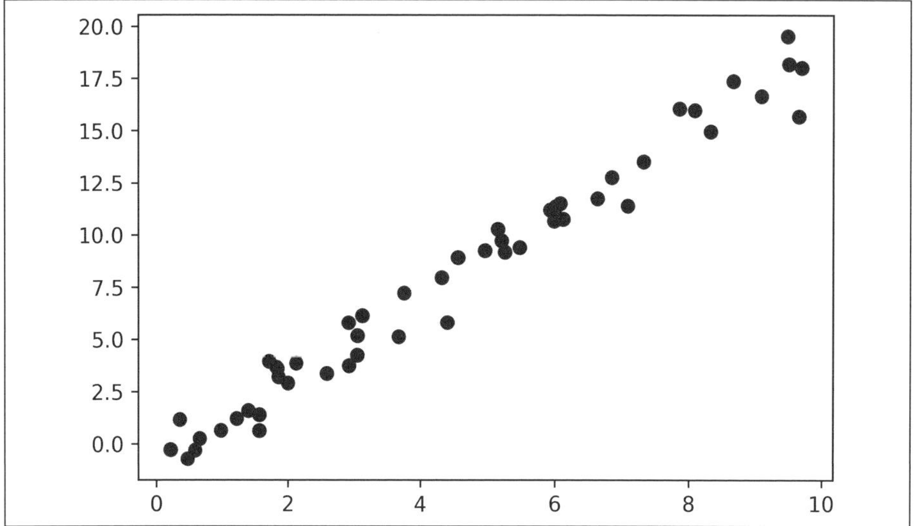

Abbildung 38-3: Daten für eine lineare Regression

Mit den so vorbereiteten Daten können wir das vorhin vorgestellte Rezept anwenden. Das Vorgehen besprechen wir in den folgenden Abschnitten.

1. Auswahl einer Modellklasse

In Scikit-Learn wird ein Modell durch eine Python-Klasse repräsentiert. Wenn wir also beispielsweise eine einfache lineare Regression berechnen möchten, importieren wir die Klasse `LinearRegression`:

```
In [6]: from sklearn.linear_model import LinearRegression
```

Daneben gibt es verschiedene weitere allgemeinere Regressionsmodelle. Lesen Sie dazu mehr in der Dokumentation des Moduls (*https://oreil.ly/YVOFd*) `sklearn.linear_model` (*https://oreil.ly/YVOFd*).

2. Auswahl der Hyperparameter

An dieser Stelle ist es wichtig, festzuhalten, dass *die Klasse eines Modells und eine Instanz dieses Modells nicht dasselbe sind.*

Nachdem wir uns für eine Modellklasse entschieden haben, stehen weitere Optionen zur Verfügung. Je nachdem, welches Modell Sie verwenden, müssen einige der folgenden Fragen beantwortet werden:

- Soll der Fit die Achsenabschnitte berücksichtigen (zum Beispiel den *y*-Achsenabschnitt)?
- Soll das Modell normiert sein?
- Sollen die Features vorverarbeitet werden, damit das Modell flexibler ist?
- Welches Maß an Regularisierung soll das Modell verwenden?
- Wie viele Modellkomponenten sollen verwendet werden?

Hierbei handelt es sich um Beispiele für die wichtigen Entscheidungen, die getroffen werden müssen, *sobald die Modellklasse ausgewählt* wurde. Die getroffene Auswahl wird meist in Form von *Hyperparametern* repräsentiert, also als Parameter, denen Werte zugewiesen werden müssen, bevor das Modell an die Daten angepasst wird. In Scikit-Learn werden Hyperparameter ausgewählt, indem bei der Instanziierung des Modells Werte übergeben werden. Wie man geeignete Werte für die Hyperparameter ermittelt, werden wir in Kapitel 39 erörtern.

In unserem Beispiel instanziieren wir die `LinearRegression`-Klasse und geben dabei mit dem Hyperparameter `fit_intercept` an, dass die Achsenabschnitte berücksichtigt werden sollen:

```
In [7]: model = LinearRegression(fit_intercept=True)
        model
Out[7]: LinearRegression()
```

Denken Sie daran, dass bei der Modellinstanziierung nur eine Aktion ausgeführt wird, nämlich das Speichern der Werte der Hyperparameter. Vor allem wurde das Modell noch nicht auf irgendwelche Daten angewendet: Die Scikit-Learn-API unterscheidet ganz eindeutig zwischen der Wahl des Modells und der *Anwendung des Modells auf Daten*.

3. Platzierung der Daten in einer Feature-Matrix und in einem Zielvektor

Die vorhin untersuchte Datenrepräsentierung in Scikit-Learn erfordert eine zweidimensionale Feature-Matrix und ein eindimensionales Ziel-Array. Die Zielvariable `y` liegt bereits in geeigneter Form vor (als Array der Länge `n_samples`), aber die Daten `x` müssen noch in eine Matrix der Größe `[n_samples, n_features]` umgewandelt werden.

In diesem Fall ist dafür nur eine einfache Umformung des eindimensionalen Arrays nötig:

```
In [8]: X = x[:, np.newaxis]
        X.shape
Out[8]: (50, 1)
```

4. Anpassung des Modells an die Daten

Nun ist es an der Zeit, das Modell auf die Daten anzuwenden. Dazu dient die `fit`-Methode des Modells:

```
In [9]: model.fit(X, y)
Out[9]: LinearRegression()
```

Der `fit`-Befehl sorgt dafür, dass modellabhängige interne Berechnungen stattfinden, deren Ergebnisse in modellspezifischen Attributen gespeichert werden, die sich der User ansehen kann. Gemäß der Konvention enden die Bezeichnungen aller während des `fit`-Vorgangs erlernten Modellparameter mit einem Unterstrich. Bei diesem linearen Modell ergibt sich beispielsweise Folgendes:

```
In [10]: model.coef_
Out[10]: array([1.9776566])

In [11]: model.intercept_
Out[11]: -0.9033107255311146
```

Diese beiden Parameter geben die Steigung und den Achsenabschnitt des einfachen linearen Fits an die Daten an. Vergleicht man die Ergebnisse mit der Datendefinition, stellt man fest, dass diese Werte nah bei den Eingabewerten von 2 für die Steigung und –1 für den Achsenabschnitt liegen, mit denen wir die Daten erzeugt haben.

Eine häufig gestellte Frage betrifft die Fehler der internen Modellparameter. Scikit-Learn bietet im Allgemeinen keine Tools, um Rückschlüsse aus den internen Modellparametern selbst zu ziehen: Die Beurteilung der internen Modellparameter ist weniger eine Frage des *Machine Learning*, sondern viel eher eine Frage der *statistischen Modellbildung*. Machine Learning konzentriert sich darauf, was das Modell vorhersagt. Wenn Sie sich mit der Bedeutung der Fit-Parameter innerhalb des Modells befassen möchten, gibt es dafür andere Tools, etwa das Python-Paket (*https://oreil.ly/adDFZ*) `statsmodels`.

5. Vorhersage der Labels unbekannter Daten

Ist das Modell trainiert, besteht die eigentliche Aufgabe des überwachten Lernens darin, das Modell danach zu beurteilen, wie es mit neuen Daten zurechtkommt, die nicht Teil der Trainingsdatenmenge waren. Zu diesem Zweck gibt es in Scikit-Learn die `predict`-Methode. In unserem Beispiel verwenden wir als »neue Daten« eine Reihe von x-Werten und prüfen, welche y-Werte das Modell vorhersagt:

```
In [12]: xfit = np.linspace(-1, 11)
```

Diese x-Werte müssen wie vorhin in eine `[n_samples, n_features]`-Feature-Matrix umgeformt werden, mit der wir das Modell füttern können:

```
In [13]: Xfit = xfit[:, np.newaxis]
         yfit = model.predict(Xfit)
```

Abschließend visualisieren wir das Ergebnis, indem wir zuerst die Rohdaten und dann den Fit dieses Modells anzeigen (siehe Abbildung 38-4).

```
In [14]: plt.scatter(x, y)
         plt.plot(xfit, yfit);
```

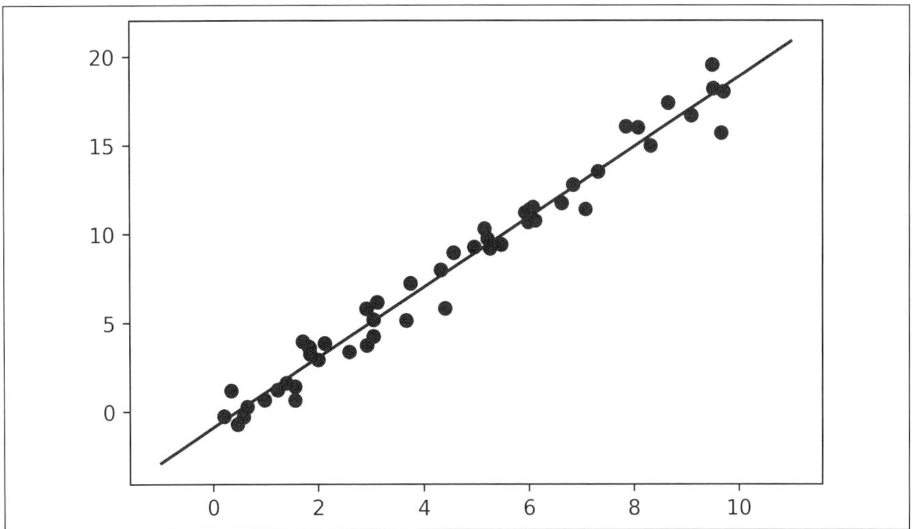

Abbildung 38-4: Eine einfache an die Daten angepasste lineare Regression

Typischerweise wird die Leistungsfähigkeit eines Modells ermittelt, indem man das Ergebnis mit Erfahrungswerten vergleicht, wie Sie im nächsten Beispiel sehen werden.

Beispiel für überwachtes Lernen: Iris-Klassifikation

Wir betrachten ein weiteres Beispiel dieses Vorgangs und verwenden dafür die bereits erwähnte Iris-Datensammlung. Wir stellen folgende Frage: Wie gut kann ein Modell, das mit einem Teil der Iris-Datenmenge trainiert wird, die Labels für die übrige Datenmenge vorhersagen?

Für diese Aufgabe verwenden wir ein besonders einfaches generatives Modell, das als *Gaussian naive Bayes* bezeichnet wird. Das Modell geht davon aus, dass die Klassen einer gleichmäßigen Gaußverteilung entstammen (weitere Details hierzu finden Sie in Kapitel 41). Da es schnell ist und keine Hyperparameter benötigt, eignet es sich oft gut für den Einsatz als Grundlagenmodell, bevor man ausprobiert, ob sich mit ausgefeilteren Modellen Verbesserungen erzielen lassen.

Zur Beurteilung des Modells möchten wir unbekannte Daten heranziehen, daher teilen wir die Daten in eine *Trainingsdatenmenge* und eine *Testdatenmenge* auf. Das könnte man von Hand erledigen, es ist jedoch komfortabler, die `train_test_split`-Funktion zu verwenden:

```
In [15]: from sklearn.model_selection import train_test_split
         Xtrain, Xtest, ytrain, ytest = train_test_split(X_iris, y_iris,
                                                         random_state=1)
```

Nachdem die Daten so aufbereitet sind, können wir dem Rezept folgen und mit der Vorhersage der Klassenbezeichnungen (Labels) fortfahren:

```
In [16]: from sklearn.naive_bayes import GaussianNB # 1. Modellklasse auswählen.
         model = GaussianNB()                       # 2. Modell instanziieren.
         model.fit(Xtrain, ytrain)                  # 3. Modell an Daten anpassen.
         y_model = model.predict(Xtest)             #
 4. Anhand neuer Daten Vorhersagen treffen.
```

Mit der Funktion accuracy_score können wir den Anteil der korrekt vorhergesagten Labels anzeigen:

```
In [17]: from sklearn.metrics import accuracy_score
         accuracy_score(ytest, y_model)
Out[17]: 0.9736842105263158
```

Die Korrektklassifikationsrate beträgt mehr als 97%, also funktioniert dieser doch sehr naive Klassifikationsalgorithmus für diese spezielle Datenmenge durchaus!

Beispiel für unüberwachtes Lernen: Dimensionalität der Iris-Datensammlung

Als Beispiel für eine unüberwachte Lernaufgabe betrachten wir die Dimensionsreduktion der Iris-Datensammlung, damit sie einfacher zu visualisieren ist. Wie Sie wissen, ist die Iris-Datensammlung vierdimensional: Für jedes Blumenexemplar sind vier Features gespeichert.

Bei der Aufgabe der Dimensionsreduktion dreht es sich darum, eine geeignete Repräsentierung niedrigerer Dimension zu finden, bei der die wesentlichen Features der Daten erhalten bleiben. Häufig wird eine Dimensionsreduktion als Hilfsmittel bei der Visualisierung von Daten eingesetzt, schließlich ist es sehr viel einfacher, Diagramme in zwei Dimensionen zu erstellen als in vier oder sogar mehr.

Hier verwenden wir die *Hauptkomponentenanalyse* (engl. *Principal Component Analysis,* PCA, siehe Kapitel 45), ein schnelles lineares Verfahren zur Dimensionsreduktion. Das Modell soll zwei Komponenten zurückgeben, also eine zweidimensionale Repräsentierung der Daten.

Wir gehen wieder schrittweise vor:

```
In [18]: from sklearn.decomposition import PCA  # 1. Modellklasse auswählen.
         model = PCA(n_components=2)            # 2. Modell instanziieren.
         model.fit(X_iris)                      # 3. Modell an Daten anpassen.
         X_2D = model.transform(X_iris)         #
 4. In zweidimensionale Daten transformieren.
```

Zum Erstellen eines Diagramms fügen wir das Ergebnis einfach in den ursprünglichen Iris-DataFrame ein und verwenden Seaborns lmplot-Funktion zur Anzeige des Resultats (siehe Abbildung 38-5).

```
In [19]: iris['PCA1'] = X_2D[:, 0]
         iris['PCA2'] = X_2D[:, 1]
         sns.lmplot(x="PCA1", y="PCA2", hue='species', data=iris, fit_reg=False);
```

In der zweidimensionalen Repräsentierung sind die Spezies ziemlich gut voneinander getrennt, obwohl der Algorithmus der Hauptkomponentenanalyse die Labels gar nicht kennt. Das deutet darauf hin, dass eine relativ unkomplizierte Klassifikation für diese Datenmenge vermutlich durchaus brauchbar ist.

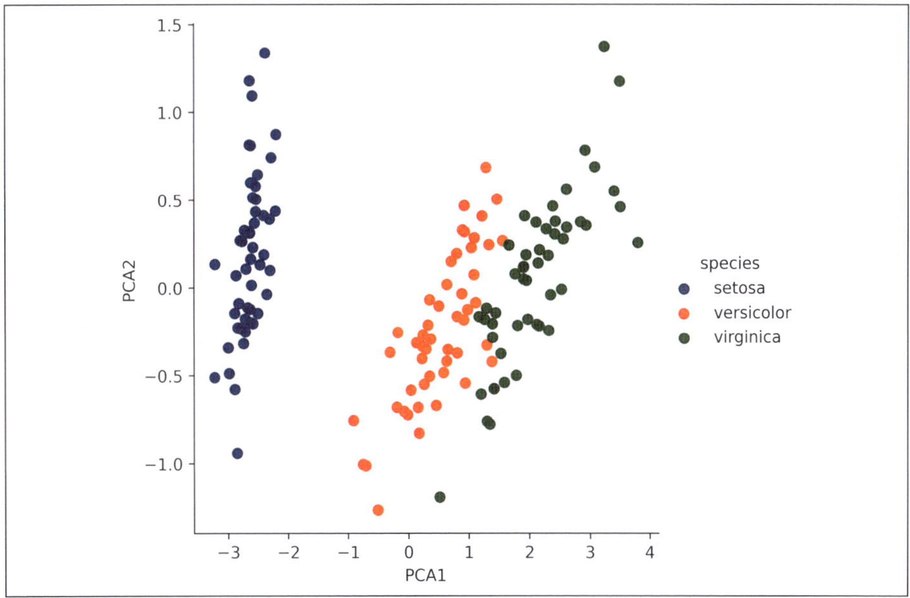

Abbildung 38-5: Die auf zwei Dimensionen projizierte Iris-Datensammlung

Beispiel für unüberwachtes Lernen: Clustering der Iris-Datensammlung

Als Nächstes wenden wir ein Clustering auf die Iris-Datensammlung an. Ein Clustering-Algorithmus versucht, unterschiedliche Gruppen zu finden, ohne Kenntnis von den Klassenbezeichnungen zu haben. Hier verwenden wir ein leistungsfähiges Clustering-Verfahren, das sogenannte *gaußsche Mixture-Modell* (GMM), das in Kapitel 48 eingehend erörtert wird. Ein GMM versucht, die Daten als Sammlungen gaußscher Anhäufungen zu modellieren.

Ein GMM kann wie folgt angepasst werden:

```
In [20]: from sklearn.mixture import GaussianMixture      # 1. Modellklasse wählen.
         model = GaussianMixture(n_components=3,
                                 covariance_type='full')  #
 2. Modell instanziieren.
         model.fit(X_iris)                                #
 3. Modell an Daten anpassen.
         y_gmm = model.predict(X_iris)                    # 4. Labels ermitteln.
```

Wie zuvor fügen wir die Cluster-Bezeichnungen dem Iris-`DataFrame` hinzu und verwenden Seaborn zur Anzeige des Resultats (siehe Abbildung 38-6).

```
In [21]: iris['cluster'] = y_gmm
         sns.lmplot(x="PCA1", y="PCA2", data=iris, hue='species',
                    col='cluster', fit_reg=False);
```

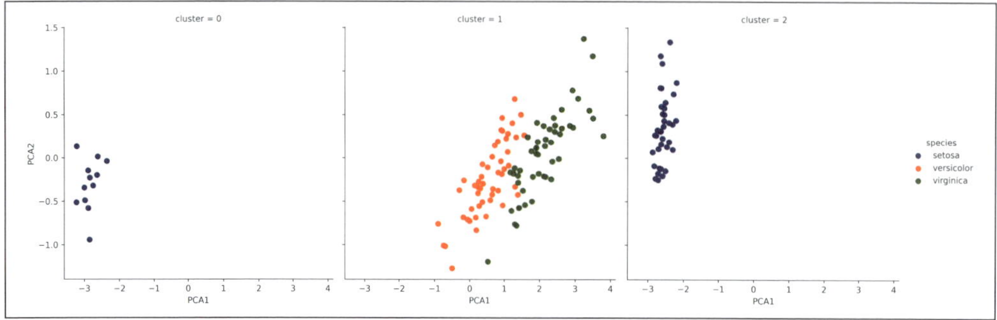

Abbildung 38-6: k-Means-Cluster in der Iris-Datensammlung

Wenn wir die Daten entsprechend ihrer Cluster-Nummer aufteilen, ist genau erkennbar, wie gut der GMM-Algorithmus die zugrunde liegenden Klassenbezeichnungen aufgespürt hat: Die Spezies *Setosa* ist vollständig in Cluster 0 enthalten, die Spezies *Versicolor* und *Virginica* sind allerdings ein klein wenig vermischt. Die Features der Blumen sind also eindeutig genug, um das Vorhandensein von drei verschiedenen Pflanzenarten mit einem einfachen Clustering-Algorithmus automatisch festzustellen, ohne dass wir einen Experten zurate ziehen müssten. Solche Algorithmen können Botanikern zusätzliche Hinweise auf die Beziehungen zwischen den beobachteten Pflanzen geben.

Anwendung: Handgeschriebene Ziffern untersuchen

Um diese Prinzipien anhand einer interessanteren Aufgabe zu demonstrieren, betrachten wir nun die optische Zeichenerkennung handgeschriebener Ziffern. In der Praxis müssen die Zeichen nicht nur identifiziert werden, sie müssen zunächst einmal innerhalb eines Bilds auch lokalisiert werden. Das ersparen wir uns und verwenden Scikit-Learns vorformatierte Ziffernmenge, die Bestandteil der Bibliothek ist.

Einlesen und Visualisieren der Zifferndaten

Zur Anzeige der Ziffern können wir die Scikit-Learn-Schnittstelle für den Datenzugriff verwenden:

```
In [22]: from sklearn.datasets import load_digits
         digits = load_digits()
         digits.images.shape
Out[22]: (1797, 8, 8)
```

Bei den Bilddaten handelt es sich also um ein dreidimensionales Array: 1.797 Samples, die jeweils aus 8 × 8 Pixeln bestehen. Die ersten 100 Samples lassen wir uns anzeigen (siehe Abbildung 38-7).

```
In [23]: import matplotlib.pyplot as plt

         fig, axes = plt.subplots(10, 10, figsize=(8, 8),
                                  subplot_kw={'xticks':[], 'yticks':[]},
```

```
                       gridspec_kw=dict(hspace=0.1, wspace=0.1))

for i, ax in enumerate(axes.flat):
    ax.imshow(digits.images[i], cmap='binary', interpolation='nearest')
    ax.text(0.05, 0.05, str(digits.target[i]),
            transform=ax.transAxes, color='green')
```

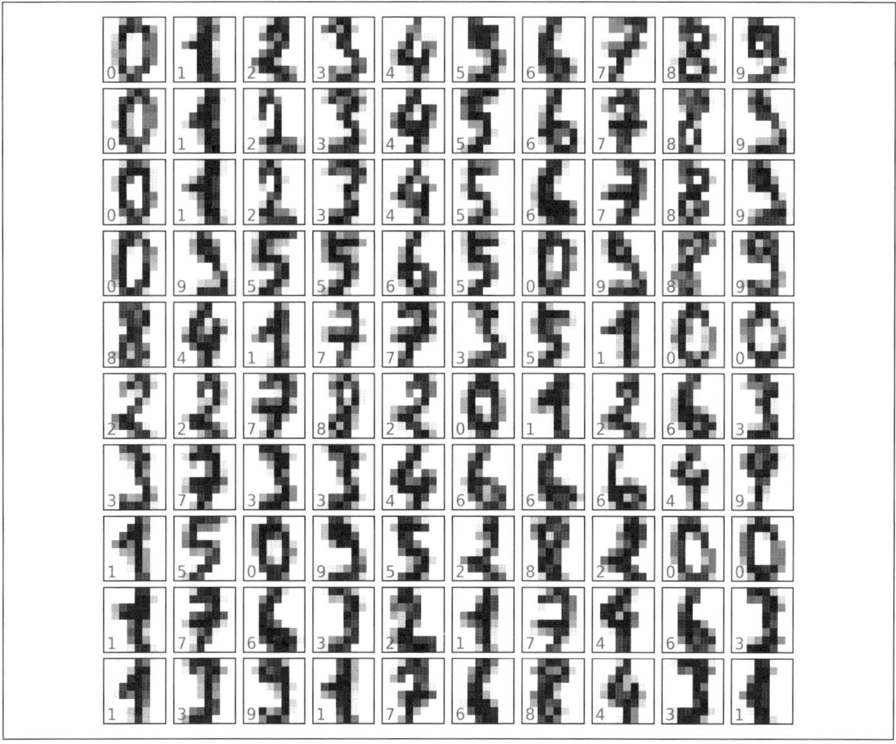

Abbildung 38-7: Die handgeschriebenen Ziffern; jedes Sample besteht aus 8 × 8 Pixeln.

Um diese Daten mit Scikit-Learn verwenden zu können, benötigen wir eine zweidimensionale `[n_samples, n_features]`-Repräsentierung. Das können wir erreichen, indem wir jedes Pixel eines Bilds als Feature betrachten. Wir machen aus den Pixel-Arrays also jeweils Arrays der Länge 64, deren Pixelwerte eine Ziffer repräsentieren. Zusätzlich benötigen wir ein Ziel-Array, das die zuvor ermittelten Labels der Ziffern enthält. Diese beiden Werte sind in der `digits`-Datenmenge als die Attribute `data` bzw. `target` enthalten:

```
In [24]: X = digits.data
         X.shape
Out[24]: (1797, 64)

In [25]: y = digits.target
         y.shape
Out[25]: (1797,)
```

Es gibt also 1.797 Samples und 64 Features.

Beispiel für unüberwachtes Lernen: Dimensionsreduktion

Wir würden die Datenpunkte gern innerhalb des 64-dimensionalen Parameterraums darstellen, es ist jedoch schwierig, Datenpunkte in einem Raum so hoher Dimensionalität zu visualisieren. Stattdessen reduzieren wir die Dimensionen mit einer unüberwachten Lernmethode. Dazu verwenden wir einen Manifold-Learning-Algorithmus namens Isomap (siehe Kapitel 46) und transformieren die Daten in zwei Dimensionen:

```
In [26]: from sklearn.manifold import Isomap
         iso = Isomap(n_components=2)
         iso.fit(digits.data)
         data_projected = iso.transform(digits.data)
         print(data_projected.shape)
Out[26]: (1797, 2)
```

Die projizierten Daten sind nun zweidimensional. Wir erstellen ein Diagramm, um zu prüfen, ob sich aus der Struktur etwas lernen lässt (siehe Abbildung 38-8).

```
In [27]: plt.scatter(data_projected[:, 0], data_projected[:, 1], c=digits.target,
                     edgecolor='none', alpha=0.5,
                     cmap=plt.cm.get_cmap('viridis', 10))
         plt.colorbar(label='digit label', ticks=range(10))
         plt.clim(-0.5, 9.5);
```

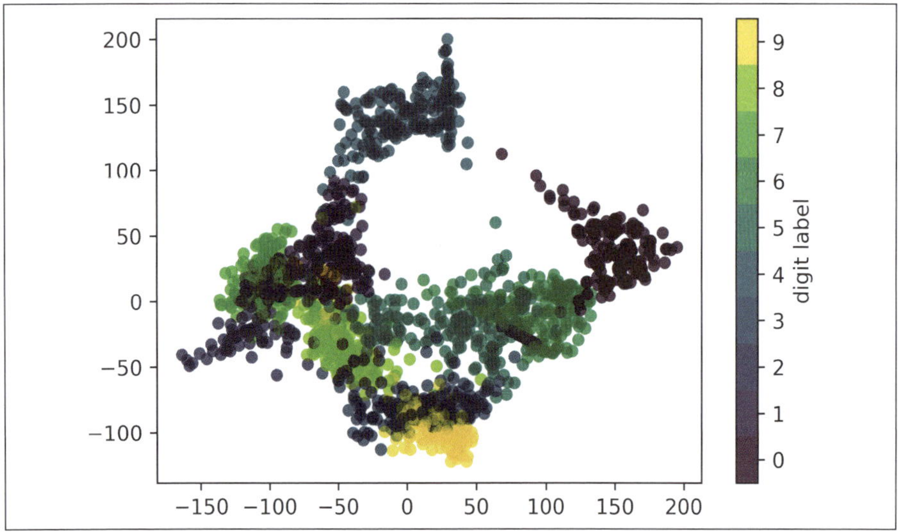

Abbildung 38-8: Eine Isomap-Einbettung der Zifferndatenmenge

Das Diagramm vermittelt eine intuitive Vorstellung davon, wie gut die verschiedenen Ziffern im 64-dimensionalen Raum voneinander getrennt sind. Nullen und Einsen überschneiden sich im Parameterraum praktisch gar nicht. Das erscheint einem klar: Eine Null ist in der Mitte leer, bei einer Eins hingegen ist im Allgemeinen in der Mitte Tinte vorhanden. Andererseits scheint es hier ein mehr oder weniger kontinuierliches Spektrum zwischen Einsen und Vieren zu geben. In Anbetracht der Tatsache, dass manche Menschen Einsen mit einem Häkchen am oberen Ende schreiben, ist das verständlich, weil sie dadurch Vieren ähnlicher sehen.

Insgesamt sind die verschiedenen Gruppen jedoch trotz einer gewissen Vermischung an den Rändern ziemlich gut voneinander getrennt. Das bedeutet, dass selbst ein völlig unkomplizierter überwachter Klassifikationsalgorithmus für die gesamte hochdimensionale Datenmenge brauchbare Ergebnisse liefern sollte. Versuchen wir es einmal.

Klassifikation der Ziffern

Wir wenden jetzt einen Klassifikationsalgorithmus auf die Zifferndaten an. Wie bei der Iris-Datensammlung unterteilen wir die Daten in eine Trainings- und eine Testdatenmenge und passen ein GaussianNB-Modell (Gaussian naive Bayes) an:

```
In [28]: Xtrain, Xtest, ytrain, ytest = train_test_split(X, y, random_state=0)
```

```
In [29]: from sklearn.naive_bayes import GaussianNB
         model = GaussianNB()
         model.fit(Xtrain, ytrain)
         y_model = model.predict(Xtest)
```

Nun haben wir die Vorhersagen des Modells und können seine Genauigkeit beurteilen, indem wir die tatsächlichen Werte der Testmenge mit den Vorhersagen vergleichen:

```
In [30]: from sklearn.metrics import accuracy_score
         accuracy_score(ytest, y_model)
Out[30]: 0.8333333333333334
```

Selbst mit diesem extrem einfachen Modell erzielen wir eine Korrektklassifikationsrate von mehr als 80 %! Allerdings ist anhand dieser einen Zahl nicht ersichtlich, wo Fehler aufgetreten sind. Deshalb erstellen wir eine Wahrheitsmatrix (die auch als *Konfusionsmatrix* bezeichnet wird), die wir mit Scikit-Learn berechnen und mit Seaborn ausgeben (siehe Abbildung 38-9).

```
In [31]: from sklearn.metrics import confusion_matrix

         mat = confusion_matrix(ytest, y_model)

         sns.heatmap(mat, square=True, annot=True, cbar=False, cmap='Blues')
         plt.xlabel('predicted value')
         plt.ylabel('true value');
```

Hier ist ersichtlich, wo sich die fehlklassifizierten Datenpunkte hauptsächlich befinden. Beispielsweise werden viele Zweien entweder als Einsen oder als Achten fehlklassifiziert.

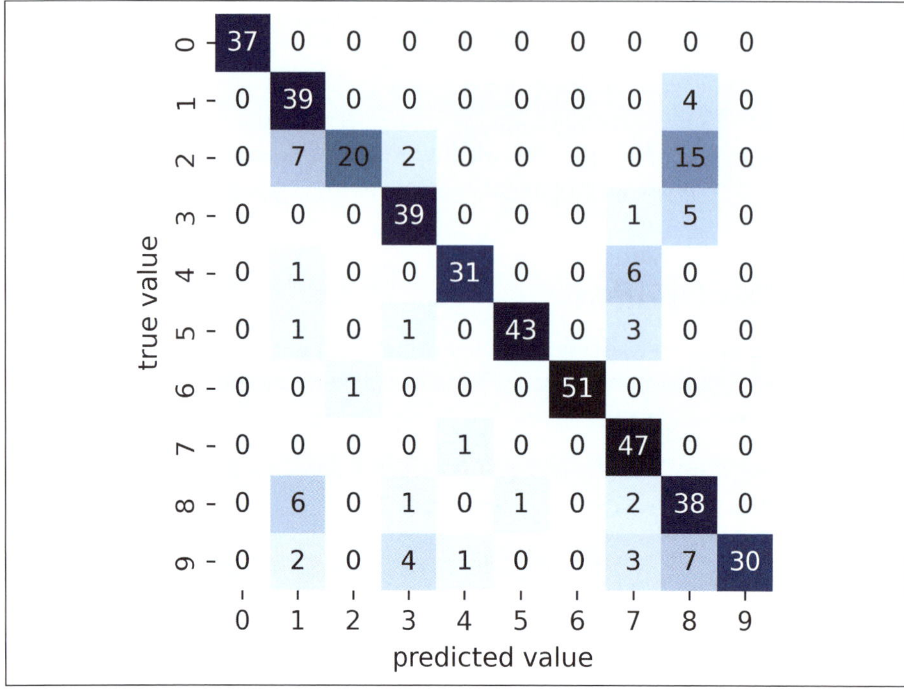

Abbildung 38-9: Die Wahrheitsmatrix zeigt die Anzahl der Fehlklassifikationen.

Die Anzeige der Eingabewerte zusammen mit den vorhergesagten Labels (Klassenbezeichnungen) ist eine weitere Möglichkeit, Einblick in die Eigenschaften des Modells zu gewinnen. Wir verwenden Grün für richtige und Rot für falsche Klassifikationen (siehe Abbildung 38-10).

```
In [32]: fig, axes = plt.subplots(10, 10, figsize=(8, 8),
                                  subplot_kw={'xticks':[], 'yticks':[]},
                                  gridspec_kw=dict(hspace=0.1, wspace=0.1))

         test_images = Xtest.reshape(-1, 8, 8)

         for i, ax in enumerate(axes.flat):
             ax.imshow(test_images[i], cmap='binary', interpolation='nearest')
             ax.text(0.05, 0.05, str(y_model[i]),
                     transform=ax.transAxes,
                     color='green' if (ytest[i] == y_model[i]) else 'red')
```

Wenn man sich die Untermengen der Daten genauer ansieht, finden sich Hinweise darauf, wo der Algorithmus nicht optimal funktioniert. Um eine bessere Korrektklassifikationsrate als 83 % zu erreichen, müssen wir vielleicht zu ausgefeilteren Algorithmen wechseln, wie etwa Support Vector Machines (siehe Kapitel 43), Random Forests (siehe Kapitel 44), oder einen ganz anderen Klassifizierungsansatz verfolgen.

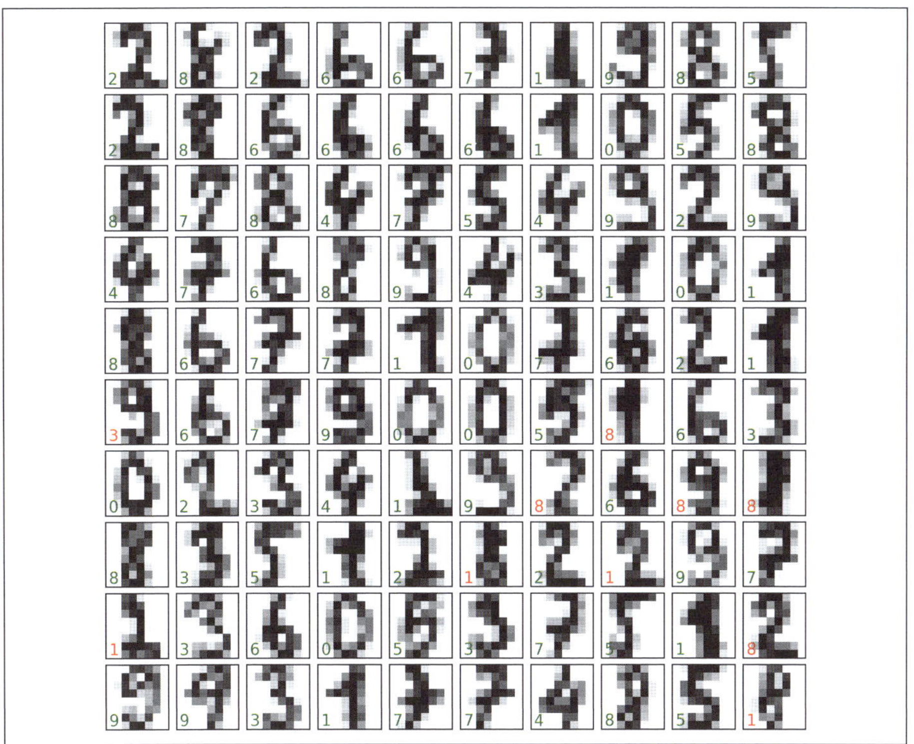

Abbildung 38-10: Richtig (grün) und falsch (rot) zugeordnete Klassenbezeichnungen

Zusammenfassung

In diesem Kapitel haben wir die wesentlichen Eigenschaften der Datenrepräsentierung und der Estimator-API in Scikit-Learn behandelt. Welcher Estimator verwendet wird, spielt keine Rolle, das Muster »Importieren, Instanziieren, Anpassen, Vorhersagen« ist stets dasselbe. Mit diesen Informationen sind Sie gut dafür gewappnet, die Scikit-Learn-Dokumentation zu erkunden und die verschiedenen Modelle mit Ihren eigenen Daten auszuprobieren.

Im nächsten Kapitel kommen wir zum vielleicht wichtigsten Thema des Machine Learning: der Auswahl und der Validierung des Modells.

KAPITEL 39

Hyperparameter und Modellvalidierung

Im letzten Kapitel haben Sie das grundlegende Rezept für die Anwendung überwachter Machine-Learning-Modelle kennengelernt:

1. Auswahl des Modells.
2. Auswahl der Hyperparameter des Modells.
3. Anpassen des Modells an die Trainingsdaten.
4. Anwendung des Modells auf neue Daten zur Vorhersage der Labels.

Die ersten beiden Punkte – Auswahl von Modell und Hyperparametern – dürften wohl am meisten dazu beitragen, die Tools und Verfahren effektiv einsetzen zu können. Wir müssen *überprüfen* (validieren) können, ob unser Modell und die Hyperparameter für die vorliegenden Daten gut geeignet sind, um fundierte Entscheidungen treffen zu können. Das hört sich vielleicht einfach an, aber es gibt einige Stolpersteine, die man umgehen muss, um diese Aufgabe effektiv zu erledigen.

Überlegungen zum Thema Modellvalidierung

Vom Prinzip her ist die Modellvalidierung sehr einfach: Nach Auswahl eines Modells und der Hyperparameter kann man abschätzen, wie effektiv es ist, indem man es auf einige Trainingsdaten anwendet und die Vorhersagen mit den bekannten Werten vergleicht.

Dieser Abschnitt stellt zunächst einen naiven Ansatz der Modellvalidierung vor und zeigt, warum er fehlschlägt. Anschließend erörtern wir die Verwendung von zurückgehaltenen Daten (Holdout-Daten) sowie die Kreuzvalidierung als robustere Verfahren der Modellvalidierung.

Eine mangelhafte Methode der Modellvalidierung

Beginnen wir mit dem naiven Ansatz einer Modellvalidierung. Hierfür verwenden wir wieder die Iris-Datensammlung aus dem vorhergehenden Kapitel. Als Erstes lesen wir die Daten ein:

```
In [1]: from sklearn.datasets import load_iris
        iris = load_iris()
        X = iris.data
        y = iris.target
```

Als Nächstes wählen wir ein Modell und die Hyperparameter. Wir verwenden einen *k*-nächste-Nachbarn-Klassifikator mit einem Nachbarn (`n_neighbor=1`), ein sehr einfaches und intuitives Modell, das davon ausgeht, dass ein unbekannter Punkt dieselbe Klassenbezeichnung besitzt wie der nächste Punkt aus der Trainingsdatenmenge:

```
In [2]: from sklearn.neighbors import KNeighborsClassifier
        model = KNeighborsClassifier(n_neighbors=1)
```

Anschließend trainieren wir das Modell und nutzen es zur Vorhersage der Labels von Daten, deren Klassenbezeichnungen wir bereits kennen:

```
In [3]: model.fit(X, y)
        y_model = model.predict(X)
```

Und schließlich berechnen wir den Anteil korrekt gelabelter Punkte:

```
In [4]: from sklearn.metrics import accuracy_score
        accuracy_score(y, y_model)
Out[4]: 1.0
```

Der Wert ist `1.0`, also hat das Modell 100% der Punkte richtig klassifiziert! Aber ist das wirklich die zu erwartende Genauigkeit? Haben wir tatsächlich ein Modell entwickelt, das in 100% der Fälle richtig liegt?

Wie Sie sich sicherlich gedacht haben: Die Antwort lautet Nein. Tatsächlich beinhaltet dieser Ansatz einen grundlegenden Fehler: *Das Modell verwendet für das Training und die Klassifikation dieselben Daten.* Darüber hinaus ist dieses *k*-nächste-Nachbarn-Modell ein *instanzbasierter* Estimator, der einfach nur die Trainingsdaten speichert und Vorhersagen trifft, indem er die neuen Daten mit den gespeicherten Punkten vergleicht. Außer in den eigens dafür ausgedachten Fällen erreicht das Modell also immer eine Trefferquote von 100%!

Eine bessere Methode der Modellvalidierung: zurückgehaltene Datenmengen

Was also ist zu tun? Wir können ein besseres Gespür für die Leistungsfähigkeit eines Modells entwickeln, wenn wir sogenannte *zurückgehaltene Datenmengen* (engl. *Holdout Set*) verwenden. Wir halten eine Teilmenge der Daten zurück, die nicht für das Training des Modells verwendet wird. Diese Aufteilung können wir mit der `train_test_split`-Funktion von Scikit-Learn erledigen:

```
In [5]: from sklearn.model_selection import train_test_split
        # Aufteilen der Daten in zwei Hälften
        X1, X2, y1, y2 = train_test_split(X, y, random_state=0,
                                          train_size=0.5)

        # Anpassen des Modells an eine der Datenmengen
```

```
        model.fit(X1, y1)

        # Anwenden des Modells auf die zweite Datenmenge
        y2_model = model.predict(X2)
        accuracy_score(y2, y2_model)
Out[5]: 0.9066666666666666
```

Nun ergibt sich ein vernünftigerer Wert: Die Korrektklassifikationsrate des *k*-nächste-Nachbarn-Klassifikators für die zurückgehaltene Datenmenge beträgt rund 90%. Die zurückgehaltenen Daten entsprechen unbekannten Daten, denn das Modell hat sie vorher noch nicht »gesehen«.

Kreuzvalidierung

Zurückgehaltene Datenmengen für die Modellvalidierung zu verwenden, hat den Nachteil, dass ein Teil der Daten für das Trainieren des Modells verloren geht. Im vorherigen Fall trägt die Hälfte der Daten nichts zum Training des Modells bei! Das ist natürlich nicht optimal – insbesondere wenn die ursprüngliche Trainingsdatenmenge ohnehin klein ist.

Diese Schwierigkeiten lassen sich durch eine *Kreuzvalidierung* umgehen – hier wird eine Reihe von Fits durchgeführt, bei denen verschiedene Teilmengen der Daten sowohl als Trainingsmenge als auch als Validierungsmenge verwendet werden. Abbildung 39-1 veranschaulicht diesen Sachverhalt.

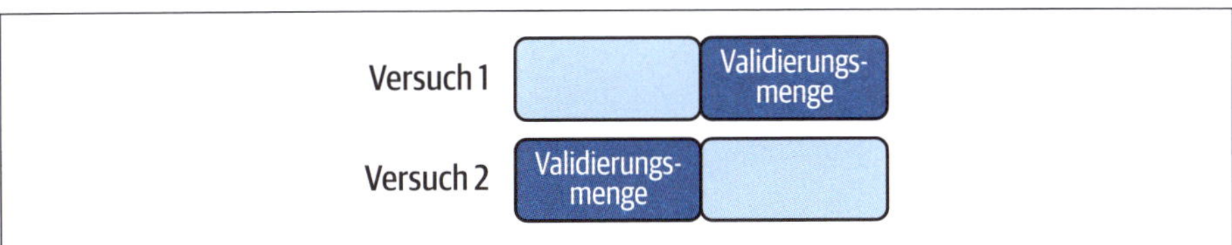

Abbildung 39-1: Visualisierung einer zweifachen Kreuzvalidierung[1]

Wir führen zwei Validierungstests durch und halten dabei jeweils eine Hälfte der Daten zurück. Mit der vorhin erstellten Aufteilung können wir das folgendermaßen implementieren:

```
In [6]: y2_model = model.fit(X1, y1).predict(X2)
        y1_model = model.fit(X2, y2).predict(X1)
        accuracy_score(y1, y1_model), accuracy_score(y2, y2_model)
Out[6]: (0.96, 0.9066666666666666)
```

Das Ergebnis sind zwei Korrektklassifikationsraten, die wir miteinander kombinieren können (z.B. den Mittelwert berechnen), um ein besseres Maß für die Leistungsfähigkeit des Modells zu erhalten. Diese spezielle Form einer Kreuzvalidierung wird als *zweifache Kreuzvalidierung* bezeichnet, bei der wir die Daten in zwei Teilmengen aufgeteilt haben, die nacheinander als Validierungsmenge dienten.

1 Den Code für die Erstellung dieser Abbildung finden Sie im Onlineanhang (*https://oreil.ly/jvOwb*) zu diesem Buch.

Man kann auch noch einen Schritt weitergehen und mehr als nur zwei Tests durchführen. In Abbildung 39-2 ist beispielsweise eine fünffache Kreuzvalidierung dargestellt.

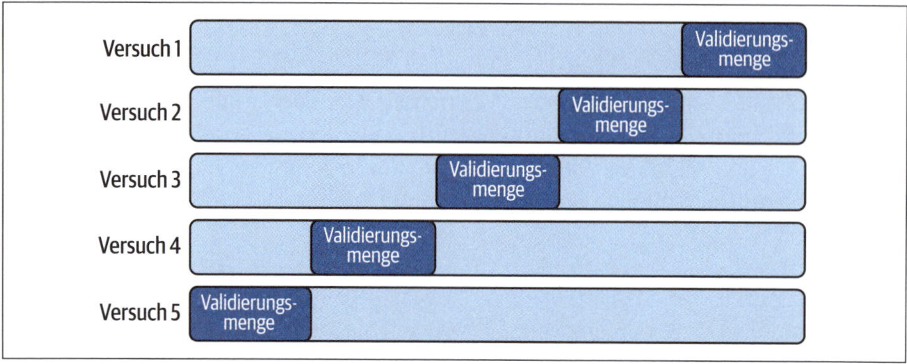

Abbildung 39-2: Visualisierung einer fünffachen Kreuzvalidierung[2]

Wir unterteilen die Daten in fünf Gruppen und verwenden sie der Reihe nach zur Klassifikation der jeweils anderen vier Datengruppen. Das von Hand zu erledigen, wäre ziemlich mühsam. Stattdessen können wir Scikit-Learns komfortable `cross_val_score`-Routine verwenden, die das kurz und bündig ausführt:

```
In [7]: from sklearn.model_selection import cross_val_score
        cross_val_score(model, X, y, cv=5)
Out[7]: array([0.96666667, 0.96666667, 0.93333333, 0.93333333, 1.        ])
```

Die Validierung wiederholt mit verschiedenen Teilmengen durchzuführen, gibt uns eine bessere Vorstellung von der Leistungsfähigkeit des Algorithmus.

Scikit-Learn implementiert eine Vielzahl von Kreuzvalidierungsverfahren, die sich in verschiedenen Szenarien als nützlich erweisen. Sie sind mithilfe von Iteratoren im Modul model_selection implementiert. Denken Sie beispielsweise an den extremen Fall, dass die Anzahl der Validierungen gleich der Anzahl der Datenpunkte ist. Das bedeutet, dass wir bei jedem Test bis auf einen alle Datenpunkte klassifizieren. Hierbei handelt es sich um eine sogenannte *Leave-One-Out-Kreuzvalidierung* (LOO), die wie folgt verwendet wird:

```
In [8]: from sklearn.model_selection import LeaveOneOut
        scores = cross_val_score(model, X, y, cv=LeaveOneOut())
        scores
Out[8]: array([1., 1., 1., 1., 1., 1., 1., 1., 1., 1., 1., 1., 1., 1., 1., 1., 1.,
               1., 1., 1., 1., 1., 1., 1., 1., 1., 1., 1., 1., 1., 1., 1., 1., 1.,
               1., 1., 1., 1., 1., 1., 1., 1., 1., 1., 1., 1., 1., 1., 1., 1., 1.,
               1., 1., 1., 1., 1., 1., 1., 1., 1., 1., 1., 1., 1., 1., 1., 1., 1.,
               1., 1., 0., 1., 0., 1., 1., 1., 1., 1., 1., 1., 1., 1., 1., 0., 1.,
               1., 1., 1., 1., 1., 1., 1., 1., 1., 1., 1., 1., 1., 1., 1., 1., 1.,
               1., 1., 1., 1., 0., 1., 1., 1., 1., 1., 1., 1., 1., 1., 1., 1., 1.,
               0., 1., 1., 1., 1., 1., 1., 1., 1., 1., 1., 1., 1., 1., 0., 1., 1.,
               1., 1., 1., 1., 1., 1., 1., 1., 1., 1., 1., 1., 1., 1.])
```

2 Den Code für die Erstellung dieser Abbildung finden Sie im Onlineanhang (*https://oreil.ly/jvOwb*) zu diesem Buch.

Da es sich hier um 150 Samples handelt, liefert die LOO-Kreuzvalidierung Scores für 150 Tests, die jeweils richtige (`1.0`) oder falsche (`0.0`) Vorhersagen kennzeichnen. Der Mittelwert der Scores liefert eine Abschätzung der Korrektklassifikationsrate:

```
In [9]: scores.mean()
Out[9]: 0.96
```

Andere Kreuzvalidierungsverfahren sind auf ähnliche Weise einsetzbar. Verwenden Sie IPython zum Erkunden des `sklearn.cross_validation`-Submoduls, wenn Sie daran interessiert sind, was in Scikit-Learn verfügbar ist, oder werfen Sie einen Blick auf Scikit-Learns Dokumentation zum Thema Kreuzvalidierung (*https://oreil.ly/rITkn*).

Auswahl des besten Modells

Nun kennen Sie die Grundlagen von Validierung und Kreuzvalidierung, und wir können uns etwas genauer mit der Auswahl von Modellen und Hyperparametern befassen. Diese Auswahl gehört zu den wichtigsten Aspekten der praktischen Anwendung von Machine Learning, und ich bin der Ansicht, dass Einführungen in Machine Learning diese Fragestellung allzu oft unter den Tisch fallen lassen.

Von entscheidender Bedeutung ist die Frage: *Was ist zu tun, wenn ein Estimator nur schlecht funktioniert?* Es gibt mehrere mögliche Antworten:

- Verwenden Sie ein komplizierteres oder flexibleres Modell.
- Verwenden Sie ein unkomplizierteres oder unflexibleres Modell.
- Sammeln Sie mehr Trainingsdaten.
- Sammeln Sie mehr Daten, um den Samples weitere Features hinzuzufügen.

Die Antworten sind oft widersprüchlich und stehen im Gegensatz zur eigenen Intuition. Insbesondere führt ein komplizierteres Modell manchmal zu schlechteren Ergebnissen, und das Hinzufügen weiterer Trainingsdaten verbessert die Ergebnisse überhaupt nicht. Hier trennt sich tatsächlich die Spreu vom Weizen: Die Fähigkeit, zu erkennen, welche Maßnahmen ein Modell verbessern, entscheidet darüber, ob das Machine Learning erfolgreich ist oder nicht.

Das Bias-Varianz-Dilemma

Letztendlich geht es bei der Auswahl des »besten« Modells darum, einen optimalen Kompromiss zwischen *Bias* und *Varianz* zu finden. Sehen Sie sich die zwei Regressionen für dieselbe Datenmenge in Abbildung 39-3 an.

Natürlich ist keines der beiden Modelle ein besonders guter Fit für diese Daten, aber die Gründe dafür unterscheiden sich.

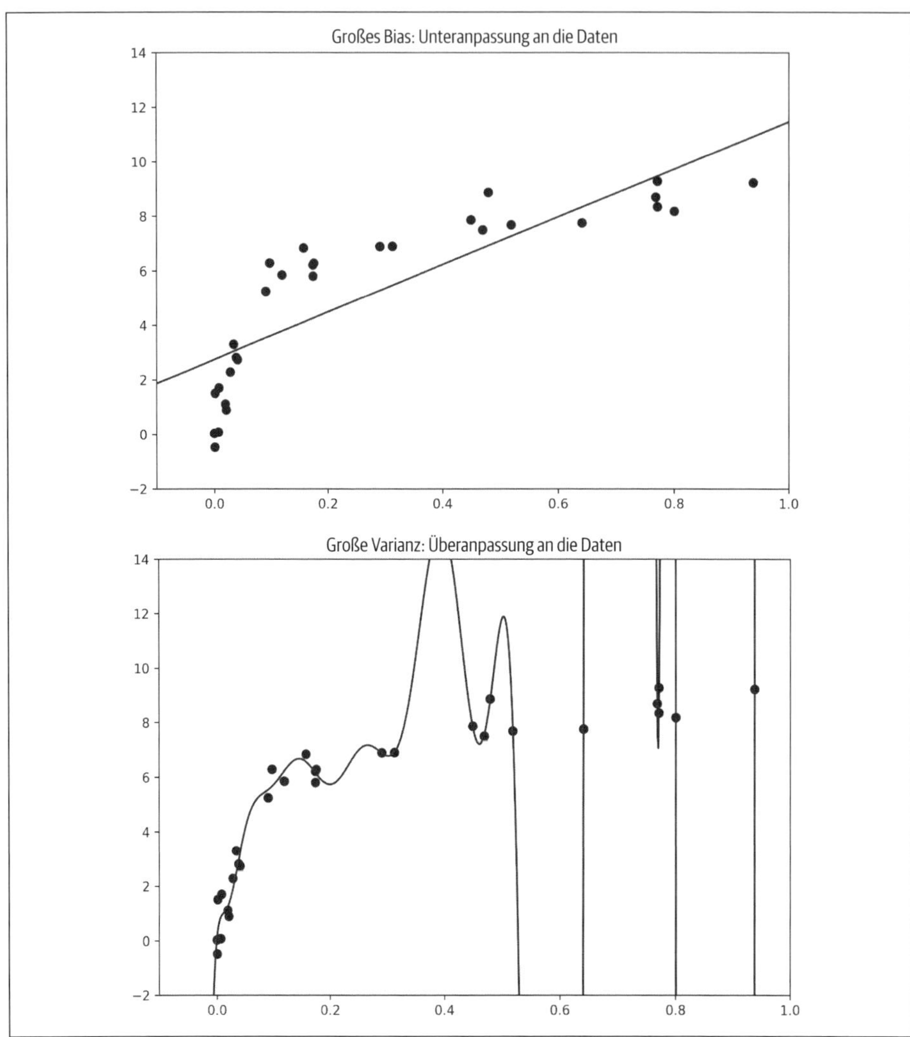

Abbildung 39-3: Regressionsmodelle mit großem Bias und großer Varianz[3]

Das Modell auf der linken Seite versucht, eine Gerade an die Daten anzupassen. Weil die Daten jedoch nicht auf einer linearen Funktion beruhen, ist es nicht möglich, diese Datenmenge durch eine Gerade vernünftig zu unterteilen. Man spricht in diesem Fall von einer *Unteranpassung* an die Daten – das Modell ist schlicht und einfach nicht flexibel genug, um den Features der Daten gerecht zu werden. Oder anders ausgedrückt: Das Modell hat ein großes Bias.

Das Modell auf der rechten Seite versucht hingegen, ein Polynom höherer Ordnung an die Daten anzupassen. Das Modell ist zwar flexibel genug, um sich nahezu perfekt an die Features in den Daten anzupassen, aber obwohl es die Trainingsdaten sehr genau beschreibt, spiegelt es doch eher das Rauschen in den Daten wider – und

3 Den Code für die Erstellung dieser Abbildung finden Sie im Onlineanhang (*https://oreil.ly/jvOwb*) zu diesem Buch.

nicht die eigentlichen Eigenschaften des Vorgangs, der die Daten erzeugt hat. Hier spricht man von einer *Überanpassung* an die Daten – das Modell ist derart anpassungsfähig, dass es nicht nur der Verteilung der zugrunde liegenden Daten Rechnung trägt, sondern auch zufälligen Abweichungen oder Fehlern. Oder anders ausgedrückt: Das Modell hat eine große Varianz.

Eine andere Sichtweise: Versuchen Sie, sich vorzustellen, was geschieht, wenn man die beiden Modelle verwendet, um die y-Werte für einige neue Daten vorherzusagen. In den Diagrammen in Abbildung 39-4 kennzeichnen die roten bzw. helleren Punkte zurückgehaltene Daten, die nicht zur Trainingsdatenmenge gehören.

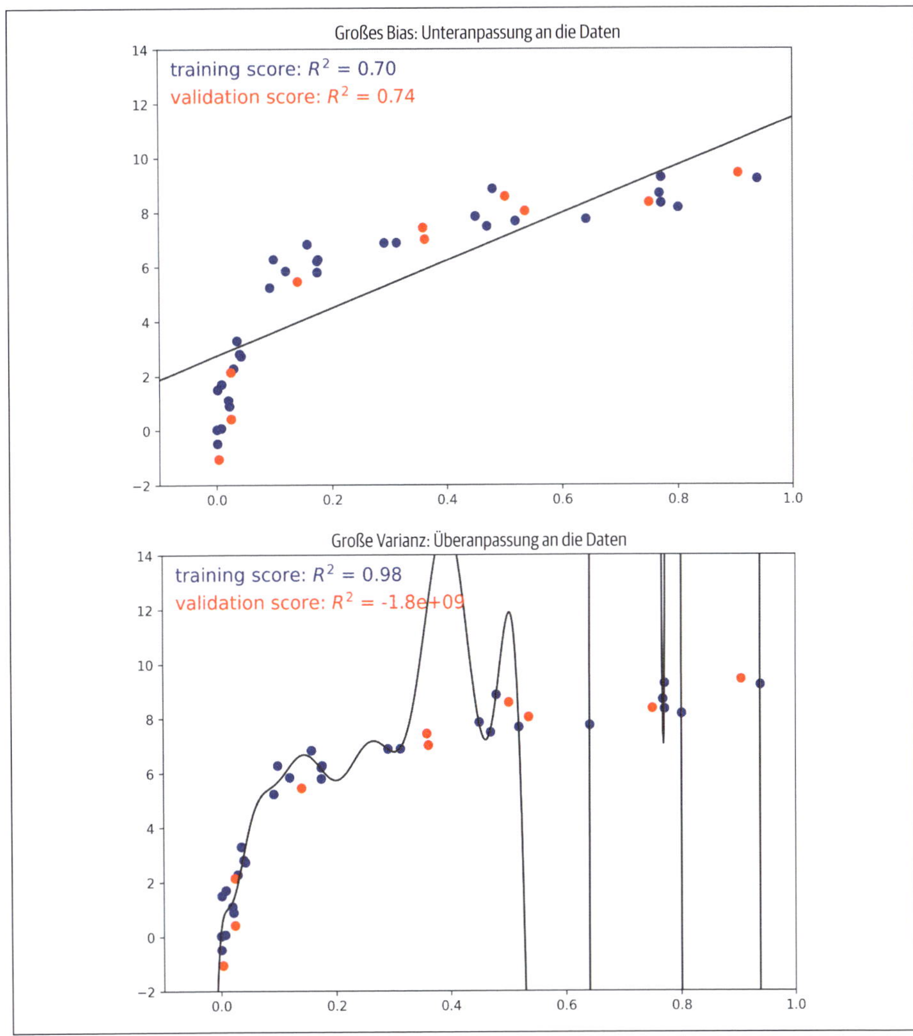

Abbildung 39-4: Trainings- und Validierungs-Score der Modelle mit großem Bias bzw. großer Varianz[4]

4 Den Code für die Erstellung dieser Abbildung finden Sie im Onlineanhang (*https://oreil.ly/jv0wb*) zu diesem Buch.

Der angegebene Score R^2 ist das Bestimmtheitsmaß (*https://de.wikipedia.org/wiki/Bestimmtheitsmaß*), das angibt, wie gut ein Modell relativ zu einem einfachen Mittelwert der Zielwerte funktioniert. $R^2 = 1$ zeigt eine perfekte Übereinstimmung an, $R^2 = 0$ hingegen bedeutet, dass das Modell nicht besser ist als ein einfacher Mittelwert. Negative Werte sind ein Hinweis auf ein noch schlechteres Modell. Anhand der Scores der beiden Modelle lässt sich eine allgemeinere Aussage treffen:

- Bei Modellen mit großem Bias ist die Leistung bezüglich der Validierungsmenge vergleichbar mit der Leistung bezüglich der Trainingsmenge.
- Bei Modellen mit großer Varianz ist die Leistung bezüglich der Validierungsmenge erheblich schlechter als die Leistung bezüglich der Trainingsmenge.

Angenommen, wir hätten die Möglichkeit, die Komplexität des Modells zu verändern. Wir würden erwarten, dass sich der Trainings- und der Validierungs-Score verhalten, wie in Abbildung 39-5 dargestellt.

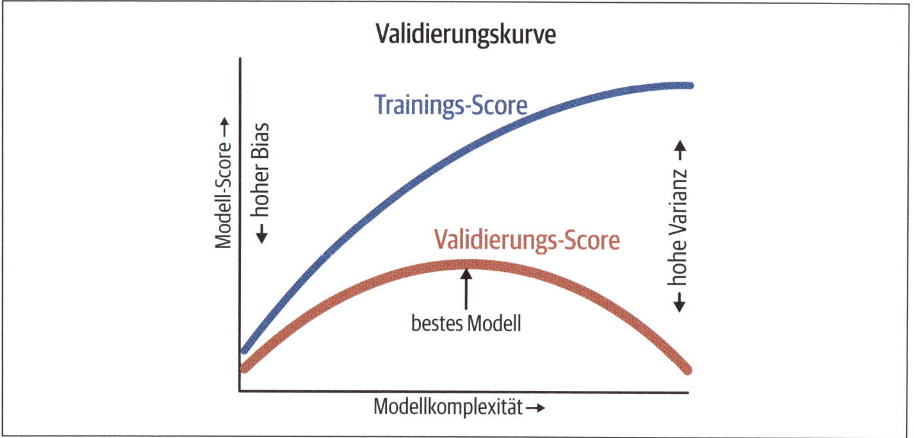

Abbildung 39-5: Die Beziehungen zwischen Modellkomplexität, Trainings-Score und Validierungs-Score[5]

Dieses Diagramm wird als *Validierungskurve* bezeichnet und verdeutlicht die folgenden Eigenschaften:

- Der Trainings-Score ist immer größer als der Validierungs-Score. Das gilt ganz allgemein: Das Modell ist besser an bekannte Daten angepasst als an unbekannte.
- Bei Modellen sehr geringer Komplexität (mit großem Bias) findet eine Unteranpassung an die Daten statt, und das Modell liefert sowohl für Trainingsdaten als auch für unbekannte Daten schlechte Vorhersagen.
- Bei Modellen sehr hoher Komplexität (mit großer Varianz) findet eine Überanpassung an die Daten statt, und das Modell liefert für Trainingsdaten sehr gute Vorhersagen, ist für unbekannte Daten aber unbrauchbar.

5 Den Code für die Erstellung dieser Abbildung finden Sie im Onlineanhang (*https://oreil.ly/jv0wb*) zu diesem Buch.

- Bei Modellen mittlerer Komplexität besitzt die Validierungskurve ein Maximum. Dieses Maß an Komplexität stellt einen geeigneten Kompromiss zwischen Bias und Varianz dar.

Die Möglichkeiten, die Komplexität zu ändern, unterscheiden sich von Modell zu Modell. Wenn wir die verschiedenen Modelle in späteren Kapiteln ausführlich erörtern, werden wir sehen, wie man die Komplexität variieren kann.

Validierungskurven in Scikit-Learn

Wir betrachten nun ein Beispiel für die Berechnung der Validierungskurve eines Modells mittels Kreuzvalidierung. Wir verwenden hierfür ein *polynomiales Regressionsmodell*, ein allgemeines lineares Modell, bei dem der Grad des Polynoms ein veränderlicher Parameter ist. Ein Polynom 1. Grades passt beispielsweise eine Gerade an die Daten an und besitzt die Modellparameter a und b:

$$y = ax + b$$

Ein Polynom 3. Grades passt eine kubische Kurve an die Daten an und besitzt die Modellparameter a, b, c, d:

$$y = ax^3 + bx^2 + cx + d$$

Wir können das verallgemeinern und eine beliebige Anzahl polynomialer Features verwenden. In Scikit-Learn lässt sich das mit einem linearen Regressionsklassifizierer in Kombination mit dem polynomialen Präprozessor implementieren. Dazu verwenden wir eine sogenannte *Pipeline*, um die Operationen miteinander zu verknüpfen (mehr zu polynomialen Features und Pipelines erfahren Sie in Kapitel 40):

```
In [10]: from sklearn.preprocessing import PolynomialFeatures
         from sklearn.linear_model import LinearRegression
         from sklearn.pipeline import make_pipeline

         def PolynomialRegression(degree=2, **kwargs):
             return make_pipeline(PolynomialFeatures(degree),
                                  LinearRegression(**kwargs))
```

Nun erzeugen wir einige Daten, an die wir das Modell anpassen:

```
In [11]: import numpy as np

         def make_data(N, err=1.0, rseed=1):
             # Zufällige Daten erzeugen.
             rng = np.random.RandomState(rseed)
             X = rng.rand(N, 1) ** 2
             y = 10 - 1. / (X.ravel() + 0.1)
             if err > 0:
                 y += err * rng.randn(N)
             return X, y
         X, y = make_data(40)
```

Jetzt können wir die Daten sowie einige polynomiale Fits verschiedenen Grades visualisieren (siehe Abbildung 39-6).

```
In [12]: %matplotlib inline
         import matplotlib.pyplot as plt
         plt.style.use('seaborn-whitegrid')

         X_test = np.linspace(-0.1, 1.1, 500)[:, None]

         plt.scatter(X.ravel(), y, color='black')
         axis = plt.axis()
         for degree in [1, 3, 5]:
             y_test = PolynomialRegression(degree).fit(X, y).predict(X_test)
             plt.plot(X_test.ravel(), y_test, label='degree={0}'.format(degree))
         plt.xlim(-0.1, 1.0)
         plt.ylim(-2, 12)
         plt.legend(loc='best');
```

Die Einstellschraube zur Steuerung der Modellkomplexität ist in diesem Fall der Grad des Polynoms (eine nicht negative Integer-Zahl). Nun stellt sich natürlich die Frage: Welcher Grad eines Polynoms stellt einen vernünftigen Kompromiss zwischen Bias (Unteranpassung) und Varianz (Überanpassung) dar?

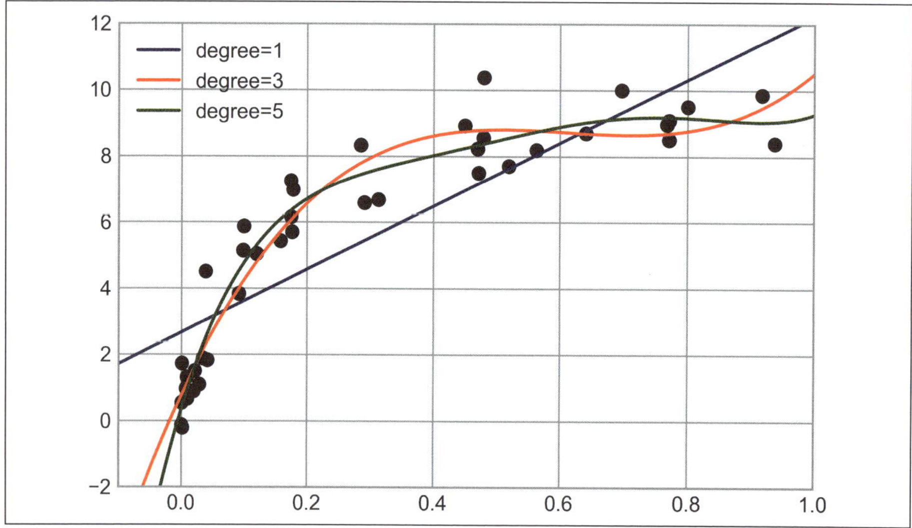

Abbildung 39-6: Drei verschiedene an die Daten angepasste polynomiale Modelle

Wenn wir die Validierungskurve für diese Daten und dieses Modell anzeigen, kommen wir einen Schritt weiter. Dazu verwenden wir die komfortable Routine `validation_curve`, die Scikit-Learn bereitstellt. Der Funktion werden ein Modell, Daten, Parameternamen und ein Wertebereich übergeben. Sie berechnet dann automatisch den Trainings- und den Validierungs-Score für diesen Wertebereich (siehe Abbildung 39-7).

```
In [13]: from sklearn.model_selection import validation_curve
         degree = np.arange(0, 21)
         train_score, val_score = validation_curve(
             PolynomialRegression(), X, y,
             param_name='polynomialfeatures__degree',
             param_range=degree, cv=7)
```

```
plt.plot(degree, np.median(train_score, 1),
         color='blue', label='training score')
plt.plot(degree, np.median(val_score, 1),
         color='red', label='validation score')
plt.legend(loc='best')
plt.ylim(0, 1)
plt.xlabel('degree')
plt.ylabel('score');
```

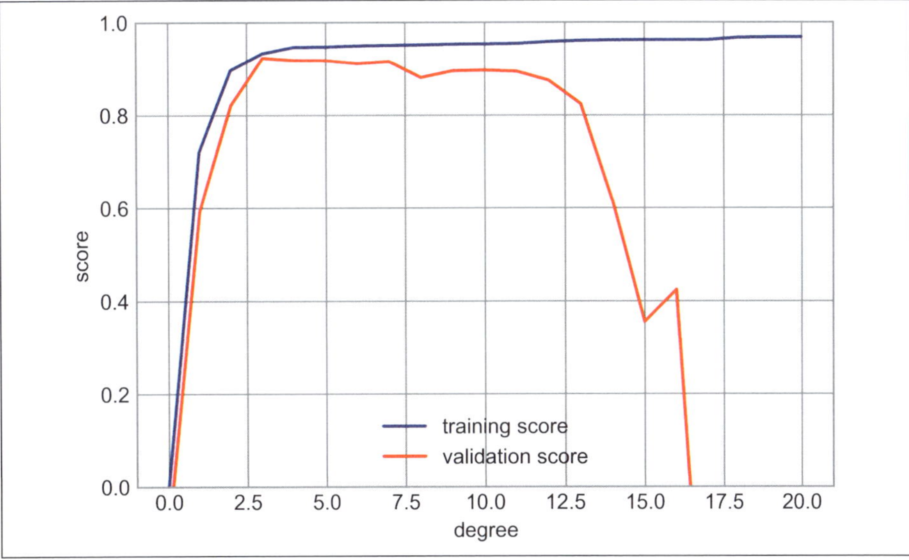

Abbildung 39-7: Die Validierungskurven der Daten aus Abbildung 39-9

Hier zeigt sich genau das zu erwartende qualitative Verhalten: Der Trainings-Score ist überall größer als der Validierungs-Score, und er wächst monoton mit zunehmender Komplexität. Der Validierungs-Score erreicht ein Maximum und fällt dann, nachdem es zu einer Überanpassung gekommen ist, stark ab.

Aus der Validierungskurve können wir schließen, dass der optimale Kompromiss zwischen Bias und Varianz ein Polynom 3. Grades ist. Wir berechnen diesen Fit und stellen ihn zusammen mit den ursprünglichen Daten dar (siehe Abbildung 39-8).

```
In [14]: plt.scatter(X.ravel(), y)
         lim = plt.axis()
         y_test = PolynomialRegression(3).fit(X, y).predict(X_test)
         plt.plot(X_test.ravel(), y_test);
         plt.axis(lim);
```

Beachten Sie, dass es eigentlich gar nicht nötig ist, den Trainings-Score zu berechnen, um das optimale Modell zu finden. Aber die Beziehung zwischen Trainings-Score und Validierungs-Score zu untersuchen, kann uns wertvolle Einblicke in die Leistung des Modells verschaffen.

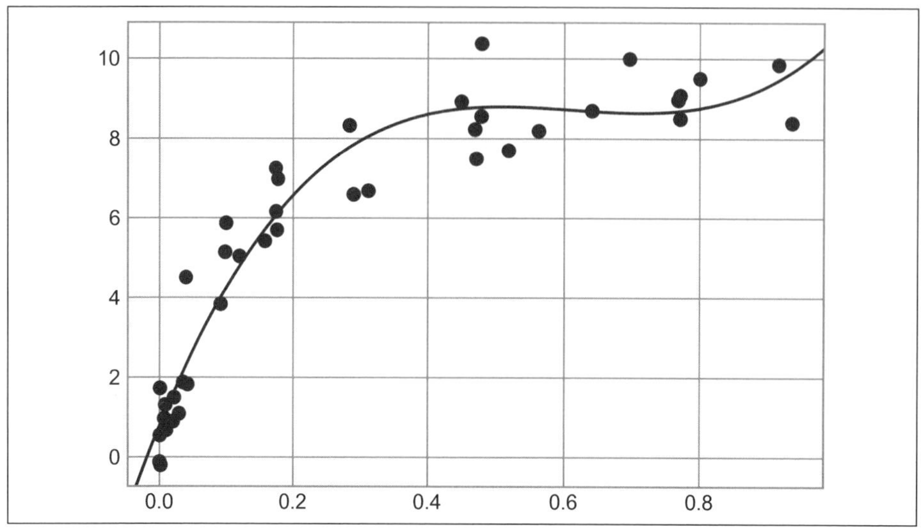

Abbildung 39-8: Das durch Kreuzvalidierung optimierte Modell für die Daten aus Abbildung 39-6

Lernkurven

Das optimale Modell hängt im Allgemeinen von der Größe der Trainingsdatenmenge ab – ein wichtiger Aspekt der Modellkomplexität. Als Beispiel erzeugen wir eine neue Datenmenge, die fünfmal mehr Punkte enthält als die vorherige (siehe Abbildung 39-9).

```
In [15]: X2, y2 = make_data(200)
         plt.scatter(X2.ravel(), y2);
```

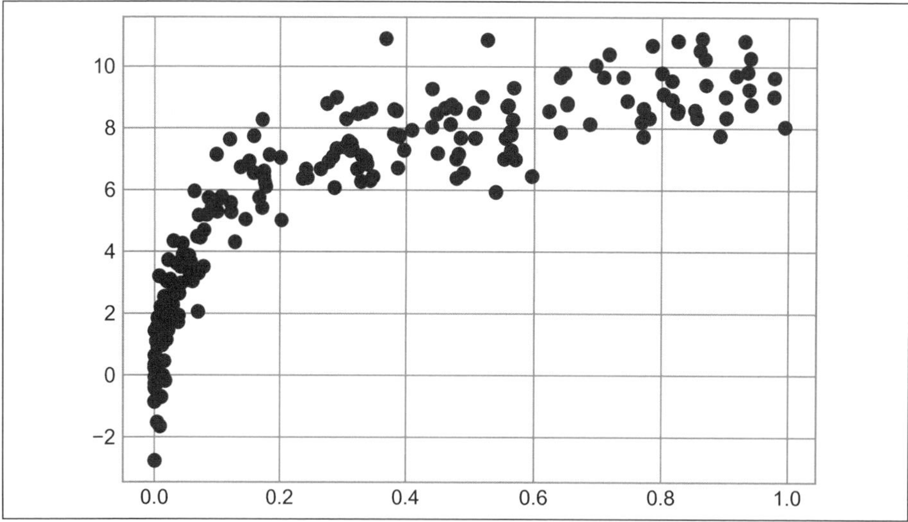

Abbildung 39-9: Daten zum Erstellen von Lernkurven

Jetzt duplizieren den vorherigen Code zum Erstellen der Validierungskurve für die größere Datenmenge und geben sie zum Vergleich zusammen mit dem vorhergehenden Ergebnis aus (siehe Abbildung 39-10).

```
In [16]: degree = np.arange(21)
         train_score2, val_score2 = validation_curve(
             PolynomialRegression(), X2, y2,
             param_name='polynomialfeatures__degree',
             param_range=degree, cv=7)

         plt.plot(degree, np.median(train_score2, 1),
                  color='blue', label='training score')
         plt.plot(degree, np.median(val_score2, 1),
                  color='red', label='validation score')
         plt.plot(degree, np.median(train_score, 1),
                  color='blue', alpha=0.3, linestyle='dashed')
         plt.plot(degree, np.median(val_score, 1),
                  color='red', alpha=0.3, linestyle='dashed')
         plt.legend(loc='lower center')
         plt.ylim(0, 1)
         plt.xlabel('degree')
         plt.ylabel('score');
```

Die durchgezogenen Kurven stellen das neue Ergebnis dar, die blasseren gestrichelten Kurven sind das Ergebnis der vorherigen kleineren Datenmenge. In Anbetracht der Validierungskurve wird deutlich, dass die größere Datenmenge erheblich komplexere Modelle unterstützt. Das Maximum liegt etwa beim 6. Grad, aber selbst bei einem Modell 20. Grades findet noch keine merkliche Überanpassung statt.

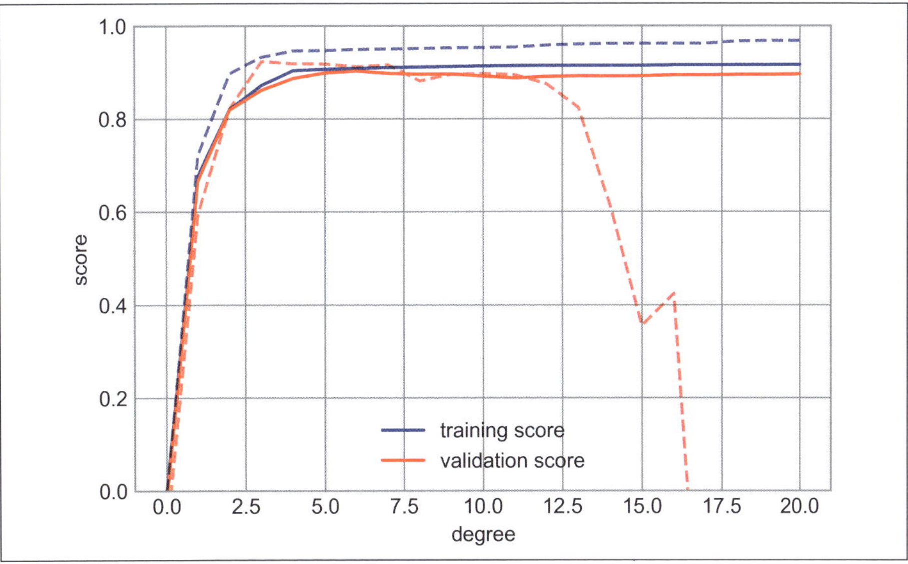

Abbildung 39-10: Lernkurven des polynomialen Modells für die Daten aus Abbildung 39-9

Das Verhalten der Validierungskurve hängt also nicht nur von einem, sondern von zwei wichtigen Eingabeparametern ab: der Modellkomplexität und der Anzahl der

Punkte in der Trainingsdatenmenge. Weitere Informationen erhalten wir, wenn wir das Verhalten eines Modells als Funktion der Anzahl der Punkte untersuchen. Das können wir tun, indem wir zunehmend größere Teilmengen der Daten verwenden, um das Modell anzupassen. Ein Diagramm des Trainings-/Validierungs-Scores in Abhängigkeit von der Größe der Trainingsdatenmenge wird manchmal als *Lernkurve* bezeichnet.

Das allgemeine Verhalten einer Lernkurve sieht folgendermaßen aus:

- Bei Modellen gegebener Komplexität kommt es zu einer *Überanpassung*, wenn die Datenmenge klein ist. Das heißt, die Trainings-Scores werden relativ groß sein, die Validierungs-Scores hingegen relativ klein.
- Bei Modellen gegebener Komplexität kommt es zu einer *Unteranpassung*, wenn die Datenmenge groß ist. Das heißt, dass die Trainings-Scores sinken werden, die Validierungs-Scores werden jedoch steigen.
- Kein Modell wird für die Validierungsmenge einen besseren Score erzielen als für die Trainingsmenge – höchstens rein zufällig. Das heißt, die Kurven sollten einander immer näher kommen, sich aber niemals überschneiden.

Mit Blick auf diese Eigenschaften ist zu erwarten, dass eine Lernkurve qualitativ wie die in Abbildung 39-11 dargestellte aussieht.

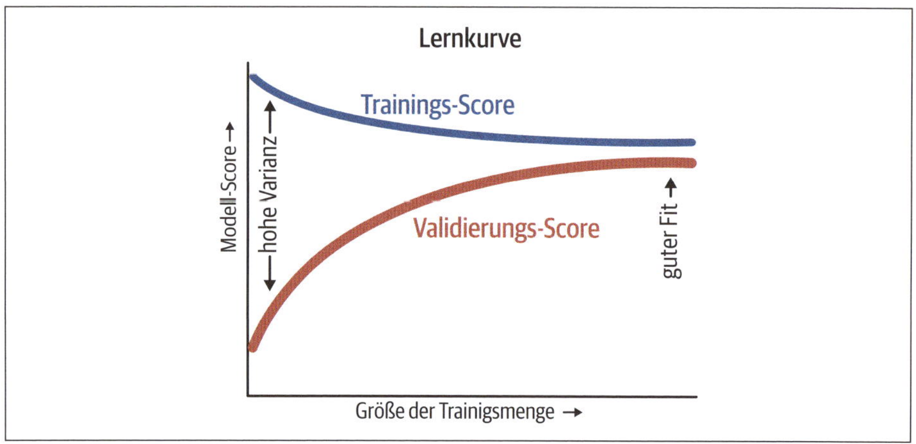

Abbildung 39-11: Typische Interpretation einer Lernkurve[6]

Lernkurven haben die bemerkenswerte Eigenschaft, gegen einen bestimmten Score zu konvergieren, wenn die Anzahl der Samples in der Trainingsdatenmenge zunimmt. Sobald genügend Datenpunkte vorhanden sind, damit ein Modell konvergiert, wird sich der Score nicht mehr verbessern, *selbst wenn man weitere Trainingsdaten hinzufügt!* In diesem Fall besteht die einzige Möglichkeit, die Leistung zu verbessern, im Verwenden eines anderen (meist komplexeren) Modells.

6 Den Code für die Erstellung dieser Abbildung finden Sie im Onlineanhang (*https://oreil.ly/jvOwb*) zu diesem Buch.

Scikit-Learn bietet eine bequeme Möglichkeit, solche Lernkurven von Modellen zu berechnen. Hier berechnen wir eine Lernkurve für unsere ursprüngliche Datenmenge mit polynomialen Modellen 2. und 9. Grades (siehe Abbildung 39-12).

```
In [17]: from sklearn.model_selection import learning_curve

         fig, ax = plt.subplots(1, 2, figsize=(16, 6))
         fig.subplots_adjust(left=0.0625, right=0.95, wspace=0.1)

         for i, degree in enumerate([2, 9]):
             N, train_lc, val_lc = learning_curve(
                 PolynomialRegression(degree), X, y, cv=7,
                 train_sizes=np.linspace(0.3, 1, 25))

             ax[i].plot(N, np.mean(train_lc, 1),
                        color='blue', label='training score')
             ax[i].plot(N, np.mean(val_lc, 1),
                        color='red', label='validation score')
             ax[i].hlines(np.mean([train_lc[-1], val_lc[-1]]), N[0],
                          N[-1], color='gray', linestyle='dashed')

             ax[i].set_ylim(0, 1)
             ax[i].set_xlim(N[0], N[-1])
             ax[i].set_xlabel('training size')
             ax[i].set_ylabel('score')
             ax[i].set_title('degree = {0}'.format(degree), size=14)
             ax[i].legend(loc='best')
```

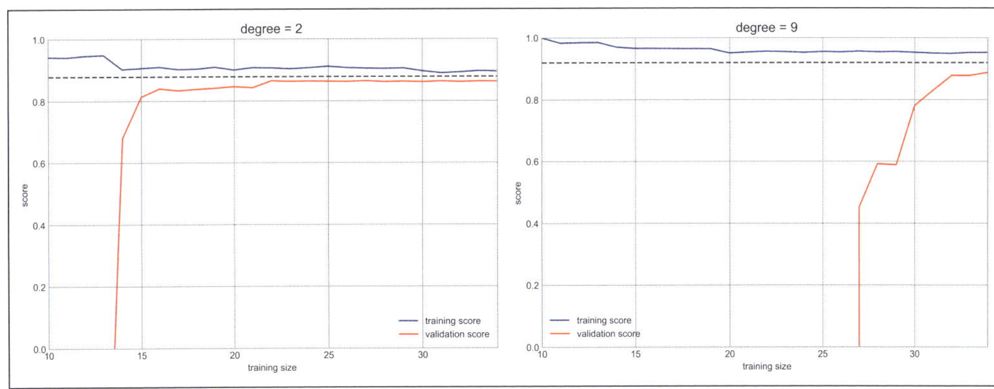

Abbildung 39-12: Lernkurven von Modellen geringer (links) und hoher Komplexität (rechts)[7]

Lernkurven sind ein praktisches Hilfsmittel zur Diagnose, denn sie liefern eine visuelle Beschreibung davon, wie unser Modell auf die zunehmende Größe der Trainingsmenge reagiert. Insbesondere wenn die Lernkurve bereits konvergiert (d.h., die Kurven von Trainings- und Validierungs-Score nähern sich schon an), *verbessert das Hinzufügen weiterer Trainingsdaten den Fit nicht mehr wesentlich!* Diese Situation wird in Abbildung 39-12 links durch die Lernkurve eines Modells 2. Grades wiedergegeben.

7 Eine Version dieser Abbildung in voller Größe finden Sie auf GitHub (*https://oreil.ly/PDSH_GitHub*).

Die einzige Möglichkeit, den konvergierenden Score zu erhöhen, ist das Verwenden eines anderen, meist komplexeren Modells. Das ist in Abbildung 5.33 rechts erkennbar: Durch den Wechsel zu einem sehr viel komplexeren Modell können wir den Score (gestrichelte Linie) zwar leicht erhöhen, aber zum Preis einer höheren Varianz (der Abstand zwischen Trainings- und Validierungs-Score). Wenn wir weitere Datenpunkte hinzufügen, konvergiert die Lernkurve des komplexeren Modells auch irgendwann.

Das Erstellen einer Lernkurve für das Modell Ihrer Wahl und der dazugehörigen Datenmenge kann Ihnen die Entscheidung erleichtern, wie zwecks Verbesserung der Analyse fortzufahren ist.

Die durchgezogenen Linien zeigen die neuen Ergebnisse an, während die schwächeren gestrichelten Linien die Ergebnisse der vorherigen kleineren Datenmenge symbolisieren. Aus der Validierungskurve lässt sich klar ablesen, dass eine größere Datenmenge ein wesentlich komplexeres Modell ermöglicht. Die Obergrenze liegt wahrscheinlich bei einem Modell 6. Grades, wobei aber selbst ein Modell 20. Grades zu keiner ernsthaften Überanpassung führt – die Validierungs- und Trainings-Scores liegen weiterhin sehr nah beieinander.

Validierung in der Praxis: Rastersuche

Die vorangehenden Erläuterungen sollen Ihnen ein Gefühl für den Kompromiss zwischen Bias und Varianz sowie dessen Abhängigkeit von Modellkomplexität und Größe der Trainingsdatenmenge vermitteln. In der Praxis verfügen Modelle im Allgemeinen über mehr als nur eine Einstellschraube. Deshalb werden die Validierungs- und Lernkurven in den Diagrammen zu mehrdimensionalen Oberflächen. In solchen Fällen sind Visualisierungen schwierig, und wir sollten besser nach dem Modell suchen, das den Validierungs-Score maximiert.

Scikit-Learn stellt im `grid_search`-Modul einige Tools zur Verfügung, um diese Art der Suche bequemer zu machen. Hierbei verwenden wir die Rastersuche, um das optimale polynomiale Modell zu finden. Wir erkunden ein zweidimensionales Raster der Modell-Features, nämlich den Grad des Polynoms, ein Flag zur Anzeige, ob die Achsenabschnitte berücksichtigt werden, und ein weiteres Flag, das angibt, ob eine Normierung durchgeführt wird. Dazu verwenden wir Scikit-Learns Meta-Estimator `GridSearchCV`:

```
In [18]: from sklearn.model_selection import GridSearchCV

         param_grid = {'polynomialfeatures__degree': np.arange(21),
                       'linearregression__fit_intercept': [True, False]}

         grid = GridSearchCV(PolynomialRegression(), param_grid, cv=7)
```

Beachten Sie, dass hier wie bei einem normalen Estimator noch keine Anwendung auf irgendwelche Daten stattgefunden hat. Der Aufruf der `fit`-Methode passt das Modell an die Punkte des Rasters an und führt dabei über die Scores Buch:

```
In [19]: grid.fit(X, y);
```

Nachdem das erledigt ist, können wir die besten Parameter wie folgt abfragen:

```
In [20]: grid.best_params_
Out[20]: {'linearregression__fit_intercept': False, 'polynomialfeatures__
degree': 4}
```

Bei Bedarf können wir jetzt das beste Modell verwenden und den Fit an unsere Daten durch bereits bekannten Code anzeigen (siehe Abbildung 39-13).

```
In [21]: model = grid.best_estimator_

         plt.scatter(X.ravel(), y)
         lim = plt.axis()
         y_test = model.fit(X, y).predict(X_test)
         plt.plot(X_test.ravel(), y_test);
         plt.axis(lim);
```

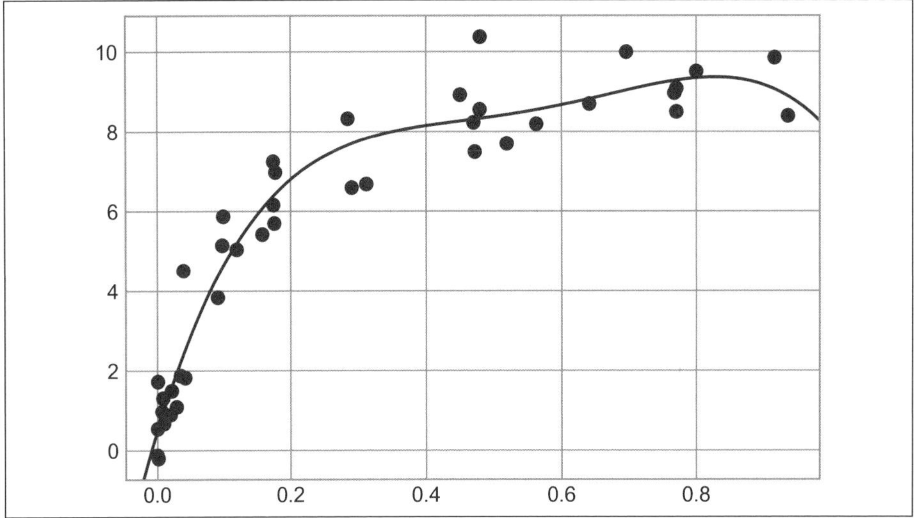

Abbildung 39-13: Das durch eine automatische Rastersuche ermittelte Modell mit den besten Parametern

Die Rastersuche mit `GridSearchCV` bietet viele weitere Optionen, unter anderem die Möglichkeit, eine benutzerdefinierte Funktion für die Berechnung des Scores anzugeben, Berechnungen zu parallelisieren, randomisierte Suchen durchzuführen und vieles mehr. Weitere Informationen hierzu finden Sie in den Beispielen in den Kapiteln 49 und 50 sowie in der Scikit-Dokumentation zur Rastersuche (*https://oreil.ly/xft8j*).

Zusammenfassung

In diesem Kapitel haben wir die ersten Schritte zur Erkundung der Konzepte der Modellvalidierung und der Hyperparameteroptimierung unternommen. Dabei haben wir uns auf die intuitiven Aspekte des Bias-Varianz-Dilemmas konzentriert und welche Rolle es beim Anpassen der Modelle an die Daten spielt. Wir haben insbesondere festgestellt, dass die Verwendung einer Validierungsmenge oder eine Kreuzvalidierung beim Abstimmen der Parameter unverzichtbar ist, um bei komplexeren bzw. flexibleren Modellen eine Überanpassung zu verhindern.

In den nachfolgenden Kapiteln werden wir uns mit den Details besonders nützlicher Modelle befassen, welche Einstellungsmöglichkeiten für diese Modelle verfügbar sind und wie die freien Parameter die Modellkomplexität beeinflussen. Schenken Sie, während Sie weiterlesen, dem Inhalt dieses Kapitels Beachtung und lernen Sie die Ansätze des Machine Learning kennen!

KAPITEL 40

Feature Engineering

Die vorangehenden Kapitel gaben einen Überblick über die grundlegenden Konzepte des Machine Learning, allerdings setzten alle Beispiele voraus, dass die numerischen Daten in einem schön aufgeräumten `[n_samples, n_features]`-Format vorliegen. In der Realität ist das jedoch nur selten der Fall. Angesichts dieser Tatsache gehört das *Feature Engineering* (»Merkmalserstellung«) zu den wichtigeren Schritten beim praktischen Einsatz des Machine Learning. Welche Informationen über eine Aufgabe verfügbar sind, spielt keine Rolle: Sie müssen in Zahlen umgewandelt werden, damit eine Feature-Matrix erstellt werden kann.

In diesem Kapitel werden wir einige Beispiele für typische Aufgaben erörtern, die beim Feature Engineering anfallen: das Repräsentieren von kategorialen Daten, Text und Bildern als Features. Darüber hinaus kommen abgeleitete Features und die Imputation (Vervollständigung) fehlender Daten zur Sprache. Manchmal spricht man bei diesem Vorgang auch von *Vektorisierung*, weil hier beliebige Daten in wohldefinierte Vektoren konvertiert werden.

Kategoriale Features

Kategoriale Daten sind ein typisches Beispiel für nicht numerische Daten. Nehmen wir beispielsweise an, Sie beschäftigen sich gerade mit Daten über den Kaufpreis von Häusern, und neben den numerischen Features wie Preis und Anzahl der Zimmer gibt es auch ein Feature »Nachbarschaft« (engl. *Neighborhood*). Die Daten könnten beispielsweise so aussehen:

```
In [1]: data = [
            {'price': 850000, 'rooms': 4, 'neighborhood': 'Queen Anne'},
            {'price': 700000, 'rooms': 3, 'neighborhood': 'Fremont'},
            {'price': 650000, 'rooms': 3, 'neighborhood': 'Wallingford'},
            {'price': 600000, 'rooms': 2, 'neighborhood': 'Fremont'}
        ]
```

Nun könnte man auf den Gedanken kommen, die Daten einfach durchzunu

```
In [2]: {'Queen Anne': 1, 'Fremont': 2, 'Wallingford': 3};
```

Dieser Ansatz ist in Scikit-Learn im Allgemeinen jedoch nicht sehr sinnvoll: Das Modell des Pakets geht davon aus, dass numerische Features grundsätzlich algebraische Ausdrücke widerspiegeln. Eine solche Zuordnung würde bedeuten, dass die Ungleichung *Queen Anne < Fremont < Wallingford* gilt oder sogar *Wallingford - Queen Anne = Fremont*, was keinen Sinn ergibt.

Hier kommt ein bewährtes Verfahren namens *One-Hot-Codierung* zum Einsatz, das letztendlich zusätzliche Spalten erzeugt, die das Vorhandensein oder die Abwesenheit einer Kategorie durch den Wert 1 bzw. 0 anzeigt. Wenn Ihre Daten in Form einer Liste von Dictionaries vorliegen, erledigt Scikit-Learns `DictVectorizer` diese Aufgabe für Sie:

```
In [3]: from sklearn.feature_extraction import DictVectorizer
        vec = DictVectorizer(sparse=False, dtype=int)
        vec.fit_transform(data)
Out[3]: array([[     0,      1,      0, 850000,      4],
               [     1,      0,      0, 700000,      3],
               [     0,      0,      1, 650000,      3],
               [     1,      0,      0, 600000,      2]])
```

Beachten Sie, dass die Spalte `neighborhood` (Nachbarschaft) auf drei separate Spalten erweitert wurde, die die drei Nachbarn repräsentieren, und dass jede Zeile in der Spalte, die ihrem Nachbarn zugeordnet ist, eine 1 enthält. Nachdem die kategorialen Features auf diese Weise codiert sind, können Sie wie gewohnt mit dem Anpassen von Scikit-Learn-Modellen fortfahren.

Sie können die Namen der Features inspizieren, um die Bedeutung der Spalten anzuzeigen:

```
In [4]: vec.get_feature_names_out()
Out[4]: array(['neighborhood=Fremont', 'neighborhood=Queen Anne',
               'neighborhood=Wallingford', 'price', 'rooms'], dtype=object)
```

Dieser Ansatz hat allerdings einen entscheidenden Nachteil: Falls die Kategorie viele verschiedene Werte annimmt, kann das die Größe der Datenmenge *beträchtlich* erhöhen. Da die codierten Daten aber fast nur Nullen enthalten, kann eine dünnbesetzte Matrix eine effiziente Lösung sein:

```
In [5]: vec = DictVectorizer(sparse=True, dtype=int)
        vec.fit_transform(data)
Out[5]: <4x5 sparse matrix of type '<class 'numpy.int64'>'
                with 12 stored elements in Compressed Sparse Row format>
```

Fast alle Scikit-Learn-Estimators akzeptieren eine solche dünnbesetzte Matrix beim Anpassen und Auswerten von Modellen als Eingabe. Zwei weitere in Scikit-Learn enthaltene Tools, die diese Art der Codierung unterstützen, sind `sklearn.preprocessing.OneHotEncoder` und `sklearn.feature_extraction.FeatureHasher`.

Texte als Features

Beim Feature Engineering muss häufig Text in eine aus numerischen Werten bestehende Menge konvertiert werden. Ein Großteil des Data Minings der sozialen Medien beruht auf irgendeiner Form der Codierung von Text als Zahlen. Die Codierung von Daten dieser Art als *Anzahl der Wörter* ist eine der einfachsten Methoden: Sie zählen einfach nach, wie oft jedes Wort in einem Textabschnitt vorkommt, und legen das Ergebnis in einer Tabelle ab.

Betrachten Sie beispielsweise diese aus drei Wortlisten bestehende Menge:

```
In [6]: sample = ['problem of evil',
                  'evil queen',
                  'horizon problem']
```

Um eine Vektorisierung dieser Daten vorzunehmen, könnten wir einzelne Spalten erzeugen, die das Wort »problem«, das Wort »of«, das Wort »evil« usw. repräsentieren. Man könnte das zwar von Hand erledigen, aber wir sparen uns diese Mühe und verwenden Scikit-Learns `CountVectorizer`:

```
In [7]: from sklearn.feature_extraction.text import CountVectorizer

        vec = CountVectorizer()
        X = vec.fit_transform(sample)
        X
Out[7]: <3x5 sparse matrix of type '<class 'numpy.int64'>'
                with 7 stored elements in Compressed Sparse Row format>
```

Das Ergebnis ist eine dünnbesetzte Matrix, in der verzeichnet ist, wie häufig die Wörter vorkommen. Die Auswertung ist einfacher, wenn man die Matrix in einen `DataFrame` mit gelabelten Spalten konvertiert:

```
In [8]: import pandas as pd
        pd.DataFrame(X.toarray(), columns=vec.get_feature_names_out())
Out[8]:    evil  horizon  of  problem  queen
        0     1        0   1        1      0
        1     1        0   0        0      1
        2     0        1   0        1      0
```

Allerdings kann die Verwendung der reinen Wortzahl auch Probleme bereiten: Dieser Ansatz kann zu Features führen, die häufig vorkommenden Wörtern zu viel Gewicht beimessen, und das kann bei manchen Klassifikationsalgorithmen suboptimal sein. Eine Möglichkeit, dies zu beheben, ist das *TF-IDF-Maß* (*Term Frequency/Inverse Document Frequency*, Vorkommenshäufigkeit/inverse Dokumenthäufigkeit), das die Wortzahlen anhand der Vorkommenshäufigkeit im Dokument gewichtet. Die Syntax zum Berechnen dieses Features entspricht derjenigen des letzten Beispiels:

```
In [9]: from sklearn.feature_extraction.text import TfidfVectorizer
        vec = TfidfVectorizer()
        X = vec.fit_transform(sample)
        pd.DataFrame(X.toarray(), columns=vec.get_feature_names_out())
Out[9]:        evil   horizon        of   problem     queen
        0  0.517856  0.000000  0.680919  0.517856  0.000000
        1  0.605349  0.000000  0.000000  0.000000  0.795961
        2  0.000000  0.795961  0.000000  0.605349  0.000000
```

Ein Beispiel für die Verwendung von TF-IDF bei einer Klassifikationsaufgabe finden Sie in Kapitel 41.

Bilder als Features

Ebenfalls häufig benötigt wird eine für die Analyse per Machine Learning geeignete Codierung für Bilder. Der einfachste Ansatz ist derjenige, den wir für die Daten der Ziffern in Kapitel 38 verwendet haben, nämlich einfach die Pixelwerte selbst zu benutzen. Aber je nach Anwendungsfall sind solche Ansätze nicht optimal.

Eine ausführliche Zusammenfassung der Verfahren zur Features-Extraktion von Bildern geht weit über den Rahmen dieses Kapitels hinaus, aber das Scikit-Image-Projekt (*http://scikit-image.org*) bietet ausgezeichnete Implementierungen vieler Standardansätze. Ein Beispiel für eine Anwendung, bei der Scikit-Learn und Scikit-Image gemeinsam eingesetzt werden, finden Sie in Kapitel 50.

Abgeleitete Features

Ein weiteres nützliches Features wird auf mathematischem Weg von den Eingabe-Features abgeleitet. In Kapitel 39 haben wir die *polynomialen Features* anhand der Eingabedaten abgeleitet. Wir haben dort die lineare Regression in eine polynomiale umgewandelt, aber nicht durch einen Wechsel des Modells, sondern durch eine Transformation der Eingabe.

Die hier verwendeten Daten lassen sich beispielsweise nicht vernünftig durch eine Gerade beschreiben (siehe Abbildung 40-1):

```
In [10]: %matplotlib inline
         import numpy as np
         import matplotlib.pyplot as plt

         x = np.array([1, 2, 3, 4, 5])
         y = np.array([4, 2, 1, 3, 7])
         plt.scatter(x, y);
```

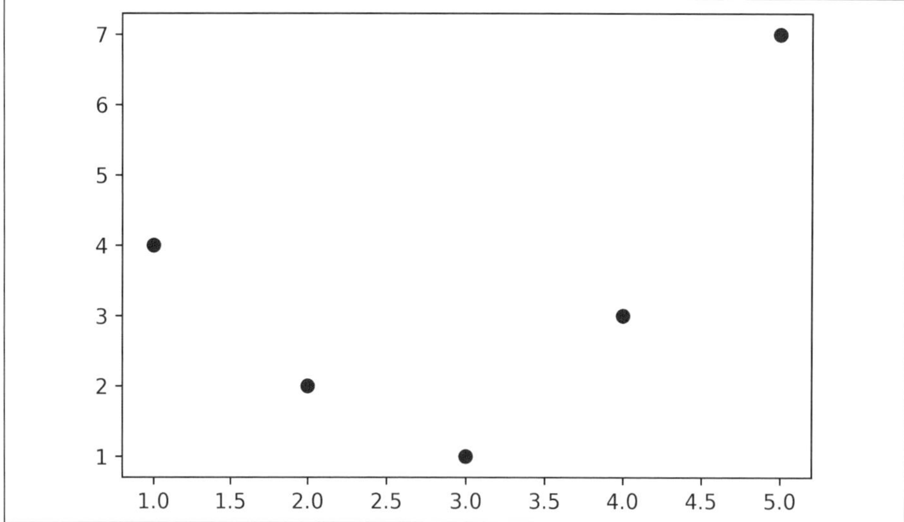

Abbildung 40-1: Eine Gerade kann diese Daten nicht gut beschreiben.

Dennoch können wir mit LinearRegression eine Gerade an diese Daten anpassen und erhalten das »optimale« Ergebnis, wie in Abbildung 40-2 zu sehen:

```
In [11]: from sklearn.linear_model import LinearRegression
         X = x[:, np.newaxis]
         model = LinearRegression().fit(X, y)
         yfit = model.predict(X)
         plt.scatter(x, y)
         plt.plot(x, yfit);
```

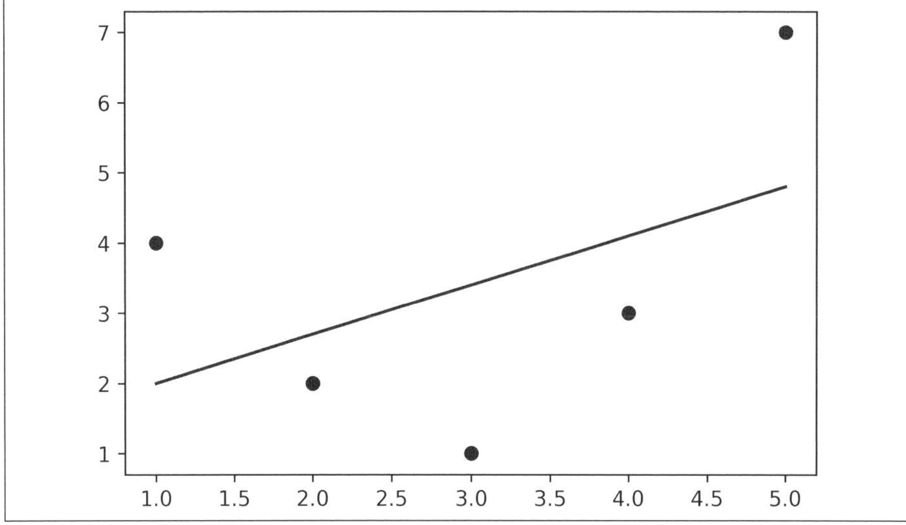

Abbildung 40-2: Ein mangelhafter Fit in Form einer Geraden

Wir benötigen zweifelsohne ein ausgefeilteres Modell, um die Beziehung zwischen x und y zu beschreiben. Eine Möglichkeit besteht darin, die Daten zu transformieren und weitere Feature-Spalten hinzuzufügen, um dem Modell mehr Flexibilität zu verleihen. Wir können beispielsweise wie folgt polynomiale Features hinzufügen:

```
In [12]: from sklearn.preprocessing import PolynomialFeatures
         poly = PolynomialFeatures(degree=3, include_bias=False)
         X2 = poly.fit_transform(X)
         print(X2)
Out[12]: [[  1.   1.   1.]
          [  2.   4.   8.]
          [  3.   9.  27.]
          [  4.  16.  64.]
          [  5.  25. 125.]]
```

Die abgeleitete Feature-Matrix enthält drei Spalten, die x, x^2 und x^3 repräsentieren. Wie Abbildung 40-3 zeigt, liefert die Berechnung einer linearen Regression anhand dieser erweiterten Eingabe einen erheblich besseren Fit für die Daten:

```
In [13]: model = LinearRegression().fit(X2, y)
         yfit = model.predict(X2)
         plt.scatter(x, y)
         plt.plot(x, yfit);
```

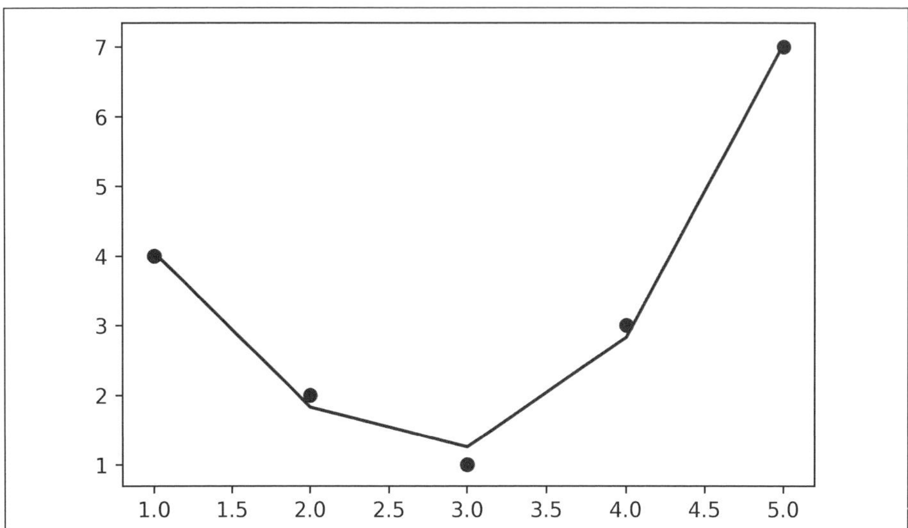

Abbildung 40-3: Ein linearer Fit für aus den Daten abgeleitete polynomiale Features

Das Konzept, ein Modell nicht durch ein anderes zu ersetzen, sondern durch eine Transformation der Eingabe zu verbessern, liegt vielen der leistungsfähigeren Machine-Learning-Methoden zugrunde. Wir werden dieser Idee in Kapitel 42 im Kontext der *Regression der Basisfunktion* auf den Grund gehen. Allgemeiner betrachtet, führt uns das zu einer Reihe von leistungsfähigen Verfahren, die als *Kernel-Funktionen* bezeichnet werden. In Kapitel 43 werden wir darauf zurückkommen.

Vervollständigung fehlender Daten

Beim Feature Engineering müssen fehlende Daten berücksichtigt werden. In Kapitel 16 haben wir erörtert, wie mit fehlenden Daten in `DataFrames` zu verfahren ist, und festgestellt, dass häufig `NaN` verwendet wird, um auf fehlende Daten hinzuweisen. Eine Datenmenge könnte beispielsweise folgendermaßen aussehen:

```
In [14]: from numpy import nan
         X = np.array([[ nan, 0,   3  ],
                       [ 3,   7,   9  ],
                       [ 3,   5,   2  ],
                       [ 4,   nan, 6  ],
                       [ 8,   8,   1  ]])
         y = np.array([14, 16, -1,  8, -5])
```

Wenn ein typisches Machine-Learning-Modell auf solche Daten angewendet werden soll, müssen die fehlenden Werte vorher durch geeignete Werte ersetzt werden. Man bezeichnet das als *Imputation* (Vervollständigung) der fehlenden Werte. Die dabei verfolgten Strategien können ziemlich einfach sein (z.B. die fehlenden Werte in einer Spalte durch den Mittelwert der übrigen in der Spalte vorhandenen Werte ersetzen), aber auch durchaus anspruchsvoll (z.B. eine Matrix vervollständigen oder ein erprobtes Modell zur Handhabung solcher Daten verwenden).

Die ausgeklügelteren Verfahren sind tendenziell sehr anwendungsspezifisch, und wir werden daher nicht näher darauf eingehen. Scikit-Learn stellt für elementare Imputationsverfahren, die den Mittelwert, den Medianwert oder den häufigsten Wert verwenden, die `SimpleImputer`-Klasse bereit:

```
In [15]: from sklearn.impute import SimpleImputer
         imp = SimpleImputer(strategy='mean')
         X2 = imp.fit_transform(X)
         X2
Out[15]: array([[4.5, 0. , 3. ],
                [3. , 7. , 9. ],
                [3. , 5. , 2. ],
                [4. , 5. , 6. ],
                [8. , 8. , 1. ]])
```

Die beiden fehlenden Werte wurden durch den Mittelwert der übrigen in der Spalte vorhandenen Werte ersetzt. Die so vervollständigten Daten können dann direkt beispielsweise einem `LinearRegression`-Estimator übergeben werden:

```
In [16]: model = LinearRegression().fit(X2, y)
         model.predict(X2)
Out[16]: array([13.14869292, 14.3784627 , -1.15539732, 10.96606197, -5.33782027])
```

Feature-Pipelines

Bei allen genannten Beispielen kann es schnell mühsam werden, die Transformationen von Hand auszuführen, insbesondere wenn mehrere Schritte miteinander verknüpft werden sollen. Nehmen wir an, wir möchten eine Pipeline zur Verarbeitung einsetzen, die etwa so aussieht:

1. Vervollständigung fehlender Werte durch den Mittelwert.
2. Transformation der Features in Quadrate.
3. Anpassung durch ein lineares Regressionsmodell.

Scikit-Learn stellt ein `Pipeline`-Objekt bereit, um den Einsatz solcher Verarbeitungsketten zu vereinfachen, das folgendermaßen verwendet wird:

```
In [17]: from sklearn.pipeline import make_pipeline

         model = make_pipeline(SimpleImputer(strategy='mean'),
                               PolynomialFeatures(degree=2),
                               LinearRegression())
```

Diese Pipeline verhält sich wie ein normales Scikit-Learn-Objekt und wendet die angegebenen Schritte auf die Eingabedaten an.

```
In [18]: model.fit(X, y)  # X wie oben mit fehlenden Daten
         print(y)
         print(model.predict(X))
Out[18]: [14 16 -1  8 -5]
         [14. 16. -1.  8. -5.]
```

Alle vom Modell vorgegebenen Schritte werden automatisch ausgeführt. Der Einfachheit halber haben wir das Modell hier auf die Daten angewendet, mit denen es trainiert wurde, daher kann es ein perfektes Ergebnis liefern (siehe hierzu auch Kapitel 39).

Einige Beispiele für Scikit-Learn-Pipelines in Aktion finden Sie im nächsten Kapitel über die naive Bayes-Klassifikation sowie in den Kapiteln 42 und 43.

KAPITEL 41

Ausführlich: Naive Bayes-Klassifikation

Die letzten vier Kapitel haben einen allgemeinen Überblick über die Konzepte des Machine Learning gegeben. Im weiteren Verlauf von Teil V werden wir uns zunächst eingehender mit vier Algorithmen für überwachtes Lernen und dann mit vier Algorithmen für unüberwachtes Lernen befassen. Wir beginnen mit der ersten überwachten Methode, der *naiven Bayes-Klassifikation*.

Bei naiven Bayes-Modellen handelt es sich um extrem schnelle und einfache Klassifikationsalgorithmen, die oft gut für hochdimensionale Datenmengen geeignet sind. Weil sie so zügig arbeiten und nur wenige freie Parameter besitzen, sind sie nützlich, um Klassifikationsaufgaben schnell und grob zu erledigen. Dieses Kapitel konzentriert sich auf eine leicht zu verstehende Erklärung der Arbeitsweise von Bayes-Klassifikatoren und stellt einige Beispiele vor.

Bayes-Klassifikation

Naive Bayes-Klassifikatoren beruhen auf bayesschen Klassifikationsverfahren, denen der Satz von Bayes zugrunde liegt. Dabei handelt es sich um eine Gleichung, die die Beziehung zwischen bedingten Wahrscheinlichkeiten statistischer Größen beschreibt. Bei der Bayes-Klassifikation möchten wir die Wahrscheinlichkeit eines Labels L anhand der beobachteten Features, die wir als $P(L \mid \text{Features})$ schreiben, ermitteln. Der Satz von Bayes besagt, dass wir diese Wahrscheinlichkeit durch Werte ausdrücken können, die sich viel direkter berechnen lassen:

$$P(L \mid \text{Features}) = \frac{P(\text{Features} \mid L)P(L)}{P(\text{Features})}$$

Wenn wir zwischen zwei Labels L_1 und L_2 entscheiden müssen, können wir das Verhältnis der A-posteriori-Wahrscheinlichkeiten der beiden Labels berechnen:

$$\frac{P(L_1 \mid \text{Features})}{P(L_2 \mid \text{Features})} = \frac{P(\text{Features} \mid L_1)\, P(L_1)}{P(\text{Features} \mid L_2)\, P(L_2)}$$

Wir benötigen nun noch ein Modell, mit dem wir die Wahrscheinlichkeiten P(Features $|L_i$) aller Labels berechnen können. Ein solches Modell wird als *generatives Modell* bezeichnet, weil es den hypothetischen zufälligen Vorgang festlegt, der die Daten erzeugt. Dieses generative Modell für alle Labels festzulegen, ist Hauptbestandteil des Trainings eines solchen Bayes-Klassifikators. Eine allgemeine Version dieser Stufe des Trainings zu finden, ist eine sehr schwierige Aufgabe, die wir uns jedoch erleichtern können, indem wir einige vereinfachende Annahmen über die Art des Modells treffen.

Hier kommt der Begriff »naiv« des »naiven Bayes-Klassifikators« ins Spiel: Wenn wir stark vereinfachende Annahmen in die generativen Modelle für die Labels einfließen lassen, können wir eine grobe Näherung für die Modelle der verschiedenen Klassen finden und mit der Bayes-Klassifikation fortfahren. Die verschiedenen Typen naiver Bayes-Klassifikatoren beruhen auf unterschiedlichen vereinfachenden Annahmen bezüglich der Daten, und einige davon werden wir in den nächsten Abschnitten erörtern. Als Erstes müssen die üblichen Importe vorgenommen werden:

Wir beginnen mit diesen Importen:

```
In [1]: %matplotlib inline
        import numpy as np
        import matplotlib.pyplot as plt
        import seaborn as sns
        plt.style.use('seaborn-whitegrid')
```

Gaußsche naive Bayes-Klassifikation

Der Gaussian-naive-Bayes-Klassifikator dürfte der am einfachsten zu verstehende Bayes-Klassifikator sein. Hier wird die Annahme getroffen, dass die *Daten der Labels einer einfachen Gaußverteilung* entstammen. Nehmen wir an, es lägen folgende Daten vor, wie in Abbildung 41-1 gezeigt:

```
In [2]: from sklearn.datasets import make_blobs
        X, y = make_blobs(100, 2, centers=2, random_state=2, cluster_std=1.5)
        plt.scatter(X[:, 0], X[:, 1], c=y, s=50, cmap='RdBu');
```

Das einfachste Gaußmodell geht davon aus, dass die Daten durch eine Gaußverteilung ohne Kovarianz zwischen den Dimensionen beschrieben wird. Wir können dieses Modell anpassen, indem wir einfach den Mittelwert und die Standardabweichung der Punkte eines Labels berechnen – mehr ist für die Definition eines solchen Modells nicht erforderlich. Abbildung 41-2 zeigt das Ergebnis der Annahme einer Gaußverteilung.

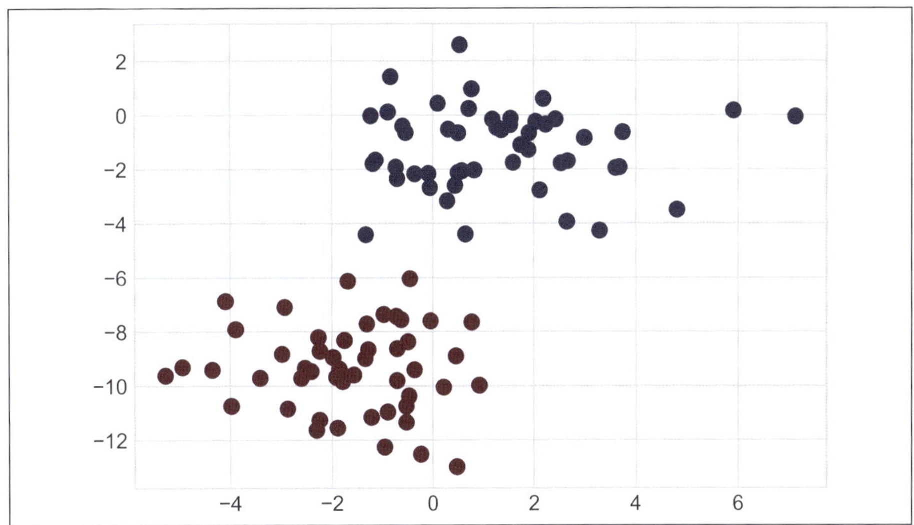

Abbildung 41-1: Daten für eine naive Bayes-Klassifikation

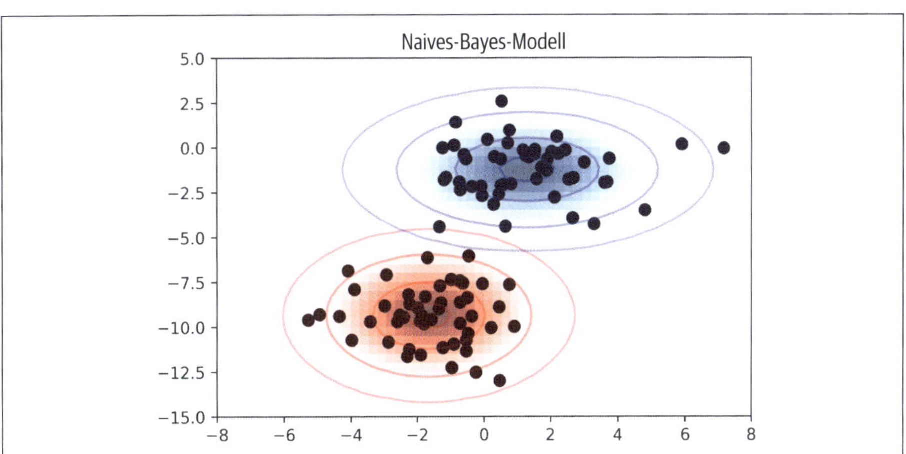

Abbildung 41-2: Visualisierung des naiven Bayes-Modells[1]

Die Ellipsen repräsentieren das generative Gaußmodell der Labels mit steigender Wahrscheinlichkeit in Richtung Mitte. Wenn dieses generative Modell für alle Klassen erstellt ist, gibt es ein einfaches Rezept zur Berechnung der Wahrscheinlichkeiten $P(\text{Features} \mid L_1)$ für alle Datenpunkte, daher können wir auch das Verhältnis der A-posteriori-Wahrscheinlichkeiten berechnen und ermitteln, welches Label für einen gegebenen Punkt das wahrscheinlichste ist.

Dieses Verfahren ist in Scikit-Learns `sklearn.naive_bayes.GaussianNB`-Estimator implementiert:

1 Den Code für die Erstellung dieser Abbildung finden Sie im Onlineanhang (*https://oreil.ly/o0ENq*) zu diesem Buch.

```
In [3]: from sklearn.naive_bayes import GaussianNB
        model = GaussianNB()
        model.fit(X, y);
```

Nun erzeugen wir einige neue Daten und sagen das Label vorher:

```
In [4]: rng = np.random.RandomState(0)
        Xnew = [-6, -14] + [14, 18] * rng.rand(2000, 2)
        ynew = model.predict(Xnew)
```

Um eine Vorstellung davon zu gewinnen, wo bei den neuen Daten die Entscheidungsgrenze verläuft, erstellen wir ein Diagramm (siehe Abbildung 41-3).

```
In [5]: plt.scatter(X[:, 0], X[:, 1], c=y, s=50, cmap='RdBu')
        lim = plt.axis()
        plt.scatter(Xnew[:, 0], Xnew[:, 1], c=ynew, s=20, cmap='RdBu', alpha=0.1)
        plt.axis(lim);
```

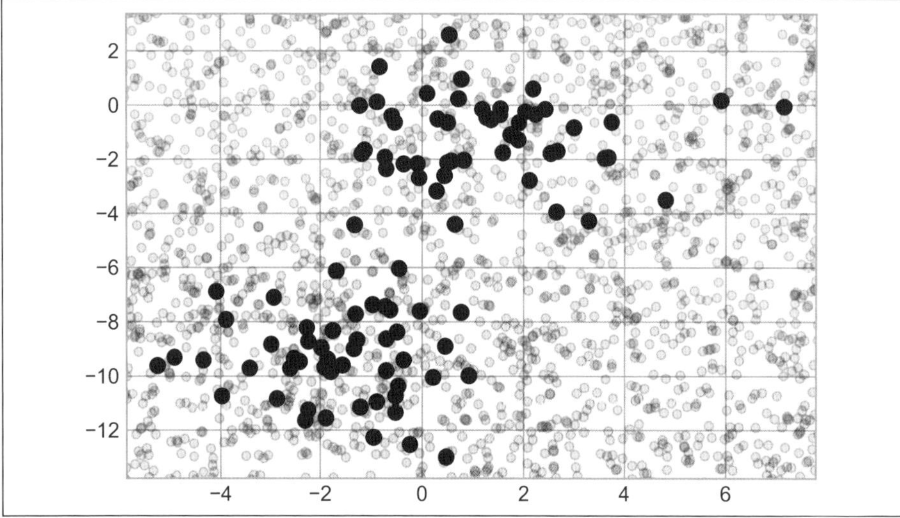

Abbildung 41-3: Visualisierung der GaussianNB-Klassifikation

Die Grenze der Klassifikation verläuft in einem leichten Bogen – im Allgemeinen ist die Grenze bei einer Gaussian-naive-Bayes-Klassifikation quadratisch.

Der Bayes-Formalismus hat die angenehme Eigenschaft, dass er auf natürliche Weise probabilistische Klassifikationen ermöglicht, die wir mit der `predict_proba`-Methode berechnen können:

```
In [6]: yprob = model.predict_proba(Xnew)
        yprob[-8:].round(2)
Out[6]: array([[0.89, 0.11],
               [1.  , 0.  ],
               [1.  , 0.  ],
               [1.  , 0.  ],
               [1.  , 0.  ],
               [1.  , 0.  ],
               [0.  , 1.  ],
               [0.15, 0.85]])
```

Die Spalten geben hier die A-posteriori-Wahrscheinlichkeiten des ersten bzw. zweiten Labels an. Wenn Sie an Fehlerabschätzungen einer Klassifikation interessiert sind, können Bayes-Ansätze wie dieser ein guter Startpunkt sein.

Natürlich ist die endgültige Klassifikation nur so gut wie die in das Modell eingeflossenen Annahmen – das ist der Grund dafür, dass Gaussian-naive-Bayes-Klassifikationen oft keine besonders guten Ergebnisse erzielen. In vielen Fällen – insbesondere wenn die Zahl der Features groß wird – ist der Einfluss der Annahme jedoch nicht so nachteilig, dass die Klassifikation unzuverlässig wird.

Multinomiale naive Bayes-Klassifikation

Die gerade beschriebene Annahme einer Gaußverteilung ist keineswegs die einzige einfache Annahme, die man dazu verwenden kann, die generative Verteilung der Labels festzulegen. Die multinomiale naive Bayes-Klassifikation ist ein weiteres Beispiel. Hier wird die Annahme getroffen, dass die Features durch eine einfache Multinomialverteilung erzeugt werden. Sie beschreibt die Wahrscheinlichkeit des Auftretens verschiedener Kategorien, deshalb ist die multinomiale Bayes-Klassifikation am besten für Features geeignet, die eine Anzahl oder Zählraten repräsentieren.

Das Konzept ist das gleiche wie eben, nur dass die Modellbildung nicht auf der am besten angepassten Gaußverteilung, sondern auf der am besten angepassten Multinomialverteilung beruht.

Beispiel: Textklassifikation

Die naive Bayes-Klassifikation findet häufig Anwendung bei der Bewertung von Texten. Die Features sind hier meist die Anzahlen der verschiedenen Wörter in den zu klassifizierenden Dokumenten (Vorkommenshäufigkeiten). In Kapitel 40 wurde die Features-Extraktion aus Texten schon erwähnt; hier werden die Features eines aus 20 Newsgroups zusammengestellten Textkorpus (der in Scikit-Learn zur Verfügung steht) verwendet, um zu zeigen, wie man diese kurzen Dokumente durch Klassifikation bestimmten Kategorien zuordnen kann.

Als Erstes lesen wir die Daten ein und werfen einen Blick auf die Namen der Ziele (`target_names`):

```
In [7]: from sklearn.datasets import fetch_20newsgroups

        data = fetch_20newsgroups()
        data.target_names
Out[7]: ['alt.atheism',
         'comp.graphics',
         'comp.os.ms-windows.misc',
         'comp.sys.ibm.pc.hardware',
         'comp.sys.mac.hardware',
         'comp.windows.x',
         'misc.forsale',
         'rec.autos',
         'rec.motorcycles',
```

```
                'rec.sport.baseball',
                'rec.sport.hockey',
                'sci.crypt',
                'sci.electronics',
                'sci.med',
                'sci.space',
                'soc.religion.christian',
                'talk.politics.guns',
                'talk.politics.mideast',
                'talk.politics.misc',
                'talk.religion.misc']
```

Der Einfachheit halber wählen wir hier nur einige wenige dieser Kategorien aus und laden die zugehörigen Trainings- und Testdatenmengen herunter:

```
In [8]: categories = ['talk.religion.misc', 'soc.religion.christian',
                      'sci.space', 'comp.graphics']
        train = fetch_20newsgroups(subset='train', categories=categories)
        test = fetch_20newsgroups(subset='test', categories=categories)
```

Hier sehen Sie einen repräsentativen Eintrag aus einer der Datenmengen:

```
In [9]: print(train.data[5][48:])
Out[9]: Subject: Federal Hearing
        Originator: dmcgee@uluhe
        Organization: School of Ocean and Earth Science and Technology
        Distribution: usa
        Lines: 10


        Fact or rumor....?  Madalyn Murray O'Hare an atheist who eliminated the
        use of the bible reading and prayer in public schools 15 years ago is now
        going to appear before the FCC with a petition to stop the reading of the
        Gospel on the airways of America.  And she is also campaigning to remove
        Christmas programs, songs, etc from the public schools.  If it is true
        then mail to Federal Communications Commission 1919 H Street Washington DC
        20054 expressing your opposition to her request.  Reference Petition number

        2493.
```

Wir müssen die Inhalte der Strings in einen Zahlenvektor konvertieren, um Machine Learning mit diesen Daten betreiben zu können. Zu diesem Zweck verwenden wir den in Kapitel 40 gezeigten TF-IDF-Vectorizer und erstellen eine Pipeline, die ihn mit einem multinomialen Bayes-Klassifikator verknüpft:

```
In [10]: from sklearn.feature_extraction.text import TfidfVectorizer
         from sklearn.naive_bayes import MultinomialNB
         from sklearn.pipeline import make_pipeline

         model = make_pipeline(TfidfVectorizer(), MultinomialNB())
```

Mit dieser Pipeline können wir das Modell auf die Trainingsdaten anwenden und Vorhersagen für die Labels der Testdaten treffen:

```
In [11]: model.fit(train.data, train.target)
         labels = model.predict(test.data)
```

Nun liegen die Vorhersagen für die Labels vor, und wir können sie auswerten, um die Leistung des Estimators zu beurteilen. Werfen wir jetzt einen Blick auf die Wahrheitsmatrix der tatsächlichen und der vorhergesagten Labels der Testdaten (siehe Abbildung 41-4).

```
In [12]: from sklearn.metrics import confusion_matrix
         mat = confusion_matrix(test.target, labels)
         sns.heatmap(mat.T, square=True, annot=True, fmt='d', cbar=False,
                     xticklabels=train.target_names,
                     yticklabels=train.target_names,
                     cmap='Blues')
         plt.xlabel('true label')
         plt.ylabel('predicted label');
```

Offensichtlich kann schon dieser einfache Klassifikator Diskussionen über den Weltraum von Computerjargon unterscheiden, er kommt jedoch durcheinander, wenn es in den Diskussionen um Religion oder Christentum geht. Vermutlich sollte man das sogar erwarten!

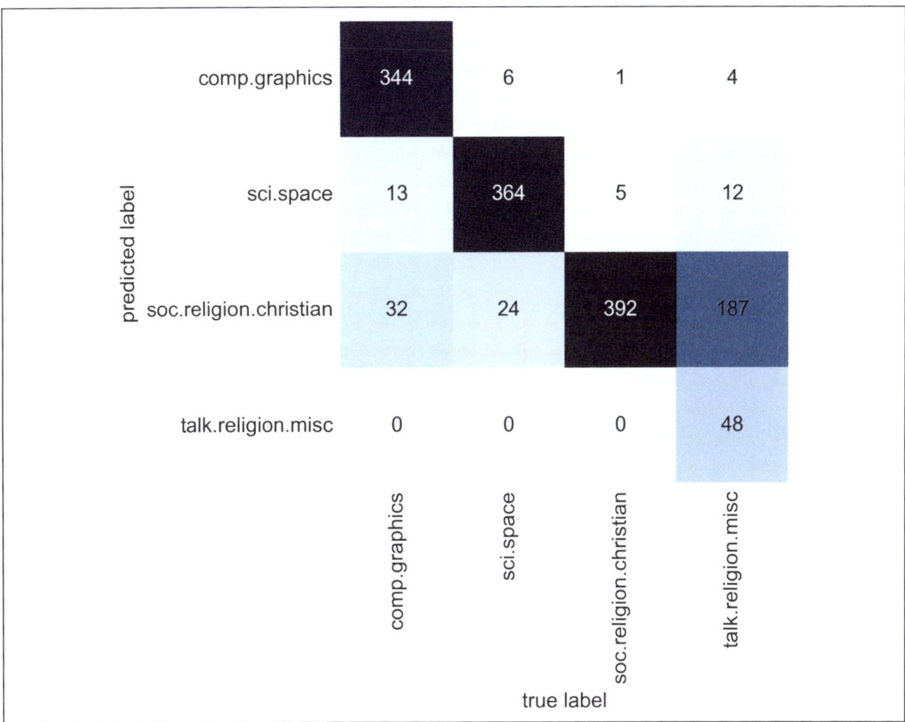

Abbildung 41-4: Die Wahrheitsmatrix des multinomialen naiven Bayes-Klassifikators

Das Beste an der ganzen Sache ist jedoch, dass uns nun mit der `predict`-Methode der Pipeline ein Tool zur Verfügung steht, um die Kategorie eines *beliebigen* Strings zu ermitteln. Hier ist eine Hilfsfunktion, die eine Vorhersage für einen einzelnen String zurückgibt:

```
In [13]: def predict_category(s, train=train, model=model):
             pred = model.predict([s])
             return train.target_names[pred[0]]
```

Das probieren wir aus:

```
In [14]: predict_category('sending a payload to the ISS')
Out[14]: 'sci.space'

In [15]: predict_category('discussing the existence of God')
Out[15]: 'soc.religion.christian'

In [16]: predict_category('determining the screen resolution')
Out[16]: 'comp.graphics'
```

Wir dürfen nicht vergessen, dass es sich hier lediglich um ein einfaches Wahrscheinlichkeitsmodell für die (gewichteten) Vorkommenshäufigkeiten der Wörter in dem übergebenen String handelt. Dennoch ist das Ergebnis bemerkenswert. Schon ein ganz schlichter Algorithmus kann verblüffend effektiv sein, wenn er sorgfältig verwendet und mit einer großen Menge hochdimensionaler Daten trainiert wird.

Einsatzgebiete für naive Bayes-Klassifikation

Da naive Bayes-Klassifikator so strikte Annahmen über Daten machen, sind sie im Allgemeinen weniger leistungsfähig als komplexere Modelle. Sie haben jedoch einige Vorteile:

- Bayes-Klassifikatoren sind sowohl im Training als auch bei der Vorhersage schnell.
- Bayes-Klassifikatoren liefern unkomplizierte probabilistische Vorhersagen.
- Bayes-Klassifikatoren sind häufig leicht verständlich.
- Bayes-Klassifikatoren besitzen nur sehr wenige (oder gar keine) freien Parameter.

Diese Vorteile bedeuten, dass ein naiver Bayes-Klassifikator für eine grundlegende, anfängliche Klassifikation oft eine gute Wahl ist. Wenn er brauchbare Ergebnisse liefert, dann herzlichen Glückwunsch: Sie haben einen sehr schnellen und gut verständlichen Klassifikator für die zu lösende Aufgabe gefunden. Sind die Ergebnisse eher unbrauchbar, können Sie auf dem gewonnenen Wissen darüber, wie gut die Leistung sein sollte, aufbauen und ausgefeiltere Modelle erkunden.

Naive Bayes-Klassifikatoren sind tendenziell besonders gut geeignet:

- wenn die naive Annahme den Daten tatsächlich gerecht wird (was in der Praxis allerdings nur sehr selten der Fall ist),
- wenn sich die Kategorien sehr deutlich unterscheiden, weil die Modellkomplexität dann von geringerer Bedeutung ist, oder
- wenn die Daten sehr viele Dimensionen besitzen, weil die Modellkomplexität hier ebenfalls von geringerer Bedeutung ist.

Die beiden letzten Punkte scheinen voneinander unabhängig zu sein, sind es aber nicht: Je mehr Dimensionen die Daten besitzen, desto weniger wahrscheinlich wird es, dass sich zwei Punkte unmittelbar nebeneinander befinden (denn sie müssen sich ja *in jeder einzelnen Dimension* nahe sein). Das wiederum bedeutet, dass hochdimensionale Cluster im Durchschnitt tendenziell stärker voneinander getrennt sind als niedrigdimensionale – vorausgesetzt, die zusätzlichen Dimensionen beinhalten auch tatsächlich neue Informationen. Aus diesem Grund funktionieren schlichte Klassifikatoren wie die hier besprochenen genauso gut oder besser als komplexere Klassifikatoren, wenn die Dimensionalität zunimmt: Sobald Sie über genügend Daten verfügen, kann auch ein einfaches Modell sehr leistungsfähig sein.

KAPITEL 42

Ausführlich: Lineare Regression

Ebenso wie ein naiver Bayes-Klassifikator (siehe Kapitel 41) ein guter Ausgangspunkt für Klassifikationsaufgaben ist, so ist auch ein lineares Regressionsmodell ein guter Ausgangspunkt für Regressionsaufgaben. Diese Modelle sind so beliebt, weil sie sich sehr schnell anpassen lassen und auch sehr gut verständlich sind. Die einfachste Form einer linearen Regression (die Anpassung einer Geraden an zweidimensionale Daten) kennen sie bereits, solche Modelle können aber auch erweitert werden, um einem komplizierteren Verhalten der Daten Rechnung zu tragen.

In diesem Kapitel werden wir uns einen kurzen Überblick über die Mathematik verschaffen, die dieser wohlbekannten Aufgabe zugrunde liegt, bevor wir anschließend betrachten, wie lineare Modelle verallgemeinert werden können, um komplizierteren Mustern in den Daten gerecht zu werden.

Als Erstes kommen wie gewohnt die erforderlichen Importe:

```
In [1]: %matplotlib inline
        import matplotlib.pyplot as plt
        plt.style.use('seaborn-whitegrid')
        import numpy as np
```

Einfache lineare Regression

Zunächst sehen wir uns die bekannteste lineare Regression an, die Anpassung einer Geraden an die Daten. Dieses Modell hat die Form:

$$y = ax + b$$

wobei a und b die *Steigung* bzw. den *Achsenabschnitt* bezeichnen.

Betrachten Sie die folgenden Daten, die um eine Gerade mit der Steigung 2 und dem Achsenabschnitt –5 gestreut sind (siehe Abbildung 42-1).

```
In [2]: rng = np.random.RandomState(1)
        x = 10 * rng.rand(50)
        y = 2 * x - 5 + rng.randn(50)
        plt.scatter(x, y);
```

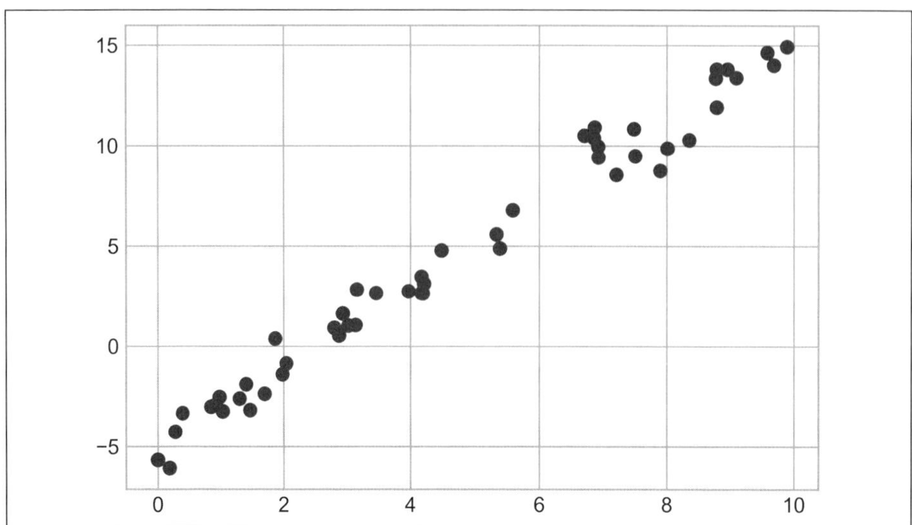

Abbildung 42-1: Daten für eine lineare Regression

Wir können Scikit-Learns `LinearRegression`-Estimator verwenden, um eine Anpassung an diese Daten vorzunehmen und den besten Fit zu erhalten, wie in Abbildung 42-2 gezeigt.

```
In [3]: from sklearn.linear_model import LinearRegression
        model = LinearRegression(fit_intercept=True)
        model.fit(x[:, np.newaxis], y)

        xfit = np.linspace(0, 10, 1000)
        yfit = model.predict(xfit[:, np.newaxis])

        plt.scatter(x, y)
        plt.plot(xfit, yfit);
```

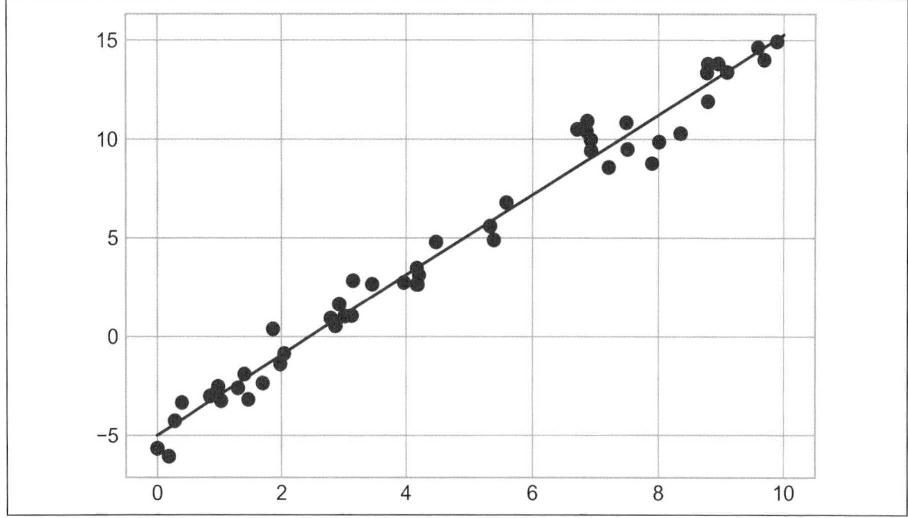

Abbildung 42-2: Ein einfaches lineares Regressionsmodell

Die Steigung und der Achsenabschnitt gehören zu den Modellparametern, deren Bezeichnungen in Scikit-Learn immer mit einem Unterstrich enden. Hier heißen die relevanten Parameter `coef_` und `intercept_`:

```
In [4]: print("Model slope:    ", model.coef_[0])
        print("Model intercept:", model.intercept_)
Out[4]: Model slope:     2.0272088103606953
        Model intercept: -4.998577085553204
```

Die Ergebnisse liegen wie gehofft sehr nahe bei den Werten, die wir für die Erzeugung der Daten verwendet haben.

Der `LinearRegression`-Estimator kann jedoch mehr als das. Er kann nicht nur Fits einfacher Geraden handhaben, sondern auch mit mehrdimensionalen linearen Modellen der Form

$$y = a_0 + a_1 x_1 + a_2 x_2 + \ldots$$

umgehen, die mehrere x-Werte enthalten. Geometrisch entspricht das in drei Dimensionen dem Anpassen einer Ebene an räumliche Punkte oder in höheren Dimensionen dem Anpassen einer Hyperebene an mehrdimensionale Punkte.

Die Multidimensionalität solcher Regressionen erschwert es, sie zu visualisieren, wir können jedoch einen dieser Fits in Aktion sehen, wenn wir mit NumPys Operator für Matrizenmultiplikation einige Beispieldaten berechnen:

```
In [5]: rng = np.random.RandomState(1)
        X = 10 * rng.rand(100, 3)
        y = 0.5 + np.dot(X, [1.5, -2., 1.])

        model.fit(X, y)
        print(model.intercept_)
        print(model.coef_)
Out[5]: 0.50000000000001
        [ 1.5 -2.   1. ]
```

Für die y-Daten wird eine lineare Kombination aus drei zufälligen x-Werten gewählt, und die lineare Regression verwendet die zur Berechnung der Daten genutzten Koeffizienten. Auf diese Weise können wir den `LinearRegression`-Estimator für die Anpassung von Geraden, Ebenen oder Hyperebenen an unsere Daten einsetzen. Dieser Ansatz scheint zwar immer noch auf streng lineare Beziehungen zwischen den Variablen beschränkt zu sein, aber auch das lässt sich ändern.

Regression der Basisfunktion

Um eine lineare Regression an nichtlineare Beziehungen zwischen den Variablen anzupassen, können Sie den Trick nutzen, die Daten entsprechend einer *Basisfunktion* zu transformieren. In der `PolynomialRegression`-Pipeline, die in den Kapiteln 39 und 40 verwendet wurde, haben Sie eine Version davon bereits kennengelernt. Dem Verfahren liegt die Idee zugrunde, das multidimensionale lineare Modell

$$y = a_0 + a_1 x_1 + a_2 x_2 + a_3 x_3 + \ldots$$

zu verwenden und die Werte x_1, x_2, x_3 usw. der eindimensionalen Eingabe x zu entnehmen. Wir setzen also $x_n = f_n(x)$, wobei $f_n()$ eine Funktion ist, die unsere Daten transformiert.

Wenn beispielsweise $f_n(x) = x^n$ gilt, wird unser Modell zu einer polynomialen Regression:

$$y = a_0 + a_1 x + a_2 x^2 + a_3 x^3 + \ldots$$

Beachten Sie, dass es sich noch immer um ein *lineares* Modell handelt – die Linearität bezieht sich darauf, dass die Koeffizienten a_n niemals miteinander multipliziert oder durch einander geteilt werden. Faktisch haben wir die eindimensionalen x-Werte in eine höhere Dimension projiziert, sodass sich der lineare Fit an kompliziertere Beziehungen zwischen x und y anpassen kann.

Polynomiale Basisfunktionen

Diese polynomiale Projektion ist so nützlich, dass sie in Scikit-Learn in Form der `PolynomialFeatures`-Transformation integriert ist:

```
In [6]: from sklearn.preprocessing import PolynomialFeatures
        x = np.array([2, 3, 4])
        poly = PolynomialFeatures(3, include_bias=False)
        poly.fit_transform(x[:, None])
Out[6]: array([[ 2.,  4.,  8.],
               [ 3.,  9., 27.],
               [ 4., 16., 64.]])
```

Die Transformation hat die einzelnen Werte potenziert und so das eindimensionale Array in ein dreidimensionales konvertiert, in dem jede Spalte den potenzierten Wert enthält. Diese neue höherdimensionale Repräsentierung der Daten kann anschließend einer linearen Regression übergeben werden.

In Kapitel 40 haben wir festgestellt, dass eine Pipeline die vernünftigste Methode ist, diese Aufgabe zu erledigen. Auf diese Weise erstellen wir auch ein polynomiales Modell 7. Grades:

```
In [7]: from sklearn.pipeline import make_pipeline
        poly_model = make_pipeline(PolynomialFeatures(7),
                                   LinearRegression())
```

Nachdem das erledigt ist, können wir den linearen Fit verwenden, um viel kompliziertere Beziehungen zwischen x und y zu modellieren, z.B. eine Sinuskurve mit Rauschen (siehe Abbildung 42-3).

```
In [8]: rng = np.random.RandomState(1)
        x = 10 * rng.rand(50)
        y = np.sin(x) + 0.1 * rng.randn(50)

        poly_model.fit(x[:, np.newaxis], y)
        yfit = poly_model.predict(xfit[:, np.newaxis])

        plt.scatter(x, y)
        plt.plot(xfit, yfit);
```

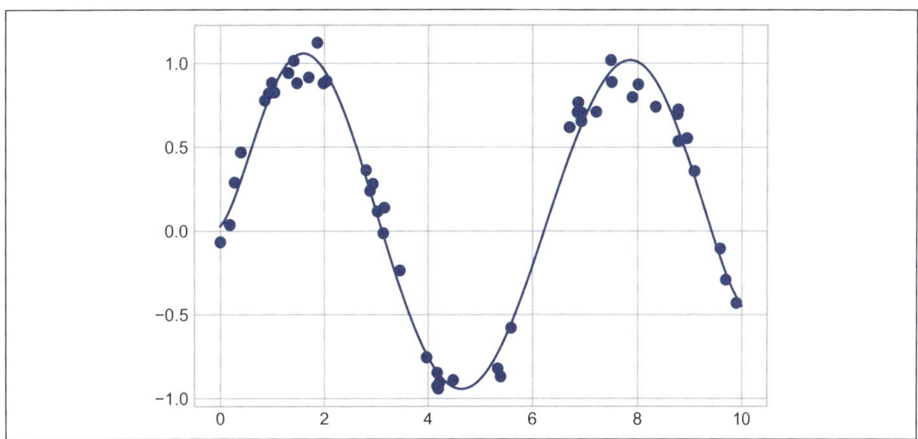

Abbildung 42-3: Linearer Fit für nichtlineare Trainingsdaten

Das lineare Modell liefert mithilfe der polynomialen Basisfunktion 7. Grades einen ausgezeichneten Fit für die nichtlinearen Daten!

Gaußsche Basisfunktionen

Natürlich sind auch andere Basisfunktionen möglich. Ein brauchbares Verfahren ist beispielsweise, ein Modell zu verwenden, das nicht auf der Summe polynomialer Basisfunktionen beruht, sondern auf der Summe gaußscher Basisfunktionen. Das Ergebnis sieht dann etwa so wie das in Abbildung 42-4 aus.

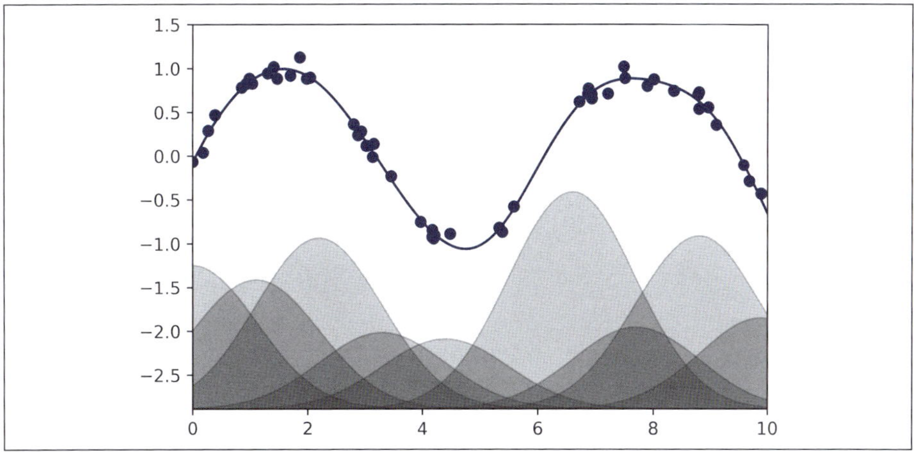

Abbildung 42-4: Fit einer gaußschen Basisfunktion für nichtlineare Daten[1]

Die schattierten Bereiche sind die skalierten Basisfunktionen, die zusammenaddiert die Kurve durch die Datenpunkte ergeben. Gaußsche Basisfunktionen sind nicht Be-

1 Den Code zur Erstellung dieser Abbildung finden Sie im Onlineanhang (*https://oreil.ly/o1Zya*) zu diesem Buch.

standteil von Scikit-Learn, wir können jedoch eine benutzerdefinierte Transformation erstellen, wie hier und in Abbildung 42-5 gezeigt (Scikit-Learn-Transformationen sind als Python-Klassen implementiert; das Studium des Scikit-Learn-Quellcodes bietet die Möglichkeit, nachzuvollziehen, wie sie erzeugt werden):

```
In [9]: from sklearn.base import BaseEstimator, TransformerMixin

        class GaussianFeatures(BaseEstimator, TransformerMixin):
         """Gleichmäßig verteilte gaußsche Merkmale für eindimensionale Eingaben"""

            def __init__(self, N, width_factor=2.0):
                self.N = N
                self.width_factor = width_factor

            @staticmethod
            def _gauss_basis(x, y, width, axis=None):
                arg = (x - y) / width
                return np.exp(-0.5 * np.sum(arg ** 2, axis))

            def fit(self, X, y=None):
                # N über den Wertebereich verteilte Zentren erstellen
                self.centers_ = np.linspace(X.min(), X.max(), self.N)
                self.width_ = self.width_factor*(self.centers_[1]-self.centers_[0])
                return self

            def transform(self, X):
                return self._gauss_basis(X[:, :, np.newaxis], self.centers_,
                                         self.width_, axis=1)

        gauss_model = make_pipeline(GaussianFeatures(20),
                                    LinearRegression())
        gauss_model.fit(x[:, np.newaxis], y)
        yfit = gauss_model.predict(xfit[:, np.newaxis])

        plt.scatter(x, y)
        plt.plot(xfit, yfit)
        plt.xlim(0, 10);
```

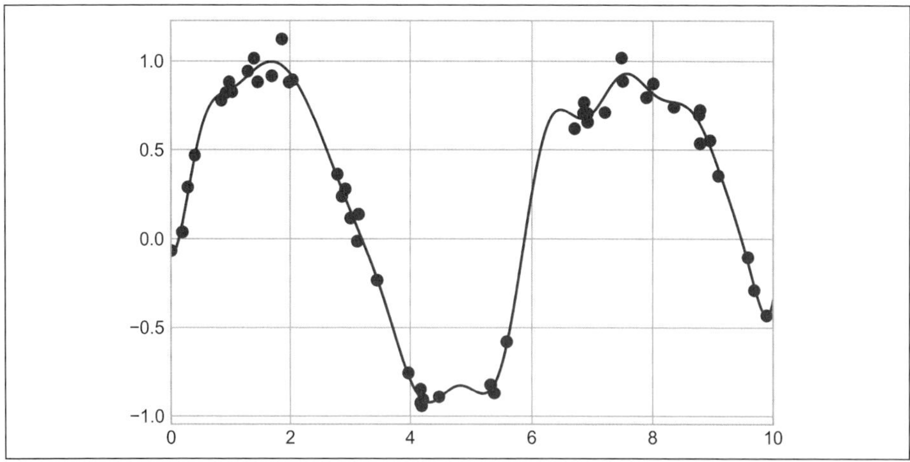

Abbildung 42-5: Fit einer gaußschen Basisfunktion mit benutzerdefinierter Transformation

Das Beispiel soll hier nur verdeutlichen, dass polynomiale Basisfunktionen kein Hexenwerk sind: Wenn Sie ein gewisses Gespür für den Erzeugungsvorgang Ihrer Daten entwickelt haben und den Verdacht hegen, dass eine andere Basisfunktion vielleicht besser geeignet sein könnte, können Sie diese stattdessen verwenden.

Regularisierung

Das Nutzen linearer Regressionen mit Basisfunktionen macht die Modelle zwar flexibler, es kann jedoch auch sehr schnell zu einer Überanpassung kommen (siehe hierzu Kapitel 39). Abbildung 42-6 zeigt ein Beispiel dafür, was passiert, wenn wir zu viele gaußsche Basisfunktionen auswählen.

```
In [10]: model = make_pipeline(GaussianFeatures(30),
                               LinearRegression())
         model.fit(x[:, np.newaxis], y)

         plt.scatter(x, y)
         plt.plot(xfit, model.predict(xfit[:, np.newaxis]))

         plt.xlim(0, 10)
         plt.ylim(-1.5, 1.5);
```

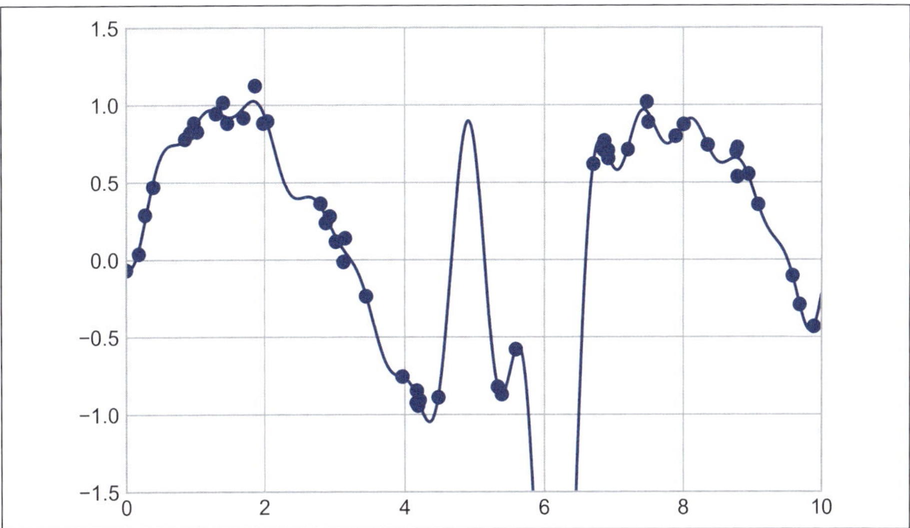

Abbildung 42-6: Überanpassung durch ein zu komplexes Basisfunktionsmodell

Nach der Projektion der Daten auf die 30-dimensionale Basis hat das Modell viel zu viel Spielraum und liefert zwischen Stellen, an denen es durch die Daten eingeschränkt wird, extreme Werte. Der Grund dafür wird klar, wenn wir die Koeffizienten der gaußschen Basisfunktionen als Funktion ihrer Position darstellen, wie in Abbildung 42-7 gezeigt.

```
In [11]: def basis_plot(model, title=None):
             fig, ax = plt.subplots(2, sharex=True)
             model.fit(x[:, np.newaxis], y)
```

```
    ax[0].scatter(x, y)
    ax[0].plot(xfit, model.predict(xfit[:, np.newaxis]))
    ax[0].set(xlabel='x', ylabel='y', ylim=(-1.5, 1.5))

    if title:
        ax[0].set_title(title)

    ax[1].plot(model.steps[0][1].centers_,
               model.steps[1][1].coef_)
    ax[1].set(xlabel='basis location',
              ylabel='coefficient',
              xlim=(0, 10))

model = make_pipeline(GaussianFeatures(30), LinearRegression())
basis_plot(model)
```

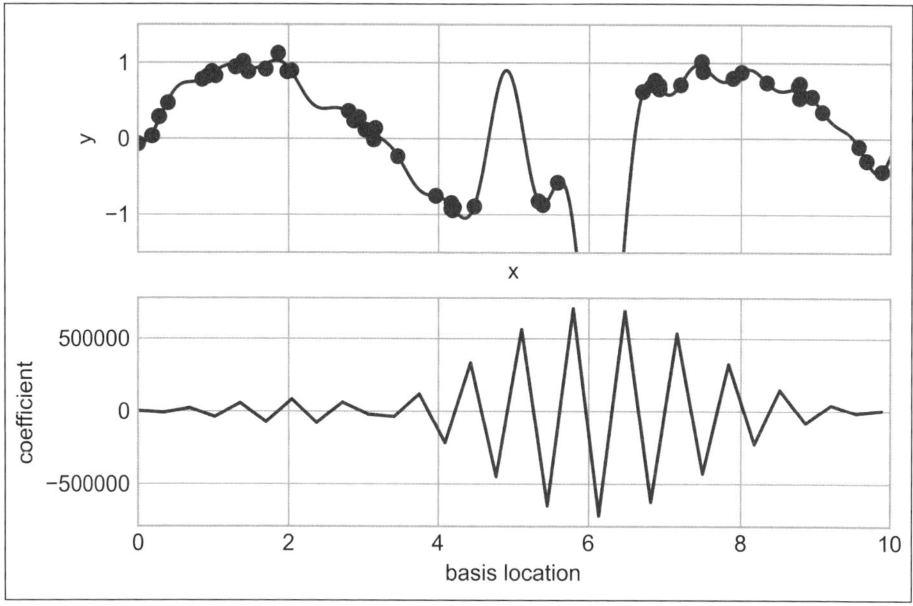

Abbildung 42-7: Die Koeffizienten der gaußschen Basisfunktionen des zu komplexen Modells

Das untere Diagramm dieser Abbildung zeigt die Amplitude der Basisfunktion an den verschiedenen Positionen. Hierbei handelt es sich um das typische Verhalten einer Überanpassung, wenn sich die Basisfunktionen überschneiden: Die Koeffizienten nebeneinanderliegender Basisfunktionen schießen in die Höhe und löschen sich gegenseitig aus. Wir wissen, dass dieses Verhalten problematisch ist, und es wäre schön, wenn wir solche Ausreißer explizit begrenzen könnten, indem große Werte der Modellparameter durch eine Straffunktion berücksichtigt werden. Man bezeichnet das als *Regularisierung*, von der es verschiedene Formen gibt.

Ridge-Regression (L_2-Regularisierung)

Die wohl gebräuchlichste Art der Regularisierung wird als *Ridge-Regression* oder *L_2-Regularisierung* (manchmal auch als Tikhonov-Regularisierung) bezeichnet. Sie verwendet die Summe der Quadrate (2-Norm) der Modellkoeffizienten θ_n. In diesem Fall ist dies die Straffunktion:

$$P = \alpha \sum_{n=1}^{N} \theta_n^2$$

Hier ist α ein freier Parameter, der das Ausmaß der Bestrafung steuert. Diese Art der Bestrafung ist in Scikit-Learn in Form des `Ridge`-Estimators integriert (siehe Abbildung 42-8).

```
In [12]: from sklearn.linear_model import Ridge
         model = make_pipeline(GaussianFeatures(30), Ridge(alpha=0.1))
         basis_plot(model, title='Ridge Regression')
```

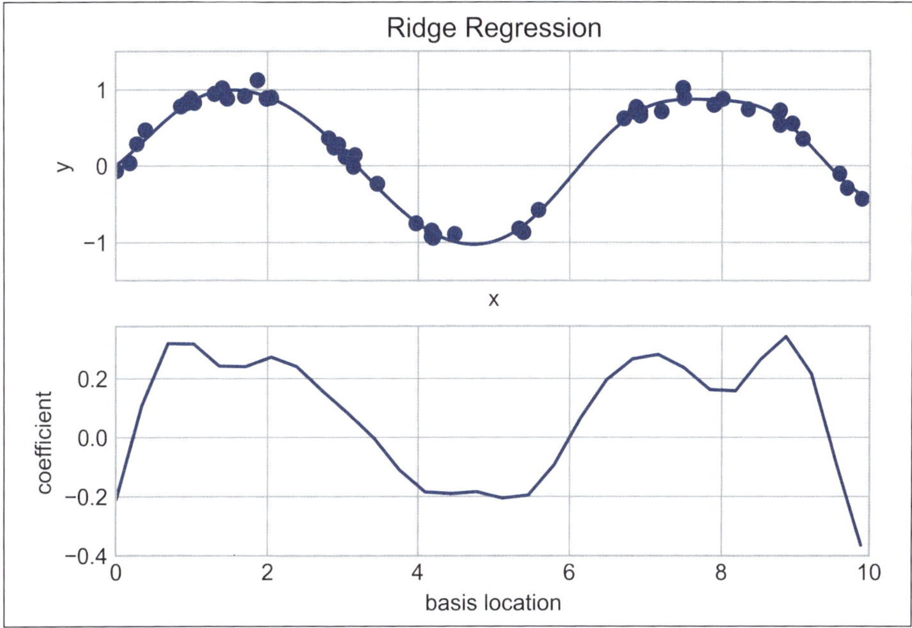

Abbildung 42-8: Die auf das zu komplexe Modell angewendete Ridge-Regularisierung (L2-Regularisierung, vgl. Abbildung 42-7)

Der Parameter α ist im Wesentlichen eine Stellschraube zur Steuerung der Komplexität des resultierenden Modells. Im Grenzfall $\alpha \to 0$ ergibt sich eine normale lineare Regression; im anderen Grenzfall $\alpha \to \infty$ wird eine Reaktion des Modells komplett unterdrückt. Die Ridge-Regression hat insbesondere den Vorteil, dass sie sehr effizient berechnet werden kann – sie ist kaum aufwendiger als das ursprüngliche Regressionsmodell.

LASSO-Regression (L_1-Regularisierung)

Eine ebenfalls sehr gebräuchliche Art der Regularisierung wird als *LASSO-Regression* (*Least Absolute Shrinkage and Selection Operator*, ein der Methode der kleinsten

Quadrate verwandtes Verfahren) oder *L1-Regularisierung* bezeichnet. Hier wird die Summe der Absolutwerte (1-Norm) der Regressionskoeffizienten verwendet:

$$P = \alpha \sum_{n=1}^{N} |\theta_n|$$

Das Verfahren ist der Ridge-Regression zwar sehr ähnlich, die Ergebnisse können sich jedoch überraschend deutlich voneinander unterscheiden. So bevorzugt die LASSO-Regression aufgrund ihres Aufbaus tendenziell *dünnbesetzte (sparse) Modelle*, sofern möglich, das heißt, viele der Modellkoeffizienten werden vorzugsweise genau auf null gesetzt.

Das Verhalten wird erkennbar, wenn wir das vorherige Beispiel unter Verwendung der L_1-normierten Koeffizienten erneut erstellen (siehe Abbildung 42-9).

```
In [13]: from sklearn.linear_model import Lasso
         model = make_pipeline(GaussianFeatures(30),
                               Lasso(alpha=0.001, max_iter=2000))
         basis_plot(model, title='Lasso Regression')
```

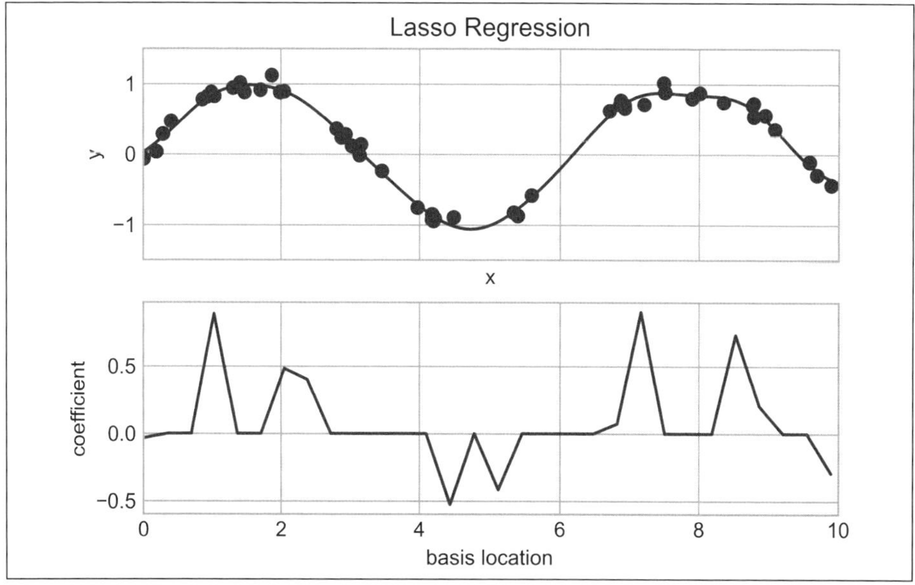

Abbildung 42-9: Die auf das zu komplexe Modell angewendete LASSO-Regression (L_1-Regularisierung, vgl. Abbildung 42-8)

Bei der LASSO-Regression ist die Mehrzahl der Koeffizienten exakt null, und das Verhalten des Modells wird durch eine kleine Teilmenge der verfügbaren Basisfunktionen bestimmt. Wie bei der Ridge-Regression steuert der Parameter α die Regulierungsstärke. Er sollte beispielsweise durch eine Kreuzvalidierung (siehe Kapitel 39) bestimmt werden.

Beispiel: Vorhersage des Fahrradverkehrs

Als Beispiel testen wir nun, ob wir die Anzahl der Fahrradfahrten über die Fremont Bridge in Seattle anhand von Wetter, Jahreszeit und anderen Faktoren richtig vorhersagen können. Diese Daten kennen Sie bereits aus Kapitel 23, aber hier werden wir die Fahrraddaten mit einer anderen Datenmenge verknüpfen und herauszufinden versuchen, in welchem Maß Wetter und jahreszeitlich bedingte Faktoren wie Temperatur, Niederschlag und Anzahl der Tageslichtstunden den Umfang des Fahrradverkehrs auf dieser Route beeinflussen. Glücklicherweise stellt die NOAA (National Oceanic and Atmospheric Administration) die täglichen Daten ihrer Wetterstationen (*https://oreil.ly/sE5zO*) öffentlich zur Verfügung. Ich habe die Station mit der ID USW00024233 verwendet, und wir können Pandas nutzen, um die beiden Datenquellen zu vereinen. Wir werden eine einfache lineare Regression durchführen, um Wetter und andere Informationen mit den Fahrraddaten in Beziehung zu setzen und abzuschätzen, wie sich die verschiedenen Parameter auf die Anzahl der Fahrradfahrer an einem bestimmten Tag auswirken.

Dieses Beispiel soll insbesondere zeigen, wie die Tools von Scikit-Learn als statistisches Modellierungsframework eingesetzt werden können, wenn man annimmt, dass die Modellparameter eine verständliche Bedeutung besitzen. Wie bereits erwähnt, handelt es sich hierbei zwar nicht um ein Standardverfahren des Machine Learning, aber bei manchen Modellen ist eine solche Auslegung durchaus möglich.

Als Erstes lesen wir die beiden Datenmengen nach Datum sortiert ein:

```
In [14]: # url = 'https://raw.githubusercontent.com/jakevdp/bicycle-data/main'
         # !curl -O {url}/FremontBridge.csv
         # !curl -O {url}/SeattleWeather.csv

In [15]: import pandas as pd
         counts = pd.read_csv('FremontBridge.csv',
                              index_col='Date', parse_dates=True)
         weather = pd.read_csv('SeattleWeather.csv',
                               index_col='DATE', parse_dates=True)
```

Um die Effekte der COVID-19-Pandemie zu vermeiden, die sich deutlich auf die Verhaltensmuster im Verkehr ausgewirkt haben, arbeiten wir hier der Einfachheit halber mit Daten, die vor 2020 erstellt wurden.

```
In [16]: counts = counts[counts.index < "2020-01-01"]
         weather = weather[weather.index < "2020-01-01"]
```

Nun berechnen wir die Anzahl der täglichen Fahrradfahrten und speichern sie in einem eigenen `DataFrame` ab:

```
In [17]: daily = counts.resample('d').sum()
         daily['Total'] = daily.sum(axis=1)
         daily = daily[['Total']] # remove other columns
```

Wir hatten bereits festgestellt, dass sich die Verhaltensmuster im Allgemeinen von Tag zu Tag ändern. Dem tragen wir Rechnung, indem wir eine binäre Spalte hinzufügen, die den Wochentag kennzeichnet:

```
In [18]: days = ['Mon', 'Tue', 'Wed', 'Thu', 'Fri', 'Sat', 'Sun']
         for i in range(7):
             daily[days[i]] = (daily.index.dayofweek == i).astype(float)
```

Des Weiteren erwarten wir, dass sich die Radfahrer an Feiertagen erneut anders verhalten. Dafür fügen wir ebenfalls einen Indikator hinzu:

```
In [19]: from pandas.tseries.holiday import USFederalHolidayCalendar
         cal = USFederalHolidayCalendar()
         holidays = cal.holidays('2012', '2020')
         daily = daily.join(pd.Series(1, index=holidays, name='holiday'))
         daily['holiday'].fillna(0, inplace=True)
```

Auch die Anzahl der Tageslichtstunden beeinflusst vermutlich, wie viele Menschen mit dem Rad unterwegs sind. Wir verwenden die dafür übliche astronomische Berechnung, um diese Information hinzuzufügen (siehe Abbildung 42-10).

```
In [20]: def hours_of_daylight(date, axis=23.44, latitude=47.61):
             """Tageslichtstunden für das angegebene Datum berechnen"""
             days = (date - pd.datetime(2000, 12, 21)).days
             m = (1. - np.tan(np.radians(latitude))
                  * np.tan(np.radians(axis) * np.cos(days * 2 * np.pi / 365.25)))
             return 24. * np.degrees(np.arccos(1 - np.clip(m, 0, 2))) / 180.

         daily['daylight_hrs'] = list(map(hours_of_daylight, daily.index))
         daily[['daylight_hrs']].plot()
         plt.ylim(8, 17)
Out[20]: (8.0, 17.0)
```

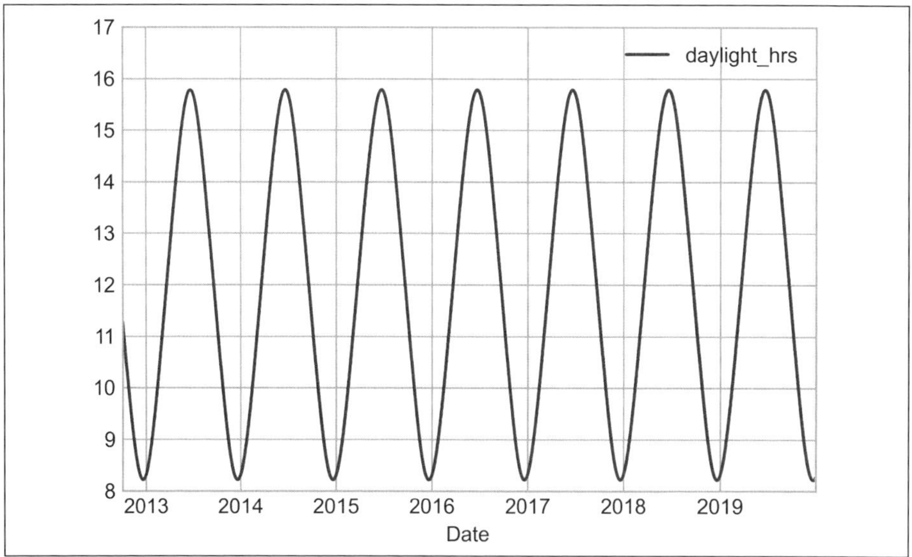

Abbildung 42-10: Visualisierung der Tageslichtstunden in Seattle

Darüber hinaus können wir den Daten die Durchschnittstemperatur und die Niederschlagsmenge hinzufügen. Neben der Niederschlagsmenge in Zoll ergänzen wir noch ein Flag, das angibt, ob es den ganzen Tag über trocken war (Niederschlagsmenge gleich null):

```
In [21]: weather['Temp (F)'] = 0.5 * (weather['TMIN'] + weather['TMAX'])
         weather['Rainfall (in)'] = weather['PRCP']
         weather['dry day'] = (weather['PRCP'] == 0).astype(int)

         daily = daily.join(weather[['Rainfall (in)', 'Temp (F)', 'dry day']])
```

Zum Abschluss richten wir einen Zähler ein, der ausgehend von Tag 1 erhöht wird und bemisst, wie viele Jahre vergangen sind. Auf diese Weise können wir feststellen, ob sich die Anzahl der täglichen Brückenüberquerungen von Jahr zu Jahr verändert hat:

```
In [22]: daily['annual'] = (daily.index - daily.index[0]).days / 365.
```

Sobald unsere Daten vorbereitet sind, können wir sie anzeigen:

```
In [23]: daily.head()
Out[23]:               Total  Mon  Tue  Wed  Thu  Fri  Sat  Sun  holiday \
         Date
         2012-10-03  14084.0  0.0  0.0  1.0  0.0  0.0  0.0  0.0      0.0
         2012-10-04  13900.0  0.0  0.0  0.0  1.0  0.0  0.0  0.0      0.0
         2012-10-05  12592.0  0.0  0.0  0.0  0.0  1.0  0.0  0.0      0.0
         2012-10-06   8024.0  0.0  0.0  0.0  0.0  0.0  1.0  0.0      0.0
         2012-10-07   8568.0  0.0  0.0  0.0  0.0  0.0  0.0  1.0      0.0

                     daylight_hrs Rainfall (in) Temp (F)  dry day    annual
         Date
         2012-10-03     11.277359           0.0      56.0        1  0.000000
         2012-10-04     11.219142           0.0      56.5        1  0.002740
         2012-10-05     11.161038           0.0      59.5        1  0.005479
         2012-10-06     11.103056           0.0      60.5        1  0.008219
         2012-10-07     11.045208           0.0      60.5        1  0.010959
```

Ist das erledigt, wählen wir die zu verwendenden Spalten aus und wenden ein lineares Regressionsmodell auf die Daten an (wir setzen `fit_intercept=False`, denn die eingerichteten Flags dienen der Unterscheidung der einzelnen Tage):

```
In [24]: # Drop any rows with null values
         daily.dropna(axis=0, how='any', inplace=True)

         column_names = ['Mon', 'Tue', 'Wed', 'Thu', 'Fri', 'Sat', 'Sun',
                         'holiday', 'daylight_hrs', 'Rainfall (in)',
                         'dry day', 'Temp (F)', 'annual']
         X = daily[column_names]
         y = daily['Total']

         model = LinearRegression(fit_intercept=False)
         model.fit(X, y)
         daily['predicted'] = model.predict(X)
```

Jetzt können wir endlich den gesamten und den vorhersagten Fahrradverkehr vergleichen und visualisieren (siehe Abbildung 42-11).

```
In [25]: daily[['Total', 'predicted']].plot(alpha=0.5);
```

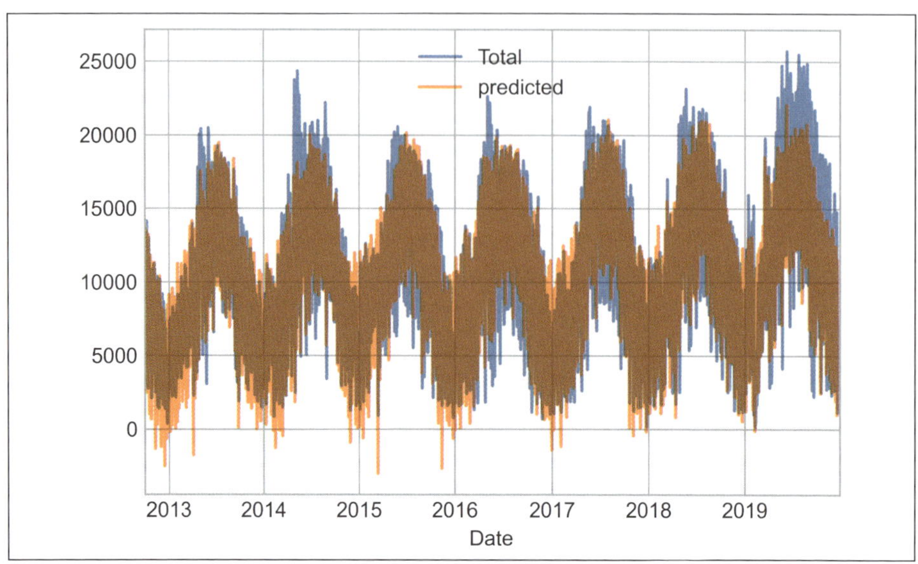

Abbildung 42-11: Vom Modell vorhergesagter Fahrradverkehr

Aus der Tatsache, dass die Daten und die Vorhersagen des Modells nicht exakt zueinander passen, wird deutlich, dass wir offenbar einige entscheidende Features übersehen haben. Entweder sind unsere Features nicht vollständig (d.h., die Menschen entscheiden nicht nur anhand der vorhandenen Features, ob sie das Rad benutzen), oder es gibt irgendwelche nichtlinearen Beziehungen, die wir nicht berücksichtigt haben (vielleicht wird bei besonders hohen oder niedrigen Temperaturen weniger häufig Rad gefahren). Dessen ungeachtet reicht die grobe Näherung aus, um einen gewissen Einblick zu gewinnen, und wir können uns die Koeffizienten des linearen Modells ansehen, um abzuschätzen, in welchem Maße die verschiedenen Features zur Anzahl der täglichen Fahrradfahrten beitragen:

```
In [26]: params = pd.Series(model.coef_, index=X.columns)
         params
Out[26]: Mon              -3309.953439
         Tue              -2860.625060
         Wed              -2962.889892
         Thu              -3480.656444
         Fri              -4836.064503
         Sat             -10436.802843
         Sun             -10795.195718
         holiday          -5006.995232
         daylight_hrs       409.146368
         Rainfall (in)    -2789.860745
         dry day           2111.069565
         Temp (F)           179.026296
         annual             324.437749
         dtype: float64
```

Die Zahlen lassen sich ohne die Angabe irgendeines Fehlermaßes nur schwer interpretieren. Durch ein Resampling der Daten können wir die Fehler schnell berechnen:

```
In [27]: from sklearn.utils import resample
         np.random.seed(1)
         err = np.std([model.fit(*resample(X, y)).coef_
                       for i in range(1000)], 0)
```

Nachdem die Fehler so abgeschätzt wurden, werfen wir einen zweiten Blick auf das Ergebnis:

```
In [28]: print(pd.DataFrame({'effect': params.round(0),
                             'uncertainty': err.round(0)}))
Out[28]:                 effect  uncertainty
         Mon            -3310.0        265.0
         Tue            -2861.0        274.0
         Wed            -2963.0        268.0
         Thu            -3481.0        268.0
         Fri            -4836.0        261.0
         Sat           -10437.0        259.0
         Sun           -10795.0        267.0
         holiday        -5007.0        401.0
         daylight_hrs     409.0         26.0
         Rainfall (in)  -2790.0        186.0
         dry day         2111.0        101.0
         Temp (F)         179.0          7.0
         annual           324.0         22.0
```

Grob gesagt, zeigt die Spalte `effect` die Zahl der Radfahrerinnen und Radfahrer, die von einer Änderung dieses Features betroffen sind. So gibt es klare Unterschiede bei den Wochentagen. An Wochenenden sind mehrere Tausend Menschen weniger mit dem Rad unterwegs als an Werktagen. Außerdem entscheiden sich pro zusätzliche Stunde Tageslicht 409 ± 26 Fahrer mehr für das Fahrrad. Ein Temperaturanstieg von einem Grad Fahrenheit veranlasst 179 ± 7 Menschen, das Fahrrad zu wählen. Ein trockener Tag bedeutet 2.111 ± 101 zusätzliche Radfahrer, und jeder Zoll Niederschlag sorgt dafür, dass 2.790 ± 186 Menschen mehr ihr Rad zu Hause lassen. Nachdem all diese Effekte berücksichtigt wurden, ergibt sich ein bescheidener Zuwachs von 324 ± 22 neuen Radfahrerinnen und Radfahrern pro Jahr.

Unserem einfachen Modell fehlen nahezu mit Sicherheit bedeutende Informationen. So kann beispielsweise die zuvor genannte Auswirkung nichtlinearer Effekte (etwa das Zusammentreffen von Niederschlag und niedriger Temperatur) und nichtlinearer Trends bei einer einzelnen Variablen (z.B. die Abneigung, mit dem Rad zu fahren, wenn es sehr heiß oder kalt ist) nicht in einem einfachen linearen Modell abgebildet werden. Darüber hinaus haben wir einige der detaillierteren Informationen nicht berücksichtigt (z.B. den Unterschied zwischen einem verregneten Morgen und einem verregneten Nachmittag). Und Korrelationen zwischen den Tagen (z.B. den Effekt, den ein regnerischer Dienstag auf die Zahlen am Mittwoch hat, oder die Auswirkungen eines unerwartet sonnigen Tages nach einer Reihe verregneter Tage) haben wir auch keine Beachtung geschenkt. All das sind potenziell interessante Effekte, und Sie verfügen nun über die Tools, um sie zu erkunden, wenn Sie es möchten!

KAPITEL 43

Ausführlich: Support Vector Machines

Support Vector Machines (SVMs) sind eine besonders leistungsfähige und flexible Klasse von überwachten Algorithmen für Klassifikationen und Regressionen. In diesem Kapitel erforschen wir die Grundlagen der SVMs und ihre Anwendung auf Klassifikationsaufgaben.

Als Erstes erledigen wir wie gewohnt die üblichen Importe:

```
In [1]: %matplotlib inline
        import numpy as np
        import matplotlib.pyplot as plt
        plt.style.use('seaborn-whitegrid')
        from scipy import stats
```

Gründe für Support Vector Machines

Beim Erörtern der Bayes-Klassifikation (siehe Kapitel 41) haben wir ein einfaches Modell zur Beschreibung der Verteilung der zugrunde liegenden Klassen kennengelernt und damit experimentiert, um probabilistische Vorhersagen der Labels neuer Punkte zu treffen. Dabei handelt es sich um ein Beispiel für eine *generative Klassifikation*. Jetzt geht es jedoch um *diskriminative Klassifikationen*: Anstatt die Klassen zu modellieren, versuchen wir, eine Gerade oder eine Kurve (in zwei Dimensionen) bzw. eine Mannigfaltigkeit (in mehreren Dimensionen) zu finden, mit der sich die Klassen voneinander trennen lassen.

Betrachten Sie als Beispiel eine einfache Klassifikationsaufgabe, bei der zwei Klassen von Punkten deutlich voneinander getrennt sind (siehe Abbildung 43-1).

```
In [2]: from sklearn.datasets import make_blobs
        X, y = make_blobs(n_samples=50, centers=2,
                          random_state=0, cluster_std=0.60)
        plt.scatter(X[:, 0], X[:, 1], c=y, s=50, cmap='autumn');
```

Ein linearer diskriminativer Klassifikator würde versuchen, eine Gerade zu finden, mit der sich die beiden Punktmengen voneinander trennen lassen, und somit ein Klassifikationsmodell erzeugen. Bei zweidimensionalen Aufgaben wie der hier gezeigten kann man dies von Hand erledigen. Da ist jedoch ein Problem: Es gibt mehr als eine Gerade, mit der sich die beiden Klassen perfekt voneinander trennen lassen.

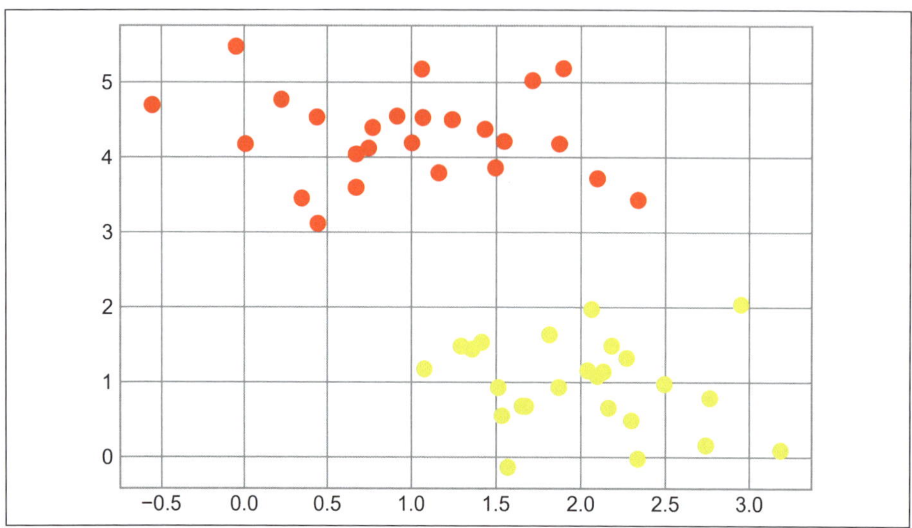

Abbildung 43-1: Einfache Daten für die Klassifikation

Einige davon können wir folgendermaßen anzeigen; das Ergebnis sehen Sie in Abbildung 43-2:

```
In [3]: xfit = np.linspace(-1, 3.5)
        plt.scatter(X[:, 0], X[:, 1], c=y, s=50, cmap='autumn')
        plt.plot([0.6], [2.1], 'x', color='red', markeredgewidth=2, markersize=10)

        for m, b in [(1, 0.65), (0.5, 1.6), (-0.2, 2.9)]:
            plt.plot(xfit, m * xfit + b, '-k')

        plt.xlim(-1, 3.5);
```

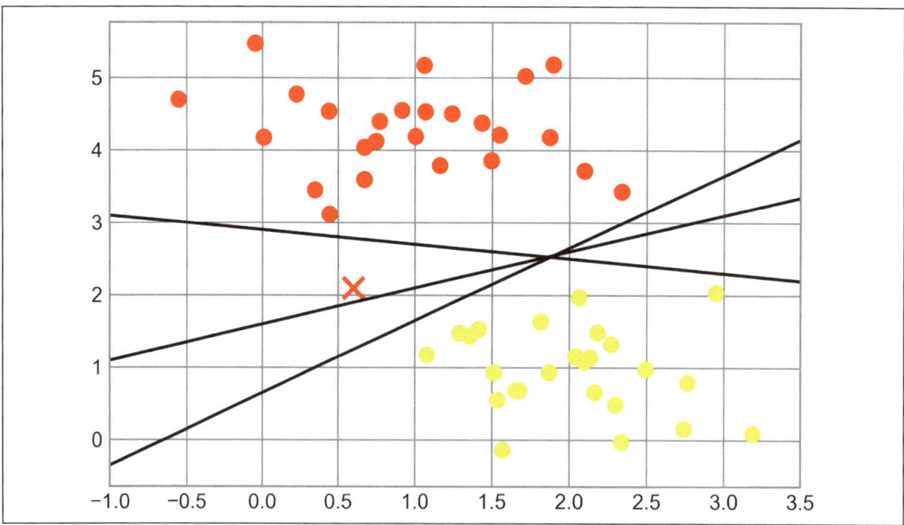

Abbildung 43-2: Drei perfekt funktionierende diskriminative Klassifikatoren der Daten

Diese drei *sehr* unterschiedlichen Geraden können die beiden Klassen dennoch perfekt unterscheiden. In Abhängigkeit davon, welche man wählt, wird einem neuen Datenpunkt (wie z.B. dem in dieser Abbildung mit einem »X« markierten) ein unterschiedliches Label zugewiesen. Die einfache Vorstellung, »eine Gerade zwischen die Klassen zu legen«, ist nicht ausreichend, und wir müssen etwas weiterdenken.

Support Vector Machines: Maximierung des Randbereichs

Support Vector Machines bieten eine Möglichkeit, diesen Sachverhalt zu verbessern, der folgende Idee zugrunde liegt: Anstatt eine einfache ausdehnungslose Gerade zwischen die Klassen zu legen, können wir entlang der Linie einen Randbereich bestimmter Breite zeichnen, den sogenannten *Margin*, der bis zum nächsten Punkt reicht. Das könnte etwa so aussehen (siehe Abbildung 43-3).

```
In [4]: xfit = np.linspace(-1, 3.5)
        plt.scatter(X[:, 0], X[:, 1], c=y, s=50, cmap='autumn')

        for m, b, d in [(1, 0.65, 0.33), (0.5, 1.6, 0.55), (-0.2, 2.9, 0.2)]:
            yfit = m * xfit + b
            plt.plot(xfit, yfit, '-k')
            plt.fill_between(xfit, yfit - d, yfit + d, edgecolor='none',
                             color='lightgray', alpha=0.5)

        plt.xlim(-1, 3.5);
```

Wir wählen die Gerade mit dem breitesten Margin als optimales Modell.

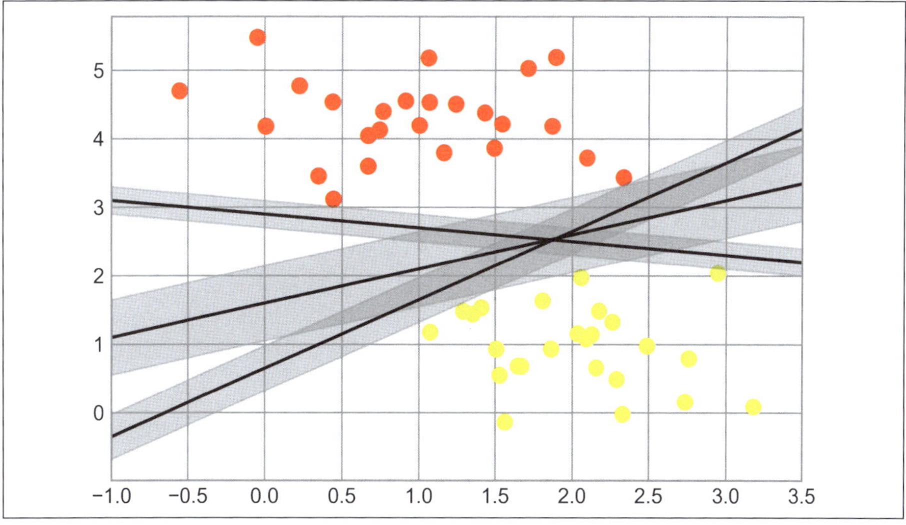

Abbildung 43-3: Visualisierung der »Margins« der diskriminativen Klassifikatoren

Anpassen einer Support Vector Machine

Betrachten wir also das Ergebnis einer Anpassung an die Daten: Wir verwenden Scikit-Learns Support-Vector-Klassifikatoren (SVC) zum Trainieren eines SVM-Modells mit diesen Daten. Fürs Erste verwenden wir einen linearen Kernel und wählen für den Parameter C einen sehr großen Wert (der Kernel und der Parameter C kommen in Kürze zur Sprache):

```
In [5]: from sklearn.svm import SVC # "Support vector classifier"
        model = SVC(kernel='linear', C=1E10)
        model.fit(X, y)
Out[5]: SVC(C=10000000000.0, kernel='linear')
```

Um den Vorgang besser visualisieren zu können, erstellen wir eine kleine Hilfsfunktion, die ein Diagramm der SVM-Entscheidungsgrenzen ausgibt (siehe Abbildung 43-4).

```
In [6]: def plot_svc_decision_function(model, ax=None, plot_support=True):
            """Diagramm der Entscheidungsfunktion eines 2D-SVC erstellen"""
            if ax is None:
                ax = plt.gca()
            xlim = ax.get_xlim()
            ylim = ax.get_ylim()

            # Raster für die Auswertung erstellen.
            x = np.linspace(xlim[0], xlim[1], 30)
            y = np.linspace(ylim[0], ylim[1], 30)
            Y, X = np.meshgrid(y, x)
            xy = np.vstack([X.ravel(), Y.ravel()]).T
            P = model.decision_function(xy).reshape(X.shape)

            # Entscheidungsgrenzen und Margins darstellen.
            ax.contour(X, Y, P, colors='k',
                       levels=[-1, 0, 1], alpha=0.5,
                       linestyles=['--', '-', '--'])

            # Stützvektoren darstellen.
            if plot_support:
                ax.scatter(model.support_vectors_[:, 0],
                           model.support_vectors_[:, 1],
                           s=300, linewidth=1, edgecolors='black',
                           facecolors='none');
            ax.set_xlim(xlim)
            ax.set_ylim(ylim)

In [7]: plt.scatter(X[:, 0], X[:, 1], c=y, s=50, cmap='autumn')
        plot_svc_decision_function(model);
```

Dies ist die Trennlinie, die den Margin zwischen den beiden Punktmengen maximiert. Beachten Sie, dass einige Punkte (in Abbildung 43-5 schwarz eingekreist) den Margin berühren. Diese Punkte sind die entscheidenden Elemente dieses Fits. Sie werden als *Stützvektoren* (engl. *Support Vectors*) bezeichnet, denen der Algorithmus seinen Namen verdankt. In Scikit-Learn werden die Werte dieser Punkte im support_vectors_-Attribut des Klassifikators gespeichert:

```
In [8]: model.support_vectors_
Out[8]: array([[0.44359863, 3.11530945],
               [2.33812285, 3.43116792],
               [2.06156753, 1.96918596]])
```

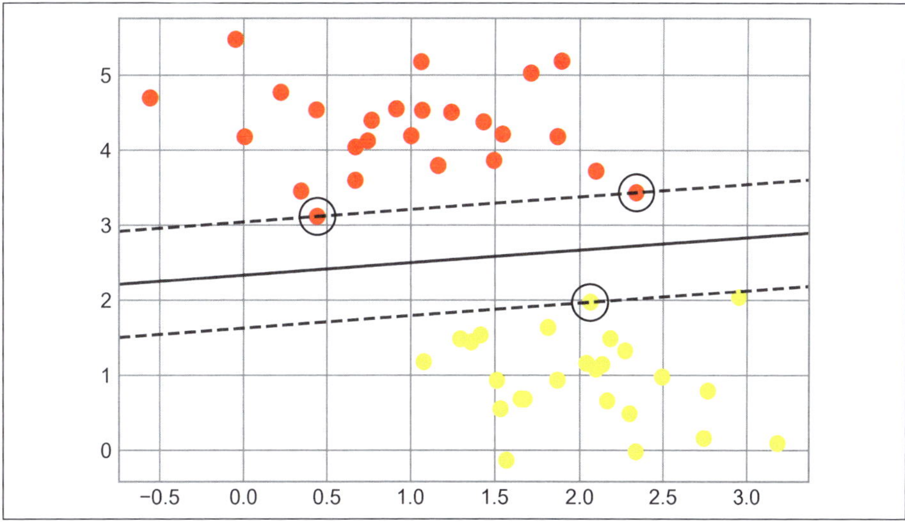

Abbildung 43-4: Fit eines SVM-Klassifikators mit Anzeige von Margins (gestrichelte Linien) und Stützvektoren (Kreise)

Für den Erfolg dieses Klassifikators ist entscheidend, dass für den Fit nur die Positionen der Stützvektoren von Bedeutung sind. Alle anderen weiter vom Margin entfernten Punkte, die sich auf der richtigen Seite befinden, beeinflussen den Fit nicht. Technisch gesehen, liegt das daran, dass diese Punkte nichts zur Verlustfunktion beitragen, die zur Anpassung des Modells verwendet wird, deshalb spielen ihre Position und ihre Anzahl keine Rolle, wenn sie den Margin nicht überqueren.

Das wird deutlich, wenn wir Diagramme des Modells erstellen, das mit den ersten 60 bzw. den ersten 120 Punkten der Datenmenge trainiert wurde (siehe Abbildung 43-5).

```
In [9]: def plot_svm(N=10, ax=None):
            X, y = make_blobs(n_samples=200, centers=2,
                              random_state=0, cluster_std=0.60)
            X = X[:N]
            y = y[:N]
            model = SVC(kernel='linear', C=1E10)
            model.fit(X, y)

            ax = ax or plt.gca()
            ax.scatter(X[:, 0], X[:, 1], c=y, s=50, cmap='autumn')
            ax.set_xlim(-1, 4)
            ax.set_ylim(-1, 6)
            plot_svc_decision_function(model, ax)

        fig, ax = plt.subplots(1, 2, figsize=(16, 6))
        fig.subplots_adjust(left=0.0625, right=0.95, wspace=0.1)
```

```
for axi, N in zip(ax, [60, 120]):
    plot_svm(N, axi)
    axi.set_title('N = {0}'.format(N))
```

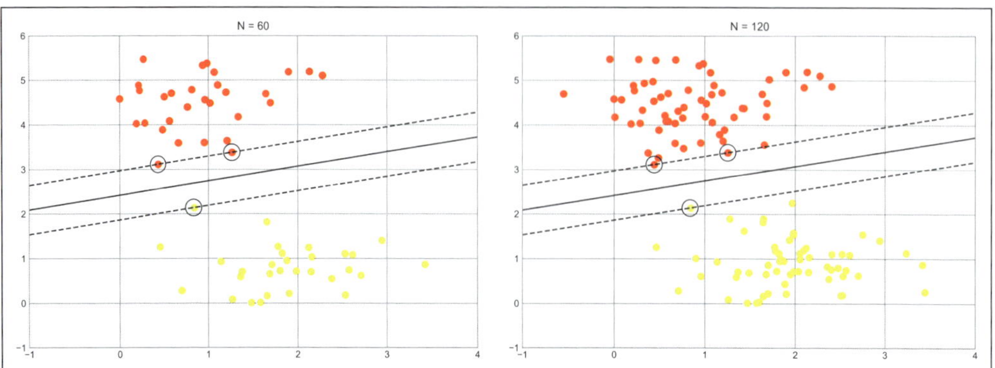

Abbildung 43-5: Die Auswirkung neuer Trainingsdatenpunkte auf das SVM-Modell

Im linken Diagramm sehen Sie das Modell und die Stützvektoren für die ersten 60 Trainingsdatenpunkte. Im rechten Diagramm wurde die Anzahl der Trainingsdatenpunkte verdoppelt, aber das Modell hat sich nicht verändert: Die drei Stützvektoren im linken Diagramm sind dieselben wie im rechten. Diese Unempfindlichkeit gegenüber dem genauen Verhalten entfernter Punkte gehört zu den Stärken des SVM-Modells.

Wenn Sie dieses Notebook live ausführen, können Sie IPythons interaktive Widgets verwenden, um dieses Feature des SVM-Modells anzuzeigen:

```
In [10]: from ipywidgets import interact, fixed
         interact(plot_svm, N=(10, 200), ax=fixed(None));
Out[10]: interactive(children=(IntSlider(value=10, description='N', max=200, min=10),
          > Output()), _dom_classes=('widget-...
```

Jenseits linearer Grenzen: Kernel-SVM

In Kombination mit einem *Kernel* kann eine SVM besonders leistungsfähig werden. Wir sind einer solchen SVM in Kapitel 42 schon begegnet. Dort haben wir die Daten auf durch polynomiale und gaußsche Basisfunktionen definierte höherdimensionale Räume projiziert und waren dadurch in der Lage, nichtlineare Beziehungen durch einen linearen Klassifikator zu modellieren.

Bei SVM-Modellen können wir eine leicht abgewandelte Version derselben Idee anwenden. Um den Bedarf für Kernels zu verdeutlichen, betrachten wir einige Daten, die nicht linear trennbar sind (siehe Abbildung 43-6).

```
In [11]: from sklearn.datasets import make_circles
         X, y = make_circles(100, factor=.1, noise=.1)

         clf = SVC(kernel='linear').fit(X, y)

         plt.scatter(X[:, 0], X[:, 1], c=y, s=50, cmap='autumn')
         plot_svc_decision_function(clf, plot_support=False);
```

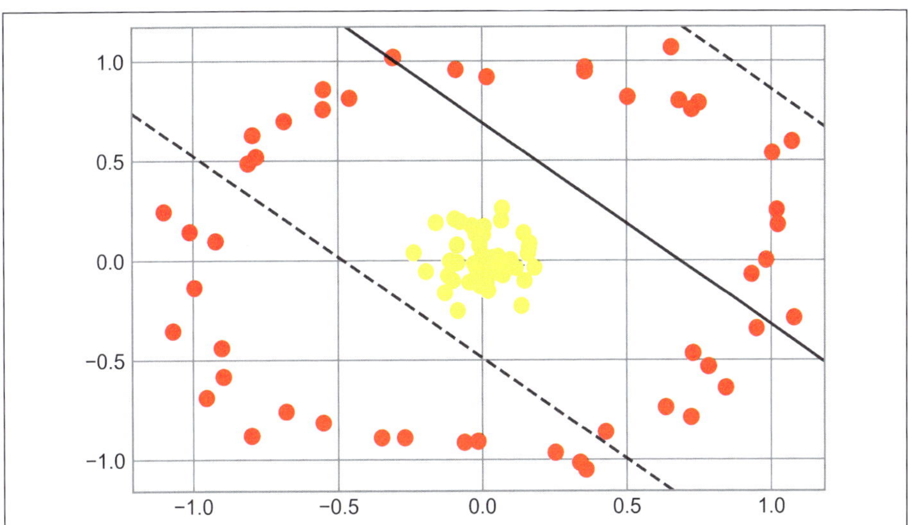

Abbildung 43-6: Bei nichtlinearen Grenzen funktioniert ein linearer Klassifikator nur mangelhaft.

Es steht außer Zweifel, dass ein linearer Klassifikator diese Daten nicht trennen kann. Wir können jedoch eine Lehre aus der Regression der Basisfunktion in Kapitel 42 ziehen und uns darüber Gedanken machen, wie man die Daten so auf höhere Dimensionen projizieren könnte, dass eine lineare Trennung ausreichend *wäre*. Eine einfache Projektion, die wir verwenden könnten, wäre beispielsweise eine auf die mittige Gruppierung (die hellen gelben Punkte) *zentrierte radiale Basisfunktion* (RBF):

```
In [12]: r = np.exp(-(X ** 2).sum(1))
```

Mit einem dreidimensionalen Diagramm können wir die zusätzliche Dimension visualisieren, wie in Abbildung 43-7 gezeigt.

```
In [13]: from mpl_toolkits import mplot3d

         ax = plt.subplot(projection='3d')
         ax.scatter3D(X[:, 0], X[:, 1], r, c=y, s=50, cmap='autumn')
         ax.view_init(elev=20, azim=30)
         ax.set_xlabel('x')
         ax.set_ylabel('y')
         ax.set_zlabel('r');
```

Dank der zusätzlichen Dimension sind die Daten nun auf triviale Weise linear trennbar, indem man beispielsweise bei $r = 0{,}7$ eine Ebene einfügt.

In diesem Fall mussten wir die Projektion sorgfältig auswählen und abstimmen. Hätten wir die radiale Basisfunktion nicht an der richtigen Stelle zentriert, hätten wir auch nicht ein so deutlich linear trennbares Ergebnis erhalten. Die Notwendigkeit, eine solche Auswahl zu treffen, stellt ein Problem dar: Wir möchten die am besten geeignete Basisfunktion gern automatisch finden können.

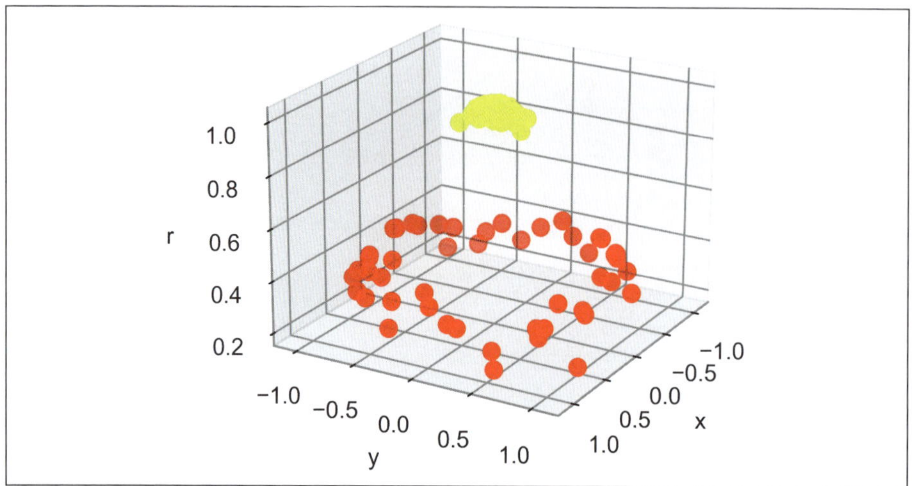

Abbildung 43-7: Die den Daten hinzugefügte dritte Dimension ermöglicht eine lineare Trennung.

Eine hierfür geeignete Strategie ist, eine Basisfunktion für *alle* Punkte der Datenmenge zu berechnen und den SVM-Algorithmus die Ergebnisse durchsuchen zu lassen. Diese Art der Transformation der Basisfunktion wird als *Kernel-Transformation* bezeichnet und beruht auf Ähnlichkeitsbeziehungen zwischen den Punktepaaren.

Bei dieser Strategie, N Punkte auf N Dimensionen zu projizieren, kann es potenziell zu einem Problem kommen: Wenn N groß wird, kann der Vorgang äußerst rechenintensiv werden. Dank eines hübschen kleinen Verfahrens, das unter der Bezeichnung *Kernel-Trick* (*https://oreil.ly/h7PBj*) bekannt ist, kann ein Fit der Kernel-transformierten Daten implizit ausgeführt werden – also ohne die komplette N-dimensionale Repräsentierung der Kernel-Projektion überhaupt erstellen zu müssen! Der Kernel-Trick ist in die SVM integriert und einer der Gründe dafür, dass diese Methode so leistungsfähig ist.

In Scikit-Learn können wir »kernelisierte« SVMs anwenden, indem wir mit dem `kernel`-Hyperparameter einfach den linearen Kernel des Modells durch einen RBF-Kernel ersetzen:

```
In [14]: clf = SVC(kernel='rbf', C=1E6)
         clf.fit(X, y)
Out[14]: SVC(C=1000000.0)
```

Verwenden wir nun die gerade definierte Funktion des Fits, um die Stützvektoren zu finden (siehe Abbildung 43-8).

```
In [15]: plt.scatter(X[:, 0], X[:, 1], c=y, s=50, cmap='autumn')
         plot_svc_decision_function(clf)
         plt.scatter(clf.support_vectors_[:, 0], clf.support_vectors_[:, 1],
                     s=300, lw=1, facecolors='none');
```

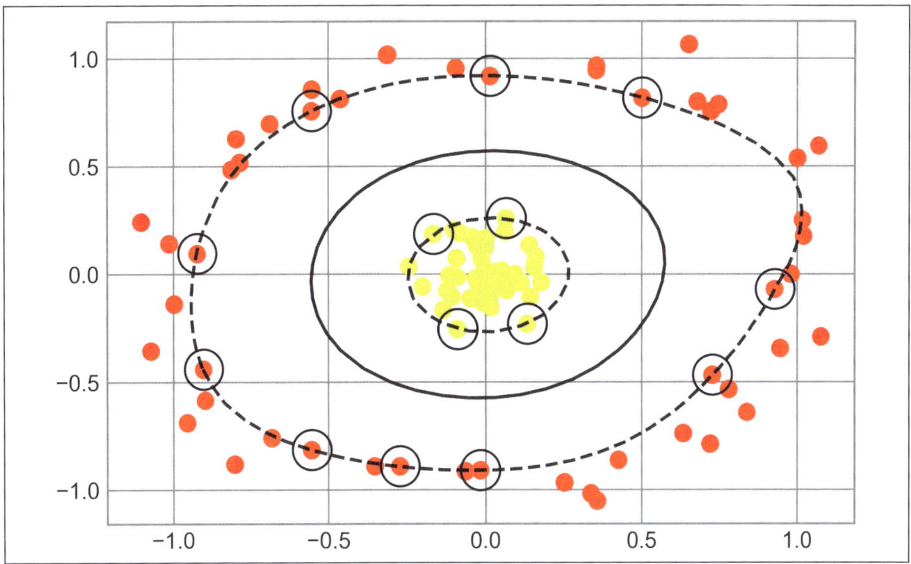

Abbildung 43-8: An die Daten angepasste Kernel-SVM

Wir verwenden diese Kernel-SVM und trainieren sie, um eine geeignete nichtlineare Entscheidungsgrenze zu finden. Diese Strategie der Kernel-Transformation wird beim Machine Learning häufig verwendet, um aus schnellen linearen Methoden schnelle nichtlineare Methoden zu machen – insbesondere bei Modellen, die den Kernel-Trick unterstützen.

Abstimmung der SVM: Aufweichung der Margins

Die bisherigen Erläuterungen konzentrierten sich auf eine sehr aufgeräumte Datenmenge, für die es eindeutige Entscheidungsgrenzen gibt. Häufig finden sich in den Daten jedoch Überschneidungen. Betrachten Sie beispielsweise die folgenden Daten (siehe Abbildung 43-9).

```
In [16]: X, y = make_blobs(n_samples=100, centers=2,
                           random_state=0, cluster_std=1.2)
         plt.scatter(X[:, 0], X[:, 1], c=y, s=50, cmap='autumn');
```

Um Fälle wie diesen zu handhaben, bietet die SVM-Implementierung eine Art »Schummelfaktor«, der den Margin sozusagen »aufweicht«. Damit wird erlaubt, dass einige der Punkte ein wenig in den Margin hineinwandern dürfen, wenn dadurch ein besserer Fit erzielt werden kann. Die »Härte« des Margins wird durch einen Abstimmungsparameter gesteuert, der üblicherweise mit dem Buchstaben `C` benannt wird. Sehr große Werte für `C` bedeuten, dass der Margin hart ist – Punkte dürfen sich nicht im Inneren befinden. Bei kleineren `C`-Werten ist der Margin weicher und kann einige Punkte umfassen.

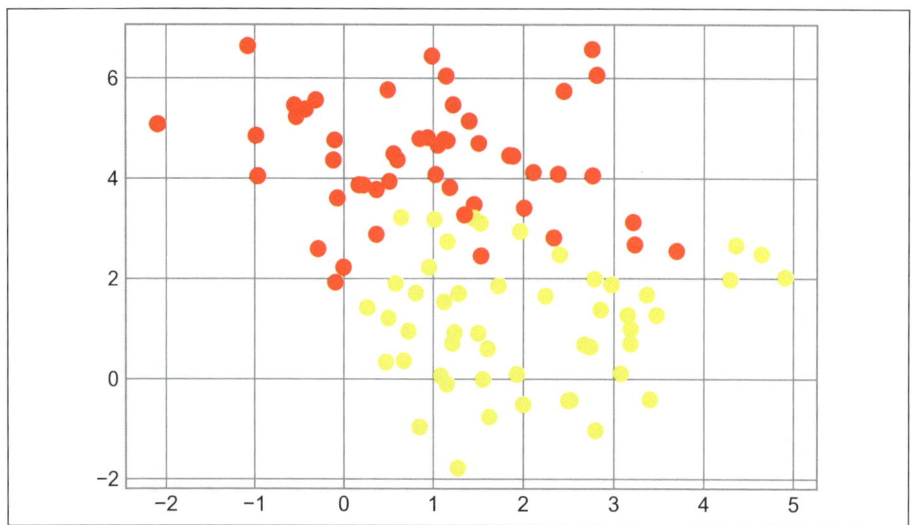

Abbildung 43-9: Daten mit einigen Überschneidungen

Das Diagramm in Abbildung 43-10 stellt dar, wie sich das Ändern von `C` durch die Aufweichung des Margins auf den endgültige Fit auswirkt:

```
In [17]: X, y = make_blobs(n_samples=100, centers=2,
                           random_state=0, cluster_std=0.8)

         fig, ax = plt.subplots(1, 2, figsize=(16, 6))
         fig.subplots_adjust(left=0.0625, right=0.95, wspace=0.1)

         for axi, C in zip(ax, [10.0, 0.1]):
             model = SVC(kernel='linear', C=C).fit(X, y)
             axi.scatter(X[:, 0], X[:, 1], c=y, s=50, cmap='autumn')
             plot_svc_decision_function(model, axi)
             axi.scatter(model.support_vectors_[:, 0],
                         model.support_vectors_[:, 1],
                         s=300, lw=1, facecolors='none');
             axi.set_title('C = {0:.1f}'.format(C), size=14)
```

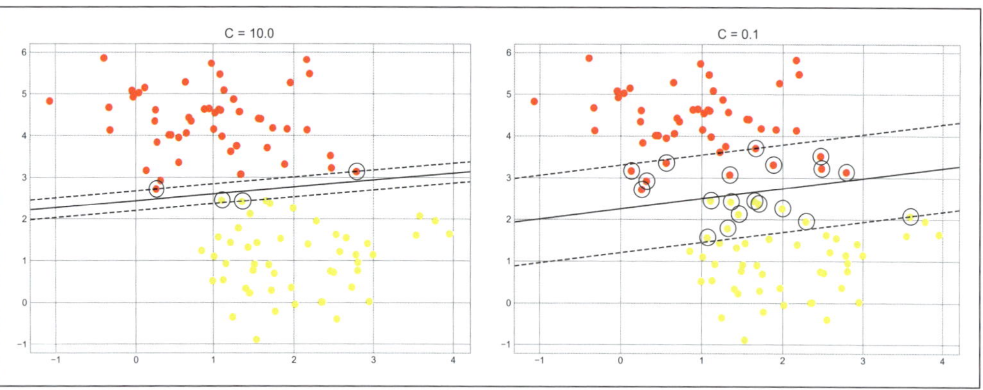

Abbildung 43-10: Auswirkung des Parameters C auf den Stützvektor-Fit

Der optimale Wert von `C` ist von Ihrer Datenmenge abhängig und sollte durch Kreuzvalidierung oder vergleichbare Verfahren ermittelt werden (siehe Kapitel 39).

Beispiel: Gesichtserkennung

Als Beispiel für eine Support Vector Machine in Aktion betrachten wir die Gesichtserkennung. Wir verwenden die gelabelten Gesichter der Datenmenge »Labeled Faces in the Wild« (LFW-Datenmenge), die aus einer Sammlung von mehreren Tausend gleichartigen Fotos verschiedener Personen des öffentlichen Lebens besteht. Ein Befehl zum Abrufen der Daten ist in Scikit-Learn integriert:

```
In [18]: from sklearn.datasets import fetch_lfw_people
         faces = fetch_lfw_people(min_faces_per_person=60)
         print(faces.target_names)
         print(faces.images.shape)
Out[18]: ['Ariel Sharon' 'Colin Powell' 'Donald Rumsfeld' 'George W Bush'
          'Gerhard Schroeder' 'Hugo Chavez' 'Junichiro Koizumi' 'Tony Blair']
         (1348, 62, 47)
```

Wir zeigen einige der Bilder an, um zu sehen, womit wir es zu tun haben (siehe Abbildung 43-11).

```
In [19]: fig, ax = plt.subplots(3, 5, figsize=(8, 6))
         for i, axi in enumerate(ax.flat):
             axi.imshow(faces.images[i], cmap='bone')
             axi.set(xticks=[], yticks=[],
                     xlabel=faces.target_names[faces.target[i]])
```

Abbildung 43-11: Beispiele der gelabelten Gesichter der LFW-Datenmenge

Die Bilder sind 62 × 47 Pixel groß, bestehen also aus knapp 3.000 Pixeln. Wir könnten jedes Pixel als Feature behandeln, aber es ist oft effizienter, eine Vorverarbeitung vorzunehmen, um so aussagekräftigere Features zu extrahieren. Hier nutzen wir eine Hauptkomponentenanalyse (siehe Kapitel 45), um unseren SVM-Klassifikator mit 150 Hauptkomponenten zu füttern. Am einfachsten ist es, die Vorverarbeitung und den Klassifikator durch eine Pipeline zu verknüpfen:

```
In [20]: from sklearn.svm import SVC
         from sklearn.decomposition import PCA
         from sklearn.pipeline import make_pipeline

         pca = PCA(n_components=150, whiten=True,
                   svd_solver='randomized', random_state=42)
         svc = SVC(kernel='rbf', class_weight='balanced')
         model = make_pipeline(pca, svc)
```

Zum Testen der Ausgabe des Klassifikators unterteilen wir die Daten in eine Trainings- und eine Testdatenmenge:

```
In [21]: from sklearn.model_selection import train_test_split
         Xtrain, Xtest, ytrain, ytest = train_test_split(faces.data, faces.target,
                                                         random_state=42)
```

Nun können wir eine Rastersuche als Kreuzvalidierung verwenden, um verschiedene Kombinationen der Parameter auszuprobieren. Hier passen wir die Parameter `C` (der die »Härte« des Margins festlegt) und `gamma` (der die Größe des Kernels der radialen Basisfunktion angibt) an und ermitteln das beste Modell:

```
In [22]: from sklearn.model_selection import GridSearchCV
         param_grid = {'svc__C': [1, 5, 10, 50],
                       'svc__gamma': [0.0001, 0.0005, 0.001, 0.005]}
         grid = GridSearchCV(model, param_grid)

         %time grid.fit(Xtrain, ytrain)
         print(grid.best_params_)
Out[22]: CPU times: user 1min 19s, sys: 8.56 s, total: 1min 27s
         Wall time: 36.2 s
         {'svc__C': 10, 'svc__gamma': 0.001}
```

Die optimalen Werte liegen in der Mitte des Rasters. Lägen sie an den Rändern, müssten wir das Raster ausdehnen, um sicherzustellen, dass wir das wahre Optimum gefunden haben.

Mit diesem kreuzvalidierten Modell können wir nun die Labels der Testdaten vorhersagen, die für das Modell noch unbekannt sind:

```
In [23]: model = grid.best_estimator_
         yfit = model.predict(Xtest)
```

Sehen wir uns jetzt einige Bilder der Testmenge und die vorhergesagten Werte an (siehe Abbildung 43-12).

```
In [24]: fig, ax = plt.subplots(4, 6)
         for i, axi in enumerate(ax.flat):
             axi.imshow(Xtest[i].reshape(62, 47), cmap='bone')
             axi.set(xticks=[], yticks=[])
```

```
    axi.set_ylabel(faces.target_names[yfit[i]].split()[-1],
                   color='black' if yfit[i] == ytest[i] else 'red')
fig.suptitle('Predicted Names; Incorrect Labels in Red', size=14);
```

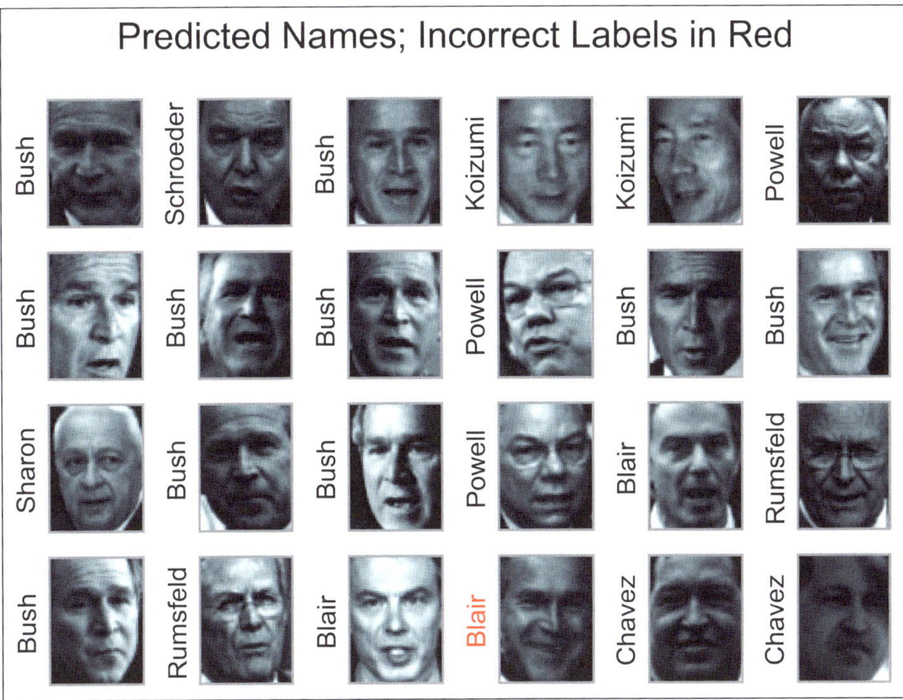

Abbildung 43-12: Vom Modell vorhergesagte Namen (Labels)

In dieser kleinen Stichprobe hat der optimale Estimator nur ein einziges Gesicht fehlklassifiziert. (In der letzten Reihe wurde Bush als Blair identifiziert.) Anhand eines Klassifikationsberichts, der Statistiken für die Labels auflistet, können wir ein besseres Gespür für die Leistung des Estimators gewinnen:

```
In [25]: from sklearn.metrics import classification_report
         print(classification_report(ytest, yfit,
                                     target_names=faces.target_names))
Out[25]:                   precision    recall  f1-score   support

               Ariel Sharon       0.65      0.73      0.69        15
               Colin Powell       0.80      0.87      0.83        68
            Donald Rumsfeld       0.74      0.84      0.79        31
              George W Bush       0.92      0.83      0.88       126
          Gerhard Schroeder       0.86      0.83      0.84        23
                Hugo Chavez       0.93      0.70      0.80        20
          Junichiro Koizumi       0.92      1.00      0.96        12
                 Tony Blair       0.85      0.95      0.90        42

                   accuracy                           0.85       337
                  macro avg       0.83      0.84      0.84       337
               weighted avg       0.86      0.85      0.85       337
```

Wir können außerdem die Wahrheitsmatrix dieser Klassen anzeigen (siehe Abbildung 43-13).

```
In [26]: from sklearn.metrics import confusion_matrix
         import seaborn as sns
         mat = confusion_matrix(ytest, yfit)
         sns.heatmap(mat.T, square=True, annot=True, fmt='d',
                     cbar=False, cmap='Blues',
                     xticklabels=faces.target_names,
                     yticklabels=faces.target_names)
         plt.xlabel('true label')
         plt.ylabel('predicted label');
```

predicted label \ true label	Ariel Sharon	Colin Powell	Donald Rumsfeld	George W Bush	Gerhard Schroeder	Hugo Chavez	Junichiro Koizumi	Tony Blair
Ariel Sharon	11	2	1	2	0	1	0	0
Colin Powell	1	59	2	11	0	1	0	0
Donald Rumsfeld	2	2	26	3	1	0	0	1
George W Bush	1	3	1	105	1	2	0	1
Gerhard Schroeder	0	0	0	2	19	1	0	0
Hugo Chavez	0	0	0	1	0	14	0	0
Junichiro Koizumi	0	0	0	0	1	0	12	0
Tony Blair	0	2	1	2	1	1	0	40

Abbildung 43-13: Wahrheitsmatrix der Gesichterdaten

Auf diese Weise erkennen wir, welche Labels der Estimator am ehesten verwechselt.

Der einzige Unterschied zu einer in der Praxis durchgeführten Gesichtserkennung, bei der die Fotos nicht fein säuberlich in einem Raster angeordnet sind, ist die Feature-Auswahl: Man würde einen ausgefeilteren Algorithmus benötigen, um die Gesichter zu finden, und müsste Features extrahieren, die von der Verpixelung unabhängig sind. Für diese Art von Anwendung ist OpenCV (*http://opencv.org*) eine gut geeignete Option, die unter anderem vortrainierte Implementierungen von aktuellen Tools zur Feature-Extraktion aus Bildern im Allgemeinen und Fotos von Gesichtern im Besonderen mitbringt.

Zusammenfassung

Das war eine kurze Einführung in die Support Vector Machines zugrunde liegenden Prinzipien. Diese Modelle sind gleich aus mehreren Gründen eine leistungsfähige Klassifikationsmethode:

- Durch ihre Abhängigkeit von nur relativ wenigen Stützvektoren sind SVMs kompakt und benötigen sehr wenig Speicher.
- Sobald das Modell trainiert ist, sind Vorhersagen sehr schnell.
- Da SVMs lediglich von Punkten in der Nähe des Margins beeinflusst werden, sind sie gut für hochdimensionale Daten geeignet – sogar wenn die Zahl der Dimensionen die Anzahl der Samples übertrifft. Für andere Algorithmen ist das eine größere Herausforderung.
- Die Integration mit Kernel-Methoden macht SVMs sehr vielseitig, und sie können an viele Datentypen angepasst werden.

SVMs haben jedoch auch einige Nachteile:

- Die Skalierung mit der Anzahl der Samples N gehört schlimmstenfalls zu $\mathcal{O}[N^3]$ oder im Fall effizienter Implementierung zu $\mathcal{O}[N^2]$. Bei einer sehr großen Zahl von Trainings-Samples kann dieser Rechenaufwand untragbar sein.
- Die Ergebnisse hängen stark von der Wahl eines passenden Werts für den Parameter `C` ab. Er sollte sorgfältig mittels Kreuzvalidierung bestimmt werden, was bei wachsenden Datenmengen aufwendig sein kann.
- Die Ergebnisse sind nicht unmittelbar probabilistisch interpretierbar. Das lässt sich durch eine Abschätzung durch interne Kreuzvalidierung umgehen (siehe den Parameter `probability` von `SVC`), aber diese zusätzliche Abschätzung ist aufwendig.

In Anbetracht dieser Eigenschaften verwende ich SVMs im Allgemeinen nur dann, wenn sich einfachere, schnellere und weniger Abstimmungsaufwand erfordernde Methoden als für meine Zwecke unzureichend erwiesen haben. Dessen ungeachtet können diese Verfahren ausgezeichnete Ergebnisse erzielen – sofern Sie Rechenzeit für Training und Kreuzvalidierung einer SVM mit Ihren Daten erübrigen können.

KAPITEL 44

Ausführlich: Entscheidungsbäume und Random Forests

Wir haben uns umfassend mit einem einfachen generativen Klassifikator (siehe Kapitel 41) und einem leistungsfähigen diskriminativen Klassifikator (siehe Kapitel 43) befasst. Nun betrachten wir die Gründe für einen weiteren leistungsfähigen Algorithmus – einen nichtparametrisierten Algorithmus namens *Random Forests* (»Zufallswälder«). Random Forests gehören zu den sogenannten *Ensemblemethoden* – Verfahren, die darauf beruhen, die Ergebnisse von einem Ensemble einfacherer Estimators zusammenzutragen. Das etwas Überraschende an Ensemblemethoden ist, dass das Ergebnis mehr ist als die Summe der Teile. Beispielsweise kann die Vorhersagegenauigkeit durch die Mehrheitsentscheidung einer Reihe von Estimators deutlich besser ausfallen als die Ergebnisse der einzelnen Estimators. Wir werden in den nächsten Abschnitten einige Beispiele betrachten.

Am Anfang stehen wieder die üblichen Importe:

```
In [1]: %matplotlib inline
        import numpy as np
        import matplotlib.pyplot as plt
        plt.style.use('seaborn-whitegrid')
```

Gründe für Random Forests: Entscheidungsbäume

Random Forests sind ein Beispiel für auf Entscheidungsbäumen beruhendes Ensemble Learning. Aus diesem Grund befassen wir uns zunächst einmal mit Entscheidungsbäumen selbst.

Entscheidungsbäume sind ein besonders intuitives Verfahren, Objekte zu klassifizieren: Sie stellen einfach eine Reihe von Fragen, deren Hauptaugenmerk auf die Klassifikation gerichtet sind. Wenn Sie beispielsweise einen Entscheidungsbaum entwickeln möchten, der die Tiere klassifiziert, die Ihnen auf einer Wanderung begegnen, könnte er wie der in Abbildung 44-1 aussehen.

Der binäre Aufbau ist äußerst effizient: Bei einem gut durchdachten Baum wird die Anzahl der verbleibenden Optionen durch die Beantwortung jeder Frage in etwa halbiert, sodass selbst bei einer großen Anzahl von Klassen schnell nur noch einige wenige Möglichkeiten zur Auswahl stehen.

Der Trick besteht natürlich darin, zu entscheiden, welche Fragen bei den einzelnen Schritten gestellt werden. Bei Entscheidungsbäumen, die für das Machine Learning konzipiert sind, werden die Fragen im Allgemeinen so formuliert, dass sie die Daten entlang einer der Koordinatenachsen aufteilen. Jeder Baumknoten unterteilt die Daten also anhand eines Schwellenwerts eines der Features in zwei Gruppen. Sehen wir uns hierfür ein Beispiel an.

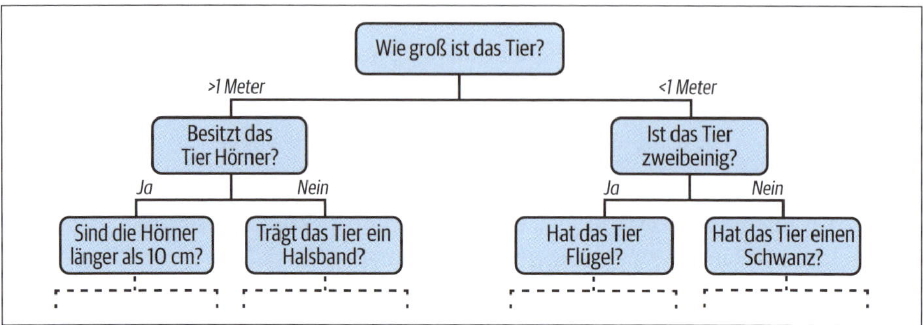

Abbildung 44-1: Beispiel für einen binären Entscheidungsbaum

Erstellen eines Entscheidungsbaums

Betrachten Sie die folgenden zweidimensionalen Datenpunkte, die zu einer von vier Klassen gehören (siehe Abbildung 44 2).

```
In [2]: from sklearn.datasets import make_blobs

        X, y = make_blobs(n_samples=300, centers=4,
                          random_state=0, cluster_std=1.0)
        plt.scatter(X[:, 0], X[:, 1], c=y, s=50, cmap='rainbow');
```

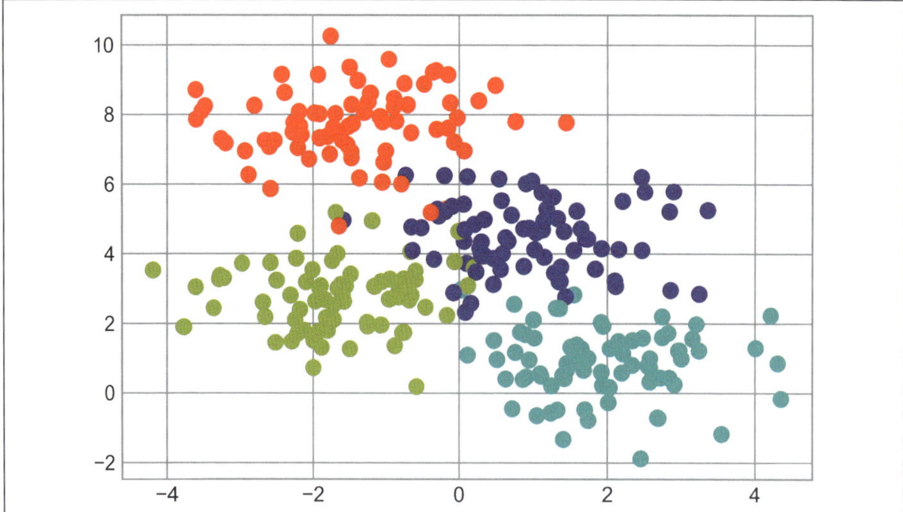

Abbildung 44-2: Daten für einen Entscheidungsbaumklassifikator

Ein hierfür geeigneter einfacher Entscheidungsbaum unterteilt die Daten bei jedem Schritt anhand eines quantitativen Kriteriums entlang einer der Achsen und weist der neuen Region gemäß einer Mehrheitsentscheidung der darin enthaltenen Punkte ein Label zu. Abbildung 44-3 zeigt eine Visualisierung der ersten vier Schritte eines Entscheidungsbaumklassifikators für diese Daten.

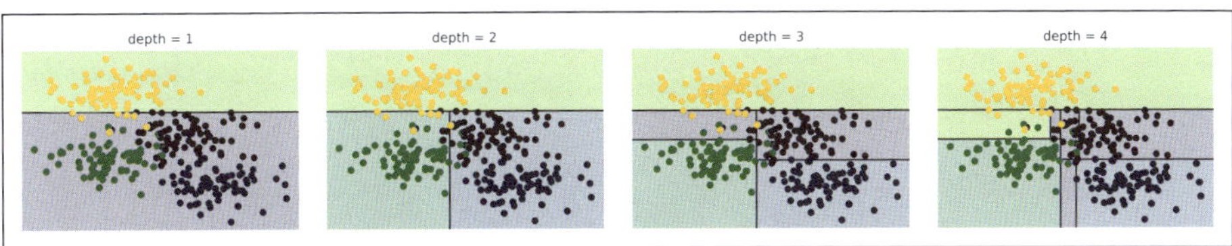

Abbildung 44-3: Visualisierung der Datenaufteilung durch einen Entscheidungsbaum[1]

Beachten Sie, dass nach der ersten Aufteilung alle Punkte im oberen Zweig unverändert sind, daher ist hier keine weitere Aufteilung erforderlich. Von den Knoten abgesehen, die nur Punkte einer Farbe enthalten, werden bei jedem Schritt alle Regionen entlang einer der beiden Features-Achsen weiter unterteilt.

Die Anpassung eines Entscheidungsbaums an die Daten kann in Scikit-Learn mit dem `DecisionTreeClassifier`-Estimator erledigt werden:

```
In [3]: from sklearn.tree import DecisionTreeClassifier
        tree = DecisionTreeClassifier().fit(X, y)
```

Wir schreiben eine Hilfsfunktion, die uns die Visualisierung der Ausgabe des Klassifikators ermöglicht:

```
In [4]: def visualize_classifier(model, X, y, ax=None, cmap='rainbow'):
            ax = ax or plt.gca()

            # Ausgabe der Trainingsdatenpunkte.
            ax.scatter(X[:, 0], X[:, 1], c=y, s=30, cmap=cmap,
                       clim=(y.min(), y.max()), zorder=3)
            ax.axis('tight')
            ax.axis('off')
            xlim = ax.get_xlim()
            ylim = ax.get_ylim()

            # Anpassen des Estimators.
            model.fit(X, y)
            xx, yy = np.meshgrid(np.linspace(*xlim, num=200),
                                 np.linspace(*ylim, num=200))
            Z = model.predict(np.c_[xx.ravel(), yy.ravel()]).reshape(xx.shape)

            # Farbiges Diagramm der Ergebnisse erstellen.
            n_classes = len(np.unique(y))
            contours = ax.contourf(xx, yy, Z, alpha=0.3,
                                   levels=np.arange(n_classes + 1) - 0.5,
                                   cmap=cmap, zorder=1)
            ax.set(xlim=xlim, ylim=ylim)
```

1 Den Code zur Erstellung dieser Abbildung finden Sie im Onlineanhang (*https://oreil.ly/H4WFg*) zu diesem Buch.

Nun können wir prüfen, was die Entscheidungsbaumklassifikation ergibt (siehe Abbildung 44-4).

```
In [5]: visualize_classifier(DecisionTreeClassifier(), X, y)
```

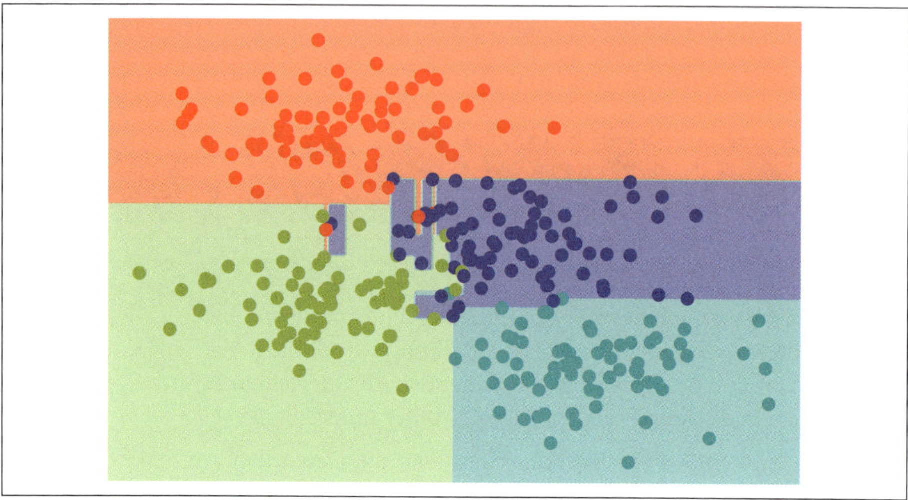

Abbildung 44-4: Visualisierung einer Entscheidungsbaumklassifikation

Wenn Sie das Notebook live ausführen, können Sie das helpers-Skript aus dem Onlineanhang (*https://oreil.ly/etDrN*) starten, um eine interaktive Visualisierung der Vorgänge beim Entstehen des Entscheidungsbaums anzuzeigen:

```
In [6]: # helpers_05_08 finden Sie im Onlineanhang
        import helpers_05_08
        helpers_05_08.plot_tree_interactive(X, y);
Out[6]: interactive(children=(Dropdown(description='depth', index=1, options=(1, 5),
         > value=5), Output()), _dom_classes...
```

Beachten Sie, dass mit zunehmender Zahl der Schritte sehr merkwürdig geformte Klassifikationsregionen entstehen. Nach fünf Schritten befindet sich beispielsweise eine sehr schlanke lilafarbene Region zwischen der gelben und der blauen. Das ist natürlich weniger das Resultat der wahren, intrinsischen Datenverteilung, sondern liegt eher an der speziellen Stichprobe oder an dem Rauschen in den Daten. Das heißt, dass beim Entscheidungsbaum schon nach fünf Schritten eindeutig eine Überanpassung der Daten auftritt.

Entscheidungsbäume und Überanpassung

Wie sich zeigt, gehört eine solche Überanpassung zu den allgemeinen Eigenschaften von Entscheidungsbäumen. Es ist eben sehr einfach, viele Baumknoten zu durchlaufen und somit eine Anpassung an Details der vorliegenden Daten statt an die allgemeinen Eigenschaften der Verteilung, der sie entstammen, vorzunehmen. Eine weitere Möglichkeit, diese Überanpassung zu erkennen, ist das Erstellen von Diagrammen für Modelle, die mit unterschiedlichen Teilmengen der Daten trainiert wurden. Abbildung 44-5 zeigt beispielsweise zwei verschiedene Entscheidungsbäume, die jeweils mit einer der beiden Hälften der ursprünglichen Daten trainiert wurden.

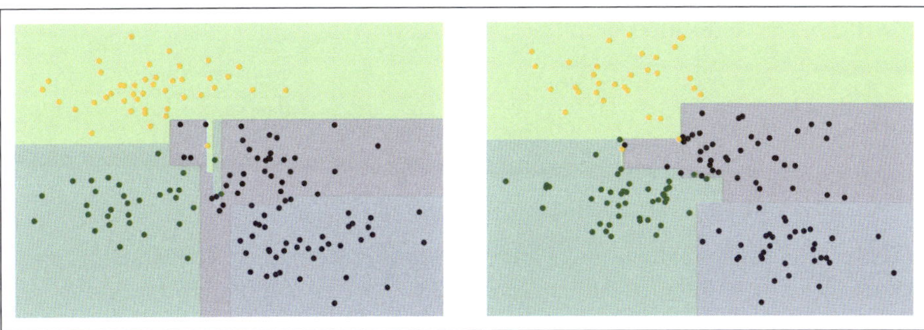

Abbildung 44-5: Beispiel für zwei mit verschiedenen Teilmengen trainierte Entscheidungsbäume[2]

An einigen Stellen liefern die beiden Bäume natürlich dennoch übereinstimmende Ergebnisse (z.B. in den vier Ecken), an anderen Stellen hingegen ergeben sich sehr unterschiedliche Klassifikationen (beispielsweise in den Regionen zwischen zwei Clustern). Die entscheidende Beobachtung ist hier, dass die Inkonsistenzen tendenziell dort auftreten, wo die Klassifikation eher unsicher ist, und daher könnten wir womöglich ein besseres Ergebnis erzielen, wenn wir Informationen *beider* Bäume verwendeten.

Wenn Sie das Notebook live ausführen, ermöglicht die folgende Funktion, interaktiv die Fits von Bäumen anzuzeigen, die mit einer zufälligen Teilmenge der Daten trainiert werden:

```
In [7]: # helpers_05_08 finden Sie im Onlineanhang
        import helpers_05_08
        helpers_05_08.randomized_tree_interactive(X, y)
Out[7]: interactive(children=(Dropdown(description='random_state', options=(0, 100),
         > value=0), Output()), _dom_classes...
```

Verwenden Sie also Informationen von zwei Bäumen, wird das Ergebnis besser. Daher ist zu erwarten, dass sich das Resultat weiter verbessern lässt, wenn man die Informationen vieler Bäume nutzt.

Estimator-Ensembles: Random Forests

Der Gedanke, dass mehrere überangepasste Estimators miteinander kombiniert werden können, um die Auswirkung der Überanpassung zu verringern, liegt einer Ensemblemethode zugrunde, die als *Bagging* bezeichnet wird. Das Bagging verwendet ein Ensemble von überangepassten Estimators und bildet den Durchschnitt der Ergebnisse, um eine bessere Klassifikation zu finden. Ein Ensemble dieser randomisierten Entscheidungsbäume wird als *Random Forest* bezeichnet.

2 Den Code zum Erstellen dieser Abbildung finden Sie im Onlineanhang (*https://oreil.ly/PessV*) zu diesem Buch.

Eine solche Bagging-Klassifikation kann mit Scikit-Learns Meta-Estimator `BaggingClassifier` von Hand ausgeführt werden (siehe Abbildung 44-6).

```
In [8]: from sklearn.tree import DecisionTreeClassifier
        from sklearn.ensemble import BaggingClassifier

        tree = DecisionTreeClassifier()
        bag = BaggingClassifier(tree, n_estimators=100, max_samples=0.8,
                                random_state=1)

        bag.fit(X, y)
        visualize_classifier(bag, X, y)
```

In diesem Beispiel haben wir die Daten randomisiert, indem jeder Estimator mit einer zufällig ausgewählten Teilmenge von 80% der Trainingsdaten trainiert wurde. In der Praxis lassen sich Entscheidungsbäume besser randomisieren, wenn bei der Aufteilung der Daten etwas Zufall ins Spiel kommt – auf diese Weise tragen jeweils alle Daten zu einem Fit bei, die Ergebnisse des Fits sind aber dennoch wie erwünscht zufällig. Wenn wir beispielsweise festlegen, anhand welches Features die Aufteilung vorgenommen werden soll, könnte der randomisierte Baum zufällig eines der wichtigeren Features auswählen. Mehr zu den technischen Details diese Randomisierungsstrategien finden Sie in der Scikit-Learn-Dokumentation (*https://oreil.ly/4jrv4*) und den darin enthaltenen Referenzen.

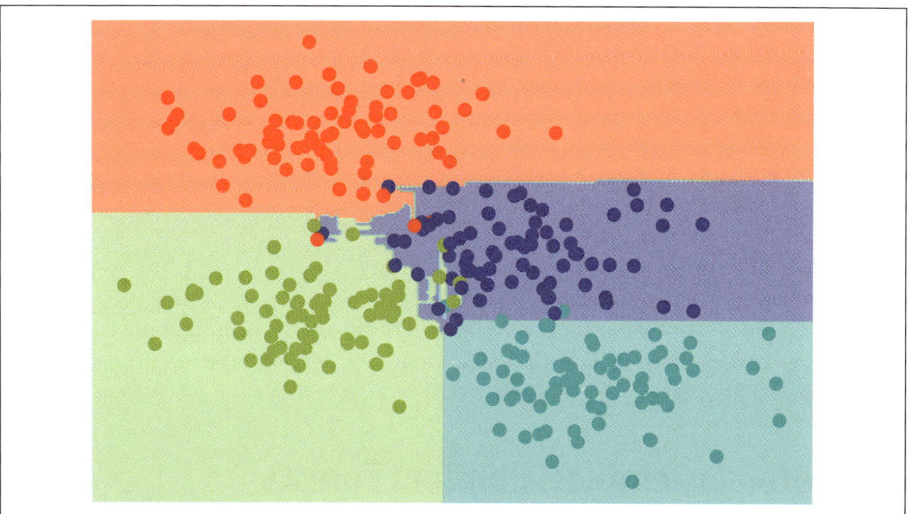

Abbildung 44-6: Entscheidungsgrenzen für ein Ensemble von randomisierten Entscheidungsbäumen

Scikit-Learn implementiert ein solches optimiertes Ensemble randomisierter Entscheidungsbäume in Form des Estimators `RandomForestClassifier`, der die Randomisierung automatisch erledigt. Sie müssen lediglich die Anzahl der Estimators angeben. Das Ensemble der Entscheidungsbäume wird dann sehr schnell erzeugt – und falls erwünscht, auch parallelisiert (siehe Abbildung 44-7).

```
In [9]: from sklearn.ensemble import RandomForestClassifier

        model = RandomForestClassifier(n_estimators=100, random_state=0)
        visualize_classifier(model, X, y);
```

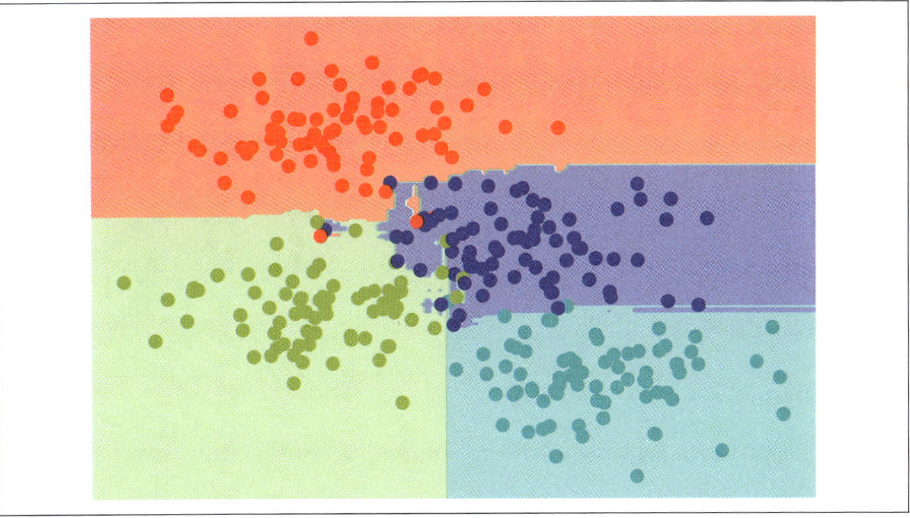

Abbildung 44-7: Entscheidungsgrenzen eines Random Forest, also eines optimierten Ensembles von Entscheidungsbäumen

Hier sieht man, dass die Durchschnittsbildung von 100 randomisierten Entscheidungsbäumen zu einem Gesamtmodell führt, das unserer intuitiven Vorstellung, wie der Parameterraum aufgeteilt sein sollte, viel näherkommt.

Random-Forest-Regression

Im letzten Abschnitt haben wir Random Forests im Kontext der Klassifikation betrachtet. Random Forests sind jedoch auch für Regressionen geeignet (die stetige statt kategoriale Werte liefern). Der hierfür geeignete Estimator heißt `RandomForestRegressor`, und die Syntax ist der bisherigen sehr ähnlich.

Betrachten Sie die folgenden Daten, die durch eine Überlagerung einer schnellen und einer langsamen Schwingung erzeugt werden (siehe Abbildung 44-8).

```
In [10]: rng = np.random.RandomState(42)
         x = 10 * rng.rand(200)

         def model(x, sigma=0.3):
             fast_oscillation = np.sin(5 * x)
             slow_oscillation = np.sin(0.5 * x)
             noise = sigma * rng.randn(len(x))

             return slow_oscillation + fast_oscillation + noise

         y = model(x)
         plt.errorbar(x, y, 0.3, fmt='o');
```

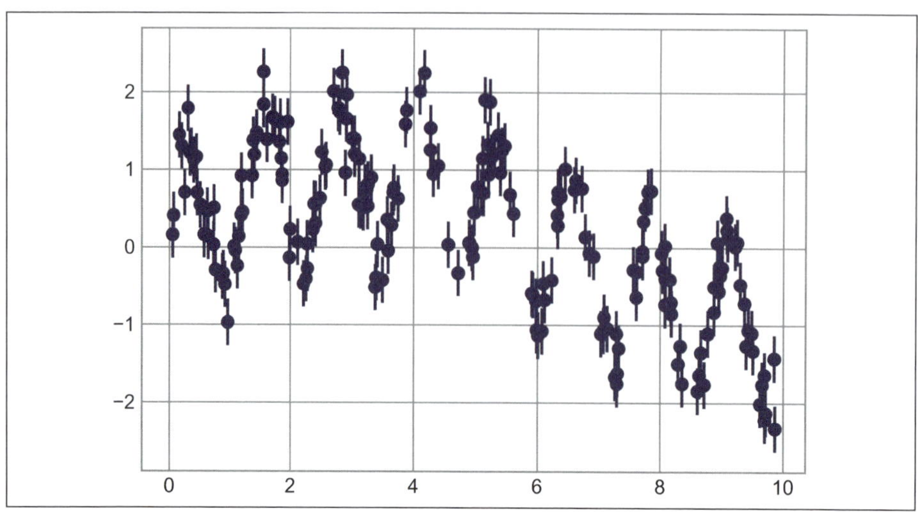

Abbildung 44-8: Daten für eine Random-Forest-Regression

Mit dem `RandomForestRegressor` können wir den besten Fit ermitteln (siehe Abbildung 44-9).

```
In [11]: from sklearn.ensemble import RandomForestRegressor
         forest = RandomForestRegressor(200)
         forest.fit(x[:, None], y)

         xfit = np.linspace(0, 10, 1000)
         yfit = forest.predict(xfit[:, None])
         ytrue = model(xfit, sigma=0)

         plt.errorbar(x, y, 0.3, fmt='o', alpha=0.5)
         plt.plot(xfit, yfit, '-r');
         plt.plot(xfit, ytrue, '-k', alpha=0.5);
```

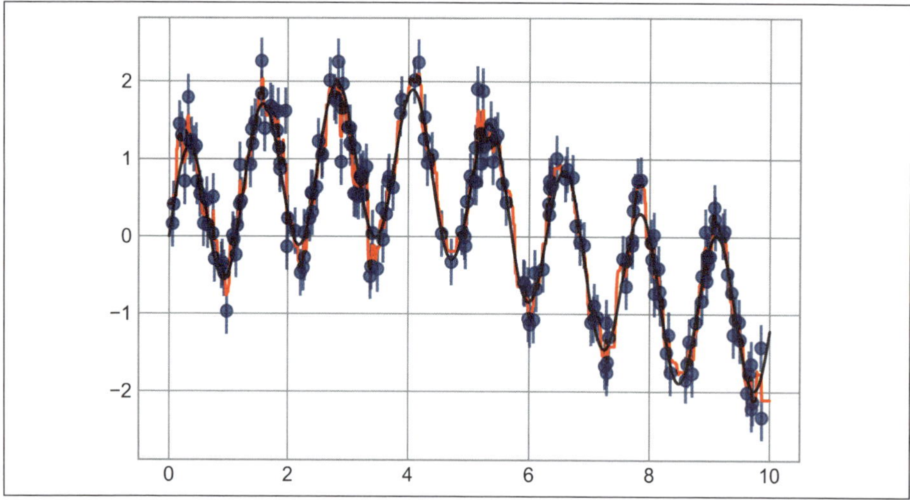

Abbildung 44-9: Fit eines Random-Forest-Modells

Die glatte Kurve zeigt das wahre Modell, während die gezackte rote Kurve das Random-Forest-Modell darstellt. Wie Sie sehen, ist das nichtparametrisierte Random-Forest-Modell flexibel genug, um die überlagerten Schwingungen wiederzugeben, ohne dass wir ein Modell angeben müssten, das mehrere Schwingungsdauern berücksichtigt.

Beispiel: Random Forest zur Klassifikation handgeschriebener Ziffern

In Kapitel 38 haben wir ein Beispiel durchgearbeitet, das die Scikit-Learn beiliegende Zifferndatenmenge verwendet. Das wollen wir jetzt erneut verwenden, um zu erörtern, wie sich der Random-Forest-Klassifikator hier einsetzen lässt.

```
In [12]: from sklearn.datasets import load_digits
         digits = load_digits()
         digits.keys()
Out[12]: dict_keys(['data', 'target', 'frame', 'feature_names', 'target_names',
          > 'images', 'DESCR'])
```

Damit wir wissen, womit wir es zu tun haben, visualisieren wir die ersten Datenpunkte (siehe Abbildung 44-10).

```
In [13]: # Abbildung einrichten.
         fig = plt.figure(figsize=(6, 6))  # figure size in inches
         fig.subplots_adjust(left=0, right=1, bottom=0, top=1,
                             hspace=0.05, wspace=0.05)

         # Ausgabe der Ziffern: Jedes Bild ist 8 × 8 Pixel groß.
         for i in range(64):
             ax = fig.add_subplot(8, 8, i + 1, xticks=[], yticks=[])
             ax.imshow(digits.images[i], cmap=plt.cm.binary, interpolation='nearest')

             # Das Bild mit dem Zielwert beschriften.
             ax.text(0, 7, str(digits.target[i]))
```

Mit einem Random Forest können wir die Ziffern folgendermaßen klassifizieren:

```
In [14]: from sklearn.model_selection import train_test_split

         Xtrain, Xtest, ytrain, ytest = train_test_split(digits.data,
                                                         digits.target, random_state=0)
         model = RandomForestClassifier(n_estimators=1000)
         model.fit(Xtrain, ytrain)
         ypred = model.predict(Xtest)
```

Nun zeigen wir den Klassifikationsbericht dieses Klassifikators an:

```
In [15]: from sklearn import metrics
         print(metrics.classification_report(ypred, ytest))
Out[15]:              precision    recall  f1-score   support

                   0       1.00      0.97      0.99        38
                   1       0.98      0.98      0.98        43
                   2       0.95      1.00      0.98        42
```

```
           3       0.98      0.96      0.97        46
           4       0.97      1.00      0.99        37
           5       0.98      0.96      0.97        49
           6       1.00      1.00      1.00        52
           7       1.00      0.96      0.98        50
           8       0.94      0.98      0.96        46
           9       0.98      0.98      0.98        47

    accuracy                           0.98       450
   macro avg       0.98      0.98      0.98       450
weighted avg       0.98      0.98      0.98       450
```

Abbildung 44-10: Repräsentierung der Zifferndaten

Und der Vollständigkeit halber geben wir auch die Wahrheitsmatrix aus (siehe Abbildung 44-11).

```
In [16]: from sklearn.metrics import confusion_matrix
         import seaborn as sns
         mat = confusion_matrix(ytest, ypred)
         sns.heatmap(mat.T, square=True, annot=True, fmt='d',
                     cbar=False, cmap='Blues')
         plt.xlabel('true label')
         plt.ylabel('predicted label');
```

Tatsächlich liefert ein einfacher, unabgestimmter Random Forest eine sehr genaue Klassifikation der Zifferndaten.

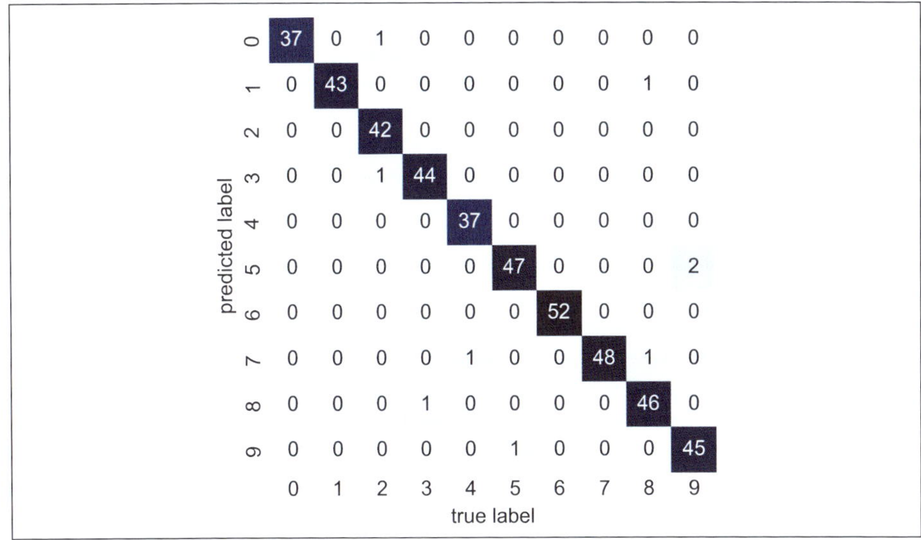

Abbildung 44-11: Wahrheitsmatrix der Ziffernklassifikation mit Random Forests

Zusammenfassung

Dieses Kapitel enthält eine kurze Einführung in das Konzept von Estimator-Ensembles und befasst sich insbesondere mit Random Forests – einem Ensemble randomisierter Entscheidungsbäume. Random Forests stellen eine leistungsfähige Methode dar, die verschiedene Vorteile besitzt:

- Sowohl Training als auch Vorhersage sind aufgrund der Einfachheit der zugrunde liegenden Entscheidungsbäume sehr schnell. Darüber hinaus lassen sich beide Aufgaben auf unkomplizierte Weise parallelisieren, denn die einzelnen Entscheidungsbäume sind völlig unabhängig voneinander.
- Mehrere Bäume ermöglichen eine probabilistische Klassifikation: Eine Mehrheitsentscheidung unter den Estimators liefert eine Abschätzung der Wahrscheinlichkeit (auf die Scikit-Learn mit der `predict_proba`-Methode zugreift).
- Das nichtparametrisierte Modell ist äußerst flexibel und funktioniert gut für Aufgaben, bei denen es bei anderen Estimators zu einer Unteranpassung kommt.

Der größte Nachteil von Random Forests ist, dass die Ergebnisse nicht leicht zu verstehen sind. Wenn Sie also Rückschlüsse über die *Bedeutung* des Klassifikationsmodells ziehen möchten, sind Random Forests womöglich nicht die beste Wahl.

KAPITEL 45

Ausführlich: Hauptkomponentenanalyse

Bislang haben wir uns ausführlich mit Estimators für überwachtes Lernen befasst: Estimators, die Labels anhand gelabelter Trainingsdaten vorhersagen. Nun betrachten wir einige unüberwachte Estimators, die interessante Aspekte der Daten hervorheben können, ohne irgendwelche Labels zu kennen.

In diesem Kapitel werden wir uns mit dem wohl am häufigsten verwendeten unüberwachten Algorithmus beschäftigen, der *Hauptkomponentenanalyse* (engl. *Principal Component Analysis*, kurz PCA). Grundsätzlich ist PCA ein Dimensionsreduktionsalgorithmus, sie kann jedoch auch für Visualisierung, Rauschunterdrückung, Feature-Extraktion, Feature Engineering und vieles mehr verwendet werden. Nach einer kurzen konzeptuellen Erläuterung des PCA-Algorithmus werden wir einige Beispiele für die weitreichenden Anwendungsmöglichkeiten erforschen.

Zunächst sind die üblichen Importe durchzuführen:

```
In [1]: %matplotlib inline
        import numpy as np
        import matplotlib.pyplot as plt
        plt.style.use('seaborn-whitegrid')
```

Hauptkomponentenanalyse: ein Überblick

Die Hauptkomponentenanalyse ist eine schnelle und flexible Methode zur Dimensionsreduktion von Daten, wie in Kapitel 38 bereits kurz erwähnt wurde. Das Verhalten lässt sich am einfachsten durch das Anzeigen einer zweidimensionalen Datenmenge visualisieren. Betrachten Sie diese 200 Punkte (siehe Abbildung 45-1).

```
In [2]: rng = np.random.RandomState(1)
        X = np.dot(rng.rand(2, 2), rng.randn(2, 200)).T
        plt.scatter(X[:, 0], X[:, 1])
        plt.axis('equal');
```

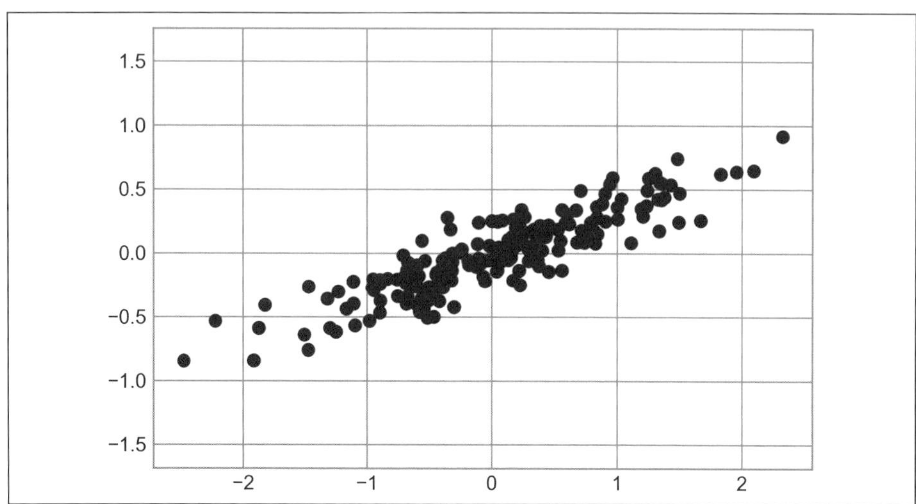

Abbildung 45-1: Daten für eine Hauptkomponentenanalyse

Man erkennt auf den ersten Blick, dass hier eine fast lineare Beziehung zwischen den Variablen *x* und *y* vorliegt. Die Abbildung erinnert an die Daten der linearen Regression, die wir in Kapitel 42 untersucht haben, allerdings ist die Aufgabenstellung hier eine etwas andere: Anstatt die *y*-Werte anhand der *x*-Werte vorherzusagen, versucht das unüberwachte Lernverfahren, die *Beziehung zwischen den y- und x-Werten* zu ergründen.

Bei der Hauptkomponentenanalyse wird diese Beziehung quantifiziert, indem man eine Liste der *Hauptachsen* der Daten ermittelt und diese Achsen zur Beschreibung der Daten verwendet. Mit Scikit-Learns `PCA` Estimator können wir das folgendermaßen berechnen:

```
In [3]: from sklearn.decomposition import PCA
        pca = PCA(n_components=2)
        pca.fit(X)
Out[3]: PCA(n_components=2)
```

Der Fit »erlernt« einige Werte der Daten, insbesondere die *Komponenten* und die *erklärte Varianz*:

```
In [4]: print(pca.components_)
Out[4]: [[-0.94446029 -0.32862557]
         [-0.32862557  0.94446029]]


In [5]: print(pca.explained_variance_)
Out[5]: [0.7625315 0.0184779]
```

Um zu verstehen, was diese Zahlen bedeuten, visualisieren wir sie als Vektoren mit den Daten im Hintergrund. Dabei definieren die Komponenten die Richtung der Vektoren, und die erklärte Varianz entspricht ihrer quadrierten Länge (siehe Abbildung 45-2).

```
In [6]: def draw_vector(v0, v1, ax=None):
            ax = ax or plt.gca()
            arrowprops=dict(arrowstyle='->', linewidth=2,
                            shrinkA=0, shrinkB=0)
            ax.annotate('', v1, v0, arrowprops=arrowprops)

        # Daten ausgeben.
        plt.scatter(X[:, 0], X[:, 1], alpha=0.2)
        for length, vector in zip(pca.explained_variance_, pca.components_):
            v = vector * 3 * np.sqrt(length)
            draw_vector(pca.mean_, pca.mean_ + v)
        plt.axis('equal');
```

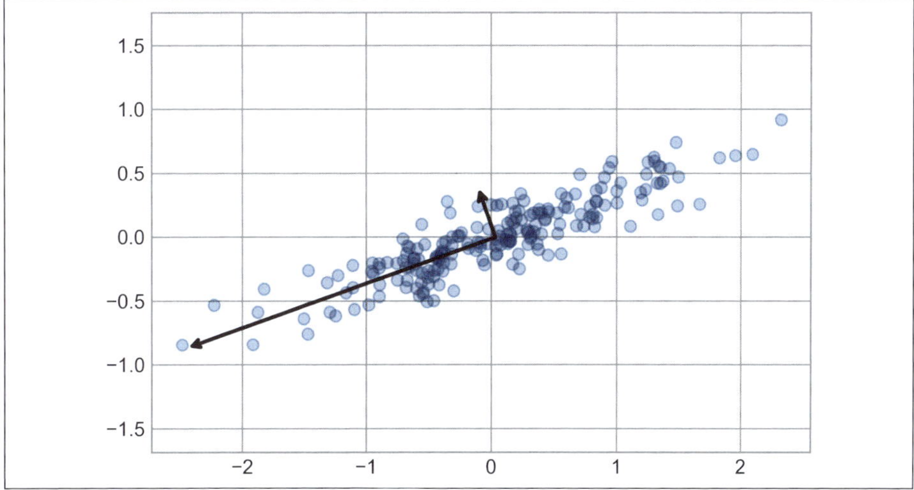

Abbildung 45-2: Visualisierung der Hauptachsen der Daten

Diese Vektoren repräsentieren die Hauptachsen der Daten, und die Länge der Vektoren ist ein Hinweis darauf, wie »wichtig« die jeweilige Achse für die Beschreibung der Verteilung der Daten ist. Genauer gesagt, handelt es sich um ein Maß für die Varianz der auf diese Achse projizierten Daten. Die Projektionen der Datenpunkte auf die Hauptachsen sind die Hauptkomponenten der Daten.

Abbildung 45-3 zeigt Diagramme der Hauptkomponenten und der ursprünglichen Daten.

Bei der Transformation der Datenachsen auf die Hauptachsen handelt es sich um eine sogenannte *affine Transformation*, was bedeutet, dass sie aus einer Translation, einer Rotation und einer gleichförmigen Skalierung besteht.

Man könnte auf den Gedanken kommen, dass es sich beim Algorithmus zum Auffinden der Hauptkomponenten um ein mathematisches Kuriosum handelt, aber wie sich zeigt, gibt es dafür sehr weitreichende Anwendungen im Machine Learning und bei der Erkundung von Daten.

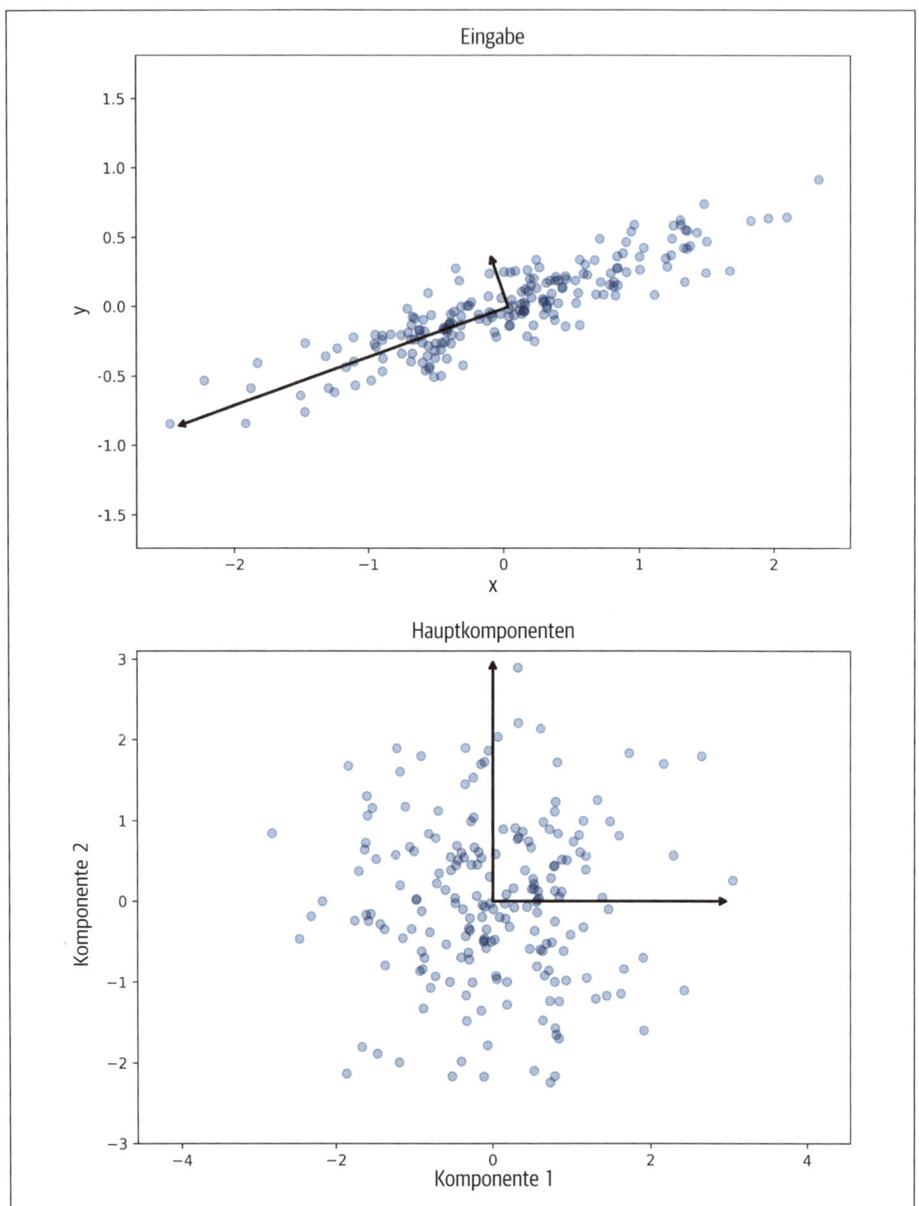

Abbildung 45-3: Transformierte Hauptachsen der Daten[1]

PCA als Dimensionsreduktion

Eine Hauptkomponentenanalyse zur Dimensionsreduktion zu verwenden, bedeutet, dass eine oder mehrere der kleinsten Hauptkomponenten entfernt werden, was

1 Den Code zur Erzeugung dieser Abbildung finden Sie im Onlineanhang (*https://oreil.ly/WSe0T*) zu diesem Buch.

zu einer Projektion niedrigerer Dimensionalität führt, die die maximale Varianz der Daten bewahrt.

Hier ist ein Beispiel für die Anwendung einer PCA als Transformation zur Dimensionsreduktion:

```
In [7]: pca = PCA(n_components=1)
        pca.fit(X)
        X_pca = pca.transform(X)
        print("original shape:   ", X.shape)
        print("transformed shape:", X_pca.shape)
Out[7]: original shape:    (200, 2)
        transformed shape: (200, 1)
```

Die transformierten Daten besitzen nur noch eine einzige Dimension. Um die Auswirkung dieser Dimensionsreduktion zu veranschaulichen, wenden wir die inverse Transformation auf die reduzierten Daten an und geben diese anschließend zusammen mit den ursprünglichen Daten aus (siehe Abbildung 45-4).

```
In [8]: X_new = pca.inverse_transform(X_pca)
        plt.scatter(X[:, 0], X[:, 1], alpha=0.2)
        plt.scatter(X_new[:, 0], X_new[:, 1], alpha=0.8)
        plt.axis('equal');
```

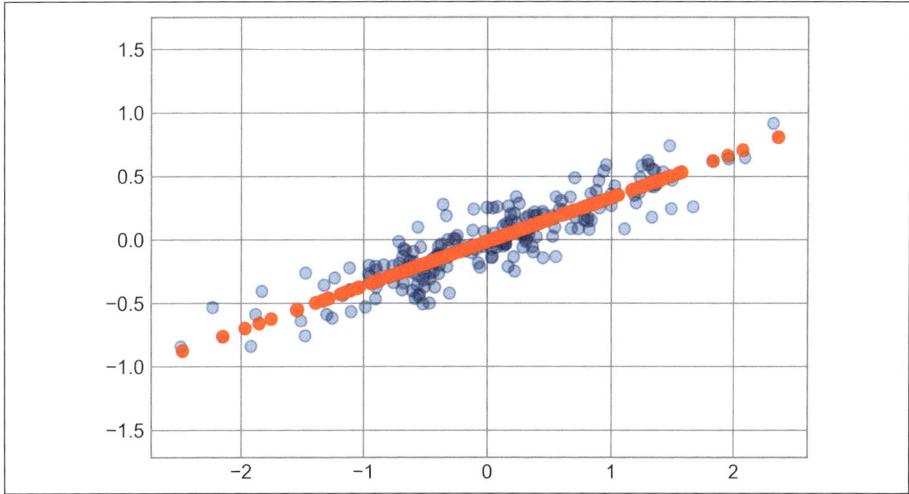

Abbildung 45-4: Visualisierung einer PCA als Dimensionsreduktion

Die hellen Punkte sind die ursprünglichen Daten, die dunklen sind die projizierte Version. Nun wird deutlich, was eine Dimensionsreduktion eigentlich bedeutet: Die Informationen entlang der unwichtigsten Hauptachse werden entfernt, sodass nur die Komponente der Daten mit der höchsten Varianz verbleibt. Der Anteil der Varianz, der entfernt wird (der proportional zur Anzahl der um die Gerade in der vorherigen Abbildung gestreuten Punkten ist), ist ein ungefähres Maß dafür, wie viel »Information« bei der Dimensionsreduktion verworfen wird.

Die Datenmenge ist nach der Dimensionsreduktion in gewissem Sinne noch »gut genug«, weil sie die wichtigsten Beziehungen zwischen den Datenpunkten bewahrt: Trotz einer Reduktion der Daten-Features um 50% bleiben die Beziehungen zwischen Datenpunkten insgesamt weitgehend erhalten.

PCA für Visualisierungen: handgeschriebene Ziffern

Der Nutzen der Dimensionsreduktion mag in zwei Dimensionen womöglich nicht ganz offensichtlich sein, wird aber deutlich, wenn man hochdimensionale Daten betrachtet. Wir wenden daher eine PCA auf die Zifferndaten an, die aus Kapitel 44 bekannt sind.

Zunächst lesen wir wieder die Daten ein:

```
In [9]: from sklearn.datasets import load_digits
        digits = load_digits()
        digits.data.shape
Out[9]: (1797, 64)
```

Wie Sie wissen, besteht die Datenmenge aus 8 × 8 Pixel großen Bildern, sie sind also 64-dimensional. Um ein Gespür für die Beziehungen zwischen den Datenpunkten zu bekommen, verwenden wir eine PCA zur Projektion der Daten auf eine Anzahl von Dimensionen, die sich besser handhaben lässt – sagen wir zwei:

```
In [10]: pca = PCA(2)  # Projektion von 64 auf 2 Dimensionen
         projected = pca.fit_transform(digits.data)
         print(digits.data.shape)
         print(projected.shape)
Out[10]: (1797, 64)
         (1797, 2)
```

Nun geben wir die ersten beiden Hauptkomponenten aller Punkte aus, um einen Eindruck von den Daten zu gewinnen (siehe Abbildung 45-5).

```
In [11]: plt.scatter(projected[:, 0], projected[:, 1],
                     c=digits.target, edgecolor='none', alpha=0.5,
                     cmap=plt.cm.get_cmap('rainbow', 10))
         plt.xlabel('component 1')
         plt.ylabel('component 2')
         plt.colorbar();
```

Machen Sie sich klar, was die Komponenten darstellen: Die vollständigen Daten bestehen aus einer 64-dimensionalen Punktwolke, und die Punkte hier sind die Projektionen dieser Datenpunkte entlang der Richtung größter Varianz. Wir haben im Wesentlichen die optimale Dehnung und Rotation des 64-dimensionalen Raums gefunden, die es uns erlaubt, die Anordnung der Daten in zwei Dimensionen zu betrachten, und all das unüberwacht – also ohne Kenntnis der Labels.

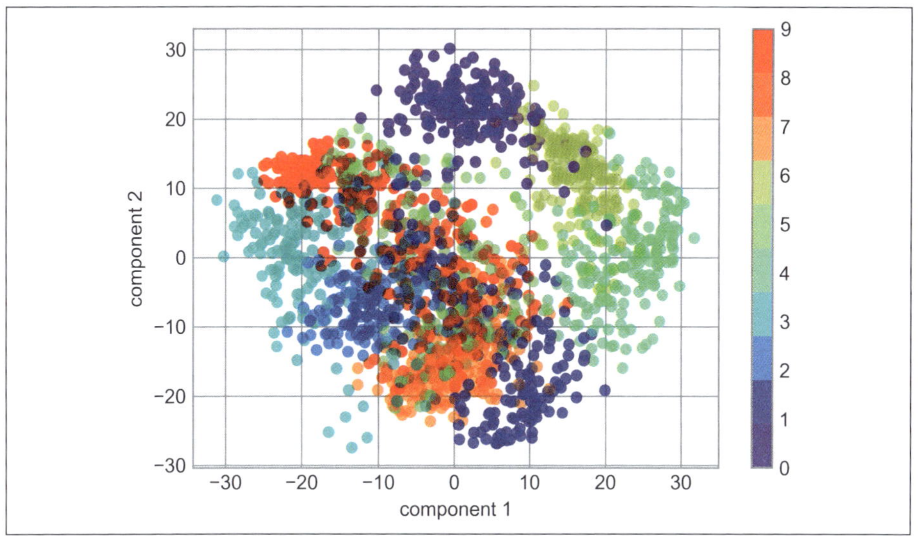

Abbildung 45-5: Anwendung einer PCA auf die Daten handgeschriebener Ziffern

Was bedeuten die Komponenten?

Wir können hier noch einen Schritt weitergehen und fragen, welche Bedeutung die reduzierten Dimensionen haben. Sie können als Kombinationen von Basisvektoren aufgefasst werden. Jedes Bild in der Trainingsdatenmenge ist beispielsweise durch eine Sammlung von 64 Pixelwerten definiert, die wir als Vektor x bezeichnen:

$$x = [x_1, x_2, x_3 \dots x_{64}]$$

Wir können uns das als eine Art Basisvektor für Pixel vorstellen. Um ein Bild zu konstruieren, multiplizieren wir jedes Vektorelement mit dem Pixel, den es beschreibt, und summieren das Ergebnis, um das Bild zu erstellen:

$$\text{image}(x) = x_1 \cdot (\text{pixel } 1) + x_2 \cdot (\text{pixel } 2) + x_3 \cdot (\text{pixel } 3) \dots x_{64} \cdot (\text{pixel } 64)$$

Um eine Dimensionsreduktion dieser Daten vorzunehmen, könnte man nun bis auf einige wenige alle diese Basisvektoren löschen. Wenn wir beispielsweise nur die ersten acht Pixel verwenden, erhalten wir eine achtdimensionale Projektion der Daten (siehe Abbildung 45-6), die allerdings nicht mehr viel vom ursprünglichen Bild widerspiegelt: Wir haben fast 90 % der Pixel verworfen!

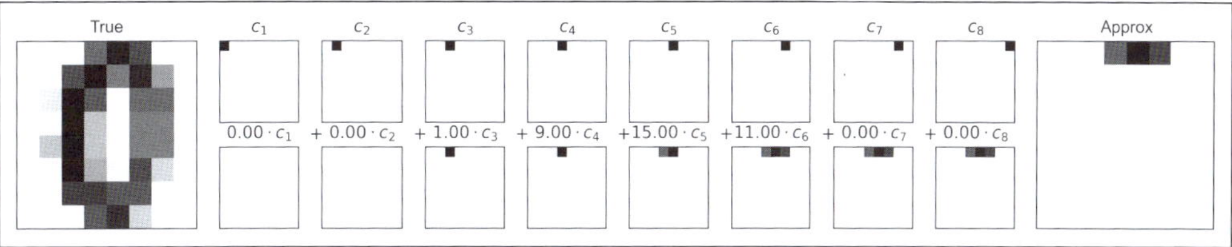

Abbildung 45-6: Eine naive Dimensionsreduktion durch Verwerfen von Pixeln[2]

Die obere Reihe in der Abbildung zeigt die einzelnen Pixel, und die untere zeigt, wie die einzelnen Pixel zum Bildaufbau beitragen. Wenn wir nur acht der Pixelbasiskomponenten verwenden, können wir lediglich einen kleinen Teil des 64-Pixel-Bilds rekonstruieren. Würden wir diese Sequenz fortsetzen und alle 64 Pixel nutzen, könnten wir das ursprüngliche Bild wiederherstellen.

Die pixelweise Repräsentierung ist nicht die einzige mögliche Basis. Wir könnten auch andere Basisfunktionen nutzen, die jeweils einen vordefinierten Beitrag von jedem Pixel enthalten, und das etwa so formulieren:

$$\text{image}(x) = \text{mean} + x_1 \cdot (\text{basis } 1) + x_2 \cdot (\text{basis } 2) + x_3 \cdot (\text{basis } 3) \ldots$$

Stellen Sie sich die PCA als den Vorgang vor, optimale Basisfunktionen auszuwählen, sodass schon das Zusammenaddieren der ersten paar genügt, um den Großteil der Elemente einer Datenmenge hinreichend gut rekonstruieren zu können. Die Hauptkomponenten, die als niedrigdimensionale Repräsentierung der Daten fungieren, sind lediglich die Koeffizienten, die mit den Elementen der obigen Sequenz multipliziert werden. Abbildung 45-7 zeigt eine vergleichbare Rekonstruktion einer Ziffer, die den Mittelwert und die ersten acht PCA-Basisfunktionen verwendet.

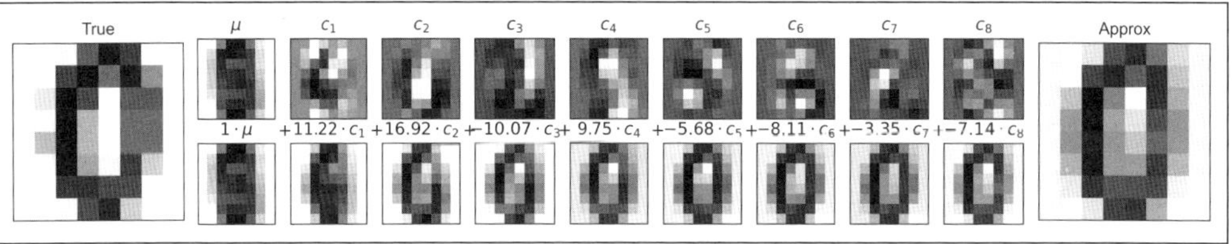

Abbildung 45-7: Eine etwas ausgefeiltere Dimensionsreduktion durch Verwerfen der unwichtigsten Hauptkomponenten (vgl. Abbildung 45-6)[3]

Im Gegensatz zur Pixelbasis ermöglicht die PCA-Basis eine Rekonstruktion der auffälligsten Features des Eingabebilds nur anhand von acht Komponenten und des Mittelwerts. Die Anteile der Pixel in den Komponenten ergeben sich aus der Orientierung der Vektoren in unserem zweidimensionalen Beispiel. In diesem Sinne stellt die PCA eine niedrigdimensionale Repräsentierung der Daten dar: Sie ermittelt einen Satz von Basisfunktionen, die effizienter sind als die einfachen Pixelbasisfunktionen der Eingabedaten.

Anzahl der Komponenten

Beim Einsatz der Hauptkomponentenanalyse ist es in der Praxis unverzichtbar, abschätzen zu können, wie viele Komponenten zur Beschreibung der Daten erforderlich sind. Das lässt sich durch ein Diagramm ermitteln, in dem die *kumulative er-*

2 Den Code zur Erzeugung dieser Abbildung finden Sie im Onlineanhang (*https://oreil.ly/WSe0T*) zu diesem Buch.

3 Den Code zur Erzeugung dieser Abbildung finden Sie im Onlineanhang (*https://oreil.ly/WSe0T*) zu diesem Buch.

klärte Varianz als Funktion der Anzahl der Komponenten aufgetragen wird (siehe Abbildung 45-8).

```
In [12]: pca = PCA().fit(digits.data)
         plt.plot(np.cumsum(pca.explained_variance_ratio_))
         plt.xlabel('number of components')
         plt.ylabel('cumulative explained variance');
```

Die Kurve quantifiziert, wie viel der gesamten 64-dimensionalen Varianz in den ersten *N* Komponenten steckt. So kann man beispielsweise feststellen, dass bei den Zifferndaten die ersten 10 Komponenten mehr als 75 % der Varianz enthalten, während etwa 50 Komponenten nötig sind, um nahezu 100 % der Varianz zu beschreiben.

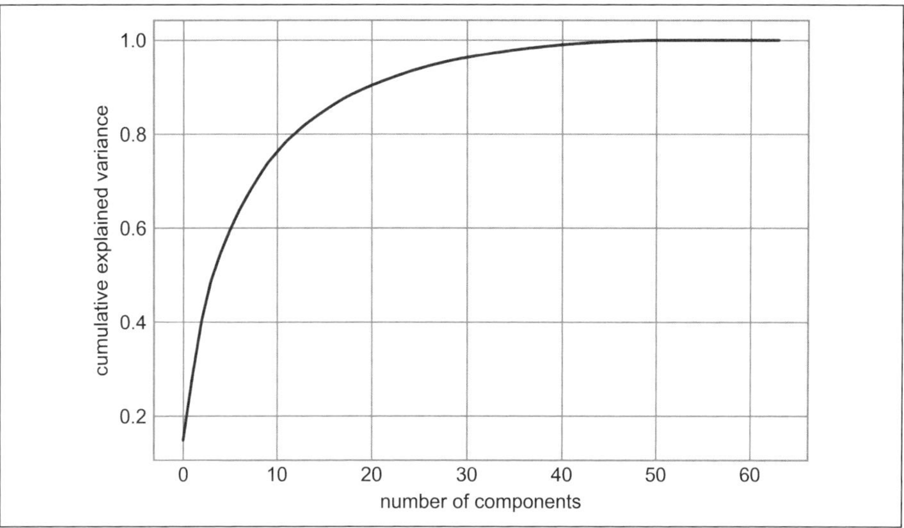

Abbildung 45-8: Die kumulative erklärte Varianz, die bemisst, wie gut die PCA den Inhalt der Daten bewahrt

Hier ist auch erkennbar, dass bei der zweidimensionalen Projektion viele Informationen verloren gehen (gemessen an der erklärten Varianz) und dass wir etwa 20 Komponenten benötigen, um 90 % der Varianz zu bewahren. Ein solches Diagramm einer hochdimensionalen Datenmenge kann Ihnen dabei helfen, die in ihren Features vorhandene Redundanz einzuschätzen.

Hauptkomponentenanalyse als Rauschfilter

Mit einer Hauptkomponentenanalyse kann man auch verrauschte Daten filtern. Die zugrunde liegende Idee ist folgende: Komponenten mit einer Varianz, die deutlich größer ist als der Effekt des Rauschens, sollten von diesem Rauschen kaum betroffen sein. Wenn Sie für das Rekonstruieren der Daten also nur die größten Hauptkomponenten verwenden, sollte vorzugsweise das Signal verbleiben und das Rauschen entfernt werden.

Das sehen wir uns anhand der Zifferndaten an. Als Erstes erstellen wir ein Diagramm der Eingabe-Samples ohne Rauschen (siehe Abbildung 45-9).

```
In [13]: def plot_digits(data):
             fig, axes = plt.subplots(4, 10, figsize=(10, 4),
                                      subplot_kw={'xticks':[], 'yticks':[]},
                                      gridspec_kw=dict(hspace=0.1, wspace=0.1))
             for i, ax in enumerate(axes.flat):
                 ax.imshow(data[i].reshape(8, 8),
                           cmap='binary', interpolation='nearest',
                           clim=(0, 16))
         plot_digits(digits.data)
```

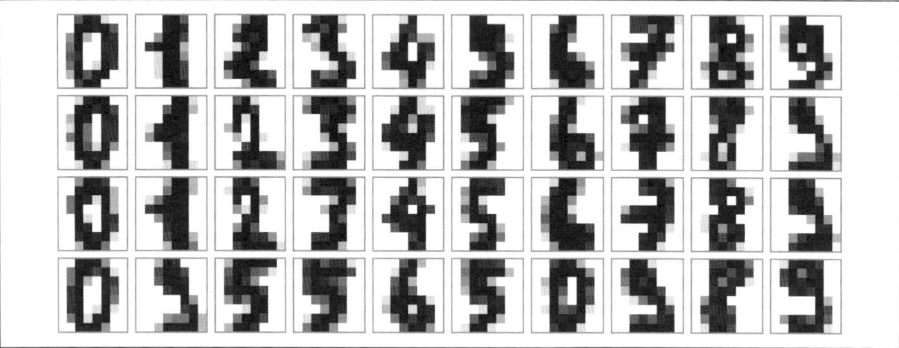

Abbildung 45-9: Ziffern ohne Rauschen

Zum Erzeugen einer verrauschten Datenmenge fügen wir jetzt ein zufälliges Rauschen hinzu und geben das Diagramm erneut aus (siehe Abbildung 45-10).

```
In [14]: rng = np.random.default_rng(42)
         rng.normal(10, 2)
Out[14]: 10.609434159508863
```

```
In [15]: rng = np.random.default_rng(42)
         noisy = rng.normal(digits.data, 4)
         plot_digits(noisy)
```

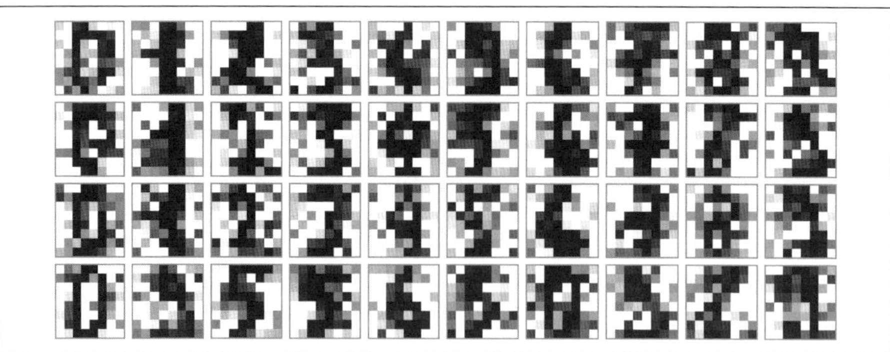

Abbildung 45-10: Ziffern mit hinzugefügtem weißem Rauschen

In der Visualisierung ist das Zufallsrauschen deutlich zu erkennen. Wir trainieren eine PCA mit den verrauschten Daten und legen fest, dass die Projektion 50% der Varianz bewahren soll:

```
In [16]: pca = PCA(0.50).fit(noisy)
         pca.n_components_
Out[16]: 12
```

50% der Varianz ist auf zwölf Hauptkomponenten der 64 Original-Features verteilt. Diese Komponenten berechnen wir jetzt und verwenden die inverse Transformation, um die gefilterten Ziffern zu rekonstruieren; Abbildung 45-11 zeigt das Ergebnis.

```
In [17]: components = pca.transform(noisy)
         filtered = pca.inverse_transform(components)
         plot_digits(filtered)
```

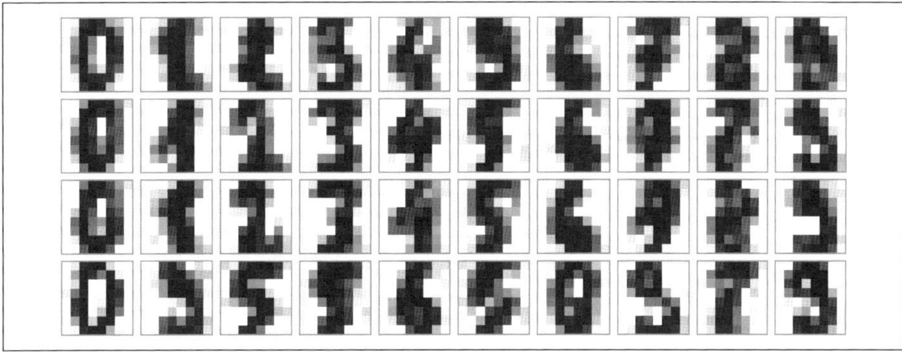

Abbildung 45-11: Durch Hauptkomponentenanalyse »entrauschte« Ziffern

Diese Eigenschaften, nämlich Signale zu bewahren und Rauschen zu filtern, macht die PCA zu einer äußerst nützlichen Methode für die Feature-Auswahl. Statt einen Klassifikator mit hochdimensionalen Daten zu trainieren, können Sie ihn beispielsweise mit der niedrigdimensionalen Hauptkomponentenrepräsentierung trainieren, die automatisch dazu dient, zufälliges Rauschen aus der Eingabe herauszufiltern.

Beispiel: Eigengesichter

Weiter oben haben wir ein Beispiel für die Verwendung einer PCA-Projektion zur Feature-Auswahl einer Gesichtserkennung mit einer Support Vector Machine erörtert (siehe Kapitel 43). Jetzt blicken wir zurück und sehen uns genauer an, was es damit auf sich hat. Wir haben die gelabelten Gesichter der LWF-Datenmenge verwendet, die Scikit-Learn bereitstellt:

```
In [18]: from sklearn.datasets import fetch_lfw_people
         faces = fetch_lfw_people(min_faces_per_person=60)
         print(faces.target_names)
         print(faces.images.shape)
Out[18]: ['Ariel Sharon' 'Colin Powell' 'Donald Rumsfeld' 'George W Bush'
          'Gerhard Schroeder' 'Hugo Chavez' 'Junichiro Koizumi' 'Tony Blair']
         (1348, 62, 47)
```

Wir sehen uns zunächst die Hauptachsen an, die diese Datenmenge mitbringt. Da sie ziemlich groß ist, verwenden wir den "random"-Eigenresolver aus dem PCA-Estimator. Er verwendet eine randomisierte Methode zur Näherung der ersten *N* Hauptkomponenten, die auf Kosten der Genauigkeit sehr viel schneller als das Standardverfahren arbeitet. Dieser Kompromiss kann besonders für hochdimensionale Daten sinnvoll sein (die Dimensionalität beträgt hier fast 3.000). Wir untersuchen die ersten 150 Komponenten:

```
In [19]: pca = PCA(150, svd_solver='randomized', random_state=42)
         pca.fit(faces.data)
Out[19]: PCA(n_components=150, random_state=42, svd_solver='randomized')
```

In diesem Fall kann es besonders interessant sein, die den ersten paar Hauptkomponenten zugeordneten Bilder zu visualisieren. (Diese Komponenten sind technisch unter der Bezeichnung *Eigenvektoren* bekannt, daher werden diese Bilder als *Eigengesichter* bezeichnet.) Wie Sie in Abbildung 45-12 erkennen können, sehen die Bilder tatsächlich so gespenstisch aus, wie es der Name vermuten lässt:

```
In [20]: fig, axes = plt.subplots(3, 8, figsize=(9, 4),
                                  subplot_kw={'xticks':[], 'yticks':[]},
                                  gridspec_kw=dict(hspace=0.1, wspace=0.1))
         for i, ax in enumerate(axes.flat):
             ax.imshow(pca.components_[i].reshape(62, 47), cmap='bone')
```

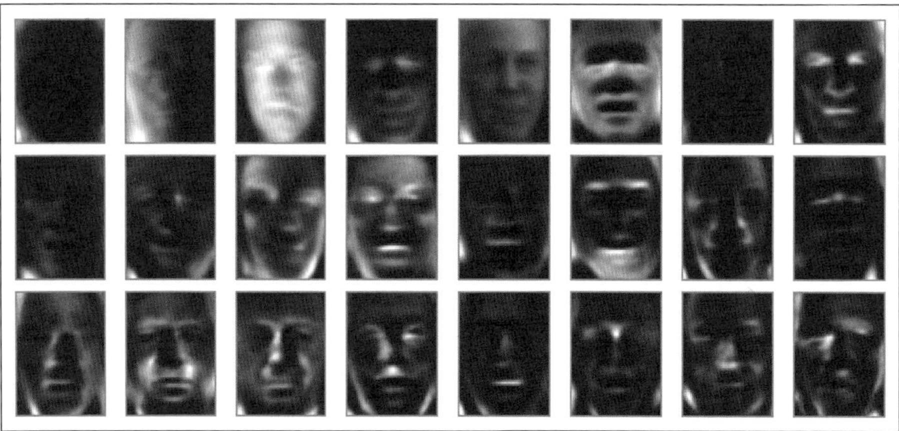

Abbildung 45-12: Visualisierung der Eigengesichter aus der LFW-Datenmenge

Das Ergebnis ist sehr interessant und verschafft uns einen Eindruck davon, wie sich die Bilder unterscheiden. Bei den ersten Eigengesichtern (in der Abbildung oben links) spielt offenbar der Winkel des Lichteinfalls eine Rolle. Bei den nachfolgenden Bildern scheinen sich die Hauptkomponenten auf bestimmte Features zu fokussieren, wie etwa Augen, Nasen und Lippen. Wir zeigen nun die kumulative Varianz dieser Komponenten an, um in Erfahrung zu bringen, wie viele der Informationen diese Projektion bewahrt (siehe Abbildung 45-13).

```
In [21]: plt.plot(np.cumsum(pca.explained_variance_ratio_))
         plt.xlabel('number of components')
         plt.ylabel('cumulative explained variance');
```

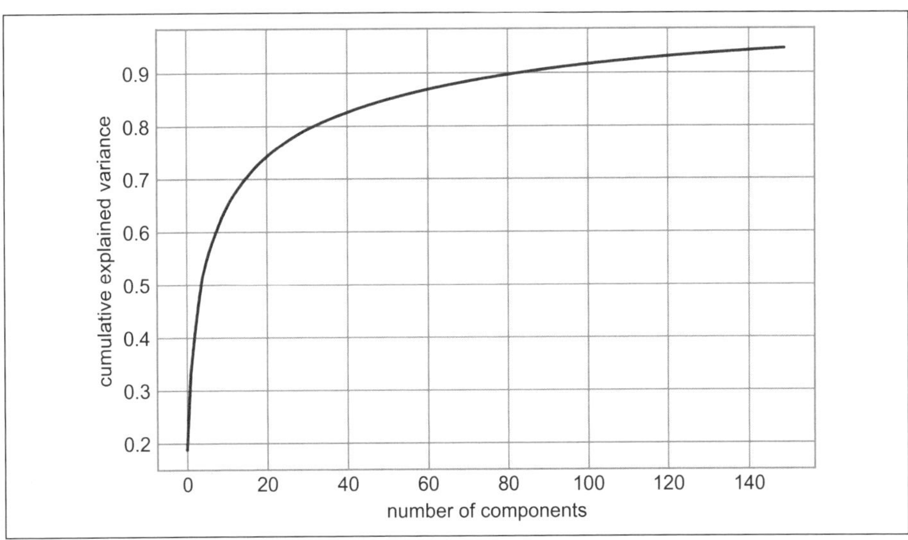

Abbildung 45-13: Kumulative erklärte Varianz der LFW-Daten

Die ersten 150 von uns gewählten Komponenten sind für etwas mehr als 90% der Varianz verantwortlich. Wenn wir diese 150 Komponenten verwenden, sollten wir also eigentlich in der Lage sein, den Großteil der charakteristischen Eigenschaften der Daten wieder zu rekonstruieren. Konkret vergleichen wir die ursprünglichen Bilder mit den anhand der 150 Komponenten rekonstruierten Bildern (siehe Abbildung 45-14).

```
In [22]: # Berechnung der Komponenten und
         # der projizierten Gesichter
         pca = pca.fit(faces.data)
         components = pca.transform(faces.data)
         projected = pca.inverse_transform(components)

In [23]: # Ausgabe der Ergebnisse
         fig, ax = plt.subplots(2, 10, figsize=(10, 2.5),
                                subplot_kw={'xticks':[], 'yticks':[]},
                                gridspec_kw=dict(hspace=0.1, wspace=0.1))
         for i in range(10):
             ax[0, i].imshow(faces.data[i].reshape(62, 47), cmap='binary_r')
             ax[1, i].imshow(projected[i].reshape(62, 47), cmap='binary_r')

         ax[0, 0].set_ylabel('full-dim\ninput')
         ax[1, 0].set_ylabel('150-dim\nreconstruction');
```

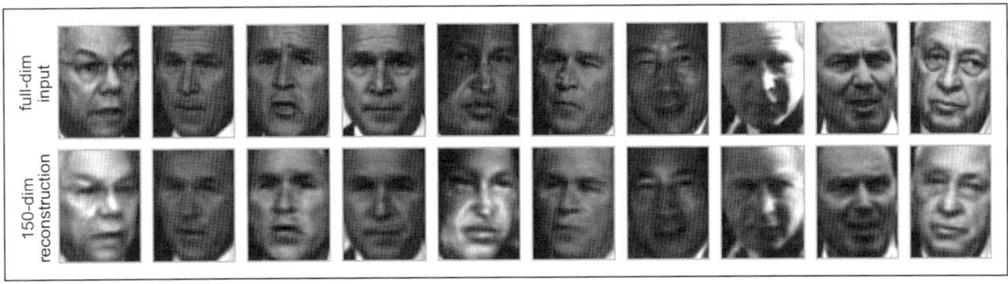

Abbildung 45-14: 150-dimensionale PCA-Rekonstruierung der LFW-Daten

Die obere Zeile zeigt die ursprünglichen Bilder, die untere die Rekonstruktion der Bilder, die nur 150 der ursprünglich knapp 3.000 Features nutzt. Diese Visualisierung verdeutlicht, warum die in Kapitel 43 verwendete PCA-Feature-Auswahl so erfolgreich war: Obwohl die Dimensionalität fast um den Faktor 20 reduziert wurde, enthalten die projizierten Bilder genug Informationen, um die Personen auf den ersten Blick erkennen zu können. Es reicht also, wenn unser Klassifikationsalgorithmus mit den 150-dimensionalen Daten anstelle der 3.000-dimensionalen trainiert wird, was in Abhängigkeit vom ausgewählten Algorithmus zu einer sehr viel effizienteren Klassifikation führt.

Zusammenfassung

In diesem Kapitel haben wir die Dimensionsreduktion, die Visualisierung, die Rauschfilterung und die Feature-Auswahl hochdimensionaler Daten mithilfe der Hauptkomponentenanalyse erforscht. Aufgrund der Vielseitigkeit und der guten Interpretierbarkeit gibt es ein sehr breites Spektrum von Anwendungen für die Hauptkomponentenanalyse. Wenn hochdimensionale Daten vorliegen, führe ich zunächst meist eine Hauptkomponentenanalyse zur Visualisierung der Beziehungen zwischen den Datenpunkten durch (so wie wir es im Fall der Zifferndaten getan haben), um die entscheidende Varianz in den Daten zu erkennen (wie im Fall der Eigengesichter) und um die intrinsische Dimensionalität zu verstehen (durch Erstellen eines Diagramms der erklärten Varianz). Natürlich ist eine PCA nicht für alle hochdimensionalen Datenmengen geeignet, sie bietet jedoch eine unkomplizierte und effiziente Möglichkeit, Einblick in hochdimensionale Daten zu gewinnen.

Der größte Schwachpunkt der Hauptkomponentenanalyse ist, dass sie sehr empfindlich auf Ausreißer in den Daten reagiert. Aus diesem Grund wurden viele sehr robuste PCA-Varianten entwickelt, die nach und nach Datenpunkte entfernen, die sich durch die anfänglichen Komponenten nur schlecht beschreiben lassen. Scikit-Learn enthält als Teil des Submoduls `sklearn.decomposition` eine Reihe interessanter PCA-Varianten. Ein Beispiel hierfür ist `SparsePCA`, das einen Regularisierungsterm einführt (siehe Kapitel 42), der eine dünne Besetzung der Hauptkomponenten erzwingt.

In den folgenden Kapiteln werden wir weitere unüberwachte Lernmethoden erörtern, die auf einigen der Ideen beruhen, die auch der Hauptkomponentenanalyse zugrunde liegen.

KAPITEL 46

Ausführlich: Manifold Learning

Im vorherigen Kapitel haben Sie gesehen, wie die Hauptkomponentenanalyse zur Dimensionsreduktion eingesetzt werden kann – sie reduziert die Anzahl der Features einer Datenmenge, bewahrt dabei jedoch die wesentlichen Beziehungen zwischen den Datenpunkten. Die PCA ist zwar flexibel, schnell und leicht interpretierbar, funktioniert aber nicht besonders gut, wenn in den Daten *nichtlineare* Beziehungen vorhanden sind. Im Folgenden werden wir einigen Beispielen hierfür begegnen.

Um diese Schwäche zu umgehen, können wir uns den *Manifold-Learning-Algorithmen* zuwenden – einer Klasse unüberwachter Estimators, die versuchen, Datenmengen als in hochdimensionale Räume eingebettete niedrigdimensionale Mannigfaltigkeiten zu beschreiben. Versuchen Sie, sich eine Vorstellung von einer Mannigfaltigkeit zu machen: Denken Sie an ein Blatt Papier, ein zweidimensionales Objekt, das in der vertrauten dreidimensionalen Umgebung existiert und das in zwei Dimensionen gebogen oder zusammengerollt werden kann.

Im Jargon des Manifold Learning würde man dieses Blatt als eine in den dreidimensionalen Raum eingebettete zweidimensionale Mannigfaltigkeit beschreiben. Rotieren, Umdrehen oder Dehnen des Papierblatts ändern nichts an seiner flachen Geometrie: Diese Operationen entsprechen einer linearen Einbettung. Wenn Sie das Papier verbiegen, aufrollen oder zusammenknüllen, ist es noch immer eine zweidimensionale Mannigfaltigkeit, allerdings ist die Einbettung in den dreidimensionalen Raum nicht mehr linear. Manifold-Learning-Algorithmen versuchen, die grundsätzlich zweidimensionale Natur des Papierblatts zu erkennen, selbst wenn es so deformiert ist, dass es einen dreidimensionalen Raum ausfüllt.

Wir werden eine Reihe von Manifold-Methoden untersuchen und uns dabei auf eine Untermenge dieser Techniken konzentrieren: *multidimensionale Skalierung* (MDS), *lokal lineare Einbettung* (LLE) und *isometrische Abbildung* (Isomap).

Wie immer fangen wir mit den Standardimporten an:

```
In [1]: %matplotlib inline
        import matplotlib.pyplot as plt
        plt.style.use('seaborn-whitegrid')
        import numpy as np
```

Manifold Learning: »HELLO«

Zur Verdeutlichung des Konzepts erstellen wir einige zweidimensionale Daten, die wir als Mannigfaltigkeit verwenden können. Die folgende Funktion erzeugt Daten, die das Wort »HELLO« bilden:

```
In [2]: def make_hello(N=1000, rseed=42):
            # "HELLO"-Diagramm erstellen und als PNG-Datei speichern.
            fig, ax = plt.subplots(figsize=(4, 1))
            fig.subplots_adjust(left=0, right=1, bottom=0, top=1)
            ax.axis('off')
            ax.text(0.5, 0.4, 'HELLO', va='center', ha='center',
                    weight='bold', size=85)
            fig.savefig('hello.png')
            plt.close(fig)

            # PNG-Datei öffnen und zufällige Punkte zeichnen.
            from matplotlib.image import imread
            data = imread('hello.png')[::-1, :, 0].T
            rng = np.random.RandomState(rseed)
            X = rng.rand(4 * N, 2)
            i, j = (X * data.shape).astype(int).T
            mask = (data[i, j] < 1)
            X = X[mask]
            X[:, 0] *= (data.shape[0] / data.shape[1])
            X = X[:N]
            return X[np.argsort(X[:, 0])]
```

Nun rufen wir die Funktion auf und visualisieren die Daten (siehe Abbildung 46-1).

```
In [3]: X = make_hello(1000)
        colorize = dict(c=X[:, 0], cmap=plt.cm.get_cmap('rainbow', 5))
        plt.scatter(X[:, 0], X[:, 1], **colorize)
        plt.axis('equal');
```

Abbildung 46-1: Daten für das Manifold Learning

Die Ausgabe ist zweidimensional und besteht aus Punkten, die in Form des Worts »HELLO« angeordnet sind. Diese Form der Daten erleichtert es, visuell zu erkennen, welche Aktionen die Algorithmen ausführen.

Multidimensionale Skalierung

Bei Daten wie diesen sind die genauen *x*- und *y*-Werte nicht von grundsätzlicher Bedeutung, denn wir können die Daten hochskalieren, schrumpfen oder rotieren, und trotzdem ist noch immer das »HELLO« erkennbar. Wenn wir beispielsweise zum Rotieren der Daten eine Drehmatrix verwenden, ändern sich zwar die *x*- und *y*-Werte, aber die Daten bleiben grundsätzlich dieselben (siehe Abbildung 46-2).

```
In [4]: def rotate(X, angle):
            theta = np.deg2rad(angle)
            R = [[np.cos(theta), np.sin(theta)],
                 [-np.sin(theta), np.cos(theta)]]
            return np.dot(X, R)

        X2 = rotate(X, 20) + 5
        plt.scatter(X2[:, 0], X2[:, 1], **colorize)
        plt.axis('equal');
```

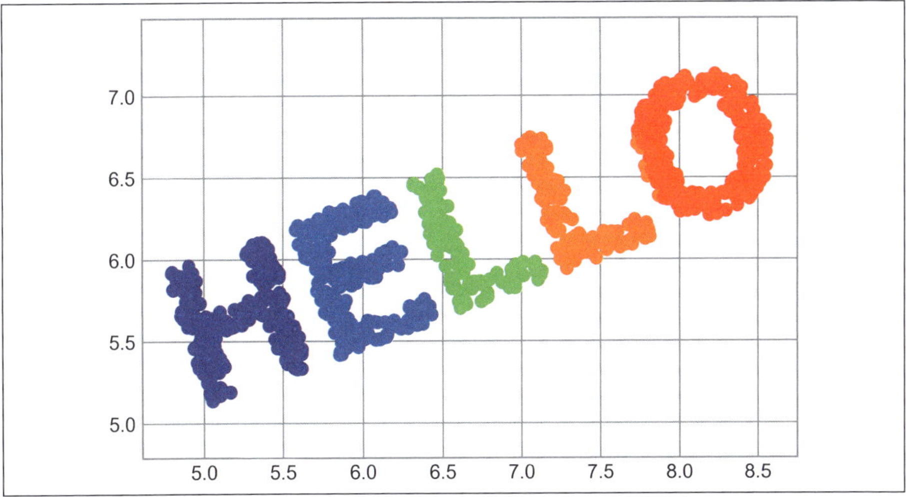

Abbildung 46-2: Die rotierte Datenmenge

Die genauen *x*- und *y*-Werte sind also gar nicht entscheidend für die Beziehungen zwischen den Daten. Entscheidend ist vielmehr der *Abstand* zwischen den einzelnen Punkten in der Datenmenge. Üblicherweise verwendet man hierfür eine Distanzmatrix: Für *N* Punkte erzeugen wir ein *N* × *N*-Array, in dem der Eintrag (*i*, *j*) den Abstand zwischen den Punkten *i* und *j* enthält. Dazu wenden wir Scikit-Learns `pairwise_distances`-Funktion auf die ursprünglichen Daten an:

```
In [5]: from sklearn.metrics import pairwise_distances
        D = pairwise_distances(X)
```

```
        D.shape
Out[5]: (1000, 1000)
```

Wie erwartet, erhalten wir für die N = 1.000 Punkte eine 1.000 × 1.000-Matrix, die wir visualisieren können, wie hier gezeigt (siehe Abbildung 46-3).

```
In [6]: plt.imshow(D, zorder=2, cmap='viridis', interpolation='nearest')
        plt.colorbar();
```

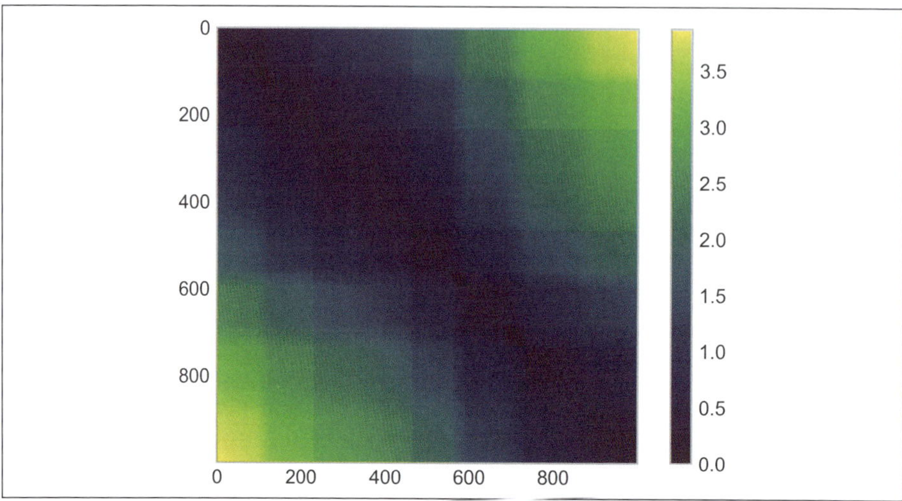

Abbildung 46-3: Visualisierung der paarweisen Abstände der Punkte

Wenn wir auf dieselbe Weise eine Distanzmatrix für die rotierten und verschobenen Daten erzeugen, stellen wir fest, dass die Ergebnisse übereinstimmen:

```
In [7]: D2 = pairwise_distances(X2)
        np.allclose(D, D2)
Out[7]: True
```

Die Distanzmatrix stellt eine bei Rotation oder Translation invariante Repräsentierung der Daten dar, allerdings ist die Visualisierung der Matrix nicht sofort verständlich, denn in Abbildung 46-3 ist von der interessanten Struktur in den Daten – dem Wort »HELLO« – nichts mehr zu erkennen.

Die Berechnung der Distanzmatrix anhand der x- und y-Koordinaten ist zwar unkompliziert, die Abstände wieder in x- und y-Werte zu transformieren, erweist sich jedoch als ziemlich schwierig. Genau hier soll der multidimensionale Skalierungsalgorithmus Unterstützung bieten: Man übergibt ihm eine Distanzmatrix, und er berechnet die D-dimensionalen Koordinaten der Daten. Das probieren wir mit unserer Distanzmatrix aus und geben dabei für die Verschiedenartigkeit `dissimilarity='precomputed'` (vorab berechnet) an, um festzulegen, dass wir eine Distanzmatrix übergeben (siehe Abbildung 46-4).

```
In [8]: from sklearn.manifold import MDS
        model = MDS(n_components=2, dissimilarity='precomputed', random_state=1701)
        out = model.fit_transform(D)
```

```
plt.scatter(out[:, 0], out[:, 1], **colorize)
plt.axis('equal');
```

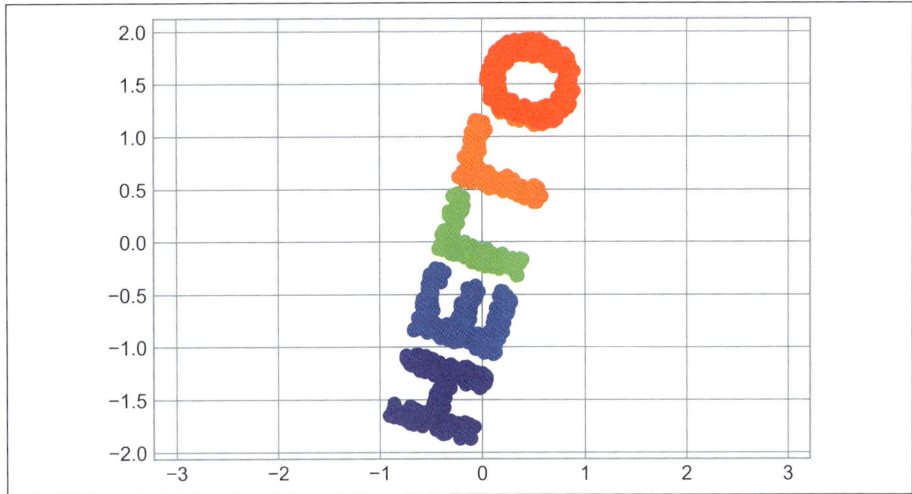

Abbildung 46-4: Anhand der paarweisen Abstände berechnete MDS-Einbettung

Der MDS-Algorithmus rekonstruiert eine der möglichen zweidimensionalen Repräsentierungen der Daten und verwendet dafür *ausschließlich* die N × N-Distanzmatrix, die die Beziehungen zwischen den Datenpunkten beschreibt.

MDS als Manifold Learning

Wie nützlich das ist, wird klar, wenn wir die Tatsache in Betracht ziehen, dass Distanzmatrizen für *beliebige* Dimensionen berechenbar sind. Anstatt die Daten in der zweidimensionalen Ebene zu drehen, könnten wir sie beispielsweise mit folgender Funktion auf drei Dimensionen projizieren (im Wesentlichen handelt es sich hier um eine dreidimensionale Verallgemeinerung der vorhin verwendeten Drehmatrix):

```
In [9]: def random_projection(X, dimension=3, rseed=42):
            assert dimension >= X.shape[1]
            rng = np.random.RandomState(rseed)
            C = rng.randn(dimension, dimension)
            e, V = np.linalg.eigh(np.dot(C, C.T))
            return np.dot(X, V[:X.shape[1]])

        X3 = random_projection(X, 3)
        X3.shape
Out[9]: (1000, 3)
```

Wir visualisieren die Punkte, um einen Eindruck von der Verteilung zu bekommen (siehe Abbildung 46-5).

```
In [10]: from mpl_toolkits import mplot3d
         ax = plt.axes(projection='3d')
         ax.scatter3D(X3[:, 0], X3[:, 1], X3[:, 2],
                      **colorize);
```

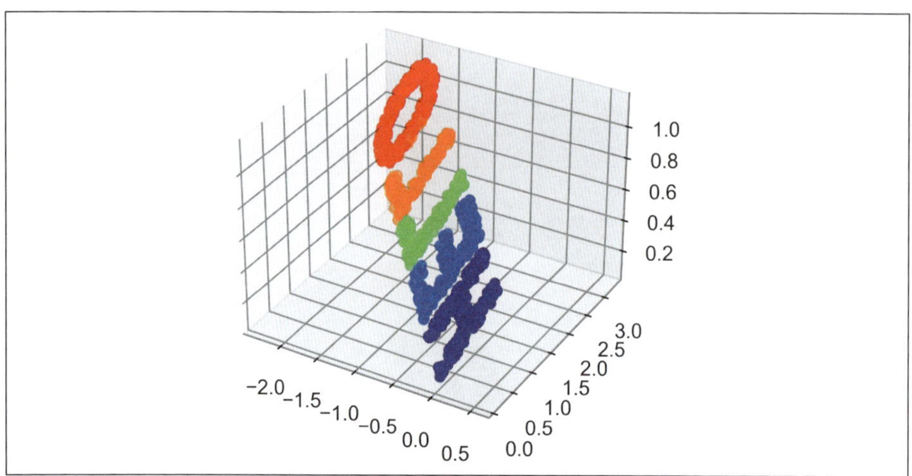

Abbildung 46-5: Lineare Einbettung der Daten in drei Dimensionen

Nun können wir diese dreidimensionalen Daten dem `MDS`-Estimator übergeben, die Distanzmatrix berechnen und anschließend die optimale zweidimensionale Einbettung für die angegebene Distanzmatrix ermitteln, wie in Abbildung 46-6 gezeigt.

```
In [11]: model = MDS(n_components=2, random_state=1701)
         out3 = model.fit_transform(X3)
         plt.scatter(out3[:, 0], out3[:, 1], **colorize)
         plt.axis('equal');
```

Das ist letzten Ende das Ziel des Manifold-Learning-Estimators: Er sucht eine niedrigdimensionale Repräsentierung der hochdimensionalen eingebetteten Daten, die bestimmte Beziehungen zwischen den Daten bewahrt. Im Fall von MDS bleiben die Abstände zwischen Punktepaaren erhalten.

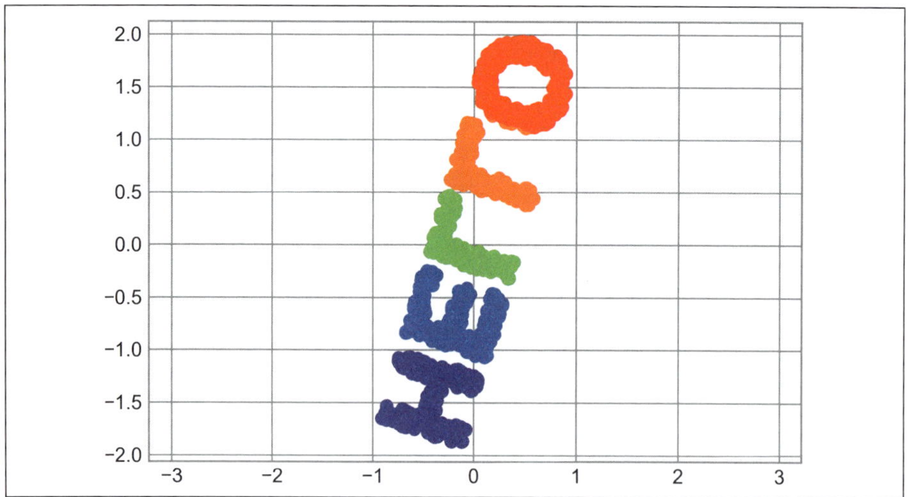

Abbildung 46-6: Die MDS-Einbettung der dreidimensionalen Daten rekonstruiert eine Drehung und eine Spiegelung.

Nichtlineare Einbettungen: wenn MDS nicht funktioniert

Die bisherigen Erläuterungen drehten sich bislang um *lineare* Einbettungen, also im Wesentlichen um Rotation, Translation und Skalierung der Daten in höherdimensionalen Räumen. Wenn die Einbettung nichtlinear ist, also andere Operationen erforderlich sind als die drei genannten, funktioniert MDS nicht mehr. Die folgende Einbettung deformiert die Eingabe zu einem s-förmigen Gebilde in drei Dimensionen:

```
In [12]: def make_hello_s_curve(X):
             t = (X[:, 0] - 2) * 0.75 * np.pi
             x = np.sin(t)
             y = X[:, 1]
             z = np.sign(t) * (np.cos(t) - 1)
             return np.vstack((x, y, z)).T

         XS = make_hello_s_curve(X)
```

Hierbei handelt es sich wieder um dreidimensionale Daten. Die Einbettung ist, wie Abbildung 46-7 zeigt, allerdings erheblich komplizierter.

```
In [13]: from mpl_toolkits import mplot3d
         ax = plt.axes(projection='3d')
         ax.scatter3D(XS[:, 0], XS[:, 1], XS[:, 2],
                      **colorize);
```

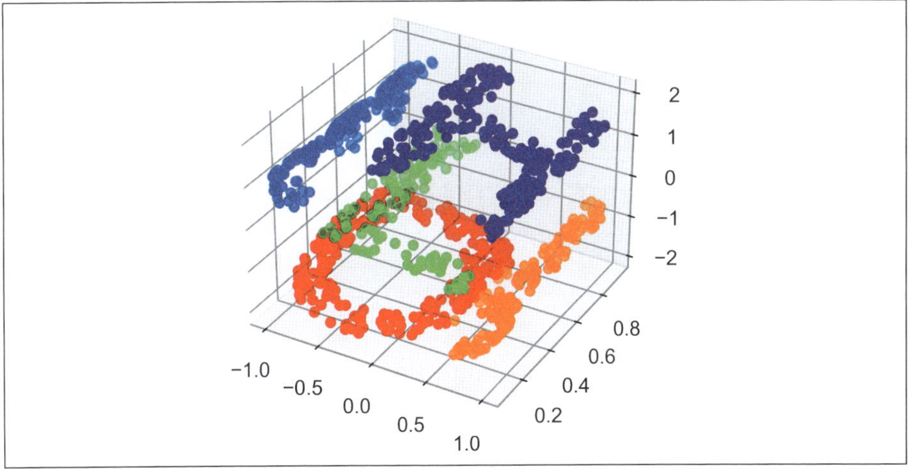

Abbildung 46-7: Nichtlinear in drei Dimensionen eingebettete Daten

Die grundlegenden Beziehungen zwischen den Datenpunkten sind noch immer vorhanden, aber die Daten wurden nichtlinear transformiert: Sie wurden zu einem »S« verdreht.

Wenn wir einen einfachen MDS-Algorithmus auf diese Daten anwenden, ist er nicht in der Lage, diese nichtlineare Einbettung »zurückzudrehen«, und die grundlegenden Beziehungen zwischen den Datenpunkten in der eingebetteten Mannigfaltigkeit gehen verloren (siehe Abbildung 46-8).

```
In [14]: from sklearn.manifold import MDS
         model = MDS(n_components=2, random_state=2)
         outS = model.fit_transform(XS)
         plt.scatter(outS[:, 0], outS[:, 1], **colorize)
         plt.axis('equal');
```

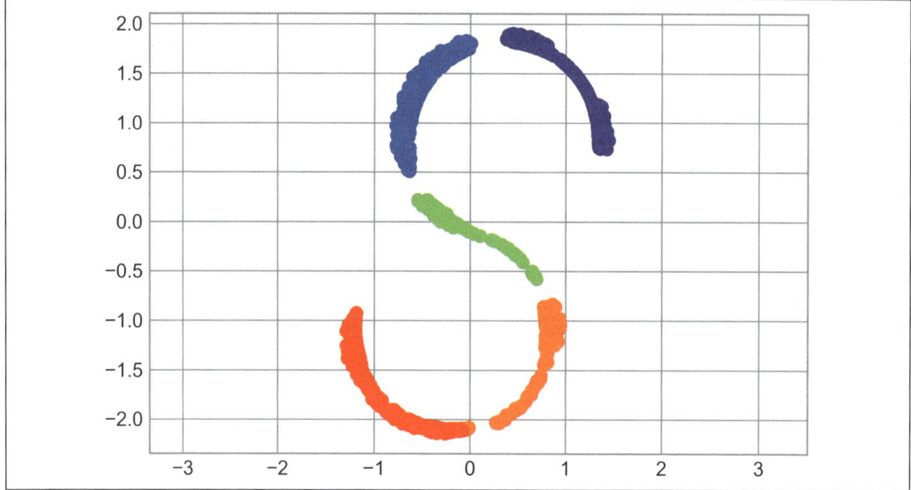

Abbildung 46-8: Das Ergebnis der Anwendung des MDS-Algorithmus auf die nichtlinearen Daten – er kann die zugrunde liegende Struktur nicht rekonstruieren.

Auch die beste *lineare* Einbettung kann die Verdrehung zu einem »S« nicht rückgängig machen, sondern verwirft stattdessen die ursprüngliche y-Achse.

Nichtlineare Mannigfaltigkeiten: lokal lineare Einbettung

Wie können wir hier fortfahren? Wenn man darüber nachdenkt, wird die Ursache des Problems klar: Der MDS-Algorithmus versucht, bei der Einbettung die Abstände weit entfernter Punkte zu bewahren. Und wenn wir den Algorithmus so modifizieren, dass er nur die Abstände nahe gelegener Punkte bewahrt? Die resultierende Einbettung käme derjenigen, die wir erreichen wollen, schon näher.

In Abbildung 46-9 sind diese Kopplungen zwischen den Punkten visuell dargestellt.

Die blassen Linien repräsentieren hier Abstände, die bei der Einbettung bewahrt werden sollen. In der Abbildung ist links das von MDS verwendete Modell dargestellt, das versucht, die Abstände zwischen allen Punktepaaren der Datenmenge zu bewahren. Rechts sehen Sie ein Modell, das viele Manifold-Learning-Algorithmen nutzt und das als *lokal lineare Einbettung* (*LLE*) bezeichnet wird. Anstatt alle Abstände zu bewahren, versucht das Modell, nur die Abstände zwischen *benachbarten Punkten* zu bewahren, und zwar in diesem Fall die Abstände zu den nächsten 100 Nachbarn.

Anhand des linken Diagramms wird deutlich, wieso MDS nicht funktioniert: Es ist offenbar nicht möglich, die Daten umzuformen und gleichzeitig die Länge der Verbindungslinien zwischen jeweils zwei Punkten beizubehalten. Beim rechten Diagramm hingegen sieht es schon besser aus. Hier kann man sich durchaus vorstellen, die Daten so zu entwirren, dass die Längen der Verbindungslinien ungefähr gleich bleiben. Genau das tut die LLE, und zwar durch eine globale Optimierung einer Straffunktion, die diese Logik widerspiegelt.

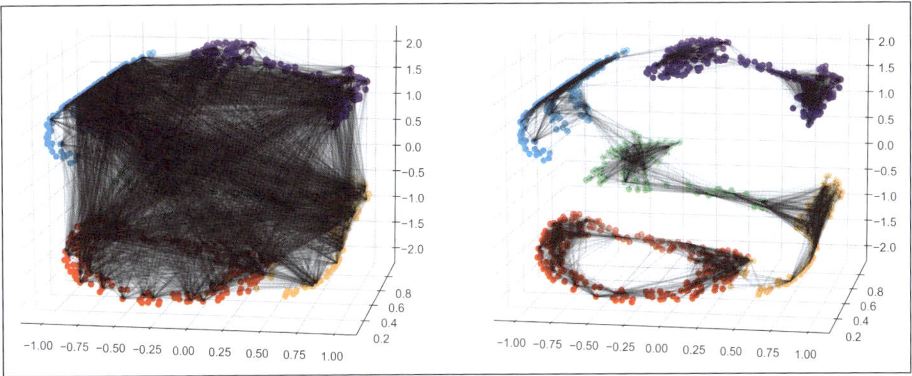

Abbildung 46-9: Repräsentierungen der Kopplungen von Punkten bei MDS und LLE[1]

Es gibt verschiedene LLE-Varianten. Hier verwenden wir den *modifizierten LLE-Algorithmus* (`method='modified'`), um die eingebettete zweidimensionale Mannigfaltigkeit zu rekonstruieren. Die modifizierte LLE ist im Allgemeinen besser für das Rekonstruieren wohldefinierter Mannigfaltigkeiten mit sehr geringer Verzerrung geeignet als andere Varianten (siehe Abbildung 46-10).

```
In [15]: from sklearn.manifold import LocallyLinearEmbedding
         model = LocallyLinearEmbedding(
             n_neighbors=100, n_components=2,
             method='modified', eigen_solver='dense')
         out = model.fit_transform(XS)

         fig, ax = plt.subplots()
         ax.scatter(out[:, 0], out[:, 1], **colorize)
         ax.set_ylim(0.15, -0.15);
```

Das Ergebnis ist im Vergleich zu den ursprünglichen Daten zwar ein wenig verzerrt, die entscheidenden Beziehungen in den Daten werden jedoch erfasst.

1 Den Code zur Erzeugung dieser Abbildung finden Sie im Onlineanhang (*https://oreil.ly/gu4iE*) zu diesem Buch.

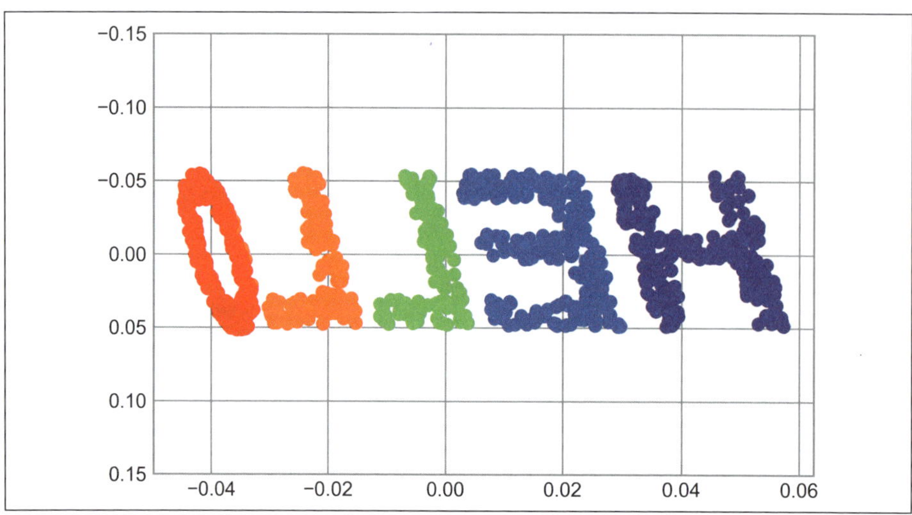

Abbildung 46-10: Eine lokal lineare Einbettung kann anhand einer nichtlinearen eingebetteten Eingabe die zugrunde liegenden Daten rekonstruieren.

Überlegungen zum Thema Manifold-Methoden

Das vorgestellte Beispiel ist zwar überzeugend, aber in der Praxis erweisen sich Manifold-Learning-Verfahren oft als so kapriziös, dass sie nur selten für mehr als einfache qualitative Visualisierungen hochdimensionaler Daten eingesetzt werden.

Es gibt eine Reihe problematischer Punkte, bei denen Manifold Learning im Vergleich mit der Hauptkomponentenanalyse schlecht abschneidet:

- Beim Manifold Learning gibt es keinen vernünftigen Ansatz zur Handhabung fehlender Daten. Im Gegensatz dazu gibt es bei der Hauptkomponentenanalyse unkomplizierte iterative Verfahren für den Umgang mit fehlenden Daten.
- Beim Manifold Learning kann das Vorhandensein von Rauschen in den Daten die Mannigfaltigkeit »kurzschließen« und die Einbettung drastisch verändern. Die Hauptkomponentenanalyse hingegen filtert das Rauschen der wichtigsten Komponenten von selbst heraus.
- Das Resultat der Einbettung einer Mannigfaltigkeit ist im Allgemeinen stark von der Anzahl der ausgewählten Nachbarn abhängig. Bei der Hauptkomponentenanalyse gibt es eine solche Auswahl gar nicht.
- Beim Manifold Learning lässt sich die optimale Anzahl der Dimensionen der Ausgabe nur schwer bestimmen. Bei der Hauptkomponentenanalyse können Sie diese Anzahl dagegen anhand der erklärten Varianz ermitteln.
- Beim Manifold Learning ist die Bedeutung der eingebetteten Dimensionen oft unklar. Bei der Hauptkomponentenanalyse ist die Bedeutung der Hauptkomponenten völlig klar.

- Beim Manifold Learning skaliert der Rechenaufwand wie $O[N^2]$ oder $O[N^3]$. Für die Hauptkomponentenanalyse gibt es randomisierte Ansätze, die im Allgemeinen viel schneller sind. Werfen Sie jedoch auch einen Blick auf das *megaman*-Paket (*https://oreil.ly/VLBly*), eine besser skalierbare Implementierung des Manifold Learning.

In Anbetracht all dieser Sachverhalte bleibt im Vergleich mit der Hauptkomponentenanalyse nur ein deutlicher Vorteil für Manifold-Learning-Verfahren: Sie sind in der Lage, nichtlineare Beziehungen in den Daten zu bewahren. Aus diesem Grund verwende ich Manifold-Learning-Verfahren meist erst dann zum Erkunden der Daten, wenn ich sie vorher durch eine Hauptkomponentenanalyse untersucht habe.

Über LLE und Isomap hinaus (das wir in einigen der vorherigen Kapitel eingesetzt haben und uns im nächsten Abschnitt noch einmal ansehen werden) implementiert Scikit-Learn verschiedene andere gängige Varianten des Manifold Learning: Die Scikit-Learn-Dokumentation hält einige interessante Erläuterungen und Vergleiche bereit (*https://oreil.ly/tFzS5*). Aus eigener Erfahrung kann ich Folgendes feststellen:

- Für Testaufgaben wie die vorhin gezeigte S-Kurve sind lokal lineare Einbettungen (LLE) und deren Varianten (insbesondere die modifizierte LLE) gut geeignet. Sie sind implementiert in `sklearn.manifold.LocallyLinearEmbedding`.
- Bei aus der Praxis stammenden hochdimensionalen Daten liefert LLE oft schlechte Ergebnisse, und isometrische Abbildungen (Isomap) führen im Allgemeinen zu sinnvolleren Einbettungen. Die Implementierung findet sich in `sklearn.manifold.Isomap`.
- Für Daten, die sehr viele Cluster enthalten, erscheint t-SNE (*t-distributed Stochastic Neighbor Embedding*) als gut geeignet. Es kann im Vergleich zu anderen Methoden aber sehr langsam sein. Das Verfahren ist in `sklearn.manifold.TSNE` implementiert.

Wenn Sie an der Funktionsweise interessiert sind, sollten Sie alle diese Verfahren auf die Daten in diesem Abschnitt anwenden.

Beispiel: Isomap und Gesichter

Manifold Learning wird häufig eingesetzt, um die Beziehungen zwischen hochdimensionalen Datenpunkten besser zu verstehen. Ein typisches Beispiel für hochdimensionale Daten sind Bilder. Eine Menge von Bildern mit jeweils 1.000 Pixeln kann beispielsweise als eine Sammlung von Datenpunkten mit jeweils 1.000 Dimensionen aufgefasst werden. Die Helligkeit der einzelnen Pixel in den Bildern legt die Koordinate in der jeweiligen Dimension fest.

Wir werden jetzt Isomap auf einige Gesichter anwenden und dazu wieder die gelabelten Bilder aus der LFW-Datenmenge benutzen, die Sie bereits in den Kapiteln 43 und 45 gesehen haben. Der folgende Befehl lädt die Daten herunter und speichert sie zwecks späterer Verwendung in Ihrem Heimverzeichnis ab:

```
In [16]: from sklearn.datasets import fetch_lfw_people
         faces = fetch_lfw_people(min_faces_per_person=30)
         faces.data.shape
Out[16]: (2370, 2914)
```

Es liegen 2.370 Bilder mit jeweils 2.914 Pixeln vor – oder anders ausgedrückt: Die Bilder können als Datenpunkte in einem 2.914-dimensionalen Raum aufgefasst werden.

Wir zeigen einige der Bilder an, um einen Eindruck von ihnen zu gewinnen (siehe Abbildung 46-11).

```
In [17]: fig, ax = plt.subplots(4, 8, subplot_kw=dict(xticks=[], yticks=[]))
         for i, axi in enumerate(ax.flat):
             axi.imshow(faces.images[i], cmap='gray')
```

Abbildung 46-11: Beispiele für die als Eingabe verwendeten Gesichter

Als wir diesen Daten in Kapitel 45 begegnet sind, ging es uns im Grunde um Kompression: Wir wollten die Komponenten verwenden, um die Eingabe aus der niedrigdimensionalen Repräsentierung zu rekonstruieren.

Die Hauptkomponentenanalyse ist so vielseitig einsetzbar, dass wir sie auch in diesem Kontext verwenden können. Hier möchten wir eine niedrigdimensionale Einbettung der 2.914-dimensionalen Daten ausgeben, um die grundlegenden Beziehungen zwischen den Bildern zu ermitteln. Zu diesem Zweck untersuchen wir noch einmal die erklärte Varianz, die uns eine Vorstellung davon vermittelt, wie viele lineare Features zur Beschreibung der Daten erforderlich sind (siehe Abbildung 46-12).

```
In [18]: from sklearn.decomposition import PCA
         model = PCA(100, svd_solver='randomized').fit(faces.data)
         plt.plot(np.cumsum(model.explained_variance_ratio_))
         plt.xlabel('n components')
         plt.ylabel('cumulative variance');
```

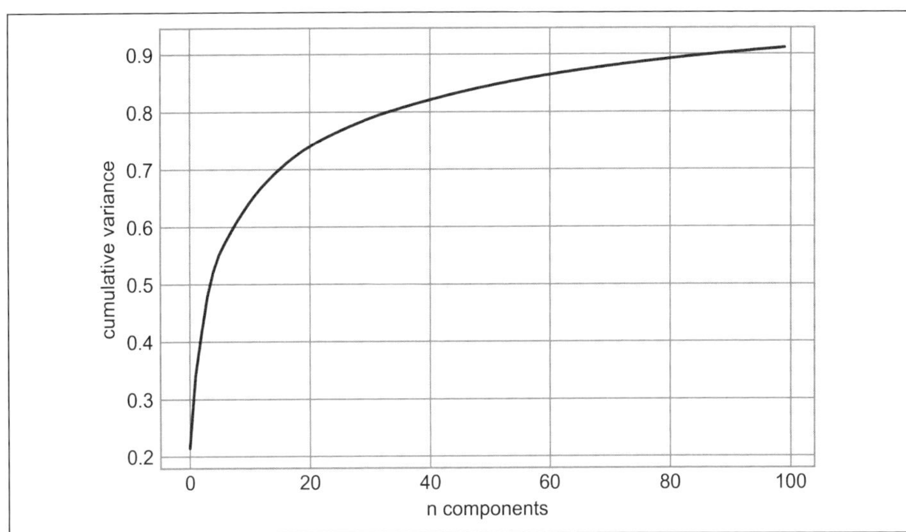

Abbildung 46-12: Kumulative Varianz der PCA-Projektion

Bei diesen Daten sind fast 100 Komponenten nötig, um 90% der Varianz zu bewahren. Das ist ein Hinweis darauf, dass die Daten intrinsisch sehr hochdimensional sind – es ist nicht möglich, sie mit nur einigen wenigen Komponenten linear zu beschreiben.

Wenn das der Fall ist, können sich nichtlineare Einbettungen von Mannigfaltigkeiten wie LLE und Isomap als nützlich erweisen. Wir berechnen eine Isomap-Einbettung für diese Gesichter nach dem gleichen Muster wie zuvor:

```
In [19]: from sklearn.manifold import Isomap
         model = Isomap(n_components=2)
         proj = model.fit_transform(faces.data)
         proj.shape
Out[19]: (2370, 2)
```

Die Ausgabe ist eine zweidimensionale Projektion der als Eingabe verwendeten Gesichter. Um eine bessere Vorstellung davon zu erlangen, was die Projektion leistet, definieren wir eine Funktion, die kleine Vorschaubilder am Ort der Projektion ausgibt:

```
In [20]: from matplotlib import offsetbox

         def plot_components(data, model, images=None, ax=None,
                             thumb_frac=0.05, cmap='gray'):
             ax = ax or plt.gca()

             proj = model.fit_transform(data)
             ax.plot(proj[:, 0], proj[:, 1], '.k')

             if images is not None:
                 min_dist_2 = (thumb_frac * max(proj.max(0) - proj.min(0))) ** 2
                 shown_images = np.array([2 * proj.max(0)])
                 for i in range(data.shape[0]):
```

```
        dist = np.sum((proj[i] - shown_images) ** 2, 1)
        if np.min(dist) < min_dist_2:
            # Zu nahe Punkte nicht anzeigen.
            continue
        shown_images = np.vstack([shown_images, proj[i]])
        imagebox = offsetbox.AnnotationBbox(
            offsetbox.OffsetImage(images[i], cmap=cmap),
                                  proj[i])
        ax.add_artist(imagebox)
```

Der Aufruf dieser Funktion zeigt das Ergebnis aus Abbildung 46-13 an.

```
In [21]: fig, ax = plt.subplots(figsize=(10, 10))
         plot_components(faces.data,
                         model=Isomap(n_components=2),
                         images=faces.images[:, ::2, ::2])
```

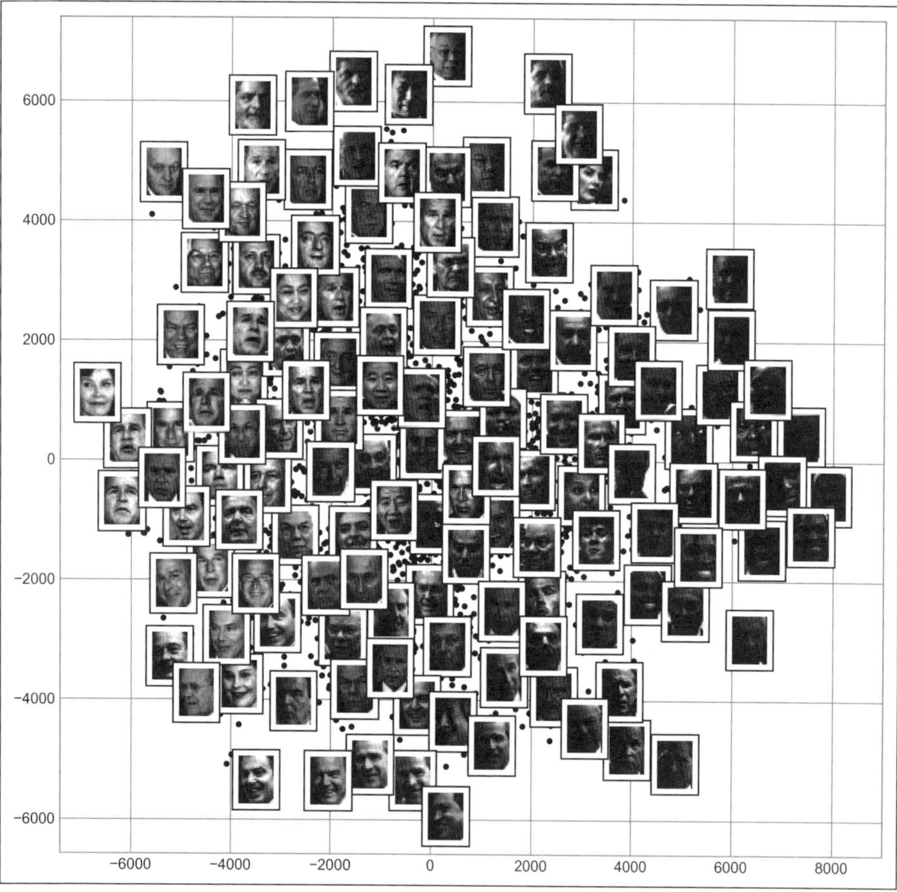

Abbildung 46-13: Isomap-Einbettung der LFW-Gesichtsdaten

Dieses Ergebnis ist interessant. Die beiden ersten Isomap-Dimensionen scheinen globale Eigenschaften der Bilder zu beschreiben, wie die Helligkeit des Bilds insgesamt (von links nach rechts) und die Blickrichtung der abgebildeten Person von unten nach oben. Das gibt uns einen visuellen Hinweis auf einige der entscheidenden Features in den Daten.

Wir könnten nun fortfahren und die Daten klassifizieren (vielleicht mit Features der Mannigfaltigkeit als Eingabe für den Klassifikationsalgorithmus), so wie wir es in Kapitel 43 getan haben.

Beispiel: Visualisierung der Strukturen in Ifferndaten

Als weiteres Beispiel für die Verwendung von Manifold Learning zur Visualisierung betrachten wir die MNIST-Datenmenge handgeschriebener Ziffern. Hierbei handelt es sich um eine ähnliche Datenmenge wie die aus Kapitel 44 bekannte, die Bilder enthalten jedoch sehr viel mehr Pixel. Sie kann mit Scikit-Learn unter *http://openml.org* mit dem Scikit-Learn-Hilfsprogramm heruntergeladen werden:

```
In [22]: from sklearn.datasets import fetch_openml
         mnist = fetch_openml('mnist_784')
         mnist.data.shape
Out[22]: (70000, 784)
```

Die Datenmenge besteht aus 70.000 Bildern mit jeweils 784 Pixeln (die Bilder sind 28 × 28 Pixel groß). Wie zuvor nehmen wir die ersten paar Bilder in Augenschein (siehe Abbildung 46-14).

```
In [23]: mnist_data = np.asarray(mnist.data)
         mnist_target = np.asarray(mnist.target, dtype=int)

         fig, ax = plt.subplots(6, 8, subplot_kw=dict(xticks=[], yticks=[]))
         for i, axi in enumerate(ax.flat):
             axi.imshow(mnist_data[1250 * i].reshape(28, 28), cmap='gray_r')
```

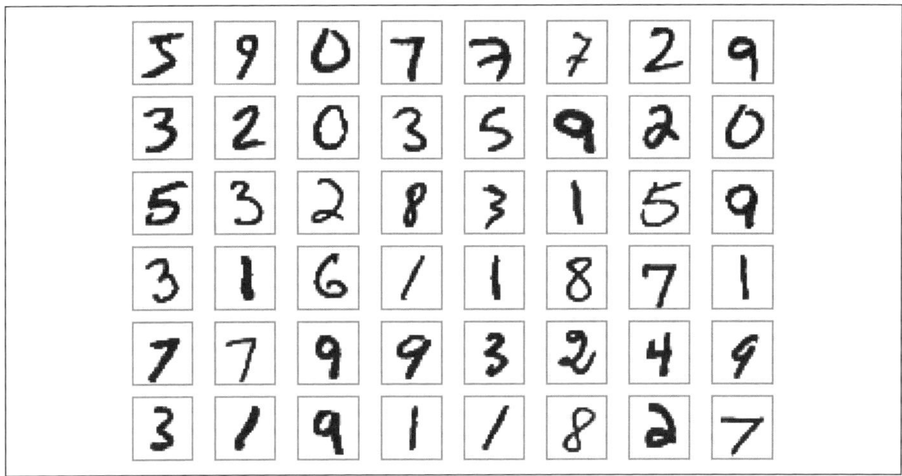

Abbildung 46-14: Beispiele aus den MNIST-Ziffern

Nun haben wir einen Eindruck von der Vielfalt der Handschriften in dieser Datenmenge.

Wir berechnen eine Manifold-Learning-Projektion über die Daten, bei der wir aus Geschwindigkeitsgründen nur 1/30 der Daten verwenden, was ungefähr 2.000 Datenpunkten entspricht. (Da das Manifold Learning relativ schlecht skaliert, halte ich ein paar Tausend Samples für ausreichend, um schnell einige Untersuchungen durchzuführen, bevor man schließlich alle Daten einbezieht.) Das Ergebnis sehen Sie in Abbildung 46-15.

```
In [24]: # Nur 1/30 der Daten verwenden; die Berechnung für die
         # vollständige Datenmenge dauert sehr lange!
         data = mnist_data[::30]
         target = mnist_target[::30]

         model = Isomap(n_components=2)
         proj = model.fit_transform(data)

         plt.scatter(proj[:, 0], proj[:, 1], c=target,
                     cmap=plt.cm.get_cmap('jet', 10))
         plt.colorbar(ticks=range(10))
         plt.clim(-0.5, 9.5);
```

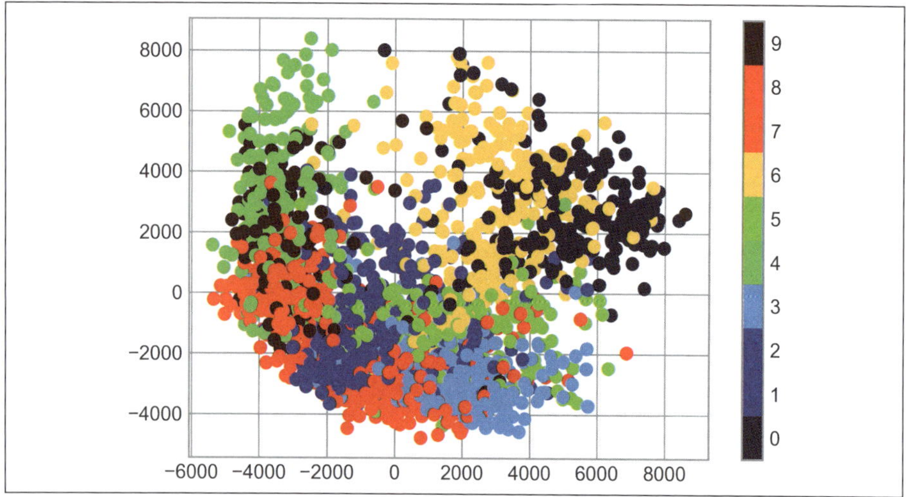

Abbildung 46-15: Isomap-Einbettung der MNIST-Zifferndaten

Das resultierende Streudiagramm zeigt einige der Beziehungen zwischen den Datenpunkten, ist jedoch auch etwas überfüllt. Wir können einen besseren Einblick gewinnen, wenn wir nur jeweils eine Ziffer anzeigen (siehe Abbildung 46-16).

```
In [25]: # 1/4 der "1"-Ziffern für die Projektion auswählen.
         data = mnist_data[mnist_target == 1][::4]

         fig, ax = plt.subplots(figsize=(10, 10))
         model = Isomap(n_neighbors=5, n_components=2, eigen_solver='dense')
         plot_components(data, model, images=data.reshape((-1, 28, 28)),
                         ax=ax, thumb_frac=0.05, cmap='gray_r')
```

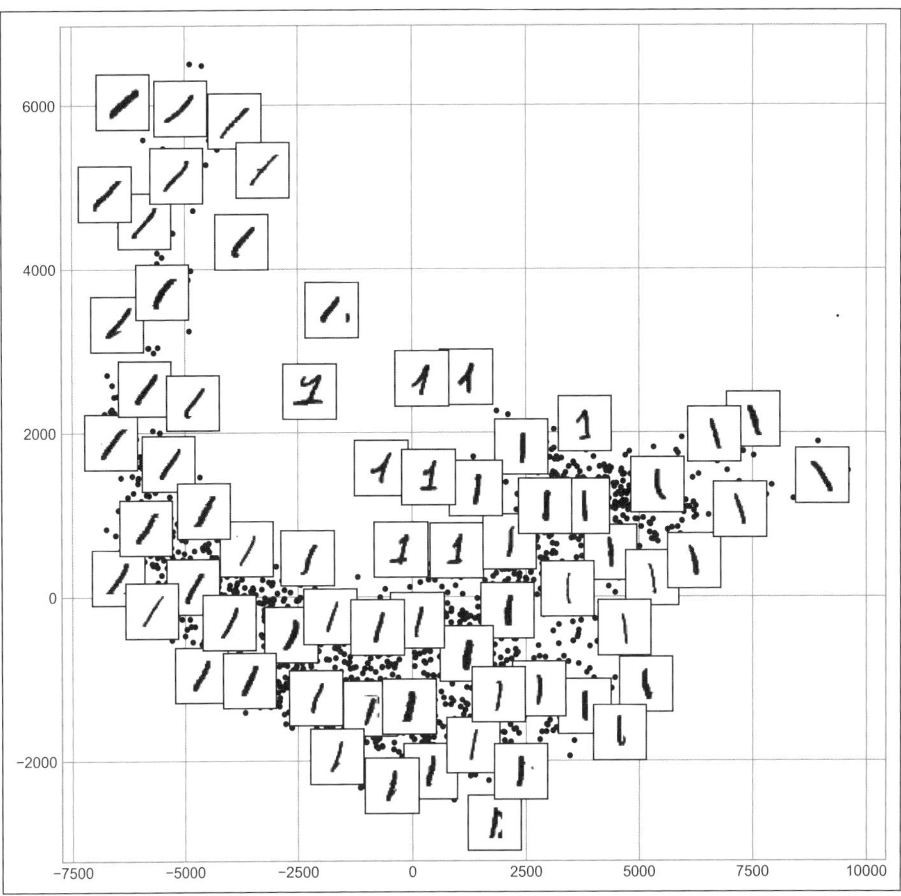

Abbildung 46-16: Isomap-Einbettung der Einsen in den Zifferndaten aus der MNIST-Datenmenge

Das Ergebnis zeigt, wie unterschiedlich die Formen der Einsen in der Datenmenge sind. Die Daten sind im Projektionsraum entlang einer breiten Kurve verteilt, die offenbar die Ausrichtung der Ziffer widerspiegelt. Im oberen Teil des Diagramms kommen Einsen vor, die nicht nur aus einem senkrechten Strich bestehen, sondern am oberen Ende mit einem Haken oder am unteren Ende mit einem Querstrich versehen sind, in der Datenmenge aber nur selten vorkommen. Die Projektion identifiziert zudem Ausreißer, bei denen die Daten Probleme bereiten (z.B. wenn sich Teile benachbarter Ziffern in das extrahierte Bild eingeschlichen haben).

Für die Aufgabe, die Ziffern zu klassifizieren, mag all das belanglos sein, es hilft jedoch, die Daten besser zu verstehen, und gibt uns eine Vorstellung davon, wie fortzufahren ist, beispielsweise wie wir die Daten vorverarbeiten können, bevor wir eine Klassifikationspipeline einrichten.

KAPITEL 47

Ausführlich: k-Means-Clustering

Im letzten Kapitel haben wir unüberwachte Machine-Learning-Modelle zur Dimensionsreduktion erkundet. Wir fahren nun mit einer weiteren Klasse solcher unüberwachten Modelle fort, nämlich mit Clustering-Algorithmen. Clustering-Algorithmen versuchen, anhand der Eigenschaften der Daten eine optimale Aufteilung der Datenpunkte in unterschiedliche Gruppen vorzunehmen (Zuordnung zu diskreten Labels).

In Scikit-Learn sind viele Clustering-Algorithmen verfügbar. Am einfachsten verständlich dürfte der *k-Means-Algorithmus* sein, der in `sklearn.cluster.KMeans` implementiert ist.

Wie gewohnt erfolgen zunächst die nötigen Importe:

```
In [1]: %matplotlib inline
        import matplotlib.pyplot as plt
        plt.style.use('seaborn-whitegrid')
        import numpy as np
```

Kurz vorgestellt: der k-Means-Algorithmus

Der *k*-Means-Algorithmus sucht in einer nicht gelabelten multidimensionalen Datenmenge nach einer vorgegebenen Anzahl von Clustern. Dabei kommt ein einfacher Satz von Regeln zum Einsatz, die beschreiben, wie eine optimale Aufteilung aussieht:

- Das *Zentrum eines Clusters* ist das arithmetische Mittel aller zum Cluster zugehörigen Datenpunkte.
- Der Abstand eines Punkts zum Zentrum des eigenen Clusters ist geringer als der Abstand zu den Zentren anderer Cluster.

Diese beiden Annahmen sind die Grundlage des *k*-Means-Modells. Wir werden in Kürze betrachten, wie der Algorithmus eine Lösung findet, fürs Erste sehen wir uns jedoch eine einfache Datenmenge und das Ergebnis eines *k*-Means-Clusterings an.

Zunächst erstellen wir eine zweidimensionale Datenmenge, die vier verschiedene Anhäufungen von Punkten enthält. Um hervorzuheben, dass es sich um einen unüberwachten Algorithmus handelt, lassen wir in der Visualisierung die Labels weg (siehe Abbildung 47-1).

```
In [2]: from sklearn.datasets import make_blobs
        X, y_true = make_blobs(n_samples=300, centers=4,
                               cluster_std=0.60, random_state=0)
        plt.scatter(X[:, 0], X[:, 1], s=50);
```

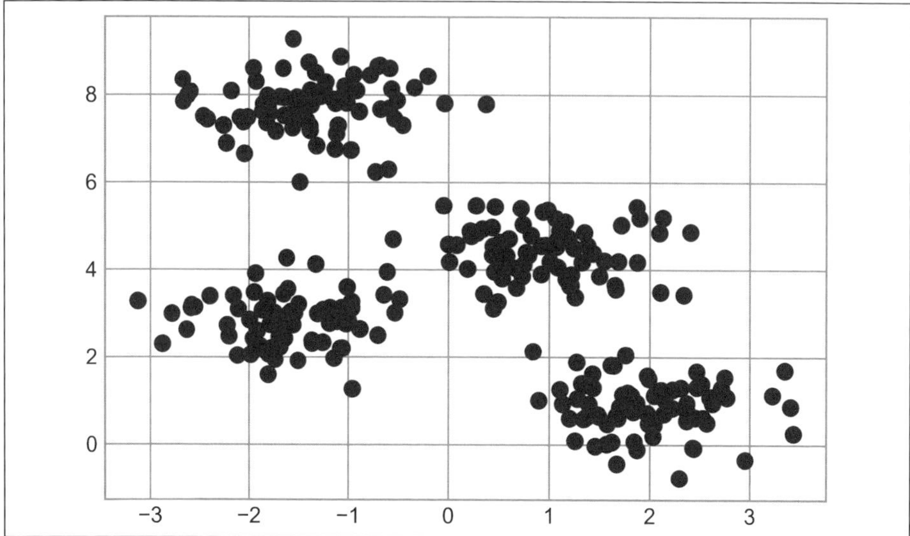

Abbildung 47-1: Daten für ein Clustering

Es ist relativ einfach, mit bloßem Auge eine Aufteilung in vier Cluster zu erkennen. Der *k*-Means-Algorithmus erledigt diese Aufgabe automatisch und verwendet dafür die typische Estimator-API von Scikit-Learn:

```
In [3]: from sklearn.cluster import KMeans
        kmeans = KMeans(n_clusters=4)
        kmeans.fit(X)
        y_kmeans = kmeans.predict(X)
```

Wir visualisieren das Ergebnis in Form eines Diagramms, in dem die Datenpunkte der Cluster farblich gekennzeichnet sind (siehe Abbildung 47-2). Außerdem stellen wir die jeweiligen vom *k*-Means-Estimator ermittelten Cluster-Zentren dar.

```
In [4]: plt.scatter(X[:, 0], X[:, 1], c=y_kmeans, s=50, cmap='viridis')

        centers = kmeans.cluster_centers_
        plt.scatter(centers[:, 0], centers[:, 1], c='black', s=200);
```

Das Schöne daran ist, dass der *k*-Means-Algorithmus die Zuweisung der Punkte zu den Clustern ganz ähnlich vornimmt, wie wir es mit bloßem Auge tun (zumindest in diesem einfachen Fall). Aber Sie werden sich vielleicht fragen, wie der Algorithmus die Cluster so schnell findet. Schließlich wächst die Zahl der Kombinationen möglicher Cluster-Zuweisungen exponentiell mit der Anzahl der Datenpunkte – eine vollständige Suche wäre sehr, sehr rechenaufwendig. Erfreulicherweise ist eine solche vollständige Suche aber gar nicht notwendig. Stattdessen verwendet das *k*-Means-

Verfahren einen iterativen Ansatz, der als *Expectation-Maximization-Algorithmus* (kurz *EM-Algorithmus*) bezeichnet wird.

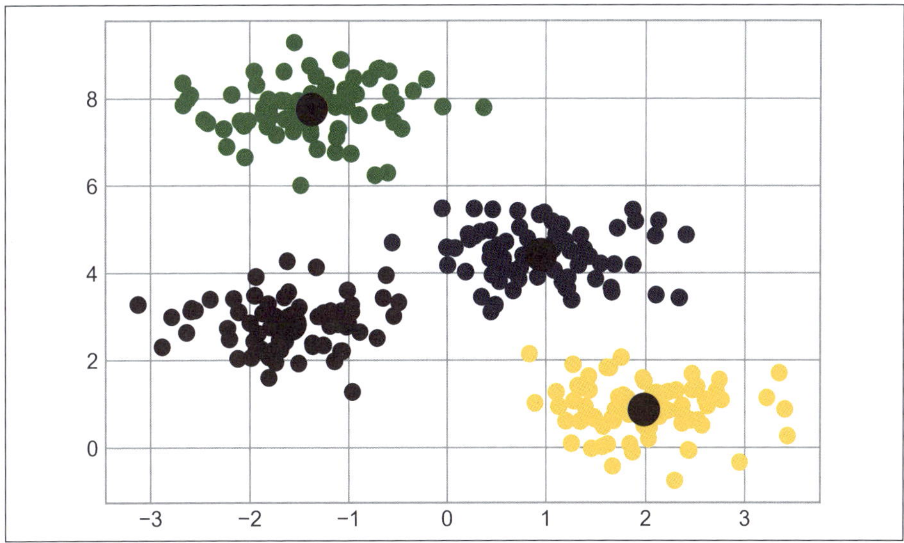

Abbildung 47-2: Zentren der k-Means-Cluster mit farblich gekennzeichneten Clustern

Expectation-Maximization

Expectation-Maximization (EM) ist ein leistungsfähiger Algorithmus, der in der Data Science in verschiedenen Kontexten auftaucht. *k*-Means ist eine besonders einfache und gut verständliche Anwendung dieses Algorithmus, den wir nun kurz betrachten. Kurz und bündig gesagt, wird bei diesem EM-Ansatz folgendermaßen verfahren:

1. Zufällige Auswahl einiger Cluster-Zentren.
2. Wiederholung der nächsten beiden Schritte, bis das Verfahren konvergiert.
    a. *E-Schritt*: Den Punkten wird das nächstgelegene Cluster-Zentrum zugeordnet.
    b. *M-Schritt*: Den Cluster-Zentren wird der Mittelwert zugewiesen.

Der *Expectation-Schritt* oder kurz *E-Schritt* heißt so, weil wir die Erwartung (engl. *Expectation*), zu welchem Cluster die verschiedenen Punkte gehören, bei diesem Schritt aktualisieren. Der *Maximization-Schritt* oder kurz *M-Schritt* trägt seinen Namen, weil wir eine Gütefunktion maximieren, die den Ort der Cluster-Zentren festlegt. In diesem Fall wird die Maximierung (engl. *Maximization*) dadurch erzielt, dass wir einen einfachen Mittelwert der Daten in den Clustern berechnen.

Die Literatur zu diesem Algorithmus ist sehr umfangreich, kann aber wie folgt zusammengefasst werden: Typischerweise führt jede Wiederholung des E- und des M-Schritts zu einer verbesserten Abschätzung der Cluster-Eigenschaften.

Wir können den Algorithmus wie in Abbildung 47-3 gezeigt visualisieren. Mit den hier verwendeten Anfangsbedingungen konvergiert der Algorithmus schon nach drei Iterationen. Wenn Sie an einer interaktiven Version der Abbildung interessiert sind, können Sie den entsprechenden Code im Onlineanhang zu diesem Buch (*https://oreil.ly/wFnok*) nutzen.

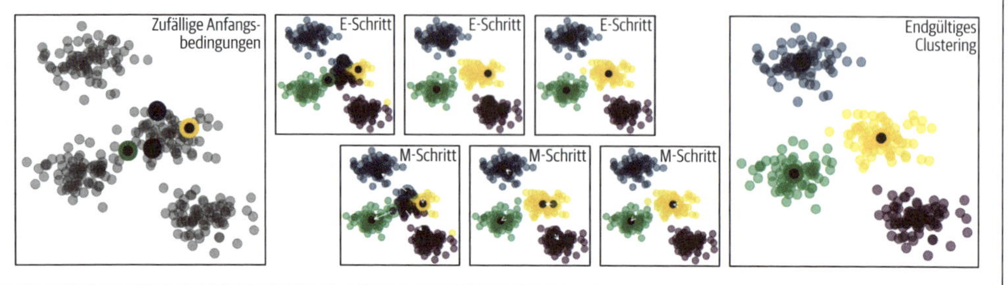

Abbildung 47-3: Visualisierung des EM-Algorithmus mit k-Means[1]

Der *k*-Means-Algorithmus ist so einfach, dass wir nur einige wenige Zeilen Code schreiben müssen. Hier ist eine ganz elementare Implementierung (siehe Abbildung 47-4).

```
In [5]: from sklearn.metrics import pairwise_distances_argmin

        def find_clusters(X, n_clusters, rseed=2):
            # 1. Zufällige Auswahl der Cluster.
            rng = np.random.RandomState(rseed)
            i = rng.permutation(X.shape[0])[:n_clusters]
            centers = X[i]

            while True:
                # 2a. Labels anhand der nächstgelegenen
                # Cluster-Zentren zuweisen.
                labels = pairwise_distances_argmin(X, centers)

                # 2b. Neue Zentren aus Mittelwert errechnen.
                new_centers = np.array([X[labels == i].mean(0)
                                        for i in range(n_clusters)])

                # 2c. Konvergenz prüfen.
                if np.all(centers == new_centers):
                    break
                centers = new_centers

            return centers, labels

        centers, labels = find_clusters(X, 4)
        plt.scatter(X[:, 0], X[:, 1], c=labels,
                    s=50, cmap='viridis');
```

1 Den Code zur Erstellung dieser Abbildung finden Sie im Onlineanhang (*https://oreil.ly/yo6GV*) zu diesem Buch.

Die meisten gut erprobten Implementierungen erledigen hinter den Kulissen noch einige weitere Aufgaben, aber die vorgestellte Funktion erfasst das Wesentliche des EM-Ansatzes. Möchten Sie den Expectation-Maximization-Algorithmus verwenden, müssen Sie einige problematische Punkte beachten:

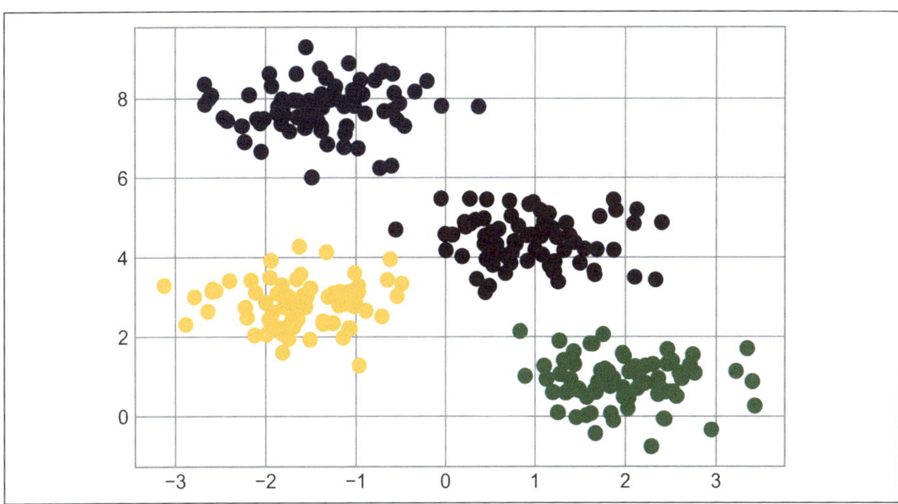

Abbildung 47-4: Durch den k-Means-Algorithmus klassifizierte Daten

Möglicherweise wird das global optimale Ergebnis nicht gefunden.

Zwar ist sichergestellt, dass der EM-Algorithmus das Ergebnis bei jedem Schritt verbessert, es ist aber nicht garantiert, dass er die beste *globale* Lösung findet. Wenn wir beispielsweise in unserem einfachen Beispiel zur Initialisierung des Zufallszahlengenerators einen anderen Wert verwenden, führen diese speziellen Anfangsbedingungen zu einem schlechteren Ergebnis (siehe Abbildung 47-5).

```
In [6]: centers, labels = find_clusters(X, 4, rseed=0)
        plt.scatter(X[:, 0], X[:, 1], c=labels,
                    s=50, cmap='viridis');
```

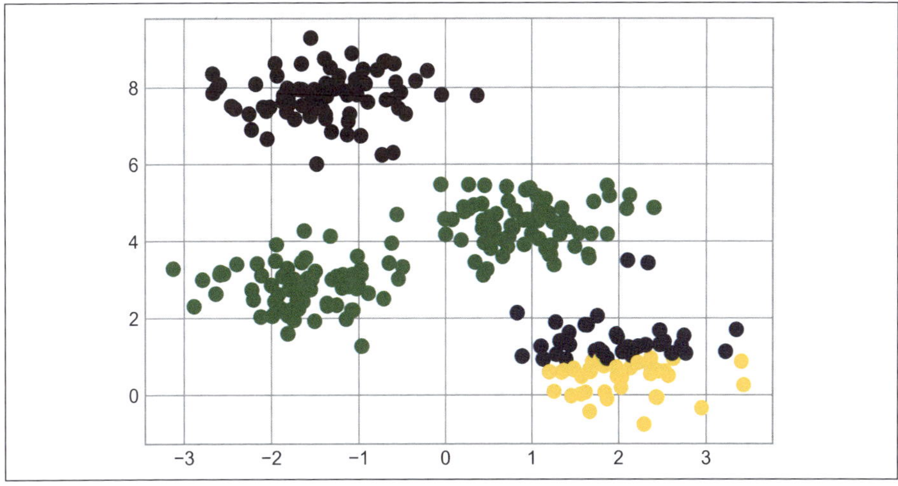

Abbildung 47-5: Ein Beispiel für eine schlechte Konvergenz des EM-Algorithmus

Der EM-Ansatz konvergiert zwar, aber nicht gegen die global optimale Anordnung. Aus diesem Grund ist es üblich, den Algorithmus mehrmals mit verschiedenen Anfangsbedingungen auszuführen. Tatsächlich verhält sich Scikit-Learn standardmäßig so (die Anzahl wird gesteuert durch den `n_init`-Parameter, für den der Wert 10 voreingestellt ist).

Die Anzahl der Cluster muss im Vorhinein festgelegt werden.

Dass man im Vorhinein die Anzahl der Cluster festlegen muss, ist beim *k*-Means-Algorithmus mit EM-Verfahren ebenfalls problematisch – er kann die Anzahl nicht anhand der Daten ermitteln. Wenn wir dem Algorithmus beispielsweise vorgeben, sechs Cluster zu identifizieren, wird er das auch brav tun und die sechs besten Cluster finden, wie Abbildung 40-1 zeigt:

```
In [7]: labels = KMeans(6, random_state=0).fit_predict(X)
        plt.scatter(X[:, 0], X[:, 1], c=labels,
                    s=50, cmap='viridis');
```

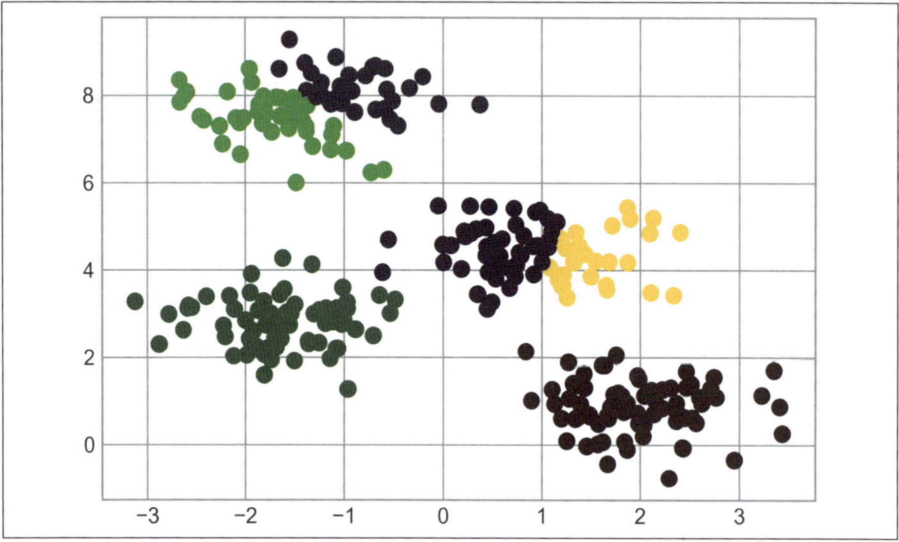

Abbildung 47-6: Ein Beispiel für eine schlecht gewählte Anzahl an Clustern

Die Frage, ob das Resultat sinnvoll ist, lässt sich nur schwer eindeutig beantworten. Ein weiterer eher intuitiver Ansatz, auf den wir hier aber nicht näher eingehen können, ist die sogenannte Silhouettenanalyse (*https://oreil.ly/xybmq*).

Alternativ können Sie auch einen komplizierteren Clustering-Algorithmus verwenden, der ein besseres quantitatives Maß für die Güte des Clusterings in Abhängigkeit von der Anzahl der Cluster liefert (z.B. gaußsche Mixture-Modelle, siehe Kapitel 48) oder der die Anzahl der Cluster selbstständig ermitteln *kann* (z.B. DBSCAN, MeanShift oder AffinityPropagation, die alle im Submodul `sklearn.cluster` verfügbar sind).

k-Means ist auf lineare Cluster-Grenzen beschränkt.

Die grundlegenden Annahmen des *k*-Means-Modells (Punkte sind ihrem eigenen Cluster-Zentrum näher als anderen Cluster-Zentren) führen oft dazu, dass der Algorithmus nur schlecht funktioniert, wenn die Cluster komplizierte Formen besitzen.

Die Grenzen zwischen *k*-Means-Clustern sind immer linear, daher funktioniert das Verfahren bei komplizierteren Grenzen nicht. Betrachten Sie beispielsweise die folgenden Daten und die von einem typischen *k*-Means-Ansatz ermittelten Labels (siehe Abbildung 47-7).

```
In [8]: from sklearn.datasets import make_moons
        X, y = make_moons(200, noise=.05, random_state=0)
```

```
In [9]: labels = KMeans(2, random_state=0).fit_predict(X)
        plt.scatter(X[:, 0], X[:, 1], c=labels,
                    s=50, cmap='viridis');
```

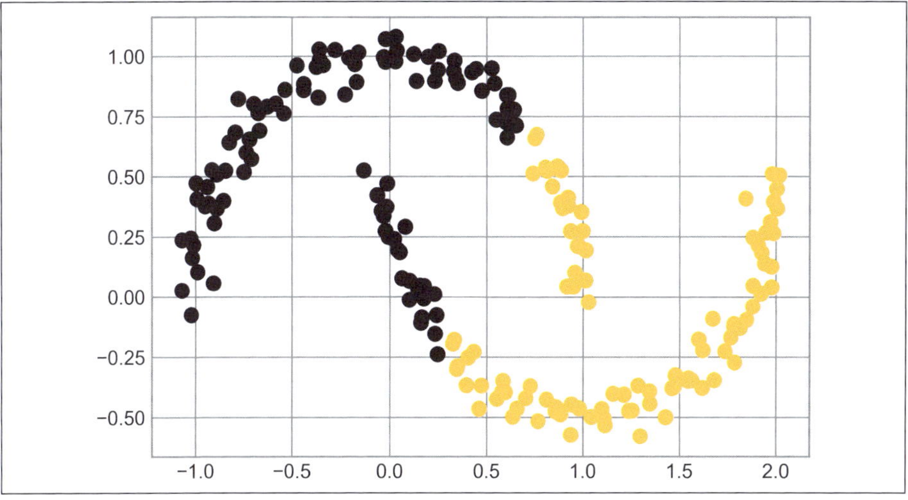

Abbildung 47-7: Fehlgeschlagene Klassifikation bei nichtlinearen Grenzen

Die Situation erinnert an den in Kapitel 43 erörterten Fall. Dort haben wir eine Kernel-Transformation zur Projektion der Daten in eine höhere Dimension verwendet, in der eine lineare Trennung möglich ist. Wir könnten den gleichen Trick ausprobieren, um mit dem *k*-Means-Algorithmus nichtlineare Grenzen aufzuspüren.

In Scikit-Learn ist eine solche *k*-Means-Version im `SpectralClustering`-Estimator implementiert. Sie verwendet den Graphen der nächsten Nachbarn, um eine höherdimensionale Repräsentierung der Daten zu berechnen, und weist ihnen dann mit einem *k*-Means-Algorithmus Labels zu (siehe Abbildung 47-8).

```
In [10]: from sklearn.cluster import SpectralClustering
         model = SpectralClustering(n_clusters=2,
                                    affinity='nearest_neighbors',
                                    assign_labels='kmeans')
         labels = model.fit_predict(X)
         plt.scatter(X[:, 0], X[:, 1], c=labels,
                     s=50, cmap='viridis');
```

Wie man sieht, ist der *k*-Means-Ansatz mit Kernel-Transformation in der Lage, kompliziertere nichtlineare Grenzen zwischen Clustern aufzuspüren.

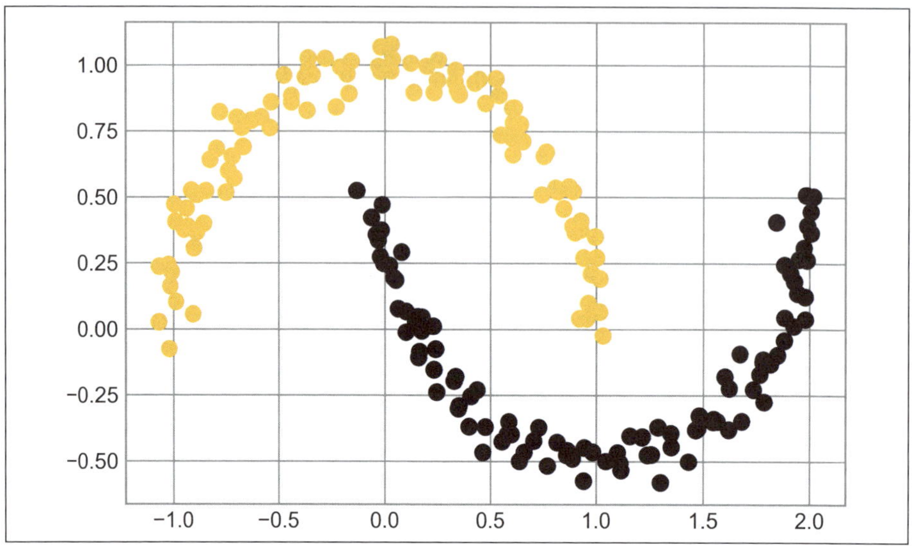

Abbildung 47-8: Durch spektrales Clustering ermittelte nichtlineare Grenzen

Bei einer großen Anzahl von Samples ist der k-Means-Algorithmus womöglich langsam.
Da der *k*-Means-Algorithmus bei jeder Iteration auf sämtliche Punkte der Datenmenge zugreifen muss, ist er relativ langsam, wenn die Anzahl der Datenpunkte groß ist. Sie werden sich vielleicht fragen, ob es wirklich notwendig ist, bei jeder Iteration alle Daten zu verwenden. Man könnte beispielsweise bei jedem Schritt nur eine Teilmenge der Daten zum Aktualisieren der Cluster-Zentren verwenden. Diese Idee liegt dem *k*-Means-Algorithmus als Stapelverarbeitung zugrunde, die in `sklearn.cluster.MiniBatchKMeans` implementiert ist. Die Schnittstelle ist dieselbe wie beim normalen *k*-Means-Algorithmus. Wir werden in Kürze ein Beispiel hierfür sehen.

Beispiele

Wenn wir den Einschränkungen des Algorithmus Beachtung schenken, können wir *k*-Means für ein breites Anwendungsspektrum zu unserem Vorteil nutzen. Nehmen wir nun ein paar Beispiele unter die Lupe.

Beispiel 1: k-Means mit Ziffern

Als Erstes wenden wir den *k*-Means-Algorithmus auf die aus den Kapiteln 44 und 45 bekannten einfachen Zifferndaten an. Der *k*-Means-Algorithmus soll versuchen, gleiche Ziffern zu identifizieren, *ohne die ursprünglichen Labels zu kennen*. Das entspricht einem ersten Schritt, die Bedeutung einer Datenmenge zu erkennen, *ohne dass a priori Informationen über die Labels vorliegen*.

Zunächst lesen wir die Datenmenge ein und unterteilen sie in Cluster. Wie Sie wissen, besteht die Zifferndatenmenge aus 1.797 Samples mit jeweils 64 Features, die die Helligkeiten der Bildpunkte in den 8 × 8 Pixel großen Bildern angeben:

```
In [11]: from sklearn.datasets import load_digits
         digits = load_digits()
         digits.data.shape
Out[11]: (1797, 64)
```

Das Clustering wird wie zuvor ausgeführt:

```
In [12]: kmeans = KMeans(n_clusters=10, random_state=0)
         clusters = kmeans.fit_predict(digits.data)
         kmeans.cluster_centers_.shape
Out[12]: (10, 64)
```

Das Ergebnis sind 10 Cluster in 64 Dimensionen. Beachten Sie, dass die Zentren der Cluster selbst 64-dimensionale Punkte sind und ebenfalls so verstanden werden können, dass sie »normale« Ziffern innerhalb des Clusters repräsentieren. Schauen wir, wie die Cluster-Zentren aussehen (siehe Abbildung 47-9).

```
In [13]: fig, ax = plt.subplots(2, 5, figsize=(8, 3))
         centers = kmeans.cluster_centers_.reshape(10, 8, 8)
         for axi, center in zip(ax.flat, centers):
             axi.set(xticks=[], yticks=[])
             axi.imshow(center, interpolation='nearest', cmap=plt.cm.binary)
```

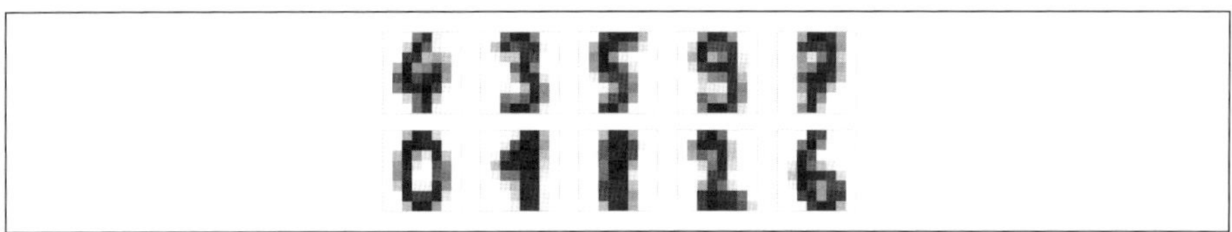

Abbildung 47-9: Die vom k-Means-Algorithmus ermittelten Cluster-Zentren

Wie Sie sehen, ist `kMeans` *auch ohne Kenntnis der Labels* in der Lage, Cluster zu finden, deren Zentren erkennbare Ziffern sind (wenngleich es bei den Ziffern 1 und 8 etwas schwerfällt).

Da der Algorithmus nichts über die Identitäten der Cluster »weiß«, sind die Labels von 0 bis 9 nicht in der richtigen Reihenfolge angeordnet. Das können wir ändern, indem wir den erlernten Clustern ihre wahren Labels zuweisen:

```
In [14]: from scipy.stats import mode

         labels = np.zeros_like(clusters)
         for i in range(10):
             mask = (clusters == i)
             labels[mask] = mode(digits.target[mask])[0]
```

Nun können wir prüfen, wie genau das unüberwachte Clustering beim Auffinden ähnlicher Ziffern in den Daten gearbeitet hat:

```
In [15]: from sklearn.metrics import accuracy_score
         accuracy_score(digits.target, labels)
Out[15]: 0.7935447968836951
```

Schon mit einem einfachen *k*-Means-Algorithmus haben wir für fast 80 % der Ziffern die richtige Gruppierung aufgespürt! Jetzt zeigen wir die zugehörige Wahrheitsmatrix an, zu sehen in Abbildung 47-10.

```
In [16]: from sklearn.metrics import confusion_matrix
         import seaborn as sns
         mat = confusion_matrix(digits.target, labels)
         sns.heatmap(mat.T, square=True, annot=True, fmt='d',
                     cbar=False, cmap='Blues',
                     xticklabels=digits.target_names,
                     yticklabels=digits.target_names)
         plt.xlabel('true label')
         plt.ylabel('predicted label');
```

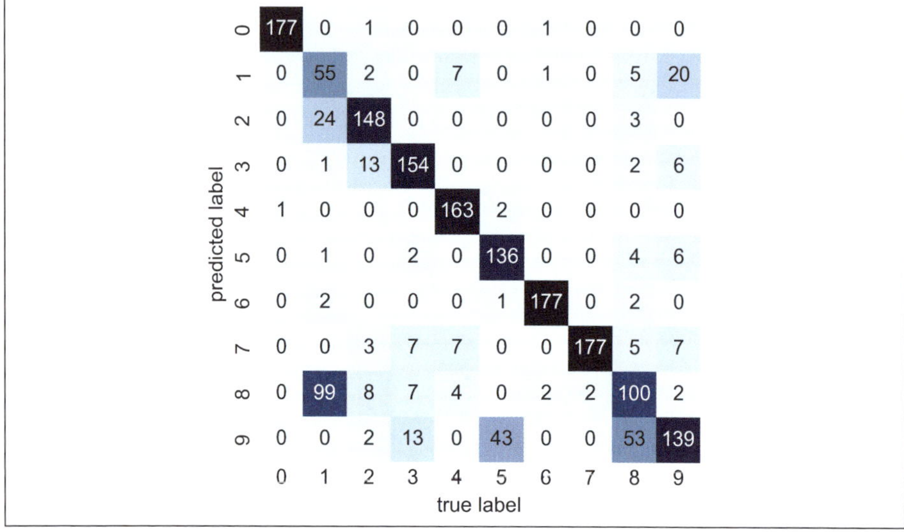

Abbildung 47-10: Wahrheitsmatrix des k-Means-Klassifikators

Wie aufgrund der Visualisierung der Cluster-Zentren zu erwarten war, werden hauptsächlich die Ziffern 1 und 8 verwechselt. Aber dennoch zeigt das Ergebnis, dass wir die Ziffern mit dem *k*-Means-Algorithmus grundsätzlich klassifizieren können, *ohne die Labels zu kennen!*

Spaßeshalber versuchen wir jetzt, noch einen Schritt weiterzugehen. Wir können den in Kapitel 46 erwähnten tSNE-Algorithmus einsetzen, um die Daten vorzuverarbeiten, bevor wir den *k*-Means-Algorithmus auf sie anwenden. Bei tSNE handelt es sich um einen nichtlinearen Einbettungsalgorithmus, der besonders gut dafür geeignet ist, die Datenpunkte in einem Cluster zu bewahren. Sehen wir uns also an, wie gut das funktioniert:

```
In [17]: from sklearn.manifold import TSNE

         # Projektion der Daten; dieser Schritt nimmt
         # einige Sekunden Zeit in Anspruch.
         tsne = TSNE(n_components=2, init='random',
                     learning_rate='auto',random_state=0)
         digits_proj = tsne.fit_transform(digits.data)
```

```
         # Cluster berechnen.
         kmeans = KMeans(n_clusters=10, random_state=0)
         clusters = kmeans.fit_predict(digits_proj)

         # Labels vertauschen.
         labels = np.zeros_like(clusters)
         for i in range(10):
             mask = (clusters == i)
             labels[mask] = mode(digits.target[mask])[0]

         # Korrektklassifikationsrate berechnen.
         accuracy_score(digits.target, labels)
Out[17]: 0.9415692821368948
```

Es wird also eine Korrektklassifikationsrate von fast 94% erreicht, *ohne die Labels zu verwenden*. Hier zeigt sich die Leistungsfähigkeit unüberwachten Lernens, wenn es sorgfältig eingesetzt wird: Es kann einer Datenmenge Informationen entnehmen, die von Hand oder visuell nur schwer zugänglich sind.

Beispiel 2: k-Means für Farbkomprimierung

Die Farbkomprimierung von Bildern ist eine besonders interessante Anwendung des Clusterings (dieses Beispiel stammt aus dem Scikit-Learn-Artikel »Color Quantization Using K-Means« (*https://oreil.ly/TwsxU*)). Nehmen wir an, ein Bild besitzt Millionen von Farben. Bei den meisten Bildern wird ein Großteil der Farben gar nicht benötigt, und viele Pixel besitzen eine ähnliche oder sogar die gleiche Farbe.

Betrachten Sie z.B. das Foto in Abbildung 47-11, das Scikit-Learns datasets-Modul entstammt (hierfür muss das Python-Paket PIL installiert sein):

```
In [18]: # Hinweis: Das PIL-Paket muss installiert sein
         from sklearn.datasets import load_sample_image
         china = load_sample_image("china.jpg")
         ax = plt.axes(xticks=[], yticks=[])
         ax.imshow(china);
```

Abbildung 47-11: Das als Eingabe verwendete Bild

Das Bild ist in einem dreidimensionalen Array der Form (height, width, RGB) gespeichert, das die Beiträge der Grundfarben Rot/Grün/Blau als ganzzahlige Werte zwischen 0 und 255 enthält:

```
In [19]: china.shape
Out[19]: (427, 640, 3)
```

Wir können diese Pixelmenge als Punktwolke in einem dreidimensionalen Farbraum auffassen. Wir bringen die Daten nun in die Form [n_samples, n_features] und skalieren die Farbwerte neu, sodass sie zwischen 0 und 1 liegen:

```
In [20]: data = china / 255.0  # Skala von 0 bis 1
         data = data.reshape(-1, 3)
         data.shape
Out[20]: (273280, 3)
```

Zur Visualisierung der Pixel in diesem Farbraum verwenden wir aus Geschwindigkeitsgründen eine Teilmenge von 10.000 Pixeln (siehe Abbildung 47-12).

```
In [21]: def plot_pixels(data, title, colors=None, N=10000):
             if colors is None:
                 colors = data

             # Auswahl einer zufälligen Teilmenge
             rng = np.random.default_rng(0)
             i = rng.permutation(data.shape[0])[:N]
             colors = colors[i]
             R, G, B = data[i].T

             fig, ax = plt.subplots(1, 2, figsize=(16, 6))
             ax[0].scatter(R, G, color=colors, marker='.')
             ax[0].set(xlabel='Red', ylabel='Green', xlim=(0, 1), ylim=(0, 1))

             ax[1].scatter(R, B, color=colors, marker='.')
             ax[1].set(xlabel='Red', ylabel='Blue', xlim=(0, 1), ylim=(0, 1))

             fig.suptitle(title, size=20);

In [22]: plot_pixels(data, title='Input color space: 16 million possible colors')
```

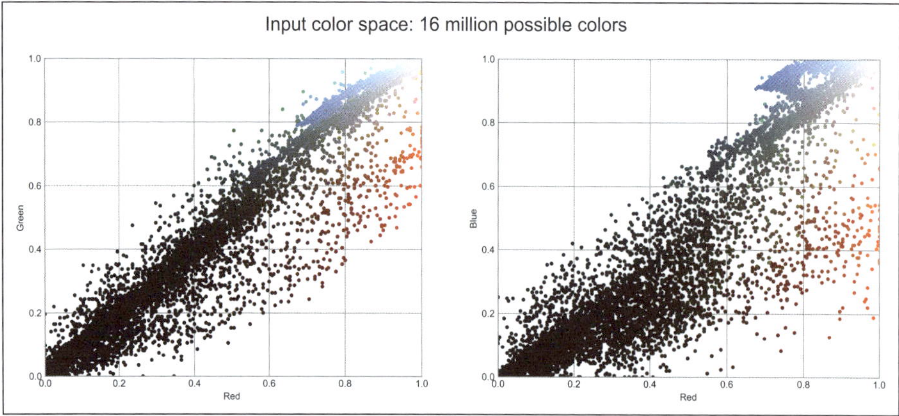

Abbildung 47-12: Verteilung der Pixel im RGB-Farbraum[2]

Nun reduzieren wir die 16 Millionen Farben auf nur noch 16, indem wir ein *k*-Means-Clustering auf den Pixelraum anwenden. Da wir es mit einer sehr großen Datenmenge zu tun haben, verwenden wir den *mini-batch-k-means*-Algorithmus. Auf diese Weise wird für die Berechnung nur eine Teilmenge der Daten herangezogen, und das Ergebnis (siehe Abbildung 47-13) liegt sehr viel schneller vor als beim normalen *k*-Means-Algorithmus:

```
In [23]: from sklearn.cluster import MiniBatchKMeans
         kmeans = MiniBatchKMeans(16)
         kmeans.fit(data)
         new_colors = kmeans.cluster_centers_[kmeans.predict(data)]

         plot_pixels(data, colors=new_colors,
                     title="Reduced color space: 16 colors")
```

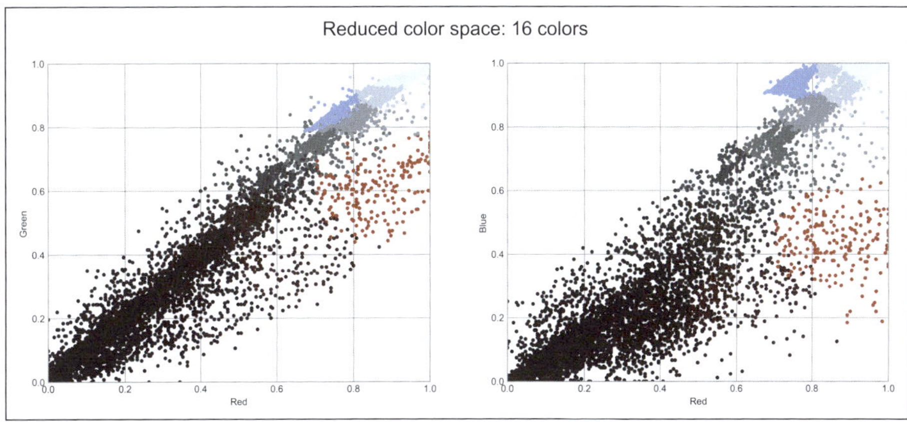

Abbildung 47-13: 16 Cluster im RGB-Farbraum[3]

Das Ergebnis ist eine Neufärbung der ursprünglichen Pixel, bei der jedem Pixel die Farbe des nächstgelegenen Cluster-Zentrums zugewiesen wird. Die Ausgabe der Pixel im Bildraum statt im Pixelraum zeigt den dadurch erzielten Effekt (siehe Abbildung 47-14).

```
In [24]: china_recolored = new_colors.reshape(china.shape)

         fig, ax = plt.subplots(1, 2, figsize=(16, 6),
                                subplot_kw=dict(xticks=[], yticks=[]))
         fig.subplots_adjust(wspace=0.05)
         ax[0].imshow(china)
         ax[0].set_title('Original Image', size=16)
         ax[1].imshow(china_recolored)
         ax[1].set_title('16-color Image', size=16);
```

2 Eine Version dieser Abbildung in voller Größe finden Sie auf GitHub (*https://oreil.ly/PDSH_GitHub*).

3 Eine Version dieser Abbildung in voller Größe finden Sie auf GitHub (*https://oreil.ly/PDSH_GitHub*).

Abbildung 47-14: Vergleich des ursprünglichen Bilds (links) und des Bilds mit nur 16 Farben

Natürlich gehen im rechten Bild einige Details verloren, aber das Bild als Ganzes ist noch immer leicht erkennbar. Bezogen auf die für die Speicherung der Rohdaten nötigen Bytes erzielt das Bild auf der rechten Seite der Abbildung einen Komprimierungsfaktor von rund einer Million. Ein Ansatz wie dieser erreicht natürlich nicht die Präzision speziell entwickelter Bildkomprimierungsverfahren wie JPEG, das Beispiel zeigt jedoch, wie erfolgreich es sein kann, bei unüberwachten Verfahren wie dem *k*-Means-Algorithmus über den Tellerrand hinauszublicken.

KAPITEL 48

Ausführlich: Gaußsche Mixture-Modelle

Das im letzten Kapitel vorgestellte *k*-Means-Modell ist einfach und relativ gut verständlich, aber eben diese Einfachheit kann bei der Anwendung zu Problemen führen. Insbesondere die nicht probabilistische Natur des *k*-Means-Verfahrens und die Verwendung eines simplen Abstands vom Cluster-Zentrum führen in der Praxis in vielen Fällen zu schlechten Ergebnissen. In diesem Kapitel betrachten wir das *gaußsche Mixture-Modell (GMM)*, das man als Erweiterung der dem *k*-Means-Algorithmus zugrunde liegenden Idee auffassen kann, das aber auch als leistungsfähiges Werkzeug für Abschätzungen jenseits des einfachen Clusterings dient.

Wir fangen mit den Standardimporten an:

```
In [1]: %matplotlib inline
        import matplotlib.pyplot as plt
        plt.style.use('seaborn-whitegrid')
        import numpy as np
```

Gründe für GMM: Schwächen von k-Means

Wir befassen uns nun mit den Schwächen des *k*-Means-Modells und stellen Überlegungen dazu an, wie man das Clustering-Modell verbessern könnte. Im letzten Kapitel haben wir festgestellt, dass der *k*-Means-Algorithmus brauchbare Clustering-Ergebnisse erzielt, wenn einfache, gut trennbare Daten vorliegen.

Bestehen die Daten beispielsweise aus einfachen Anhäufungen von Punkten, ist der *k*-Means-Algorithmus in der Lage, die Daten so zu klassifizieren, wie wir es dem bloßen Auge nach ebenfalls tun würden (siehe Abbildung 48-1).

```
In [2]: # Daten erzeugen.
        from sklearn.datasets import make_blobs
        X, y_true = make_blobs(n_samples=400, centers=4,
                               cluster_std=0.60, random_state=0)
        X = X[:, ::-1] # Achsen vertauschen für bessere Darstellung.
```

```
In [3]: # Ausgabe der Daten mit k-Means-Labels.
        from sklearn.cluster import KMeans
        kmeans = KMeans(4, random_state=0)
        labels = kmeans.fit(X).predict(X)
        plt.scatter(X[:, 0], X[:, 1], c=labels, s=40, cmap='viridis');
```

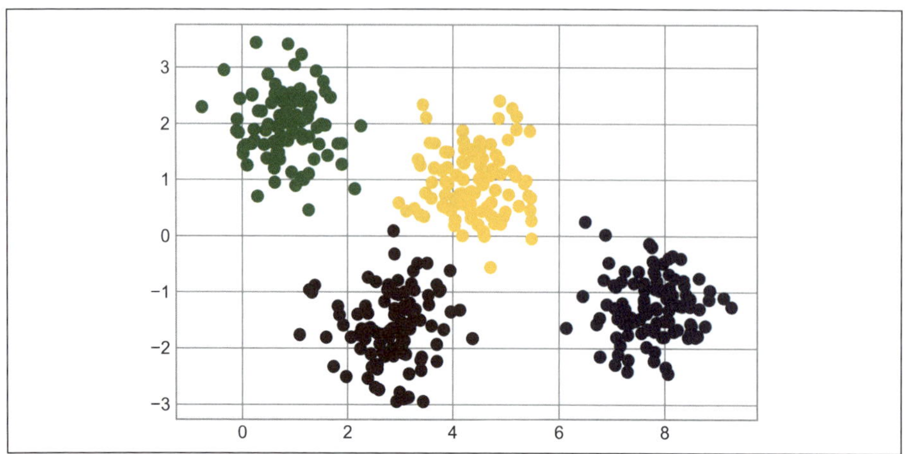

Abbildung 48-1: k-Means-Labels für einfache Daten

Intuitiv erwarten wir, dass die Zuordnung zu einem Cluster für bestimmte Punkte sehr viel verlässlicher ist als für andere. Es scheint bei den beiden in der Mitte befindlichen Clustern eine geringfügige Überschneidung zu geben, sodass wir uns nicht ganz sicher sein können, ob die Cluster-Zuordnung der dazwischenliegenden Punkte korrekt ist. Leider verfügt das *k*-Means-Modell weder über ein Wahrscheinlichkeitsmaß noch über ein Maß für die möglichen Fehler der Cluster-Zuordnungen. (Unter bestimmten Umständen ist es jedoch möglich, die Fehler mit einem sogenannten Bootstrap-Ansatz abzuschätzen.) Wir müssen uns also Gedanken über die Verallgemeinerung des Modells machen.

Eine Möglichkeit, sich das *k*-Means-Modell vorzustellen, sieht folgendermaßen aus: Das Modell platziert in jedem Cluster einen Kreis (bzw. bei mehreren Dimensionen eine Hypersphäre), dessen Mittelpunkt das Cluster-Zentrum ist und dessen Radius durch den Abstand vom Mittelpunkt zum entferntesten Punkt des Clusters definiert wird. Dieser Radius dient bei der Trainingsdatenmenge als eindeutige Grenze für die Cluster-Zugehörigkeit: Punkte außerhalb des Kreises gehören nicht zum Cluster. Mit der nachstehenden Funktion können wir dieses Modell visualisieren (siehe Abbildung 48-2):

```
In [4]: from sklearn.cluster import KMeans
        from scipy.spatial.distance import cdist

        def plot_kmeans(kmeans, X, n_clusters=4, rseed=0, ax=None):
            labels = kmeans.fit_predict(X)

            # Eingabedaten darstellen.
            ax = ax or plt.gca()
            ax.axis('equal')
            ax.scatter(X[:, 0], X[:, 1], c=labels, s=40, cmap='viridis', zorder=2)

            # Repräsentierung des k-Means-Modells anzeigen.
            centers = kmeans.cluster_centers_
            radii = [cdist(X[labels == i], [center]).max()
                     for i, center in enumerate(centers)]
            for c, r in zip(centers, radii):
```

```
                ax.add_patch(plt.Circle(c, r, ec='black', fc='lightgray',
                                        lw=3, alpha=0.5, zorder=1))
```

```
In [5]: kmeans = KMeans(n_clusters=4, random_state=0)
        plot_kmeans(kmeans, X)
```

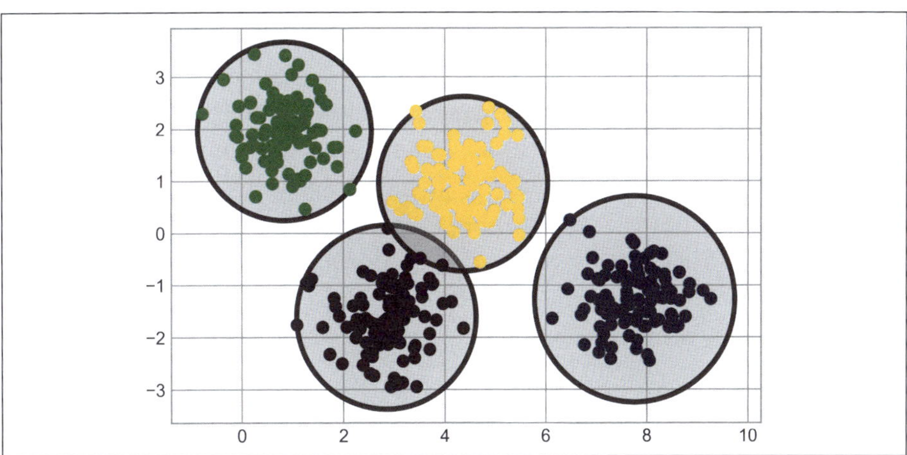

Abbildung 48-2: Die kreisförmigen Cluster des k-Means-Modells

An dieser Stelle ist es wichtig, anzumerken, dass diese Cluster beim *k*-Means-Modell *kreisförmig sein müssen*: Es gibt keine integrierte Möglichkeit, rechteckige oder elliptische Cluster zu berücksichtigen. Wenn wir also z. B. dieselben Daten verwenden und sie transformieren, gerät die Cluster-Zuordnung völlig durcheinander (siehe Abbildung 48-3).

```
In [6]: rng = np.random.RandomState(13)
        X_stretched = np.dot(X, rng.randn(2, 2))

        kmeans = KMeans(n_clusters=4, random_state=0)
        plot_kmeans(kmeans, X_stretched)
```

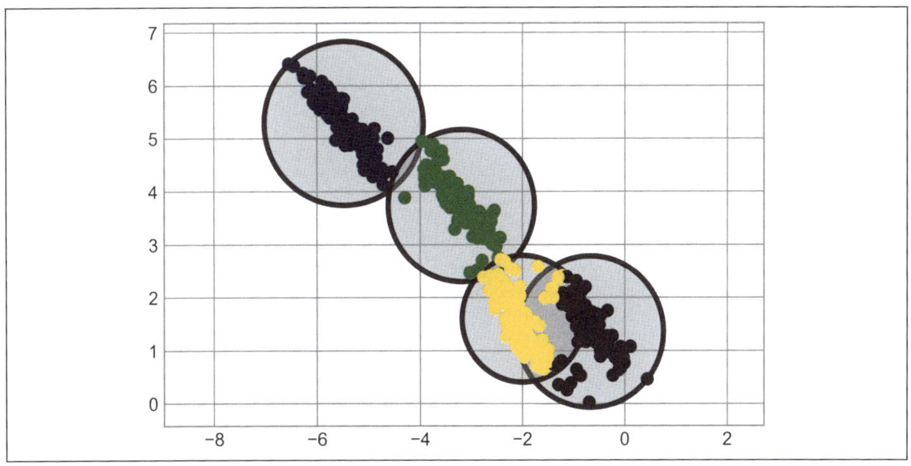

Abbildung 48-3: Mangelhafte Leistung des k-Means-Modells bei nicht kreisförmigen Clustern

Wir sehen mit bloßem Auge, dass die transformierten Cluster nicht mehr kreisförmig sind, daher wären kreisförmige Cluster unangemessen. Wie dem auch sei, das *k*-Means-Modell ist nicht flexibel genug, um dem Rechnung zu tragen, und versucht trotzdem, die Daten in vier kreisförmige Cluster aufzuteilen. Das Ergebnis ist eine Mischung von Cluster-Zuordnungen, bei denen sich die resultierenden Kreise überschneiden (in Abbildung 48-3 insbesondere unten rechts). Man könnte das Problem vielleicht umgehen, indem man die Daten durch eine Hauptkomponentenanalyse (siehe Kapitel 45) vorverarbeitet, aber in der Praxis besteht keine Garantie, dass eine solche globale Operation tatsächlich zu kreisförmigen Clustern führt.

Diese beiden Nachteile des *k*-Means-Modells – mangelnde Flexibilität bezüglich der Cluster-Form und das Fehlen probabilistischer Cluster-Zuordnungen – führen dazu, dass es bei vielen Datenmengen (insbesondere bei niedrigdimensionalen) womöglich nicht so gut funktioniert wie erhofft.

Man kann versuchen, diese Schwächen durch eine Verallgemeinerung des *k*-Means-Modells zu vermeiden: Sie könnten beispielsweise die Fehler der Cluster-Zuordnungen bestimmen, indem Sie die Abstände der einzelnen Datenpunkte zu *allen* Cluster-Zentren miteinander vergleichen, anstatt nur das nächstgelegene zu verwenden. Man könnte auch ellipsenförmige Cluster-Grenzen statt nur kreisförmige zulassen, um nicht kreisförmige Cluster zu berücksichtigen. Wie sich zeigt, handelt es sich hierbei um zwei wesentliche Bestandteile einer weiteren Art von Clustering-Modellen: der gaußschen Mixture-Modelle.

EM-Verallgemeinerung: gaußsche Mixture-Modelle

Ein *gaußsches Mixture-Modell* (*GMM*) versucht, eine Mischung multidimensionaler Gaußverteilungen zu finden, die am besten zu einer Eingabedatenmenge passt. Im einfachsten Fall kann ein GMM auf die gleiche Weise wie ein *k*-Means-Verfahren zum Auffinden von Clustern eingesetzt werden (siehe Abbildung 48-4).

```
In [7]: from sklearn.mixture import GaussianMixture
        gmm = GaussianMixture(n_components=4).fit(X)
        labels = gmm.predict(X)
        plt.scatter(X[:, 0], X[:, 1], c=labels, s=40, cmap='viridis');
```

Da ein GMM unter der Haube jedoch ein probabilistisches Modell nutzt, ist es auch möglich, probabilistische Cluster-Zuordnungen zu finden. In Scikit-Learn geschieht das anhand der `predict_proba`-Methode. Sie gibt eine Matrix der Größe `[n_samples, n_clusters]` zurück, die die Wahrscheinlichkeiten dafür angibt, dass ein bestimmter Punkt zu einem gegebenen Cluster gehört:

```
In [8]: probs = gmm.predict_proba(X)
        print(probs[:5].round(3))
Out[8]: [[0.    0.531 0.469 0.   ]
         [0.    0.    0.    1.   ]
         [0.    0.    0.    1.   ]
         [0.    1.    0.    0.   ]
         [0.    0.    0.    1.   ]]
```

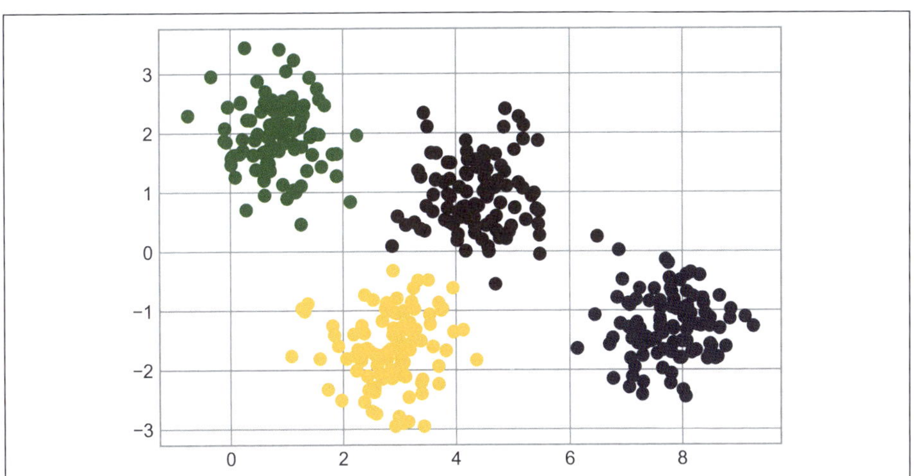

Abbildung 48-4: Durch ein gaußsches Mixture-Modell klassifizierte Daten

Wir können das visualisieren, indem wir den Punkten eine der Wahrscheinlichkeit einer richtigen Zuordnung proportionale Größe zuweisen. In Abbildung 48-5 ist ersichtlich, dass es genau die Punkte in der Nähe der Cluster-Grenzen sind, die geringere Wahrscheinlichkeiten widerspiegeln:

```
In [9]: size = 50 * probs.max(1) ** 2  # Quadrieren hebt Unterschiede hervor.
        plt.scatter(X[:, 0], X[:, 1], c=labels, cmap='viridis', s=size);
```

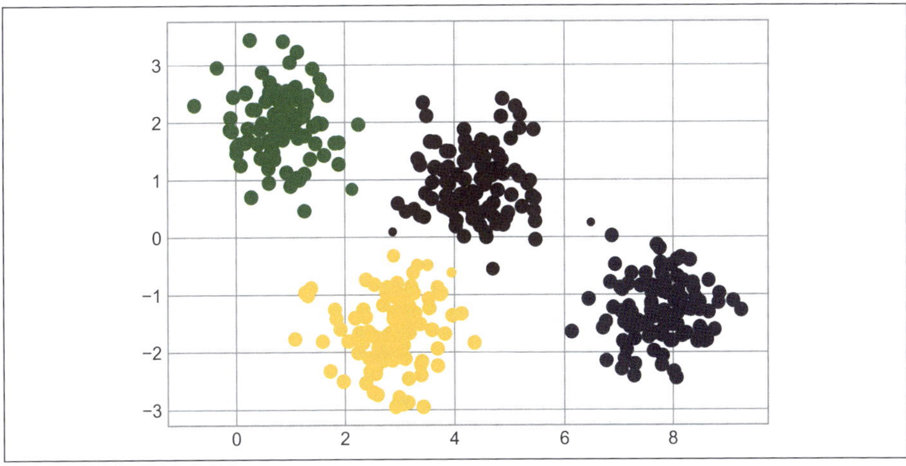

Abbildung 48-5: GMM: Die Wahrscheinlichkeiten werden durch die Größe der Punkte verdeutlicht.

Hinter den Kulissen ist ein GMM einem *k*-Means-Modell sehr ähnlich. Es verwendet einen Expectation-Maximization-Ansatz und funktioniert qualitativ folgendermaßen:

1. Auswahl der Anfangsbedingungen für Ort und Form.
2. Wiederholung der nächsten beiden Schritte, bis das Verfahren konvergiert.

a. *E-Schritt*: Gewichtungen berechnen, die ein Maß für die Wahrscheinlichkeit sind, dass ein Punkt zu einem Cluster gehört.

b. *M-Schritt*: Ort, Normalisierung und Form der Cluster unter Berücksichtigung aller Datenpunkte aktualisieren; dabei wird von den Gewichtungen Gebrauch gemacht.

Auf diese Weise wird jedem Cluster eine Sphäre zugeordnet, die als eindeutige »harte« Grenze dient, aber auf einem geglätteten Gaußmodell beruht. Wie der *k*-Means-Ansatz mit EM übersieht auch dieser Algorithmus manchmal die globale optimale Lösung, daher werden in der Praxis mehrere zufällig ausgewählte Anfangsbedingungen verwendet.

Wir erstellen nun eine Funktion zur Visualisierung der Orte und Formen der GMM-Cluster, die anhand der GMM-Ausgabe Ellipsen zeichnet:

```
In [10]: from matplotlib.patches import Ellipse

         def draw_ellipse(position, covariance, ax=None, **kwargs):
             """Eine Ellipse mit angegebener Position und Kovarianz zeichnen."""
             ax = ax or plt.gca()

             # Kovarianz auf Hauptachsen projizieren.
             if covariance.shape == (2, 2):
                 U, s, Vt = np.linalg.svd(covariance)
                 angle = np.degrees(np.arctan2(U[1, 0], U[0, 0]))
                 width, height = 2 * np.sqrt(s)
             else:
                 angle = 0
                 width, height = 2 * np.sqrt(covariance)

             # Ellipse zeichnen.
             for nsig in range(1, 4):
                 ax.add_patch(Ellipse(position, nsig * width, nsig * height,
                                      angle, **kwargs))

         def plot_gmm(gmm, X, label=True, ax=None):
             ax = ax or plt.gca()
             labels = gmm.fit(X).predict(X)
             if label:
                 ax.scatter(X[:, 0], X[:, 1], c=labels, s=40, cmap='viridis',
                            zorder=2)
             else:
                 ax.scatter(X[:, 0], X[:, 1], s=40, zorder=2)
             ax.axis('equal')

             w_factor = 0.2 / gmm.weights_.max()
             for pos, covar, w in zip(gmm.means_, gmm.covariances_, gmm.weights_):
                 draw_ellipse(pos, covar, alpha=w * w_factor)
```

Nachdem das eingerichtet ist, können wir uns ansehen, was das Vier-Komponenten-GMM für unsere Anfangsbedingungen ergibt (siehe Abbildung 48-6).

```
In [11]: gmm = GaussianMixture(n_components=4, random_state=42)
         plot_gmm(gmm, X)
```

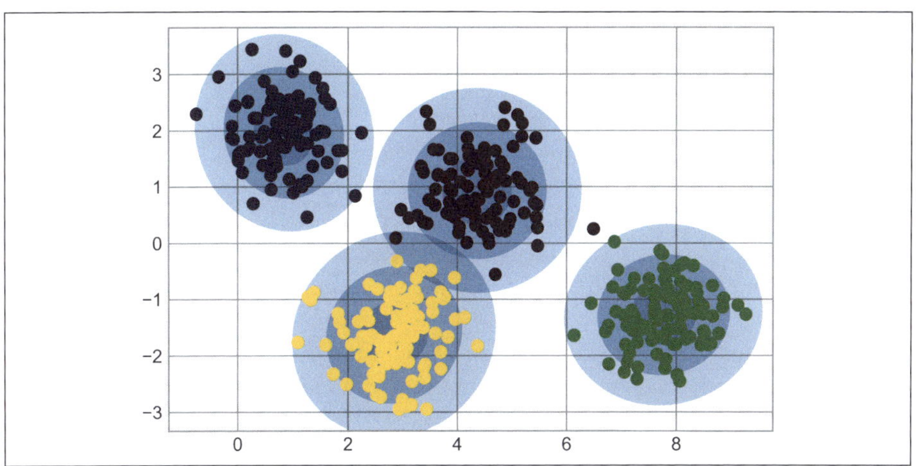

Abbildung 48-6: Repräsentierung des Vier-Komponenten-GMM bei Vorhandensein kreisförmiger Cluster

Auf ähnliche Weise können wir den GMM-Ansatz verwenden, um die transformierte Datenmenge zu modellieren. Wenn der Kovarianztyp `full` gewählt wird (siehe nächsten Abschnitt), passt sich das Modell sogar an längliche, stark deformierte Cluster an, wie in Abbildung 48-7 zu sehen ist.

```
In [12]: gmm = GaussianMixture(n_components=4, covariance_type='full',
                               random_state=42)
         plot_gmm(gmm, X_stretched)
```

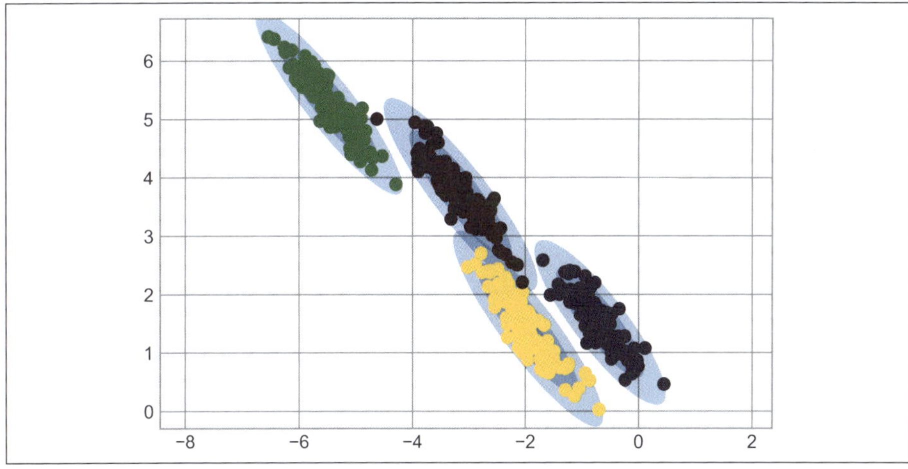

Abbildung 48-7: Repräsentierung des Vier-Komponenten-GMM bei Vorhandensein nicht kreisförmiger Cluster

Das verdeutlicht, dass das GMM die beiden wichtigsten Probleme löst, die *k*-Means-Algorithmen in der Praxis bereiten.

Wahl des Kovarianztyps

Wenn Sie sich die vorangehenden Fits genauer ansehen, werden Sie feststellen, dass für die Option `covariance_type` unterschiedliche Werte verwendet wurden. Dieser Hyperparameter legt die Freiheitsgrade für die Form der Cluster fest. Es ist von entscheidender Bedeutung, diesen Parameter sorgfältig an die vorgegebene Aufgabe anzupassen. Die Voreinstellung lautet `covariance_type="diag"`, was bedeutet, dass die Größe des Clusters für die verschiedenen Dimensionen unabhängig einstellbar ist. Die resultierende Ellipse ist an den Koordinatenachsen ausgerichtet. Etwas einfacher und schneller ist das Modell `covariance_type="spherical"`, das die Form des Clusters so einschränkt, dass alle Dimensionen gleich sind. Das resultierende Clustering besitzt ähnliche Eigenschaften wie das eines *k*-Means-Modells, ist ihm jedoch nicht vollkommen äquivalent. Mit `covariance_type="full"` wird ein etwas komplizierteres und rechenintensiveres Modell ausgewählt (insbesondere wenn die Anzahl der Dimensionen wächst), das es erlaubt, einen Cluster als Ellipse mit beliebiger Ausrichtung zu modellieren. Abbildung 48-8 zeigt visuelle Repräsentierungen der drei Möglichkeiten für denselben Cluster.

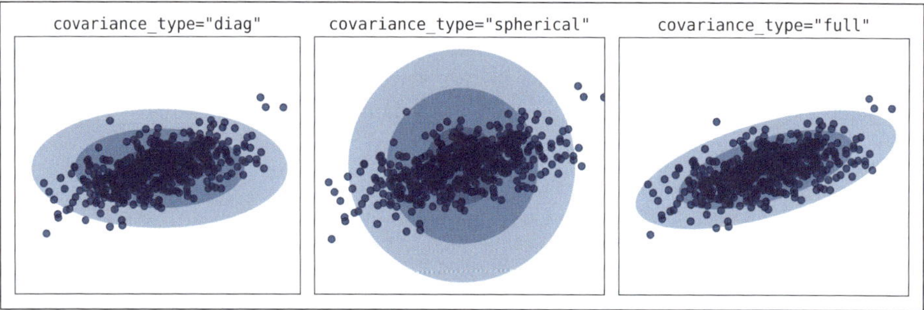

Abbildung 48-8: Visualisierung von GMM-Kovarianztypen[1]

GMM als Dichteschätzung

Das GMM wird zwar oft als Clustering-Algorithmus eingestuft, ist aber grundsätzlich ein Algorithmus zur *Dichteschätzung*. Das soll heißen, dass das Ergebnis eines GMM-Fits an irgendwelche Daten technisch gesehen kein Clustering-Modell, sondern ein generatives probabilistisches Modell ist, das die Verteilung der Daten beschreibt.

Als Beispiel betrachten wir einige von Scikit-Learns `make_moons`-Funktion erzeugte Daten (siehe Abbildung 48-9), die Sie bereits aus Kapitel 47 kennen:

```
In [13]: from sklearn.datasets import make_moons
         Xmoon, ymoon = make_moons(200, noise=.05, random_state=0)
         plt.scatter(Xmoon[:, 0], Xmoon[:, 1]);
```

1 Den Code zur Erzeugung dieser Abbildung finden Sie im Online-Anhang (*https://oreil.ly/MLsk8*) zu diesem Buch.

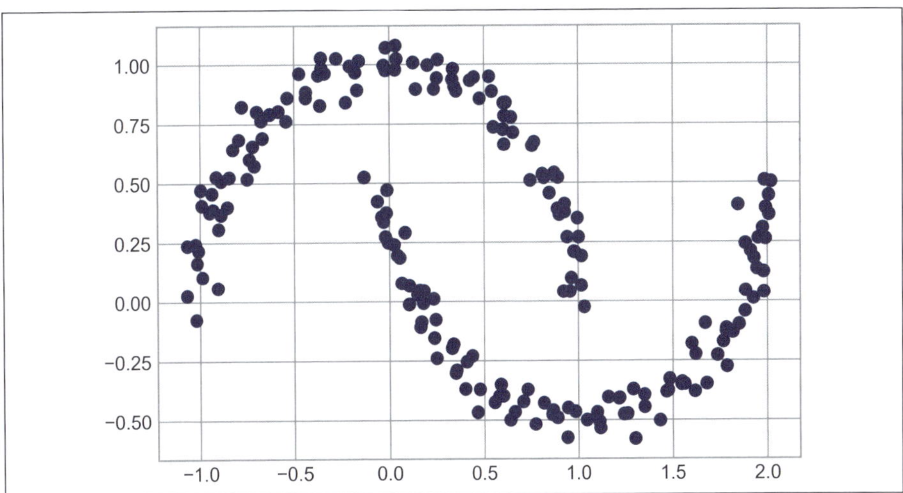

Abbildung 48-9: Auf Cluster mit nichtlinearen Grenzen angewandtes GMM

Wenn wir versuchen, dies mit einem als Clustering aufgefassten Zwei-Komponenten-GMM an diese Daten anzupassen, sind die Ergebnisse nicht besonders sinnvoll (siehe Abbildung 48-10).

```
In [14]: gmm2 = GaussianMixture(n_components=2, covariance_type='full',
                                random_state=0)
         plot_gmm(gmm2, Xmoon)
```

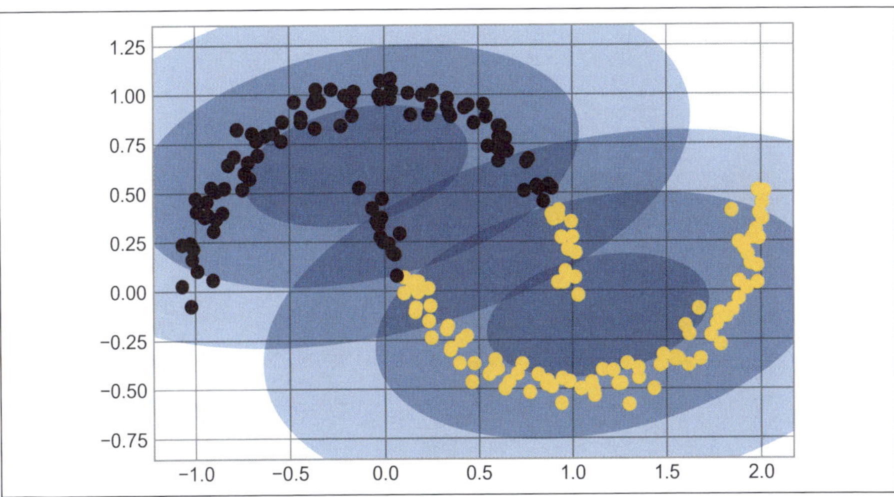

Abbildung 48-10: Fit eines Zwei-Komponenten-GMM mit nichtlinearen Clustern

Verwenden wir stattdessen deutlich mehr Komponenten und ignorieren die Cluster-Labels, ergibt sich ein Fit, der den Eingabedaten sehr viel näherkommt (siehe Abbildung 48-11).

```
In [15]: gmm16 = GaussianMixture(n_components=16, covariance_type='full',
                                 random_state=0)
         plot_gmm(gmm16, Xmoon, label=False)
```

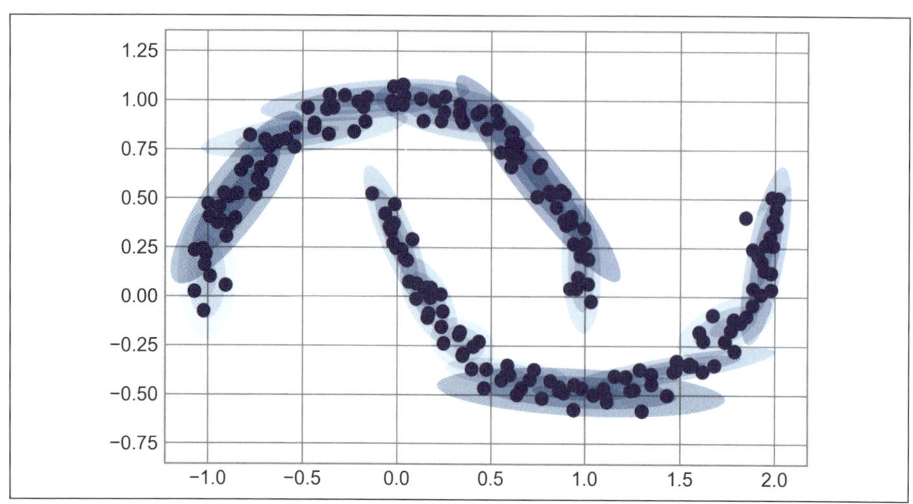

Abbildung 48-11: Verwendung mehrerer GMM-Cluster zur Modellierung der Punkteverteilung

Hier dienen die 16 gaußschen Komponenten nicht dazu, einzelne Cluster zu finden, sondern zur Modellierung der Verteilung der Eingabedaten. Es handelt sich um ein generatives Modell der *Verteilung*: Das GMM liefert uns also das Rezept, zufällige neue Daten zu erzeugen, die ähnlich wie die Eingabedaten verteilt sind. Hier werden mithilfe des 16-Komponenten-GMM-Fits der ursprünglichen Daten beispielsweise 400 neue Datenpunkte erzeugt (siehe Abbildung 48-12).

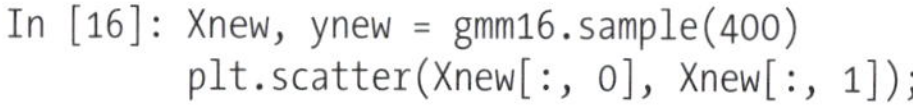

```
In [16]: Xnew, ynew = gmm16.sample(400)
         plt.scatter(Xnew[:, 0], Xnew[:, 1]);
```

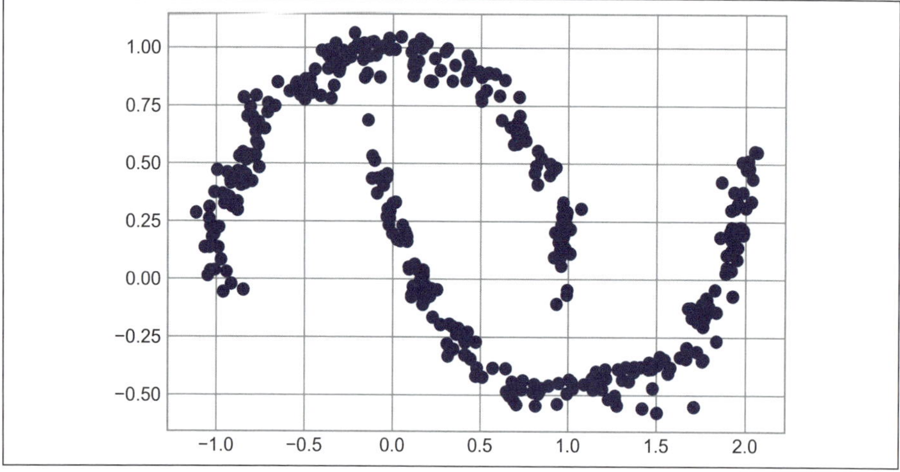

Abbildung 48-12: Vom 16-Komponenten-GMM erzeugte neue Daten

Das GMM bietet eine flexible Möglichkeit, beliebige mehrdimensionale Verteilungen der Daten zu modellieren.

Die Tatsache, dass das GMM ein generatives Modell ist, ermöglicht uns, die optimale Anzahl der Komponenten für eine gegebene Datenmenge zu berechnen. Ein generatives Modell stellt eine Wahrscheinlichkeitsverteilung für die Datenmenge dar, wir können es also dazu nutzen, die *Wahrscheinlichkeiten* der Daten zu ermitteln, und dabei eine Kreuzvalidierung einsetzen, um eine Überanpassung zu verhindern. Eine weitere Möglichkeit, einer Überanpassung Rechnung zu tragen, ist eine Korrektur der Modellwahrscheinlichkeiten anhand analytischer Kennwerte, etwa des Akaike Information Criterion (AIC) (*https://oreil.ly/BmH9X*) oder des Bayesian Information Criterion (BIC) (*https://oreil.ly/Ewivh*). Tatsächlich sind in Scikit-Learns `GaussianMixture`-Estimator bereits Methoden integriert, die diese Werte berechnen, daher ist es ganz einfach, nach diesem Ansatz vorzugehen.

Wir betrachten nun AIC und BIC im Vergleich zur Anzahl der GMM-Komponenten der Monddatenmenge (siehe Abbildung 48-13).

```
In [17]: n_components = np.arange(1, 21)
         models = [GaussianMixture(n, covariance_type='full',
                                   random_state=0).fit(Xmoon)
                   for n in n_components]

         plt.plot(n_components, [m.bic(Xmoon) for m in models], label='BIC')
         plt.plot(n_components, [m.aic(Xmoon) for m in models], label='AIC')
         plt.legend(loc='best')
         plt.xlabel('n_components');
```

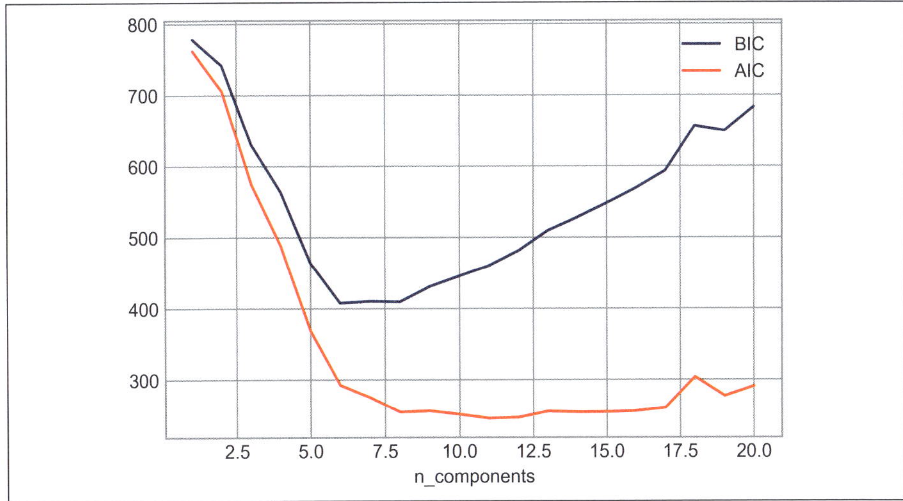

Abbildung 48-13: Visualisierung von AIC und BIC als Funktion der Anzahl der GMM-Komponenten

Die optimale Anzahl der Cluster ist der Wert, der AIC oder BIC minimiert, je nachdem, welche der Näherungen wir verwenden wollen. Der AIC-Wert weist darauf hin, dass der Einsatz von 16 Komponenten wohl etwas zu viel war – 8 bis 12 Komponenten wären eine bessere Wahl gewesen. Der BIC-Wert legt es ebenfalls nahe, ein einfacheres Modell zu verwenden; das ist typisch bei dieser Art der Aufgabenstellung.

Beachten Sie hier einen wichtigen Punkt: Die Wahl der Anzahl der Komponenten bemisst, wie gut das GMM als *Density-Estimator* (»Dichteschätzer«) arbeitet – und nicht, wie gut es *als Clustering-Algorithmus* funktioniert. Sie sollten das GMM vornehmlich als Density-Estimator betrachten und es nur als Clustering-Algorithmus einsetzen, wenn einfache Datenmengen das rechtfertigen.

Beispiel: GMM zum Erzeugen neuer Daten verwenden

Sie haben nun ein einfaches Beispiel eines GMM als generatives Modell zum Erzeugen neuer Samples kennengelernt, das auf der Verteilung der Eingabedaten beruht. Jetzt verfolgen wir diese Idee weiter und erzeugen anhand der zuvor verwendeten Zifferndatenmenge *neue handgeschriebene Ziffern*.

Als Erstes lesen wir die Zifferndaten mithilfe der Scikit-Learn-Tools ein:

```
In [18]: from sklearn.datasets import load_digits
         digits = load_digits()
         digits.data.shape
Out[18]: (1797, 64)
```

Nun zeigen wir die ersten 50 davon an, um einen Eindruck von den Daten zu gewinnen (siehe Abbildung 48-14).

```
In [19]: def plot_digits(data):
             fig, ax = plt.subplots(5, 10, figsize=(8, 4),
                                    subplot_kw=dict(xticks=[], yticks=[]))
             fig.subplots_adjust(hspace=0.05, wspace=0.05)
             for i, axi in enumerate(ax.flat):
                 im = axi.imshow(data[i].reshape(8, 8), cmap='binary')
                 im.set_clim(0, 16)
         plot_digits(digits.data)
```

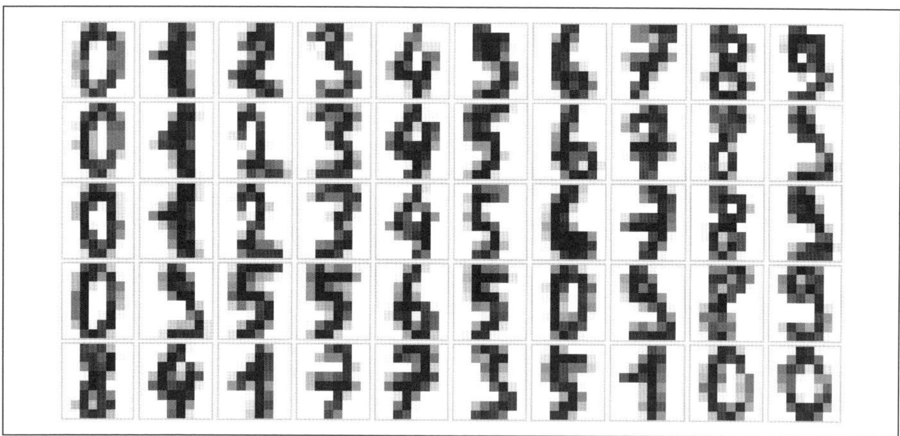

Abbildung 48-14: Die Eingabedaten: handgeschriebene Ziffern

Die Datenmenge besteht aus fast 1.800 Ziffern mit 64 Dimensionen, auf die das GMM zurückgreifen kann, um weitere zu erzeugen. In so hochdimensionalen Räumen kann es Schwierigkeiten bereiten, das GMM zum Konvergieren zu bringen, daher wenden wir zunächst einen invertierbaren Dimensionsreduktionsalgorithmus auf die Daten an. Hier kommt eine unkomplizierte Hauptkomponentenanalyse zum Einsatz, die 99% der Varianz in den projizierten Daten bewahren soll:

```
In [20]: from sklearn.decomposition import PCA
         pca = PCA(0.99, whiten=True)
         data = pca.fit_transform(digits.data)
         data.shape
Out[20]: (1797, 41)
```

Das Ergebnis besitzt 41 Dimensionen, also rund ein Drittel weniger, und das fast ohne Informationsverlust. Wir ermitteln nun das AIC für die projizierte Datenmenge, um eine Abschätzung der Anzahl der zu verwendenden Komponenten zu erhalten (siehe Abbildung 48-15).

```
In [21]: n_components = np.arange(50, 210, 10)
         models = [GaussianMixture(n, covariance_type='full', random_state=0)
                   for n in n_components]
         aics = [model.fit(data).aic(data) for model in models]
         plt.plot(n_components, aics);
```

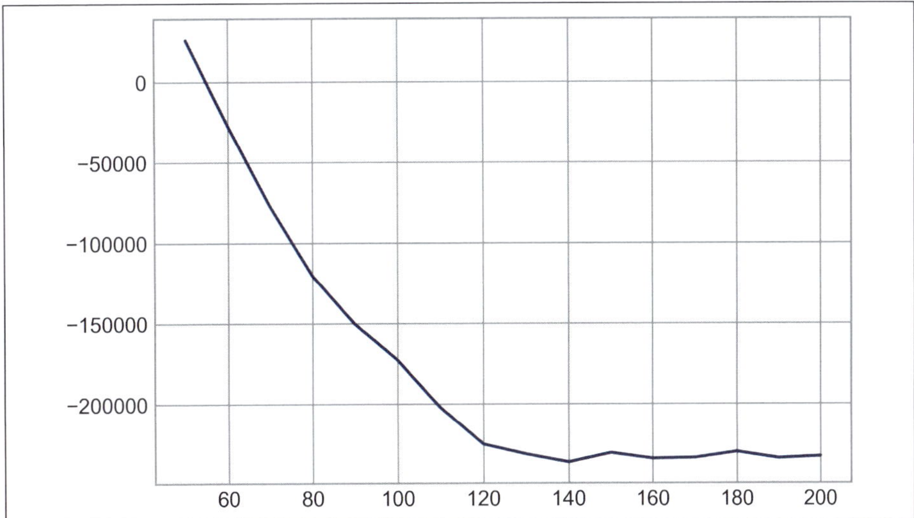

Abbildung 48-15: Die AIC-Kurve zur Auswahl der Anzahl der GMM-Komponenten

Offenbar minimieren etwa 140 Komponenten das AIC – dieses Modell werden wir verwenden. Wir passen es an die Daten an, um uns zu vergewissern, dass es konvergiert:

```
In [22]: gmm = GaussianMixture(140, covariance_type='full', random_state=0)
         gmm.fit(data)
         print(gmm.converged_)
Out[22]: True
```

Nun können wir mit dem GMM als generativem Modell 100 neue Datenpunkte in diesem 41-dimensionalen Projektionsraum erzeugen:

```
In [23]: data_new, label_new = gmm.sample(100)
         data_new.shape
Out[23]: (100, 41)
```

Zum Abschluss nutzen wir die inverse Transformation des PCA-Objekts, um die neuen Ziffern zu erzeugen (siehe Abbildung 48-16).

```
In [24]: digits_new = pca.inverse_transform(data_new)
         plot_digits(digits_new)
```

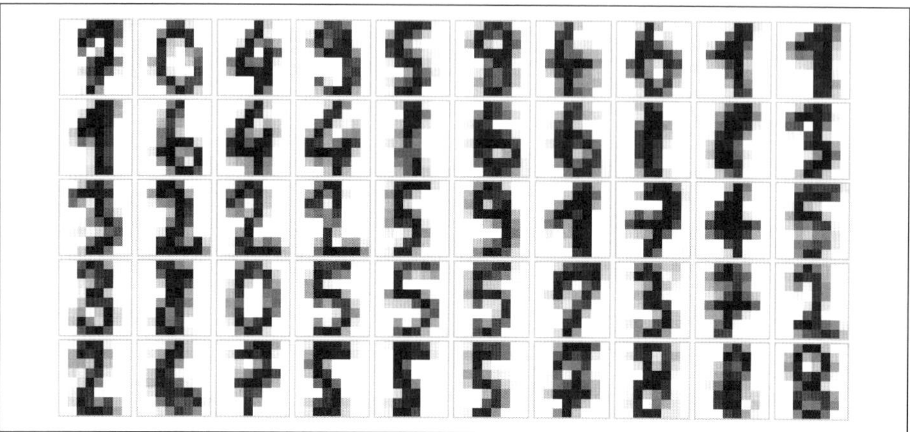

Abbildung 48-16: Das dem GMM-Estimator zugrunde liegende Modell hat zufällige »neue« Ziffern erzeugt.

Der größte Teil der Ergebnisse sieht tatsächlich wie Ziffern aus der Datenmenge aus.

Rekapitulieren Sie noch einmal, was wir hier getan haben: Mithilfe einer Datenmenge handgeschriebener Ziffern haben wir die Verteilung der Daten so modelliert, dass wir nagelneue Samples der Ziffern erzeugen können. Dabei handelt es sich um »handgeschriebene« Ziffern, die in der ursprünglichen Datenmenge gar nicht enthalten sind, die aber die durch das GMM modellierten allgemeinen Features der Eingabedaten aufweisen. Ein solches generatives Modell ist als Komponente eines generativen Bayes-Klassifikators äußerst nützlich, wie Sie im nächsten Kapitel sehen werden.

KAPITEL 49

Ausführlich: Kerndichteschätzung

In Kapitel 48 haben wir uns mit gaußschen Mixture-Modellen (GMM) befasst, die so etwas wie Hybride aus Clustering- und Density-Estimator (»Dichteschätzer«) sind. Wie Sie wissen, ist ein Density-Estimator ein Algorithmus, der eine *D*-dimensionale Datenmenge entgegennimmt und eine Abschätzung der *D*-dimensionalen Wahrscheinlichkeitsverteilung der Daten liefert, aus der die Datenmenge stammt. Der GMM-Algorithmus erreicht das durch die Repräsentierung der Dichte als gewichtete Summe von Gaußverteilungen. Die *Kerndichteschätzung* (engl. *Kernel Density Estimation*, kurz KDE) ist ein Algorithmus, der die dem GMM zugrunde liegende Idee gewissermaßen konsequent zu Ende führt: Er verwendet eine Mischung, die *für jeden Datenpunkt* eine Gaußkomponente enthält, was einen im Wesentlichen unparametrisierten Density-Estimator ergibt. In diesem Kapitel erkunden wir die Gründe für KDE und ihre Anwendungsgebiete.

Das Erste sind wieder die üblichen Importe:

```
In [1]: %matplotlib inline
        import matplotlib.pyplot as plt
        plt.style.use('seaborn-whitegrid')
        import numpy as np
```

Gründe für Kerndichteschätzung: Histogramme

Wie zuvor erwähnt, ist ein Density-Estimator ein Algorithmus, der die Wahrscheinlichkeitsverteilung zu modellieren versucht, die eine Datenmenge erzeugt hat. Im Fall eindimensionaler Daten sind Sie vermutlich schon mit einem einfachen Density-Estimator vertraut: dem Histogramm. Ein Histogramm unterteilt die Daten in diskrete Wertebereiche (sogenannte *Bins*), zählt die Anzahl der Punkte, die zu einem Wertebereich gehören, und visualisiert das Ergebnis auf verständliche Weise. Als Beispiel erzeugen wir einige Daten, die wir zwei Normalverteilungen entnehmen:

```
In [2]: def make_data(N, f=0.3, rseed=1):
            rand = np.random.RandomState(rseed)
            x = rand.randn(N)
            x[int(f * N):] += 5
            return x

        x = make_data(1000)
```

Wir wissen bereits, dass normale auf der Anzahl beruhende Histogramme mit der `plt.hist`-Funktion erstellt werden. Die Angabe des `density`-Parameters bewirkt ein normiertes Histogramm, in dem die Höhe der Balken nicht die Anzahl widerspiegelt, sondern die Wahrscheinlichkeitsdichte (siehe Abbildung 49-1).

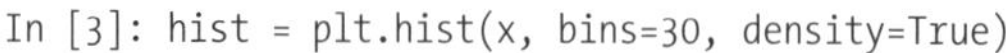

```
In [3]: hist = plt.hist(x, bins=30, density=True)
```

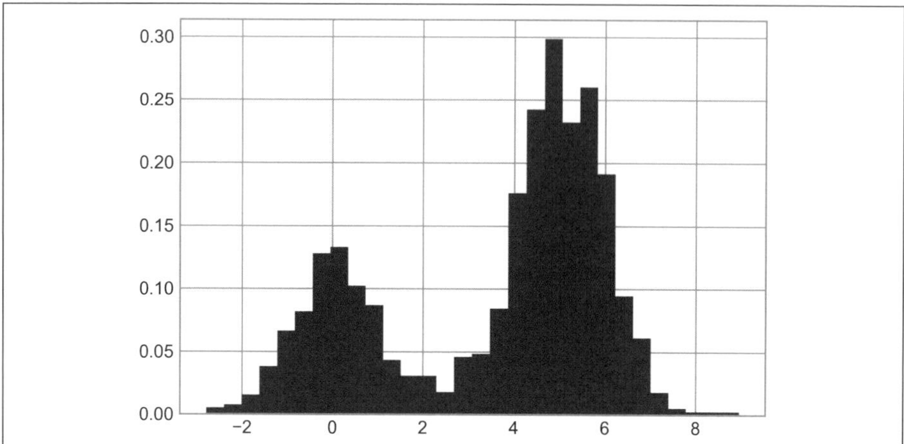

Abbildung 49-1: Einer Kombination aus Normalverteilungen entnommene Werte

Bei Bins gleicher Breite entspricht die Normierung einer Skalierung in Richtung der y-Achse: Die relativen Höhen der Balken bleiben gegenüber einem auf der Anzahl beruhenden Histogramm unverändert. Die Normierung ist so gewählt, dass die Gesamtfläche des Histogramms gleich 1 ist, was die Ausgabe der Histogrammfunktion bestätigt:

```
In [4]: density, bins, patches = hist
        widths = bins[1:] - bins[:-1]
        (density * widths).sum()
Out[4]: 1.0
```

Beim Einsatz von Histogrammen ist es problematisch, dass die Wahl von Ort und Breite der Bins zu Darstellungen mit qualitativ unterschiedlichen Features führen kann. Wenn wir beispielsweise eine Version dieser Daten mit nur 20 Datenpunkten betrachten, kann die Wahl der Position der Wertebereiche zu einer völlig anderen Interpretation der Daten führen. Sehen Sie sich das folgende Beispiel an (siehe Abbildung 49-2.

```
In [5]: x = make_data(20)
        bins = np.linspace(-5, 10, 10)

In [6]: fig, ax = plt.subplots(1, 2, figsize=(12, 4),
                               sharex=True, sharey=True,
                               subplot_kw={'xlim':(-4, 9),
                                           'ylim':(-0.02, 0.3)})
        fig.subplots_adjust(wspace=0.05)
        for i, offset in enumerate([0.0, 0.6]):
            ax[i].hist(x, bins=bins + offset, density=True)
            ax[i].plot(x, np.full_like(x, -0.01), '|k',
                       markeredgewidth=1)
```

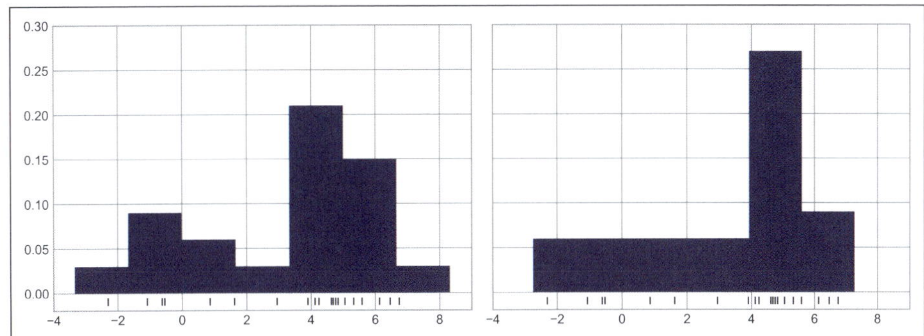

Abbildung 49-2: Das Problem bei Histogrammen: Die Position der Bins beeinflusst die Interpretation.

Das linke Histogramm zeigt eine bimodale Verteilung. Rechts ist nur eine unimodale Verteilung mit langem Ausläufer erkennbar. Würden Sie den Code nicht kennen, hätten Sie vermutlich nicht erwartet, dass die beiden Histogramme auf denselben Daten beruhen. Wie also soll man in Anbetracht dessen dem Eindruck vertrauen, den ein Histogramm vermittelt? Und was könnten wir verbessern?

Man kann sich ein Histogramm auch als einen Haufen von Bausteinen vorstellen, die den Punkten in der Datenmenge entsprechend aufeinandergestapelt werden. Das können wir direkt anzeigen (siehe Abbildung 49-3).

```
In [7]: fig, ax = plt.subplots()
        bins = np.arange(-3, 8)
        ax.plot(x, np.full_like(x, -0.1), '|k',
                markeredgewidth=1)
        for count, edge in zip(*np.histogram(x, bins)):
            for i in range(count):
                ax.add_patch(plt.Rectangle(
                    (edge, i), 1, 1, ec='black', alpha=0.5))
        ax.set_xlim(-4, 8)
        ax.set_ylim(-0.2, 8)
Out[7]: (-0.2, 8.0)
```

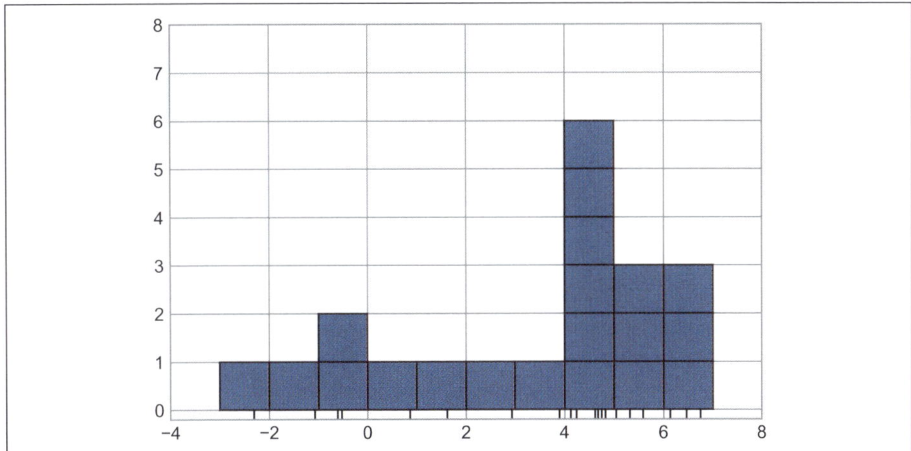

Abbildung 49-3: Ein Histogramm als ein Stapel von Bausteinen

Das Problem bei der Aufteilung in Bins gleicher Breite beruht auf der Tatsache, dass die Höhe des Bausteinstapels oft nicht die tatsächliche Dichte nahe gelegener Punkte widerspiegelt, sondern auch von der zufälligen Lage von Punkten im Verhältnis zu den Bins abhängt. Diese fehlende Übereinstimmung von Punkten und Bausteinen ist eine mögliche Ursache für das schlechte Ergebnis der Histogramme. Und wenn wir die Bausteine nicht den *Bins* entsprechend, sondern *entsprechend den Punkten, die sie repräsentieren*, stapeln? Dann befinden sich die Bausteine zwar nicht mehr übereinander, wir können aber die Beiträge summieren, die sie an den Punkten entlang der x-Achse leisten, um ein Ergebnis zu erhalten. Das probieren wir aus (siehe Abbildung 49-4):

```
In [8]: x_d = np.linspace(-4, 8, 2000)
        density = sum((abs(xi - x_d) < 0.5) for xi in x)

        plt.fill_between(x_d, density, alpha=0.5)
        plt.plot(x, np.full_like(x, -0.1), '|k', markeredgewidth=1)

        plt.axis([-4, 8, -0.2, 8]);
```

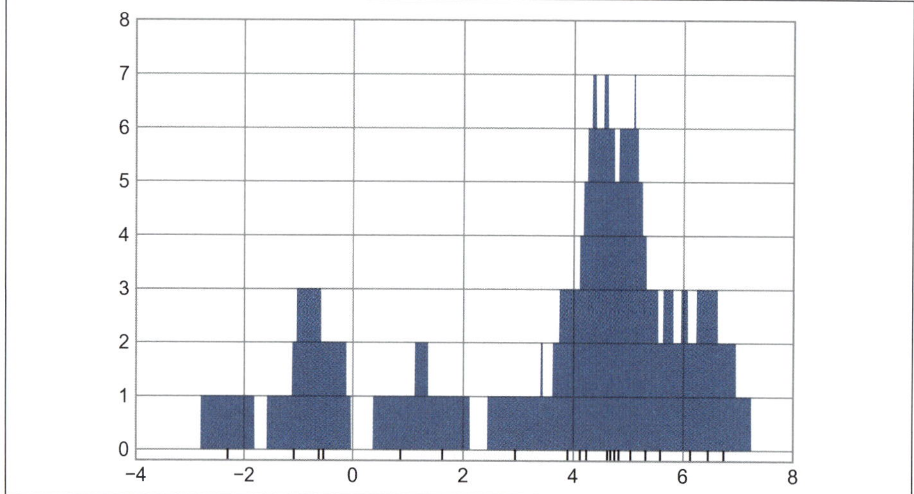

Abbildung 49-4: Ein »Histogramm«, dessen Bausteine auf die einzelnen Punkte zentriert sind; hierbei handelt es sich um ein Beispiel für eine Kerndichteschätzung.

Das Ergebnis sieht zwar ein wenig unordentlich aus, spiegelt aber die tatsächlichen Eigenschaften der Daten viel besser wider als ein normales Histogramm. Der zackige Verlauf ist jedoch unschön und gibt auch keine der eigentlichen Features der Daten wieder. Um das zu beheben, können wir die Bausteine aller Punkte durch eine Glättungsfunktion ersetzen. Wir verwenden für die Punkte also anstelle der Bausteine eine Standardnormalverteilung (siehe Abbildung 49-5).

```
In [9]: from scipy.stats import norm
        x_d = np.linspace(-4, 8, 1000)
        density = sum(norm(xi).pdf(x_d) for xi in x)

        plt.fill_between(x_d, density, alpha=0.5)
```

```
plt.plot(x, np.full_like(x, -0.1), '|k', markeredgewidth=1)

plt.axis([-4, 8, -0.2, 5]);
```

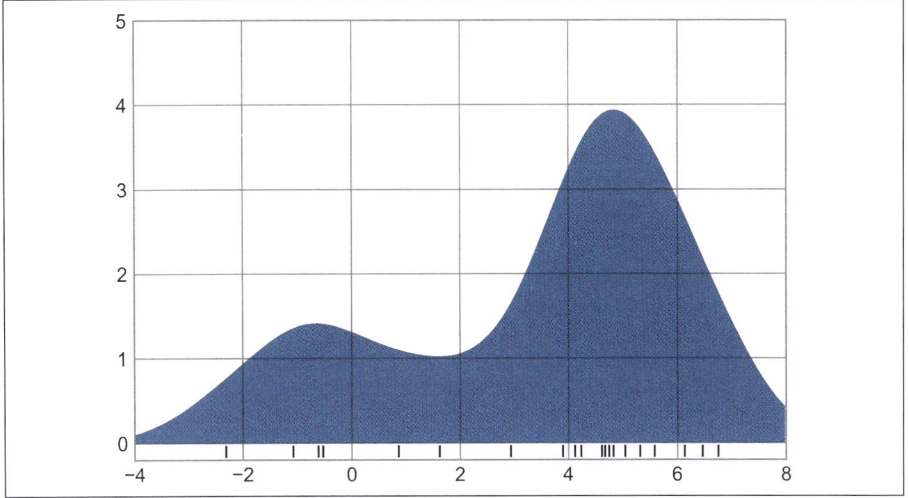

Abbildung 49-5: Kerndichteschätzung mit Gaußkern

Die geglättete Kurve mit den Beiträgen einer Gaußverteilung an den Orten der Eingabepunkte vermittelt eine sehr viel genauere Vorstellung von der Form der Datenverteilung, die darüber hinaus eine deutlich geringere Varianz besitzt (also weniger empfindlich auf Änderungen in der Stichprobe reagiert).

Damit sind wir bei einer Kerndichteschätzung in einer Dimension angelangt: Wir haben einen »Kern« – im ersten Fall ein Rechteck (auch Top-Hat-, also »Zylinderhut«-Kern genannt), im zweiten Fall einen Gaußkern – an der Position jedes Punkts platziert und ihre Summe als Schätzung der Dichte verwendet. Mit diesem Gedanken im Hinterkopf nehmen wir die Kerndichteschätzung nun genauer unter die Lupe.

Kerndichteschätzung in der Praxis

Die freien Parameter einer Kerndichteschätzung sind der *Kern*, der die Form der Verteilung der einzelnen Punkte angibt, und die *Bandbreite des Kerns*, die für die Größe des Kerns an den Punkten verantwortlich ist. In der Praxis stehen viele Kerne zur Verfügung, die man für eine Kerndichteschätzung verwenden kann. Scikit-Learns KDE-Implementierung unterstützt sechs verschiedene Kerne, wie Sie im Abschnitt »Density Estimation« (*https://oreil.ly/2Ae4a*)der Dokumentation nachlesen können.

Es gibt zwar verschiedene Versionen der KDE, die in Python implementiert wurden (insbesondere in den Paketen ScyPy und `statsmodels`), aufgrund der Effizienz und der Flexibilität bevorzuge ich allerdings Scikit-Learns Version. Sie ist im `sklearn.neighbors.KernelDensity`-Estimator implementiert und kann mehrdimensionale Kerndichteschätzungen mit einem von sechs verschiedenen Kernen und einigen Dutzend Distanzmetriken handhaben. Da die Kerndichteschätzung ziemlich rechenintensiv sein kann, verwendet der Scikit-Learn-Estimator hinter den Kulissen einen baumbasierten Algorithmus, der es ermöglicht, durch Angabe der Parameter atol (absolute Toleranz) und rtol (relative Toleranz) einen Kompromiss zwischen Rechenzeit und Genauigkeit einzugehen. Die Bandbreite des Kerns können wir mit Scikit-Learn-Tools für die Kreuzvalidierung ermitteln, wie Sie gleich sehen werden.

Zunächst einmal betrachten wir ein Beispiel, mit dem wir das letzte Diagramm mithilfe des Scikit-Learn-Estimators KernelDensity duplizieren können (siehe Abbildung 49-6).

```
In [10]: from sklearn.neighbors import KernelDensity

         # Instanziieren und Anpassen des KDE-Modells.
         kde = KernelDensity(bandwidth=1.0, kernel='gaussian')
         kde.fit(x[:, None])

         # score_samples gibt den Logarithmus der
         # Wahrscheinlichkeitsdichte zurück.
         logprob = kde.score_samples(x_d[:, None])

         plt.fill_between(x_d, np.exp(logprob), alpha=0.5)
         plt.plot(x, np.full_like(x, -0.01), '|k', markeredgewidth=1)
         plt.ylim(-0.02, 0.22);
```

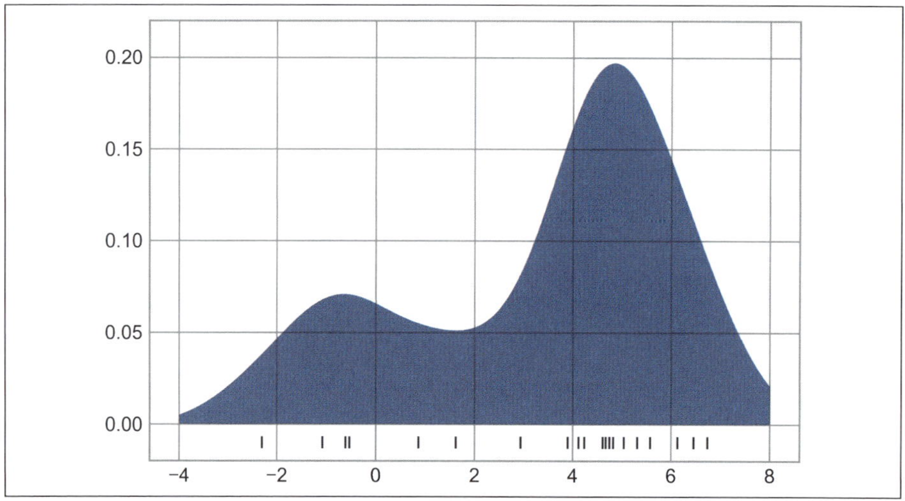

Abbildung 49-6: Mit Scikit-Learn berechnete Kerndichteschätzung

Das Ergebnis ist hier normiert, sodass die Fläche unter der Kurve gleich 1 ist.

Auswahl der Bandbreite durch Kreuzvalidierung

Die letztendlich vom KDE-Verfahren erzeugte Abschätzung kann sehr empfindlich auf die Auswahl der Bandbreite reagieren. Sie ist die Stellschraube, die bei der Abschätzung der Dichte den Kompromiss zwischen Bias und Varianz regelt: Eine zu schmale Bandbreite führt zu einer Abschätzung mit hoher Varianz (es kommt zu einer Überanpassung), bei der das Vorhandensein oder die Abwesenheit nur eines einzelnen Punkts schon einen großen Unterschied bedeutet. Eine zu weite Bandbreite hingegen führt zu einer Abschätzung mit großem Bias (es kommt zu einer Unteranpassung), wobei die Struktur in den Daten durch den weiten Kern verwässert wird.

In der Statistik haben Methoden zur schnellen Abschätzung der besten Bandbreite anhand ziemlich strenger Annahmen bezüglich der Daten eine lange Geschichte: Wenn Sie sich beispielsweise die KDE-Implementierungen in den SciPy- und `statsmodels`-Paketen ansehen, werden Sie feststellen, dass sie auf solchen Annahmen und Regeln beruhen.

Beim Machine Learning erfolgt die Abstimmung von Hyperparametern oft empirisch durch Kreuzvalidierung. Der `KernelDensity`-Estimator von Scikit-Learn ist so konzipiert, dass er direkt innerhalb der Standardsuchwerkzeuge für die Rastersuche verwendbar ist. Hier werden wir `GridSearchCV` zur Optimierung der Bandbreite für die letzte Datenmenge einsetzen. Da wir eine sehr kleine Datenmenge betrachten, verwenden wir die Leave-One-Out-Kreuzvalidierung, die die Verkleinerung der Trainingsdatenmenge bei den einzelnen Kreuzvalidierungstests minimiert:

```
In [11]: from sklearn.model_selection import GridSearchCV
         from sklearn.model_selection import LeaveOneOut

         bandwidths = 10 ** np.linspace(-1, 1, 100)
         grid = GridSearchCV(KernelDensity(kernel='gaussian'),
                             {'bandwidth': bandwidths},
                             cv=LeaveOneOut())
         grid.fit(x[:, None]);
```

Nun können wir die Bandbreite ermitteln, die den Score maximiert (in diesem Fall ist die Log-Likelihood-Funktion voreingestellt):

```
In [12]: grid.best_params_
Out[12]: {'bandwidth': 1.1233240329780276}
```

Zufälligerweise unterscheidet sich die optimale Bandbreite kaum von dem Wert, den wir in dem Beispieldiagramm verwendet haben. Dort betrug die Bandbreite 1.0 (die Voreinstellung von `scipy.stats.norm`).

Beispiel: Nicht ganz so naive Bayes-Klassifikation

Dieses Beispiel nutzt einen generativen Bayes-Klassifikator mit Kerndichteschätzung und demonstriert, wie sich die Scikit-Learn-Architektur zum Erstellen benutzerdefinierter Estimators verwenden lässt.

In Kapitel 41 haben wir uns mit der naiven Bayes-Klassifikation befasst, indem wir einfache generative Modelle für die verschiedenen Klassen erstellt haben. Mit diesen Modellen haben wir einen schnellen Klassifikator entwickelt. Bei der gaußschen naiven Bayes-Klassifikation ist das generative Modell eine einfache Gaußverteilung. Wenn wir dieses »naive« Element durch eine Kerndichteschätzung ersetzen, können wir dieselbe Klassifikation mit einem ausgefeilteren generativen Modell für die verschiedenen Klassen ausführen. Es handelt sich noch immer um eine Bayes-Klassifikation, sie ist jedoch nicht mehr »naiv«.

Der allgemeine Ansatz einer generativen Klassifikation sieht so aus:

1. Die Trainingsdaten werden ihrem Label entsprechend in Teilmengen aufgeteilt.
2. Passen Sie eine Kerndichteschätzung an die Teilmengen an, um ein generatives Modell für die Daten zu erstellen. Auf diese Weise können Sie für eine Beobachtung x und das Label y die Wahrscheinlichkeit $P(x \mid y)$ berechnen.
3. Berechnen Sie anhand der Anzahl der verschiedenen Klassen in der Trainingsdatenmenge den *Klassenprior*, $P(y)$.
4. Für einen unbekannten Punkt x ist dies die A-posteriori-Wahrscheinlichkeit für die Zugehörigkeit zu einer Klasse $P(y \mid x) \propto P(x \mid y)P(y)$. Die Klasse, die diese A-posteriori-Wahrscheinlichkeit maximiert, wird dem Punkt als Label zugewiesen.

Der Algorithmus an sich ist schnörkellos und intuitiv verständlich – die eigentliche Schwierigkeit besteht darin, ihn im Rahmen des Scikit-Learn-Frameworks zu formulieren, um von der Rastersuche und der Kreuzvalidierung Gebrauch machen zu können.

Dies ist der Code, der den Algorithmus via Scikit-Learn implementiert; wir werden ihn gleich schrittweise erörtern:

```
In [13]: from sklearn.base import BaseEstimator, ClassifierMixin

         class KDEClassifier(BaseEstimator, ClassifierMixin):
             """Auf KDE basierender generativer Bayes-Klassifikator

             Parameter
             ----------
             bandwidth : float
                 Die Bandbreite des Kerns in den Klassen
             kernel : str
                 Der Name des Kerns, der der Kerndichteschätzung übergeben wird
             """
             def __init__(self, bandwidth=1.0, kernel='gaussian'):
                 self.bandwidth = bandwidth
                 self.kernel = kernel

             def fit(self, X, y):
                 self.classes_ = np.sort(np.unique(y))
                 training_sets = [X[y == yi] for yi in self.classes_]
                 self.models_ = [KernelDensity(bandwidth=self.bandwidth,
                                               kernel=self.kernel).fit(Xi)
                                 for Xi in training_sets]
                 self.logpriors_ = [np.log(Xi.shape[0] / X.shape[0])
                                    for Xi in training_sets]
                 return self

             def predict_proba(self, X):
                 logprobs = np.array([model.score_samples(X)
                                      for model in self.models_]).T
                 result = np.exp(logprobs + self.logpriors_)
                 return result / result.sum(axis=1, keepdims=True)

             def predict(self, X):
                 return self.classes_[np.argmax(self.predict_proba(X), 1)]
```

Aufbau eines benutzerdefinierten Estimators

Wir gehen den Code Schritt für Schritt durch und erörtern die entscheidenden Punkte:

```
from sklearn.base import BaseEstimator, ClassifierMixin

class KDEClassifier(BaseEstimator, ClassifierMixin):
    """Auf KDE basierender generativer Bayes-Klassifikator

    Parameter
    ----------
    bandwidth : float
        Die Bandbreite des Kerns in den Klassen
    kernel : str
        Der Name des Kerns, der der Kerndichteschätzung übergeben wird
    """
```

Da die Estimators in Scikit-Learn Klassen sind, ist es am einfachsten, wenn diese Klasse von der Elternklasse `BaseEstimator` und dem dazugehörigen Mixin erbt, die bereits grundlegende Funktionalitäten bereitstellen. Hier enthält beispielsweise die `BaseEstimator`-Klasse unter anderem die notwendige Logik, um einen Estimator zwecks Verwendung in einer Kreuzvalidierung zu klonen bzw. zu kopieren, und die `ClassifierMixin`-Klasse definiert eine Standard-score-Methode, die von solchen Routinen verwendet wird. Darüber hinaus stellen wir einen Docstring für IPythons Hilfesystem bereit (siehe Kapitel 1).

Nun folgt die Methode zur Klasseninitialisierung:

```
    def __init__(self, bandwidth=1.0, kernel='gaussian'):
        self.bandwidth = bandwidth
        self.kernel = kernel
```

Dieser Code wird ausgeführt, wenn das Objekt durch den Aufruf von `KDEClassifier` instanziiert wird. In Scikit-Learn ist es wichtig, dass bei der Initialisierung – bis auf die Zuweisung der mit Namen übergebenen Parameter an `self` – *keine anderen Operationen* ausgeführt werden. Das ist der in der `BaseEstimator`-Klasse enthaltenen Logik geschuldet, die für das Klonen und Ändern der Estimators für Kreuzvalidierung, Rastersuche und andere Funktionen erforderlich ist. Außerdem müssen auch die Argumente für `__init__` explizit angegeben werden, das heißt, man sollte auf `*args` oder `**kwargs` verzichten, weil diese in den Routinen der Kreuzvalidierung nicht korrekt gehandhabt werden.

Als Nächstes kommt die `fit`-Methode, in der die Trainingsdaten verarbeitet werden:

```
    def fit(self, X, y):
        self.classes_ = np.sort(np.unique(y))
        training_sets = [X[y == yi] for yi in self.classes_]
        self.models_ = [KernelDensity(bandwidth=self.bandwidth,
                                      kernel=self.kernel).fit(Xi)
                        for Xi in training_sets]
        self.logpriors_ = [np.log(Xi.shape[0] / X.shape[0])
                           for Xi in training_sets]
        return self
```

Hier werden die verschiedenen Klassen in der Trainingsdatenmenge aufgespürt, das KernelDensity-Modell wird trainiert, und anhand der Anzahl der Samples in den Eingabedaten werden die Klassenprioren berechnet. Die fit-Methode sollte stets self zurückgeben, damit wir Befehle miteinander verknüpfen können, zum Beispiel:

```
label = model.fit(X, y).predict(X)
```

Beachten Sie, dass beim Speichern der Ergebnisse des Fits ein Unterstrich an den Namen angehängt wird (z.B. self.logpriors_). Hierbei handelt es sich um eine in Scikit-Learn übliche Konvention, damit man die Member eines Estimators (mit IPythons Tab-Vervollständigung) schnell auffinden kann und genau sieht, welche an die Trainingsdaten angepasst werden.

Und schließlich folgt noch die Logik zur Vorhersage der Labels neuer Daten:

```
    def predict_proba(self, X):
        logprobs = np.vstack([model.score_samples(X)
                              for model in self.models_]).T
        result = np.exp(logprobs + self.logpriors_)
        return result / result.sum(axis=1, keepdims=True)

    def predict(self, X):
        return self.classes_[np.argmax(self.predict_proba(X), 1)]
```

Weil es sich hier um einen probabilistischen Klassifikator handelt, implementieren wir zunächst die predict_proba-Funktion, die ein Array der Klassenwahrscheinlichkeiten mit der Shape [n_samples, n_classes] zurückgibt. Der Eintrag [i, j] dieses Arrays gibt die A-posteriori-Wahrscheinlichkeit an, dass Sample i zur Klasse j gehört. Der Wert ergibt sich durch Multiplikation der Wahrscheinlichkeit mit Klassenprior und Normierung.

Die predict-Methode schließlich gibt einfach nur die Klasse mit der höchsten Wahrscheinlichkeit zurück.

Den benutzerdefinierten Estimator verwenden

Wir testen den benutzerdefinierten Estimator mit einer wohlbekannten Aufgabe: der Klassifikation handgeschriebener Ziffern. Wir lesen die Ziffern ein und berechnen mit dem Meta-Estimator GridSearchCV den Score der Kreuzvalidierung für verschiedene Bandbreiten (siehe dazu auch Kapitel 39):

```
In [14]: from sklearn.datasets import load_digits
         from sklearn.model_selection import GridSearchCV

         digits = load_digits()

         grid = GridSearchCV(KDEClassifier(),
                             {'bandwidth': np.logspace(0, 2, 100)})
         grid.fit(digits.data, digits.target);
```

Nun können wir ein Diagramm des Kreuzvalidierungs-Scores als Funktion der Bandbreite erstellen (siehe Abbildung 49-7).

```
In [15]: fig, ax = plt.subplots()
         ax.semilogx(np.array(grid.cv_results_['param_bandwidth']),
                     grid.cv_results_['mean_test_score'])
         ax.set(title='KDE Model Performance', ylim=(0, 1),
                xlabel='bandwidth', ylabel='accuracy')
         print(f'best param: {grid.best_params_}')
         print(f'accuracy = {grid.best_score_}')
Out[15]: best param: {'bandwidth': 6.135907273413174}
         accuracy = 0.9677298050139276
```

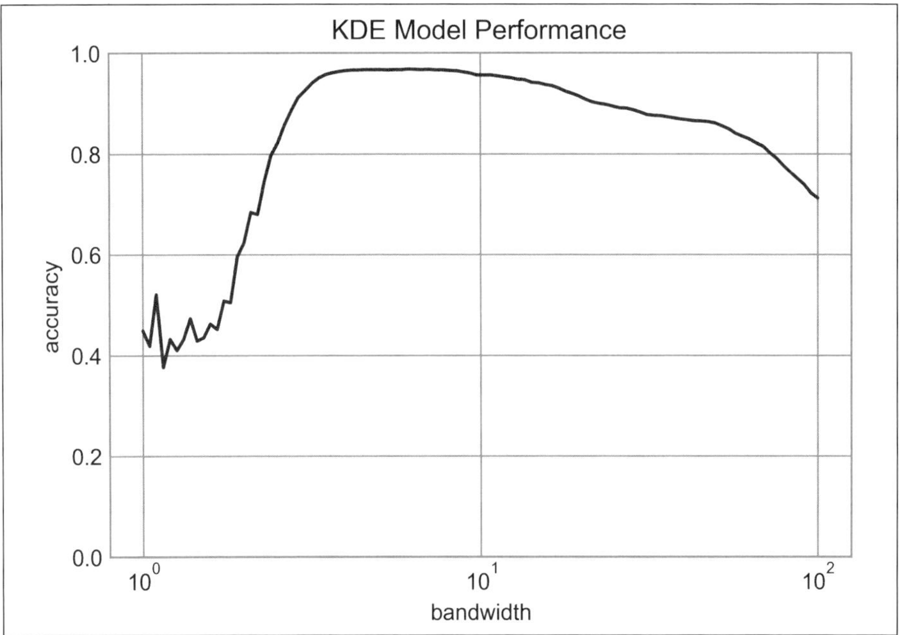

Abbildung 49-7: Validierungskurve des Bayes-Klassifikators mit Kerndichteschätzung

Der nicht ganz so naive Bayes-Klassifikator erreicht bei der Kreuzvalidierung eine Korrektklassifikationsrate von etwas mehr als 96%. Vergleichen Sie das mit den rund 80% der naiven Bayes-Klassifikation:

```
In [16]: from sklearn.naive_bayes import GaussianNB
         from sklearn.model_selection import cross_val_score
         cross_val_score(GaussianNB(), digits.data, digits.target).mean()
Out[16]: 0.8069281956050759
```

Generative Klassifikatoren dieser Art haben den Vorteil, dass die Ergebnisse gut interpretierbar sind: Sie liefern nicht nur eine probabilistische Klassifikation des unbekannten Samples, sondern auch ein *vollständiges Modell* der Verteilung der verarbeiteten Punkte. Dadurch erhält man bei Bedarf Einblick in die Gründe einer bestimmten Klassifikation, die Algorithmen wie SVM und Random Forests tendenziell verschleiern.

Falls Sie dieses Thema vertiefen möchten, sind hier einige Ideen für Verbesserungen, die an diesem KDE-Klassifikator vorgenommen werden könnten:

- Sie könnten es ermöglichen, dass die Bandbreiten der verschiedenen Klassen voneinander unabhängig variieren.
- Sie könnten für die Optimierung der Bandbreite der Klassen statt der Vorhersagewerte die Wahrscheinlichkeiten der Trainingsdaten des generativen Modells verwenden (also statt der globalen Korrektklassifikationsrate der Vorhersage die `KernelDensity`-Scores selbst).

Wenn Sie ein wenig an Erfahrung in der Entwicklung benutzerdefinierter Estimators gewinnen möchten, können Sie die Aufgabe in Angriff nehmen, einen vergleichbaren Bayes-Klassifikator einzurichten, der anstelle der Kerndichteschätzung ein GMM verwendet.

KAPITEL 50

Anwendung: Eine Gesichtserkennungspipeline

In diesem Teil des Buchs haben wir uns mit zentralen Konzepten und Algorithmen des Machine Learning befasst. Die Umsetzung dieser Konzepte in praktische Anwendungen kann jedoch eine große Herausforderung werden. Echte Daten sind verrauscht und ungleichartig, manchmal fehlen Features, oder die Daten liegen in einer Form vor, die sich nur schwer durch eine aufgeräumte `[n_samples, n_features]`-Matrix abbilden lassen. Bevor Sie die hier erläuterten Methoden anwenden können, müssen Sie zunächst die Features aus den Daten extrahieren. Ein allgemeingültiges Verfahren dafür gibt es nicht. Sie müssen als Data Scientist Ihre eigene Intuition und Ihr eigenes Fachwissen einbringen.

Zu den interessantesten und spannendsten Anwendungen des Machine Learning gehört die Bilderkennung. Sie haben dahin gehend bereits einige Beispiele gesehen, in denen Features auf Pixelebene zur Klassifikation verwendet wurden. Wie gesagt: In der Praxis sind die Daten jedoch nur in den seltensten Fällen so einheitlich aufgebaut, und einfache Pixel sind nicht mehr ausreichend – ein Sachverhalt, der zu umfangreicher Literatur zum Thema *Feature-Extraktion* aus Bilddaten geführt hat (siehe Kapitel 40).

In diesem Kapitel werden wir uns eine dieser Methoden zur Feature-Extraktion genauer ansehen, nämlich ein sogenanntes *Histogram of Oriented Gradients* (HOG) (*https://oreil.ly/eiJ4X*). Das Verfahren transformiert die Pixel eines Bilds in eine Vektorrepräsentierung, die unabhängig von Störfaktoren wie schlechter Beleuchtung eine Vielfalt informativer Bild-Features enthält. Wir werden diese Features nutzen, um eine einfache Gesichtserkennungspipeline zu entwickeln. Hierfür verwenden wir die Machine-Learning-Algorithmen und Konzepte, die Sie im Verlauf dieses Teils des Buchs kennengelernt haben. Am Anfang stehen wie gehabt die üblichen Importe:

```
In [1]: %matplotlib inline
        import matplotlib.pyplot as plt
        plt.style.use('seaborn-whitegrid')
        import numpy as np
```

HOG-Features

Das HOG ist ein unkompliziertes Verfahren zur Feature-Extraktion, das zur Identifizierung von auf Fotos abgebildeten Fußgängerinnen und Fußgängern entwickelt wurde. Das Verfahren besteht aus folgenden Schritten:

1. Optionale vorherige Normierung der Bilder. Auf diese Weise entstehen Features, die von Helligkeitsschwankungen unabhängig sind.
2. Anwendung zweier Filter, die empfindlich für horizontale und vertikale Helligkeitsgradienten sind. Dabei werden Informationen über Kanten bzw. Ränder, Konturen und Textur erfasst.
3. Aufteilung des Bilds in Zellen vorgegebener Größe und Berechnung eines Histogramms der Ausrichtung der Gradienten in den einzelnen Zellen.
4. Normierung der Histogramme der Zellen durch einen Vergleich mit der Gruppe der benachbarten Zellen.
5. Erzeugen eines eindimensionalen Feature-Vektors anhand der Informationen in den einzelnen Zellen.

Im Scikit-Image-Projekt ist bereits ein schneller HOG-Algorithmus integriert, den wir relativ zügig ausprobieren können, um die gerichteten Gradienten der Zellen zu visualisieren (siehe Abbildung 50-1).

```
In [2]: from skimage import data, color, feature
        import skimage.data

        image = color.rgb2gray(data.chelsea())
        hog_vec, hog_vis = feature.hog(image, visualize=True)

        fig, ax = plt.subplots(1, 2, figsize=(12, 6),
                               subplot_kw=dict(xticks=[], yticks=[]))
        ax[0].imshow(image, cmap='gray')
        ax[0].set_title('input image')

        ax[1].imshow(hog_vis)
        ax[1].set_title('visualization of HOG features');
```

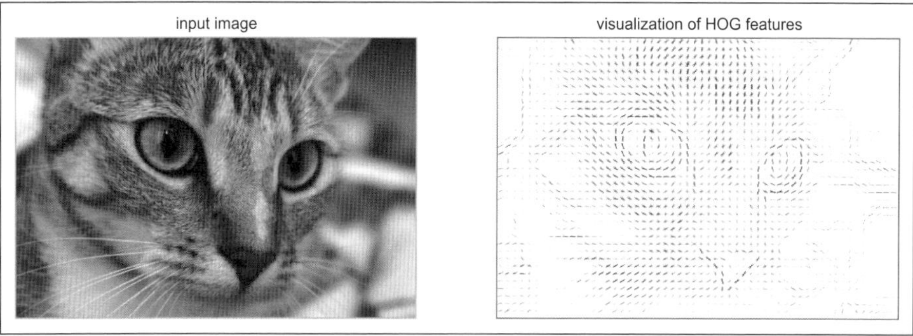

Abbildung 50-1: Visualisierung der anhand eines Eingabebilds berechneten HOG-Features

HOG in Aktion: eine einfache Gesichtserkennung

Mithilfe der HOG-Features können wir mit einem beliebigen Scikit-Learn-Estimator einen einfachen Gesichtserkennungsalgorithmus entwickeln. Wir verwenden eine lineare Support Vector Machine (die nötigen Informationen hierzu finden Sie in Kapitel 43). Hier sind die erforderlichen Schritte:

1. Beschaffung von Vorschaubildern von Gesichtern als »positive« Trainingsdaten.
2. Beschaffung weiterer Vorschaubilder ohne Gesichter als »negative« Trainingsdaten.
3. Extrahieren der HOG-Features dieser Daten.
4. Trainieren eines linearen SVM-Klassifikators mit den Daten.
5. Verschieben des als Eingabe dienenden Fensters, um mit dem Modell zu beurteilen, ob der Bildausschnitt ein Gesicht enthält oder nicht.

Wenn sich Bildausschnitte, in denen Gesichter erkannt wurden, überschneiden, werden sie zu einem einzigen Bild vereinigt.

Wir gehen die Schritte der Reihe nach durch:

1. Beschaffung von positiven Trainingsdaten

Wir benötigen eine positive Trainingsdatenmenge, die viele verschiedene Gesichter enthält. Wir verwenden wieder die LFW-Datenmenge, die mit Scikit-Learn heruntergeladen werden kann:

```
In [3]: from sklearn.datasets import fetch_lfw_people
        faces = fetch_lfw_people()
        positive_patches = faces.images
        positive_patches.shape
Out[3]: (13233, 62, 47)
```

Damit stehen uns 13.000 Bilder von Gesichtern als Trainingsdaten zur Verfügung.

2. Beschaffung negativer Trainingsdaten

Als Nächstes benötigen wir Vorschaubilder vergleichbarer Größe, die *keine* Gesichter enthalten. Eine Möglichkeit wäre, irgendeine Bilddatenbank als Quelle zu verwenden und daraus Vorschaubilder in verschiedenen Maßstäben zu entnehmen. Hier verwenden wir einige der mit Scikit-Image ausgelieferten Bilder sowie Scikit-Learns `PatchExtractor`:

```
In [4]: data.camera().shape
Out[4]: (512, 512)
```

```
In [5]: from skimage import data, transform

        imgs_to_use = ['camera', 'text', 'coins', 'moon',
                       'page', 'clock', 'immunohistochemistry',
                       'chelsea', 'coffee', 'hubble_deep_field']
        raw_images = (getattr(data, name)() for name in imgs_to_use)
        images = [color.rgb2gray(image) if image.ndim == 3 else image
                  for image in raw_images]
```

```
In [6]: from sklearn.feature_extraction.image import PatchExtractor

        def extract_patches(img, N, scale=1.0, patch_size=positive_patches[0].shape):
            extracted_patch_size = tuple((scale * np.array(patch_size)).astype(int))
            extractor = PatchExtractor(patch_size=extracted_patch_size,
                                       max_patches=N, random_state=0)
            patches = extractor.transform(img[np.newaxis])
            if scale != 1:
                patches = np.array([transform.resize(patch, patch_size)
                                    for patch in patches])
            return patches

        negative_patches = np.vstack([extract_patches(im, 1000, scale)
                                      for im in images for scale in [0.5, 1.0, 2.0]])
        negative_patches.shape
Out[6]: (30000, 62, 47)
```

Das sind 30.000 Vorschaubilder, die keine Gesichter enthalten. Wir visualisieren einige davon, um einen Eindruck von ihnen zu gewinnen (siehe Abbildung 50-2).

```
In [7]: fig, ax = plt.subplots(6, 10)
        for i, axi in enumerate(ax.flat):
            axi.imshow(negative_patches[500 * i], cmap='gray')
            axi.axis('off')
```

Bleibt zu hoffen, dass diese Bilder den »Kein-Gesicht-Raum«, den unser Algorithmus entwickeln soll, hinreichend ausfüllen.

Abbildung 50-2: Negative Vorschaubilder, die keine Gesichter zeigen

3. Mengen vereinigen und HOG-Features extrahieren

Nun vereinigen wir die positiven und negativen Trainingsdatenmengen und berechnen die HOG-Features. Dieser Schritt nimmt einige Zeit in Anspruch, denn bei der Extraktion der HOG-Features muss für jedes Bild eine nicht triviale Berechnung durchgeführt werden:

```
In [8]: from itertools import chain
        X_train = np.array([feature.hog(im)
                            for im in chain(positive_patches,
                                            negative_patches)])
        y_train = np.zeros(X_train.shape[0])
        y_train[:positive_patches.shape[0]] = 1

In [9]: X_train.shape
Out[9]: (43233, 1215)
```

Es verbleiben rund 43.000 Trainingsdaten mit 1.215 Dimensionen, und die Daten liegen in einer für Scikit-Learn geeigneten Form vor.

4. Trainieren einer Support Vector Machine

Wir setzen nun die hier vorgestellten Tools ein, um einen Klassifikator für die Vorschaubilder zu erstellen. Für eine so hochdimensionale binäre Klassifikationsaufgabe ist die Support Vector Machine eine gute Wahl. Wir verwenden Scikit-Learns `LinearSVC`, denn verglichen mit `SVC` skaliert dieser Klassifikator bei großen Datenmengen oft besser.

Zunächst einmal setzen wir jedoch einen gaußschen naiven Bayes-Estimator ein, um einen Anhaltspunkt zu haben:

```
In [10]: from sklearn.naive_bayes import GaussianNB
         from sklearn.model_selection import cross_val_score

         cross_val_score(GaussianNB(), X_train, y_train)
Out[10]: array([0.94795883, 0.97143518, 0.97224471, 0.97501735, 0.97374508])
```

Selbst der einfache naive Bayes-Algorithmus erzielt mit unseren Trainingsdaten eine Korrektklassifikationsrate von über 95 %. Probieren wir also die Support Vector Machine mit Rastersuche und verschiedenen Werten für den Parameter `C` aus:

```
In [11]: from sklearn.svm import LinearSVC
         from sklearn.model_selection import GridSearchCV
         grid = GridSearchCV(LinearSVC(), {'C': [1.0, 2.0, 4.0, 8.0]})
         grid.fit(X_train, y_train)
         grid.best_score_
Out[11]: 0.9885272620319941

In [12]: grid.best_params_
Out[12]: {'C': 1.0}
```

Damit erreichen wir eine Genauigkeit von fast 99 %. Wir verwenden den besten Estimator und trainieren ihn erneut mit der gesamten Datenmenge:

```
In [13]: model = grid.best_estimator_
         model.fit(X_train, y_train)
Out[13]: LinearSVC()
```

5. Gesichter in einem neuen Bild finden

Das Modell ist vollständig, und wir testen, wie es mit einem unbekannten Bild zurechtkommt. Der Einfachheit halber verwenden wir nur einen kleinen Teil des in Abbildung 50-3 gezeigten Bilds einer Astronautin (siehe die Erläuterungen im folgenden Abschnitt), lassen das als Bildeingabe dienende Fenster darüberwandern und beurteilen den jeweiligen Bildausschnitt:

```
In [14]: test_image = skimage.data.astronaut()
         test_image = skimage.color.rgb2gray(test_image)
         test_image = skimage.transform.rescale(test_image, 0.5)
         test_image = test_image[:160, 40:180]

         plt.imshow(test_image, cmap='gray')
         plt.axis('off');
```

Abbildung 50-3: Ein Foto, in dem ein Gesicht entdeckt werden soll

Nun erstellen wir das als Bildausschnitt dienende Fenster, das über das Bild wandert, und berechnen die HOG-Features der jeweiligen Bildausschnitte:

```
In [15]: def sliding_window(img, patch_size=positive_patches[0].shape,
                            istep=2, jstep=2, scale=1.0):
             Ni, Nj = (int(scale * s) for s in patch_size)
             for i in range(0, img.shape[0] - Ni, istep):
                 for j in range(0, img.shape[1] - Ni, jstep):
                     patch = img[i:i + Ni, j:j + Nj]
                     if scale != 1:
                         patch = transform.resize(patch, patch_size)
                     yield (i, j), patch

         indices, patches = zip(*sliding_window(test_image))
         patches_hog = np.array([feature.hog(patch) for patch in patches])
```

```
        patches_hog.shape
Out[15]: (1911, 1215)
```

Jetzt können wir das Modell auf die mit HOG-Features ausgestatteten Bildausschnitte anwenden, um zu beurteilen, ob sie Gesichter enthalten:

```
In [16]: labels = model.predict(patches_hog)
         labels.sum()
Out[16]: 48.0
```

In den fast 2.000 Bildausschnitten wurde rund 48 Mal ein Gesicht erkannt. Wir verwenden die über diese Bildausschnitte vorliegenden Informationen, um anzuzeigen, wo sie sich in unserem Testbild befinden, indem wir sie jeweils mithilfe eines Rechtecks markieren (siehe Abbildung 50-4).

```
In [17]: fig, ax = plt.subplots()
         ax.imshow(test_image, cmap='gray')
         ax.axis('off')

         Ni, Nj = positive_patches[0].shape
         indices = np.array(indices)

         for i, j in indices[labels == 1]:
             ax.add_patch(plt.Rectangle((j, i), Nj, Ni, edgecolor='red',
                                        alpha=0.3, lw=2, facecolor='none'))
```

Abbildung 50-4: Bildausschnitte, in denen ein Gesicht erkannt wurde

Alle Bildausschnitte, in denen ein Gesicht erkannt wurde, überschneiden sich. Gar nicht schlecht für ein paar Zeilen Python-Code.

Vorbehalte und Verbesserungen

Wenn Sie sich eingehender mit dem Code und den Beispielen in den letzten Abschnitten befassen möchten, werden Sie feststellen, dass noch eine Menge Arbeit zu erledigen ist, bevor man von einer serienreifen Gesichtserkennung sprechen kann.

Einige Dinge sind problematisch, und man könnte eine ganze Reihe von Verbesserungen vornehmen.

Die Trainingsdatenmenge, insbesondere die negativen Features, sind nicht besonders vollständig.

Der zentrale Punkt ist hier, dass es viele gesichtsähnliche Texturen gibt, die in der Trainingsdatenmenge nicht enthalten sind – das Modell ist daher im jetzigen Zustand sehr anfällig für falsch Positive. Das wird deutlich, wenn man den Algorithmus auf das *vollständige* Astronautinnenbild anwendet: Das Modell erkennt viele »Gesichter« in anderen Bereichen des Bilds.

Wir könnten dieses Problem umgehen, indem wir die negative Trainingsdatenmenge um viele unterschiedliche Bilder erweitern, was sicherlich eine Verbesserung bringt. Eine weitere Option ist das sogenannte *Hard Negative Mining*. Bei diesem Verfahren durchsucht man eine dem Klassifikator noch unbekannte Datenmenge nach falsch Positiven und fügt sie explizit zur negativen Trainingsdatenmenge hinzu, bevor der Klassifikator erneut trainiert wird.

Die Pipeline sucht nach Gesichtern in nur einem Maßstab.

In der jetzigen Form wird der Algorithmus Gesichter übersehen, die nicht ungefähr 62 × 47 Pixel groß sind. Das lässt sich relativ leicht ändern, indem man Fenster verschiedener Größe über das Bild wandern lässt und die Größe der Bildausschnitte mit `skimage.transform.resize` anpasst, bevor sie dem Modell übergeben werden. Tatsächlich sieht die hier verwendete `sliding_window`-Funktion genau das bereits vor.

Sich überschneidende Bildausschnitte, in denen Gesichter erkannt werden, sollten zusammengefasst werden.

Eine serienreife Pipeline sollte nicht 30 Mal dasselbe Gesicht erkennen, sondern sich überschneidende Bildausschnitte irgendwie zu einer einzelnen Erkennung zusammenfassen. Diese Aufgabe könnte man mit einem unüberwachten Clustering-Ansatz erledigen (das *Mean-Shift-Clustering* wäre hierfür ein geeigneter Kandidat) oder durch einen prozeduralen Ansatz wie die in der Bildverarbeitung gebräuchliche *Non-Maximum-Unterdrückung* (engl. *Non Maximum Suppression, NMS*).

Die Pipeline sollte optimiert werden.

Wenn wir uns schon um alle diese Probleme kümmern, wäre es natürlich schön, eine optimierte Pipeline zur Verarbeitung der Trainingsbilder und der Vorhersage der Beurteilung von Bildausschnitten zu erstellen. Hier zeigt Python als Data-Science-Tool seine Stärke: Mit geringem Aufwand könnten wir den Prototypencode mit einer vernünftig konzipierten objektorientierten API ausstatten, die Usern eine einfache Verwendung ermöglicht. Ich belasse es hier dabei – alles Weitere bleibt die sprichwörtliche »Übung für die Leserinnen und Leser«.

Fortschritte neueren Datums, wie etwa Deep Learning, sollten berücksichtigt werden.

Ich muss an dieser Stelle noch anmerken, dass HOG und andere prozedurale Verfahren zur Feature-Extraktion nicht immer verwendet werden. Stattdessen nutzen viele moderne Pipelines zur Objekterkennung verschiedene Varianten tiefer verschachtelter neuronaler Netze (engl. *Deep Neural Networks*, auch als *Deep Learning* bezeichnet). Man kann sie sich als eine Art Estimator vorstellen, der die optimalen Strategien für die Feature-Extraktion ermittelt, statt diese Auswahl der Intuition der User zu überlassen.

Obwohl dieser Bereich in den letzten Jahren fantastische Ergebnisse hervorgebracht hat, unterscheidet sich Deep Learning konzeptuell nicht allzu sehr von den in den vorherigen Kapiteln untersuchten Machine-Learning-Modellen. Der wichtigste Fortschritt liegt in der Möglichkeit, moderne Computerhardware (oft große Cluster leistungsstarker Maschinen) zu nutzen, um viel flexiblere Modelle auf viel umfangreicheren Mengen an Trainingsdaten zu trainieren. Auch wenn der Maßstab ein anderer ist, ist das Ziel letztendlich dasselbe: die Erstellung von Modellen aus Daten.

Wenn Sie mehr über dieses Thema erfahren möchten, finden Sie im Folgenden einige gute Startpunkte.

Weitere Machine-Learning-Ressourcen

Dieser Teil des Buchs war ein Schnelldurchgang durch das Machine Learning in Python und hat vorwiegend die in Scikit-Learn verfügbaren Tools erörtert. Trotz der schon beträchtlichen Länge dieser Kapitel sind sie doch zu kurz, um viele interessante und wichtige Algorithmen, Ansätze und spannende Fragen zu behandeln. Im Folgenden finden Sie einige Informationsquellen für Interessierte, die mehr über Machine Learning in Python erfahren möchten:

Die Scikit-Learn-Website (http://scikit-learn.org)
: Auf der Scikit-Learn-Website finden Sie die beeindruckend umfangreiche Dokumentation und Beispiele für einige der hier erörterten Modelle sowie vieles, vieles mehr. Wenn Sie nach einem Überblick über die wichtigsten und am häufigsten eingesetzten Machine-Learning-Algorithmen suchen, ist diese Website ein guter Ausgangspunkt.

Lehrvideos der SciPy-, PyCon- und PyData-Konferenzen
: Scikit-Learn und andere Machine-Learning-Themen gehören seit Jahren zu den Dauerbrennern auf den ganz auf Python fokussierten regelmäßig stattfindenden Konferenzen, insbesondere PyCon, SciPy und PyData. Die meisten Konferenzen veröffentlichen Videos ihrer Keynotes, Vorträge und Anleitungen kostenlos online. Mit einer passenden Websuche sollten Sie das Gesuchte schnell finden können (zum Beispiel »PyCon 2022 Videos«).

Einführung in Machine Learning mit Python, von Andreas C. Müller und Sarah Guido (O'Reilly)
: Dieses Buch behandelt viele der in diesen Kapiteln diskutierten Machine-Learning-Grundlagen. Besonders relevant ist es jedoch für die Behandlung der fortgeschrittenen Möglichkeiten von Scikit-Learn, einschließlich zusätzlicher Estimators, Ansätzen zu Modellvalidierung und Pipelining.

Machine Learning with PyTorch and Scikit-Learn (https://oreil.ly/p268i), von Sebastian Raschka (Packt)

Sebastian Raschkas neuestes Buch beginnt mit einigen der wichtigsten in diesen Kapiteln behandelten Themen, geht aber tiefer und zeigt, wie diese Konzepte unter Verwendung der bekannten PyTorch-Bibliothek (*https://pytorch.org/*) auf anspruchsvollere und rechenintensivere Deep-Learning- und Reinforcement-Learning-Modelle angewandt werden können.

Index

Symbole

_ (Unterstrich) Abkürzung 34
: (Doppelpunkt) 65
?? (doppeltes Fragezeichen) 24
? (Fragezeichen) 23
* (Asterisk) 27
& (Kaufmanns-Und) 101
| (Operator) 101

A

Abkürzungen
  Befehlsverlauf 29
  IPython-Shell 27–30
  Navigation 28
  Texteingabe 28
  Zugriff auf vorhergehende Ausgaben 34
Absolutwert-Funktion 75
Abstände, Zeitreihen 229–231
Achsen, Begrenzungen 266–268
Achsenmarkierungen (Tick Marks)
  Achsenmarkierungen oder Beschriftungen verbergen 325–326
  anpassen 323–331
  Anzahl verringern/erhöhen 326
  Formatter-/Locator-Optionen 330
  spezielle Formate 328–329
  vorrangig und nachrangig 323
aggregate-Methode 198
Aggregatfunktionen
  direkt vom Objekt berechnet 78
  mehrdimensional 82
  Wertemenge zusammenfassen anhand von 84
Aggregation (NumPy) 81–85
  Array-Werte summieren 81
  Durchschnittliche Größe von Präsidenten, Beispiel 84
  mehrdimensionale Aggregationen 82
  Minimum und Maximum 82
  verschiedene Funktionen 83
Aggregation (Pandas) 191–202
  einfache Aggregation 192–202
  groupby-Operation 194–202
  Planeten, Datenmenge für 191
Akaike Information Criterion (AIC) 535–536
Algorithmus, Größe von Datenmenge und Effizienz 109
Altair 366
Anaconda 16
and-Schlüsselwort 101
APIs *siehe* Estimator API
append-Methode, Pandas verglichen mit Python 176
apply-Methode 199
arithmetische Operatoren 73
Arrays
  arithmetische Operatoren 73
  Attribute 63
  auf einzelne Zeilen/Spalten zugreifen 66
  aufteilen 70
  Ausgabe nach, festlegen 77
  aus Python-Listen erstellen 59
  Berechnungen auf 71–79
  boolesche 98–101
  Broadcasting 87–93
  DataFrame-Objekt als 128
  DataFrame-Objekt erzeugen aus 131
  Daten als 53
  eindimensional, aufteilen in Subarrays 65

feststehenden Typs 59
Grundlagen 63–70
Index-Objekt, Vergleich mit 131
Index-Objekt als immutables Array 132
Indizierung, Zugriff auf einzelne Elemente 64
Kopien anlegen 67
neu erstellen 60
Series-Objekt, Vergleich mit 126
Slicing 65–68
Standarddatentypen 61
strukturiert 117–120
Subarrays durch mehrdimensionales Slicing 66
Teilmengen als Views, keine Kopien 67
umformen 68
universelle Funktionen 71–79
Verkettung 69–70, 172
Werte summieren in 81
zentrieren 91
Arrays, strukturiert 117–120
erstellen 118
erweiterte zusammengesetzte Typen 119
Record-Arrays 120
Arrays, untergeordnet
eindimensional, aufteilen 65
Kopien anlegen 67
mehrdimensional, aufteilen 66
Views, keine Kopien 67
Arrays feststehenden Typs 59
Arrays sortieren 111–116
Grundlagen 111
k-nächste-Nachbarn, Beispiel 113–116
nach Zeilen oder Spalten 112
Partitionierung 113
schnelle Sortierung mit np.sort und np.argsort 112
asfreq-Methode 232–234
Asterisk (*) 27
Ausgaben, unterdrücken 35
Ausreißer, PCA und 492
äußere Produkte 78
äußeres Join 183
%automagic 39
automagische Funktion 39

B

Bagging 471
Balkendiagramme 358
Bandbreite *siehe* Kernel-Bandbreite
Bayes, Satz von 425
Bayesian Information Criterion (BIC) 535
Bayes-Klassifikation 425, 545–550
bayessche Methoden für Hacker, Stil 338
Befehlsverlauf, Abkürzungen für 29
Beschriftungen (Labels)
Achsenmarkierungen oder Beschriftungen verbergen 325–326
Clustering 376–377
Dimensionsreduktion und 377–379
einfache Liniendiagramme 268
Klassifizierungsaufgabe 370–373
Regressionsaufgabe 373–376
Beschriftungen für Diagramme 315–322
Feiertage/US-Geburtenrate, Beispiel 315–317
Pfeile 319–322
Transformationen und Textpositionen 317–319
Bestimmtheitsmaß 406
Bevölkerungsdaten, USA, Merge- und Join-Operationen mit 185–189
Bias-Varianz-Dilemma
Kernel-Bandbreite und 544
Modellauswahl und 403–407
Bilder, für Machine-Learning-Analyse codieren 420
binäre UFuncs 73
Binnings 288
bitweise Logikoperatoren 100
Bokeh 366
boolesche Arrays
boolesche Operatoren und 99
Einträge zählen 98
boolesche Maskierung 95–102
Arbeit mit booleschen Arrays 100
Boolesche Arrays als 100
Niederschlag, Statistik 95
boolesche Operatoren 99
Broadcasting 87–93
Definition 79, 87
Grundlagen 87–89
in der Praxis 91
Regeln 89–91
zentrieren eines Arrays 91
zweidimensionale Funktion, Diagramm von 92
zweidimensionales Array zu eindimensionalem Array hinzufügen 89
zwei inkompatible Arrays 90
zwei kompatible Arrays 90

C

Clustering 370
  gaußsche Mixture-Modelle 391, 525–538
  Grundlagen 376–377
  k-Means 376, 511–524
Code
  extern, magische Befehle für Ausführung von 31
  magische Befehle, zum Ermitteln der Ausführungszeit 32
  Profiling und Timing 45–50
  Timing von Schnipseln 46
Conway, Drew 13

D

Dark-Background-Stylesheet 339
DataFrame.eval-Methode 246–247
  lokale Variablen in 247
  Zuweisung in 246
DataFrame.query-Methode 248
DataFrame-Objekt (Pandas) 128–131
  als zweidimensionales Array 137–139
  Datenauswahl in 136
  Definition 123
  als Dictionary 136
  erstellen 130
  als verallgemeinertes NumPy-Array 128
  Indexanpassung in 143
  Maskierung 139
  mehrfach indiziert 165
  Operationen zwischen Series-Objekt und 144
  Slicing 139
  als spezialisiertes Dictionary 129
Data Science, Definition 13
Daten, fehlend *siehe* fehlende Daten
Datenmengen
  anhängen 176
  kombinieren 171–176
  per Merge/Join kombinieren 177–189
Datenrepräsentierung (Scikit-Learn-Paket) 381–384
  Daten als Tabelle 381
  Feature-Matrix 382
  Ziel-Array 382–384
Datentypen 55–61
  Arrays feststehenden Typs 59
  Integer 56
  Listen 57–59
  NumPy 61
datetime64-Datentyp 224–226
datetime-Modul 224
dateutil-Modul 224
%debug 43
Debugging 41–45
Deep Learning 558
describe-Methode 197
Diagramme
  Achsen, Begrenzungen für einfache Liniendiagramme 266–268
  Achsenmarkierungen 323–331
  Anzeigekontexte 253–259
  Balkendiagramme 358
  Dichte- und Konturdiagramme 281–290
  dreidimensional 341–349
  dreidimensionale Funktion 281–284
  einfache Liniendiagramme beschriften 268
  einfaches Matplotlib-Liniendiagramme 261–270
  einfache Streudiagramme 270
  Farbskalen 299–306
  Hinweistexte und Beschriftungen für 315–322
  Histogramme, Binnings und Dichte 285–290
  IPython-Notebook 255
  in IPython-Shell erstellen 254
  kategoriale Diagramme 356
  Legenden 291–297
  Linienfarben und -stile 264–266
  manuelle Erstellung 333–335
  Matplotlib 251
  mehrere Verteilungen 356
  mehrfache Diagramme, untergeordnet 307–313
  paarweise Diagramme 354
  Erstellung per Skript 254
  Seaborn 352–365
  Stylesheets für 336–340
  verschiedene Python-Grafikbibliotheken 366
  von Messunsicherheiten 276–279
  Voreinstellung ändern mit rcParams 335
  zweidimensionale Funktion 92
Diagramme, untergeordnet
  manuelle Erstellung 307–309
  mehrfach 307–313
  plt.axes für 307–309
  plt.GridSpec für 312–313
  plt.subplots für 309–310, 310–312

Dictionaries
DataFrame als Spezialisierung von 129
DataFrame-Objekt erzeugt aus Liste von 130
Pandas-Series-Objekt, Vergleich mit 127
Dimensionsreduktion 305
Hauptkomponentenanalyse 482
Machine Learning 377–379
diskriminative Klassifikation 451–453
Dokumentation, Zugriff auf
IPython 22, 124
Pandas 124
Doppelpunkt (:) 65
doppeltes Fragezeichen (??) 24
Drahtgitterdiagramm 344–347
dreidimensionale Diagramme
Drahtgitter 344–347
Konturdiagramme 343–344
mit Matplotlib 341–349
Möbiusband, Visualisierung 348
Oberflächendiagramme 344–345
Oberflächentriangulation 346
Punkte und Linien 342
dropna-Methode 152
dynamische Typisierung 55

E

Eigengesichter 489–492
Ein-/Ausgabeverlauf, IPython 33–36
Ausgaben verhindern 35
In- und Out-Objekte 33
magische Befehle für die Shell 38
Unterstrich-Abkürzung und vorherige Ausgaben 34
einfache Histogramme 285–286
einfache lineare Regression 435–437
einfache Liniendiagramme
Achsen, Begrenzungen für 266–268
beschriften 268
Linienfarben und -stile 264–266
Matplotlib 261–270
einfache Streudiagramme 271–279
Einwohnerzahlen kalifornischer Städte 295–297
Matplotlib 270
plt.plot 271–273
plt.plot, Vergleich mit plt.scatter 274, 276
plt.scatter 270
1-zu-1-Join 178
Ensemble-Estimator/-Methode 467
Ensemble Learning 467
Entscheidungsbäume 467–471
erstellen 468–470
Überanpassung 470
Entwicklung, IPython
Profiling und Timing von Code 45–50
Profiling vollständiger Skripte 47
Timing von Codeschnipseln 46
Estimator-API 384–392
einfache lineare Regression, Beispiel 386–389
Grundlagen 385
Iris-Clustering-Beispiel 391
Iris-Datensammlung, Dimensionalität, Beispiel 390
Iris-Klassifikation, Beispiel 389
eval-Funktion 244–247
Anwendungsfälle 248
DataFrame.eval-Methode und 246–247
pd.eval-Funktion und 245–247
Exceptions, Umgang mit 41
Expectation-Maximization (E-M), Algorithmus
Beschränkungen 515–518
gaußsches Mixture-Modell als Verallgemeinerung von 528–531
k-Means-Clustering und 513–518
externer Code, magische Befehle zum Ausführen 31

F

FacetGrid-Histogramme 355
Fahrradverkehr-Vorhersage
lineare Regression 445–449
Zeitreihen 236–242
Fancy Indexing 103–110
Daten gruppieren 108
Grundlagen 103
kombiniert mit anderen Indizierungsmethoden 105
Werte modifizieren mit 107
zufällige Punkte auswählen 105
Farbkomprimierung 521–524
Farbskalen 300–304
anpassen 299–306
diskret 304
Farbauswahl begrenzen und erweitern 303
Farbskalen auswählen 300–304
handgeschriebene Ziffern, Beispiel 304–306

Feature, Datenpunkt 370
Feature Engineering 417–424
  abgeleitete Features 420–422
  Bilder als Features 420
  kategoriale Features 417
  Text-Features 418–419
  Verarbeitungspipelines 423
  Vervollständigung fehlender Daten 422
Feature-Matrix 382
fehlende Daten
  Feature Engineering und 423
  NaN 149
  None 149
  Operationen auf null-Werten in Pandas 152–155
  Umgang mit 147–155
  Vor- und Nachteile in Konventionen 147
Fehlerbalken 276
Fehler *siehe* Unsicherheiten visualisieren
fillna-Methode 152, 154
filter-Methode 198
FiveThirtyEight-Stylesheet 337
Fragezeichen (?), auf IPython-Dokumentation zugreifen mit 23

G

Gaussian-naive-Bayes-Klassifikation 389, 395, 426–429, 555
Gaußprozess-Regression (GPR) 278
gaußsche Basisfunktionen 439–441
gaußsche Mixture-Modelle (GMMs) 525–538
  Algorithmus zur Dichteschätzung 532–536
  Clustering mit 391
  EM-Verallgemeinerung 528–531
  Erzeugung von handgeschriebenen Ziffern, Beispiel 536–538
  Kerndichteschätzung und 539
  Kovarianztyp auswählen 532
  Schwächen von k-Means, gelöst durch 525–528
  Überanpassung korrigieren mit 535
generative Modelle 426
geordnete Menge, Index-Objekt als 132
Gesichtserkennung
  Hauptkomponentenanalyse 489–492
  Histogram of Oriented Gradients (HOG) 551–559
  Isomap 503–507
  Support Vector Machines 461–464
get_dummies-Methode 217
get-Operation 217
ggplot-Stylesheet 338
Glättungsverfahren, statistisch 235
GMMs *siehe* gaußsche Mixture-Modelle (GMMs)
GPR (gaußsche Prozessregression) 278
Graustufen-Stylesheet 339
GroupBy-Aggregation 203
GroupBy-Objekt 196–197
  aggregate-Methode 198
  apply-Methode 199
  Dispatch-Methoden 197
  filter-Methode 198
  Iteration über Gruppen 196
  Spaltenindizierung 196
  transform-Methode 199
groupby-Operation (Pandas) 194–202
  Angabe des Schlüssels zum Aufteilen 200
  Aufteilen, Anwenden, Kombinieren, Beispiel 194–196
  GroupBy-Objekt und 196–197
  Gruppierung, Beispiel 201
  Pivot-Tabellen, Vergleich mit 203

H

handgeschriebene Ziffern, Erkennung *siehe* optische Schrifterkennung
Hard Negative Mining 558
Hauptachsen 480–483
Hauptkomponentenanalyse (PCA) 479–492
  Anzahl der Komponenten auswählen 486
  Bedeutung der Komponenten 485–486
  Dimensionsreduktion 482
  Eigengesichter, Beispiel 489–492
  Gesichtserkennung, Beispiel 489–492
  Grundlagen 479–489
  handgeschriebene Ziffern, Beispiel 484–487
  Rauschfilter 487–489
  Stärken und Schwächen 492
  Visualisierung mit 484
help-Funktion 23
hexagonale Binnings 288
hierarchische Indizierung 157–169
  in eindimensionalen Series 157–160
  mit Python-Tupeln als Schlüssel 158
  Multi-Indizes umordnen 166–169
  unstack-Methode 159
  siehe auch MultiIndex, Typ

Hilfe
IPython 22
magische Funktionen 33
Histogramme 285–290
Daten gruppieren für Erstellung 108
einfach 285–286
Kerndichteschätzung und 289, 539–543
manuelle Erstellung 333–335
mit FacetGrid 355
plt.hexbin-Funktion 288
plt.hist2d-Funktion 287
Seaborn 352–353
zweidimensional 287–290
Histogram of Oriented Gradients (HOG)
einfache Gesichtserkennung 553–557
Features 552
für Gesichtserkennungspipeline 551–559
Vorbehalte und Verbesserungen 557–559
%history 35
HOG *siehe* Histogram of Oriented Gradients
HoloViews 366
Hunter, John 251
Hyperparameter
siehe auch Modellvalidierung

I

iloc-Attribut (Pandas) 135
immutables Array, Index-Objekt als 132
Importieren, Tab-Vervollständigung für 26
Indexanpassung
in DataFrame 143
in Series 142
Index-Objekt (Pandas) 131
als immutables Array 132
als geordnete Menge 132
IndexSlice-Objekt 166
Indikatorvariablen 217
Indizierung
Fancy *siehe* Fancy Indexing
hierarchisch *siehe* hierarchische Indizierung
NumPy-Arrays, Zugriff auf einzelne Elemente 64
Pandas 133–140
innerer Join 183
In-Objekte, IPython 33
Installation, Python 16
Integer-Werte, Python 56
IPython
auf Dokumentation zugreifen mit ? 23
auf Quellcode zugreifen mit ?? 24
Debugging 43–45
Diagramme von der Shell aus 254
Dokumentation 22
Ein-/Ausgabeverlauf 33–36
erweiterte interaktive Möglichkeiten 31–39
Fehlerbehandlung 41–45
Hilfe und Dokumentation 22
Jupyter Notebook starten 22
magische Befehle 31–33
magische Befehle für die Shell 38
Module, erforschen mit Tab-Vervollständigung 25–27
Notebook *siehe* Jupyter Notebook
Profiling und Timing von Code 45–50
Shell-Befehle 36–39
Shell starten 21
Tastaturkürzel in Shell 27–30
Umgang mit Exceptions 41
Webressourcen 50
Wildcards, Suche mit 27
Iris-Datenmenge
Clustering 391
Dimensionalität 390
Klassifizierung 389
paarweise Diagramme 354
Streudiagramme 274
als Tabelle 381
Visualisierung von 383
isnull-Methode 152
Isomap
Dimensionsreduktion 378, 394
Gesichtsdaten 503–507

J

jet-Farbtabelle 301
Joins
1-zu-1 178
Datenmengen 177–189
Kategorien 178–180
Mengenarithmetik für 183
viele-zu-1 179
siehe auch Merge-Operation
Jupyter Notebook 19
Debugging 43–45
Diagramme erstellen mit 255
starten 22

K

kategoriale Daten 417
kategoriale Diagramme 356
Kaufmanns-Und (&) 101
Kerndichte-Estimator
  gaußsche Mixture-Modelle 532–538
  Histogramm als 539
  KDE *siehe* Kerndichteschätzung
Kerndichteschätzung (KDE) 539–550
  Bandbreite, Auswahl durch Kreuzvalidierung 544
  benutzerdefinierter Estimator 547–550
  generative Bayes-Klassifikation mit 545–550
  Histogramme und 539–543
  in der Praxis 543–544
  Matplotlib 289
  Seaborn 353
Kernel (Definition) 543
Kernel-Bandbreite
  Auswahl per Kreuzvalidierung 544
  Definition 543
Kernel-SVM 456–459
Kernel-Transformation 458
Kernel-Trick 458
Klassifizierungsaufgabe
  Definition 370
  Machine Learning 370–373
Klassifizierungslabels (für Datenpunkt) 370
k-Means-Clustering 376, 511–524
  einfache Zifferndatenanwendung 518–521
  Expectation-Maximization-Algorithmus 513–518
  Farbkompression, Beispiel 521–524
  gaußsches Mixture-Modell als Mittel, um Schwächen zu begegnen 525–528
  Grundlagen 511–513
k-nächste-Nachbarn-Klassifizierung 113–116
Knuth, Donald 45
Konturdiagramme 281–290
  Dichte und 281–290
  dreidimensionale Funktion 281–284
  dreidimensionales Diagramm 343–344
Kreuzvalidierung 401–415

L

Lasso-Regularisierung (L1-Regularisierung) 443
Laufzeitkonfiguration (rc) 335
left_index-Schlüsselwort 181–183
Legenden
  Punkte, Größe 295
Legenden, Diagramm
  anpassen 291–297
  Elemente auswählen für 293
  mehrere Legenden auf der gleichen Achse 296
  Punktgröße 295
Lernkurven
  berechnen 410–414
  Scikit-Learn 413
Levels, Benennung 162
lineare Regression (Machine Learning) 435–449
  einfach 435–437
  Regression der Basisfunktion 437–441
  Regularisierung 441–444
  Seattle-Fahrradverkehrvorhersage, Beispiel 445–449
Liniendiagramme
  Achsen, Begrenzungen für 266–268
  beschriften 268
  Linienfarben und -stile 264–266
  Matplotlib 261–270
linker Join 184
Listen, Python
  Arrays erzeugen aus 59
  über 57–59
loc-Attribut (Pandas) 135
Logarithmen 76
lokal lineare Einbettung (LLE) 500–501
%lprun 48
%lsmagic 33

M

Machine Learning 367
  Clustering 376–377
  Definition 369
  Dimensionsreduktion 377–379
  Entscheidungsbäume und Random Forests 467–477
  Feature Engineering 417–424
  gaußsche Mixture-Modelle 525–538
  Gesichtserkennungspipeline 551–559
  Grundlagen 369–379

Hauptkomponentenanalyse 479–492
Hyperparameter und Modellvalidierung 399–416
Kategorien 369
Kerndichteschätzung 539–550
Klassifizierungsaufgabe 370–373
k-Means-Clustering 511–524
lineare Regression 435–449
Manifold Learning 493–509
naive Bayes-Klassifizierung 425–433
qualitative Beispiele 370–379
Regressionsaufgabe 373–376
Scikit-Learn, Grundlagen 381–397
Support Vector Machines 451–465
überwacht 369
unüberwacht 370
weiterführende Ressourcen 559
%magic 33
magische Befehle 31–33
Codeausführung, Timing 32
externen Code ausführen 31
für die Shell 38
Hilfebefehle 33
IPython-Ein-/Ausgabeverlauf 33–36
Manifold Learning 493–509
Definition 493
HELLO-Funktion 494
Isomap auf Gesichtsdaten anwenden 503–507
k-Means-Clustering *siehe* k-Means-Clustering
multidimensionale Skalierung 495–500
Strukturen in Ziffern visualisieren 507–509
Vor- und Nachteile 502
Maskierung 139
boolesche Arrays 100
boolesche Maskierung 95–102
siehe auch boolesche Maskierung
MATLAB, Schnittstelle im Stil von 257
Matplotlib 251
Abbildungen in Datei speichern 256
Achsen, Begrenzungen für Liniendiagramme 266–268
Achsenmarkierungen anpassen 323–331
allgemeine Tipps 253–259
Anpassung von Farbbalken 299–306
Diagramme, Darstellung, kontextabhängig 253–259
Diagramme aus IPython-Notebook 255
Diagramme erstellen, von IPython-Shell aus 254
Diagramme per Skript erzeugen 254
Diagramme von Hand anpassen 333–335
Dichte- und Konturdiagramme 281–290
dreidimensionale Diagramme 341–349
dreidimensionale Funktion, Visualisierung 281–284
einfache Liniendiagramme 261–270
einfache Liniendiagramme beschriften 268
einfache Streudiagramme 271–279
Histogramme, Binnings und Dichte 285–290
importieren 253
Interfaces im MATLAB-Stil 257
Konfigurationen und Stylesheets 333–340
Legende von Diagramm anpassen 291–297
Linienfarben und -stile 264–266
mehrfache Diagramme, untergeordnet 307–313
Objekthierarchie von Diagrammen 323
objektorientierte Schnittstellen 258
Ressourcen und Dokumentation für 365
Schnittstellen 257–259
Seaborn und 351–366
Stile einstellen 253
Stolpersteine 270
Stylesheets 336–340
Text und Beschriftungen 315–322
Unsicherheitsvisualisierung 276–279
Visualisierung mit Seaborn 351–366
Voreinstellung ändern mit rcParams 335
%matplotlib 254
max-Funktion 82
MDS *siehe* multidimensionale Skalierung
mehrere Verteilungen 356
%memit 49
Merge-Operation 177–189
relationale Algebra und 177
Schlüssel angeben 180–183
US-Staaten, Bevölkerungsdaten, Beispiel 185–189
siehe auch Joins
merge-Schlüssel
Angabe von 180–183
on-Schlüsselwort 180
min-Funktion 82
Miniconda 16
Möbiusband 348
%mode 41

Modell (Definition) 370
Modellauswahl 403–409
  Bias-Varianz-Dilemma 403–407
  Validationskurven in Scikit-Learn 407–409
Modellparameter (Definition) 370
Modellvalidierung 399–416
  Bias-Varianz-Dilemma 403–407
  Kreuzvalidierung 401–403
  Lernkurven 410–414
  Modellauswahl 403–409
  naiver Ansatz 399
  Rastersuche, Beispiel 414–415
  Validationskurven 407–409
  zurückgehaltene Datenmengen 400
Module, IPython 25–27
%mprun 49
multidimensionale Skalierung (MDS) 495–500
  als Manifold Learning 497
  Grundlagen 495–497
  lokal lineare Einbettung und 500–501
  nichtlineare Einbettungen 499–500
MultiIndex, Typ 157–160
  für Spalten 163
  explizite Konstruktoren für 161
  Index zuweisen/zurücksetzen 168
  indizierte DataFrames multiplizierren 165
  Indizierung und Slicing 163–166
  keys-Option 174
  mehrfach indizierte Series 164
  Methoden zum Erzeugen 161–163
  Namen für Levels 162
  sortierte/unsortierte Indizes mit 166
  transponieren mit stack/unstack 167
  umordnen 166–169
  zusätzliche Datendimensionen mit 159
Multi-Indexing *siehe* hierarchische Indizierung
multinomiale naive Bayes-Klassifizierung 429–432

N

naive Bayes-Klassifizierung 425–433
  Bayes-Klassifizierung und 425
  Gaussian 426–429
  multinomial 429–432
  Textklassifizierung, Beispiel 429–432
  Vor- und Nachteile 432
NaN (Not a Number), Wert 130, 143, 149
Navigation, Abkürzungen für 28
neuronale Netzwerke 558
nichtlineare Einbettungen, MDS und 499–500
Niederschlag, Statistik 95
None-Objekt 149
notnull-Methode 152
np.argsort-Funktion 112
np.concatenate-Funktion 69, 172
np.sort-Funktion 112
nullfähige Datentypen 151
null-Werte 152–155
  auffüllen 154
  aufspüren 152
  entfernen 152–154
NumPy 53
  Aggregationen 81–85
  Array-Attribute 63
  Array-Grundlagen 63–70
  Array-Indizierung, Zugriff auf einzelne Elemente 64
  Arrays, strukturiert 117–120
  Array-Slicing, Zugriff auf Array-Teilmengen 65
  Arrays sortieren 111–116
  Berechnungen auf Arrays 71–79
  boolesche Maskierung 95–102
  Broadcasting 87–93
  Datentypen in Python 55–61
  datetime64-Datentyp 224–226
  Dokumentation 54
  Fancy Indexing 103–110
  Schlüsselwörter and/or, Vergleich mit Operatoren &/| 101
  Standarddatentypen 61
  universelle Funktionen 71–79
  Vergleichsoperatoren als UFuncs 96–98

O

Oberflächendiagramme, dreidimensional 344–345
objektorientierte Schnittstelle 258
One-Hot-Encoding 418
on-Schlüsselwort 180
optische Schrifterkennung
  gaußsche Mixture-Modelle 536–537
  Hauptkomponentenanalyse als Rauschfilter 487–489
  Hauptkomponentenanalyse für Visualisierung 484–489

k-Means-Clustering 518–521
Random Forests für Ziffernklassifizierung 475–476
Scikit-Learn, Anwendung 392–396
Strukturen in Ziffern visualisieren 507–509
Ziffern, Klassifizierung 395–396
Zifferndaten laden/visualisieren 392–393
or-Schlüsselwort 101
Out-Objekte, IPython 33

P

paarweise Diagramme 354
Pandas 124
Aggregation und Gruppierung 191–202
DataFrame-Objekt 128–131
Datenauswahl in DataFrame 136–140
Datenauswahl in Series 133–136
Daten bearbeiten mit 141–145
Datenindizierung und -auswahl 133–140
Datenmengen kombinieren 171–176
Datenmengen kombinieren, per merge und join 177–189
Datenmengen verketten 176
eingebaute Dokumentation 124
eval und query 243–249
hierarchische Indizierung 157–169
Index-Objekt 131
Installation 124
NaN und None in 150
nullfähige Datentypen 151
null-Werte 152–155
Objekte 125–132
Pivot-Tabellen 203–211
Series-Objekt 125–128
Umgang mit fehlenden Daten 147–155
vektorisierte String-Operationen 213–221
Zeitreihen 223–242
zusammengesetzte Ausdrücke 243
siehe auch universelle Funktionen
pandas.eval-Funktion 244–247
partielles Slicing 164
Partitionierung (Teilsortierung) 113
PCA *siehe* Hauptkomponentenanalyse
pd.concat-Funktion
den Index ignorieren 174
doppelte Indizes 173
mehrfach vorkommende Indizes als Fehler behandeln 174
MultiIndex-Schlüssel 174
Verkettung mit 172–176
Verkettung mit Joins 175
pd.date_range-Funktion 228
pd.eval-Funktion 245–246
pd.merge-Funktion 177–189
Angabe von Schlüssel für Merge 180–183
Join-Kategorien 178–180
left_index/right_index-Schlüsselwörter 181–183
Mengenarithmetik für Joins angeben 183
relationale Algebra und 177
Schlüsselwörter 180–183
pdb (Python-Debugger) 43
Perez, Fernando 19, 251
Period, Datentyp 228
Pfeile 319–322
Pipelines 407, 423
Pivot-Tabellen 203–211
Daten für US-Geburtenraten, Beispiel 207–211
groupby-Operation, Vergleich mit 203
Multilevel 205
Syntax 204–206
Titanic-Passagiere, Beispiel 203
Planeten, Datenmenge
Aggregation und Gruppierung 191
Balkendiagramme 358
Platzhalterwert 147, 149
Plotly 366
plt.axes-Funktion 307–309
plt.contour-Funktion 281–284
plt.GridSpec-Funktion 312–313
plt.hist2d-Funktion 287
plt.imshow-Funktion 283–284
plt.legend-Befehl 295–297
plt.plot-Funktion
Farbargumente 264
plt.scatter, Vergleich mit 274, 276
Streudiagramme mit 271–273
plt.scatter-Funktion
einfache Streudiagramme mit 270
plt.plot, Vergleich mit 274, 276
plt.subplots-Funktion 309–310, 310–312
polynomiale Basisfunktionen 438
polynomiales Regressionsmodell 407
pop-Methode 137
Potenzen 76

Profiling
komplette Skripte 47
Speicherverbrauch 49
zeilenweise 48
%prun 47
Python (allgemein)
Gründe für Verwendung 15
Überlegungen zur Installation 16

Q

Quellcode, Zugriff auf 24
query-Methode
Anwendungsfälle 248
DataFrame.query-Methode 248

R

radiale Basisfunktion (RBF) 457
Ränder, maximieren 453–461
Random Forests 471–477
begründen mit Entscheidungsbäumen 467–471
Definition 471
Estimator-Ensembles 471–477
Grundlagen 471–473
Regression 473–475
Vor- und Nachteile 477
Ziffern klassifizieren mit 475–476
Rauschfilter, PCA als 487–489
RBF (radiale Basisfunktion) 457
rcParams-Dictionary, Voreinstellungen ändern via 335
RdBu-Farbskalen 302
rechtes Join 184
Record-Arrays 120
reduce-Methode 78
Regression
spezifische Formen, z. B. lineare Regression 473–475
siehe auch spezifische Formen, z. B. lineare Regression
Regression der Basisfunktion 422, 437–441
gaußsche Basisfunktionen 439–441
polynomiale Basisfunktionen 438
Regressionsaufgabe
Definition 370
Machine Learning 373–376
reguläre Ausdrücke 215
Regularisierung 441–444
Lasso-Regularisierung 443
Ridge-Regression 442
relationale Algebra 177
resample-Methode 232–234
reset_index-Methode 168
Ridge-Regression (L2-Regularisierung) 442
right_index-Schlüsselwort 181–183
%run 31

S

Scikit-Learn-Paket 367, 381–397
Daten als Tabelle 381
Datenrepräsentierung in 381–384
Estimator-API 384–392
Feature-Matrix 382
Grundlagen 381–397
handgeschriebene Ziffern, Anwendung 392–396
Lernkurven in 413
Support-Vector-Klassifikatoren 454–456
Ziel-Array 382–384
scipy.special-Submodul 76
Seaborn 351–366
Balkendiagramme 358
Datenmengen und Diagrammtypen 352–365
Ergebnisse eines Marathonlaufs, Beispiel 359–365
FacetGrid-Histogramme 355
Histogramme, Kerndichteschätzung und Dichten 352–353
kategoriale Diagramme 356
Matplotlib, Vergleich mit 352–365
mehrere Verteilungen 356
paarweise Diagramme 354
Stylesheet 340
Visualisierung mit 351–366
Seattle, Fahrradverkehrvorhersage in
lineare Regression 445–449
Zeitreihen 236–242
Seattle, Niederschlagsstatistik für 95
Series-Objekt (Pandas) 125–128
DataFrame als Dictionary von 136
DataFrame-Objekt aus Dictionary von 131
DataFrame-Objekt erzeugen aus 130
Datenindizierung/-auswahl in 133–136
als Dictionary 127, 133
eindimensionales Array 134
erstellen 127
hierarchische Indizierung in 157–169
Indexanpassung in 142

Indexer-Attribute 135
mehrfach indiziert 164
Operationen zwischen DataFrame und 144
verallgemeinertes NumPy-Array 126
Shell, IPython
Befehle 36–39
Grundlagen 36
Kommandozeilenbefehle 36
magische Befehle 39
starten 21
Tastaturkürzel in 27–30
Werte austauschen mit 38
shift-Funktion 234
Skript
Diagramme erstellen mit 254
Profiling 47
slice-Operation 217
Slicing
indizierte DataFrames multiplizierren 166
MultiIndex mit sortierten/unsortierten Indizes 166
NumPy, Vergleich mit Python 67
NumPy-Arrays 65–68
NumPy-Arrays, eindimensionale Subarrays 65
NumPy-Arrays, mehrdimensionale Subarrays 66
Pandas-Konventionen 139
vektorisierte Elemente, Zugriff auf 217
Spalten
Arrays sortieren nach 112
auf einzelne zugreifen 66
Indizierung 196
MultiIndex für 163
suffixes-Schlüsselwort und Namenskonflikte 184
spaltenweise Operationen 246–247
Speicherverbrauch, Profiling 49
Streudiagramme *siehe* einfache Streudiagramme
String-Operationen *siehe* vektorisierte String-Operationen
Stützvektor (Definition) 454
Stylesheets
bayessche Methoden für Hacker 338
dunkler Hintergrund 339
FiveThirtyEight-Stil 337
ggplot 338
Graustufen 339
Matplotlib 336–340
Seaborn 340
Stil, voreingestellt 337
suffixes-Schlüsselwort 184
Support-Vector-Klassifikatoren 454–456
Support Vector Machines (SVMs) 451–465
Anpassung 454–456
Aufweichung der Margins 459–461
einfache Gesichtserkennung 553
Gesichtserkennung, Beispiel 461–464
Gründe für 451–461
Kernel und 456–459
Maximierung des Randbereichs 453
Vor- und Nachteile 465

T

Tabelle, Daten als 381
Tab-Vervollständigung
beim Import 26
IPython-Module erkunden mit 25–27
von Objektinhalten 25
Tastaturkürzel, IPython-Shell 27–30
Befehlsverlauf 29
Navigation 28
Texteingabe 28
t-distributed Stochastic Neighbor Embedding (t-SNE) 503, 520
teilüberwachtes Lernen 370
Term Frequency/Inverse Document Frequency (TF-IDF) 419
Text 315–322
Feature Engineering 418–419
Transformationen und Position von 317–319
siehe auch Beschriftung für Diagramme
Texteingabe, Abkürzungen für 28
Tikhonov-Regularisierung 442
%time 46
Timedelta, Datentyp 228
%timeit 32, 46
Timestamp, Datentyp 227
Timestamps, Daten indizieren nach 227
Timing, Code 32, 45–47
Transformationen
modifizieren 317–319
Textposition und 317–319
transform-Methode 199
triangulierte Oberflächendiagramme 346
trigonometrische Funktionen 75

U

Überanpassung 412, 470
überwachtes Lernen 369
  Klassifizierungsaufgabe 370–373
  Regressionsaufgabe 373–376
UFuncs *siehe* universelle Funktionen
umformen, von Arrays 68
unäre UFuncs 73
universelle Funktionen (UFuncs) 71–79
  Absolutwert 75
  Aggregatfunktionen 78
  Anwendung auf Daten in Pandas 141–145
  Array-Arithmetik 73
  Ausgabe festlegen 77
  äußere Produkte 78
  Features für Fortgeschrittene 77–79
  Grundlagen 72–77
  Indexanpassung 142–144
  Indexerhaltung 141
  Langsamkeit von Python-Schleifen 71
  Logarithmen 76
  Operationen zwischen DataFrame und Series 144
  Potenzen 76
  spezialisierte UFuncs 76
  trigonometrische Funktionen 75
  Vergleichsoperatoren als 96–98
Unsicherheiten visualisieren
  einfache Fehlerbalken 276
  Matplotlib 276–279
  stetige Fehler 278
unstack-Methode 159
Unteranpassung 404, 412
Unterstrich (_), Abkürzung 34
unüberwachtes Lernen
  Clustering 376–377, 391
  Definition 370
  Dimensionsreduktion 305, 377–379, 390, 394
  PCA *siehe* Hauptkomponentenanalyse

V

Validationskurven 407–409
Validierung *siehe* Modellvalidierung
Variablen
  austauschen mit Shell 38
  dynamische Typisierung 55
Varianz, in Bias-Varianz-Dilemma 403–407
Varianz, kumulative erklärte 486
Vega/Vega-Lite 366
vektorisierte String-Operationen 213–221
  Grundlagen 213
  Indikatorvariablen 217
  Liste von 214–218
  Methoden, die reguläre Ausdrücke verwenden 215
  Python-String-Methoden, ähnliche Methoden 214
  Rezeptdatenbank, Beispiel 218–221
  vektorisierte Elemente, Zugriff auf Slicing 217
Vergleichsoperatoren 96–98
Verkettung
  Arrays 69–70, 172
  mit pd.concat 172–176
viele-zu-1-Joins 179
Violinendiagramm 363
viridis-Farbskalen 302
Visualisierungssoftware *siehe* Matplotlib; Seaborn 30

W

Wahrheitsmatrix 395
Wickham, Hadley 194
Wildcards, Suche mit 27
Wörter zählen 419

Z

Zeilen, Arrays sortieren nach 112
zeilenweises Profiling 48
Zeitreihen
  Abstände 229–231
  Balkendiagramme 358
  Daten anhand von Timestamps indizieren 227
  datetime64 224–226
  Fahrradverkehr in Seattle, Beispiel 236–242
  Glättungsverfahren, statistisch 235
  Häufigkeitscodes 229–231
  Kalenderdaten und Uhrzeiten in Pandas 226
  native Python-Kalenderdaten und Uhrzeiten 224
  Pandas 223–242
  Pandas, Datenstrukturen für 227
  pd.date_range 228
  Python verglichen mit Pandas 223–227

Resampling und Anpassung der Häufigkeiten 232–234
typisierte Arrays 224–226
zeitliches Verschieben 234
Ziel-Array 382–384
Ziffern, Erkennung von *siehe* optische Schrifterkennung
zurückgehaltene Datenmengen 400
zweifache Kreuzvalidierung 401

Über den Autor

Jake VanderPlas ist Software Engineer bei Google Research und arbeitet an Tools zur Unterstützung datenintensiver Forschung. Er entwirft und entwickelt Python-Tools für den Einsatz in der Data Science, darunter Pakete wie Scikit-Learn, SciPy, AstroPy, Altair, JAX und viele andere. Er engagiert sich in der Data-Science-Community, konzipiert Tutorials zu Themen des wissenschaftlichen Computings und hält Vorträge auf vielen verschiedenen Konferenzen in der Data-Science-Welt.

Kolophon

Das Tier auf dem Cover von *Handbuch Data Science mit Python* ist eine mexikanische Skorpion-Krustenechse (*Heloderma horridum*), ein Reptil, das in Mexiko und Teilen von Guatemala vorkommt. Das griechische Wort *heloderma* bedeutet so viel wie »Noppenhaut« und bezieht sich auf die großen, punktförmigen Hornschuppen auf dem Rücken des Tiers. Diese »Noppen« sind *Osteoderme*, die jeweils ein kleines Knochenstück enthalten und als schützende Panzerung dienen.

Die Haut der mexikanischen Skorpion-Krustenechse ist schwarz mit gelben Flecken und Streifen. Die Echse hat einen breiten Kopf und einen dicken Schwanz, in dem Fett eingelagert wird, das ihr hilft, während der inaktiven Zeit im Sommer zu überleben. Im Durchschnitt werden diese Echsen ungefähr 55 bis 90 Zentimeter lang und wiegen knapp ein Kilo. Wie bei den meisten Schlangen und Echsen ist die Zunge der Skorpion-Krustenechse ihr wichtigstes Sinnesorgan. Sie wird immer wieder herausgestreckt, um Geruchspartikel aus der Umgebung aufzunehmen und Beute (oder während der Paarungszeit potenzielle Partner) zu erspüren.

Die mexikanische Skorpion-Krustenechse und die Gila-Krustenechse (eine nahe Verwandte) sind die einzigen giftigen Echsen der Welt. Bei Bedrohung beißt die Echse zu und klammert sich kauend fest, weil sie nur geringe Giftmengen auf einmal abgeben kann. Dieser Biss und die Nachwirkungen des Gifts sind äußerst schmerzhaft, für Menschen allerdings nur selten tödlich. Das Gift der mexikanischen Skorpion-Krustenechse enthält Enzyme, die auch künstlich hergestellt werden, um beispielsweise Diabetes zu behandeln. Weitere pharmakologische Studien werden durchgeführt. Die Echse ist bedroht durch den Verlust ihres Lebensraums, durch Wilderer für den Tierhandel und durch Menschen, die sie aus Angst töten. Dieses Tier ist in beiden Ländern, in denen es lebt, gesetzlich geschützt.

Viele der Tiere auf den O'Reilly-Covern sind vom Aussterben bedroht, doch jedes einzelne von ihnen ist für den Erhalt unserer Erde wichtig.

Die Umschlagillustration zu diesem Buch stammt von Karen Montgomery, sie basiert auf einem Stich aus Wood's *Animate Creation*. Den Umschlagsentwurf haben Karen Montgomery und Michael Oréal erstellt. Auf dem Cover verwenden wir die Schriften Gilroy Semibold und Guardian Sans, als Textschrift die Linotype Birka, die Überschriftenschrift ist die Adobe Myriad Condensed, und die Nichtproportionalschrift für Codes ist LucasFont's TheSans Mono Condensed.